中华人民共和国

江西日史

第二卷

（1960～1969）

中华人民共和国日史编辑委员会

江西编辑室 编

名誉主编：孙家正　李金华　张文彬
　　　　　张承钧　李永田
主　　编：孙用和　蒋仲平　魏丕植
　　　　　管志仁　沈谦芳
副 主 编：符　伟　杨德保　廖世槐
　　　　　罗益昌　张翊华

人民出版社

目 录

第 二 卷

CONTENTS

概　要

3月，省委五届九次全委会根据中央8年完成人民公社从基本队有制到基本上社有制的设想，提出要积极创造条件尤其是积极发展公社一级经济力量，实现过渡。会后，不少地方又一次兴起了急于过渡和"一平二调"之风。在"反右倾，鼓干劲"的思想指导下，省委召开常委扩大会议，提出力争实现更大跃进，重新制定了一系列高指标，要求工农业总产值达到71.4亿元。5月中下旬，省人大二届三次会议通过了《关于江西省一九五九年财政决算和一九六〇年财政预算的决议》、《关于为提前实现全国农业发展纲要而奋斗的决议》、《关于一九六〇年国民经济计划（草案）的报告》，确定1960年工农业总产值比1959年增长25%，其中工业增长28.8%，农业增长21.4%，基本建设增长28.4%。5月，《江西日报》发表社论《加强思想调查研究、实现思想作风大跃进》。区、地、市委第一书记会议着重批判了重洋轻土、贪大求洋的思想，认为"小土群"不是权宜之计，而是长期的战略方针。10月，省委常委扩大会议开始检查这些问题。

继续"以钢为纲"　3月，省委号召掀起以钢、铁、煤为中心的工业生产新高潮，举行了"迅速掀起工业生产新高潮"广播大会。江西继续贯彻"以钢为纲"的方针，在钢铁计划加码以后，又开始了大办钢铁运动，提出"必须坚持土洋并举，大中小结合，两条腿走路的方针"，要求各地、市建设和扩大一批钢铁"小洋群"，建设自己的钢铁工业基地，再一次从农业上抽出相当数量的劳动力，上山采矿和炼铁。

掀起春耕养猪高潮　1月，省委、省人委举行《迅速掀起生猪生产新高潮》广播大会，要求本年完成2100万头生猪生产任务；2月，省委、省人委发布《关于开展春耕生产运动的指示》，全省掀起支援农业"大跃进"高潮；3月，发出《大力发展城市工矿地区生猪生产》的通知。11月，《江西日报》发表《大搞一种三养是当前工交企业的重大政治经济任务》的社论，号召各工矿企业大力开展"一种三养"（大种蔬菜、大养猪、羊和家禽）。

粮食问题和纠正"五风"　1959年水旱等多种自然灾害造成江西粮食减产，1959年冬到1960年春，江西某些县大搞"反瞒产"运动。从1958年至1959年度每年为国家外调大量粮食，1959年曾调15亿斤粮食支援上海。10月，中央要求江西等省支援山东。当年下半年，粮食问题十分突出。华东局济南会议揭露山东问题后，省委着手检查农村情况，对1958年以来"大跃进"问题作了深刻的反省。8月12日，《江西日报》发表社论《要有这样的狠心抓农业抓粮食》，社论指出，要派干部下乡抓粮食工作。截至 10 月底，全省下放到农村的脱产干部有 5 万人，返回农村的劳动力（含精减职工）约 70 万人。11 月，省委扩大会议学习、传达中共中央《关于农村人民公社当前政策问题的紧急指示信》（简称"十二条"），中央要求全党用最大的努力来纠正当前农村比较严重存在的"五风"（即"共产风"、"浮夸风"、"强迫命令风"、"生产瞎指挥风"、"干部特殊化风"），核心是纠正"共产风"。省委确定用 6 个月时间在全省农村普遍进行一次检查政策、贯彻政策、兑现政策为中心的整风运动。采取了一系列措施，贯彻中央的方针和指示，调整政策，调动农民的积极性，大办农业，大办粮食，以应付粮食短缺的局面。一是重新明确现阶段农村人民公社必须以队为基础的三级所有制；二是把留足社员自留地列为贯彻政策工作中的一项重要内容；三是对生产小队实行"四固定"制度；四是下放机关干部和精减企业职工以充实农业生产；五是提倡城市"一种三养"。

落实政策与社教运动 省委整风领导小组就反右倾斗争中的组织处理问题，提出《关于结论处理中应注意区分几个性质界限意见》。省委批转省委组织部、统战部《关于在国庆节前后再摘掉一批右派分子的帽子问题的报告》。省委发出《关于农村广泛深入开展社会主义教育运动的指示》，要求从 11 月底至次年 2 月底以前，围绕总路线、大跃进、人民公社三面红旗，谈成就，讲优越性，对农村干部群众进行一次大规模的社会主义教育运动。城市人民公社会议召开，7 个市共建立城市人民公社 46 个，社员 74.85 万人，占应入社人员的 91%，共办食堂 1462 个。

工业、交通、水利等经济建设 全省掀起全民大搞机械化、半机械化、自动化、半自动化的高潮，促进提高农业生产率的技术革新和技术革命；至当年，全省公路通车里程达 16861 公里；4 月底竣工的赣抚平原综合水利建设使 320 万亩农田实现了农田水利化。全省耕地灌溉面积比 1959 年增加 196.2 万亩。全省发行 2000 万元地方经济建设公债。

教育、文化、体育、卫生事业 教育方面，至当年全省拥有高等学校 42 所，中等学校 1813 所，小学 32836 所。这些学校的建立为改变江西特别是农村教育长期落后的面貌打下了基础。全省第二次扫盲和业余教育工作会议要求 1961 年内扫除青壮年中的文盲。当年开展了大规模扫盲运动，积极举办业余大学，提高了全省人民的整体素质。江西省共产主义劳动大学成立之后，各地分校相继创办。江西省科学技术大学、江西广播专科学校等相继成立。农村文化站、有线广播、业余剧团、电影队和体育设施建设也发展较快。到本年，江西农村共兴建 7961 所医院和卫生所，农村长期以来缺医少药、看病难的状况有所改观，疾病发生率明显下降。

全省本年主要经济指标情况 国民生产总值（按当年价格计算）36.83 亿元，比上年增长 4.1%。农业总产值 17.80 亿元，比上年减少 4.2%，粮食产量 121.266 亿斤，比上年减少 2.4%，工业总产值 28.79 亿元，比上年增长 13.8%，钢产量 4.04 万吨，比上年增长 11.25 倍，生铁产量 17.97 万吨，比上年增长 2.2 倍；财政收入 6.64 亿元，比上年减少 3%。年末全省总人口 2009.85 万人，人口自然增长率 10.81‰。

1960

1月

January

公元 1960 年 1 月　　农历庚子年【鼠】

日	一	二	三	四	五	六	日	一	二	三	四	五	六
					1 元旦	**2** 初四	**3** 初五	**4** 初六	**5** 初七	**6** 小寒	**7** 初九	**8** 初十	**9** 十一
10 十二	**11** 十三	**12** 十四	**13** 十五	**14** 十六	**15** 十七	**16** 十八	**17** 十九	**18** 二十	**19** 廿一	**20** 廿二	**21** 大寒	**22** 廿四	**23** 廿五
24 廿六	**25** 廿七	**26** 廿八	**27** 廿九	**28** 春节	**29** 初二	**30** 初三	**31** 初四						

1 日　江西省赣剧院成立。该院由原省赣剧团、省古典戏曲实验剧团、上饶专区赣剧团合并组成，共 160 余人，下设一、二、三团及附属省木偶艺术团。

1 日　根据中共中央、国务院 1959 年 10 月 15 日《关于若干煤矿企业实行以中央为主的双重领导的决定》，省煤炭工业管理局改称中华人民共和国煤炭工业部江西省煤炭工业管理局。对萍乡矿务局实行以煤炭工业部为主的部、省双重领导。

1 日　《江西日报》全文转载杨尚奎在《跃进》杂志 1960 年第 1 期上发表的题为《迎接更大跃进的一九六〇年》的文章。文章号召全省人民要继续反右倾、鼓干劲，力争实现更大跃进。1960 年要在 1959 年基础上，工农业总产值增长 25% 左右，农副业总产值增长 20% 左右，工业总产值增长 30% 以上，基本建设投资增长 30% 以上，粮、棉、油、猪、布、纸、糖、钢铁、煤炭、机械、水泥产品产量，都将实现巨大增长。为实现增长，必须坚持贯彻总路线和"两条腿走路"的方针；大搞群众性的社会主义劳动竞赛；进一步加强党的组织领导。

1 日　南康县章惠渠举行竣工典礼。该工程 1958 年 10 月动工，浇灌农田 5.7 万亩，国家投资 226 余万元，地方自筹 90.05 万元。

1 日　江西人造纤维厂举行人造丝车间开工典礼。省委、省人大、省政协、省军区以及省公安厅、省高级法院、省检察院、省轻工业厅等单位领导出席。方志纯、刘俊秀、白栋材、刘瑞森亲临祝贺。省轻工业厅赠送的锦旗上写着"首创我省人造纤维工业"。

2 日　南昌市体委在市射击俱乐部举行省、市首长射击比赛大会。方志纯、白栋材等 180 多人参加了比赛。

3 日　省卫生厅在南康县召开省麻风病防治现场会（同年 6 月 4 日，省委批转了现场会议纪要及《一九六〇年麻风病防治工作几点意见的报告》）。

3 日　针对职工违法犯罪人数上升的情况，省委批转省委宣传部和省公安厅《关于开展共产主义道德品质教育和法制教育》的通知，要求各级党委对职工群众认真地进行共产主义道德品质教育和法制教育，以提高广大职工的道德水平和法制观念。

4 日 省委、省人委举行"全省职工实现 1960 年开门红、满堂红、红到底广播大会"。全省工业、基本建设、交通、财贸战线百万职工参加了誓师大会。

4 日 省文化局发出在全省电影放映单位开展"五好"竞赛的通知，"五好"内容是：（一）服务政治、生产好；（二）电影宣传好；（三）深入普及放映好；（四）技术学习好；（五）红专学习好。

5 日 红色山区"群英会"在南昌召开。全省国营垦殖场、农场、共产主义劳动大学先进代

省委、省人委举行工交财贸战线职工广播大会，白栋材在广播大会上作报告

全省国营垦殖场、农场和共产主义劳动大学先进单位和先进生产者代表大会会场

红色山区"群英会"闭幕式。方志纯（前排左二）、刘俊秀（前排左三）、秘书长黄知真（前排左一）等省领导参加了大会闭幕式

表以及来自山区的 1789 名英模、标兵出席了会议，邵式平、刘俊秀及林业部部长刘文辉到会讲话。彭梦庚作《更高地举起总路线红旗，为实现一九六〇年更大跃进而奋斗》的报告，省委副秘书长张宇晴作《高举总路线的红旗办好共产主义劳动大学》的报告。这次盛会检阅了成绩，交流了经验，研究和讨论了为实现 1960 年更大更好更全面的跃进的奋斗目标。会议向毛主席、党中央、国务院和省委、省人委发了致敬电；向山区建设者发出了十大倡议。刘俊秀作总结性讲话。会议于 15 日结束。

6 日 省社会科学联合会召开所属各学会全体委员会议，讨论 1960 年学术研究工作，并着重研究以毛泽东思想为纲开展学术活动和学习、研究毛泽东思想等问题。

6 日 抚州地委召开全区养猪先进单位积极分子代表大会，表彰一批养猪模范，鼓励他们带领群众在新的一年为实现"一人一点二头猪"和"亩田一猪"而努力。

7 日 省委、省人委写信号召全省 45 个全国红旗单位高举红旗持续跃进。《江西日报》公布荣获全国"群英会"红旗单位的名单，分别是工业、交通运输、基本建设、财贸方面的社会主义建设先进集体和先进生产者。同时，还发表了全省广大群众给省委的来信，其中有工业劳模、技术革新能手、人民公社社员、营业员、汽车和火车司机，以及海员、学生、医生、演员、护士等。

7 日 省委决定成立"江西省工农业余教育委员会"，由方志纯等 25 人组成，方志纯任主任，吕良等 6 人任副主任。区党委，各地、市、县委也将成立相应机构。

7 日 丰城矿务局坪湖煤矿大井发生煤尘、瓦斯爆炸的重大事故，死亡 47 人，伤 27 人。事故产生的原因是巷道通风不良，瓦斯大量集聚，工人违章拆开矿灯敲打产生火花引起。白栋材到坪湖矿视察并慰问伤员和遇难职工的家属。

7 日 省委、省人委召开全省钢铁生产调运工作电话会议。会议号召各地迅速行动起来，确保第一季度钢铁生产的原料、燃料调运任务的顺利完成。参加会议的有省、市、赣南行政区、各

专署交通运输、冶金、煤炭等部门的负责人、重点县的县委书记和南昌钢铁厂、萍钢、新钢（新余）、东乡煤矿、萍乡煤矿、上新煤矿、天河煤矿、丰城煤矿等企业的党委书记。会后南昌市15个炼钢单位响应会议号召，发出倡议，力争完成第一季度钢产计划。

8日　省直属各厅、局内设机构近日陆续由科改为处，处以下不设科。

9日　省委保健委员会成立。黄知真任主任，吴允中、王铁、许德瑗任副主任。

9日　省社联、省团委、省妇联、省总工会联合召开群众大会，庆祝洪锦水等10位铁路老工人荣任工程师暨受聘为中国科学院江西分院特约研究员。省委、省人委发贺信致以祝贺。

中国科学院江西分院副院长钟平向10位工程师颁发聘书

10日　省农业机械厅召开第一次农业机械处、局长会议。会议提出了"反右倾、鼓足干劲、保质、保量、保时"的口号，要求第一季度完成13.2万多台插秧机任务，全年还必须制造大量喷雾器、排灌设备、拖拉机和其他各种新式农业机具。会上，南昌等13个县的代表向全省发出"保证按时完成农业机械生产任务的倡议"。会议于14日结束。

10日　全省国营垦殖场、农场，共产主义劳动大学生产成就展览会开幕。据展览会介绍，全省拥有209个总场和465个分场，经营耕地280多万亩，山林3600多万亩，拥有职工100多万人，已成为全省强大的国营经济。江西共大拥

国营综合垦殖场、农场、共产主义劳动大学生产成就展览会开幕，刘俊秀在展览会开幕式上剪彩

有88个分校，5.5万多名学生。

10日　全省第一个农业电气化、自动化试点单位省农业科学研究所、江西农学院，在莲塘试用远距离电钮操纵绳索牵引犁耙作业成功，揭开了全省农业电气化、自动化的序幕。

江西农业科学研究所、农学院在莲塘试用远距离电钮操纵绳索牵引机犁耙作业成功，白栋材按动电钮开犁

11日　省军区司令部、政治部近日发出《结合整社整顿民兵组织》的指示，要求全省民兵组织在冬春整社的同时，普遍进行一次整顿，以纯洁组织，加强民兵组织的战斗力。

11日　省政协举办报告会，省委宣传部副部长刘寒影应邀作《关于国际形势》的报告。

11日 省委召开有赣南区党委、各地、市委工业书记参加的电话会议，落实省委、省人委决定在全省修建6条地方铁路的各项具体措施。为了确保钢铁基地的矿石、焦炭供应和交通运输任务的完成，省委、省人委决定修建铁坑至分宜、城门山至沙河、铜岭至马头镇、七宝山至茶山、余江江底至李村再至信江边、天河至永阳共计100余公里的6条铁路。并要求分别在1月和3月底通车。

12日 省政协第二届常务委员会第三次会议在南昌举行。会议听取关于省委扩大会议精神的传达报告。

12日 冶金部与华东协作区商定，从1960年起，新余钢铁公司改为冶金部直属企业，其基本建设和生产工作委托上海市冶金局代管（1961年6月17日，华东局与上海市委决定，新钢转由华东局计委代管。1963年4月，新余钢铁公司改名为新余钢铁厂，由冶金部直属改为江西省重工业局领导。1971年1月，新钢划归新余工业区直接领导。1972年11月新钢又改归江西省冶金局领导）。

13日 省人民银行、省财政厅就集资办工业、大炼钢铁战役占用贷款，企业挪用流动资金进行清理，并就收回欠款的问题作出规定。

13日 省人委在八一礼堂举行"全省迅速掀起以植树造林为中心的林业生产高潮广播大会"，力争春节前后完成植树造林800万至1000万亩的任务。参加收听广播大会的共有248.83万人。

13日 省委、省人委发布《关于开展水利

赣抚平原水利工程——莲塘渡槽竣工

检查评比运动的通知》，通知说，到元月12日止，全省已完成土石方29412.2公方，占全年任务的84%；已经建成中型水利工程193座，灌溉100万亩以上的小型水利工程和补修工程已完成47625座；34个县（市）已经完成了全年水利建设任务，其余大部分在春节前后竣工。各级党委、人民委员会，应该立即组织力量，对本地区冬修工程，特别是大、中型水利工程进行一次大检查。

14日 省人委发出《关于改进城市、工矿区粮食、食用植物油、肉类、鱼类供应工作的规定》，对不同的工种人员实行不同的供应标准。

14日 大余县铁山垅钨矿每日125吨选厂开工建设（当年5月20日建成投产）。

14日 省委农工部发出通知，要求各地做好以经营管理为中心的第二步整顿人民公社工作。

14日 省委就"广丰县实现耕牛'五全'和推行综合利用的经验"作出批语："广丰县繁殖耕牛的经验，很值得大家学习。牛，可以耕田，可以拉车，可以积肥，可以挤奶，可以供应人们的肉食需要。牛皮、牛骨，又是重要的工业原料。养牛，不但当前在农业生产中占有重要的地位，而且今后也是畜牧业生产中的一个重要方面。希望全省各地都要认真注意学习广丰县的经验，在贯彻'以猪为纲，六畜兴旺'的方针下，把发展牛的生产，也大力抓起来，争取畜牧业生产的全面跃进"。

14日 省委批转省商业厅党组《关于城市私人出租房产社会主义改造情况的报告》。

15日 省农业机械厅成立，李德友任厅长。该厅的主要任务是根据国家计划和本省具体情况，制定发展全省农业机械工业规划，组织领导农业机械制造工业的基本建设和新式农业机械的生产和修配；督促和检查全省各级农机部门的工作；领导和组织农业机械化、电气化的科学研究和试验以及实施规划。各专署、各县（市）相应地设立农业机械局。后成立省水田机械研究所，李德友兼任所长。

16 日 省委、省人委批转省人事局党组《关于我省人事部门今后监察工作任务和职责范围的几点意见》，明确干部奖惩工作是人事监察工作的经常性工作之一。

16 日 全省水产工作会议召开。会议号召全省水产干部和渔民，形成一条坚强的水产战线，力争 1960 年水产生产特大跃进。邵式平、刘俊秀、李世璋到会讲话。会议于 18 日结束。

18 日 中国科学院江西分院水利电力综合研究组在《江西日报》上公布《1960 年江西省水利电力科学技术发展规划》。

18 日 全省第三次科学工作会议召开。参加会议的 1120 名代表中，有 600 多名工人和农民。79 位工人、农民被聘为中国科学院江西分院特约研究员。邵式平在会上讲话的主要内容为：（一）关于进一步解决对科学工作的思想认识问题；（二）关于进一步健全和加强科学研究的组织问题；（三）鼓足干劲，争取实现 1960 年更大跃进的问题。要求全体代表迅速传达会议精神，掀起学习毛泽东思想和科学技术研究的新高潮。会议还印发交流了江西日报社编辑委员会撰写的《报纸宣传中运用辩证法的体会》。会议于 23 日结束。

19 日 省委发出《关于继续开展扫除文盲和大力发展业余教育工作的指示》。

20 日 省军区和驻赣部队广泛开展以"拥护三大法宝、保卫三大法宝"（总路线、大跃进、人民公社）为中心内容的拥政爱民活动，并组织文艺演出队、化妆宣传队、"每人一封信"等活动大力进行宣传。

22 日 洪都钢铁厂轧钢车间响应"六化"（设备机械化、操作自动化、运输车子化、产品多样化、管理计划化、生产高速化）号召，制成新 250 厘米轧钢机正反围盘，并正式试车投

新余钢铁公司焦化厂实现轨道车子化，大大提高了劳动效率，保证了红旗 2 号炼焦炉的煤炭供应

入生产，轧出 19 厘米元钢。这是全省轧钢技术上的一项重大成就，轧钢工人减少 4 倍，工效提高 30 倍，轧钢操作走上自动化道路。

23 日 省评剧团开始在江西艺术剧院上演《野火春风斗古城》、《柯山红日》、《刘巧儿》、《梅香》、《小女婿》、《柜中缘》、《唐知县审诰命》等节目。

24 日 省委召开全省第二次扫盲和业余教育工作电话会议。方志纯在会上作讲话。据统计，目前全省农民参加学习的人数有 360 余万人，其中参加扫盲学习的有 2499769 人，占青壮年文盲总数的 92%；参加业余高小学习的有 927608 人，参加业余中学学习的有 63428 人。根据中央指示，当前全省扫盲和业余教育的任务是：在 1961 年内扫除青壮年文盲，有条件的地方要积极举办业余大学。

25 日 省委、省人委举行迅速掀起生猪生产新高潮广播大会。刘俊秀作《以猪为纲，六畜兴旺，全面发展畜牧业》的报告。会议要求贯彻 7 项措施，今年完成 2100 万头生猪生产任务，要保护社员的养猪所有权，社员所养的生猪，在完成国家收购任务后，可以自宰自食。

26 日 苏联各民族实用艺术和民间工艺品

苏联工艺品展览会在南昌展出，杨尚奎、邵式平等省党政领导参观展览会

展览会在南昌市中苏友好馆开幕，省、市领导前往参观，在南昌的苏专家及其夫人也参观了展览。展览分 4 个部分陈列，展出各种工艺品共 700 多件，其中包括苏联 14 个加盟共和国的艺术家们的许多精湛艺术作品。展览会于 2 月 14 日结束。

26 日 省政协举办报告会，省政协副主席、省委宣传部部长莫循作《关于严格划清两种世界观的界限》的报告。

26 日 江西省林学会在南昌市成立，首届理事会由 17 人组成，林秉南任理事长。

27 日 省人委向中央报送《江西省一九五九年度总决算》，1959 年全省财政支大于收 2126 万元。经中央审批后调整 1960 年为 297 万元，主要是各地基本建设停缓建超支数。

29 日 南昌市各工厂企业党政领导人员、劳动模范、先进标兵、工程技术人员、职工家属代表及业余文工团等 2800 余人组成"南昌市工人春节下乡访问团"，分成 67 个分团分别深入南昌、新建两县及市郊各人民公社、生产大队进行访问和联欢活动。并与各人民公社建立长期协作挂钩关系，加速农业技术改造，进一步巩固工农联盟。

30 日 汪东兴在《江西日报》上发表《更高地举起毛泽东教育思想红旗阔步前进》的文章。

本月 南昌市西湖无线电厂与胜利无线电厂合并，成立南昌无线电厂，成为全省第一家全民所有制地方电子工业企业。厂址设在老福山 27 号"古法轮庵"破庙内，有职工 204 人，主要设备 8 台。

本月 大王山钨矿收归省冶金工业局领导（于当年 6 月再次下放给抚州地区专署。1963 年 1 月收归省冶金厅领导。1971 年 1 月再次下放抚州地区专署领导。1977 年 10 月再次收归省冶金厅领导）。

本月 省煤管局小煤窑改造工作组在萍乡县河下公社第一煤矿进行试点。小煤窑改造后实现水车排水、绞车提升、手推车运输，并在机械厂普遍使用滚珠轴承装置。

本月 江西造船厂试制 50 吨钢丝水泥船成功。

本月 省委财贸政治部、省商业厅在萍乡县召开全省商业部门支援农业"大跃进"，支援农业技术改造现场会。会后掀起学萍乡，赶萍乡，支援农业"大跃进"高潮。

本月 民航江西管理局党组成立。

1960

2月
February

公元 1960 年 2 月							农历庚子年【鼠】						
日	一	二	三	四	五	六	日	一	二	三	四	五	六
	1 初五	**2** 初六	**3** 初七	**4** 初八	**5** 立春	**6** 初十	**7** 十一	**8** 十二	**9** 十三	**10** 十四	**11** 元宵节	**12** 十六	**13** 十七
14 十八	**15** 十九	**16** 二十	**17** 廿一	**18** 廿二	**19** 雨水	**20** 廿四	**21** 廿五	**22** 廿六	**23** 廿七	**24** 廿八	**25** 廿九	**26** 三十	**27** 二月小
28 初二	**29** 初三												

2 日　省委决定撤销上新煤矿筹备处，分别成立花鼓山煤矿和上高煤矿筹备处。

3 日　全省第一座机械化缫丝厂——高安县缫丝厂举行开工剪彩。该厂办厂特点：（一）按照多、快、好、省的建厂方针；（二）采取土法上马、土洋结合的办法；（三）该厂基建面积1700 多平方米，自始至终由工人们搬运、砌墙、制造机器零件。

3 日　省委召开全省 1960 年首次交通工作

南昌铁路南站货运站机械化装卸程度日益提高

会议。白栋材作《形势与任务》的报告。省委常委、省委交通工作部部长黄霖作《加强党的领导，大搞技术革新和技术革命的群众运动，为实现装卸机械化和半机械化而斗争》的报告。李杰庸作《关于发展我省地方铁路问题的报告》。会议旨在改变全省交通运输落后状况，掀起地方铁路建设群众运动的高潮。会议于 7 日结束。

5 日　中央拨给江西省 1960 年支援公社投资款和大炼钢铁时挪用公社物资补助款合计 6088万元。省委发出通知，就此款的分配原则和使用范围作出规定。

5 日　省委批转省工业支援农业委员会 2 月3 日《关于一九六○年第一季度工业支援农业的工作安排意见》。批示说："春耕即将到来，请各级党委认真贯彻执行省工业支援农业委员会关于一九六○年第一季度工业支援农业的工作安排意见，并把这项工作放在首位，切实安排好，充分发动群众，掀起一个工业支援农业的热潮，保证春耕前将农业生产资料送到农村。"

5 日　省人委决定成立省第二届人民代表大

会第三次会议筹备委员会，由彭梦庚任主任，吴振铎等3人任副主任，胡德兰等9人为委员。

6日 全省财政工作会议要求1960年高速积累资金，合理地分配资金，做到多收多支多建设，并留有后备。会议于15日结束。

7日 全省首届民兵业余文艺会演大会在省军区礼堂开幕。会演认真贯彻了毛泽东的文艺思想：开展民兵文艺活动，活跃民兵文化生活，提高民兵政治觉悟，促进工农业生产和大搞民兵建设。同时选出了优秀节目参加5月份在北京召开的全国民兵大会。

全省民兵首届业余文艺会演大会闭幕，党政军领导与参加文艺会演的全体演员合影

7日 省卫生厅代表中华人民共和国卫生部，奖励发扬祖国医学遗产有突出成绩的单位和中西医医务人员。江西医学院第二附属医院、萍乡中医院和赣州国药店获集体奖，获一、二、三等奖的个人有12人。

7日 苏联太平洋成矿带专家依契克松到德兴铜矿、德兴铅锌矿、大余西华山钨矿等处考察。考察于18日结束。

8日 南昌市委、市人委举行广播大会，动员全市人民参加城市建设义务劳动。要求在第一季度内完成第四交通路、瀛上公路、青山公路3条大道。到20日止，全市有31万多人次参加义务劳动。

8日 省委召开全省文教书记会议，到会代表406人。方志纯主持会议，邵式平、方志纯、白栋材分别作讲话，莫循为会议作总结。会议于25日结束。

10日 省委、省人委作出创办江西省工业劳动大学的决定。该校设立冶金、煤炭、机械、电力、轻工、纺织、地质、建筑、铁路、公路、航运、邮电、石油、化工等科系，并在赣南、上饶、九江、吉安、抚州、宜春、南昌、景德镇和洪都机械厂、萍乡煤矿、南昌柴油机厂、萍乡钢铁厂、新余钢铁公司、丰城煤矿、南昌柴油机厂、江西拖拉机厂、江西纺织厂、大吉山、西华山、岿美山钨矿等地区的厂、矿企业设立工业劳动大学分校。并决定从本月23日起开始招生，总校设在第四交通路原江西劳动技校内。

10日 全省第一条森林铁路动工兴建。这条铁路从赣州至上犹石灰窑下，横贯赣县、南康、上犹三县，全长90公里。为加强领导，成立了森林铁路指挥部。

11日 省劳改局将收容劳教人员批准权下放到所在地的县、市劳教委员会。

14日 省市1300余人在南昌剧场召开庆祝中苏友好同盟互助条约签订10周年大会。在南昌的苏联专家及其夫人应邀出席大会。省中苏友好协会副会长白栋材和苏联专家卡列廖诺夫在会上讲话。省中苏友好协会联合文联、作协、音协、剧协、美协等文艺团体举行庆祝活动。

省、市各界人民庆祝中苏友好同盟互助条约签订10周年，省中苏友好协会副会长白栋材在大会上讲话

15日 省档案管理局在西华山钨矿召开全省科技档案工作现场会。会议于23日结束。

15日 省委、省人委召开1959年全省农业生产先进单位和先进生产者代表会议。出席会议代表1500人，其中林业和农垦代表占12%。会议于25日结束。

16日 南昌市农林水利局在南昌县小兰公社举办轮训植保植检人员第一期短训班。

16日 省委工业部、省总工会在洪都机械厂召开全省工矿企业炊具改革现场会议。参加会议的有全省各地大中型厂矿企业管理生活工作的负责人、食堂管理员、炊事员、技术人员、钳工、木模工和工会干部等180余人。邵式平、白栋材到会讲话。国营洪都机械厂党委副书记发表《高举技术革命红旗，实现炊具机械化》的讲话。会议于19日结束。

17日 省商业厅近日在九江召开全省第一次物资交流会。参加会议的代表有620余人，大量零星分散的"三类物资"有计划有组织地纳入流通领域，成交额2.3亿元，品种1000多个。

19日 全省机械工业系统1600多名劳动模范、技术革新积极分子，代表全省机械工业职工，在南昌市工人文化宫举行技术革新和技术革命比武誓师大会。据统计两个多月实现革新73083条，制造单机自动化和半自动化设备150多台，建成自动生产线和流水线120多条。会议确定全年提出革新建议23万条，大战4个月基本实现生产机械化和半机械化。大会通过了向省委、省人委的决定书，以及向省委提出的5点保证。

20日 省军区文化教育积极分子代表大会召开。出席会议的代表163名。会议总结、交流一年来文化教育的工作经验；表彰文教战线的积极分子和先进单位；讨论和传达新年度的工作任务。

21日 省政协组织参观团，前往北京、天津、南京等地参观工业企业、城市建设和教育卫生单位。3月9日返回南昌。

21日 八一起义纪念馆第三陈列室一支朱德使用过的三号驳壳枪（复制品）和一只贺龙使用过的金壳怀表被盗（在上饶铁路公安派出所协助下，24日抓获罪犯，被盗物件全部追回）。

24日 省委批转省卫生厅《关于加强江西省中药材生产和经营管理工作的意见》。要求贯彻执行国务院"就地生产，就地供应"的方针，争取在短期内使全省中药材基本上达到自给自足并有盈余的目标。

24日 全省农业群英会在八一礼堂召开。来自全省农、林、牧、副、渔、水利、气象等方面的1735名先进单位和先进生产者代表出席了大会。杨尚奎、邵式平、刘俊秀等省党政领导出席开幕式。黄知真致开幕词，邵式平作讲话，杨尚奎作《目前形势和任务》的报告，白栋材作《加速实现农业技术改造》的报告，杨尚奎、刘俊秀亲自给英雄们授奖。与会全体代表向毛主席、党中央、国务院以及省委、省人委发了致敬电，并向全省各地国营垦殖场、农场、人民公社和全体社员、干部与职工提出了十大倡议。会议肯定了1959年大跃进的成绩，总结和交流了大跃进的经验，评出了粮、棉、油、猪、牛、林、渔、水利等方面9个全省特优县，160个特优公社，145个特优先进单位，57名特优先进生产者。会议还详细讨论了1960年的生产计划和增产措施，号召代们高举总路线、大跃进、人民公社、毛泽东思想的红旗，为完成和超额完成1960年的生产任务而奋斗。会议于3月4日结束。

全省农业群英会开幕

24日 省委、省人委发布《关于开展春耕生产运动的指示》。要求：（一）贯彻执行以粮为纲，以粮、棉、油、猪为中心，实现农、林、牧、副、渔、工全面发展的方针；（二）大力扩大复种面积和耕地面积，普遍提高单位面积产量，贯彻执行多种多收和高产多收的方针；（三）充分做好春耕播种的准备工作。

25日 省委组织部党员管理处在《江西日报》发表《我省党的组织在大跃进年代不断发展

壮大，一年来接收新党员九万名》的文章。文章说，大批在大跃进和公社化运动中经受考验、符合党员标准的优秀分子被吸收到党内，增强了社会主义建设事业连续大跃进的力量。

28日 省委发布《关于表扬凌文明同志高贵品质和共产主义思想风格的通报》。通报表彰凌文明在遂川县修筑公路时，为了保护54位筑路民工的生命安全，被烈火烫伤，光荣牺牲的高贵品质。杨尚奎、邵式平分别题词，号召全省人民向凌文明学习。

29日 《江西日报》发表《不朽的战士、光辉的榜样》的社论和省委宣传部副部长李定坤《凌文明同志的英雄事迹》的长篇文章。

本月 全省财政会议提出，1960年红旗竞赛运动的口号是"三大、一高、双五好"。"三大"即大搞群众运动，大力促进生产，大搞共产主义协作。"一高"即力争高速度。"双五好"即单位五好：依靠党的领导好，坚持政治挂帅好，开展增产节约运动好，贯彻政策好，完成任务好；个人五好：思想好、工作好、学习好、劳动好、作风好。

本月 省人委批转省计委、省建委、省财政厅《关于全面贯彻基本建设投资包干几条规定的报告》，要求全省推行投资包干办法。

本月 八〇三厂年产1800万发火雷管车间建成投产（当年4月该厂改由省冶金工业厅领导）。

本月 民航江西省管理局成立。

本月 全省第一座3000千瓦的热电站在江西造纸厂建成。

本月 省教育厅发出《关于大力发展和巩固农村幼儿园的意见》。

本月 中国科学院院长郭沫若为九江化工厂书写厂名。

本月 农业机械部投资在南昌蛟桥新建南昌拖拉机齿轮厂和南昌农业机械标准件厂（1961年5月两厂合并为南昌拖拉机配件厂。1965年5月改名南昌齿轮厂，年底建成投产。1969年5月下放省机械工业厅管理）。

本月 省农业机械厅提出关于江西水电农业机械研究所及全省农业机械化系列化试点的建设方案（3月农业机械部批复同意研究所计划的投资规模，1963年3月30日，农业机械部在南昌向塘农场建立部属南昌农业机械试验站，投资150万元，编制100人。"文化大革命"期间为省地矿局使用）。

本月 朝阳农场、德胜关垦殖场武装部负责人苗玉春、顾启国出席全国民兵大会，获国务院奖励授予半自动步枪1支。

本月 省轻工业厅制定1960年技术革新和技术革命规划，确定纺织行业推广先进技术项目59项，其中棉纺织20项，麻纺织15项，染织11项，针织13项。

1960

3月

March

公元 1960 年 3 月							农历庚子年【鼠】						
日	一	二	三	四	五	六	日	一	二	三	四	五	六
		1 初四	**2** 初五	**3** 初六	**4** 初七	**5** 惊蛰	**6** 初九	**7** 初十	**8** 妇女节	**9** 十二	**10** 十三	**11** 十四	**12** 十五
13 十六	**14** 十七	**15** 十八	**16** 十九	**17** 二十	**18** 廿一	**19** 廿二	**20** 春分	**21** 廿四	**22** 廿五	**23** 廿六	**24** 廿七	**25** 廿八	**26** 廿九
27 三月大	**28** 初二	**29** 初三	**30** 初四	**31** 初五									

1日　省财政厅、省人民银行发出关于银行利润上缴的联合通知。规定从 1960 年 1 月 1 日起，银行利息收入中的 50% 作为银行信贷基金。

2日　省赣剧院一团开始在长春市由长春电影制片厂拍摄彩色戏曲艺术片《还魂记》。

3日　邵式平致函省地质局，指示成立地质科研机构，加强地质科学研究。

3日　省人委批转省经委、计委、省轻工业厅、省手工业联合社等部门《关于解决当前手工业供销问题的联合报告》，对解决手工业原材料供应、产品销售和价格问题作了具体规定。

3日　省轻工业厅创办工业劳动大学，分轻工、纺织两所分校，纺织分校设在江西棉纺织印染厂，开设棉纺织、毛纺织、丝纺织、印染、针织等 6 个系科，由副厂长吴彬兼任纺织分校校长。

3日　省委召开全省民兵工作会议。会议贯彻毛泽东的军事思想，旨在提高对民兵作用的认识，统一思想，进一步掀起大办民兵的新高潮，促进社会主义经济建设。杨尚奎在会上作三点指示：（一）各级党委要抓紧政治思想领导；（二）必须把民兵工作作为一项经常工作来抓；（三）抓检查督促。会议于 8 日结束。

4日　江西省康复医院卫生学校成立，后又成立江西省樟树中药学校。

4日　中国科学院江西分院在全省农业群英会上正式聘请在农业生产战线上取得优异成绩的 82 名农业劳动模范为特约研究员，其中包括 18 名巾帼英雄。他们分别来自吉安地区、九江地区、赣南行政区、上饶专区、宜春专区、南昌市、景德镇市、井冈山市等地。

5日　省地质局党组发出《关于加强稀有、分散元素和放射性元素普查勘探工作的意见》。

6日　省妇联、省总工会、团省委、省青联、省文联、省科协、中国人民保卫世界和平委员会江西分会、江西人民广播电台联合召开纪念"三八"妇女节 50 周年广播大会，宣传全省妇女取得的巨大成就。全省国营厂矿、企业女职工人数已由 1957 年的 5.8 万增加到 15 万多人，有 11 万多家庭妇女参加街道民办工厂和社会各项劳动。会议号召全省妇女进一步开展巧姐妹运动，争取实现 1960 年的更大跃进。

6 日 "三八"前夕，全省工农业战线和社会主义建设各个战线中评选出思想红、干劲足，在技术革新中有显著成绩，努力提高文化、科学知识，善于团结群众的优秀妇女 303 名，获全国"三八"红旗手称号。即日《江西日报》一、三版刊登了评选名单和部分红旗手的事迹。

省市机关举行庆祝宴会，杨尚奎在宴会上向中外妇女们祝贺节日

6 日 省、市政协、民主党派的女职工、女成员、女工商业者和工商业者家属，少数民族、归国华侨和宗教届的妇女 800 余人集会庆祝"三八"国际劳动妇女节。

6 日 省委召开电话会议。杨尚奎和白栋材讲话，号召立即掀起以钢、铁、煤为中心的工业生产新高潮。萍乡矿务局在会上发出挑战倡议：又多又快生产煤炭，确保钢铁生产需要。

萍乡钢铁厂广泛深入地开展技术革新和技术革命运动，今年矿石产量比去年同期大幅增长，采矿场大批矿石外运

7 日 省市各界在南昌剧场举行庆祝"三八"国际劳动妇女节 50 周年大会。全省各界 2000 余名妇女参加了大会，部分在南昌市的苏联和捷克斯洛伐克的女专家和专家夫人应邀参加了大会。省委候补书记郭光洲在庆祝大会上作题为《高举毛泽东的红旗，进一步调动妇女的积极因素，实现一九六○年的持续跃进》的讲话。

8 日 全省工业群英会在八一礼堂召开。来自全省工业、交通运输、基本建设方面社会主义建设先进集体和先进生产者代表 2202 人出席了开幕式。黄知真致开幕词，杨尚奎作报告；黄先

全省工业群英会隆重开幕，杨尚奎作报告

作《高举毛泽东思想的红旗，为创造一九六○年更加辉煌的成就而奋斗》的报告；郭光洲作《大力提高劳动生产率，严格节约劳动力》的报告；全体代表一致向党中央和毛主席发致敬电，并向农民兄弟姐妹发致敬书，向全省职工提出了倡议书。白栋材在闭幕式上作题为《向机械化、半机械化、自动化、半自动化大进军，为高速度提高劳动生产率而斗争》的总结发言。会议于 18 日结束。

8 日 南昌市 5 万余名妇女举行盛大集会和游行，庆祝"三八"国际劳动妇女节。

8 日 省委批转省委宣传部《关于培养、提高全日制中小学师资和半日制、业余教育师资问题的通知》。

8 日 全省第一列女子列车命名剪彩。南昌铁路局正式命名全国红旗列车——昌沪 57/8 次

旅客快车三、四乘包组为"三八妇女乘包组"。全组 76 人从列车长、主任列车员、广播员、炊事员都是女同志。剪彩后该车于下午 5 点 16 分首次由南昌开往上海。

10 日 在煤炭工业部召开的全国煤炭干部会议上，萍乡矿务局被评为 1959 年全国 18 个"大面积高产矿务局"之一。

10 日 江西广播专科学校成立。当年招收学生 193 人，设广播专业和电视专业两个教学班，校长由省广播局局长赵中兼任（1961 年 11 月，因国家经济困难而停办，学生提前结业）。

11 日 据新华社乌兰巴托电，蒙古人民共和国部长会议主席泽登巴尔接见了前去参加"三八"国际劳动妇女节 50 周年庆祝活动的中国妇女代表、省妇联主任朱旦华，并同朱旦华进行了亲切的谈话。

11 日 共青团江西省五届四次全体委员扩大会议在南昌举行。出席会议的有团省委正式委员，候补委员和团地（市）、县委书记，省直属机关、大专学校等单位的团委书记 208 人。会议要求全省共青团组织高举毛泽东思想红旗，提高共产主义思想觉悟，发挥青年在技术革命中的突击作用。会议通过《关于进一步动员与组织全省青年向机械化、半机械化和自动化、半自动化进军的决议》、《关于动员与组织全省青少年学习凌文明同志高贵品质和共产主义思想风格的决定》。会议于 18 日结束。

12 日 省财政厅、省教育厅、省卫生厅、省文化局联合在赣州市召开全省文教财务会议，总结交流大跃进以来全省文教财务工作和如何促进文教事业发展的经验。

12 日 纺织工业部正式下达通知，江西毛纺织厂列入 1960 年国家建设计划，建设规模为 1000 锭。

14 日 省广播局技术人员安装调试成功 50 瓦黑白电视发射机（1962 年 4 月 21 日江西人民广播电台利用该机向南昌市区播送第 26 届全国乒乓球锦标赛实况，并向北京电视台传送比赛电视新闻片）。

15 日 省水利电力厅通知：气象台、站名称一律加"服务"两字，即气象台改为气象服务台，各县气象站、哨改为水文气象服务站、哨。

15 日 出席全省工业群英会的煤炭系统代表举行专业会议，提出全面开展以机械化和半机械化为中心的技术革新和技术革命运动，实现"百米双万多循环"（回采工作面月进 100 米，产煤 2 万吨，组织多循环作业），旨在把全矿井的高产红旗竞赛运动推向新阶段。

16 日 省委、省人委发布《关于做好渔业春汛生产工作的指示》，指示要求：（一）各级党委必须抓紧渔业生产的大好时机，安排好劳力，一般按农业总劳力的 1.5% 比例，全省要达到 10 万人左右；（二）要把鱼苗、鱼种的培育工作当成一项重要任务，切实抓早、抓实、抓好；（三）各级水产部门与商业部门互相协作，积极做好鱼货收购、出口、外调；（四）大力组织渔需物资供应，加强对渔需物资的安排；（五）加强对水产工作的领导，分级管理，实行四级办场，六级养鱼，逐级建立渔业基地。

17 日 省委、省人委决定修建方志敏烈士陵墓。筹建委员会由省党政领导、各民主党派、工会、妇联、共青团的负责人和南昌市党政领导组成，并召开筹委会第一次会议，对有关方志敏烈士遗骸的安葬和筹建陵墓问题进行了研究讨论。筹委会下设办公室，抽调专职干部办公，办公室主任由谢象晃担任。

17 日 省人委发布《关于发行一九六〇年地方经济建设公债的指示》。指出：（一）1960 年全省发行公债总额比 1958 年实际完成数增加 321 万元，定为 2000 万元；（二）在公债推销工作中，必须贯彻"合理分配，自愿认购"的原则；（三）公债计息时间由 10 月 1 日起计算；（四）各地区推销公债的数额，可根据具体情况作适当调整；（五）各地区必须做好充分宣传动员与具体组织工作；（六）成立江西省公债推销委员会，各行署、各专署和各县（市）人民委员会亦需成立相应的推销公债的领导机构。

17 日 省委、省人委发出《大力发展城市工矿地区生猪生产》的通知。通知要求：（一）根据中央"自力更生为主，力争外援为辅"的城市副食品生产方针，各级党委和人民委员会应当迅速作出城市、工矿地区发展生猪生产的全面规划；（二）允许有条件养猪的居民饲养少量肉猪。留足种猪，原则是"自繁自养"；（三）切实解决饲料问题，以青、粗饲料为主，适当搭配精料；（四）各单位饲养的肉猪，原则上自养自食，不另供应，力争有余卖给国家；（五）在保证生猪生产的同时，保证城市、工矿的环境卫生，做好畜疫防治和清洁卫生工作；（六）各级领导要把城市、工矿地区的生猪生产迅速抓起来，建立责任制度。

17 日　省人委第十一次会议决定创办江西省科学技术大学，由方志纯兼任校长，莫循、吴允中、钟平兼任副校长，另设专职副校长若干名。有关建校工作由中国科学院江西分院筹备。

18 日　邵式平授予 37 位优秀煤矿工人"工人工程师"职称，他们同时被聘为中国科学院江西分院特约研究员。

18 日　省委、省人委举行"迅速掀起工业生产新高潮"的广播大会，白栋材在会上作指示，黄先作《掀起以钢、铁、煤为中心的全面生产大高潮，为全面超额完成 1960 年上半年工业、交通、基建计划而奋斗》的报告。

18 日　在全省工业群英会上，宣布了从工人中提拔的 300 余名工程师名单，副省长黄先给工程师们发任命书。这批新提拔的工程师，遍及工、交系统的各行各业，涉及冶金、煤炭、机械、地质、电业、建筑、轻工、化工、纺织以及交通、邮电各部门的 47 个工种。在 355 名工程师中，有 258 名是共产党员，大部分是历年的劳模和先进生产者。

白栋材、郭光洲等领导接见新任命的工程师并与他们座谈

18 日　全省工业展览会在南昌正式开幕。展览会规模空前，展会面积达 1200 平方米，展出各种实物和模型 2 万多件。展览共分为序幕、赣南、宜春、上饶、吉安、九江、抚州、景德镇、南昌市以及铁道系统 10 个馆。展览会生动、形象地反映了全省 10 年来，在工业生产、交通运输、基本建设方面所取得的成就。系统、集中地介绍了全省在贯彻执行党的总路线和一整套"两条腿走路"方针指引下的许多先进经验。白栋材致开幕词并剪彩。全省工业群英会的代表和各界代表约 1500 余人参加了开幕式。

18 日　省农林垦殖厅在省林科所召开全省林业科学技术工作会议，邵式平、汪东兴到会讲话。会议对聘请为省林科所特约研究员的 21 名工人和农民举行了授聘仪式。会议于 26 日结束。

19 日　北京市燕鸣京剧团在南昌剧场演出传统戏《挑滑车》、《红梅阁》和现代戏《白毛女》等，著名京剧演员赵燕侠在《红梅阁》剧中扮演李慧娘。

19 日　省委、省人委发出《关于全日制、半日制学校的教学、劳动和生活安排的通知》。

19 日　农业部召开的南方绿肥现场会议在萍乡县召开。出席会议的有来自南方 15 个省、市、自治区的 177 名代表。农业部副部长何基沣致开幕词。刘俊秀等到会讲话。何基沣指出，中央对绿肥非常重视，在《全国农业发展纲要》中明确指出，要"因地制宜积极发展绿肥"。生产绿肥要贯彻养、种、造并举的肥料方针，改良土壤，培养地力。会议期间，代表们还在萍乡、东乡、乐平等县参观。会议于 27 日结束。

21 日　全国水运机务厂务会议在南昌召开。参加会议的有各省、市、自治区交通厅（局）和港、航、厂的负责人及先进生产者 200 余人。中央计委、经委等有关部门派代表出席了会议。会议的主要内容是：以技术革新和技术革命为中心，总结交流大跃进以来全国水运机务、厂务方面的先进经验，部署 1960 年在船舶（包括木帆船）和船厂方面更广泛、更深入地开展群众性的技术革新和技术革命，研究制定水运机务、厂务部门开展检查、评比竞赛的办法。中央交通部副部长谭真作报告，李杰庸讲了话。交通部海河总局副局长王保善作总结报告。会议于 30 日结束。

22 日　省委组织部拟定《今后三年干部培训工作意见》，对各级各类干部的理论学习、理论干部的培训、干部文化学习、专业技术干部培训作出规划。

23 日　江西省工业劳动大学正式开学。2500 多名师生在八一礼堂举行开学典礼。该校设总校 1 所，分校 35 所，分布在全省各地。自 2 月下旬开始招生以来，现已招收了 2 万多名学生。白栋材兼该校校长。省委工业部、宣传部，省人委有关厅、局，省部分大专学校等单位的负责人参加了开学典礼。白栋材作"高举毛泽东思想红旗，为高速培养工农业建设技术人才而奋斗"的讲话。同日，江西工业劳动大学南昌分校举行开学典礼。南昌分校设冶金、机械、化学、电机、交通和土木建筑系，学员 1000 余人。

23 日　全省 16 座大中型水利工程之一的乐平县共产主义水库竣工。该库工程巨大，集雨面积达 140 平方公里，蓄水量达 14000 立方，可灌溉 21 万亩农田，占乐平全县水田面积的 38%，库内可养 1 亿尾鱼，可建小型发电站 16 座，发电

在加速建设中的乐平县共产主义水库

1300 千瓦。中央农业部副部长何基沣在放水典礼上致词：共产主义水库的建成，是总路线、大跃进、人民公社的胜利，是党的治水方针的胜利。

23 日　省委召开全省除害灭病电话会议。赣南区党委，各地、市、县委，庐山、井冈山、军区、铁路党委及各专署、市县主管文教卫生的书记、专员、县市长及各地除害灭病指挥部办公室主任参加了会议。应邀参加会议的还有中央防治血吸虫病九人小组办公室、中央爱国卫生运动委员会办公室的负责人。方志纯主持会议，并作报告。他阐述了除害灭病工作取得的巨大胜利，指出当前除害灭病爱国卫生运动对保证工农业生产的持续大跃进具有十分重要的意义，各级党和政府，必须由书记挂帅，采取"五统一"（统一计划、部署、检查、汇报、评比）和"五结合"（结合积肥、饲养、保粮、绿化、持家）的办法，迅速全面地开展除害灭病爱国卫生运动。

24 日　团省委发出号召，要求全省青少年大战"五边"（河边、塘边、湖边、堤边等）、"五旁"（田旁、场旁、屋旁、路旁、坡旁），大种南瓜、油料。号召要全面规划，组织、开展大突击，广泛开展集体、个人的"五比"、"五好"红旗竞赛。

25 日　全国储委审查批准德兴县铜厂铜矿区地质勘探报告。该矿区铜储量 318 万吨，是江西提交的第一份超大型铜矿地质勘探报告。

26 日　江西电影制片厂完成第一部科教影片《江西 59 型插秧机》。该片编导：吴纯一；摄影：马献瑞。

26 日　《江西日报》社论《工业职员农业的新形势》提出，厂社挂钩，以厂包社是工业资源农业新形式，要迅速在各行各业、一切大小工厂矿山予以推广。

28 日　省人委批转省编委、省人委人事局、省教育厅《关于全省高等学校和中等专业学校机构编制问题的报告》，本着精简节约和勤俭办校的原则，分别规定全省高等学校和中等专业学校机构设置和人员编制比例。

28 日　省委召开五届九次全体扩大会议。参加会议的除省委委员、候补委员外，还有区党

委、地委、县委第一书记，公社党委书记和部分大队支部书记，省、专直属工矿企业的党委书记，以及省级各部门的负责人。杨尚奎在开幕式上作《高举毛泽东思想的胜利红旗，实现社会主义建设持续大跃进》的报告。会议号召：全省各级党组织、全体共产党员和全省人民，继续高举毛泽东思想的胜利红旗，高举总路线、大跃进、人民公社的胜利红旗，深入地开展以机械化、半机械化、半自动化为中心的技术革新和技术革命运动，为完成和超额完成1960年的国民经济计划，为实现社会主义建设的特大跃进，为提前实现《全国农业发展纲要》而奋斗。会议于4月10日结束。

30日 南昌市区及南昌、新建两县遭8级大风袭击，吹倒房屋1369栋，南昌县死亡6人，伤7人。损坏农作物1.5万余亩。

本月 省人委决定成立江西省电业管理局。

本月 南昌铁路局成立江西省工业劳动大学铁路分校（至1961年5月，与原职工学校合并为南昌铁路局技工学校）。

本月 江西冶金地质勘探公司成立（1961年撤销。1962年恢复，后又被撤并。1980年10月，根据冶金部指示，恢复江西冶金地质勘探公司建制，为部直属事业单位，由省冶金厅代管。1983年11月，划归中国有色金属管理总公司直接领导。1984年5月更名为中国有色金属总公司江西地质勘探公司。1989年11月又更名为中国有色金属总公司江西地质勘查局）。

本月 省水产厅在九江召开全省首次水产科技座谈会，确定近期水产科技推广项目。

本月 省教育厅发出《关于贯彻"两条腿走路"的方针，加速普及小学教育的意见》。

本月 赣州八〇一厂（1972年更名为赣州钴冶炼厂）新建炼锡车间投产，在国内率先实现电炉炼锡工业生产。

本月 江西省建筑科学研究所在省建工局原材料试验室的基础上成立。

本月 瑞金县先后获得中央、国务院直接拨款450万元人民币，加上省人委、赣南行政区财政拨款，以及1959年结转年度建设资金总计738万元，为此，瑞金县迅速组建了"红都建设工程局"，配备3名工作人员，着手安排建设项目。

1960

4月

April

公元 1960 年 4 月							农历庚子年【鼠】						
日	一	二	三	四	五	六	日	一	二	三	四	五	六
					1 初六	**2** 初七	**3** 初八	**4** 初九	**5** 清明	**6** 十一	**7** 十二	**8** 十三	**9** 十四
10 十五	**11** 十六	**12** 十七	**13** 十八	**14** 十九	**15** 二十	**16** 廿一	**17** 廿二	**18** 廿三	**19** 廿四	**20** 谷雨	**21** 廿六	**22** 廿七	**23** 廿八
24 廿九	**25** 三十	**26** 四月小	**27** 初二	**28** 初三	**29** 初四	**30** 初五							

1 日　全省民兵代表会议在九江市召开。出席会议的代表 620 人。会议表彰大办民兵师以来的 24 个先进集体，选举出席全国民兵代表会议的代表 156 名。副省长王卓超在会上讲话。省军区司令员邓克明作《关于我省几年来民兵工作的基本总结和一九六〇年民兵工作任务》的报告，强调"劳武结合"的训练方针。出席民兵大会的全体代表向全省民兵发出了倡议书。大会还制发了纪念章和纪念品。会议于 8 日结束。

1 日　省委、省人委发出《关于生猪、家禽、蛋品实行计划派购的指示》，强调实行计划派购要做到"三定"落实，即定任务、定质量、定时间，多养多留，派购任务一年一定。

1 日　全国棉纺织工业先进经验观摩传播队抵南昌，作为期 7 天的观摩和传播"郝建秀工作法"等先进经验。

1 日　铁道部江西省鹰潭枕木防腐厂成立（该厂于1958 年 8 月 17 日开工兴建，1961 年 5 月投入试生产）。

1 日　江西省冶金局改为江西省冶金厅，李华封任

邵式平接见江西省出席全国民兵代表会议代表

厅长，于前、康文清、孟绍周、王丕良、刘振东、张实民任副厅长。

1日 省委将原属矿山冶建一公司、冶金安装二公司、冶金筑炉公司、南昌冶金机械制造厂、南昌钢铁厂合并，组成南昌钢铁公司，隶属省冶金工业厅领导。（1961年11月1日又改为南昌钢铁厂。1963年7月，南昌钢铁厂关闭，成立南昌钢厂。1964年9月南昌钢厂改名为南昌钢铁厂）。

4日 《江西日报》发表社论《拿出一九五八年大搞钢铁的劲头来》。社论提出要坚决批判甘居中游的思想，狠下决心，大鼓干劲，拿出1958年大闹钢铁那样的劲头和勇气来。

5日 省委农工部发布《关于进一步搞好人民公社劳动管理工作的意见》。要求根据统一领导，分级管理的原则，普遍推行定额管理、"三包"（包工、包产、包成本）责任制，逐步做到劳动组织合理化。

6日 省人委批准创办江西财务会计学校，校址设在进贤县（1962年因经济困难停办）。

9日 苏联、捷克斯洛伐克、民主德国、波兰、印度、罗马尼亚、匈牙利、印度尼西亚、缅甸、阿联酋等国的驻华武官及其夫人、子女，在国防部外事处处长张秉玉和夫人等人的陪同下，一行21人，先后游历庐山、九江、南昌等地。副省长彭梦庚、省军区副司令员倪南山等接见了各国武官。16日，外宾离开南昌。

10日 省人委转发国务院《关于高等学校教师职务名称及其确定与提升办法暂行规定》，要求有关单位认真遵照执行。

11日 省人委下达《关于一九六〇年茶叶优待粮供应指标的通知》，确定了1960年收购茶叶补助优待粮标准。

12日 省人委改组省编制委员会，由方志纯等17人组成，方志纯任主任，彭梦庚、王铁任副主任；委员会下设办公室，编制4人，设在省人委人事局。

13日 省水利电力厅批复省气象局机构设置与事业编制，总编制150人，下设秘书科、人事科、计划财务科、测报技术科、台站管理科、农业水文气象科、资料室、南昌水文气象服务台等机构。

13日 省高级人民法院召开第十二次全省司法工作会议，117人出席。会议传达贯彻全国政法工作会议和第五次全国司法工作会议精神，讨论司法工作如何反右倾、鼓干劲、实现连续大跃进问题。贯彻执行中央关于"把对敌斗争搞得紧一些"的方针和进一步执行"少杀、少捕、管制要比过去少"、"依法少杀长判"、"依法长判"的政策。会议于18日结束。

14日 全省第十五次公安会议在南昌召开。会议传达贯彻第十次全国公安会议精神，布置1960年公安保卫工作。王卓超到会讲话。会议于18日结束。

14日 全省第八次检察工作会议召开。全省各级检察院检察长和助理检察员以上干部共计135人参加。会议传达第五次全国检察工作会议精神，总结1959年全省检察工作的经验，讨论、研究1960年全省检察工作任务，王卓超到会讲话。会议于18日结束。

15日 全省财政、财务技术革新表演大会在吉安召开，全省财政、企业财务干部、工人核算员180多人参加，表演、展览的项目有520个。

16日 邵式平在江西拖拉机厂考察生产和技术革新情况，指出凡是成功的项目，必须有一项巩固一项，并及时推广和继续提高；对某些开始时不够完善的革新项目，应该热情地积极地帮助完善，不能泼冷水。

18日 省人委发出通知，要求各地认真贯彻以粮为纲，全面发展的经营方针，抓紧完成豆类、玉米、高粱、瓜类、广昌莲子、百合片、荸荠、生姜、辣椒、薄荷、白术、席草、烟叶、苎麻等小宗作物和土特产品生产。

18日 永新县柘溪公社李页俚十姐妹，向吉安专区妇女发出巧姐妹竞赛倡议书。全区掀起比学赶超帮的竞赛热潮。

19日 江西军区奉命改称江西省军区。

20日 省、市中苏友好协会，省、市图书馆，省博物馆，省、市新华书店等单位联合举办"列宁生平事迹展览会"，展出大型图片和彩色图画近150幅，列宁各时期的著作中译本数百册。

20日　以穆尼奇克为首的苏联水力采煤高级专家组一行3人，到萍乡矿务局考察水力采煤，并作学术报告。

20日　省农业机械厅根据省委决定春插前生产10万部"59型"插秧机的指示，部署专市县以及公社农机厂掀起大造插秧机高潮，据统计，自1月至今，共制造出92174部。由于设计本身尚不完善，材质为铁木结构（木材遇水后变形），加上制造水平低，大部分插秧机没有投入农业生产。

22日　省农林垦殖厅发出《关于在农林垦殖战线上全面开展科学技术研究工作若干问题的紧急通知》，要求各专（行）县（市）成立林业科学研究所，各垦殖场建立综合性的科学研究所或动植物研究所，迅速组成一支浩大的科学技术大队。

22日　省委在南昌剧场举行"隆重纪念列宁诞辰90周年"纪念大会。杨尚奎作《学习列宁关于无产阶级革命和无产阶级专政的学说，反对现代修正主义》的报告。

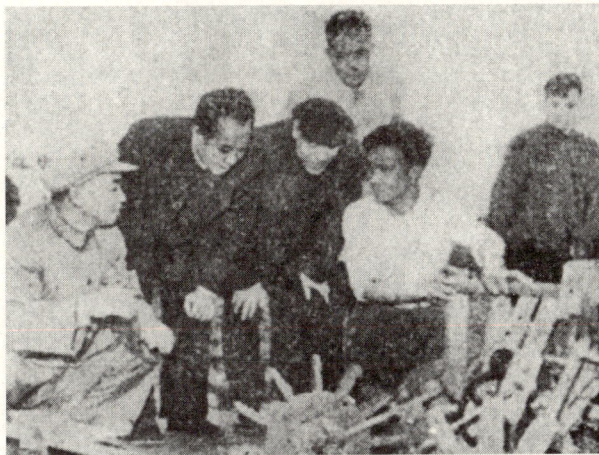

农垦部副部长肖克（左一）和刘俊秀（左二）了解插秧机的性能

国科学院江西分院、省农业厅、省农业机械厅举行鉴定命名仪式。农垦部副部长肖克、水电部副部长李葆华、冯仲云、张含英，省委书记刘俊秀等参观现场表演并参加命名仪式。参加鉴定会的代表共100多人。该机每日可插秧10亩至15亩。当月全国20多个省、市的代表前来参观仿制。

杨尚奎在纪念列宁诞辰90周年大会上作报告

24日　"江西60-1号"、"江西60-2号"半自动化插秧机诞生。邵式平为插秧机命名。中

"江西60-1号"、"江西60-2号"插秧机正在作插秧表演

24日　省委举行技术革新和技术革命运动广播大会。全省工业、农业、基建、交通、财贸、文教、卫生各个战线140多万人收听广播。杨尚奎作《不断革命，乘胜前进，把技术革新和技术革命全民运动推向新高潮》的报告。郭光洲作《高举红旗，不断革命，把技术革新和技术革命运动推向更大高潮》的讲话。省委号召沿着正确的、科学的、全民的轨道不断跃进，掀起"四化"建设的新高潮。

25日　全国农垦系统宣传教育工作会议在南昌召开。全国农村工会主席何英才、中央农村工作部、全国总工会等单位的有关同志主持会议。参加会议的有来自黑龙江、内蒙古、新疆、青海、云南、贵州、广东、福建等27个省、市、自治区和新疆、牡丹江、合江、海南、渤海等垦区的代表。农垦部副部长肖克在共大总校，云山、蚕桑分校作报告。会议于5月15日结束。

25日 全国高空气象工作经验交流会在赣州召开，中央气象局副局长张乃召主持会议，赣州水文气象服务台的代表在大会上发言。会后张乃召视察定南、井冈山等气象站。

25日 省文化局、省文联为检阅建国十年来全省文艺创作成就，联合编辑一套文艺作品选集，由江西人民出版社出版。本月出版的《江西十年小说散文选》收有：《红色赣粤边（五章）》（杨尚奎）、《两条半枪闹革命》（邵式平）、《死亡线上的斗争》（刘俊秀）《潘虎》（邓洪口述、胡旷整理）、《弋横农民暴动》（缪敏）、《毛主席第一次到安源》、《萍乡老工人回忆》等78篇。

26日 肖克到江西农林垦殖机械厂，云山、蚕桑、大茅山垦殖场视察。视察工作于6月结束。

28日 出席全国民兵代表会议的156名代表，近日由邓克明带队赴京出席会议。

省市党政军领导和各界代表热烈欢迎民兵英雄光荣返省

29日 省市各界10万人在八一广场举行示威和集会，谴责美李反动集团（美帝国主义、李承晚）的罪行。郭光洲在集会上发表讲话，支援南朝鲜人民的正义斗争，向英勇的南朝鲜人民致礼。

省市各界10万人举行盛大示威和集会，支援南朝鲜人民爱国正义斗争

30日 赣抚平原水利综合工程二期工程竣工，在焦石举行竣工典礼。

赣抚平原综合开发工程竣工典礼

30日 水利电力部副部长冯仲云、省委第一书记杨尚奎分别为通水通航剪彩。刘俊秀在典礼上作《大搞水利水电建设，为加速实现全省农业现代化而奋斗》的报告。该工程跨南昌市郊区、南昌县及进贤、临川、丰城5个县、区，共

杨尚奎为赣抚平原西总干渠进水闸通水剪彩

修建各类建筑物1296座，大小渠道5000多条，总长1500多公里，土方工程总量3500多万立方米。这项工程的建成使赣抚平原上320多万亩田实现了农田水利化、灌溉自流化。

本月 江西省电业管理局火电设计室成立，江西省电力中心试验所成立，江西省电力设备制造厂建立。

本月 省委决定：江西省电业管理局成立党组，由金光华、叶林、刘俊峰、栾萍、贾永章等5人组成，金光华任党组书记。

本月 南昌铁路局办公大楼破土动工（后因压缩基建投产，于年底停

工，仅完成大楼基础工程。1973年1月再次施工，于1975年11月30日竣工，建筑面积（包括1984年增建西楼附楼）为12024平方米。由南昌铁路局基建处房屋建筑工程队承建）。

本月 省冶金工业厅各单位开展大搞机械化、半机械化、自动化、超声波为主的技术革新和技术革命运动。

本月 列宁的著作在全省广泛发行。据不完全统计，全省发行数量达30万册以上，其中《列宁全集》（1卷至38卷）约9万册，列宁著作单行本60余种，约发行10万余册，各种经典著作，如《论国家》、《国家与革命》、《土地问题理论》、《论粮食税》、《论合作制》、《哲学笔记》、《反对修正主义》等等，供不应求。

本月 省人委、冶金部和上海市共同商议决定，赣东北有色金属公司交上海市冶金局代管。

本月 新余钢铁公司界水铁矿和分宜石灰石矿同时动工建设（石灰石矿从1961年1月开始手工开采，1962年6月30日建成投产）。

本月 九江城门山铁矿划归南昌钢铁公司领导（1963年2月15日停产关闭。1965年9月移交九江市政府接管。1969年10月重新划归南钢。1970年10月又划归九江专区领导。1971年2月划归南钢。1973年1月25日省冶金局通知缓建。1977年3月8日移交武山铜矿领导。1979年7月1日划归江西铜基地总指挥部江西铜业公司领导）。

本月 江西省电业管理局成立，南昌供电所升格为供电局，调度室扩大，改称调度科。

本月 高安矿务局筹备处成立。江西省和华东经济协作区协作，开始大规模开发高安矿区（开工建设6对新井和一座装机容量1500千瓦自备电厂等，均于1961年停建）。

本月 上海钢铁公司投资80万元，与宜丰、上高两县在宜丰县棠浦合办花棠煤矿（1962年5月停产关闭）。

本月 省商业厅根据省委《关于对苏联等兄弟国家出口瓷器由景德镇包下来的指示》，由商业厅副厅长刘痴生与苏联大使馆商务参赞处代表米拿也夫同往景德镇，了解关于1960年供苏800万卢布出口瓷和增供300万卢布至400万卢布出口瓷计划执行和提供货单情况，并向省委和省人委写了《关于景德镇对苏出口瓷器的检查报告》。

本月 江西省蚕桑科学研究所在省蚕桑示范场基础上成立。

本月 省人委发出通知，要求各地自力更生，就地取材炼煤焦油、松根油，开采利用天然气及人工沼气等，作为代用燃料。

本月 方志纯主持召开编写革命史和地方志座谈会，参加会议的有区党委、各地（市）委秘书长和各县（市）委书记约100人。会议要求全省各地1961年底以前编完地方志的初稿。

本月 江西省机械科学研究所成立。同时组建江西省机械工业局设计室（1976年5月改名为江西省机械工业设计院，1988年更名为江西省机械工业设计研究院）。

1960

5月 *May*

公元 1960 年 5 月							农历庚子年【鼠】					
日	一	二	三	四	五	六	日	一	二	三	四	五	六
1 劳动节	**2** 初七	**3** 初八	**4** 青年节	**5** 立夏	**6** 十一	**7** 十二	**8** 十三	**9** 十四	**10** 十五	**11** 十六	**12** 十七	**13** 十八	**14** 十九
15 二十	**16** 廿一	**17** 廿二	**18** 廿三	**19** 廿四	**20** 廿五	**21** 小满	**22** 廿七	**23** 廿八	**24** 廿九	**25** 五月大	**26** 初二	**27** 初三	**28** 初四
29 端午节	**30** 初六	**31** 初七											

1 日　省人委决定拨出优抚事业费 110 万元，扶助革命老根据地弋阳、赣县、吉安等 11 个县各建一个居民住宅区。

1 日　南昌市第一条 35 千伏农用输变电工程在南昌县蒋巷叶楼建成通电。

3 日　《江西日报》发表社论《加强调查研究，实现思想作风大跃进》，提出领导干部一年下乡几个月，进行"走马观花"与"下马观井"相结合，深入群众，深入基层，深入实际了解情况，对于改进领导作风和领导方法，克服官僚主义、主观主义思想作风是有效药剂。

4 日　省人委批转省农林垦殖厅《关于木竹过坝问题的报告》。

4 日　井冈山革命文物恢复管理委员会成立，并着手恢复革命遗址。维修了黄洋界、桐木岭、朱砂冲、双马石、八面山红军哨口工事遗址和茨坪大井、茅坪等地的旧址（7 月，修复毛泽东在大井的故居）。

5 日　省市 1400 余人在江西艺术剧院举行集会，纪念毛泽东《在延安文艺座谈会上的讲话》发表 18 周年。省委宣传部副部长李定坤在会上作《高举毛泽东文艺思想的胜利旗帜前进》的报告。

6 日　澳大利亚作家威廉姆斯和瑞典文学编辑赫尔曼游览访问庐山。

7 日　省委和省人委决定成立上高、高安和乐平矿务局（1961 年 2 月，上高矿务局与花鼓山煤矿合并，成立上新矿务局）。

7 日　江西省松虫研究站在弋阳县成立。

9 日　省委发出《关于进一步巩固提高农村人民公社若干问题的规定》。要求坚持以队为基础的三级所有制，在发展大队经济的基础上，积极发展社有经济；加强经营管理，提高劳动生产率，做好生产计划和收益分配；贯彻经济核算，管好财务；改进工作作风，加强基层领导。

9 日　全国采矿工程现场会议在南昌市召开。参加会议的有 27 个省、市、自治区地质厅、局和地质院、校以及冶金部、煤炭部等部门的代表 500 余人。省地质局局长李如皋致开幕词，地质部采矿工程司副司长任子翔作《高举毛泽东思想的红旗，把技术革新和技术革命运动推向新的高峰，为全面超额完成一九六〇年的采矿工程生产任务而奋斗》的报告。地质部副部长许杰在大会总结中，4 次提到江西省地质局在探矿工程方面取得的成就。会议于 16 日结束。

9 日　地质部公布 1959 年地质勘探先进记录，江西省地质局铅、锌、铜矿区划钻探年平均台效以及铜矿区钻探年平均单位成本等项，均为全国第一。

上饶地质大队一〇四队红旗 3 号机钻工用合金钻头突破硬岩层关，1 小时进尺最高达 11 米

9 日　省教育厅转发教育部《制发高等院校教师职务名称问题的实施办法》，全省各高等院校开始施行。

10 日　省市各界 12 万人在八一广场举行集会和示威，支援日本人民反对日美军事同盟条约的正义斗争。方志纯、郭光洲、罗孟文、汪东兴、潘震亚等，以及各民主党派主任委员参加了大会。郭光洲在会上严厉谴责美日反动派策划新战争的罪恶行为。大会宣读和通过了《省市各界人民支援日本人民反对日美军事同盟条约大会通电》。

12 日　省政协举办报告会，省政协副主席、省委统战部部长于洪深作《关于资本主义工商业改造问题》的报告。省委秘书长黄知真作《关于国内形势》的报告。

14 日　商业部在萍乡县召开全国商业支援农业技术改造巡回现场会议。会议由商业部副部长

阎顾行主持，副省长李杰庸到会，来自全国各省、市、自治区的商业职工代表 900 多人出席会议。会议交流总结全国商业"七面红旗"在支援农业"三化"，支援社办工业，帮助人民公社利用土钢土铁，燃料节约代用，开展动力机械综合利用，发展多种经营和组织人民经济生活等方面的先进经验。

14 日　省政协第二届常务委员会第四次会议与省人委会议在南昌市联合举行。会议通过《关于召开第二届全省人民代表大会第三次会议和政协江西省第二届委员会第二次会议的联合决定》。

15 日　全国财贸部门技术革新、技术表演大会在北京召开，江西省代表团带去展览及表演的项目有 52 项。

15 日　省公安厅召开全省公安处、局长会议，检查各地贯彻执行省委、省人委《关于坚决制止农村人口盲目流动的紧急指示》的情况。截至 4 月初，全省共遣送盲流人员返籍 10 万余人。

15 日　民建江西省工作委员会成立。民建中央常委资耀华受民建中央委托，宣布民建省工委组成人员名单，主任委员为潘式言。民建南昌市委会代行民建省组织职能至此终止。同日，民建江西省工委、省工商联"两会"协作委员会成立，该协作委员会由主任委员潘式言等 28 人组成。

16 日　省委召开区、地、市委第一书记会议。会议着重批判了重洋轻土、贪大求洋的思

东乡钢铁厂小高炉群

想，认为"小土群"不是权宜之计，是长期的战略方针。会议确定，乘插秧后的农事较闲季节，从农业战线抽调一定数量的劳动力，投入大炼钢、铁、煤"小土群"的战斗，在短期内建成一批新的"小土群"基地，使小煤窑、小铁矿、小高炉、小转炉、小铁路"五小成群"。会议于18日结束。

16日 省地质局石油普查勘探大队实行三级包干制，这是全省地质系统承包制的开始。

16日 赣南行政区建筑工程公司（前身为省建一公司）推行投资包干制度，对外实行工程预算总额包干，对内实行分级包干即公司、工地、班组三级包干。在102工地赣州体育馆工程试点之后，投资包干制度6月开始全面推行。

17日 南昌市实现城市人民公社化。从1958年秋开始试办，至此全市共建有25个人民公社。

18日 毛泽东在南昌视察工作。视察工作于22日结束。

18日 全省文教群英会在八一礼堂召开。来自文化、教育、卫生、体育、新闻方面社会主义建设先进单位的代表和先进工作者1600余人出席大会。方志纯、邓洪等省领导参加了大会。省委宣传部副部长吕良致开幕词，方志纯作《高举毛泽东思想红旗实现文教卫生工作的持续大跃进而奋斗》的报告。大会通过了向党中央和毛主席的致敬电，代表们向全省文教战线发《倡议书》。邵式平在会上作讲话。会议于24日结束。

方志纯在全省文教群英会开幕式上作报告

18日 省人民银行、省财政厅发出《关于建立农村人民公社一级财政有关几个问题的处理意见的通知》，就收支下放问题，银行营业所代理公

社全席以及县总会计账务处理问题作出规定。

19日 邵式平接见一批农业劳动模范和农业科学工作者。要求在农业生产中广泛使用各种新式工具，大搞机械化、半机械化、自动化、半自动化、提高农业生产率。

20日 刘少奇外出考察路过萍乡、南昌，分别在萍乡火车站、南昌火车站与萍乡县委、县政府、萍乡矿务局负责人和江西省委负责人谈话。

21日 省市各界人民33万余人举行集会和示威，支持苏联政府的严正立场，谴责美帝国主义破坏四国首脑会议。杨尚奎代表全省人民严正谴责和警告美帝国主义的侵略和挑衅，

杨尚奎在集会上讲话

坚决支持苏联政府的正义立场；号召全省人民加强团结，提高警惕，努力工作，生产更多的钢铁、粮食，用实际行动回击美帝国主义的侵略和挑衅。

22日 全省第一次文教展览会在省博物馆开幕。

26日 省委召开城市人民公社会议。据7个市统计，共建立城市人民公社46个，社员74.85万人，占应入社人员的91%，共办食堂1462个，就餐人数21.5万人，占公社人口的45.2%。会议要求公社不仅要将分散、个体的生产方式改变成为大集体的生产方式，将散漫的生活方式改变成集体的生活方式，而且要改变千百年遗留下来的习惯势力，要大办公社生产，大办公社工业，要以生产为中心，大力发展和办好公共集体生活福利事业，以食堂为中心，举办各项服务事业。会

议于30日结束。

临川县孝桥人民公社新中大队开办的第二食堂

26日 省委召开农业生产工作电话会议。会议强调应根据各种任务，组织不同的专业队、组，实行固定作业与大协作相结合的办法，一般性的农活实行固定作业，任务大、时间紧的农活应组织大协作。

27日 省委决定，在全省工业交通战线开展"三反"（反贪污、反浪费、反官僚主义）试点工作，规定"三反"以教育为主，对象限于干部。

28日 省委批转省委宣传部《关于大力发展和巩固农业中学的意见》。

28日 省委编制委员会下发《关于调整全省各种事、企业机构编制的意见》，提出了农业、水利电力、各类学校、保育院、卫生等事业机构的编制调整意见。

29日 萍乡矿务局青山矿因食堂供应变质猪肉、牛肉，造成职工509人集体食物中毒事件，在江西省、萍乡市卫生医疗单位的支援下，经过抢救，中毒人员全部康复。

30日 江西文艺学院成立。院长由石凌鹤兼任，陈茵素任党委副书记、副院长；刘恕忱任附属戏曲学校校长，肖桂香任副校长。

30日 省委、省人委发唁电，吊唁林伯渠同志逝世。

30日 省委发出通知，规定不得随意合并共大分校，凡合并或者撤销共大分校，必须经省委批准。

31日 省农业科学研究所、江西农学院自26日至本日，先后向省委农村工作部提出关于人民公社经营管理问题的三个报告：《关于举办江西省农村人民公社经营管理函授大学》、《关于编写经营管理学》、《关于在农村开展经营管理百题大讨论的一封信》。省委农工部批转赣南区、各地（市）、县委农工部研究执行。

本月 江西医学院第二附属医院实现革新项目1323项，其中具有较高价值的达70项。

本月 《江西十年剧本选》（创作集）出版，该书收入10个剧本。有话剧《八一风暴》、《方志敏》；赣剧《一群穆桂英》；采茶戏《秋收时节》、《红松林》、《攀笋》；祁剧《鞋印》；京剧《强渡大渡河》、《英雄杨春增》等。

本月 赣州铝厂年轧钢能力600吨的轧钢车间建成投产。

本月 煤炭工业部水文地质三分队在丰城县成立。

本月 省水产科学研究所成立，所址设在南昌市塘山乡。

本月 南昌市洪都联合医院改为南昌市洪都中医院。

本月 江西省曲艺团（队）成立。

本月 省委决定撤销省建总公司，成立省建筑工程公司。省建筑工程公司党的关系归省委。

本月 省机械工业局决定建立江西矿山机械制造技术工人学校，校址设在萍乡市江西矿山机械厂内。省劳动局安排1960年统一招生600名。

本月 上海中华元塑料厂并入南昌电缆厂（同年10月，聚氯乙烯缘电线投产，填补省内塑料电线生产空白）。

1960
6月
June

公元 1960 年 6 月							农历庚子年【鼠】						
日	一	二	三	四	五	六	日	一	二	三	四	五	六
			1 儿童节	**2** 初九	**3** 初十	**4** 十一	**5** 十二	**6** 芒种	**7** 十四	**8** 十五	**9** 十六	**10** 十七	**11** 十八
12 十九	**13** 二十	**14** 廿一	**15** 廿二	**16** 廿三	**17** 廿四	**18** 廿五	**19** 廿六	**20** 廿七	**21** 夏至	**22** 廿九	**23** 三十	**24** 六月大	**25** 初二
26 初三	**27** 初四	**28** 初五	**29** 初六	**30** 初七									

1 日　全省巧姐妹代表大会在八一礼堂召开。出席会议的有来自全省工业、农业、交通运输、基建、财贸、文教、卫生、集体生活福利事业等方面的先进集体和先进人物，到会代表1126人。省委领导将100多面奖旗、1000多张奖状，分别授予全国"三八"红旗集体和全国"三八"红旗手及巧姐妹英雄。杨尚奎、邵式平、方志纯等到会祝贺。邵式平讲话。朱旦华作《高举毛泽东思想的胜利旗帜，永远做红、勤、巧、俭的先进妇女》的报告。刘瑞森在讲话中说，全面组织好人民经济生活、切实办好以食堂为中心的福利事业，这也是彻底解放妇女劳动力，使妇女彻底摆脱繁琐家务劳动的一项重要工作。大会通过了全体代表向党中央、毛主席的致敬电和向省委、省人委的致敬电，代表们向全省姐妹发出了倡议书。中国科学院江西分院聘请51名巧姐妹为特约研究员，并为她们颁发了聘书。会议于8日结束。

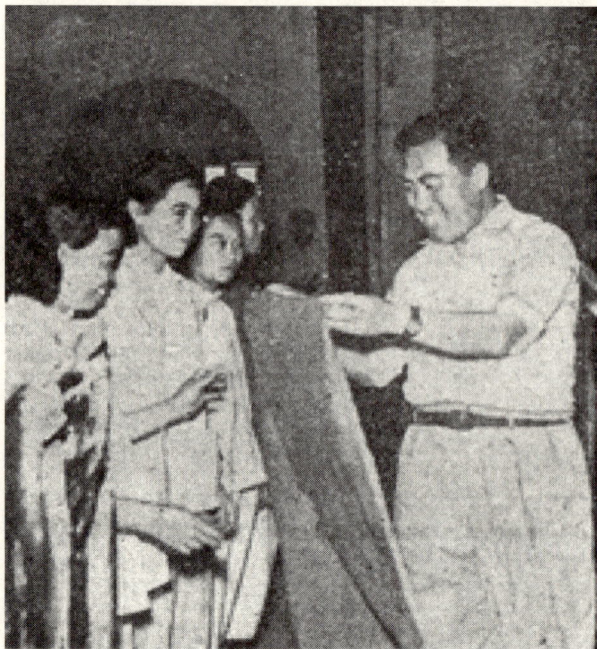

江西省巧姐妹代表大会闭幕，刘瑞森向全国"三八"红旗集体及"三八"红旗手以及全省巧姐妹英雄单位及巧姐妹英雄颁发奖旗

1 日　省冶金厅地质勘探公司重新组建，公司设在分宜界桥，下辖六一〇队、六一二队、六一四队和六一五队。

2 日　李杰庸到丰城矿务局视察，并召开职工生活福利工作座谈会。

2 日　省轻工业厅在南昌市召开各专、市轻工业处、局长、直属厂长紧急会议，贯彻省委关于抓好轻工业的指示精神。会议于 8 日结束。

3 日 省工商联召开第二届会员代表大会，出席、列席会议的代表 544 人。会议期间，传达和学习"两会"中央代表大会的"五个文件"。听取了省党政领导的报告。讨论全省工商届当前在改进服务中带有普遍性的问题，并研究了今后努力的方向。大会通过《全省工商业者，在总路线光辉照耀下，坚持"顾一头"、"一边倒"，加强改造，积极服务，为祖国社会主义建设作出更好的贡献》的文件，选举 191 人组成新一届执行委员会，选举王德舆为主任委员。并通过了向毛主席，向省委、省人委的致敬电。会议于 16 日结束。

5 日 兴国县欧阳登升献出"万能解毒剂"秘方，经省内外多次临床试用证明，是一种有效的解毒剂。中国医学科学院江西分院聘请欧阳登升为特约研究员，省中医药研究所聘他为特约医师。

6 日 省政协在南昌市召开省社会主义学院、省直有关单位和部分市、县政协负责人座谈会，座谈政治理论学习问题。座谈会于 9 日结束。

6 日 省航运局赣驳一一〇四号在樟树港装完汽油后，因船员擦火柴引起燃烧爆炸事故，死亡 1 人，重伤 1 人，轻伤 2 人，损失汽油 90.79 吨。

9 日 省地质局科学研究所近日正式成立，所址设在省地质局大院内，后迁吉安市。

10 日 省生产委员会、省机械局、省农机厅在南昌市召开全省机械工业新产品新技术现场会议，推广电渣熔炼含金钢、红砂炼钢和精密铸造等 3 项新技术。邵式平到会讲话。

10 日 最高人民法院副院长马锡五到江西视察工作，先后到南昌市及所属东湖区、西湖区、抚河区和吉安市、吉安县、泰和县以及鹰潭镇等人民法院视察，并听取了省法院的工作汇报（16 日，在省高级人民法院部分干部会上讲话，指出干部要深入到基层、生产中去，摸情况，解决问题，办案质量不能粗糙，量刑要防止偏轻偏重）。

13 日 省人委举行第十三次委员会会议。会议讨论省第二届人民代表大会第三次会议议程（草案），并决定省二届人大三次会议于 6 月 16 日开幕。会议原则通过《关于一九六〇年国民经济计划草案的报告（初稿）》和《江西省一九五九年财政决算和一九六〇年财政预算的报告（草案）》。会议同意将《为提前实现全国农业发展纲要而奋斗》的报告提请第二届全省人民代表大会第三次会议主席团通过后，再提请省二届人大三次会议讨论通过。会议还讨论召开省二届人大三次会议的其他有关事项。

15 日 省政协二届委员会第二次会议在中山堂召开。出席会议的政协委员有 418 人。政协副主席郭光洲、罗孟文、莫循、黄知真等出席会议。会议听取和审议二届委员会《常务委员会工作报告》，总结了一年来的工作，并提出：为适应"一天等于 20 年"的飞跃发展形势，坚决贯

省政协二届二次会议会场

彻"顾一头"、"一边倒"的精神，加强自我改造，更好地为社会主义建设服务。与会委员列席了省二届人大三次会议。会议于 23 日结束。

16 日 省二届人大三次会议在八一礼堂召开。到会代表 382 人。邵式平、方志纯、刘俊秀、白栋材、刘瑞森、郭光洲等党政负责人出席会议。副省长黄先作《关于一九六〇年江西省国民经济计划（草案）的报告》，省财政厅厅长徐

光远作《关于江西省一九五九年财政决算和一九六〇年财政预算草案的报告》。会议期间，代表们坚持周二、周五学习日制度，学习《列宁主义万岁》等文章。省委宣传部部长莫循作《高举列宁主义的旗帜，坚决反对现代修正主义》的时事报告。杨尚奎就当前国际形势作《高举三面红旗，团结一致，更好地为社会主义服务》的讲话。大会向全省人民发出"为完成和超额完成今年国民经济计划，为提前实现全国农业发展纲要而奋斗"的号召。刘俊秀作《为提前实现全国农业发展纲要而奋斗——对我省贯彻执行全国农业发展纲要规划草案的说明》的报告。大会通过《江西省第二届人民代表大会第三次会议提案审查委员会关于提案的审查报告》、《关于江西省一九五九年财政决算和一九六〇年财政预算的决议》、《关于为提前实现全国农业发展纲要而奋斗的决议》会议于23日结束。

16日 全国青年学习马克思列宁主义、毛泽东著作观摩团一行27人在团中央常委黄天祥的率领下到达江西。交流和研究各地学习马克思列宁主义、毛泽东著作的经验，推动各地学习运动更深入、更广泛、更持久地向前发展。观摩团在全省共举行报告会21场，收听广播的青年达132万余人。

17日 省煤炭工业管理局科学研究所成立，所长为张伯平（兼）（同年8月，科研所建制撤销，有关业务由省煤管局生产处管理）。

18日 新余市委、新余钢厂建委联合召开新余市和新余钢铁公司总体规划座谈会。参加会议的有建筑工程部城市规划局、上海电业局、上海冶金局、冶金部黑色冶金设计院、上海建委综合规划组、上海铁路局、南昌铁路局、铁道部第四设计院、鞍钢焦化耐火材料设计院、江西冶金设计院、长沙矿山设计院、江西省建委、省计委、省建筑工程局、新余钢铁公司、新余电厂、铁路新余地区党委以及驻新余市有关单位。白栋材主持会议。经过7天研究讨论，确定新余市的发展规模控制在50万人口左右，面积为80平方公里。

19日 省政协与南昌市政协联合召开座谈

会，谴责美国总统艾森豪威尔在中国领土台湾进行活动。

19日 全省各城市开始举行"反对美帝侵略，坚决解放台湾"电影周。电影周放映的影片有国产片、朝鲜影片，共20余部。

22日 省商业厅发出指示，要求各级商业部门抓紧大办人民公社工业的大好时机，大力组织小商品生产，做好原材料供应；签订合同，大力组织收购、加工，满足市场需要。

22日 全省革新农具评比选型会在南昌县莲塘镇召开。38种农田、畜牧、炊事等先进工具经中科院江西分院鉴定批准推广使用。邵式平在会上指出推广使用半机械化工具和改良工具的重要性和必要性，要求各地切实抓好推广使用工作，在今年的夏收夏种中发挥作用。

中科院江西分院签发38种工具鉴定书准予在各地推广，中国科学院江西分院副院长钟平（中）在农（工）具鉴定书上签字

23日 省档案管理局在贵溪县档案馆召开全省档案馆工作现场会议。会议于29日结束。

25日 全省各界人民在八一礼堂举行反对美国侵略朝鲜、支持朝鲜人民和平统一祖国大会。中国人民保卫世界和平委员会江西分会副主席莫循在大会上讲话。

26日　省人委公布全省贯彻执行1956年到1967年《全国农业发展纲要》规划。

27日　南昌市万名男女民兵举行反美示威大会，来自工厂、基建、交通、农村、城市人民公社、学校、机关的民兵队伍，身带步枪、轻重机枪等各种不同武器，浩浩荡荡地从四面八方涌向人民广场。杨尚奎、邵式平、方志纯、刘俊秀、白栋材、郭光洲等省党政领导检阅了民兵队伍。郭光洲号召民兵提高警惕，加强戒备，准备随时打击侵略者。

南昌市万余民兵举行示威游行

28日　全省文物博物馆工作现场会在瑞金举行。部分县市代表和省文物管理委员会、省博物馆工作人员30余人参加会议。会议传达了文化部召开的全国文物博物馆工作会议精神，总结全省10年来文物、博物馆工作的经验。

28日　全省地质工作会议在庐山召开，着重交流普查工作经验。会议于7月上旬结束。

本月　江西省养蜂科学研究所在向塘种蜂场基础上成立。

本月　江西省水产专科学校改名为江西省水产学校。

本月　1月至6月，省农林垦殖厅先后批准建立22个畜牧商品生产基地，有界桥、万家埠、金坪、捉牛岗、饶丰、石灰岭、蒙山、茅山头、琳池、九莲山、桂竹帽、淮王垣、双江、谷源山、油山、禾斛岭、南英、沟树、旭光、梅岩、郡公崖、永新垦殖场。价拨乳公牛23头，分给红星、黄岗山、云山、刘家站、蒙山、茅山头、蔚山、捉牛岗、井冈山、南英等23个场地。批准泰和县武山垦殖场建立种鸡场。

1960

7月 *July*

公元 1960 年 7 月							农历庚子年【鼠】					
日	一	二	三	四	五	六	日	一	二	三	四	五	六
					1 建党节	**2** 初九	**3** 初十	**4** 十一	**5** 十二	**6** 十三	**7** 小暑	**8** 十五	**9** 十六
10 十七	**11** 十八	**12** 十九	**13** 二十	**14** 廿一	**15** 廿二	**16** 廿三	**17** 廿四	**18** 廿五	**19** 廿六	**20** 廿七	**21** 廿八	**22** 廿九	**23** 大暑
24 闰六月	**25** 初二	**26** 初三	**27** 初四	**28** 初五	**29** 初六	**30** 初七	**31** 初八						

1日 省委批转省公安厅党组关于在厂矿、企业、机关、学校开展保密大检查运动的报告，并决定组成省委保密委员会，要求各地、市、县委也成立相应的机构，统一领导保密工作。

1日 井冈山至宁冈公路竣工通车典礼在茨坪举行。副省长潘震亚、李世璋、欧阳武参加典礼仪式。龙市也举行了3000人的庆祝大会。井冈山公路自茨坪至龙市，长49公里，主要路段位于海拔1700多米，沿途多崇山峻岭，峡谷深渊，工程异常艰巨，土石方共计217.13万多方，是井冈山人民苦战7个月完成的。

1日 委省，省人委发出《关于加强人民公社财务管理工作的几项规定》，主要内容有：（一）人民公社的"一切开支，都应该规定定额和标准，严加控制"；（二）公社、生产大队、生产队的各项收入来源和支出项目，应该具体规划，作出规定，该谁收的谁收，不要混淆不清；（三）加强三内级经济核算，讲究经济效益；（四）加强计划管理，严格财经纪律；（五）坚持民主管理，实行财务公开；（六）健全财务机构，建立各种会计制度；（七）合理安排和使用资金，实行现金管理制度；（八）加强财产和物资的管理制度等。

2日 为加强对全省工商业者家属的工作，帮助全省工商业者家属更好地改造，更好地服务，省民建与工商联举行常务委员会第四次联席会议，决定成立工商业者家属工作委员会。工作委员会由19人组成，下设办公室，推定傅名荣为主任委员。

2日 省委农工部召开全省农工部长会议。会议提出，要争取粮食生产4年过关，必须严格控制抽调大队的劳动力，一般不能超过大队全年节约劳力总数的30%，最多不能超过40%；农村"三反"必须发动群众，既要保护绝大多数干部，又要敢于把干部放到群众中去考验，要使所有犯错误的干部都和群众见面，过好群众关。规定"三反"对象应是生产队一级以上的干部，而不是群众。会议于10日结束。

3日 江西水电学院师生170人，于近日赴瑞金、遂川、永修、德安、武宁等5县，协同县水电局技术干部进行水电站、水库的勘测。

4日 省农机厅近日在余江县召开全省农机

修配工作会议，贯彻农机部提出的"制造与修理并重"方针，建立以专区中心修配厂为主的全省农机修配网，做到大修不出区，中修不出县，小修不出社，并逐步做到大修不出县。会议组织现场观摩和交流曲轴焊补、轴瓦、活塞环制造等先进修配工艺和技术。

5日 省人委人事局党组向省委呈报《关于1960年国家机关工作人员调整工资工作意见的报告》，拟定部分机关工作人员、科技人员调整工资，调资面分别为20%，20%~40%。省委批转同意这一报告。

6日 省高级人民法院召开提高办案质量经验交流会，25人出席。与会者通过实际办案，学习文件，参观公开审判大会，座谈讨论，总结办案经验。交流会于30日结束。

7日 南昌市归国华侨联合举行集会，抗议和谴责印度尼西亚爪哇军事当局武力迫迁华侨，制造惨杀华侨事件。

7日 省妇联会同省总工会、团省委、省军区、中科院江西分院、省社联等单位，在景德镇市召开基层干部、工农群众学习毛主席著作经验交流会。会议于11日结束。

8日 省委召开学前儿童保育工作电话会，方志纯作报告。报告总结了全省1958年以来儿童保育事业取得的巨大成就。要求从7月份开始，掀起一个大办儿童保育事业的高潮。并提出了六点要求：（一）做好宣传工作；（二）贯彻自愿参加原则；（三）勤俭办园（所）；（四）深入开展技术革新，提高保育质量；（五）培训保育人员；（六）加强党对保育工作的领导。

8日 《江西日报》发表社论《必须实行定期预发工资制》，要求各地人民公社，从今年夏收分派开始，实行定期预发工资制度，尽量做到按月预发工资。凡是没有实行预发工资的单位，都应在夏收分配中开始执行，收入不够正常的社队，如果还不能按月预发工资的，也要做到两月发一次或一个季度发一次，并形成一定的制度，固定下来。

9日 全省管教工作会议在新建县长埌召开，传达1960年4月第五次全国劳改工作会议精神。

10日 全省开展财政工作观摩检查，131人组成6个分团，观摩检查了6个市、25个县、45个财政基层单位，访问了工商企业、基建单位、事业单位288个、公社45个、大队36个，召开座谈会、经验交流会165次。检查于8月3日结束。

12日 省委组织部、省人委人事局制定《江西省下放干部劳动锻炼十条守则》。

15日 在南昌市的省、市归侨200余人集会，拥护中国政府严正声明，抗议印度尼西亚政府排华。

15日 景德镇东风、华风、红星等瓷厂的砖烟囱地基为很深的松软渣片杂填土，设计者将砖烟囱设计成"薄壁"浅基，并用钢筋代替外扁箍，用排潮孔防裂，大量节约"三材"（水泥、钢筋、砖），成倍地降低了造价。

15日 省妇联、省教育厅、省卫生厅、省总工会在庐山联合召开学前儿童保育工作会议，传达全国城市学前儿童保育工作哈尔滨现场会会议精神，制定《一九六〇年至一九六二年全省学前儿童保育工作规划（草案）》。会议于20日结束。

16日 省委批转省委组织部、省人委人事局党组《关于各地吸收干部工作中存在问题的报告》，对"大跃进"中突击吸收录用干部进行清理整顿。

20日 省委组织部制定《关于加强培养训练科学技术干部的意见（草案）》。

20日 《江西日报》社论《以更高的速度发展生产》指出，全省按人口平均，养猪头数不够多，要求各地迅速检查所留饲料地的面积和种植情况，凡是每头猪不足2分至3分饲料地的，都要发动群众开荒加以补足，不要轻易抽社员的自留地。

21日 省公安厅发出《关于开展打击流窜犯战役的指示》，部署从8月15日至9月底，有准备有计划地开展以打击流窜犯为中心的破案战役。

22日 1960年全省水上运动会在省体育场

游泳池召开。152 名优秀选手参加运动会。133 名运动员达到等级标准，其中达二级运动员标准的 20 人，达三级的 73 人，达少年级的 40 人。南昌市获团体总分第一名。

24 日 全省青少年乒乓球比赛在省体育馆开幕。

25 日 省人委发出《关于停止新建礼堂、饭店、招待所等非生产性基本建设的通知》。

28 日 南昌市瀛上、青山、第四交通路 3 条干道，历时近 4 个月，基本建成，举行通车典礼。3 条道路路面宽 60 米至 80 米，全长达 16 公里。

29 日 省教育厅发出《关于试行全日制中、小学五、三、二制和五、二、三制教学计划的通知》。并已编出一套用于全日制中、小学五、三、二制和五、二、三制及幼儿园的各科教学大纲和教材。

29 日 省委召开电话会议，部署搞好"双抢"工作。同时要求各地人民公社、生产大队、生产队做好评产验收，核实产量。采取干部、群众、技术员三结合的办法，查面积，划地段，分片评出产量，然后由大队统一管理，组织一定的劳力，实行边打边晒边过秤边入仓。

30 日 省农林垦殖厅通知，要求以专区为单位，在两年内完成全省森林病虫害普查工作。

本月 省人委决定为全省大、中、小学校教学人员调整工资，调整工资从本年 3 月起执行。

本月 第一机械工业部、全国机械工会、农机部、铁道部和纺织工业部的全国冷加工先进经验观摩队华东分队，来江西省进行现场表演，传授新技术。随后省机械局，省农机厅组织全省冷加工先进经验观摩队分赴省内各地机械企业传授新技术。

本月 省委决定恢复省委直属机关委员会。

1960
8月
August

公元 1960 年 8 月							农历庚子年【鼠】					
日	一	二	三	四	五	六	日	一	二	三	四	五	六
1 建军节	**2** 初十	**3** 十一	**4** 十二	**5** 十三	**6** 十四		**7** 立秋	**8** 十六	**9** 十七	**10** 十八	**11** 十九	**12** 二十	**13** 廿一
14 廿二	**15** 廿三	**16** 廿四	**17** 廿五	**18** 廿六	**19** 廿七	**20** 廿八	**21** 廿九	**22** 七月大	**23** 处暑	**24** 初三	**25** 初四	**26** 初五	**27** 初六
28 初七	**29** 初八	**30** 初九	**31** 初十										

1 日　共产主义劳动大学总校 2580 名师生举行大会庆祝建校二周年。汪东兴作《更进一步地开展群众性的教学改革运动》的报告。

2 日　沙城铁路（沙河至城门）全部建成，举行通车典礼。黄先、李杰庸和九江市委负责人参加典礼。沙城铁路是全省新建的六条铁路之一，从设计到施工、建成，总共 6 个半月。

4 日　省人委批示，省冶金厅下设钢铁局和有色金属管理局。钢铁局局长由副厅长王丕良兼任，有色金属管理局局长由副厅长于前兼任。

5 日　中央发出《关于紧缩社会集团购买力的指示》。江西省采取措施完成了中央分配压缩本年公用经费商品性支出 20% 的任务。

9 日　省委组织部、省人委人事局制定《江西省基层干部十项守则》。

9 日　遂川县连降暴雨，暴发特大山洪，680 个村庄受淹，冲倒民房 1491 栋，大小商店 255 家，412 人被冲走淹死，248 人被倒房砸伤，冲毁水利工程 266 座，灌田数万亩的南、北灌陂也被冲坏，影响秋灌。

10 月　省人委人事局发出《关于干部任免工作应注意几个问题的通知》，对干部任免工作程序、手续等提出了 9 点要求。

10 日　全省农林垦殖工作会议召开。会议强调，要根据中央大办农业、大办粮食的精神，集中主要精力抓农业、抓粮食生产，更好更全面地贯彻执行总路线，保证国民经济继续跃进。会议于 18 日结束。

11 日　西班牙共产党总书记卡尔西亚登游庐山。

12 日　《江西日报》发表社论《要有这样的狠心抓农业抓粮食》，肯定赣南区党委从领导机关抽调 40% ~ 50% 的干部到基层担任实职，大办农业，大办粮食的做法。要求各级党委都有这样的决心，把更多的优秀干部派下去，固定下来。

13 日　省人委批转省卫生厅《关于加强人民公社卫生组织的意见》，要求建立一支中西医相结合，高、中、初级卫生人员相结合，脱产与不脱产卫生人员相结合的卫生工作者队伍。

13 日　省人委印发《关于加强出口办公会工作的通知》，决定李杰庸兼任省出口办公室主任，顾强任副主任。该通知要求行署、专署的出口办公室主任必须由行署主任或副主任、行署专员或副专员担任。

15日 国务院决定，在全国实行主要针棉织品凭布票或购货证供应。凭布票供应的有：卫生衫裤、棉毛衫裤、床单、线毯、毛巾被、绒毯、浴巾、睡衣8种。凭购货证供应的有：毛巾、袜子、汗衫、背心、棉毯、民用线5种。江西省从9月1日起实行。

15日 省检察院召开专、市、县检察院检察长会议，传达中央关于开展以保粮、保钢为中心的增产节约运动的指示和关于全党动手，大办农业，大办粮食的指示，以及省委常委扩大会议精神，总结1月至7月的工作，部署8月至12月的工作任务。会议于18日结束。

15日 省轻工业厅在临川县李渡镇召开全省轻工、手工、公社工业现场会，介绍李渡镇社办工业的经验，讨论公社如何办好轻工业。省委有关领导到会讲话。会议于19日结束。

17日 省人委发出通知，要求各地本着以粮为纲，全面发展的精神，在统一领导，统一部署下，积极开展药材采挖、收购工作。

23日 省委发出《关于进一步集中劳动罪犯、加强劳改工作的通知》。通知要求从1960年7月1日起，新判罪犯和批准送劳动教养的人员一律送省直属劳改劳教单位劳改和教养。今后，各专、市、县一律不搞劳改和劳教生产。

23日 省委、省人委批转省经济计划委员会、省人事局《关于一九六〇年高等院校和中等专业学校毕业生分配计划的报告和分配方案》，根据"坚决压缩一般需要，保证重点需要"的原则，绝大多数毕业生分配在高、中院（学）校和各级中学担任教师。

26日 省直机关1万名干部在八一礼堂、中苏友好馆、工人文化宫、艺术剧院、体育馆参加大会。彭梦庚作下乡下厂动员报告。省直机关共抽调4000余名干部深入农村和工厂，投入以粮和钢为中心的增产节约运动。

30日 国家基本建设委员会副主任宋劭文到新余考察新余市的城市规划和城市建设情况。

本月 国营部公山综合垦殖场抽调10名1958年3月下放的干部，到南昌林校干训班学习。他们掌握一至二门勘测设计技能后，共勘测设计了70公里山区公路和40公里森林运材线路。

本月 江西省青少年出版社和江西轻工业出版社在南昌成立。

本月 农业机械部部长陈正人视察南昌柴油机厂及筹建中的南昌拖拉机齿轮厂和南昌农业机械标准件厂。

本月 省高级人民法院机关开展"三反"整风运动，重点是反对官僚主义，同时反贪污、反浪费。运动中对所揭发的官僚主义，违法乱纪，挪用公款等方面的问题都作了查处。运动于11月结束。

1960

9月

September

公元 1960 年 9 月							农历庚子年【鼠】					
日	一	二	三	四	五	六	日	一	二	三	四	五	六
				1 十一	2 十二	3 十三	4 十四	5 十五	6 十六	7 十七	8 白露	9 十九	10 二十
11 廿一	12 廿二	13 廿三	14 廿四	15 廿五	16 廿六	17 廿七	18 廿八	19 廿九	20 三十	21 八月小	22 初二	23 秋分	24 初四
25 初五	26 初六	27 初七	28 初八	29 初九	30 初十								

1 日 撤销省冶金厅基建处和建筑公司，成立冶金厅基本建设局。

1 日 省民航管理局开辟南昌至景德镇航线。

2 日 省委召开电话会议，要求省级机关团体及各事业单位，应把凡是能够压缩的人员尽量压缩，下放到人民公社和工厂。各地、市、县也必须把可以抽调的人员统统抽调下去。公社、大队大多数人员要轮流参加劳动、参加生产。社办工业，农闲多搞，农忙少搞，大忙不搞，闲时务工，忙时务农。到 10 月底止，全省下放到农村的脱产干部有 5 万人，返回农村的劳动力（含精减职工）约 70 万人。

8 日 省人委发出《关于加强预算外资金管理的规定》。

14 日 拉丁美洲共产主义青年团联盟代表团一行 8 人到达南昌，将在南昌、瑞金参观访问。

14 日 经省委精简领导小组讨论决定，省直中等医药卫生学校调整为 4 所：江西卫生学校（原南昌卫生学校）、江西药剂学校（原南昌药剂学校）、江西护产学校（由原南昌助产学校、江西医学护士学校、江西省儿童医院保育护士学校合并）、江西樟树中药学校。

19 日 《江西日报》社论《垦殖场应把粮食生产放在首位》要求：凡是发展粮食生产条件较好的场，应当大大增加商品粮，粮食商品率应普遍超过附近人民公社；凡是粮食基础较差的场，应在三五年内建成粮食商品基地，加速提高商品率；凡是林、牧、渔业和经济作物比较大的场，应尽快做到粮食自给自余，并迅速提高粮食和各项农产品的商品率。

19 日 省委决定，撤销江西省地方铁路局，在南昌铁路局下设地方铁路管理处（1962 年，成立地方铁路处党委，直属南昌铁路局党委领导）。

19 日 由于国民经济发生严重困难，省地质局指示局属各单位立即开展保粮、保钢和增产节约运动，精减人员。至年底共精减下放职工 2718 人。

21 日 江西省科技大学正式开学。全校 300 多名师生举行开学典礼。邵式平、方志纯出席开学典礼，并作指示，号召全体师生发愤图强，埋头苦干，用自己的双手把科技大学建设成为发展尖端科学的突击队。这座大学是在省委、省人委的直接领导下，为适应社会主义建设事业进入以"四化"为中心的技术革新和技术革命的需要而创办的省内第一座科学技术大学。

26日 省委批转省委组织部、统战部《关于在国庆节前后再摘掉一批右派分子的帽子问题的报告》，第二批摘掉右派分子帽子的有816人。

28日 《江西日报》发表社论《向辽阔的湖田洲地进军》，指出开垦湖田洲地是大办农业、大办粮食的一项重要措施，也是一场征服自然的艰巨战斗。要求将开垦湖田洲地当作一项重要任务，迅速落实到场、社、队、户，组成垦荒大军，迅速掀起垦荒高潮，并做到边计划边垦边种，防止只垦不种。

28日 景德镇市建筑工程公司罗雨顺研制的"自动三面刨"和"自动化板刨"，傅凯三研制的"木材防火剂"，陶柱玉研制的"木工起沿刨机"，徐关福研制的"升降脚手架"，陈木根研制的"洗纸筋机"均获建筑工程部颁发的技术革新三等奖。

本月 中央政治局决定成立6个中央局。江西省委隶属华东局直接领导。

本月 撤销南昌市人民武装部，成立南昌军分区。

本月 省委宣传部发出《关于成立七个社会科学研究所的意见》，决定成立哲学、经济、历史、政法、教育、文艺、新闻7个研究所。在江西科学院成立哲学社会科学部，统一管理7个研究所。哲学社会科学部与省社联合署办公。各所分别与各学会联合办公，两块牌子，一套人马。

本月 省委党校设理论部，从应届高考学生中招收100名优秀高中毕业生，学制五年（大学本科），通过马列主义基础理论和文化课程学习，培养具有系统马列主义基础理论知识，有较高政治思想水平和文化水平的理论干部。

本月 江西电影制片厂摄制并发行江西人造纤维厂人造丝生产的新闻纪录片《人造纤维》。

本月 省委决定撤销上饶县建制，与上饶市合并。

1960

10月

October

公元 1960 年 10 月　　农历庚子年【鼠】													
日	一	二	三	四	五	六	日	一	二	三	四	五	六
						1 国庆节	**2** 十二	**3** 十三	**4** 十四	**5** 中秋节	**6** 十六	**7** 十七	**8** 寒露
9 十九	**10** 二十	**11** 廿一	**12** 廿二	**13** 廿三	**14** 廿四	**15** 廿五	**16** 廿六	**17** 廿七	**18** 廿八	**19** 廿九	**20** 九月大	**21** 初二	**22** 初三
23 霜降	**24** 初五	**25** 初六	**26** 初七	**27** 初八	**28** 重阳节	**29** 初十	**30** 十一	**31** 十二					

1日 省市各界 10 万人在八一广场举行盛大集会和游行，庆祝中华人民共和国成立 11 周年，欢呼总路线、大跃进和人民公社的伟大胜利，决心高举毛泽东思想红旗，深入开展以粮、钢为中心的增产节约运动。杨尚奎、白栋材、郭光洲等省市领导检阅游行队伍，劳动模范、战斗英雄 600 余人参加观礼。

省、市党政领导在主席台上

1日 省文化局接收上海迁移的美太、振亚两个公私合营印刷厂，并入新华印刷厂胶印车间。

1日 景德镇市西郊自流人口临时收容站茅棚宿舍因将一盏油灯挂在棚壁引起大火，烧毁茅棚 4 幢，烧死 134 人，因抢救无效死亡 12 人，烧伤 61 人（重伤 11 人，轻伤 50 人）。

6日 省妇联、省总工会、省卫生厅、省教育厅联合组成学前儿童保育工作检查组，前往赣州、吉安、萍乡等 9 个地市进行检查。检查于 26 日结束。

7日 省委召开区党委、各地、市委工业书记和省直属重点钢铁煤企业党委书记紧急会议，号召全省工交战线职工进一步开展以粮、钢为中心的增产节约运动，大战第四季度。为确保完成以钢铁煤为主的工业生产任务，县以上工业领导机关和工业企业第四季度要继续下放干部，并要求下放干部真正做到"四同"（同吃、同住、同劳动、同商量）、"四员"（战斗员、指挥员、宣传员、技术员）、"四包"（包发动群众、包完成任务、包培养干部、包搞好职工生活）、"四有"（有措施、有分工、有检查、有总结）。会议于 11 日结束。

8日 为响应党中央关于"全党动手，全民动员，大办农业，大办粮食"的号召，全省各地共下放脱产干部 50390 名，其中绝大多数是具有基层工作经验和生产知识的党团员、公社书记和各级领导骨干。

12 日　省委召开电话会议，号召掀起以秋收冬种为中心的农业增产节约运动，集中主要领导力量和 80% 以上的劳力，夺取秋收冬种全胜；要求今冬明春全省开垦荒地 400 万亩，围垦湖田洲地 100 万亩。

12 日　省委批转省财政厅党组《关于改变超额分成比例的报告》，给各地市的超收分成比例由 40% 提高到 50%。

13 日　《江西日报》发表社论《让十百千运动在全省各地开花结果》，要求在全省农村开展每人多收 10 元钱、多收百斤粮、多收千斤菜为主要内容的"十百千"农业增产节约运动。

17 日　景德镇市建筑工程公司双革（技术革新、技术革命）办公室利用煤渣、瓷渣、匣钵和废石在建筑瓷厂工地生产"硅酸盐中型砌块"，用以建造临时仓库。

20 日　省委批转省公安厅、省检察院、省法院党组《关于全省敌我斗争形势，社会镇反，内部肃反运动的报告》，决定从 10 月起到 1961 年 6 月，在全省开展一次社会镇反和内部肃反运动。

21 日　全国人大常委会副委员长班禅额尔德尼·却吉坚赞一行 21 人在中央统战部部长李维汉陪同下到南昌、庐山视察工作，视察活动于 11 日结束。

21 日　省向塘铁路大型编组场工程竣工，并正式投入使用。

21 日　省委召开常委扩大会议，学习中共中央转发湖北省委、福建省委两个文件及其重要批示，对照检查江西在执行农村政策和农村工作中刮一平二调的"共产风"、强迫命令、浮夸风和某些干部特殊化的作风问题。会议于 23 日结束。

22 日　缅甸军事代表团一行 25 人，在国防部代表杨秀山等陪同下，来南昌参观访问。24 日结束访问离开南昌。

邓克明（右三）等陪同缅甸军事友好代表团贵宾步出机场

22 日　阿尔及利亚艺术团在江西艺术剧院举行访问公演。刘俊秀等省领导接见并设宴招待艺术团全体成员，李杰庸在宴会上致词。1200 多名观众观看了表现阿尔及利亚人民反

省、市各界群众代表欢迎班禅额尔德尼·却吉坚赞大会主席台

班禅额尔德尼·却吉坚赞（左）、邵式平（中）、李维汉（右二）在宴会上

阿尔及利亚共和国艺术团到达南昌车站时，受到省市各界代表热烈欢迎

对帝国主义侵略争取民族独立斗争的歌舞剧。公演于 24 日结束。

刘俊秀（左三）、黄知真（左五）、莫循（左一）等和阿尔及利亚艺术团负责人、演员的合影

25 日 省委农工部建议各地在农、林、水系统干部中开展"五好"（思想好、工作好、学习好、劳动好、联系群众好）、"一员"（技术员）评比竞赛活动。

26 日 省公安厅人民武装警察部队成立。

27 日 省委决定举办生活福利工作训练班，分 3 期调训全省各公社主管生活福利工作的党委书记或公社主任。第一期训练班即日开学，刘瑞森到会讲话。他指出，人民公社化、生产集体化带来生活集体化，要以公共食堂为中心，建立人民生活服务网，大队设站，小队设组，食堂设点，把群众的衣、食、住、行、生、老、病、死、缝、洗、修、补，全部管理起来，使家务劳动社会化，促进生产发展。

28 日 省人委批转省公安厅《关于进一步加强户口管理工作意见的报告》，同意在全省开展一次户口普查，核实人口，堵塞漏洞，建立一套适合人民公社化后新形势要求的户口管理制度。

31 日 江西科技大学机械系精密铸造学院第一期学习的 184 名学生结业。这批学员是来自各地的技术工人和学徒，还有来自农村的木匠、铁匠、铸锅匠、刻字工、修理钟表等手艺工人。

本月 上海玩具三厂内迁南昌，改名为南昌玩具厂，厂址设在南昌第四机床厂内（后转产橡胶制品，更名为南昌橡胶制品厂）。

本月 省原子能研究所首次提炼出一块铀金属。

本月 全省主要城市蔬菜供应紧张，实行划片定点凭证定量供应。

本月 下旬至 11 月上旬，中央人民政府副主席董必武来江西视察工作，先后在井冈山、瑞金参观革命旧址，视察赣州、景德镇市和余江县。11 月初，在景德镇和余江县视察期间，观看了景德镇市赣剧团演出的《牡丹对药》、余江县赣剧团演出的《背子赶会》等剧。

董必武（中）参观景德镇陶瓷研究所

董必武在井冈山与中央档案馆的下放干部交谈

董必武参观八一南昌起义纪念馆

本月 省委、省人委发出《关于开展以卫生积肥为中心的爱国卫生运动》指示。

本月 在秋收冬种运动中，全省400万大、中、小学的师生，响应党的"大办农业，大办粮食"的号召，走出课堂，奔赴农村参加抢收、抢种。

本月 《毛泽东选集》第四卷第一版在全省各地发行。

本月 华东局济南会议揭露山东问题后，省委着手检查农村政策贯彻情况，严肃处理了乐安事件和上犹事件。在大跃进期间，乐安县大刮"共产"风，于1959年冬至1960年春，以"反瞒产"为由，将生产小队长以上的干部集中到公社，层层布置"反瞒产"任务，下达指标，提出"向富裕中农要粮要钱过年"、"打倒富裕中农"等口号，并组织"建设社会主义贫农团"，搞阶级成分的随意升降，搞各种非法斗争，在全县范围内搞游行示威，搜仓查产，乱斗乱罚，把农民的粮食当作"瞒产"予以没收，造成群众极度恐慌，农村人口大量外流，无人劳动，田地荒芜，发生粮食大幅减产、大量饿死人的问题。上犹县在大跃进期间，大刮"五风"，搞全县劳动大调动，采用大集中、大兵团、大突击的"统一行动"，造成生产大队、生产队劳动力空虚，生产连年下降，粮食减产，人口非正常死亡十分严重。省委指出：乐安、上犹两县的问题，是全县性问题最严重的典型。还有一些县虽然没有发生全县性的问题，但是局部问题严重。通过对乐安、上犹两县典型问题的处理，省委对1958年以来"大跃进"问题作了深刻的反省。

1960
11月
November

公元 1960 年11月							农历庚子年【鼠】					
日	一	二	三	四	五	六	日	一	二	三	四	五	六
		1 十三	**2** 十四	**3** 十五	**4** 十六	**5** 十七	**6** 十八	**7** 立冬	**8** 二十	**9** 廿一	**10** 廿二	**11** 廿三	**12** 廿四
13 廿五	**14** 廿六	**15** 廿七	**16** 廿八	**17** 廿九	**18** 三十	**19** 十月小	**20** 初二	**21** 初三	**22** 小雪	**23** 初五	**24** 初六	**25** 初七	**26** 初八
27 初九	**28** 初十	**29** 十一	**30** 十二									

1 日　省公安厅党组批准厅直属机关62名干部下放到玉山、龙南、大余、上饶、吉安等地农业生产第一线。

2 日　朝鲜中央通讯社驻北京分社社长吴商根来南昌参观访问。并到云山垦殖场访问。

2 日　省委农村工作部、省农林垦殖厅党组召开省属垦殖场党委书记会议。张宇晴传达华东济南会议和省委常委扩大会议精神，讨论和部署1960年冬、1961年春的各项任务。方志纯、彭梦庚到会作指示。会议于5日结束。

6 日　省煤管局作出在全省煤矿职工中开展学、赶、超袁佑生小组竞赛运动的决定。

7 日　省编制委员会下发《关于专区以下各级党政群机构设置意见的通知》。

8 日　省委组织部、省人委人事局下发《关于改变1960年各种统计报表统计截止时间的通知》，规定自1960年起统计报表截止时间由11月30日改为12月31日。

9 日　省教育厅发出《关于当前开展农村扫盲和业余教育工作的意见》。

9 日　省农垦厅、农业厅发出《关于建立马铃薯良种繁殖基地的通知》，决定在庐山、井冈山、云山、大茅山等海拔500米以上的高地建立马铃薯繁殖基地。

11 日　南昌市委、市人委举行"欢送下放干部加强农业生产第一线大会"，第一批500多名党员干部下放任实职。

12 日　省税务局提出《关于城市人民公社财务管理制度的几点意见》。

13 日　省委批复省公安厅党组《关于清理就业、劳教人员、加强农业战线的报告》。报告提出：为切实贯彻党的"压缩城市人口，加强农业战线"的方针和体现党的劳改、劳教政策，拟在刑满就业人员和解除劳教人员中，将一批基本改造好的人，放回农村参加农业生产。

15 日　省农垦厅、农业厅、水产厅、卫生厅联合发出《关于国营垦殖场建立药材商品生产基地的通知》。

15 日　全国工商联副主任委员荣毅仁来赣视察工作，参加省工商联座谈会，了解情况，听取省工商联正、副主任委员的工作汇报。

17 日　省委召开扩大会议，学习、传达中央《关于农村人民公社当前政策问题的紧急指示信》，对照检查全省各地存在的问题，研究贯彻该指示信的措施。确定于今冬明春用6个月的时间，进行一次以检查政策执行情况为中心的农村整风整社运动，内容包括政治思想、领导方法、干部作风和纯洁队伍等。会后，在全省抽调2.9万余名干部，组成300多个检查组，由省委领导与各部、委负责人带队，分赴各地农村检查督促。会议于21日结束。

18日　抚州地委发出在全区干部中开展向谢梅娇学习、在全区农村组织和社员中开展向丁长华学习的决定。

董必武在北京接见全国三八红旗手丁长华

19日　南昌铁路局向塘机务段友好型机车1463号黄子元机班，值乘2478次列车，在衙前站停靠待避58次客车。由于司机误认信号启动列车，在18点41分越过道岔与通过的58次客车发生侧面冲突，致使机车颠覆，客车司机李钧山重伤（后抢救无效死亡），副司机胡堂禹当场死亡，司炉俞丹重伤；造成邮政车、行李车各一节，硬卧二节及货车四节脱线的行车重大事故。

21日　省人委发出《关于加强保护现有樟树，制止盲目生产樟木的通知》，要求各地保护现有樟树，积极培育樟树，合理节约使用樟木。

23日　《江西日报》发表社论《大搞一种三养是当前工交企业的重大政治经济任务》，号召各工矿企业大力开展"一种三养"，即大种蔬菜，大养猪、羊和家禽，改善城市蔬菜和副食品供应。规定可采取大集体、小集体和个人相结合的办法，充分利用一切可以利用的空闲土地，不占用公社的土地，不坐待农村供应。先解决蔬菜，后解决肉食；个人利用房前屋后小量土地或自己开荒生产的产品，谁种谁收，不顶口粮，不征购，不计入分配。

24日　南昌市第二批2000余人下放农业第一线。

25日　省基本建设委员会测绘处10月份派员到地质、水利等部门进行工作检查。其中两次到省地质局测绘大队及所属一分队进行10天的室内外检查，并向省委呈送《关于检查地质局测绘大队工作质量的报告》。国家测绘总局12月10日转发省基建委测绘处质量检查报告，认为"组织这样的质量检查很好"。

25日　越南商业仓运考察团一行5人，先后到南昌、景德镇、乐平、清江等4个市、县，对商业储运工作进行考察。至次年1月6日离开。

25日　省属机关欢送1033名下放干部和参加劳动锻炼的263名干部。其中处级以上干部38名，科级干部118名。方志纯、刘俊秀、黄知真等分别向下放干部作有关报告。方志纯说，党和人民对下放干部寄予很高的希望，要求下放干部要把党的"三级所有，队为基础"的重要政策落到实处，把广大群众的积极性调动起来，完成党所交给的各项任务。

25日　全省夺钢先进生产代表现场评比会议在九江钢铁厂召开。白栋材在会上讲话。会议总结与交流全省11月份开展夺钢大战以来，各炼钢单位坚持政治挂帅、大搞群众运动的经验。评比和奖励了3个先进单位、2个先进车间、15个先进班组和73名先进生产者。

26日　刘俊秀在宜春地委扩大会议上传达中

央政治局第二次郑州会议和上海会议关于整顿和建设人民公社的14句话，即统一领导，队为基础；分级管理，权力下放；三级核算，各负盈亏；物资劳动，等价交换；分配计划，由社决定；适当积累，合理调剂；按劳分配，承认差别。

26日 省委批转省委农工部、省农垦厅党组《关于国营综合垦殖场贯彻执行政策情况和今后意见的报告》。报告强调贯彻执行整顿、巩固和提高的办场方针，在"以农业为基础，以粮为纲，全面发展生产"的方针指导下，对林业和经济作物比重较大的垦殖场，要求在二三年内做到粮食、油料全部自给，力争有余；滨湖区、丘陵区的垦殖场，要大大增长商品粮，力争粮食问题早日过关。强调要大力开展整风运动，彻底纠正"一平二调"的错误，纠正"共产风"、"浮夸风"、"命令风"、"生活特殊化风"、"生产瞎指挥风"，提高干部的政治思想水平，充分调动群众的生产积极性。

28日 喀麦隆妇女代表团一行5人抵江西访问。代表团在江西期间，参观南昌、瑞金等地的革命旧址。访问于12月11日结束。

28日 《江西日报》发表社论《坚持政治挂帅，落实按劳分配》，强调按劳分配在现阶段集中的表现是工资制与供给制相结合的分配制度，70%按照劳动者的劳动日分配，30%作为供给部分，在主要方面坚持按劳分配。要求公社实行少扣多分，扣留比例不能过大，积累不能过多，尽量做到90%的社员增加收入。

29日 中央政治局委员柯庆施在江西视察工作，并在省委扩大会议作指示。杨尚奎、白栋材陪同柯庆施视察了新余、乐平、景德镇、鹰潭等地，召开了干部和工人座谈会。

30日 董必武登赣州八土井台游览并赋诗一首。

30日 《江西日报》发表社论《坚持实行对生产小队的"四固定"制度》，指出，由生产大队把劳动力、土地、耕畜、农具固定给生产小队使用，是生产小队发展生产的一项重要保证，在坚持实行"四固定"的基础上，实行"一包三奖"，不损害生产小队的小部分所有制，保证生产小队的生产有计划有秩序地进行。

本月 八一电影制片厂派出工作组赴井冈山，开始拍摄《将军当农民》的纪录影片。该片介绍新疆军区原后勤部部长甘祖昌少将带病回乡，参加农业生产的事迹。

本月 中央新闻纪录制片厂将金溪县琉璃人民公社青年试验场场长、共产党员宋喜明高中毕业后回乡安家扎根的事迹拍成新闻纪录片。影片共拍了5个部分。

本月 省文化局决定将省文物管理委员会和省博物馆合署办公，对外继续保留两块牌子，由张汉城负责。

本月 江西八○一厂开始使用从摩洛哥进口的砷钴矿，试制氧化钴。

本月 省交通厅制定《江西省内河轮船驾驶员、轮机员检定考试规则》。

本月 省委批转省委宣传部《关于精简省级机关出版物及纯洁报刊社整顿编辑队伍请示报告》。省文化局制定《关于整顿精简省级报刊的几点意见》，《江西日报》等11种报刊被批准继续出版，《共产主义》等36种报刊停办。

本月 省妇联、省教育厅在万安县召开农村学前儿童保育工作现场会议。

本月 省机械工业系统贯彻执行中央和省委《关于精简机构，节约劳动力，加强农业生产第一线》的指示，省机械局、省农机厅分别在直属企事业单位精减职工11.55%和11.61%，其中回乡生产的共964人，到1961年12月共精减职工3784人。

本月 上海公私合营同富袜厂内迁江西，与抚州市针织厂合并，定名为"抚州市针织内衣厂"。

1960

12月

December

公元 1960 年 12 月							农历庚子年【鼠】					
日	一	二	三	四	五	六	日	一	二	三	四	五	六
				1 十三	**2** 十四	**3** 十五	**4** 十六	**5** 十七	**6** 十八	**7** 大雪	**8** 二十	**9** 廿一	**10** 廿二
11 廿三	**12** 廿四	**13** 廿五	**14** 廿六	**15** 廿七	**16** 廿八	**17** 廿九	**18** 十一月大	**19** 初二	**20** 初三	**21** 初四	**22** 冬至	**23** 初六	**24** 初七
25 初八	**26** 初九	**27** 初十	**28** 十一	**29** 十二	**30** 十三	**31** 十四							

1日 《江西日报》发表社论《坚持三包，奖赔兑现》，指出"三包"的各种数字核实后要张榜公布，该得奖的得奖，该赔的赔出来，没有兑现的立即兑现。

2日 省人委拨出专款102.9万元，用于全省各地救济。

2日 保加利亚歌唱家小组一行8人，来南昌访问演出。演出活动于4日结束。

3日 省政协召开双周年座谈会，传达学习中央《关于农村人民公社当前政策问题的紧急指示信》。

3日 《江西日报》发表《贯彻执行"少扣多分"的原则》的社论，提出按照全省目前的农业生产水平，分配给社员的消费部分，一般应占总收入的65%左右，扣留部分占35%，公积金和公益金合计的比例，占总收入的5%为宜。

7日 省人委批准省公安厅《关于在全省范围内开展一次以防火为中心的安全大检查请示报告》。报告要求各地通过检查整改，建立安全评比制度，确保人民生命财产安全和工农业生产持续跃进。

7日 省检察院召开专、市检察院办公室主任会议，汇报1960年全省检察机关的调查研究、处理人民来信、接待人民来访工作情况，讨论研究《关于加强秘书工作几个问题的意见》。会议于9日结束。

8日 省委、省人委发布《关于今冬明春农业生产的指示》。要求：（一）大力搞好冬季作物的田间管理；（二）开展大规模积肥造肥运动；

萍乡县湘东人民公社新村大队狠抓田间管理

（三）积极完成水利工程的续建配套任务；（四）大力开展副业生产；（五）大力发展耕牛。同时要求认真贯彻中央11月3日《关于农村人民公社十二条指示》和省委常委扩大会议《关于以整顿干部作风为中心的运动的指示》。

10日 省人委发出《关于解决今后兴建地方交通道路投资的通知》，决定由省财政拨款300万元，农垦厅从育林费中拨出100万元，作为山区公路修建专用资金，交农垦厅统一安排分配使用。

14日 江西省皮肤专科医院实现蔬菜自给。从元月份至本月中旬，全院共收获蔬菜、瓜果29.2万多斤，红薯5.26万多斤，已达到平均每人每日2斤蔬菜。除每月自宰猪、鹅、鸡、鸭等以外，目前生猪存栏还有634头，兔子170只，羊18头，鸡鸭1590只，鱼2500尾，牛28头，蔬菜和副食品都自给有余。

15日 《江西日报》发表邵式平《纪念干部上山下乡三周年》的文章。文章说，1957年冬全省有5万多名干部上山下乡，上山下乡干部把开发、建设社会主义的宏大抱负同加强自己的锻炼和改造紧密结合，全省的国营综合垦殖场已逐步巩固，这是由集体所有制过渡到全民所有制、社会主义过渡到共产主义的方向，国营农场应在大办农业、大办粮食的全民运动中发挥更大作用。

15日 省委、省人委召开干部上山下乡三周年纪念大会，同时欢送省直机关第二批加强农业战线的干部。省党政领导方志纯、刘俊秀、莫循、李杰庸、王卓超、潘震亚以及省委、省人委各部门负责人和机关干部2500余人出席大会。刘俊秀发表讲话（自1960年至1965年，每年12月15日，省委、省人委都召开庆祝干部上山下乡创造国营垦殖场的纪念大会）。

16日 省委统战部组织南昌地区大专院校的归侨学生30余人，赴北京参观首都十大建筑和游览名胜古迹。

19日 省人民银行下达《农村人民公社现金管理办法试行草案》，规定生产大队和社办企业都要实行现金管理。

19日 省人委下发《关于严禁挤占或挪用别单位的编制和人员的通知》，要求各单位清理借用人员。

22日 省人委通知各地各部门，1957年上山下乡的干部和工人，从1961年1月1日起，一切开支一律由各垦殖场负责供给，原下放单位停发经费，但他们的工资待遇一般仍维持不变。

25日 省煤管局在安源煤矿召开现场会议，介绍推广萍乡矿务局"一种三养"（种菜、养猪、养鸡、养羊）的经验。

25日 遵照中央、国务院指示，全省各机关、团体等基建单位存款暂时予以冻结。

26日 省委发出文件，对党外民主人士和高级知识分子给予特需供应照顾。其中包括民主党派江西省委会副主任以上人员等288人，享受肉、蛋、糖和香烟特需供应。以后，扩大特需供应范围，包括民主党派省委会委员等共有1500人（1961年5月起，又增加上述人员的粮油定量）。

27日 省人委发布《关于处理车站、码头积压物资的通知》。

29日 省地质局近日传达贯彻中央"调整、巩固、充实、提高"的八字方针和地质部"三保"（保粮、保钢、保尖端）、"三按"（按时间、按地区、按需要）提供矿产资源的方针。

30日 省政协常务委员列席省人委会议，讨论省人委《关于农村人民公社当前政策若干问题的布告（草稿）》。

31日 省政协二届常委会七次会议在南昌举行。会议通过《关于积极开展学习〈毛泽东选集〉第四卷的意见》，并通过增补常务委员名单。

本月 省卫生厅组织万余名医务人员深入农村进行"三病"（浮肿、子宫脱垂、闭经）防治。查出全省三病患者494935人，治愈者221362人。同年，卫生部拨专款100万元，次年2月，省政府拨专款40万元用于"三病"防治。

本月 新余钢铁厂建成投产，年排含氰酚废水135万吨，污染袁河（1963年后，年排含氰酚废水600万吨以上，袁河水体受到严重污染，开始出现大量死鱼，袁河水从此不能饮用。1987年新钢焦化分厂脱酚工程投入运转，新钢厂排污口含氰酚污染减轻）。

本月 全国钨选矿技术经验交流会在赣州召开。

本月 丰城县河西煤矿青年井建成投产，原设计能力为年产5万吨，使用刮板输送机、水泵、通风机等动力设备，采用长壁式采煤方法，实行正规循环作业，在县办煤矿中首先结束土法开采历史，最高年产量曾达到10万吨。

本 年

本年 南昌至武汉开行83/84次直通旅客快车（一年后停开）。

本年 全省定期定量补助对象扩大为：人多劳力少，生活困难的烈属；生活困难的在乡革命伤残军人；复员退伍老红军；带病回乡，长期不能劳动，生活困难的复员军人；光荣院内孤老烈属。全省共评定享受补助对象5.67万人，全年发放定补款287.33万元。

本年 省民政厅分两年下拨120万元在清江县临江镇及抚州市、横峰县莲荷、上犹县陡水、永修县兴建复员军人慢性病疗养院。共设病床1350张。

本年 全省首次丝虫病普查普治工作结束。查出丝虫病流行全省75个县市，流行区人口以乡（镇）累计达177万余人。峡江、南城、资溪、贵溪4县为超高度（30%）流行。

本年 全省地方电子工业总产值76.4万元，上缴利润为5.6万元，年末职工总数为206人。

本年 南昌市大雪，积雪深达11厘米。

本年 赣州铝厂1800千伏安铁合金炉1座建成投产；1962年硅铁停产。

本年 苏联全部撤回帮助江西钨矿建设的专家。

本年 乐华锰矿先后建成小高炉6座，其中5立方米5座，8立方米1座。

本年 国家经委派出工作组到萍乡矿务局组织抢运煤炭，先后有60多辆汽车、200多部大板车、1500多辆小土车参加，全年共增运煤炭42万吨。

本年 省农业厅、省农林垦殖厅联合组织1700余人，在1956年至1957年调查的基础上，对地方畜食品种进行大规模调查和复查工作，至1961年结束。

本年 全省消灭了牛气肿疽病。

本年 在南昌市水产科技人员的帮助下，由南昌县向塘公社养鱼场率先进行鲢鱼、鳙鱼人工孵化试验，取得成功。

本年 省商业厅重新组建省级国营商业，将下放南昌市的6个采购供应站全部收回，归省商业厅管理。

本年 南昌汽车厂在1958年制造出三轮汽车的基础上又试制出省内第一辆四轮"英雄牌"载货车。

本年 南昌市建成第一条从罗家集变电站到包家花园，再到莲塘、向塘变电站的架空通讯线。

本年 全省各地在全国一盘棋优先保重点思想指导下，把更多更好的生铁、煤炭、木材等建

吉水县八都钢铁厂为支援上海炼钢正在装运生铁

设物资，调往上海、武汉等地，全力支援国家重点建设。仅上半年，全省外调物资就比去年同期有很大增长：生铁增长 55%，木材增长 93%，煤炭增长 25%。铁路部门固定 400 个车皮，日夜调运煤炭、生铁等物资。

本年 南昌光明鞋厂、南昌洪都皮鞋厂线缝牛革三节帮男皮鞋首次获轻工部优质产品奖。

本年 江西制药厂自筹资金，新建成淀粉、葡萄糖车间 1200 平方米，生产口服、注射用葡萄糖，填补了省内该产品空白。

本年 南昌医学专科学校、农业专科学校、财经学校以及南昌市文艺学校 4 所中等专业学校先后创办。

本年 全省基本建设贯彻"集中力量，保证重点，分批突击，打歼灭战"的方针，优先安排采掘、冶炼、电力、交通运输和支援农业的工程项目，大大促进了建设速度。上半年有 90 多个重点工程建成投入生产。其中冶金 53 项，煤炭 12 项，电力 5 项，化工 11 项，交通运输 11 项。

本年 南昌市（包括南昌、新建两县）饲养生猪 57.08 万多头，比去年底增长了 60%；共出售百斤以上的商品猪 48982 头，比去年同期增长 40%。全市已有 13 个生产大队、22 个生产小队达到平均一亩田一头猪；有 33 个生产大队，109 个生产小队达到平均每人一头猪以上。

本年 省委决定：为加强城乡儿童保育工作的领导，学前儿童保育工作划归省生活福利委员会指导，其日常工作由省妇联代管。同时要求各地、市、县也应建立类似组织，并要有一名负责人分工专管此项工作。

本年 全省市、县、乡、镇各级人民代表大会的基层选举工作，自 10 月中旬以来在各地积极展开。

本年 1958 年成立的九江市江洲人民公社建立三年来，各项生产飞跃发展。今年粮食生产比 1957 年增长 72%；棉花增长 38%，亩产皮棉 240 斤；油料增长 120%；生猪增长 46.9%；林、渔、副成倍增长。社员收入比 1957 年增加了 67%，平均每人收入 159 元。

本年 江西地质科学研究所与钨矿普查勘探大队合作，运用多旋回构造观点，编制出第一幅比例为 1:100000 江西省大地构造图。

本年 省农林垦殖厅调查设计处采取以专业队伍为骨干、技术人员与基层干部相结合的组织形式，利用航空照片成图，小班调查的方法，完成全省森林资源调查。

本年 各县编写的地方志相继刊印，包括：《资溪县志》2 卷；《南丰县志》2 卷；《南城县志》2 卷；《崇仁县志》8 卷；《乐安县志》6 卷；《安福县志》。

本年 省哲学社会科学联合会先后组织全省教学研究人员进行专题讨论：（一）关于我国革命和建设的三条总路线的相互关系问题的讨论；（二）关于国民经济高速发展是不是社会主义社会的一个独特规律问题的讨论；（三）关于从高级社到人民公社转变问题的讨论。

本年 省航运局大力组织铁路、公路、水路之间的承运、托运、搬运一条龙协作联合运输，通过联运完成的货运量占总运量的 75%。

本年 东乡钢铁厂枫林铁矿 600 毫米轨距铁路建成通车，全长 6.3 公里，用一台自制 75HP 机车牵引。

本年 原上海市新东、培成、马上三家工厂奉命迁往德兴铜矿，组成综合公司中央机修厂。

本年 省文化厅拨款将位于永丰县沙溪乡的西阳宫碑亭（北宋文学家欧阳修撰写并手写的碑文《龙岗阡表》存放地）重建。这是吉安地区建国后第一座仿古建筑，由永丰县一建公司施工。

本年 省建加工厂开始采用反捣两肋向上生产非预应力大型屋面板。1962 年开始采用地胎膜外震钢模成形工艺，浅池蒸汽养护。

本年 美国女记者安娜·路易斯·斯特朗到云山垦殖场、共大云山分校访问。

本年 波阳县荷塘垦殖场被评为全省农垦战线先进集体，受到省政府表彰（1964 年 2 月，在全国农垦会上，荷塘场被誉为全国农垦战线的一面红旗。同年 8 月，场党委书记朱第福出席全国农垦政治工作会议，受到毛泽东接见并合影留念。1965 年 7 月 11 日，《人民日报》头版发表《发扬南泥湾的革命精神——评江西荷塘垦殖场》的报道，第二版刊载《荷塘——社会主义时代的南泥湾》的长篇通讯。此后，人民出版社、农业出版社出版了《荷塘垦殖场丛书》。1965 年 8 月，全国农业展览馆筹建"荷塘——社会主义时代的南泥湾"专馆，于 1966 年 5 月 3 日正式展出）。

本年 据统计，全省全年游客 12388 人，其中海外游客 136 人。

1961 年

概　要

中共八届九中全会决定对国民经济实行"调整、巩固、充实、提高"的八字方针之后，全省进入国民经济调整时期，全省工业、农业、商业等行业实行大规模的调整。

倡导调查研究　1月，省委五届十次全体扩大会议作出决议，把倡导各级干部"大兴调查研究之风，大兴实事求是之风"列为一项重要内容。在大兴调查研究之风的同时，组织了大规模的干部轮训工作，共轮训干部12.4万多人。3月，省委转发刘俊秀总结推行农业八字宪法经验的调查报告《坚持生产的"五个适时"和"五个合理"》，要求广大干部学科学、用科学，纠正农业中搞形式主义，违背科学的倾向。

农业生产的恢复和发展　省委五届十次全体扩大会议确定1961年全省国民经济计划，强调必须加强农业战线，力争农业特别是粮食丰收。全省开始全面调整农村生产关系，恢复农业生产。在贯彻调整方针中，省委把减轻农村的负担、加强对农业的支援列为一项重要内容。2月，省委作出《关于全面支援农业的决议》，要求："国民经济计划的安排，必须坚持农、轻、重的原则，首先突出农业这个中心环节，加强农业战线，全面支援农业。"全省各地全面调减了农业税收和粮油征购任务，并大幅度地提高粮食、油料、生猪、禽蛋的收购价格，增加农民的收益。为缓解城市工业承受的压力，加强农业，全省大规模精减职工，减少城市人口。

生产队为基本核算单位　当年春，省委在全省各地推广了生产大队内部"四定三包一奖"制；7月，中共中央发出《关于农村基本核算单位给各中央局、各省、市、区党委的指示》，省委在225个大队进行基本核算单位下放到生产队的试点工作。11月，全省对确定生产队为人民公社的基本核算单位开始试点工作。为解决人民公社化运动中的"一平二调"的问题，国家采取退赔政策，全省各地银行发放农村社队和个人的退赔期票917万元。并于一年后办理了兑现。

恢复自留地　开放农村集市　4月，省委工作会议明确指出："应允许和鼓励社员搞好自留地，作为集体经济的补充"，并提高了社员人均自留地份额，促进农村家庭副业的发展。随着自留地和家庭副业的恢复，农副产品开始增多，农村商品交换逐步活跃。从5月开始，对棉花、油菜籽、茶叶、毛竹等22种重要经济作物产品的交购实行粮食奖励。10月，省委正式颁布《江西省集市贸易试行管理办法》，允许除国家统购统销和订购以外的物质进入集市出售。

工业的整顿 全省各地开始缩短基本建设战线，对部分企业实行"关、修、并、转"。全省各地对工业调整的原则是：坚决压缩重工业，加强轻工业、手工业，对重工业内部的一些薄弱环节，进行适当充实。通过整顿，原来国民经济积累过高和工业增长速度过快的状况得到扭转，工农业比例失调的问题得到较好的解决。从下半年起，全省冶金、机械、建材等工业部门的发展速度有计划地大幅度降了下来。在加强轻工业方面，重点发展群众生活需要的日用工业品的生产，并相继制定了一系列鼓励性措施和优惠政策。在加强手工业方面，重点放在对手工业所有制形式的调整上，对原转为国营工业和社办工业的手工业合作社、个体手工业等，陆续恢复为原来的所有制。同时对工业企业内部进行了调整。下半年全省工业企业全面实行"五定"、"五保"制度，恢复和建立了一系列必要的规章制度。

调整商业体制　缓解市场供应 通过试点工作，恢复了国营、供销社、集市贸易三条渠道，并调整农副产品的购销政策。从3月开始，除粮食、食油、棉布继续定量统销外，对占职工生活开支60%左右的18类基本生活必需品，采取凭票平价供应的办法，毛巾、袜子、汗衫、背心、枕心、枕套、风雨衣、蚊帐布、人造棉布、麻布等凭票供应，平价出售。对自行车、胶鞋、糖果、糕点等少数商品实行高价供应政策。10月，省委下达了《关于改进当前市场工作，活跃城乡物资交流的指示》、《关于压缩社会集团购买力的决定》，并全面开展清仓核资工作，增加市场物资供应。

全面解散公共食堂 上半年，通过实地调查，公共食堂的严重问题越来越引起各级领导的重视，5月，省委向中央提出《关于解散农村公共食堂的请示报告》，下半年，全省11万多个农村公共食堂全部解散。在解散公共食堂的同时，各地相应取消了社员口粮供给制，农村普遍实行基本口粮加按劳分配的办法，调动了社员的劳动生产积极性。

文艺工作 3月，中共中央在广州市召开科技工作和文艺工作会议，会议要求全面调整党和知识分子的关系。当年全省各文艺、学术团体相继健全组织，恢复活动，文艺创作和学术研究取得进展。

全省本年主要经济指标情况 国民生产总值（按当年价格计算）35.50亿元，比上年减少12.7%。农业总产值22.45亿元，比上年增长3.9%，粮食产量122.006亿斤，比上年增长0.6%；工业总产值19.06亿元，比上年减少35%，钢产量1.45万吨，比上年减少64.1%，生铁产量10.34万吨，比上年减少35%。财政收入4.65亿元，比上年减少47.09%。年末全省总人口2022.67万人，人口自然增长率9.46‰。

1961

1月 January

公元 1961 年 1 月							农历辛丑年【牛】						
日	一	二	三	四	五	六	日	一	二	三	四	五	六
1 元旦	**2** 十六	**3** 十七	**4** 十八	**5** 小寒	**6** 二十	**7** 廿一	**8** 廿二	**9** 廿三	**10** 廿四	**11** 廿五	**12** 廿六	**13** 廿七	**14** 廿八
15 廿九	**16** 三十	**17** 十二月小	**18** 初二	**19** 初三	**20** 大寒	**21** 初五	**22** 初六	**23** 初七	**24** 腊八节	**25** 初九	**26** 初十	**27** 十一	**28** 十二
29 十三	**30** 十四	**31** 十五											

1 日　省人委发出《关于进一步加强处理人民来信和接见人民来访工作的通知》。通知要求，全省各级政府和省人委所属各部门都应重视人民来信来访工作，不断改进工作方法，提高工作效率和办事质量，加强上下联系、加强领导、互通情报。为做好工作，决定设立"江西省人民委员会监察处"，与省人委问事处合署办公。

4 日　《江西日报》报道，省商业厅分别在金溪县、修水县、南昌市建立了 3 个野生动物繁殖场，饲养海狸鼠、猸子、貉子、黄鼠狼、水獭等。并从贵州、湖北引进海狸鼠 200 头。

4 日　《江西日报》报道，江西医学院支援农村人民公社办好医院，与南昌县蒋巷公社医院实行挂钩，定期给这里的医务人员讲课、带徒弟，还从设备器械、药品等方面给予支援。同时，吸收该院的医生、护士、药剂、化验等医务人员到医学院进修，提高他们的理论和临床医疗水平。

5 日　省委批转省公安厅党组《关于继续集中劳改罪犯的报告》，重申集中劳改罪犯，加强劳改工作的措施。

5 日　中国科学院江西分院举行授聘仪式，聘请全省 29 位在农业战线上的先进人物为农业科学特约研究员。邵式平接见特约研究员，并同他们进行了谈话。

省党政领导和特约研究员合影

5 日　《江西日报》报道，全国文教先进单位——贵溪县塘湾农业中学，针对当地农业生产中存在的问题，开展以"农业八字宪法"为中心的科学教研活动，积极推广农业先进科学技术，受到农民的欢迎。

5 日　《江西日报》报道，江西师范学院数学系师生到南昌县尤口公社阳门大队，围绕农业生产，开展运筹学的研究和推广工作。根据这个大队现有土地、水利、劳力、耕畜、农具和肥料等情况，作出各生产队年产量最高的粮食作物合理布局方案。

5日　省委、省人委召开全省农林垦殖场工作会议。刘俊秀主持会议，邵式平、方志纯到会讲话，彭梦庚作《关于国营垦殖场、农场当前的若干问题》的报告。会议确定必须坚持全民所有制农业发展方向，坚持一部分国营垦殖场、农场同附近集体所有制单位挂钩的形式，帮助集体所有制大队发展生产。并做好垦殖场、农场的整顿、巩固、充实、提高工作。会议于17日结束。

5日　珠湖农场发生一起7名犯人挖通监舍墙脚集体脱逃的重大案件。

6日　省委召开"省级机关支援柘林水库工程社会主义建设师连级以上干部动员大会"。方志纯在会上讲话。省级机关、企业和事业单位支援柘林水库的1.03万名干部职工，组成一个指挥部，下设两个"社会主义建设师"。陈志诚任总指挥兼政治委员，唐曙光、郑芥舟任副指挥。

6日　李玉任省农林垦殖厅厅长。

7日　《江西日报》报道，各级机关下放在革命老区弋阳县漆工人民公社方志敏故乡——湖塘生产队的干部，发扬革命前辈不怕艰难困苦的精神，密切联系群众，坚持劳动锻炼，和社员共同建设新农村。

弋阳县漆工公社社长许松基（左二）（在大革命时期担任过县反帝青年部部长）在方志敏烈士故居前，给下放干部们讲"两条半枪闹革命"的斗争故事

7日　省水产厅开始在余江县五湖水库和南昌县向塘公社渔种场先后召开水库捕捞技术交流会和鲢、鳙鱼人工孵化座谈会。副省长李世璋到会讲话。交流会于13日结束。

7日　《江西日报》发表《老红军的本色》一文，介绍甘祖昌将军回乡参加农业生产3年的事迹。甘祖昌陆续收到来自省内外的国家干部、解放军战士、工人及学校师生等200余封来信。来信表示向甘祖昌学习，立志大办农业，为祖国作出更大贡献。

8日　《江西日报》报道，省电影公司为配合《毛泽东选集》第四卷的学习，在全省工矿、农村和城镇放映单位，先后上映《战上海》、《地下少先队》、《董存瑞》、《铁道游击队》、《老兵新传》、《渡江侦察记》、《南征北战》、《战斗里成长》、《海魂》、《智取华山》、《黑山阻击战》、《铁窗烈火》、《钢铁战士》、《红鹰展翅》、《为了和平》、《长虹号起义》、《战斗中的青春》、《百万雄师下江南》等影片，帮助人们了解新中国的来之不易。

9日　《江西日报》报道，吉安的天河、萍乡的跃进和王家源、宜春的大田、丰城的曲江等煤矿职工，决心以煤促钢、为煤而战，为国家增产更多的煤炭。各煤矿党委加强对生产一线的领导，下放一批干部到班组参加生产、领导生产，实现了天天超计划。

10日　《江西日报》报道，进贤县茅岗垦殖场职工陶半金、姜四根、傅林贵3人，用3头母猪、5只兔子、10个鸡蛋，仅一年多时间，办成了有225头存栏猪、200多只兔、148只鸡、287只鸭的新光畜牧场。

10日　省高级人民法院广泛深入地检查和纠正"共产风、浮夸风、命令风、瞎指挥生产风"，进行思想、制度、组织建设。检查和纠正活动于24日结束。

10日　省军区党委召开扩大会议，传达贯彻军委《关于加强军队政治思想工作的决议》。会议于30日结束。

11日　南昌市档案管理处成立（1966年9月，成立南昌市档案馆）。

11 日 刘俊秀根据江西的条件，在调查研究、总结群众经验的基础上，向全省提出"水稻密植幅度和每亩产量计算建议表"。

12 日 《江西日报》报道，江西拖拉机制造厂党委从总结本厂企业管理经验入手，掀起了一个全面推行社会主义企业管理的群众运动。该厂自 1958 年实行工人参加管理制度以来，部分生产小组坚持了"八大员"制度，有的小组建立了"一职三员"制。厂党委根据全面加强小组工作的新要求，在原"八大员"的基础上，在生产小组内建立了"九大职能组"。即生产调度组、经济核算组、人事工资组、工艺技术组、设备安全组、工具材料组、技术检查组、宣传教育组、生活福利组。各组根据一人一职的原则，确定每个职能组 3 人至 7 人。该制度实施后，进一步推动了生产的发展。

13 日 省轻工业厅在南昌市召开专、市轻工处局长及厅属厂长会议，贯彻全国计划会议和轻工业部、纺织部两会精神，安排 1961 年生产建设任务。

14 日 省人委发出通知，要求各地调整鱼价，以激发渔民积极性，发展生产，满足市场需求。

14 日 省委、省人委批转省教育厅党组和省教育厅《关于保证学生、教师身体健康问题的报告》。

15 日 阿尔巴尼亚人民共和国图片展览在中苏友好馆展出。展览于 24 日结束。

16 日 《江西日报》报道，省军区工作队在地方党委统一领导下，深入生产第一线，宣传、贯彻党的政策，帮助社员搞好生产，安排好社员生活。

17 日 省委、省人委发出《关于保护和发展耕牛指示》。规定耕牛归大队所有，固定给生产队使用，繁殖由生产队负责，建立"三包"（包饲养、包使用、包繁殖）的奖惩制度。

18 日 为贯彻中共八届九中全会提出的对国民经济实行"调整、巩固、充实、提高"的方针，省人委同意省财政厅提出的"缩短基本建设战线，加强薄弱环节，进行工业填平补齐，积极支援农业生产的意见"。

18 日 省委发出《关于进一步清理劳动和巩固矿工队伍的紧急通知》。通知要求全省工交战线继续做好劳动力的清理工作。截至 2 月底的统计，全省自 1960 年 9 月以来，共清理、精减 124 万劳动力下农村，其中包括农村公社、大队脱产人员 80 万，城镇职工 30 万，民工、合同工、临时工 10 万，城镇闲散劳动力 4 万人。至 3 月下旬，再决定从县以上机关抽调 5 万名干部、职工下农村，支援春耕生产。

18 日 省委工业部发出工业厅（局）、厂（矿）所属学校调整的通知。其内容为，机械局系统 4 所工业劳动大学分校及技工学校合并为 1 所分校，保留在校学生 1500 人；农业机械系统 2 所工业劳动大学分校合并为 1 所分校，中等专业学校与第一、第二技工学校合并为 1 所农机中等专业学校，保留学生 1250 人。

19 日 省工商联转发省政协《关于积极开展学习〈毛泽东选集〉第四卷的意见》的通知。

20 日 《江西日报》报道，吉安地委、吉安专署多次召开会议，分析当前市场的小商品情况，对生产小商品的劳动力、原材料供应等问题，作出全面安排。使全区小商品品种增多，数量增多，质量提高，满足春节市场小商品的供应。

20 日 省人委发出通知，布置 1961 年春节期间的拥军优属工作，要求各地切实解决优抚工作和复员安置工作中存在的一些问题。并对全省驻军及住院的伤病员进行慰问，组织群众与驻军联欢，以进一步密切地方与驻军的关系。

23 日 省人委决定，凡城镇饭店、招待所和城乡食堂对来客就餐一律按定量收取粮票。

24 日 《江西日报》报道，省高级人民法院召开会议，具体研究部署加强处理人民来信、接待人民来访工作，要求各级法院领导要亲自接待群众来信来访，使每件人民来信和每个来访群众所反映的问题，都能得到及时、正确的处理。

25 日 省委批转彭梦庚在综合垦殖场、农场工作会议上作的《关于国营垦殖场、农场当前的若干问题》的报告，明确对于在人民公社化时期加入国营垦殖场、农场的一部分农业社（称生产大队），除极少数已转为全民所有制的外，目前应当继续实行两种所有制同时并存，在垦殖场、农场的统一领导下，实行单独核算、各负盈亏的办法，坚持把它办好。

26日 省文化局批准省电影发行放映公司《关于建立南昌市电影发行放映公司及交接情况的报告》，同意南昌市电影发行放映公司于1961年1月1日成立。

27日 《江西日报》报道，南昌钢铁厂党委积极贯彻"以农业为基础"的方针，决定调出2290吨优质钢材，专供农业部门修造农机具。这批钢材分两次送达生产单位，及时满足了需要。

27日 《江西日报》报道，南昌肉类加工厂党委自1958年以来，组织职工学习毛泽东著作《矛盾论》、《实践论》等80多篇。该厂党委在研究、检查、布置生产和工作时，同时检查、布置毛泽东著作的学习，做到一手抓生产，一手抓学习。

28日 《江西日报》报道，铜鼓县委调整全县卫生组织，组织280余名医务人员深入农村，开展防治慢性病及食堂饮食营养卫生和劳动力保护的卫生保健工作。社员们编歌赞扬："医务人员父母心，背着药包到处行，又送医来又送药，预防知识讲得清"。

29日 省委、省人委发出《关于在春节前后开展卫生积肥运动的指示》。指示要求全省各机关、人民团体、厂矿企业、部队、学校、农场和人民公社，充分发动群众，结合卫生积肥运动，把全省的除害灭病工作推向高潮，以便有效地控制各种传染病的发生和流行。

31日 《江西日报》报道，德安县狮子公社乌石大队认真贯彻党的政策，落实了1961年的"三包一奖"生产责任制。三包是：包质量、包工、包成本，一奖是：超产奖励。

31日 省委举行五届十次全体扩大会议。会议传达中共八届九中全会精神，讨论进一步开展整风运动、改进领导作风等问题。会议确定了1961年全省国民经济计划，强调必须加强农业战线，力争农业特别是粮食丰收；必须做好精简机构、劳力下放的工作，规定公社、大队所占用的劳动力不得超过5%，保证95%的农村劳动力参加固定的生产队劳动。会议还规定，社员人均自留地由占耕地的5%提高到7%，大力发展社员家庭副业和手工业。会议于2月9日结束。

本月 省军区部队开展创"五好"战士和"四好"连队运动。

本月 江西省经济计划委员会复名为江西省计划委员会。

本月 省公安厅人民武装警察总队改编为中国人民武装警察部队江西省总队，恢复军队建制，受军队和公安双重领导。

本月 在大搞中草药群众运动中，兴国县发掘出的野鸡尾草鲜用为主药的"兴国解毒剂"，在各地因自然灾害导致的食物中毒等20多起事故中，抢救了2万余人的生命（1961年4月，中央派一架专机来南昌取鲜鸡尾草300余市斤，送到青海省柴达木盆地冷湖工地，救治已昏迷的30多名误食氟化纳中毒患者，被救治人员全部得救）。

本月 江西棉纺织印染厂扩建的新厂关闭，老厂部分机器停开，染厂部分停产精减人员，下放职工共2700多人。

本月 轻工业部总工程师朱梅到上饶县大茅山垦殖场指导果酒生产。

1961

2月

February

公元1961年2月　　农历辛丑年【牛】

日	一	二	三	四	五	六	日	一	二	三	四	五	六
			1 十六	**2** 十七	**3** 十八	**4** 立春	**5** 二十	**6** 廿一	**7** 廿二	**8** 廿三	**9** 廿四	**10** 廿五	**11** 廿六
12 廿七	**13** 廿八	**14** 廿九	**15** 春节	**16** 初二	**17** 初三	**18** 初四	**19** 雨水	**20** 初六	**21** 初七	**22** 初八	**23** 初九	**24** 初十	**25** 十一
26 十二	**27** 十三	**28** 十四											

1日　省委召开赣南区党委、各地（市）委工业书记会议。会议要求贯彻执行以农业为基础、以工业为主导、工农业同时并举的方针，正确处理工业生产与基建的关系、轻重工业的关系，优先发展原材料生产，搞好工业建设的合理布局，同时要注意适当发展交通运输业，坚持一手抓生产，一手抓生活。会议于9日结束。

3日　酒泉钢铁公司施工队伍到达新余，参加新余钢铁公司建设。

3日　省人委批复农林垦殖厅：上山干部原系按三类地区标准领取工资的，实行自给后仍按三类工资标准执行。

3日　《江西日报》报道，江西大学中文系举行文学论文报告会。参加报告会的校内外代表200余人。提交报告会的论文有6篇：（一）《毛泽东的诗词——革命的现实主义和革命的浪漫主义相结合的典范》；（二）《批判巴人关于塑造无产阶级战士的谬论》；（三）《谈歌剧"刘三姐"》；（四）《批判"一首没有编完的歌"》；（五）《试论"皮巧林"的形象》；（六）《贵族社会的挽歌——略论"高老头"的思想意义》。这批论文的作者，有从事多年文学研究的老教师，有新开课的青年教师，也有刚出大学校门的学生。与会者本着"百花齐放、百家争鸣"的方针，对6篇论文进行了讨论。尤其是对毛泽东诗词和"刘三姐"、"皮巧林"的形象讨论得更为热烈。

7日　杨尚奎、白栋材和省人委有关负责同志，亲自抓煤矿职工的生活安排，决定将煤矿工人口粮定量恢复到1960年上半年的水平，副食品和劳保用品优先保证供应。

7日　《江西日报》报道，景德镇董家山煤矿为了多产好煤，支援以瓷业为中心的生产建设，在总结提高煤炭质量经验的基础上，发动群众建立和健全了一套比较完整的"一采、三分"操作规程和"二检验、三不准"的管理制度。"一采"是采精煤；"三分"是好坏分采，煤炭分运，堆存分类；"二检验"是工作面由兼职质检员检查验收，井口由专职记录员复查验收；"三不准"是不符合标准的煤炭不准上车、不准出井、不准发货。促使煤炭质量不断提高，保证了烧制瓷器的质量。

7日 上午11时30分，赣南行政区建筑工程公司101工地发生重大质量、安全事故。该工地在赣州东河大桥跨线拱桥施工结束，拆除捣制成形的混凝土块支撑时，重达180吨的混凝土块连同部分底模一起下滑，造成重大质量、安全事故。正在操作的木工罗俊明等2人当场死亡。

8日 南昌铁路局新余站站长王建章为抢救一名推独轮车过铁路道口的农民而光荣牺牲。铁道部命名王建章为"舍己救人的站长"，并追认为烈士。

8日 毛泽东路过江西，在向塘车站接见江西省委第一书记杨尚奎等人。

9日 省农林垦殖厅发出《关于成立贮木场有关问题的通知》。通知将赣州（东西河）和吉安（神岗山）两个专属贮木场改归省农林垦殖厅直接领导，并将上高、乐平、安义、永修4个专属贮木场和柘林转运站，按水系分别划归省属南昌、吴城贮木场领导，成为其直属单位。

10日 南昌市开始实行高价糖果、高价糕点供应。商业部暂定该市每月平均供应高级糖果25万斤，高级糕点40万斤。以后逐步扩大，当年实行高价糕点、高价糖果供应的有南昌、九江、景德镇、新余、赣州、萍乡、上饶、吉安、抚州9市和德兴县。

11日 《江西日报》报道，省军区、各军分区及市、县人民武装部和驻省部队，积极响应党中央"大办农业、大办粮食"的号召，切实执行"人民解放军是社会主义保卫者，又是社会主义建设者"这一职责，派出80%以上干部，组成300多个工作队，深入农业生产第一线，加强人民公社的建设工作。

11日 安义公路大桥竣工通车。

13日 朱德到江西视察工作。在康克清、邵式平陪同下，先后在南昌八一起义纪念馆、新建县西山人民公社、江西拖拉机厂、江西电视机厂、江西柴油机厂、洪都机械厂和共产主义劳动大学总校视察，并听取杨尚奎、刘俊秀等汇报全省工业、农业和外贸情况。视察工作于22日结束。

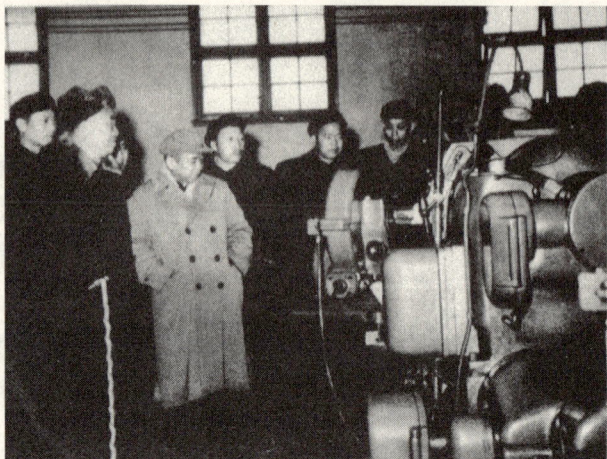

全国人大委员长朱德（前排左一）视察江西拖拉机制造厂

朱德在江西共产主义劳动大学云山分校校办工厂向师生亲切询问山区资源综合利用情况

14日 上海市人民慰问团来江西慰问春节期间照常生产的江西煤矿工人。

14日 省委、省人委联合发出《给全省人民的春节慰问信》。慰问信指出1961年的春节是在连续三年大跃进之后的第一个春节。鉴于农业生产连续两年遭受严重自然灾害，1961年全省必须集中力量加强农业战线，真正树立起以农业为基础的思想，全党全民团结一致，以实际行动大办农业、大办粮食。这不仅是农村人民公社和全体农民的任务，也是全省人民共同的任务。同日省委、省人委发出《春节致全省烈、军属、荣誉军人、复员、退伍、转业军人的慰问信》。

15日 省委、省人委和省军区决定，在1961年春节期间，组织"江西省人民春节慰问团"，对解放军驻省部队、人民武装警察、住院伤病员和省荣军疗养院及烈军属进行慰问。王卓超任总团长，李杰庸等30人任副总团长。

17日 省委组织部近日在《干部工作意见》中要求加强干部的培养教育工作，坚持在职学习，在实际工作中培养提高。

18日 省委近日召开地市县三级干部会议，部署贯彻落实中共八届九中全会精神，对国民经济实行"调整、巩固、充实、提高"的方针。

19日 省政协举办报告会，省政协主席、省委第一书记杨尚奎传达中共八届九中全会精神。

20日 南昌市各民主党派、人民团体集会，抗议美、比帝国主义及其代理人杀害刚果总理卢蒙巴等领导人，坚决支持刚果人民的正义斗争。

20日 《江西日报》报道，江西拖拉机厂全体职工突击赶制拖拉机配件。到目前为止，已经投入生产和正在赶制的有丰收27型、35型和东方红3种型号的拖拉机配件33种，合计1万余件，支援了当年农业生产。

21日 省民建、省工商联在南昌举行二届常委会二次联席会议。会议传达民建中央、全国工商联在西安召开的第三届中央常委会第四次会议精神。会议采取"神仙会"的方法进行："情况大家摆，问题大家找，分析大家做，办法大家议"。

22日 贺龙、罗荣桓来省军区视察。视察时指出：江西是武装斗争的发源地，有光荣的革命传统，部队和民兵工作应做得更好一些。

贺龙（前排左五）、罗荣桓（中）与省军区指战员的合影

23日 刘俊秀在《江西日报》发表题为《坚持农业生产上的五个适时（适时翻田、适时播种、适时插秧、适时耕田、适时收割）和五个合理（合理深耕、合理搭配品种和轮换种植、合理密植、合理施肥、合理灌溉）》的文章，系统地介绍全省贯彻农业"八字宪法"的主要经验。

25日 贺龙、罗荣桓到南昌步校视察工作，对学校工作作了重要指示。

25日 《江西日报》报道，南昌铁路局全体职工响应党"大办农业、大办粮食"的号召，各个车站为了保证春耕物资随到随运，一件不损，实行了"整车不足装零担，车辆不足搞捎脚"的办法，对春耕物资做到优先受理，优先配车，优先装车，优先挂走，保证了春耕物资及时调运。

25日 省人委召开第十六次会议。邵式平主持会议，刘俊秀在会上发言。会议决定：省人委各厅、局，除留少数人负责处理机关日常工作，其余厅、局长均应深入到农村，以搞好生产为中心，进行调查研究，帮助各人民公社解决春耕生产中存在的问题，安排好群众生活。

26日 省委召开春耕生产电话会议，要求各地立即抽调大批干部深入生产第一线，参加生产、学习生产、领导生产。杨尚奎就"加强春耕生产运动的领导问题"作指示。刘俊秀作《集中力量，加强领导，迅速在全省掀起春耕生产运动高潮》的报告，强调要做好"四定"（土地、劳动力、耕畜、农具），"三包"（包产、包工、包成本）工作，充分调动群众积极性，实现1961年农业生产计划。

27日 省委批转省整编和安排劳动力小组《全省精减职工和调配劳动力计划》，一律停止从社会上招收新职工。

28日 《江西日报》发表社论《公共食堂一定要实行民主管理》，指出要选举食堂管理员、炊事员；一切重大问题必须经过入伙社员讨论通过；食堂物资必须公开，日清月结，张榜公布。

28日 省哲学社会科学学会联合会召开代表会议。联合会副主席艾寒松作工作报告。邵式平到会作指示。他指出，科学理论必须为经济基础服务。会议改选了社联，成立了新的领导机构。

本月 全国人大常委会委员长朱德到南昌市人民公园视察，赠送春兰4盆（1962年2月、1964年春和1966年2月，朱德又先后3次视察

南昌人民公园兰室

人民公园，并赠春兰、寒兰等兰花以及种兰资料，并于1964年为人民公园题写"人民公园"、"兰室"等匾额）。

本月 省卫生厅机关刊物《江西医药》创刊。

本月 西河砖瓦厂砖结构、高61米的烟囱由南昌市城建局设计室设计，上海城建局直属基建队施工。

本月 高安县妇联积极配合有关部门开展对妇女病、浮肿病的调查。县里拨款4万元，大米12万斤，食油4000斤，用于营养性治疗。

本月 汪东兴调中央工作。

本月 省化学石油工业局局长邱高峰调回化工部，国务院任命刘化东为省化工石油工业局局长。

本月 团中央第一书记胡耀邦、统战部副部长薛子正、华东局书记魏文伯先后到大茅山垦殖场视察工作。

1961

3月
March

公元1961年3月							农历辛丑年【牛】					
日	一	二	三	四	五	六	日	一	二	三	四	五	六
			1 元宵节	**2** 十六	**3** 十七	**4** 十八	**5** 十九	**6** 惊蛰	**7** 廿一	**8** 妇女节	**9** 廿三	**10** 廿四	**11** 廿五
12 廿六	**13** 廿七	**14** 廿八	**15** 廿九	**16** 三十	**17** 二月小	**18** 初二	**19** 初三	**20** 初四	**21** 春分	**22** 初六	**23** 初七	**24** 初八	**25** 初九
26 初十	**27** 十一	**28** 十二	**29** 十三	**30** 十四	**31** 十五							

1日　南昌铁路局根据铁道部指示精神，撤销运输处，成立车务、客运、货运、商务处。

1日　《江西日报》报道，省军区和驻省部队官兵在春节期间广泛、深入地宣传党的政策，并开展以支援春耕生产为中心的拥政爱民活动。各部队还普遍检查了执行政策法令和遵守群众纪律的情况，进一步加强了部队官兵政策、纪律观念，密切了军政、军民关系。

4日　省人委发出《积极开展春季造林工作通知》，决定全省造林500万亩（其中国营造林80万亩），抚育幼林400万亩（其中国营150万亩至200万亩），力争在3月底以前完成造林、育林任务。

4日　南昌八一起义指挥部旧址、井冈山革命遗址、瑞金革命遗址，由国务院公布为第一批全国文物保护单位。

6日　省委批转省科委《关于调整领导机构加强对科学工作领导的报告》，决定省科委、省科协、中科院江西分院由合署办公改为分开办公。1958年建立起来的各级科委（包括人民公社科委）仍然保留。

7日　省歌舞团在江西艺术剧院上演反映苏区人民"吃水不忘挖井人，时刻想念毛主席"的舞剧《红井》。

7日　省政协邀请部分省政协委员、工商界、知识界、文艺界女同志和各界人士的家属，以及正在出席全省各民主党派座谈会的部分女代表进行座谈。会议由政协常务副主席潘震亚主持。与会同志一致表示，要以主人翁的态度，与全省人民一道，为大办农业、大办粮食贡献自己的力量。《江西日报》发表《妇女们，为争取今年农业丰收贡献更大力量》的社论。

8日　省市各界妇女在南昌市工人文化宫举行"三八"国际劳动妇女节纪念大会。省委号召广大妇女积极投入大办农业，大办粮食的运动。

9日　省人委人事局监察处近日划归省人委办公厅领导，全称为"江西省人民委员会监察处"。

11日　省人委颁发《江西省木材、毛竹分配供应暂行办法》。

12日　《江西日报》报道，省科学委员会全体扩大会议在南昌召开。参加会议的有省科委正、副主任和全体委员，省委、省人委直属各部门的部分负责人和该部门主管科学工作的人员。邵式平主持会议并讲话，要求全体科技人员集中力量走上生产第一线，力争农业丰收。

12日　苏联驻华使馆参赞贾柯夫及三等秘书等自费到九江旅游3天。

12日　最高人民法院院长谢觉哉到南昌、吉安等地视察工作。并在省高级人民法院召开的全省中级人民法院院长座谈会上就深入实际、调查研究、重证据、总结经验等问题进行了具体指示。会议于17日结束。

13日　《江西日报》报道，省农业机械厅根据省委指示，及时组织各厂协作，安排了1万多匹马力的农耕动力机械制造任务。日前，全省各农业机械厂职工大力制造机械排灌设备，支援农业生产。

13日　省检察院召开分、市检察院检察长会议，贯彻最高检察院工作组来省传达中央领导同志的指示，即"检察机关不是削弱，而是要加强"的指示精神。会议于15日结束。

15日　省委、省人委召开"迅速掀起工业生产高潮，大力支援春耕生产动员大会"。出席会议的有白栋材、黄先等。白栋材发表讲话，号召全省职工战胜一切困难，保证完成和超额完成今年的工业生产计划和支援农业的计划。

16日　省委发出通知，就中央拨给江西平调退赔款4800万元提出了分配意见。

17日　省人委办公厅、省教育厅、南昌市人委办公厅、市教育局、市侨联等有关部门集会，欢迎从印尼、柬埔寨归国的116名华侨学生前来学习和就业。

18日　省委发出《关于进一步发展日用工业产品生产的指示》，并相继制定出一系列鼓励性措施和优惠政策，将日用工业品生产纳入国民经济计划，统一安排产销，优先解决生产所需的主要原料、材料、燃料等。这些措施实行后，轻工业生产出现增长势头，品种增加，产品质量不断提高，供应逐渐恢复正常。

18日　新余市横跨袁河的新周铁路大桥建成通车，桥长232米，宽9米。

18日　省公安厅召开全省公安处（局）长会议，传达贯彻第十一次全国公安会议精神，强调要贯彻执行中央确定的"先放后打"的策略方针，正确处理"打与放"的辩证关系。会议于26日结束。

19日　林业部和中国林科院近日在弋阳县召开南方地区森林病虫害防治学术研讨会。

20日　省委办公厅召开全省地、市委办公室主任和地、市档案馆长会议，研究加强电报管理、处理人民来信来访和全省的档案工作。

20日　《江西日报》报道，省人委所属各单位，在保证完成日常工作任务的前提下，抓紧时机抢种春菜。据不完全统计，省人委所属各单位已抢种各种春菜100多亩，打种南瓜的洞穴近万个。

21日　省税务局发出《提高群众办税与加强税务业务管理的意见》，提出要正确引导"三向办税"的群众运动和专业管理有机结合，以搞好税收工作。

22日　《江西日报》报道，全省已抽调67万名干部和100万劳动力加强农业生产。最近，又从县以上机关抽调50多万名干部和职工投入春耕生产第一线。省市各界近万人举行盛大欢送会。邵式平、郭光洲等出席欢送会。郭光洲讲了话。

省市各界人民欢送下乡支援农业生产人员大会

24日　省委在万安县召开全省农具、农机维修现场会议。会议要求迅速恢复和进一步发展手工业生产，做好农具、农机修理工作，支援春耕生产运动。会议于28日结束。

26日 方志敏烈士的夫人缪敏，拿出1939年她在延安党校妇训班学习时毛泽东为她题的字："没有什么困难可以阻碍人们前进的，只要奋斗，加以坚持，困难就赶跑了"。

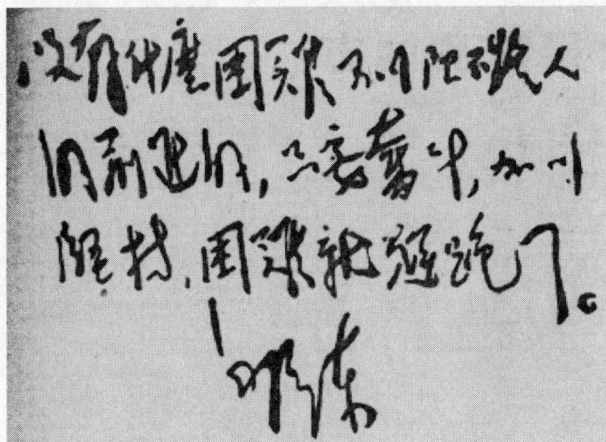

毛泽东在延安时给缪敏的题字手迹

26日 《江西日报》报道，全省各地医药卫生部门积极响应省委、省人委的号召，组织3万余名医务人员深入农村，为人民健康服务。省妇幼保健院为了加强妇女劳动保护的技术指导，由著名妇科专家符式珪率领一个工作组，前往赣南地区解决妇产科方面高深的技术问题。

27日 《江西日报》发表社论《高举红旗排难而进》，表彰萍乡矿务局王家源煤矿在困难面前顽强战斗，实现持续跃进。

27日 省人委制定《关于加强农村集市贸易领导和管理十项规定（草案）》，规定"三类物资"属于自由上市物资，允许在国家指定的城市附近农村集市出售，但不得远途运销。

29日 省历史学会江西师范学院历史小组召集教授、讲师以上的会员，座谈"在学术研究中坚持百花齐放、百家争鸣的方针"。通过讨论，交流了思想，提高了认识，确定在"七一"以前编辑好《江西地方史资料联合目录》和《江西十一年来考古资料整理》及《江西乡土教材》。

31日 省委召开三级干部工作会议，传达贯彻中央在广州举行的工作会议精神，讨论如何贯彻试行《农村人民公社工作条例（草案）》即《农业六十条》的问题。会议要求，农村公共食堂应把社员自愿参加的原则放在首位，不要勉强，群众要求解散的应允许。供给部分的比例，不能强求一律，可由生产队根据收入情况确定。公社、大队、生产队的规模应适当划小。会议于4月13日结束。

本月 南昌站开办3吨集装箱运输业务，这是全省境内第一个办理集装箱运输的车站。

本月 南昌铁路局政治部成立。经中央组织部批准，李介夫任南昌铁路局政治委员，赵立春任局政治部主任。

本月 省委农村工作部发出《关于垦殖场、农场当前整风整场》的报告，主要内容为纠正"五风"（即共产风、命令风、浮夸风、生产瞎指挥风、干部特殊化风）。

本月 上海市文联党组副书记、亚非作家常设局代表、著名作家杜宣回九江故乡，到烟水亭游览，赋诗《还乡二首》。其一为："更从何处觅游踪？处处高楼耸太空。故垒依然灌婴井，新街已改小乔容。烟笼堤柳孤亭秀，翠拥匡庐双剑雄。尤喜长江千里浪，三春时节送归鸿。"

本月 上海天马电影制片厂在安源矿区拍摄故事影片《燎原》。

本月 江西省蚕桑示范农场开始划归南昌市管理。

本月 由工业工作部和交通工作部合并设立省委工业交通工作部（1964年，工业交通工作部改称为工业交通政治部）。

本月 邵式平到九江化工厂视察。

本月 南昌、景德镇、九江、萍乡、赣州、吉安、上饶、抚州等城市开展高级饭馆（饭店）业务，高价幅度超过平价一倍以上。

本月 国家计委决定停建江西水泥厂。

本月 省机械工业局颁发《江西省民用机械工业暂行管理办法》。

本月 省委发出《关于加强轮训干部的指示》，提出在全省各级干部中开展一次新的学习运动。对各级各方面的领导干部普遍进行一次轮训，帮助他们进一步认识和掌握社会主义建设的客观规律，保证社会主义革命和建设的顺利进行。

本月 省委转发刘俊秀总结推行农业八字宪

法经验的调查报告《坚持生产的"五个适时"和"五个合理"》。要求广大干部学科学、用科学，纠正农业中搞形式主义、违背科学的倾向。

本月 省民建、工商联的领导率领工作组分赴抚州、九江、宜春、南城、高安等地，前后组织13个工作组，就有关"西安会议"的贯彻和工商业者及家属的基本情况、政治思想、形势认识、服务态度、工资福利、定息问题等，进行调查研究。

本月 省新华书店在波阳县召开专区、城市书店及部分县书店经理会。会议决定在波阳县新华书店进行全省农村发行试点。

本月 省委宣传部发文提出"1961年出版工作贯彻执行'调整、巩固、充实、提高'方针的几项规定"。核定各出版社（1961）出版种数、册数的控制指标。江西人民出版社48种，计划印数240万册；江西省青少年出版社22种，计划印数30万册；江西省轻工业出版社13种，计划印数10万册；江西省教育出版社45种，计划印数10万册。

1961 4月 April

公元1961年4月 农历辛丑年【牛】													
日	一	二	三	四	五	六	日	一	二	三	四	五	六
						1 十六	2 十七	3 十八	4 十九	5 清明	6 廿一	7 廿二	8 廿三
9 廿四	10 廿五	11 廿六	12 廿七	13 廿八	14 廿九	15 三月大	16 初二	17 初三	18 初四	19 初五	20 谷雨	21 初七	22 初八
23 初九	24 初十	25 十一	26 十二	27 十三	28 十四	29 十五	30 十六						

1日　省文艺学会召开二届一次委员扩大会议，到会代表40余人。会议选举学生主任李定坤，副主任石凌鹤、程耘平、武继国、陈茵素、鲁明、管雄、赖淮靖、蒋天佐。

1日　《江西日报》发表社论《编好作业组，提高战斗力》，指出在生产队下编好作业组，对作业组实行定额小包工，由作业组安排农活，评工记分，以最大限度地提高劳动生产率。同时要求作业组有分有合，指出作业组是一个具体执行生产任务，进行农活操作的单位，不是核算单位，反对包产到组。

5日　《江西日报》报道，江西农学院师生坚持"科学研究为大办农业、大办粮食服务"的方针，对当年的科学研究规划作了修改和补充，使其更符合教学及生产实际的需要。该院下放教师36人，学生529人，深入到农场、工厂和农村人民公社，结合教学，并参加生产劳动，开展调查研究，推广新的农业技术措施。

5日　省市各界和驻军代表70余人，赴南昌市烈士陵园祭扫烈士墓，并敬献花圈。

5日　萍乡市城市总体规划方案编制完成。

5日　颁发《江西省机械局设备维护检修管理办法》、《新产品试制鉴定管理办法》、《技术检查工作管理办法》、《工艺管理办法》。

7日　省煤管局党组决定，在煤矿企业干部中开展生产整风运动，克服管理混乱现象。整风的重点为局、矿两级领导干部。

10日　省政协举行各民主党派、人民团体负责人会议，到会者30余人。邵式平到会讲话，要求大家都来关心农业生产，并提出在农历"谷雨节"期间开展支援春耕生产文娱活动的建议。省政协准备在"谷雨节"搞一个诗歌会颂扬劳动（从此，江西每年举行"谷雨诗会"，一直延续至今）。

11日　省煤管局确定1961年至1962年的普查找煤方向：大、中型矿区以上饶、南昌（浙赣铁路沿线）、赣东北（宁赣铁路沿线）为重点；中、小型矿区以吉安、抚州、赣南、九江为重点，同时加强萍乡、丰城矿区外围勘探。共投入省地质局属九〇一及九〇二队，省煤管局属一九五队和煤炭工业部直属中南地质勘探大队等5支地质勘探队伍。

12日 省计委、省财政厅发出《关于加强企业成年管理工作的联合通知》。

12日 省民建和省工商联联合召开民建会员和工商界人士座谈会，对"顾一头"（顾国家人民利益这一头）、"一边倒"（倒向社会主义这一边）和政府包工商业者工作和生活这一头，包到底（实行"定息政策不变，高薪办法不变，学职学衔不变，适当政治安排不变，改造政策不变"），进行讨论，提出问题和意见。

14日 省商业厅发出通知，要求开展"六好"红旗运动。"六好"内容是：执行政策完成计划好，组织生产供应生产资料好，组织集市贸易好，经营管理好，安排市场好，继续开展技术革新、技术革命和文化革命、提高工作效率好。

17日 省轻工业厅决定九江毛纺厂停止建设，抽调劳动力600名支援矿山建设。

18日 毛泽东在南昌视察工作。

毛泽东在南昌市郊区视察

19日 刘俊秀等在丰城县小港公社、拖船公社蹲点，进行贯彻《农村人民公社工作条例（草案）》的调查研究。着重了解食堂、粮食、供给制、划小社队规模、三包一奖，耕牛农具、山林分级管理、手工业等问题。调查于5月5日结束。

19日 以古巴教育部长阿曼多·阿特·达瓦洛斯为团长的古巴文化代表团一行6人，由中国拉丁美洲友好协会会长楚图南，对外文化联络委员会秘书长陈忠经陪同抵达南昌。在南昌的毛泽东会见代表团全体成员，并进行长时间的谈话。会见时在座的有江西省省长邵式平等。

古巴文化代表团全体人员到南昌访问时，受到省市各界热烈欢迎

20日 全国妇联书记处书记董边一行2人近日来赣，到瑞金县考察县委在沙洲大队贯彻《农村人民公社工作条例》试点，并对有关妇女工作进行调查研究。5月中旬结束考察工作。

21日 省市各界数万人集会和游行，反对美国侵略古巴，支持古巴人民的爱国正义斗争。

21日 省委批准成立中共江西省地质局委员会，由11人组成。李如皋为书记。

23日 省文化局、省教育厅、省广播事业管理局、省总工会、团省委、省文联联合发出《关于开展群众性的社会主义歌咏活动的通知》。

24日 省林科所更名为省农林垦殖科学研究所，并与共产主义劳动大学总校实行所、校合并，统一领导。在行政和业务上，省农林垦殖科学研究所仍受省农林垦殖厅直接领导。

24 日 省人委批转省农林垦殖厅《关于一九六〇年木材、毛竹亏损问题的报告》。

25 日 省人委批准省文化局调整内部机构，设秘书室、人事教育处、社会文化处、戏剧处、财务物资科、新闻出版科。

26 日 赣江暴发了有水文历史纪录以来的第二次大水。南昌最高水位达 23.26 米，超过警界线 0.56 米，仅低于 1954 年最高水位 0.33 米。

26 日 省委召开电话会议，号召以钢铁煤和支援农业为中心，广泛开展劳动竞赛。

本月 潘望峰任省电管局副局长。

本月 人工繁殖鲢鱼成功。不久，草鱼、鳙鱼的人工繁殖又获成功。

本月 南昌钢铁厂用 6 吋钢锭一次轧成 18 公斤采轻轨，生产出第一批异形材。

本月 省基本建设委员会撤销，合并到省计划委员会，吴甄铎任主任。

本月 海军东海舰队司令饶守坤到大茅山垦殖场视察。

本月 全国妇联副主席康克清由朱旦华陪同视察万安县窑头小学、幼儿园。

本月 中央批准增补黄先、黄知真为江西省委书记处候补书记。

本月 江西拖拉机制造厂因产品质量问题停产整顿，农机部派工作组协助技术攻关。到 1962 年 5 月，完成图纸技术资料、工艺文件的整理工作，修制完成工艺装备 3384 种 4480 套，完成 5 台新样机试制，以及 20 台小批试制。

1961

5月 May

公元1961年5月　　农历辛丑年【牛】

日	一	二	三	四	五	六	日	一	二	三	四	五	六
1 劳动节	**2** 十八	**3** 十九	**4** 青年节	**5** 廿一	**6** 立夏		**7** 廿三	**8** 廿四	**9** 廿五	**10** 廿六	**11** 廿七	**12** 廿八	**13** 廿九
14 三十	**15** 四月小	**16** 初二	**17** 初三	**18** 初四	**19** 初五	**20** 初六	**21** 小满	**22** 初八	**23** 初九	**24** 初十	**25** 十一	**26** 十二	**27** 十三
28 十四	**29** 十五	**30** 十六	**31** 十七										

1日 省市各界60余万人集会，纪念"五一"国际劳动节。郭光洲参加了庆祝活动，代表省、市委向工人们致以祝贺，并勉励职工们以更大的生产成绩迎接"红五月"。

1日 省赣剧院一、二、三团在南昌联合演出《西域行——班超与班昭》。

1日 中国美术家协会江西分会、江西画报社在中苏友好馆联合举办江西苏区风光写生画展。活动于20日结束。

2日 省委转发方志纯等《关于解决港口公社花园大队第一生产队食堂问题的报告》。报告提出，要妥善处理公共食堂的具体问题，要坚持"自愿参加，积极办好"的原则，由社员自己做主。

3日 省编委、省农林垦殖厅下发《关于全省农林垦殖系统机构编制问题的联合通知》。

3日 省工商联召开第二届会员代表大会，出席、列席会议的代表544人。会议期间，传达学习了"两会"和中央代表大会的"五个文件"，听取了省党政领导的报告，讨论全省工商界当前在改造服务中带有普遍性的问题，并研究了今后努力的方向。大会通过《全省工商业者，在总路线光辉照耀下，坚持"顾一头"、"一边倒"，加强改造、积极服务，为祖国社会主义建设作出更好的贡献》的文件，选举191人组成新的执行委员会，王德舆为主任委员。并通过了向毛主席，向省委、省人委的致敬电。会议于16日结束。

8日 省商业厅组织省、专、县三级商业干部，到清江县临江镇公社进行恢复供销社的试点工作。通过试点恢复了国营、供销社、集市贸易3条渠道，使供销社的民主管理、群众监督和灵活经营的特点得到充分的发挥。

8日 省委召开工作会议，检查了解全省各地对《农村人民公社条例（草案）》的贯彻执行情况，对农村食堂、粮食、供给制、自留地、"三包一奖"等问题进行研究。邵式平讲话指出：在人民公社化运动中，凡是"错了的要改，不能固步自封、坚持错误"。办公共食堂要坚持"自愿参加，不要怕垮，没有了公共食堂，不等于没有社会主义"。他在另一次汇报会上也指出，食堂不倒，粮食问题解决不了。

《江西日报》报道赣南普遍整顿公共食堂

会议于 16 日结束。

9 日　召开沈翰卿等工商界骨干分子和机关工作人员座谈会，就贯彻中共八届九中全会精神，对国民经济实行"调整、巩固、充实、提高"的方针进行座谈讨论，并研究如何进一步调动工商界积极性为社会主义建设服务提出建议和意见。

10 日　刘俊秀在丰城小港公社和拖船公社调查 18 天后，就农村公共食堂问题报告华东局和党中央，提出："那些办得不好或者很不好的食堂，坏处颇多，势在必散，越散得早，越能激发群众的生产积极性，越对搞好生产和搞好社员生活有利"。省委批转了刘俊秀的报告。

12 日　28 个国家驻华使节和外交官及其夫人一行 71 人，由外交部第一亚洲司司长章文晋、礼宾司副司长葛步海陪同，到九江、庐山、南昌等地参观访问。访问于 18 日结束。

13 日　丰城县洪峰高达 30.56 米，超警戒线 1.96 米，比历史最高洪峰水位（1951）高 0.7 米，属特大洪水。丰城县集中 4 万多人固守在 60 余公里长的赣江大堤上。副省长兼防汛总指挥彭梦庚在丰城现场指挥抗洪。终因洪峰过猛冲决圩堤。15 日，空军部队派出直升飞机抢救丰城县城被洪水围困的群众。

13 日　《江西日报》报道，全省钢铁企业职工积极响应省委关于掀起以"钢铁煤和支援农业为中心的工业生产新高潮"的号召，广泛开展学先进、赶先进的劳动竞赛，全面推广先进经验，使全省钢铁厂的生铁产量大幅上升。

15 日　省委、省人委发出《关于收购重要经济作物实行粮食奖励的通知》，规定 22 种经济作物的收购实行粮食奖励。

16 日　省人委人事局召开行、专署、市人事工作座谈会。会议于 19 日结束。

18 日　省委、省人委发出《关于抓紧时间，多栽多种瓜菜的指示》，要求全省各级政府在大抓粮食生产的同时，抓住当前时机，组织广大社员及机关、学校、企业大力抢种夏季蔬菜，并做到种好管好，提高单位面积产量。

20 日　九江兴中纺织厂试制 J60S 纱成功，即日正式投产。

20 日　第十六次全省公安工作会议在南昌召开，250 余人出席会议。会议传达贯彻第十一次全国公安工作会议精神，整顿公安干警思想作风，研究形势，部署工作。会议于 6 月 6 日结束。

20 日　邵式平指示，驻南昌市的机关、学校、工厂都要利用业余时间种植瓜菜，争取在一定时候做到瓜菜自给，以减轻市场供应和农民负担。

省长邵式平在种蔬菜

20 日　全省第九次检察工作会议召开，全省各分、市、县检察院检察长共计 130 人参加会议。会议以检查贯彻执行党的政策为中心，开展整风运动。同时传达和贯彻第十一次全国公安工作会议精神，讨论和部署下半年的检察工作。省检察院检察长刘护平在会议总结时强调："三个部门（公、检、法）要各负其责，依法办案，不要搞'一员顶三员'，'一竿子插到底'，要按宪法、按逮捕拘留条例、按逮捕人犯职权范围的规定办事。'合署办公'、'一竿子插到底'的做法要否定。"王卓超到会讲话。会议于 6 月 6 日结束。

22日 省卫生厅就灾区疾病患者的严重问题，发出《关于积极加强灾区卫生工作的紧急通知》。

22日 省高级人民法院召开第十三次全省司法工作会议。会议根据中央关于《农村人民公社工作条例（草案）》和第十一次全国公安会议精神，深入进行整风，检查1960年以来司法工作执行党的政策情况，研究下半年的工作。会议于6月6日结束。

23日 省文化局召开群众艺术馆工作座谈会，讨论省文化局制定的《关于我省行、专、市群众艺术馆的方针、任务等几个基本问题的报告》。会议于26日结束。

24日 省委向中央和毛泽东主席发出《关于解散农村公共食堂的请示报告》（8月，中央批复同意。全省11万多个农村公共食堂全部解散）。

25日 省人委人事局下发《关于改进调动干部手续的通知》，凡属党委管理干部，需要调动时，需先由党委决定后，由人事部门办理调动手续；各部门、专署、县调动干部需经同级政府人事部门办理调动手续；需要从外省调入调出干部，统一由省人委人事局商洽并办理调动手续。

30日 《江西日报》报道，全省冶金部门

河下铁矿一工区谢灶生小组保持了高产优质的水平

贯彻"优先发展采掘工业"的方针，全省黑色金属矿山技术改造工作抓紧进行。七宝山铁矿党委组织了有施工部门参加的矿山建设委员会，切实加强了对矿山技术改造的领导，加快了矿山建设的速度。同日，《江西日报》发表社论《加速矿山技术改造》。

31日 省人委批转省地质局《关于全省地质资料汇交暂行办法》，通知全省各地区和有关部门执行。

本月 铁道部鉴定委员会对第四勘测设计院的向乐支线初步设计进行鉴定，1963年又对施工设计进行鉴定，认为选线合理，避开了4座隧道及严重地质不良地段。该线主要技术标准是：江家至抚州北站为一级工类干线，抚州北至江边村站为三级干线。1961年2季度进行施工准备，1962年由铁道兵负责施工。支线全长117.28公里。

本月 江西人民出版社撤销文教编辑室，总编室与秘书室并入办公室。

本月 八〇一厂五分厂新建一座6平方米反射炉焙烧砷钴矿炼出冰钴。当年7月开始以冰钴水提取氧化钴。

本月 全省冶金系统科技工作会议在赣州召开。同时，江西省金属学会成立，会员90人，刘达任第一届理事会理事长。

本月 乐平县下冲坞煤矿连续安全生产12年。

本月 南昌县向塘公社养鱼场进行青鱼人工孵化获得成功。

本月 南昌、景德镇、萍乡、新余、九江、上饶、抚州、吉安、赣州、宜春、鹰潭、庐山、井冈山13个市镇的高级餐厅，实行高价零售供应全国27种和省产19种名酒。

1961
6月
June

公元 1961 年 6 月							农历辛丑年【牛】						
日	一	二	三	四	五	六	日	一	二	三	四	五	六
				1 儿童节	**2** 十九	**3** 二十	**4** 廿一	**5** 廿二	**6** 芒种	**7** 廿四	**8** 廿五	**9** 廿六	**10** 廿七
11 廿八	**12** 廿九	**13** 五月大	**14** 初二	**15** 初三	**16** 初四	**17** 端午节	**18** 初六	**19** 初七	**20** 初八	**21** 初九	**22** 夏至	**23** 十一	**24** 十二
25 十三	**26** 十四	**27** 十五	**28** 十六	**29** 十七	**30** 十八								

1 日　省卫生厅发出《关于鉴定和处理医疗事故暂行办法》的通知。《暂行办法》对医疗事故的性质作了明确规定，并要求建立医疗事故报告制度。

1 日　全省少年先锋队组织在少年儿童中广泛开展"向革命长辈学习，做红色革命后代"的教育活动。邵式平在"六一"儿童节发表了《谨向全体儿童们祝贺》的祝词。《江西日报》发表社论《以党的革命传统教育新的一代》。

2 日　省人委转发国务院《关于改进国营企业流动资金供应办法及有关规定》，规定企业流动资金又改由财政、银行两家供应和管理。

3 日　《江西日报》报道，江西师范学院数学系四年级学生，在柘林水库进行了两个多月结合生产劳动的科学研究，参与了多项复杂的工程设计和工程计算，在工作中不仅学到了实际知识，使"运筹学"知识在实践中得到印证和提高，而且为今后创造性地学好"运筹学"提出了新的科研课题。

4 日　安义县万埠地区遭 9 级至 10 级暴风袭击，74 间房屋倒塌，死 3 人，重伤 15 人。

5 日　省委统战部举行贯彻"百花齐放，百家争鸣"报告会。省委宣传部副部长艾寒松作《关于坚持双百方针，进一步为繁荣我省科学、艺术、文化而努力》的报告，号召全省科学、文化、艺术工作者，要认真学习马克思列宁主义和毛泽东著作，虚心向劳动人民学习，提倡在各个学派、流派和不同意见的人之间团结合作，进一步发展、繁荣全省的科学、文化、艺术事业。

8 日　全国工商联副主任委员李烛尘来江西考察时，在省"两会"召开的骨干分子座谈会上作了讲话。

10 日　全省出现一次全方位的大暴雨。赣中、赣南连降雨 200 毫米到 300 毫米以上，赣江、抚河水位急剧上涨。南昌市动员 8 万余人坚守赣江大堤。

10 日　《江西日报》报道，中国人民解放军某步兵学校组织了 1000 余名学员，前往井冈山实地考察，举行军事政治野营。学员们沿途历经 13 个县市，全程达 1000 余里。

12 日　南昌步兵学校 1133 人参加全省抗洪抢险斗争，历时 10 天，抢救群众 63 名及大批物资。有 7 个单位记集体三等功，1 人记二等功，40 人记三等功。

13 日 邵式平深入临川县温家圳地区指挥抗洪斗争，并对这里的受灾群众进行了慰问。

14 日 11 时 45 分，赣江丰城水位猛涨到 30.32 米，赣东大堤丰城县西门横巷口附近老城墙堤段决口，淹死 171 人，冲毁倒塌房屋 527 栋，被淹农田 23.4 万亩，国家粮库、油库、农药库、商店等损失折款 1707 万元，浙赣线 K633 + 800—K646 + 600 路基冲断 4 处，浙赣铁路中断 9 天。丰城桥冲毁，中断行车 264 小时。向塘机场空军警卫连战士张石祥、省军区中尉参谋骆其邦在丰城抗洪抢险中牺牲，被授予革命烈士。

向唐机场空军警卫连战士张石祥遗像

15 日 省政协举办报告会，省政协副主席、省委统战部部长于洪深传达《农村人民公社工作条例（修正草案）》。

15 日 省人委决定，省手工业管理局从省轻工业厅划出，隶属省人委直接领导，负责管理全省手工行业；省手工业联社仍与省手工业管理局合署办公。

16 日 全国排球分区赛南昌赛区进行比赛，

江西队运动员（中）和广州部队运动员交谈

结果是：广东女队 3:0 胜福建队；广州部队队 3:1 胜广东队；湖北队 3:1 胜福建队；江西队 3:1 胜台山队。比赛前，省委常委、宣传部部长莫循、副省长李世璋，省军区副司令员胡定千接见了全体运动员和裁判员。

16 日 景德镇汽车站工程竣工。该工程由景德镇市建筑工程公司施工。建筑面积 3088 平方米，建筑效仿北京十大建筑风格，前面为三层办公楼，后面为单层候车厅，砖木结构，候车室可容纳 1000 余人。

19 日 《江西日报》报道，江西拖拉机厂是今年全国扩建的 5 个拖拉机厂之一。该厂扩建的工程项目有机械化程度较高的铸工、冲压、发动机等主要生产车间，还有相当规模的锅炉房、煤气站、空压站、油化库和铁路专用线等。该厂职工为建成年产万台拖拉机工厂，大力制造标准设备和工艺装配，把每个零件、每一道工序都细致认真的核查鉴定，为生产第一流的拖拉机而努力。

正在加紧建设的江西拖拉机厂扩建工程之一的铸工车间厂房

19 日 丰城县被洪水冲毁的赣江大堤缺口，经当地人们与解放军的英勇奋斗，于下午 5 时 40 分钟堵口截流成功。

19 日 省科学工作委员会召开全体会议，总结全省上半年的科学研究工作，提出了下半年的任务。邵式平出席会议并作了指示。他说，江西的资源丰富，客观条件很好，现在的任务是不要怕困难，提高科学技术水平。各部门要打破界限，加强协作，争取科学工作不断前进。

19日 亚非团结理事会常设书记处喀麦隆书记奥山地·阿法纳于16日来南昌访问，先后参观了八一起义纪念馆、革命烈士纪念堂，并敬献花圈。彭梦庚和夫人接见了奥山地·阿法纳夫妇。

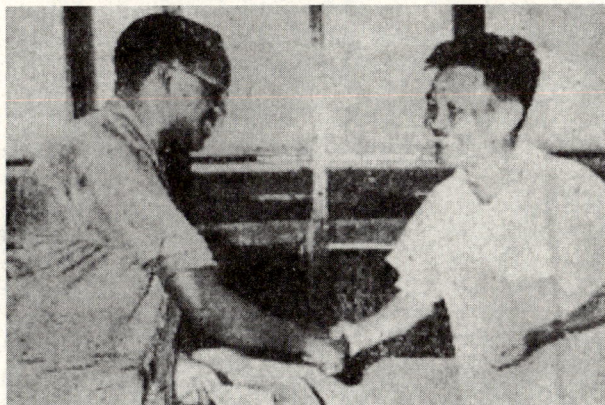

彭梦庚（右）与亚非团结理事会常设书记处喀麦隆书记奥山地·阿法纳（左）亲切握手的场面

20日 省委批转省商业厅《关于临江镇恢复供销社的试点报告》，供各地参考。

21日 永新县公安局二股股长金雨田、副股长龙美云为抢救一名落水学生光荣牺牲。吉安地委机关报《井冈山》刊登了烈士事迹（7月24日，省公安厅发出通报号召全省公安干警向二烈士学习）。

25日 《江西日报》发表社论《积极加快小型煤矿技术改造》，推荐上饶地区小煤矿贯彻执行"全面改造，重点提高"的方针，进行技术改造，从而使产量增加、安全好转、效率提高和消耗降低的经验。

26日 省委、省人委从省直机关抽出102名干部，组成两个生产救灾工作团，分赴两个严重受水灾县丰城和临川，协助受灾群众开展生产救灾工作。刘俊秀向工作团全体人员讲话，他指出：灾区工作团到灾区后，不仅要发动群众抓紧恢复集体生产，特别要从各方面帮助社员搞好自留地的生产。

26日 省委召开五届十一次全委扩大会议，传达中央工作会议精神。对粮食、压缩城镇人口、调整计划指标、贯彻《农村人民公社条例（修正草案）》等问题，进行了讨论，对农村中普遍存在的"五风"及工交、基建、文教、卫生等方面存在的问题进行了检查。会议决定，对几

年来受批判处分的党员和干部进行甄别平反。会议于7月13日结束。

27日 《江西日报》报道，全省各级党委和政府，深入贯彻"百花齐放，百家争鸣"的方针，全省的文艺创作和研究十分活跃。赣剧《西域行》、电影剧本《燎原》、美术《苏区风光画展》、《山区建设画展》及《革命摇篮井冈山》、《红色安源》、《八一起义的英雄城市南昌》、《红色故都瑞金》等作品，都体现出很高的思想性和艺术性。

28日 省政协举办诗歌会，庆祝中国共产党成立40周年。

28日 省人委批准省地质局地质队伍调整方案，撤销九〇四大队、九〇六大队、吉安专区地质大队和九〇五大队。

30日 全省各地质单位开展以反共产风、反干部特殊化风、反浮夸风、反生产瞎指挥风、反命令风为主要内容的反"五风"运动。

本月 南昌市港务局改为南昌市港务处和市航运公司。

本月 省人委通知，国营商业部门收购生猪，按不同毛重奖售饲料粮。

本月 全省商业系统重新进行安排小商小贩工作的试点，将升级到国营商业的小商小贩划出一部分，恢复一批合作商店、合作小组。

本月 庐山如琴湖大坝建成，大林寺被湖水淹没。

本月 文化部部长胡愈之等来江西，深入上饶县沙溪、波阳县田畈、南昌县小兰实地调查。

本月 省委批转《关于清江县临江公社恢复供销合作社试点情况的报告》，强调国营商业、供销合作社、农村集市贸易是现阶段商品流通的3条渠道。

本月 在白栋材亲临现场领导下，省轻工业厅厅长刘抗带领工作组赴兴中纺织厂调查研究，起草了《工业企业管理条例草案》。

本月 长江化工厂安装铂金坩埚24台，建成全省第一条玻璃纤维生产线。

本月 省妇联编辑的《江西妇女革命斗争故事》一书由中国妇女杂志社出版发行，首印5万册。

1961

7月 July

公元 1961 年 7 月							农历辛丑年【牛】					
日	一	二	三	四	五	六	日	一	二	三	四	五	六
						1 建党节	**2** 二十	**3** 廿一	**4** 廿二	**5** 廿三	**6** 廿四	**7** 小暑	**8** 廿六
9 廿七	**10** 廿八	**11** 廿九	**12** 三十	**13** 六月小	**14** 初二	**15** 初三	**16** 初四	**17** 初五	**18** 初六	**19** 初七	**20** 初八	**21** 初九	**22** 初十
23 大暑	**24** 十二	**25** 十三	**26** 十四	**27** 十五	**28** 十六	**29** 十七	**30** 十八	**31** 十九					

1 日 省市各界在八一礼堂举行庆祝中国共产党成立 40 周年大会。出席会议的有杨尚奎、邵式平、方志纯等省市领导。杨尚奎作《高举毛泽东思想的胜利旗帜奋勇前进》的讲话。他指出，我们应该继承和进一步发扬党的实事求是的思想路线、批评与自我批评和艰苦奋斗的光荣传统和优良作风。

1 日 省博物馆正式开馆。它以历史唯物主义与辩证唯物主义为指导，组织自然资源、历史、革命史和社会主义建设 4 大部分陈列，总面积为 1827 平方米，向人民进行爱国主义和社会主义教育。

5 日 中国美协江西分会、江西画报社、新华社江西分社摄影部在中苏友好馆联合举办全省第一届摄影展览会。活动于 25 日结束。

7 日 省财政厅发出《关于严格审查处理企业亏损意见的函》。

8 日 省委、省人委发出《关于开展防旱、抗旱工作的指示》。

8 日 中国科学院江西分院经济研究所调查组，分赴瑞金、弋阳、井冈山、吉安、永新、泰和、分宜、新余等地，了解土地革命和中国红色区域中央工农民主政府时期经济史料，为研究毛泽东的经济思想与中国人民革命战争中的经济关系，提供参考史实。

10 日 省地质局颁发《野外地质勘探队的组织机构和贯彻以党委领导下的队长负责制为中心的各级责任制暂行条例》。

11 日 江西省农业生产和抗旱救灾委员会成立。委员会内设救灾组，谢象晃任救灾组组长。

14 日 地质部决定加速长江中下游地区铜矿普查勘探。九江地区被列入重点普查勘探区。

15 日 省人委办公厅及所属单位 250 余名干部和工人，在邵式平、彭梦庚亲自率领下，前往红旗农场参加早稻收割工作（1962 年 12 月 29 日，邵式平到红旗农场参加收割亲自安排试种的晚稻"红旗一号"。经过两年试种，证明这个品种不易倒伏，适宜机械化耕作，

邵式平（左）参加劳动

在一般稻田也能获得较好的收成)。

15日 省直属各战线、各部门的机关干部及各大专院校师生共1.2万余人,陆续分赴南昌市附近的人民公社、农场参加夏种。

15日 省委发出《关于全面贯彻〈农村人民公社工作条例(修正草案)〉的指示》。

18日 《江西日报》报道,省卫生厅组织中医草药调查研究组,深入永丰县开展调查研究。他们访问了草医草药郎中174人次,收集秘验方282件,草药标本150种,计421份。并追踪访问病家,补充治疗经过,提供临床验证参考。他们还根据草药处方,深入产地采集标本,了解其生长形态,鉴别其科属,澄清了草药同名异物的混淆品种,为继续进行药理实验和有效成分分析,积累了更多的资料。

18日 省委召开精减职工和减少城镇人口的工作会议,确定1961年和1962年精减城镇人口50万人次。会议于29日结束。

23日 南昌市最高气温达到摄氏40.6度。

24日 全国轻工厅局长会议在北京市召开,省轻工业厅副厅长梁志永出席会议。会议提出《关于加强轻工战线若干问题的意见》、《关于加强企业领导与管理工作的若干规定》两个文件。

25日 八〇三厂操作工不慎,导致黑火药起爆,烧死4人。

25日 江西省地质局作出决定,撤销抚州专区地质大队、赣南行署地质大队、石油地质大队;水文工程地质大队并入区测大队;上饶专区地质大队与九九九大队合并,成立赣东北地质大队。

27日 杨尚奎带领省委直属机关100多名干部,到南昌县小兰公社墨山大队和干部、社员一道参加农业劳动,插二季稻。

杨尚奎(前)在插秧

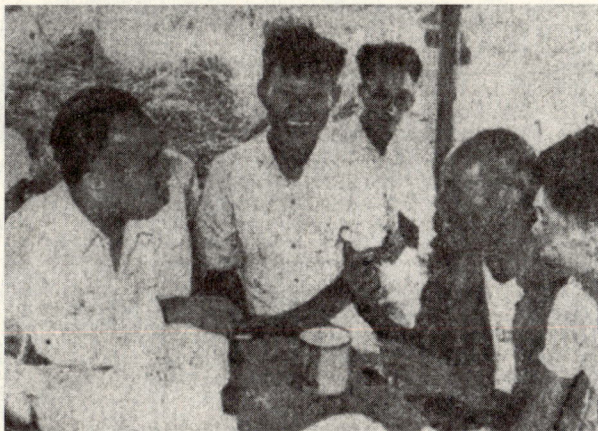
杨尚奎(左)与社员、干部交谈

28日 省人委发出《收购重要经济作物实行粮食奖励的通知》,规定奖励粮食的品种有:皮棉、茶叶、黄麻、苎麻、蚕茧、甘蔗、松香、薄荷油、棕片、柑橘、白莲等,并规定奖售标准。

30日 毛泽东给江西共产主义劳动大学写

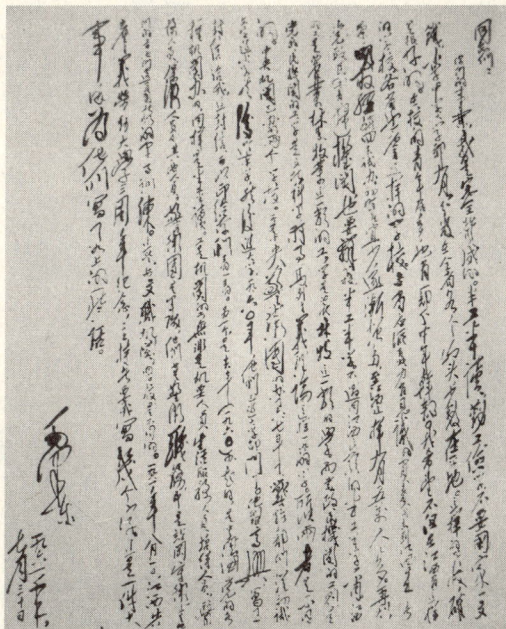
毛泽东给江西共产主义劳动大学的一封信

信,指出:"你们的事业,我是完全赞成的。半工半读,勤工俭学,不要国家一文钱,小学、中学、大学都有,分散在全省各个山头,少数在平地,这样的学校,确是很好的。"这封信,被称为"七三〇"指示。次日,共大总校举行大会,庆祝毛主席致信赞扬共大事业,并悬挂周恩来总理题写的校名,欢庆建校3周年。

共产主义劳动大学总校庆祝建校三周年纪念大会

本月 月初，南昌铁路局贯彻中央对国民经济实行"调整、巩固、充实、提高"的方针，开展精简工作，共精减职工 9000 余人（1962 年 9 月，再次精减职工 4000 余人）。

本月 省人委决定高安矿务局下马，撤销建制。

本月 苏联《真理报》记者和英国经济学家在夏衍、魏文伯陪同下，游赣访昌，并专程抵抚州凭吊汤显祖"玉茗堂"遗址。

本月 南昌通用机械厂与辽宁省华铜铜矿联合研制成功华—I 型电动装岩机，用于有色金属矿小巷道开采掘进出渣和回采用（1962 年 3 月该机通过技术鉴定，填补国内空白）。

本月 国务院副总理邓子恢在江西考察。

本月 抚州棉纺织厂停建。

本月 南昌、新建县委改归宜春地委领导。

本月 1959 年 7 月成立修志机构开始编修的《金溪县志》完稿。

1961
8月
August

公元 1961 年 8 月							农历辛丑年【牛】					
日	一	二	三	四	五	六	日	一	二	三	四	五	六
		1 建军节	**2** 廿一	**3** 廿二	**4** 廿三	**5** 廿四	**6** 廿五	**7** 廿六	**8** 立秋	**9** 廿八	**10** 廿九	**11** 七月大	**12** 初二
13 初三	**14** 初四	**15** 初五	**16** 初六	**17** 初七	**18** 初八	**19** 初九	**20** 初十	**21** 十一	**22** 十二	**23** 处暑	**24** 十四	**25** 十五	**26** 十六
27 十七	**28** 十八	**29** 十九	**30** 二十	**31** 廿一								

1 日　省交通厅实行《南昌市陆地货运运价暂行规定及运价标准》。

1 日　共产主义劳动大学总校林学系 87 名毕业生完成地形复杂的大型森林苗圃和植物园的标绘，绘制出合格的地形图。

1 日　第一部《南昌画册》在南昌市发行。

4 日　省煤管局召开会议，贯彻执行中央和省委关于精减职工，压缩城镇人口充实农业第一线的指示，确定重点煤矿企业在六月末职工总数 58372 人基础上，精减 5700 人，加上上半年自流回乡的 3926 人，合计精减 9626 人。到 10 月 23 日，共精减 11110 人。由于精减过头和自流回乡人员增加到 6707 人，造成生产第一线劳动力紧张，省煤管局宣布精减工作"刹车"。

7 日　印度尼西亚青年代表团一行 3 人来南昌参观访问。

8 日　新华煤矿发生瓦斯爆炸，死亡 10 人，为该矿历史上最严重的瓦斯爆炸事件。

9 日　省委召开电话会议，刘俊秀代表省委宣布：农民除完成集体种植外，可以生产队为单位，借给社员每人 2 分至 3 分地种植油茶，实行谁种谁收。

14 日　邵式平接见来江西访问的以苏约诺为团长的印度尼西亚青年代表团一行 3 人。彭梦庚设宴招待代表团全体成员。

邵式平（右）和印度尼西亚代表团官员苏约诺亲切交谈

15 日　上海市星火魔术团在江西艺术剧院上演大型魔术杂技节目（9 月 17 日该团在江西宾馆小礼堂为周恩来、罗瑞卿等中央领导演出。遵照周总理指示，经与上海市文化局商定，12 月 25 日华特生、张芳飞、徐厚德等 33 人调来江西，组成江西省魔术杂技团，团长为华特生）。

15日 省科协在井冈山召开全省科协工作会议。会议着重讨论了科协组织如何为农业服务，如何在学术活动中更好地贯彻执行"百花齐放，百家争鸣"的方针。会议要求，全省各级科学技术人员要认真改进工作作风，加强调查研究，把科协工作做得更细致、更踏实。

16日 省税务局转发财政部《工商各税违章案件检举奖励办法》。

18日 省委在吉安市召开全省城镇调整手工业所有制现场会议。会议贯彻落实中央《关于城乡手工业若干政策问题的规定（试行草案）》（即"手工业三十五条"），要求在年底以前，调整全省城镇手工业所有制，凡过渡过早、合并过火、生产效益不好的都必须调整。

19日 省妇联发出在妇女群众中进行社会主义教育的指示。

20日 《江西日报》报道，南昌市的工厂、企业、机关、学校共27个单位近2000名干部、职工，响应党"大办农业、大办粮食"的号召，于1960年12月来到鄱阳湖滨的鲤鱼洲，苦干8个月，把一片草洲开垦成1万余亩的鲤鱼洲联合垦殖场。

省建筑工程局的职工们积极响应党的"大办农业、大办粮食"的号召，申请到农业生产第一线去

21日 省委、省人委发出《关于保证精减下放人员返回农业第一线的通知》。

23日 中央工作会议在庐山召开。会议讨论工业、粮食、财贸及教育问题，作出了《关于当前工业问题的指示》。会议于9月16日结束。

中央工作会议在庐山召开。图为毛泽东、刘少奇、周恩来、邓小平在主席台就座

刘少奇在庐山

23 日 省市各界 7 万余人，在八一广场举行盛大欢送会，欢送 1 万多名参加农业战线的干部和职工。邵式平、方志纯、黄先、莫循、彭梦庚、

省市各界欢送加强农业战线职工大会会场

欧阳武、潘震亚、李世璋、李华封等省市领导参加了欢送大会。邵式平发表了讲话。

29 日 省轻工业厅在南昌召开全省轻工业会议，贯彻中央、省委关于延长轻工战线的指示，具体安排下半年增产 25 种轻工产品，研究改进企业管理、产供销关系问题。国家计委、经委、轻工业部派员参加会议。会议于 9 月 7 日结束。

本月 江西新闻纪录电影制片厂在靖安拍摄人工降雨试验新闻纪录片。

本月 南昌地区连降暴雨，内涝严重，出现了历史上罕见的秋季洪水。南昌、安义 2 县分别有 18 万和 4 万余亩农田被淹。新建县受灾农田近 30 万亩，灾民占全县人口的 1/3。

本月 省水产科学研究所、省水产学校、省鱼种站共同完成全省鱼病调查，编写出《江西省鱼病调查报告》。

本月 南昌市郊区人委和南昌市农林水利局合署办公，下设南昌市拖拉机总站，主管全市农机化管理工作。

本月 最高人民检察院检察长张鼎丞视察江西第一化学纤维厂。

本月 省委、省人委决定组建国营恒湖综合垦殖场，以上高县锦江钢铁厂调到恒湖的职工为主体，组建各分场和大队。

1961

9月

September

公元1961年9月							农历辛丑年【牛】						
日	一	二	三	四	五	六	日	一	二	三	四	五	六
					1 廿二	**2** 廿三	**3** 廿四	**4** 廿五	**5** 廿六	**6** 廿七	**7** 廿八	**8** 白露	**9** 三十
10 八月大	**11** 初二	**12** 初三	**13** 初四	**14** 初五	**15** 初六	**16** 初七	**17** 初八	**18** 初九	**19** 初十	**20** 十一	**21** 十二	**22** 十三	**23** 秋分
24 中秋节	**25** 十六	**26** 十七	**27** 十八	**28** 十九	**29** 二十	**30** 廿一							

1日 《南昌晚报》创刊，同时停刊《南昌日报》。

1日 全省开始正式规定食油只供应城镇非农业人口；对农村食油基本上只购不销。

2日 省人委发出《一九六一年农业税征收工作的指示》，贯彻中央关于减轻农民负担，促进农业生产发展的精神，规定1961年全省农业税征税任务为大米7亿斤，比1960年减少39.1%。

4日 省委、省人委召开开发和利用湖田洲地的会议。邵式平、方志纯到会讲话。会议要求，今冬明春积极组织滨湖地区农村人民公社、大队、生产队和国营垦殖场、农场，以队为主，以不围而垦的方式抢种一季作物。同时，摸清滨湖地区自然规律和资源情况，实事求是地作出开垦利用湖田洲地的规划。会议于5日结束。

7日 省市侨务部门、南昌市教育局联合派员前往厦门市，迎接分配来南昌市上学的116名归侨学生。他们来自印尼、日本、柬埔寨等国家。

8日 上海市政协赴江西老革命根据地参观团一行29人，团长陈望道，副团长周谷城、卢于道、沈克非、吴康及团员吴若安、谈家桢、丰子恺、朱元鼎、谭抒真等抵达南昌市，对江西老革命根据地参观访问。邵式平接见了参观团全体成员，并进行了亲切友好的谈话。

11日 省检察院召开分、市检察院检察长座谈会，讨论、总结3年来检察工作，研究、部署同严重违法乱纪作斗争的问题。方志纯到会作了指示。会议于21日结束。

14日 省人委发出《压缩文教科学卫生事业费的通知》，该项事业费由年初安排的1.4亿元压缩为1.04亿元，压缩25.8%。

16日 省文化局发出《关于更改电影机械厂名称的通知》，决定将江西电影机械厂改为江西电影机械修配厂。

16日 全省煤矿企业贯彻执行中央颁布的《工业七十条》，着手对企业管理工作进行整顿，开始执行党委领导下的厂（矿）长负责制，建立和健全以局、矿长为中心的生产指挥系统。

16日 《江西日报》报道，江西中医学院围绕提高教学质量这一中心环节，研究、整理中医文献，全院科研非常活跃。针灸教研组编写的《针灸孔穴大辞典》，对每个穴道都重新作了考证,对教学和科研均有一定的参考价值。内科教研组编写的《中医候证学》已收集 10 余万字、270 多个候证的资料。

16 日 省委发出《关于大力开展垦复油茶山的通知》,要求各地划清油茶山经营范围,固定经营权限。一般要分段、分块划片,固定给生产队长期经营,实行包工、包产、包成本、超产奖励的"三包一奖"制度。《江西日报》发表社论《贯彻政策,掌握特点,发展油茶生产》。

17 日 国务院总理周恩来出席中央庐山会议后,沿途视察了共大庐山分校、星子县五里公社玉京大队。

周恩来、杨尚昆在庐山三宝树前留影

18 日 周恩来在邵式平等陪同下,视察南昌市市政建设、郊区青云谱公社;由罗瑞卿、杨尚奎、邵式平、方志纯、刘俊秀等陪同,接见江西共大总校的师生代表,并参观八一起义纪念馆。周恩来对江西省委领导说,要把国民经济搞好,特别要认真抓好农业,要注意节约,要关心群众生活。工作做好了,江西有希望。要求宣传八一起义时,一定要突出宣传毛泽东思想,一定要联系宣传井冈山斗争伟大的历史作用,还要宣传朱德、贺龙、叶挺、刘伯承等在起义中的作用。

周恩来在共大庐山分校视察

周恩来视察庐山时的留影

周恩来接见江西共大师生的合影(前排,自左至右:罗瑞卿、杨尚奎、周恩来、刘俊秀、邵式平、方志纯、彭梦庚、黎超)

18 日 省交通厅航运局赣轮"江鸿"号客货轮从赣州开往南昌,行至樟树铁路大桥时,由于驾驶员不慎,船尾撞在大桥第三孔四号桥墩沉没,船上 100 多名旅客全部落水,樟树公安、航运部门抢救遇难旅客 60 人。后经查明,有 42 名旅客被淹死,财产损失 6 万余元。

19 日 周恩来到洪都机械厂(现南昌飞机制造公司)看望职工。

周恩来视察洪都机械厂

21 日 缅甸联邦政府土地国有化局首席执行官吴山登率领缅甸农业考察团一行 25 人,由杭州乘火车抵达南昌,对江西进行考察访问。彭梦庚接见了考察团全体成员,并设宴欢迎客人。

23 日 省赣剧院一团首次公演赣剧青阳腔《西厢记》。该剧为石凌鹤根据董解元、王实甫原著改编。

23 日 省委发出《关于以物质奖励积极售棉的生产队、社员的通知》。

24 日 省委召开常委扩大会议。会议根据中央在庐山召开的工作会议精神,总结人民公社的经验教训,讨论了农业、工业和教育干部等问题。并确定 1961 年的调整指标:工业总产值由 22 亿元减至 18 亿元,原煤由 623 万吨减至 540 万吨,生铁由 20 万吨减至 16 万吨,钢由 4 万吨减至 2 万吨,基本建设总投资由 11352 万元降为 8900 万元。会议于 26 日结束。

25 日 省政协召开双周座谈会,协商关于"右派分子"的教育改造和摘帽问题。

25 日 省军区召开全省民兵政治工作会议,集中研究加强民兵思想政治工作,强调以国内外形势、党对农村人民公社政策、革命传统和"三八"作风为中心,提高民兵的国防观念,调动民兵的生产积极性。

27 日 省政协与南昌市政协联合举办报告会,省卫生厅副厅长缪敏应邀向各界人士家属作革命传统教育报告。

30 日 新余市开始按照明用电 8%、动力用电 5% 标准,征收供电附加费用于城市建设。

本月 江西省电业管理局中心调度室成立。

本月 省委宣传部在云山垦殖场召开历时 20 天的文艺工作座谈会,省赣剧团团长、著名作家、艺术家出席会议。会议期间学习周恩来《关于文化艺术工作两条腿走路问题的重要指示》、陈云《关于评弹和其他曲艺的几次谈话》、陈毅《在戏曲编导工作座谈会结束时的讲话》等文件。

本月 洪都钢铁厂第一炼钢车间停产,3 座 0.8 吨转炉拆除(当年 10 月第四炼钢车间 3 座 3 吨转炉和白云石竖窑停产)。

本月 省委宣传部批复同意停售江西人民出版社出版的《怎样建立和办好人民公社》等一批有不同程度政治错误的图书。

本月 南昌市冶金工业局与机械工业局合并为市重工业局,市轻工业局与市化学工业局合并为市轻化工业局。

本月 电影演员白杨、秦怡、陈述、王丹凤、关宏达、蒋天流等游井冈山,并与井冈山文艺团联合演出。

本月 进贤郑坊桥建成。该桥是工程技术人员黄慧铨应用先进的极限理论取代弹性理论设计,不仅结构合理可靠,而且节约钢材 10% ~ 15%。该桥竣工后多次超负荷承载过桥重车,情况良好。

本月 省委决定恢复省人委统计局,刘星洲任局长、党组书记,朱镜冰任副局长、党组成员。

本月 省妇联、省农业厅、省科委在彭泽县江北公社江心大队召开植棉女标兵经验交流座谈会。会议期间,组织植棉女标兵和该社收花女选手进行收花表演赛。

本月 中纺部副部长荣毅仁视察江西第一化学纤维厂。

1961

10月
October

公元 1961 年 10 月							农历辛丑年【牛】						
日	一	二	三	四	五	六	日	一	二	三	四	五	六
1 国庆节	**2** 廿三	**3** 廿四	**4** 廿五	**5** 廿六	**6** 廿七	**7** 廿八	**8** 寒露	**9** 三十	**10** 九月小	**11** 初二	**12** 初三	**13** 初四	**14** 初五
15 初六	**16** 初七	**17** 初八	**18** 重阳节	**19** 初十	**20** 十一	**21** 十二	**22** 十三	**23** 霜降	**24** 十五	**25** 十六	**26** 十七	**27** 十八	**28** 十九
29 二十	**30** 廿一	**31** 廿二											

1日 省市各界 5.5 万余人，在八一广场举行盛大集会和游行，庆祝中华人民共和国成立 12 周年。杨尚奎、邵式平、方志纯、刘俊秀、白栋材、刘瑞森、郭光洲、黄先、黄知真、罗孟文、王卓超、黄霖、莫循、梁达山、林忠照、李杰庸、彭梦庚、欧阳武、潘震亚、李世璋、叶长庚、祝世凤等，及各民主党派、各人民团体负责人出席了庆祝大会。郭光洲作了讲话。

省市党政领导在检阅台上

5日 在省委政法领导小组的直接领导下，省公安、检察、法院 3 家商定抽调 20 名专职干部联合成立清理犯人、劳教人员、就业人员办公室，由省公安厅副厅长郭斌任主任，省检察院处长张耀华和省劳改局局长孙玉林、王修章、副局长范钟任副主任，负责全省的清理工作。

6日 江西油脂厂首次用米糠榨油，日榨米糠 2 万多公斤，制取米糠油 2000 公斤。

7日 省委下发《关于调整省委管理干部职务名称表的通知》。

8日 省人委近日发出《关于我省全日制高等院校调整意见》。

9日 省委批准下发《省委监委关于案件甄别工作计划》后，案件甄别工作在全省逐步铺开。

9日 根据省委、省人委指示，县、市人事工作业务日前从民政部门划出，设立县、市人委人事监察局。

10日 省市各界 900 余人举行集会，纪念辛亥革命 50 周年。大会结束后，南昌市京剧团演出了精彩节目。

10日 省委宣传部和省文化局在乐平县召开全省专业剧团党支部书记学习会，主要学习周恩来总理在全国文艺工作座谈会上的讲话以及《关于当前文学艺术工作的意见（修正草案）》、《剧院（团）工作条例（修正草案）》等文件。会议于 11 月 7 日结束。

12日 《江西日报》报道,省博物馆在修水县黄沙港收集到1856年太平天国翼王石达开率领太平军攻克义宁州(修水县)后发布的两张布告。主要内容是宣布太平军保护妇女、保护人民财产和买卖公平等政策。其中有"凡官兵如有……打烂民间锅碗一切器用者……民宜当即据实扭禀,论罪处斩"等语,反映了太平军的纪律严明。

12日 邵式平在彭泽、湖口、星子、都昌、波阳等沿江滨湖主要产鱼地区考察渔业生产。要求所有捕捞队要利用荒山、荒地、屋前屋后等空闲土地,大量种植桐子树、柿子树、柳树、苎麻等,争取在三五年内桐油、柿油都能自给。视察于19日结束。

15日 全省第一架水上滑翔机在南昌市航空俱乐部改装成功。当日在南昌市青山湖水面进行试飞鉴定,各部机能操纵性能良好,在空中滑翔安全。郭光洲、倪南山等到现场观看了试飞。

16日 省"两会"召开在昌委员(扩大)座谈会,传达"两会"和中央召开的10省工作座谈会精神。会议集中讨论了骨干分子如何发挥作用的问题。座谈会于22日结束。

17日 景德镇美协、陶瓷馆近日在景德镇市群英堂举办陶瓷美术展览会,展品有"珠山八友"的作品和毕渊明、周国桢、陈先水、欧阳光4人的作品。

18日 省教育厅发布关于中等专业学校调整的具体意见,在医药学校方面,江西儿童医院、江西医学院、康复医院、省疗养院附设的学校均停办。

18日 根据中央《关于轮训干部的决定》,省委下达《关于大规模培训干部的指示》,开始在全省范围内开展重新教育干部的学习运动。

18日 省委发出《关于积极做好工业调整工作,坚决完成当前生产基建任务的指示》,指出,工业调整必须在全面安排的基础上,加强对农业的支援,增加农业生产资料、轻工业和手工业产品的生产,为市场提供更多的日用品。

18日 省市各界在省体育馆举行联欢晚会,欢迎前来江西省参观访问的部队国庆观礼代表一行60余人。出席联欢晚会的有工人、解放军、民兵、机关干部、学生及文艺界代表3000余人。省委第一书记杨尚奎及省军区司令员邓克明等接见了全体代表。

杨尚奎(左一)等接见中国人民解放军和人民武装警察国庆观礼代表

18日 省委发出《关于改进当前市场工作,活跃城乡物资交流的指示》,要求"各级党委必须加强领导,掌握市场变化情况,研究和改进市场工作,改进工作作风,学会做经济工作,懂得等价交换价值法则"。

18日 省委按照中央《关于改进商业工作的若干规定》的精神,调整商业工作。南昌市等地区的工商联组织,为协助党和政府做好这一工作,成立了小商小贩管理委员会,帮助小商小贩安于合法经营。

19日 省农业科学研究所近日召开低产田改造学术座谈会。中国科学院土壤研究所进贤工作组、各专区农科所、重点县农村科技所和江西农学院、江西师范学院有关专业人员共39人参加,省科委和省农业厅派人出席。

20日 省编委、省财政厅发出通知,根据省委批准增加税务干部2000名和财税机构分设的精神,将重新核定的财税干部编制5235名分配到各地。

22日 全省第一届盲人、聋哑人代表大会召开,沈翰卿被选任协会委员会主席。

24日 《江西省手工业社工作条例(修改草案)》颁布。条例分8章共60条,对手工业合作社的性质及其生产、供销、分配以及社员的权利和义务等都作出了明确的规定。

25日 罗马尼亚民间艺术展在南昌展出。

25日　国家副主席董必武在南昌市视察八一起义纪念馆。

25日　省委发出《关于试行江西省农村集市贸易试行管理办法（草案）的通知》。

25日　省委决定成立案件甄别工作领导小组，由罗孟文、王铁、刘护平、龙标桂等7人组成，罗孟文任组长，王铁任副组长。办公室设在省委监委，办公室主任由计如鉴担任。

25日　省军区党委召开全委扩大会议，集中研究进一步加强民兵建设问题。要求各级军事部门，结合今冬明春各项农村工作，把民兵组织整顿好，达到组织落实、干部落实、训练落实、活动落实。会议于1月8日结束。

26日　省委召开全省高等学校工作会议，部署贯彻中央批准试行的《教育部直属高等学校暂行工作条例（草案）》即《高教六十条》。会议于11月4日结束。

27日　全省第三届职工业余革命文艺观摩演出大会闭幕。全省11个地区和单位18个代表队共演出278个节目，繁荣了全省群众性的社会主义文艺。杨尚奎、方志纯、刘俊秀、白栋材、黄知真、黄霖等接见了全体人员。

27日　省委、省人委决定成立国营恒湖综合垦殖场修堤总指挥部，行使垦殖场的一切党政权力。由省农林垦殖厅副厅长黎超任党委书记兼总指挥。

28日　省政协二届常委第九次会议在南昌举行。会议通过《关于召开江西省政协第二届委员会第三次会议的决定》。

31日　全省国营垦殖场、农场和共产主义劳动大学工作会议召开。省长邵式平、省委书记处书记刘俊秀和林业部副部长惠中权到会。会议总结了几年来办场办校的经验，讨论研究大办农业、大办粮食、大办林业，提高国营垦殖场经营管理水平，办好共产主义劳动大学等问题。邵式平讲话，要求全面开发和建设山区经济，争取早日成为国家商品粮基地。《江西日报》发表社论《光荣的使命，重大的任务》。

本月　庐山京剧团在庐山为苏联等24国武官使节慰问演出。苏联大使尤金在演出后，赠送京剧团6枚列宁纪念章和花篮及签名明信片。

本月　选银山铅锌矿厂三套日产400吨选矿设备的第一、二套建成投产（1969年选矿厂流程开始技术改造。1970年12月改造竣工，日处理能力提高到日产1600吨）。

本月　全省各重点煤矿成立政治部（处）。

本月　省委工交部举办煤矿党支部书记训练班。

本月　萍乡矿务局王家源矿依靠群众加强"一舍两堂"（宿舍、食堂、澡堂）的管理，并搞好"班中餐"，把热饭热菜送到井下工人手中，职工生活得到改善，提高了生产效率。

本月　南昌市委决定，南昌市第二印刷厂从江西印刷公司划归南昌日报社，改称南昌日报印刷厂，以厂养报。

本月　原公私合营江西轮船公司改为南昌港务局直属船舶大队。

本月　省人民银行、省财政厅规定停产、撤并的企业一律不得向银行借入新的贷款，全部停产在1年以上的企业原有贷款停止计息。

本月　新余市召开首届人民代表大会第一次会议。

本月　省委召开全省监察工作会议，讨论通过全省案件甄别工作方案。

本月　省委颁布《江西省集市贸易试行管理办法》，规定：允许除国家统购统销和订购以外的物资进入集市出售；允许生产大队、生产队完成订购任务后，二类物资可进入集市出售；允许社员家庭副业的手工业产品在集市上出售（至1962年，全省农村固定的集贸市场发展到1863个，比1958年增长4倍多）。

本月　江西棉纺织印染厂试纺出80支高支纱。

本月　省水电厅勘察设计院组织测量人员，深入恒湖综合垦殖场进行水利工程设计规划。

本月　省测绘管理工作组从省基本建设委员会划出，归属省政府办公厅。

1961

11月
November

公元 1961 年 11 月							农历辛丑年【牛】						
日	一	二	三	四	五	六	日	一	二	三	四	五	六
			1 廿三	**2** 廿四	**3** 廿五	**4** 廿六	**5** 廿七	**6** 廿八	**7** 立冬	**8** 十月大	**9** 初二	**10** 初三	**11** 初四
12 初五	**13** 初六	**14** 初七	**15** 初八	**16** 初九	**17** 初十	**18** 十一	**19** 十二	**20** 十三	**21** 十四	**22** 小雪	**23** 十六	**24** 十七	**25** 十八
26 十九	**27** 二十	**28** 廿一	**29** 廿二	**30** 廿三									

1 日　南昌钢铁厂 1 号 5 吨电炉开工建设（于 1963 年 3 月 28 日正式投产）。

1 日　省卫生厅药政管理局选择 12 个县市的饮片加工资料，采用综合平均的办法，编印了《江西省中药材饮片加工定额》分发全省各地执行。

1 日　《江西日报》报道，省农林垦殖科学研究所 1960 年引种的阿尔巴尼亚常绿油料树种——油橄榄获得成功。油橄榄又名齐墩果，其果实富含油脂及维生素，可腌渍及榨油，供食用及工业用。

4 日　上海丝织三厂内迁江西，更名为江西丝绸厂。第一批职工到达新建县新祺周工地。

6 日　省人委发出《关于贯彻执行国务院进一步压缩社会集团购买力和严格控制财政支出的通知》，决定全省压缩社会集团购买力的指标由原计划 4426 万元调整为 5753 万元，比 1960 年实际数压缩 42%。

6 日　蒙古人民共和国图片展览在南昌展出。

7 日　省委召开电话会议，指出：为了克服部分地区今年自然灾害造成的暂时困难，弥补灾害损失，当前必须开展"小秋收"活动，把能吃能用的家生、野生植物果实全部收回来。并要求通过冬种，使非灾区增产，弥补灾区损失。节约备荒，每人在原计划外，再增产 30 斤至 50 斤粮食，尽可能多增产一些油料和农副产品，以增加社员收入。

9 日　省人委颁发《关于国营垦殖场、农场粮食统购统销问题的若干规定》。

11 日　省委、省人委在南昌县召开全省农业科学研究会。会议总结了农业特约研究员的实践经验，要求特约研究员们通过和专业科学研究人员相结合的方法，把从生产实践中得来的丰富经验加以总结充实提高到理论阶段，由科委和有关部门共同整理出版通俗农业科学书籍《江西农业科学研究选集》，邵式平为该书撰写序言。会议于 30 日结束。

14 日　省人委批转省商业厅《关于行、专（市）、县国营商业、供销合作社商业各级机构设置和人员编制方案的报告》，决定成立省供销社办公室，编制 30 人，与省商业厅合署办公，为恢复供销社做准备。

18 日 省财政厅成立财政监察处。同时发出通知，要求各专（市）县财政处、局配备专职监察人员，加强财政监察工作。

21 日 省委批转省军区党委、省公安厅党组《关于进一步加强社会治安，反空投、反空袭、反破坏斗争的报告》，确定围绕上饶、鹰潭、南昌 3 个地区和铁路、国防工厂、军事仓库、军事基地、交通枢纽重点开展专案侦察工作。

24 日 常驻北京的亚洲及太平洋区域和平联络委员会委员、新西兰友好人士路易·艾黎在南昌、吉安、景德镇、大茅山垦殖场和饶丰农场等地参观访问。访问于 12 月 16 日结束。

25 日 省政协召开双周座谈会，座谈国际共产主义运动有关问题。

25 日 新建的一座现代化中型化肥厂——赣东北化肥厂正式投入生产。

27 日 省财政厅、省轻工业厅、省商业厅联合发出通知，规定工业生产单位设立高级糖果、糕点门市部，其高价利润部分按上级规定由当地商业部门集中上缴。

28 日 中央批转中央办公厅江西工作组关于江西综合性垦殖场情况的报告。报告指出："目前在压缩城市人口中，还有一批家住城市，无法把他们从城市安置到农村去，同时今后城市的初中、高中毕业生也不能全部升学，把这两批劳动力安置在现有的国营农、林、牧、渔场，又把几种国营场（除大型的外）组成综合性的垦殖场，可能是较好的出路之一，请各地加以考虑。"

本月 省人委批复省民政厅、农垦厅《关于安置参加国防特种工程的退伍军人的联合报告》。报告提出，对参加国防特种工程的退伍军人，有劳动力的基本上都应安置在国营农场或垦殖场。

本月 省委、省人委分别批复彭梦庚、张宇晴在全省国营垦殖场、农场和共产主义劳动大学会议上作的报告，强调遵循中央关于农村人民公社当前政策问题的一系列指示，合理调整场队规模，正确处理场群关系，妥善解决各场生产关系和经营管理上的一系列问题。

本月 彭泽县芙蓉农场发现全省首例流行性出血热患者。同时，该县发病 5 例，病死 3 例。

本月 省冶金工业厅各单位开始学习贯彻《国营工业企业工作条例（草案）》（即"工业七十条"），开展清仓核资、清理拖欠、扭亏增盈、增产节约运动。

本月 省煤炭管理局根据煤炭工业部《关于重新审核煤矿储量的紧急通知》，对 1958 年至 1960 年提交的 16 对生产和基建矿井的各级探明储量进行审核，核减储量 30%（原提储量 2.49 亿吨，复核储量 1.74 亿吨）。

本月 南昌市第十次统计工作会议召开，提出迫切需要提高统计数字质量。

1961

12月
December

公元 1961 年 12 月							农历辛丑年【牛】						
日	一	二	三	四	五	六	日	一	二	三	四	五	六
					1 廿四	**2** 廿五	**3** 廿六	**4** 廿七	**5** 廿八	**6** 廿九	**7** 大雪	**8** 十一月小	**9** 初二
10 初三	**11** 初四	**12** 初五	**13** 初六	**14** 初七	**15** 初八	**16** 初九	**17** 初十	**18** 十一	**19** 十二	**20** 十三	**21** 十四	**22** 冬至	**23** 十六
24 十七	**25** 十八	**26** 十九	**27** 二十	**28** 廿一	**29** 廿二	**30** 廿三	**31** 廿四						

2 日 省卫生厅制发《关于农村基层卫生组织若干问题的规定（试行）》。规定区设卫生院，公社设卫生所，大队设卫生室及不脱产卫生人员。

5 日 全省水稻螟虫学术座谈会在省农业科学研究所召开，省、地两级农业科研单位、农业院校和重点测报站的植保工作者出席。会议对今后螟虫的防治问题提出了许多有益的建议。

6 日 省委农工部《关于改生产队为基本核算单位试点的情况报告》，对全省农村公社生产大队的规模，生产资料的所有权，生产小队实行劳力、土地、耕牛、农具"四固定"，粮食征购任务的分配，社员基本口粮的分配，水利设施，债务关系以及生产大队企业，大队干部的设置与权限范围等 10 个问题，提出了具体意见。

9 日 省教育厅发出《关于加强我省高等师范若干问题的意见》。

11 日 省税务局开始在万载县进行开征集市交易税试点。

12 日 省人委颁发《江西省森林经营管理暂行办法》。

12 日 省人委颁布《关于加强木材、毛竹失散时的打捞、收集工作的规定》。

13 日 省人委颁布命令，试行《江西省农村工商税收试行办法》，原《江西省农村工商税收暂行规定》同时作废。

14 日 省市各机关共 2500 余人集会，庆祝干部"上山下乡"4 周年，邵式平出席会议。会议号召干部坚持轮流参加集体生产劳动的制度；要求党政机关加强"一种三养"，办好机关农场，减少国家供应，改善职工生活。

16 日 省人委通知调整木竹检查站，除保留涂家埠、九江、湖口检查站外，将梁家渡检查站改为梁温线检查站，萍乡检查站改为新萍线检查站，上饶检查站改为贵玉线检查站，新设樟丰线、寻定、德婺检查站，并撤销原南昌木竹检查站。各检查站名称均为"江西省木材、毛竹生产调运指挥部××检查站"。

21 日 恒湖垦殖场在罗滨分场召开兴建围垦大堤誓师大会，副省长彭梦庚、潘震亚到会并发表讲话。

25 日 国家经委同意横峰梭子厂自 1962 年

起改为纺织工业部直接供应单位。企业的生产计划、产品分配、国有统配和部管物资的供应，统一由纺织工业部负责安排，企业的地方隶属关系不变。

25日 省人委人事局函复上饶专署，1958年以后吸收的人员应列为精简的对象，一般均应动员回乡生产。如确实需要留机关工作，亦暂时不要办理转正、评级工作。

27日 南昌柴油机厂改由农业机械部直接管理。

29日 省委、省人委根据中央指示，发出《关于冻结清理机关、团体、事业单位在银行存款和企业专项存款的紧急指示》。

30日 省军区党委发出《关于贯彻执行民兵工作条例和各级民兵工作组改为人民武装委员会的通知》。

30日 省人委人事局总结本年度大中专毕业生分配情况。全省应届高、中等院校毕业生中有2567人分配在专、县生产单位和教育部门，占总人数的67.49%；786人分配在省属厂矿企事业单位，占总数的20.68%；420人分配在省属高、中等学校，占总数的11.04%；30人分配在业务领导机关，占总数的0.79%。

30日 省军区党委向省委提出《关于贯彻执行民兵工作条例和建立各级人民武装委员会的意见》。拟将全省县以上各级人民武装党委和大型厂、矿民兵工作组改为人民武装委员会，由党委主要负责人兼任主任（1962年4月4日，省委转发省军区党委的上述报告，并决定组成江西省人民武装委员会，由省委第一书记杨尚奎兼任主任，黄知真、邓克明、王卓超任副主任）。

本月 根据国务院颁发的《预防接种实施办法》，省卫生厅制定了《江西省预防接种实施方案》，规定自1962年起，以县为单位，每6年对6岁至55岁人群普种牛痘。

本月 赣东北农机修配厂建成拖拉机修理生产线，率先实行《拖拉机部件修理法》，出席农业机械部召开的全国农机修理经验交流会。

本月 赣南通用机械厂试制成功4L－20/8型空气压缩机，通过省级技术鉴定。1983年获国家优质产品银奖。

本月 赣州—盘古山全长85.45公里110千伏输电线路开工建设。1965年4月16日建成送电。

本月 丰城矿务局建新煤矿速掘进队队长吴木根，参加中国经济代表团出访苏联及东欧。

本月 省教育厅召开全省师范教育工作会议。

本月 省统计局与省商业厅、省人民银行联合部署，重新组织建立职工家庭收支调查网络，开展职工生活状况调查。

本月 《峡江县志》开始印刷。

本 年

本年 波阳县加工厂姚德明创造的自动挑面机、切面机，提高工效10%以上，在全省推广。

本年 南昌豫章机床厂（现第三机床厂）试制成功M120型外圆磨床。

本年 萍乡矿务局高坑矿广泛采用"沿空掘进无煤柱开采技术"取得明显效果。沿空掘进巷道为巷道总长度的20%，回采率提高10%，复用巷道在回采过程中基本不需维护。

本年 全省煤矿通过调整，缩短了基建战线，停缓建矿井25对，总设计能力420万吨。

本年 南城县城关镇成立以妇女为主要成员的"三八"畜牧兽医站。站长吴兰仙打破传统观念，开展畜禽阉割、公猪配种等业务，受到省有关部门的表扬。

本年 南昌市国营林场成立，林场是境内林业经营的主体模式。

本年 南昌市开始建立商品蔬菜基地。

本年 南昌市农林水利局开设畜牧科。

本年 南昌市富大有堤护堤队成立。

本年 石门水电站在进贤县大塘乡建成。

本年 江西船舶修造厂（江西造船厂）首次建造了长江客轮"安源号"。

本年 上海长江拉链厂内迁南昌后，建立全省唯一生产拉链的企业——南昌拉链厂。

本年 南昌市外事办公室成立。

本年 南昌市成立古旧书门市部及收购处。

本年 南昌市成立花木公司，并在第五交通路（今福州路）东段修建第一座花圃。

本年 井冈山开通公共汽车，运行线路为茨坪——拿山。

本年 省地质局区测队在武宁县发现九岭花岗岩体与下震旦统硐门组呈沉积接触关系。结合高安幅下观该岩体所获 8.39 亿年 K—Ar 同位素年龄资料，定为晋宁期花岗岩，是全省最老的花岗岩体。

本年 省地质局赣东北队杨正明等在横峰县葛源发现铌钽砂矿。接着，该队又在横峰县黄山发现全省第一个原生铌钽矿。

本年 地质部地质科学院实验管理处在赣州召开现场交流会，向全国地质系统推广江西省地质局中心实验室的铷铯分析方法。

本年 省地质局探矿工程主要推广的革新项目有 75 厘米小口径钻进和扩大硬质合金钻进、阿式取心管、隔水单动双管、单宁酸钠处理泥浆、小断面掘进、扩底爆破等，对提高探矿工作效率和质量起到显著作用。

本年 省地质局精减下放职工 6432 人，在精减中注意调整地质工作内部比例关系，特别是压缩钻探力量，充实普查找矿以及物探、水文地质、加工试验和化验鉴定力量，抽调更多技术骨干加强普查、区调和科学研究。

本年 全省林业调查设计人员与基层干部相结合，应用航空照片成图、小班调查的方法，第一次完成全省森林资源调查任务。

本年 夏季，全省出现历史上少见的全面性大暴雨，赣中、赣南连续降雨 300 毫米以上，赣江两岸洪水泛滥。

本年 原南昌葆灵女子中学开始实行男女生合校，定名为南昌市第十中学。

本年 全省公路、航运、港口因遭特大洪水袭击，毁损严重。国家拨款 450 万元、华东局拨款 200 万元、省财政拨款 60 万元，抢修损毁交通设施，到年底基本恢复交通。

本年 玉山公路大桥、宁都长胜大桥建成通车。南（昌）张（王庙）线的沙埠潭大桥改建成钢筋混凝土大桥。

本年 鹰潭建筑工程公司在桂永清（中华民国海军司令）原房基础上动工兴建鹰潭镇交际处（即鹰潭市委招待所）（1962 年竣工，总建筑面积 3000 平方米，宫殿式，石木结构。该工程由省建筑设计院设计，鹰潭镇建筑工程公司施工）。

本年 省建四公司在乐平电厂高 60 米砖砌烟囱施工中首次使用井字架砌筑成功。

本年 江西省建筑学会成立，第一届理事长为徐国顺（该学会 1986 年更名为江西省土木建筑学会）。

本年 省人委办公厅测绘处完成对现有天文、三角、水准和地形图资料搜集、整理、汇编工作。

概 要

省委举行常委扩大会议，传达扩大的中央工作会议（七千人大会）精神；检查贯彻民主集中制问题；研究如何贯彻调整国民经济的方针。经过 1961 年的全面调整，到本年，全省农业生产开始恢复，1962 年与 1960 年比较，全省重工业值下降 53%，在工业总产值中的比重由 52.3% 下降为 44.5%。在重工业内部，主要是加强农机工业和原材料工业，以利于恢复和发展农业生产；对轻工业，则实行一系列优惠政策，如将日用工业品生产纳入国民经济计划，统一安排生产，优先解决其生产所需的主要原材料和燃料；对一些市场迫切需要，但又有亏损的产品，商业部门在一定时期内给予补贴等；对手工业，继续抓所有制形式的调整，将"大跃进"中转为国营工业和社办工业的原手工业生产合作社及个体手工业加以恢复，改行的手工业工人重新归队，到年底，全省手工业合作组织发展到 6274 个，共有社员、职工 15.8 万人。

农业生产开始恢复 当年春，全省基本完成了基本核算单位下放到生产队的工作，全面确定人民公社"三级所有，队为基础"的经营体制。从当年起，全省大多数生产队根据各自的情况，相继建立各种不同形式的生产责任制。主要形式有：基本劳动日制度、划分作业组、小段包工、多种底分制、按件计酬。在建立农业生产责任制过程中，各地陆续出现了一些包产到户的现象，约有 5% 左右的生产队实行了包产到户。到年底，包产到户的面积进一步扩大。全省农副产品收购量逐年上升。与此同时，对社员经营家庭副业也采取了一些鼓励性措施，如允许社员使用集体的耕牛和农具；自留地和开荒地生产的农产品不计入口粮标准，不计入农业税，不统购；允许社员购置小型农具和运输工具，自有、自管、自用。由于政策的放宽，人民公社化后一度萎缩的农村家庭副业和一些传统的家庭手工业，如编织、花炮、土纸等得到了恢复与发展。全省农村自留地面积约为 270 万亩，占当时耕地面积的 12.8%；全省农村固定的集贸市场发展到 1863 个。

全面恢复供销社 从当年起，全省农副产品收购量逐年上升，进入市场的各类商品逐渐增多。全省轻工业产值超过重工业产值，市场供应短缺的 13 种主要轻工业品，除肥皂、皮鞋外，大部分恢复了正常供应。全省全面恢复县供销联合社，形成比较完善的供销社商业网络。国营商业只在农村主要集镇设立批发机构，兼营一部分零售业务，其他集镇和农村的批发、零售业务均由供销社经营，对并入国营商业的合作商店、合作小组重新恢复其集体所有制的性质，由此也恢复了多种经济成分、多种经营形式共存的商品流通网。

党员、干部的甄别工作 4月，中央发出《关于加速进行党员、干部甄别工作的通知》。省委指示各地迅速地全面推开甄别工作。9月底，全省数万名干部、党员和群众受到的错误批判和处分均得到纠正，甄别基本完成。这次甄别比较顺利，处理比较彻底，对恢复党内的民主生活和实事求是的优良作风有积极的意义。到本年，全省大部分"右派分子"摘了帽子，他们的工作和生活也得到相应的改善。根据省委的部署，全省对知识分子工作开展了认真的检查。在知识分子中提出了"三不"、"三自"的原则，全省统一对高级知识分子和部分中级知识分子实行生活必需品特殊照顾。

其他重要事件 全省共精减国家编制的职工46.77万人，减少城镇人口73.2万人，减少商品粮供应指标94.3万个，全省城镇人口与农村人口比例调整到1：7，职工与农业劳动力比例也为1：7。调整减轻了国家的负担，加强了农业，有利于国民经济各部门的协调和发展。7月，赣江、抚河出现3次暴雨洪峰，共溃决圩堤260多处，冲坏各种小型农田水利工程11.2万多座，山洪灾害范围达48个县、市，受淹农田56.9公顷，成灾面积32万公顷（决堤淹田15万公顷），损失粮食约10亿公斤，冲毁浙赣铁路数段，樟树机场被淹，公路冲毁甚多。

全省本年主要经济指标情况 本年是"二五"计划的最后一年。由于"左"倾错误和三年自然灾害的影响，全省国民经济的发展受挫。全省全年实现国民生产总值33.06亿元，比上年减少8.7%。农业总产值23.70亿元，比上年增长0.9%，粮食产量120.708亿斤，比上年减少1.06%；工业总产值16.95亿元，比上年减少15%，钢产量0.49万吨，比上年减少66.2%，生铁产量8.70万吨，比上年减少15.8%。财政收入5.22亿元，比上年增长12.3%。年末全省总人口2039.91万人，人口自然增长率26.19‰。

1962

1月

January

公元 1962 年 1 月							农历壬寅年【虎】						
日	一	二	三	四	五	六	日	一	二	三	四	五	六
	1 元旦	**2** 廿六	**3** 廿七	**4** 廿八	**5** 廿九	**6** 小寒	**7** 初二	**8** 初三	**9** 初四	**10** 初五	**11** 初六	**12** 初七	**13** 腊八节
14 初九	**15** 初十	**16** 十一	**17** 十二	**18** 十三	**19** 十四	**20** 大寒	**21** 十六	**22** 十七	**23** 十八	**24** 十九	**25** 二十	**26** 廿一	**27** 廿二
28 廿三	**29** 廿四	**30** 廿五	**31** 廿六										

1 日 江西丝绸厂生产的第一批丝绸面料，填补了全省丝绸行业空白。

1 日 景德镇饭店竣工。此楼为两侧五层住房，中部七层住房，顶楼设有 9×9 米的"1/4砖薄壳拱顶"亭楼的新结构。

景德镇饭店

3 日 省委召开电话会议，要求全省各级党组织，集中力量，加强领导，搞好农机冬修和小农具的修造工作，为春耕生产做好充分准备，力争 1962 年农业生产获得好收成。会上，白栋材对进行这项工作所应采取的措施，作了具体指示。

3 日 省人民银行制定、颁发《江西省工业信贷工作细则》（修改试行稿），要求各行组织试行。

3 日 省委工交部通知调整省矿产储量委员会成员，由 16 人组成。李如皋为主任委员。

5 日 省档案管理局分别召开省直机关文书处理部门立卷工作会议和省直大专院校档案工作座谈会。座谈会于 20 日结束。

6 日 省委最近召开全省肥皂生产专业会议，研究和讨论全省的肥皂生产及增加生产的有效措施。会议要求：在保证完成国家规定计划指标的前提下，在资源允许的前提下，尽量多增产肥皂，并不断提高质量、降低原料消耗及成本。会议认为全省的肥皂生产首先必须做好肥皂原料的收购调运工作。会议决定未经省委批准的各地小型肥皂厂，自即日起一律停产。停产各厂余存的原料，全部调拨给江西化工厂集中生产。江西化工厂企业内部必须进一步调动职工积极性，全面加强企业管理工作，建立和健全各项责任制度，加强经济核算及技术工作，改进工艺操作，在保证质量的前提下，不断降低原材料消耗和生产成本。

8日　省委召开电话会议，对加强春节前后的职工政治思想工作，改进企业管理，做好召开全省工交基建先进集体和先进生产（工作）者代表会议筹备工作等问题，作了具体部署。会议号召全省职工立即行动起来，迅速开展一个以保出勤、保质量、保安全和超额完成第一季度生产、基建任务为中心的增产节约立功竞赛运动，迎接全省工交基建先进集体和先进生产（工作）者代表会议的召开。

8日　省精减职工和减少城镇人口工作领导小组、省委农村工作部、省农林垦殖厅联合发出《关于国营垦殖场、农场劳动力问题的通知》，纠正有些地方把国营垦殖场、农场也作为精简压缩对象的偏向，并指出全省的精减职工和减少的城镇人口有相当一部分要有组织地放到一些资源丰富的垦殖场、农场去，以便使这些场的生产能够更好地发展起来。

9日　省农业劳模陈翊科致函易瑞生、彭光贤、万绍鹤、段漠扬、李友秀、李页俚、彭昌钿、肖炳禧、文经珠、江善洪等在全省首先创办第一批农业互助组和第一批农业生产合作社的战友，建议相互交流工作经验和今年的新打算，进一步发挥骨干带头桥梁作用，争取农业生产的新胜利。

10日　省委、省人委向全省发出《关于1962年春节期间开展拥军优属活动的通知》。该通知要求全省各地在春节前后应组织慰问团，向当地驻军、人民武装警察部队和住院伤病员、休养员进行慰问。通知还要求各级党政机关，对烈属、军属、残废军人的优待工作进行一次大检查，切实帮助他们解决困难，并发动群众开展对缺乏劳动力的烈属、军属、残废军人做一两件好事的活动。

11日　省地质局测绘队在于都盘古山区进行1∶25000比例尺地形图精测，面积600平方公里。

11日　省人委召开全省专员、县（市）长会议。会议历时8天，主要研究开展植树造林运动和安排全省1962年国民经济的初步计划。邵式平作了《关于目前形势和任务的若干问题》的讲话。省计划委员会主任吴甄铎作了《关于我省一九六一年国民经济计划执行情况和一九六二年国民经济计划初步安排的报告》，省农林垦殖厅副厅长蔡长庆作了《关于植树造林绿化全省的报告》。方志纯、黄知真、李杰庸分别就发展粮食生产、财经工作、油料生产等问题，向会议作了报告。彭梦庚作会议总结，特别强调在植树造林运动中，必须坚持政治动员，确定林权，建立制度，管理从严，全面规划，分年实现，树苗树种，准备周全，保证质量，省工省钱。

11日　省工商联主任委员王德舆发表向台湾广播稿，向在台湾的朋友们拜年。

12日　省委召开电话会议，安排当前的工作。会议号召全省各级党组织和全省人民鼓足更大的干劲，继续高举三面红旗，深入贯彻党的各项政策，抓紧立春前的宝贵时机，继续做好越冬作物的田间管理，充分做好春耕生产的一切准备：（一）全面完成水利的冬修任务；（二）把积肥造肥运动推向一个新的高潮；（三）认真做好选种工作；（四）迅速做好农具的修补添制工作，及时完成各种农业机械的检修配套任务；（五）切实保护耕牛安全过冬。为实现1962年农业生产的丰收打下坚实基础。会议还指出，植树造林是农业生产中一项重要的基本建设，对于水土保持、发展多种经营、支援国家建设，都有着极其重大的意义。要求迅速在全省掀起一个大规模的、群众性的植树造林、全面绿化运动。

13日　喀麦隆人民青年联盟学习团一行11人，来南昌、井冈山、瑞金等地参观访问。

13日　省政协召开双周座谈会，传达全国政协在上海市召开的七省一市政协工作座谈会精神。

15日　据截至当日的统计，全省投入积肥运动的劳动力已达220万人，已积造了各种肥料7.6亿多万担，平均日进度为1900多万担。按早稻计划播种面积计算，现有肥料平均每亩已有30担；按耕地面积计算，平均每亩也有肥料十七八担。

15日　上海市访问江西共产主义劳动大学代表团，在团长、团市委书记蒋文焕，副团长、市教育局副局长黄丹镂、市妇联副主任沈粹缜率领下，一行90人先后到达南昌，开始对在共大学习的1万余名上海籍学生进行访问。代表团除访问大学总校外，还分成 6 个分团，分赴上饶、宜春、赣南、九江、吉安、抚州等地分校访问。访问于 18 日结束。

15 日 全省轻工业会议在南昌召开。会议着重讨论了增产节约、提高质量、降低成本、提高劳动生产率问题，研究如何贯彻"工业七十条"。邵式平到会作讲话。

16 日 省人委发出《关于做好长江鱼苗生产几个问题的通知》。要求：（一）保证在长江捞纯鱼苗 30 亿尾，争取今后逐年增加；（二）简化鱼苗销售、产购手续；（三）鱼苗生产物资仍按原规定由各有关部门保证供应；（四）鱼苗价格仍按原有关通知头、二江水平均每万尾 5.5 元执行；（五）鱼苗运输根据水产企业部门所报计划，由铁路、公路、航运、民运等交通部门及早安排运力；（六）加强对长江鱼苗生产的领导。

16 日 省委农村工作部颁发《关于生产队经营管理工作细则（草案）》、《关于生产大队为基本核算单位的地方，大队一级的经营管理工作问题的意见》。

17 日 省人民银行遵照财政部、中国人民银行《关于成立财政、银行清产核资工作办公室的通知》，从第一季度开始进行清产核资工作，落实企业的流动资金和处理物资工作。

18 日 省委、省人委、省军区联合发出通知，决定成立"江西省各界人民春节慰问团"，由王卓超任团长。

18 日 省委除害灭病总指挥部召开全省卫生工作电话会议，要求各地抓紧春节前后时机，立即开展卫生积肥运动。

19 日 省委、省人委机关干部、省军区官兵、大专学校师生，开始陆续奔赴瀛上林地大量植树造林。

19 日 省政协组织参观团，前往景德镇市、德兴县、上饶市、玉山县参观社会主义建设成就。参观于 31 日结束。

19 日 省人委为了保证出口港澳生猪的质量，印发《关于建立出口生猪生产基地有关问题的通知》，确定 26 个国营农场为第一批出口生猪基地。

20 日 省人委任命刘化东为省冶金厅厅长。

22 日 柬埔寨政府授予杨庆如等援柬地质工作者勋章。

23 日 省委、省人委发出《加强领导、发动群众、植树造林、绿化全省》的指示。要求各级党委和各级政府必须把植树造林工作列为党和政府工作的重要议程，并加强对这一工作的领导。号召全省人民继续鼓足干劲、艰苦奋斗、克服困难，在大办农业、大办粮食的同时，大力开展植树造林运动，加强林业生产和现有森林的培育管理，为争取在 15 年到 20 年的时间内，实现绿化全省的光荣任务而奋斗。

23 日 省委、省人委发出《关于调整和加强交通工作若干问题的指示》。

23 日 邵式平、李杰庸、彭梦庚等省党政领导率省人委各厅、局约 400 多名干部、职工前往瀛上地方的省人委机关林地植树造林。在造林现场，邵式平指示大家要切实提高造林质量，加强管理，做到包栽、包管、包活、包成材。截至当日，省人委所属 38 个厅、局共在这里栽下了香樟、苦楝、油桐近 2 万株。

邵式平（中）率领省属机关干部在南昌市郊瀛上林地参加植树劳动

24 日 省公安厅、丰城县和南昌市公安机关联合破获"中国军事委员会扫共第三总司令部"反革命阴谋暴乱案。首犯胡义卿共发展反革命成员 30 名，涉及丰城、南昌两地 3 个公社。1 月，胡犯在南昌市百货大楼和八一公园等地，散发投寄 150 余张反革命传单。破案时，缴获"司令部"及总司令胡义卿印章以及"大暴动要点"等罪证，逮捕主犯 22 名，首犯胡义卿被依法判处死刑。

24日 省委工业交通工作部转发乐平县鸣山公社党委关于开展工农联盟教育，安排好职工家属生活的报告，要求各地学习乐平鸣山公社党委的经验，着重抓好工农联盟教育及安排好在乡职工家属生活的工作。

25日 省哲学社会科学学会联合会召开会员代表大会，总结1961年的工作，检阅了科学研究成果，提出了1962年的科学研究任务。省社联副主席艾寒松在会上作了《一九六一年工作总结和一九六二年工作意见》的报告，提出1962年全省哲学社会科学各学会在马克思列宁主义的指导下，更高地举起三面红旗，从理论上反对现代修正主义和资产阶级思潮，保卫和发展马克思列宁主义，更好地为无产阶级政治服务、为社会主义建设服务的基本任务。会议期间，邵式平到会并作指示，指出哲学社会科学的研究，首先必须研究人民公社，其次，社会主义制度下的商品交换和商品分配问题也是个很重要的问题，强调搞好这些问题的研究，就是积极地参加社会主义建设。

25日 省人委转发财政部《关于颁发基本建设拨款管理暂行办法（草案）的通知》。

25日 省委与萍乡市委联合工作组，到萍乡上栗公社走访28户萍乡煤矿在农村的职工家属，了解其生活困难，提出解决办法。

25日 南昌市华侨商店开始营业，下设百货（包括针棉织品、服装、文化用品）、绸呢棉布、食品杂货三个柜组，店员编制30人。

26日 省委召开日用瓷生产专业会议。会议由省生产委员会副主任肖善荣主持。省委书记处候补书记黄先在会上作了指示。会议检查总结了1961年陶瓷生产计划执行情况，交流了经验，并着重讨论研究了1962年日用瓷生产计划，以及完成计划的具体措施。会议要求，1962年除景德镇外，各地区瓷厂应以85%以上的生产能力安排瓷碗的生产。

28日 《江西日报》报道，共产主义劳动大学总校抽调林学系四〇一班和三〇三班共100名学生和6名有关专业教师，分赴星子、德安、

共产主义劳动大学蒙山分校农学系的同学们在桃树林中整枝

瑞昌、湖口、九江、彭泽等地作植树造林技术指导，并协助当地订出今后绿化规划。

29日 省商业厅、省供销社发出通知，动员全省城乡居民、公社社员和机关、企业、部队、学校、团体的职工干部大量种植蓖麻，并由各级国营商店、供销合作社组织收购。

29日 财政部、粮食部决定从1月份起，江西国营粮食企业财务收支退出江西财政预算，重新改列中央财政预算。

30日 省军区司令部、政治部召开拥政爱民座谈会。省军区副政委林忠照、政治部主任于英川出席了会议，向省市各界24个单位出席会议的代表——征询人民群众对军队的意见，并表示在今后的工作中，要积极发扬我军拥政爱民的光荣传统，为保卫和建设我国社会主义的伟大事业作出更大贡献。

31日 泰和县马市公社圩镇居民李冬妹煮饭时用火不慎，引起火灾，烧毁房屋186幢444间，805人受灾，经济损失达32万余元。

本月 全省各地质单位为"反右倾"运动中被错误批判的干部进行了平反；还给被划为"右派分子"的大多数人摘了"右派分子"帽子。

本月 省委决定，全省仅保留萍乡钢铁厂2号高炉和南昌钢铁厂1号高炉生产，其余高炉停产。

本月 省检察院下发《结合社会主义教育运动，开展法制宣传的通知》，并在《江西日报》上发表题为《维护社会主义法制》的文章。

1962

2月
February

公元 1962 年 2 月							农历壬寅年【虎】					
日	一	二	三	四	五	六	日	一	二	三	四	五	六
				1 廿七	**2** 廿八	**3** 廿九	**4** 立春	**5** 春节	**6** 初二	**7** 初三	**8** 初四	**9** 初五	**10** 初六
11 初七	**12** 初八	**13** 初九	**14** 初十	**15** 十一	**16** 十二	**17** 十三	**18** 十四	**19** 雨水	**20** 十六	**21** 十七	**22** 十八	**23** 十九	**24** 二十
25 廿一	**26** 廿二	**27** 廿三	**28** 廿四										

3 日 省财政厅党组报请省委，根据中央批示精神，将全省人民公社财务工作划归农业部门管理。

3 日 岿美山钨矿竖井发生火灾，烧死 6 人，全矿停产 200 余天。

4 日 省委、省人委、省军区联合发出给全省人民的春节贺信。信中在向全省人民祝贺春节的同时，号召全省人民在新的一年里，加强在社会主义建设事业中的集体领导，进一步坚持勤俭建国的方针，发扬艰苦奋斗、自力更生的优良传统，全面正确地贯彻党的各项方针政策，增强信心，鼓足干劲，向着新的胜利目标奋勇前进。

4 日 邵式平指示新建县西山科学实验场组建红壤研究所，进行红壤开发利用、氮磷钾肥效养分平衡施用、红壤旱地引种驯化等试验研究。

5 日 省军区领导机关组织 160 余人的贺节队，敲锣打鼓到省委、省人委、南昌市委、南昌市人委贺节，敬献"拥政灯"和贺信，感谢党和政府对部队的亲切关怀和支持，表达人民子弟兵对党和政府的无限热爱。

8 日 省水电设计院向省人委反映进贤县罗溪公社测量标志被破坏。省人委办公厅就测量标志保护问题批复进贤县人民委员会，要求查明情况，严肃处理。

10 日 方志纯在《江西日报》发表题为《充分利用荒山荒地发展木本粮食》的文章，号召全省大力发展木本粮食生产，并采取如下措施：（一）经营和保护好现有的木本粮食资源，建立经营和采收责任制；（二）普遍分给社员自留山，并分给机关、学校、工矿企业一些自留山，发动社员和干部、学生、职工在自留山上种植木本粮食作物；（三）每个垦殖场、农场、公社、学校和农林科学研究机关都建立一个较大面积的木本粮食林，作为发展木本粮食作物的示范、技术指导和供应树苗的基地；（四）立即研究果实采收和加工办法，提高采收率和加工效率；（五）广泛开展发展木本粮食作物的宣传活动，使之形成一个全省性的群众运动。

10 日 省人委和煤炭工业部批准，以省煤炭管理局建井大队为基础成立江西省煤管局基本建设公司（1963 年基建公司撤销）。

11 日 省人委发出《关于大力发展蓖麻子生产的通知》。通知要求全省各地大力发展蓖麻子生产，支援工业建设，并切实做好如下几项工作：（一）在人民群众中，广泛进行种植蓖麻的宣传教育；（二）切实做好种植蓖麻的组织工作；（三）确定种植蓖麻的任务；（四）及时做好种子的收购和调剂工作；（五）国营商业和供销社应按照已有规定，实行奖售办法，鼓励群众种植蓖麻的积极性。

13日　省民建、省工商联召开全省首次工商界家属工作会议。出席会议的有各市、县工商界家属工作委员会的正副主任和专职干部共133人，省、专、市妇联的有关负责人也应邀出席了会议。会议总结与交流了全省几年来工商界家属工作的经验，研究了今后的工作。会议期间，省委统战部部长于洪琛就进一步开展家属工作的重要性作了报告。省工商联文委博名荣作《关于全省工商业家属的工作情况报告》。会议结束时，黄知真、李杰庸、潘震亚等接见了与会的全体人员。会议于23日结束。

14日　省委召开电话会议，由黄先主持。省委工交部部长吴允中、省工业生产委员会主任王实先、副主任徐柏如等，分别就职工政治思想工作及当前工业生产和小农具修造问题在会上发了言。会议号召全省工交企业进一步加强政治思想工作，充分调动广大职工积极性，保证完成第一季度工业生产和小农具修造计划。

15日　省、地、市、县四级干部大会最近在南昌召开，传达中央扩大会议（即7000人大会）关于"调整、巩固、充实、提高"的精神。

17日　朱德来江西，在全省各地视察工作历时达1个月之久。

朱德在樟树（清江县）市东村公社视察

18日　毛泽东来赣视察，5天后离赣。

18日　邵式平在省财政工作会议上讲话，提出要认真地做好财政监督和经济核算工作。

18日　团省委表彰"以煤为业，以矿为家"的萍乡矿务局青年采煤工人李树清，号召开展"学习李树清，做个好矿工"的活动。《江西日报》为此发表题为《致青年矿工》的社论。

19日　省科学工作委员会召开全体委员会议，总结1961年科学技术成果和经验，研究1962年科学技术任务。邵式平亲自主持会议并作指示。会议提出1962年科学技术工作，还是以研究农业增产为重点，并应做好如下几项工作：（一）扩大高产面积，大力提倡选种、育种；（二）在红壤丘陵上大面积推广蕉藕；（三）提高造林质量，研究林木速生、丰产技术。会议要求在今后的科学研究工作中，贯彻勤俭办科学的方针，树立经济核算思想，重视和加强科研成果的鉴定和推广工作，自力更生，实事求是，扎扎实实地完成工农业生产计划和科研工作。

21日　省委、省人委批准成立省清产核资领导小组，开展国营企业和建设单位的清产核资工作。

22日　省人委在《全省棉花工作会议纪要》中批示：全省各级政府必须做好棉种、肥料、药械、资金、轧花机等供应工作；自留地种的棉花自行处理，不计统购，不扣抵棉布供应指标；棉农口粮标准不低于邻近粮区农民口粮标准；根据多劳、多产、多留的精神，合理分给社员自用棉；棉籽、棉饼，仍返回生产队，棉油可抵食油上调任务。

22日　南昌市木竹经营站机构撤销，恢复成立江西省木材公司南昌市公司，隶属省木材公司直接领导。

23日　全省山区经济理论讨论会筹委会举行第一次会议。通过了《江西省山区经济理论讨论会方案》，初步确定调查研究的内容：山区经济与国民经济的关系；山区经济建设怎样更好地贯彻大办农业、大办粮食的方针；发展山区经济与建设社会主义商品供应基地的关系；发展山区经济与消灭三大差别的关系。随后，由省经济研究所，共产主义劳动大学总校会同有关部门，组成了一支 49 人的专门调查组，分赴五府山、云山、荷塘等地进行调查活动。

23 日 全省各地抽调大批干部下乡，帮助生产队组织春耕生产。其中赣南区党委抽调了180 名直属机关干部，由区党委书记、副书记、常委率领，分赴各县农村基层协助工作。吉安、九江、上饶、宜春等专区共抽调了 1 万多名干部走上春耕第一线。

25 日 省手工业管理局局长沈衷在《江西日报》发表题为《进一步发展手工业生产》的文章，提出 1962 年全省手工业工作任务是：以发展生产为主，积极解决原材料供应，继续搞好调整工作，提高手工业企业的经营管理水平，加强思想政治工作，办好手工业合作社。指出手工业生产服务的对象，首先是农业。要本着"质量第一，修制并举，不误农村"的方针，大力修造小农具，及时满足农业生产的需要，使我省 1962 年农业生产能取得一个较好的收成。

26 日 省人事局在南昌市召开案件甄别工作座谈会。参加会议的领导有杨尚奎、罗孟文、王铁、庄健和各专、市、省直各单位案件甄别领导小组组长。座谈会于 3 月 5 日结束。

27 日 省人委批准南昌肉联加工厂饲养场、樟树农牧场、河潭埠农牧场为第二批出口生猪生产基地。

本月 德兴铜矿原矿运输铁路 1 号、2 号桥建成，邵式平为 1 号大桥题书"德兴铜矿大桥"。

本月 省文物管理委员会在万年大源乡仙人洞发现新石器时期遗址，经考证，该遗址年代距今有 8000 年至 10000 年。

本月 省检察院工作组在检查南昌市检察院批捕的 493 名人犯中，发现其中错捕 2 人，抚州分院批捕的 224 人中错捕 3 人。工作组对此及时作了纠正。

1962

3月 March

公元1962年3月							农历壬寅年【虎】					
日	一	二	三	四	五	六	日	一	二	三	四	五	六
				1 廿五	**2** 廿六	**3** 廿七	**4** 廿八	**5** 廿九	**6** 惊蛰	**7** 初二	**8** 妇女节	**9** 初四	**10** 初五
11 初六	**12** 初七	**13** 初八	**14** 初九	**15** 初十	**16** 十一	**17** 十二	**18** 十三	**19** 十四	**20** 十五	**21** 春分	**22** 十七	**23** 十八	**24** 十九
25 二十	**26** 廿一	**27** 廿二	**28** 廿三	**29** 廿四	**30** 廿五	**31** 廿六							

1日 省轻工业厅厅长刘抗在《江西日报》发表题为《轻工业部门当前的重要任务》的文章。文章指出当前轻工业部门头等重要的任务是，不断地增加产品数量和花色品种，从而以更多、更好的纺织品和日用工业品供应市场，满足人民生活需要。当前轻工业的生产必须贯彻国民经济按农、轻、重次序安排和"调整、巩固、充实、提高"的方针，积极扩大原料来源，充分合理利用原料，搞好编制定员，合理调整定额管理，推行班组核算，节约原材料及燃料的消耗，提高产品质量，争取在1962年内，所有轻工企业的劳动生产率都有较大提高，并超额完成利润计划。

1日 南昌市人委召开全市大力发展蓖麻子生产动员大会，动员全市各机关、部队、工厂、学校、居民积极种植蓖麻，支援国家工业建设。副省长李杰庸、副市长孙英在会上讲话，指出大力种植蓖麻，对支援国家工业化，加速工、农、交通运输业的机械化和半机械化具有重大的政治、经济意义。发展蓖麻子的种植，应以分散栽种为主，成片栽种为辅，贯彻"谁种谁收，谁卖谁得"的政策。

1日 省林学会和省农林垦殖科研所联合举行杉木速生丰产学术座谈会，总结一年来杉木速生丰产的研究成果，着重讨论了杉苗萌蘖、人工整枝、造林密度和林粮间作等问题。座谈会一致认为，今后应提高研究质量，寻求精确数据，并加强对群众经验的调查研究，进一步摸清全省杉木品种；应就地建立苗圃，以降低造林成本，提高苗木成活率和对造林地的适应能力；找出适合于当地的间作品种和间作制度，使间作和水土保持相得益彰。

1日 全省乒乓球锦标赛在吉安市举行。参加比赛的有赣南区、各专（市）及共产主义劳动大学等10个单位，共196名运动员。参加比赛的运动员大部分是近一两年来全省各地涌现的青少年选手，平均年龄不到20岁，最小的只有11岁。经过10天激烈的角逐，南昌市以9战9胜的成绩获男子团体冠军；女子团体冠军为吉安专区；成年男子组单打冠军为宜春地区的汤宝南；成年女子组单打冠军为上饶专区的龚根秀；少年男子组单打冠军为南昌市的魏运辉；少年女子组单打冠军为吉安专区的喻美蓉。锦标赛于10日结束。

2日 武宁县人委办公大楼失火，县档案馆存放在二楼的3240卷（册）档案资料被毁。

2日 省煤管局部署国营煤矿调整工作，省属煤矿以天河、乐平、上新、高安为重点，在"三五"期间设计能力达到年产300万吨的水平，将景德镇市矿务局并入乐平矿务局，将上饶专区桥头丘煤矿划给乐平矿务局。同时，加强专、县煤矿的技术改造，以大田、坑口、大桥、太山、礼陂、武宁、跃进等16个矿为重点。

2日 省考古队在修水山背地区两座原始社会晚期的房屋遗址中发现了4颗花生种子。新发现的这4颗花生种子，都出土于遗址房子中的灰坑内，紧靠在环底罐旁。花生颗粒体肥，呈椭圆状，最大的一颗长11毫米、宽8毫米、厚6毫米，最小一颗长9毫米、宽6毫米、厚5毫米，都已炭化。这次发现为我国作物栽培史的研究提供了新的资料。

3日 江西省木材公司正式成立，内设秘书、人事工资、计划财务、采运、调度等科室。

3日 省政协第二届常委会第十次会议在南昌举行。会议讨论了第二届委员会日常工作，通过了人事事项。

4日~6日 朱德重上井冈山，亲笔题写了"天下第一山"题词。并视察井冈山垦殖场和花果山园艺场，为井冈山垦殖场题写场名。

朱德重上井冈山，亲笔题写了"天下第一山"题词

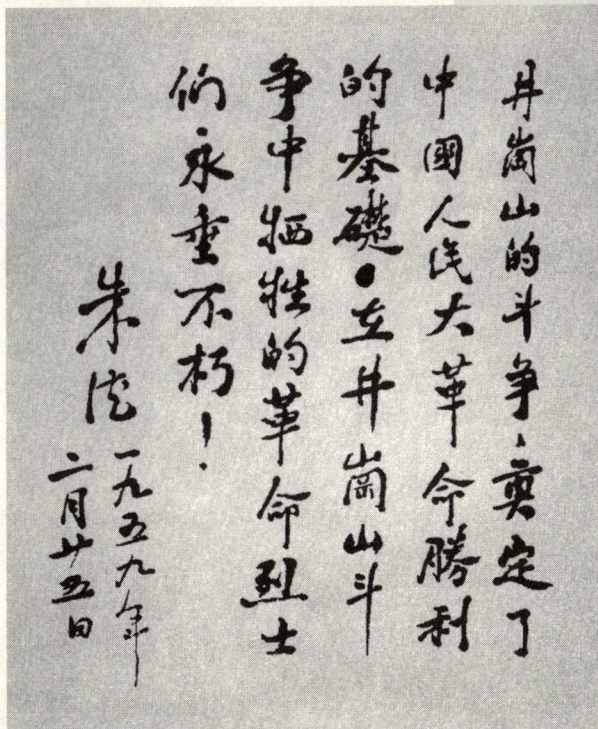

朱德1959年2月25日题词

4日 为纠正"大跃进"中浮夸风造成的矿产储量不实问题，省矿产储量委员会、省地质局、省冶金厅、省煤管局对全省1958年至1961年提交的普查勘探报告进行全面复审核实工作。至6月止，共复审核实了228处矿产地的地质报告。

5日 乐华锰矿花亭矿区竖井开工建设（1963年10月16日主井穿水，40米中段以下全部淹没。

朱德参观井冈山革命博物馆

同月 28 日副井也全部淹没，被迫停建。1969 年 12 月 15 日开始进行地下水疏干试验，至 1970 年 2 月 18 日试验结束，疏水量达 122 万立方米）。

6 日 省财政厅发出通知，要求全省各企事业主管部门，省属企业的财务部门，配备兼职监察人员。

7 日 南昌市妇联召开座谈会，庆祝"三八"国际劳动妇女节。到会的有工业、农业、商业、文教等各方面的妇女劳动模范 48 人。

8 日 省历史学会召开了各分组组长会议，讨论 1962 年学术活动的中心内容与活动形式，落实了研究项目。古史组确定以谷霁光、欧阳琛等负责研究中国封建社会土地所有制问题、江西

江西大学历史学家谷霁光教授潜心治学

历史人物（王安石、欧阳修等）、景德镇陶瓷手工业的雇佣劳动和资本主义萌芽问题、秦史稿略等中心项目。近代史、现代史、革命史组分别确定了南昌教案、第二次世届大战的性质和起因、雅各宾专政的性质、中国新民主主义革命始于何时、五四运动的领导权问题、第二次国内革命战争时期江西人民革命斗争等为研究的中心项目。

8 日 省市各界妇女代表 1500 多人，集会庆祝"三八"国际劳动妇女节。省委书记处候补书记、南昌市委第一书记郭光洲、省总工会副主席胡瑞英、南昌市委书记何恒、副市长孙瑛参加了大会。郭光洲代表省委和南昌市委向省市广大劳动妇女致以亲切

的祝贺。并希望广大妇女在党的领导下，勤俭建国，勤俭持家，鼓足干劲，实事求是，努力搞好生产，做好工作，出色地完成各项任务，为社会主义建设作出新的贡献。

8 日 省教育学会最近在检查了 1961 年工作情况后，拟定了 1962 年的研究课题和重点项目。研究项目有：社会主义教育原则、教学原则、教学方法的相互关系，研究基础理论、基本知识、基本技能、基本训练的区别和联系，教学、政治、劳动、健康以及红与专的关系问题，中学生的培养目标、规格和达到的途径问题，德育、智育、体育、美育的关系等。

10 日 省人委制定《江西省商品分级管理办法（草案）》，将全国 851 种商品划为 3 类：第一类系国计民生十分重要的商品 193 种，由省统一安排计划收购、销售、进口、出口、调拨全部指标；第二类系国计民生、人民生活、供应出口比较重要的商品 452 种，由省商业厅管理收购、调拨、进口、出口 4 个指标，销售和库存由各地自行安排；第三类不属以上一、二类的全部商品 209 种，原则上由各地管理。

10 日 省皮肤病研究所在中国医学科学院皮肤性病研究所的指导和协作下，在 100 多种中西药物组成的 70 多个治头癣的方剂筛选研究中，初步获得了具有一定科学价值的方剂，总结出治疗和预防头癣的有效措施。提出按头癣的病原、症状和病灶范围，采取中西结合、土洋并举、辨证施治、分别对待的治疗方案。并经临床试验，获得了令人满意的效果。

12 日 朱德先后视察了共产主义劳动大学

朱德在共大云山分校视察

和大茅山、云山地区的共产主义劳动大学分校。

12 日 省卫生厅制发《关于医院工作若干问题的规定》。

13 日 省委决定成立西山科学试验场，场部设在南昌市郊陵园，下设人工控制天气研究所等 6 个所（1964 年 4 月 30 日，西山科学试验场撤销，人工控制天气研究所划归省局领导）。

14 日 省人委发出《关于在清明以前禁挖春笋的紧急通知》。通知要求各地教育干部和群众在清明前后禁止挖掘春笋，发动群众建立禁山制度，订立护林公约，明确何时可挖，何时禁挖，哪些可挖，哪些禁挖，议定一定的奖励办法，切实贯彻"护林有功者奖，破坏森林者罚"的原则。

14 日 中国科学院江西分院撤销。

15 日 省水产厅发出《关于保护鱼类安全产卵繁殖的通知》（26 日，又发出《关于建立水产资源保护监督岗的通知》）。

15 日 全国农业劳动模范、九江县永安公社幸福大队党支部书记文经珠致函全省棉农，指出办一切事情都应从全国 6.5 亿人口出发，号召全省棉农在党的领导下，更高地举起三面红旗，鼓足更大干劲，夺取更大丰收。

15 日 中国美术家协会江西分会举办"山水、花鸟、书法、金石作品展览"。展览期间，省直、南昌市、景德镇市以及吉安、抚州、上饶、宜春等专区和井冈山、庐山管理局等地区的国画作者 40 余人，就如何继承传统、发扬传统等问题，举行了座谈。

16 日 省机械局在江东机床厂设立省机械工业长度计量中心站，在江西电机厂设立电气计量中心站，理化检测中心设在省机械工业科研所。

17 日 《江西日报》报道，省直属机关许多单位的干部发扬"南泥湾"的光荣传统，在搞好蔬菜生产的同时，积极利用业余时间，在屋前屋后的闲散土地上，开展自用棉生产。

18 日 省委、省人委发出贯彻中央、国务院《关于彻底清仓核资，充分发挥物资潜力的指示》的通知。

19 日 省军区第二届代表大会在南昌召开。出席会议的正式代表有 194 人，列席 77 人。大会主要议程是总结几年来省军区的工作、经验，并确定今后各项工作任务。省委第一书记、省军区政治委员杨尚奎作《关于当前形势和党的生活问题》的报告。大会认为，今后的任务主要是进一步加强部队建设；在积极搞好生产的前提下，进一步加强民兵建设。会议选出第二届省军区委员会和党的监察委员会，同时选举出席福州军区第二次代表大会和江西省第六次代表大会的代表。

20 日 省建筑工程局与省卫生厅联合印发《关于加强城镇饮用水质管理工作》的通知。各地卫生防疫站对城镇用水源（河水和井水）进行了卫生学调查和有效氯含量测定，测得水源水质标准达 61.54%。

21 日 省煤炭管理局决定，为加强安全监察工作，矿务局下属矿的安全监察机构直属矿务局安全监察部门领导、矿安监人员按职工总数的 1/400 配备。

21 日 省商业厅、省供销社制定《关于江西国营商业和供销合作社商业的业务分工方案》，对工业品、农业生产资料、小百货、儿童玩具、日用杂品、饮食服务业和农副产品等经营，以及对私改造等作出具体分工。

23 日 省煤矿设计院改为省煤管局设计室。

24 日 省精简领导小组决定从省建筑工程局抽调职工 2090 人，安排在抚州专区从事临时性竹木生产。3 个月后难以维持，全部人员另行安置，损失 13 万多元。

26 日 《江西日报》报道，江西省贯彻"全国一盘棋"的精神，从全局出发，调出早稻、棉花、早大豆等作物良种 20 余万斤，支援兄弟省。这次外调的农作物种子，都是兄弟省当前生产迫切需要的良种，具有产量高、品质好、适应性强等特点。

27 日 省农业机械厅与省机械工业管理局合并，成立省机械工业厅，徐柏如为厅长，李涤心、史希贤、郑汉夫、徐声伍为副厅长。

28 日 南昌市教育界近日举行数学教学中的基本知识和基本技能问题讲座。讲座就数学教学的内容以及数学教学中的基本知识和基本技能的一般含义和具体内容作了阐述，就当前学生学习数学状况和教师的教学状况进行了分析，就如何加强基本知识的教学和基本技能的训练提出了具体建议、具体要求和做法。

29 日 省军区政治部最近召开了民兵政治工作座谈会，着重研究民兵宣传教育工作和培养基层干部问题。参加会议的有军分区政治委员和政治部主任等。会议指出基层武装干部是团结民兵群众的桥梁和骨干，培养基层干部是民兵政治工作的一项主要任务。培养提高的基本途径是加强经常性的政治思想工作，不断提高认识，调动工作积极性。会议强调，政治部门应改进作风，加强宣传教育的领导，总结经验，突出重点，贯彻"少而精"的精神，扎扎实实地做好细致的工作。

31 日 省机械工业厅根据中央和省委关于"彻底清仓核资，充分发挥物资潜力"的指示，部署厅属行政事业、企业单位开展清仓核资工作，确定在江东机床厂进行试点。

本月 省档案管理局和省档案筹备处同时被撤销。

本月 江西冶金学院划为冶金部直属。同时决定本科改为 5 年制，规模为在校生 1000 人。

本月 国家经委驻萍乡矿务局调运专员办公室成立，1965 年撤销。

本月 省工商联多次派出工作组到南昌、抚州、吉安、萍乡、临川、泰和、遂川、宜春等地调查研究。3 月到南昌、抚州市做《公私共事关系》的专题调查，帮助工商业者搞好公私共事关系。7 月，配合全国工商联的工作组，到南昌、九江市和九江县对小商小贩进行专题调查。

本月 朱德视察省博物馆，并题词"历史的车轮总是向共产主义前进"。视察井冈山革命博物馆后，朱德指出陈列要加重"三战永新"的宣传分量。

本月 新洲垦殖场引进美国"岱字 15 号"良种棉，单产突破 50 公斤。

1962
4月
April

公元 1962 年 4 月 || 农历壬寅年【虎】												
日	一	二	三	四	五	六	日	一	二	三	四	五	六
1 廿七	**2** 廿八	**3** 廿九	**4** 三十	**5** 清明	**6** 初二	**7** 初三	**8** 初四	**9** 初五	**10** 初六	**11** 初七	**12** 初八	**13** 初九	**14** 初十
15 十一	**16** 十二	**17** 十三	**18** 十四	**19** 十五	**20** 谷雨	**21** 十七	**22** 十八	**23** 十九	**24** 二十	**25** 廿一	**26** 廿二	**27** 廿三	**28** 廿四
29 廿五	**30** 廿六												

2 日 省教育厅书面向国家教育部报告全省高等学校教师提（定）职务情况，全省已提（定）教授、副教授 44 名，提（定）讲师 386 名。至此，省属高校有教授 54 人，副教授 86 人，讲师 833 人。

4 日 《江西日报》发表德安县委农工部《解决老问题，后进变先进》的文章，介绍该县聂桥公社永丰大队第五生产队实行"工分到丘，按项记工"的经验。文章认为实行"工分到丘，按项记工"的新方法，不但使评工记分人人坚持、日日坚持、项项坚持，而且使作物安排到丘、全年用工量早知道、农活记工标准 3 项工作结合起来，一次做好，既合理全面，又节省人力和时间，生产队干部的事务减少了，社员对自己的劳动计划和应得多少工分都心中有底，真正贯彻了"各尽所能，按劳分配"的政策。

4 日 省人委转发国务院《进一步压缩和控制社会集团购买力的紧急通知》，要求按照分配的压缩指标，限在 4 月 20 日以前逐级分配到专、市、县，落实到各基层单位，严格控制，只能减少，不能超过。

4 日 省、市防空委员会和防空指挥部成立，分别在省军区、军分区、人民武装部办公。省防空指挥部下设 9 个处，由各有关部门兼办。

4 日 省人民武装委员会成立，杨尚奎任主任，黄知真、邓克明、王卓超任副主任。

5 日 省委发出《关于当前农业生产中几个问题的紧急指示》，要求各地尽快将包产计划落实到生产队，给社员留足自留地。

10 日 郭光洲、黄知真、莫循、彭梦庚、欧阳武、孔令甫、张云樵等省市领导在江西宾馆接见了来南昌参加 1962 年全国乒乓球锦标赛的全体运动员、领队、教练和裁判。接见时，在座的还有国家体委球类司副司长柏坪、省体委主任陈言等。

10 日 刘俊秀在全国人大二届三次会议上作题为《将开发与建设山区放在发展农业生产的重要地位》的发言，肯定江西建立和发展垦殖场的重要意义和巨大成就。

11 日 《江西日报》报道，省舞蹈家协会筹委会民间舞蹈收集小组，已先后到抚州专区的南丰、乐安、宜黄等县和上饶专区的婺源县收集

"傩舞"资料。收集小组深入山区，登门拜访傩舞老艺人，收集了有关傩舞的发源历史、表演形式以及故事情节、音乐、服装、面具等原始材料，还学习了10余个较典型的节目。目前，正在将所有资料进行比较系统的整理研究，以便日后汇编成册。

12日 《江西日报》发表信丰县委农村工作部《怎样做好按件计酬工作》的文章，介绍该县桃江公社一清大队第六生产队实行"按件记工"的经验，认为该办法具有计酬单位精确简便、形式灵活多样、既照顾了差别又报酬合理等特点，实行该办法，有利地提高了工效，更好地贯彻了"按劳分配、多劳多得"的分配原则，保证了男女同工同酬。

12日 根据财政部决定，全省恢复税务机关的利润监交工作，职责为"催、查、结、报"。

13日 省人委发出《关于加强木材公司的机构，建立和健全森工企业的管理体制的决定》。

14日 邵式平到云山垦殖场蹲点，为期半年，研究制定以定额管理为中心的经济核算制度和进行农工商结合试点。

15日 省人民银行遵照中国人民银行通知发行第三套人民币。

16日 南昌铁路局向塘桥隧大修队创造在运营线上进行钢梁改窄施工方法，完成南浔线山下渡大桥钢梁宽2.5米改为2米的施工，为当时全国首创。

16日 新坅纺织厂正式停工，该厂职工由南昌市统一分配到其他单位。

17日 1962年全国乒乓球锦标赛在南昌举行。参加这次比赛的除宁夏回族自治区和解放军

全国乒乓球锦标赛在南昌举行

外，各省、市、自治区都派有代表队。其中西藏队是解放后第一次参加全国乒乓球锦标赛。共有226名优秀选手参加比赛。比赛历时4天，20日结束。经过488场争夺，杨瑞华、丘钟惠分别获得男、女单打冠军；李富荣和王家声获得男子双打冠军；郑敏之和林希孟获得女子双打冠军；胡道木和梁丽珍获得混合双打冠军。

女子乒乓球选手在练习双打左起：韩玉珍（黑龙江）、王健（北京）和梁丽珍（广东）、狄蔷华（江苏）

18日 省气象学会筹委会最近邀请30多位熟悉全省旱涝情况的专家、教授和有关业务技术人员，举行了江西旱涝规律讨论会。与会者围绕"江西的水旱灾害"、"江西旱涝指标探讨"、"江西1962年旱涝趋势展望"和"台风对江西影响估价"等问题展开了讨论。会议分析了全省历史上出现灾害的情况、受灾程度及其一般规律，并结合当前天气的特点，提出了1962年全省旱涝趋势展望的初步看法。

19日 《江西日报》报道，赣南区历史学会就1962年的学术活动作了安排。文史资料方面，决定组织一定力量编写《抗战时期美军蹂躏赣南记》、《国民党统治时期赣城大事记》、《蒋经国祸赣记》、《赣州城现代教育发展史略》、《赣南钨业发展史略》等16个项目。专题研究和历史论著方面，以中国近代史和现代史部分为主，共有15个项目。其中有太平天国在赣南的乡官制度；赣南近代工业、商业、教育的产生和发展；第一次国内革命战争时期赣南工人运动、赣南农民暴动；苏维埃时期的经济建设、青年运动、赣南妇运；中央苏区模范县——兴国；红色故都——瑞金。此外，还提出了从农业合作化到人民公社化运动的历史必然性；农民战争在中国历

史上的作用及性质；毛主席在第一次国内革命战争时期著作的研究等理论问题的探讨。

19日　《江西日报》报道，省经济学会最近召开学会专业组组长会议，讨论全年学术活动的中心内容等问题。会议决定在今年内，政治经济学组以讨论人民公社有关理论问题为主；计划经济组以综合平衡问题、统计与调查研究的关系等问题为主；农业经济组以山区经济理论问题和人民公社经营管理有关理论问题为主；工业经济组以全民所有制企业的经济核算和基建投资效果等问题为主；贸易经济组在围绕社会主义商业的性质和任务的总课题下，研究商品分配和社会主义商业的经营管理等问题；财政金融组以社会主义经济核算有关问题为研究中心内容；经济史组仍继续以江西苏区经济有关问题为重点项目。省经济研究所和江西大学等单位都将组织人民公社调查组。此外，学会各小组对今年学术著作和论文的撰写也做了安排和落实。

20日　省政协举办谷雨诗会。

21日　南昌铁路局政治部公布《中国共产党南昌铁路局支部工作条例》（草案）和《南昌铁路局政治指导员工作条例》。

21日　中央、国务院作出《关于严格控制财政管理的决定》（即财政六条）：（一）切实扭转企业大量赔钱的状况；（二）坚决制止侵占国家资金的错误做法；（三）坚决制止各单位之间相互拖欠贷款；（四）坚决维护应当上缴国家的财政收入；（五）严格控制各项财政支出；（六）切实加强财政监督。全省坚决贯彻执行。

23日　省矿产储量委员会审查批准由省地质局赣东北队完成的德兴县西湾大型蛇纹岩矿区地质勘探报告。

24日　省农业厅、省教育厅发出《关于加强农村业余教育工作领导和管理的通知》。

25日　《江西日报》报道，中国音乐家协会江西分会全面搜集全省民歌、山歌，计划汇编《江西民间歌曲选集》。省编选小组已从大量的资料中初选了600首。各专、县目前正在挖掘、收集、整理各地区的革命歌曲、山歌、茶歌、渔歌以及宗教音乐和少数民族民歌等。

25日　省矿产储量委员会审查批准由省地质局九〇七队完成的安福县杨家桥铁矿区中间性勘探报告。这是全省提交的第一份大型铁矿区勘探报告。

26日　《江西日报》报道，省经济学会和省商业厅分会主办的社会主义商品分配问题讨论会，自2月份起，已分别举行了4次。参加讨论的，除省市商业厅（局）的经济学会会员、经济研究所的成员外，还有省委党校、省市讲师团各大专学校的理论工作者。讨论会主要讨论了：（一）什么是社会主义的商品分配；（二）商品分配、商品交换、商品流通三者的关系；（三）有计划的商品分配有无规律。

26日　省市文艺界在省文联礼堂集会纪念伟大诗人杜甫诞辰1250周年。欧阳武、石凌鹤等出席了纪念会。会议由中国作家协会江西分会副主席胡旷主持，胡旷在讲话中希望文艺工作者认真学习杜甫诗歌的艺术成就，继承祖国丰富的艺术遗产。会上还请江西师范学院中文系研究古典文学的胡守仁教授作了关于杜甫生平和创作的报告，江西大学青年教师吴大逵作了关于杜甫诗歌分析的报告。纪念会由省文联、省作家协会联合召开。

26日　省人委发出《关于继续冻结机关、团体、企业、事业单位1960年存款和冻结1961年存款的紧急通知》。

30日　中央歌剧舞剧院独唱独奏巡回演出组即日起在江西艺术剧院举行独唱、独奏音乐会。

30日　民革、民盟、农工党省委和民建省工委负责人，出席省政协举行的座谈会，拥护毛泽东在福州接见亚非外宾时的谈话，谴责美帝国主义对古巴的武装侵略和支持古巴人民反抗美帝国主义侵略的斗争。

本月　江西省江口水电厂建立。

本月　分宜站（原名水东）建成通车。该新站是按1960年省人委决定扩建江口水库，分宜县城将被淹，浙赣线界水——彬江间需改道，车站需迁移而兴建的。

本月　省委决定成立江西省委档案馆。

本月　省轻工业厅与省化工石油工业局合

并，成立江西省轻化工业厅。任命刘抗为厅长，金流、梁志永、马青、汤平、吴彬、王尚德为副厅长。

本月 省民航局由省交通厅领导改为民航上海局和省委工交部双重领导。

本月 江西建成汽车钢板弹簧生产简易板簧生产线，并试制成功第一片"解放牌"汽车板簧。

本月 庐山水泥厂建成投产，为全省第一家采用湿法回轮窑生产混合水泥的企业，也是国家第二个五年计划期间全国38个重点企业之一。

本月 省社联将《百家集锦》、《哲学社会科学通讯》刊物，改为《争鸣》杂志，在省内外发行。

本月 省商业厅与省供销合作社分设。

本月 省人委规定，无论国营农场、牧场、人民公社、生产队和社员个人，每向国家交售100市斤以上的肉猪1头，奖售布胶鞋1双，饲料粮30市斤；交售140市斤以上的肉猪1头，奖售布胶鞋2双，饲料粮40市斤。

1962

5月

May

公元 1962 年 5 月								农历壬寅年【虎】						
日	一	二	三	四	五	六	日	一	二	三	四	五	六
		1 劳动节	**2** 廿八	**3** 廿九	**4** 青年节	**5** 初二	**6** 立夏	**7** 初四	**8** 初五	**9** 初六	**10** 初七	**11** 初八	**12** 初九
13 初十	**14** 十一	**15** 十二	**16** 十三	**17** 十四	**18** 十五	**19** 十六	**20** 十七	**21** 小满	**22** 十九	**23** 二十	**24** 廿一	**25** 廿二	**26** 廿三
27 廿四	**28** 廿五	**29** 廿六	**30** 廿七	**31** 廿八									

1日　省市各界劳动人民分别集会和举行丰富多彩的活动，庆祝"五一"国际劳动节。白栋材、郭光洲、黄先、黄知真、邓克明、莫循、梁达山、欧阳武、方德鑫、张云樵及省委、省人委各部、委、厅、局负责人，分别在洪都机械厂、南昌柴油机厂、南昌橡胶厂、江西造纸厂、江西师范学院等工厂企业、文教、财贸部门同广大职工一起欢庆佳节。

1日　江西水稻机械研究所改为农业机械部直属。

1日　万载县湘鄂赣革命纪念馆在中共湘鄂赣省委旧址——万载县仙源乡王家大屋成立。"文化大革命"中被迫闭馆。1980年7月重新开放。其中包括"湘鄂赣革命根据地文物史料展"、"万载籍军队将士革命业绩展"。

3日　省市各界青年2700多人在八一礼堂集会纪念"五四"运动43周年。省委书记处候补书记黄知真，团省委书记周振远，团市委书记姜作晟以及省、市各级团组织的干部出席了大会。会上，黄知真发表讲话，号召全省青年发扬"五四"运动的革命精神，发扬"五四"以来革命

前辈们艰苦奋斗的优良传统，永远听党的话，树立远大的革命志向，不怕困难，不畏艰苦，克勤克俭，努力工作，在社会主义建设中作出新的贡献。

4日　冶金部决定新余钢铁公司停止建设。从5月10日起，该公司基建全部停止，并开始大批精减职工。

5日　省委案件甄别领导小组下发《关于认真贯彻执行中共中央"关于加速进行党员、干部甄别工作的通知"的意见》，要求加速案件甄别审查工作。

5日　《江西日报》发表《把集体生产责任制和个人生产责任制正确结合起来》的文章，介绍铅山县汪二公社火田大队黄河第一生产队实行"大活集体干，小活分散干，单项活专人干"的经验。实行该办法就是按照不同作物、不同农活的协作性、季节性、技术性和操作连续性的特点，将全队生产按作物和工种逐项排队，分别不同情况，采取定田亩、数量、质量、时间、工分的责任制，分别包到组，包到人，有的连续包一年，有的包一次，有的包一段。

7日 省人委发出《关于开展夏季卫生积肥运动大力支援农业生产的通知》。通知要求：（一）各地区、各部门、各单位应该根据不同的特点和要求，因地制宜地采取有效措施，把卫生积肥活动深入细致地、扎实有效地开展起来；（二）所有城市、集镇必须做好服务行业、食品加工业、公共食堂、厂矿工地、学校机关的饮食卫生工作，大力防止胃肠传染病和其他传染病的发生和流行；（三）开展卫生积肥的同时，必须做好防病治病工作；（四）各级政府要把夏季卫生积肥和防病治病工作当作增进人民健康、关心群众生活，搞好工农业生产的一项重要措施切实地抓起来。

8日 省人委发出《关于加强林业生产和改进木竹经营的指示》，要求全省各级党政领导机关切实按照中央林业政策18条和《江西省森林经营管理暂行办法》的规定，迅速确定山林所有权，加强山林管理，健全森工企业机构，改善木竹经营法。

8日 省储委复审批准永新县乌石山铁矿地质勘探报告。探明该矿储量4013.9万吨，为全省规模较大的"宁乡式"赤铁矿区。

9日 省人委发出《关于切实做好防汛抢险工作的紧急通知》。鉴于5月以来全省普降暴雨，通知要求：（一）各级领导机关要亲自负责，组织力量，对所有圩堤和水库工程的防汛准备进行一次彻底检查；（二）各地应限期完成草袋、沙石、火把及其他防汛物资的筹备，并迅速把已准备好的物资集中存放在工程险段；（三）行署、各专署、各县（市）人民委员会、各人民公社和水利工程的防汛组织机构，应立即恢复和健全起来；（四）各地水文气象站的观测设备、通讯线路，要抓紧检查和修复，保证及时准确地正常通讯；（五）各级防汛指挥机构要指定专人切实掌握和分析情况，以便及时采取对策，争取主动。

10日 以阿尔巴尼亚工会中央理事会书记科乔·卢阿拉斯为首的阿尔巴尼亚工会代表团一行两人，到达南昌参观访问。

10日 省高级人民法院召开全省各中级人民法院院长座谈会，学习最高人民法院《关于当前法院工作若干问题的意见（草稿）》、《关于刑事案件的管辖、审批和复核制度的若干问题的意见》，讨论、修改省高级人民法院《关于1961年处理死刑案件情况和今后意见报告（草稿）》。座谈会于17日结束。

11日 省财政厅、省人民银行发出通知，根据中央平衡财政收支的指示精神，对1961年发行的农村退赔期票，推迟3年兑付。

12日 省政协第二届常委会第十一次会议在南昌召开。会议听取关于全国政协第三届委员会第三次会议精神的传达报告。

12日 兴国县南北词剧团在省采茶剧院上演大型历史剧《谢瑶环》。

13日 九江火车站按照南昌铁路局制定的"鱼苗运输组织办法"，开始组织鱼苗运输。

13日 由省、市文化局，省、市美协联合举办的江西省优秀美术作品展览在中苏友好馆开幕。展览展出的有国画、油画、版画、水彩、雕塑、工艺美术等作品300多件，是从全省历届美展的展品和新近创作的新作品中挑选出来的，内容丰富，形式多样。展览会还特地为我省杰出的民间雕塑家范庆云开辟了一个陈列室，展出了他的一部分有代表性的作品。另外还设了一个工艺美术展览室，展出了著名的景德镇雕瓷，宜春和波阳的漆器，还有象牙雕刻和人物瓷塑像等优秀作品。

13日 江西省摄影展览会在中苏友好馆开幕。展览展出的近30名摄影工作者和摄影爱好者的90多幅作品，较全面地反映了建国以来全省所取得的各个方面的成就。

14日 《江西日报》报道，江西大学物理系教授刘朝阳，近3年多来利用课余时间，从理论上系统地总结了他长期从事热力学与统计物理学的教学经验和科学研究成果，已相继完成了共达110多万字的《热力学与统计物理学导论》、《物态》和《太阳的温度》等几本书初稿的编著。

14日 日本新闻、广播、出版代表团一行5人，在团长末田春彦率领下，由全国新闻工作者协会书记处书记邓岗陪同，由杭州乘车到达南昌，开始对江西进行访问。代表团到达时，受到了新华社江西分社社长李久泽、江西人民广播电台台长赵中、江西人民出版社社长李鹏、江西日报社副总编辑赵明德、江西新闻工作者协会秘书长张致和、省总工会副主席胡瑞英、省人委交际处副处长王昆山的欢迎。代表团参观了八一起义纪念馆，并先后去景德镇市、乐平县镇桥人民公社、国营大茅山综合垦殖场参观访问。在大茅山垦殖场花桥分场，代表团和下放干部、职工、转业军官举行了座谈。在游览了庐山后，于20日离开南昌。

15日 省委农工部、省农业厅联合召开农村人民公社财务工作座谈会，就当前春收分配中的分配单位、春粮分配、春油分配等8个问题提出了解决意见。并发出《关于当前春收预分中几个问题意见的通知》。座谈会于19日结束。

15日 为纪念毛泽东《在延安文艺座谈会上的讲话》发表20周年，在全省放映故事片《白毛女》、《钢铁战士》、《神笔》、《两种命运的决战》等影片。放映活动于31日结束。

16日 省人委批转省外办通知，增加大茅山、云山、共大总校为三个对外开放单位。

17日 全省基本农业气象观测站调整为修水、彭泽、婺源、乐平、余江、上饶、进贤、万载、莲塘、南丰、新干、安福、泰和、南康、宁都、瑞金、龙南17个站。撤销九江、宜春、吉安、赣州农业气象试验站担负的农业气象基本观测业务。

17日 省水利电力厅通知：今后省内凡属国家基本水文气象服务台、气象服务站、水文服务站、各类水文气象试验站、雨量站和水位站均由厅水文气象局直接管理，各专（行）水文气象总站具体管理。

17日 日中友好协会第四次访华代表团一行8人在团长古谷庄一郎率领下，对南昌进行为期4天的访问。代表团先后参观了八一起义纪念馆、革命烈士纪念堂，游览了市容及名胜，并访问了人民公社。

17日 1962年全省无线电收发报锦标赛在南昌举行，比赛历时5天。参加比赛的有赣南行政区、各专区和南昌、景德镇市的业余无线电爱好者30余人。南昌市获得团体冠军，宜春专区和上饶专区分获第二名和第三名。南昌市的张宪生获男子组冠军，南昌市的林凤鸣获女子组冠军。有4人10次打破了6个单项的全省最高纪录。

19日 省财政厅发出通知，自1962年起，各级地方财政的预算外资金纳入国家预算统一管理。

19日 美国著名作家安娜·路易斯·斯特朗抵达南昌，到丰城、云山垦殖场等地进行为期一周的参观访问。24日离开南昌。

20日 由省机械工业厅主持，邀请省广播事业管理局、省人民广播电台、江西工学院、省、市五金交电公司、市重工业局及洪都机械厂参加，对南昌无线电厂首批产品英雄牌六二一型收音机进行鉴定。鉴定结果：收音机外形结构美观，设计线路排列整齐，焊接牢固可靠，电气性能符合国家标准，音响效果良好。由上述单位组成的鉴定委员会，同意定型并成批投入生产。

21日 安福钢铁厂破获由犯人组织的"中国受难者同盟"反革命集团案。

21日 省军区政治部最近向省军区各部队党委、政治机关发出了关于正确处理政治思想工作领域中4个关系、4个第一（政治工作4个关系是：人和武器的关系；政治工作和其他工作的关系；政治工作中思想工作和其他工作的关系；思想工作中活思想与书本思想的关系。在这4个关系中，人的因素第一，政治工作第一，思想工作第一，活的思想第一）的指示。

22日 自1959年5月开办的江西中医函授大学已先后招收了3期学员，参加函授学习的中医达7000余人，约占全省中医总数的60%左右。通过函授学习，许多中医的理论水平和业务技能得到了提高，医疗质量得到不断改善，取得了良好的效果。

22日 省、市文艺工作者在江西艺术剧院集会，纪念毛泽东《在延安文艺座谈会上的讲话》发表20周年。参加集会的有省、市专业文艺团体的文艺工作者和业余文艺工作者800余人。省委常委、宣传部部长莫循、省文化局副局长胡林、南昌市委宣传部副部长马涛应邀出席了大会。会上，省文联党组副书记武继国作了《沿着毛泽东的文艺思想道路前进》的报告。

22日 省检察院召开分院、市检察院检察长会议，研究贯彻执行对敌斗争的"三少"政策，提高捕人质量，检察劳改、看守所等工作。会议于26日结束。

23日 省农业科学特约研究员、上饶市清水公社党委书记祝大贵发出《来吧！城镇的兄弟姐妹们》的公开信，对积极响应党加强农业战线的号召，即将参加农业战线的城镇人员表示热烈欢迎，并号召有志为建设社会主义新农村而战斗的青年职工和学生，前来农村大展宏图。

23日 省政协召开座谈会，纪念台湾同胞"五二四"反美爱国斗争5周年。

25日 邵式平在全省国营垦殖场、农场、水产养殖场和共产主义劳动大学工作会议上发表讲话，再次肯定创办垦殖场和共产主义劳动大学方向道路的正确性。

26日 经过农业科学工作者长期的研究，已经找到改良利用红壤的途径。如刘家站垦殖场、江西蚕桑场、红星农场等垦殖场，都已成功地开垦出大批荒芜的红壤，种上了麦类、薯类、豆类等几十种作物，栽植了大量经济果木；许多人民公社也在大面积地开发

科学研究所所长颜梅生（右）和青年技术员彭国新在进行低产田土壤化验，研究改良土壤的科学方法

利用红壤，都获得了收成。农业科学工作者在莲塘、永修等地调查发现，初开垦的红壤，种植甘薯、黑麦、子瓜、木薯等作物较能适应，花生、烟草、粟和芝麻次之；经过初步熟化的红壤，还可以种植大豆、玉米、棉花等作物。

26日 为粉碎台湾国民党军窜犯东南沿海地区的阴谋，遵照中央、中央军委和福州军区的指示，省军区从即日起进入紧急战备。

26日 省商业厅、省供销社下发《关于进一步加强农村集市贸易领导和管理规定的意见》，规定棉、麻、烟、茶按产区管理；蚕茧、柑橘、甘蔗、西瓜、红黑瓜子、莲子等，在未完成派购任务前，不论集体、个人生产的产品一律不准上市；对于分散生产、集中使用或有专项用途的产品，除有关单位做好收购以外，严禁二贩子运销；对于三类物资中的主要品种，有收购任务的地区，在未完成任务前也要采取措施加强管理。

27日 国务院发出《关于切实做好停建项目维护工作的通知》。省计划委员会确定水利电力工程停建的项目有：柘林水库、共产主义水库、滨田水库、茗洋关水库和油山水库。9月，省精简领导小组批复：将万安、洪门、罗边、柘林水电工程局改为留守处。

28日 铁道部、铁道部政治部、全国铁路总工会召开全路电话会议，宣布王华东站、上饶机务段515机车包乘组、南昌站装卸三班、昌沪57/58次快车包乘组等单位为全程先进班组。

29日 据新华社南昌电，从前儿童保健事业落后的江西省，现在县以上医疗单位都已经配备了具有儿科专业知识的医生。就是一些比较复杂的儿科疾病，也可以在县城就诊，不必远程送到省级医院治疗。

29日 《人民日报》发表了我省著名剧作家阮章竟的剧评《遗音三日绕屋梁》。

29日 省人委发出《关于防洪抗涝确保农业安全生产的紧急通知》。通知就连日来，全省各地普降大雨或暴雨，各河流水位急剧上涨，有些地方山洪暴发的情况，作出如下通知：（一）所有各沿江滨湖地区，都必须发动群众，组织一切可以动员的力量，加强防洪抢险工作；（二）所有在各河流上游地区的大小水塘、水库都应根据蓄水能力，尽可能多蓄水，防止雨季过后，干旱的到来；（三）凡是已经受到溃涝成灾

的地区，在水退前必须积极做好恢复生产的一切准备工作，一俟水退，立即投入恢复生产斗争，做到水退到哪里，生产就恢复到哪里。

南昌市防洪大军严阵以待，迎击赣江洪峰。图为新华染织厂职工在富大有堤的第二段加高加固堤岸

30日 自即日起至6月28日，因抚河决堤而两次冲毁浙赣线张王庙—温家圳K590—K596线路，行车中断共达244小时。

31日 下旬以来，赣江洪水暴涨，鄱阳湖水倒灌，八一桥水位达24.22米，南昌市郊农田被淹64%，受灾人口13.4万人，淹死15人，倒塌、损坏房屋3100余栋。

本月 省人委根据国务院关于恢复各专业公司的指示，恢复中国石油公司江西省公司。省燃料器材公司南昌批发部改为省石油公司经营部。赣南、抚州、九江、宜春、萍乡、吉安、新余、鹰潭、景德镇相继成立分公司。

本月 国家计委副主任安志文、华东局计委主任狄景襄、冶金部副部长夏耘和江西省副省长黄先联名就德兴铜矿建设问题向副总理李富春写报告，李富春批示：同意德兴铜矿按设计续建（当年，德兴铜矿2500吨日选厂开工建设，于1965年4月1日竣工，7月1日正式投产）。

本月 永平硫铁矿成立，该矿日采硫铁矿100吨，归上饶专署领导。

本月 省委贯彻执行中央"调整、巩固、充实、提高"的八字方针，将全省32亿斤粮食征购任务减少2亿斤。同年9月，又根据中央提出的"少购、少销"方针，从30亿斤粮食征购任务调减到25亿斤。提出增产不增购，保证社员多产、多留、多吃，并规定农村粮食分配，保留基本口粮（人均）300斤，"三留"后多余的粮食可以搞工分带粮。

本月 南昌砂轮厂与南昌市五金厂合并，组建成南昌五金砂轮厂，划归市机械局管辖。

本月 南昌锅炉厂、南昌动力配件厂、南昌轴承厂收为省机械厅直属厂。

本月 根据商业部《关于高价敞开销售部分商品的决定》，全省高价敞开销售自行车、钟表、针织品、酒、茶叶、砂糖和一部分进口卷烟。除自行车、钟表无平价供应外，其他都有平价供应部分。高价的幅度，参照集市贸易价格，本着卖得出、顶得住的原则确定。

本月 邵式平给共产主义劳动大学云山分校题词："云山万丈高，春烟束腰，襟带龙凤千里飘。风影独数这边好，物华丰饶。建国要勤劳，集体英豪，同心同德论略韬。意气风发脱颖出。请看今朝。"

本月 省直有关部门组成省贸易代表团与云山垦殖场签订工农产品换货合同，合同成交总额为428万元。

1962

6月
June

公元 1962 年 6 月							农历壬寅年【虎】						
日	一	二	三	四	五	六	日	一	二	三	四	五	六
					1 儿童节	**2** 五月大	**3** 初二	**4** 初三	**5** 初四	**6** 芒种	**7** 初六	**8** 初七	**9** 初八
10 初九	**11** 初十	**12** 十一	**13** 十二	**14** 十三	**15** 十四	**16** 十五	**17** 十六	**18** 十七	**19** 十八	**20** 十九	**21** 二十	**22** 夏至	**23** 廿二
24 廿三	**25** 廿四	**26** 廿五	**27** 廿六	**28** 廿七	**29** 廿八	**30** 廿九							

1日 省冶金厅、省财政厅等六厅、局联合发出通知，就贯彻调整方针，收归省领导的企业有关财务管理等问题作出规定。

2日 省政协召开双周座谈会，传达全国统战工作会议精神。

3日 省人委颁发关于国营垦殖场、农场、水产养殖场和共产主义劳动大学的机构、编制和经费开支若干问题的规定。

4日 省人委批转省教育厅《关于进一步巩固和发展民办小学的报告》。

5日 公安部决定从福建省沿海地区调犯人2万名到江西安置改造。

7日 省委常委召开战备支前会议，决定立即组织各级支前委员会，由党委第一书记任主任委员。

8日 中国唱片社近日邀请赣剧青阳腔老艺人查士玉到北京录音，现已录音的有《琵琶记》中的《剪发卖发》、《描容祭奠》，《金印记》中的《周氏拜月》、《三元记》中的《雪梅教子》等。其中部分节目将由唱片社灌制唱片。参加这次录音的还有青阳腔艺人曹耀春、曹梅卿、吴江龙、潘康泉等。

9日 省人委发布《江西省地方国营企业计划亏损弥补办法》。

9日 毛泽东到江西视察，接见了省军区司令员邓克明和副政治委员林忠照，询问了江西战备的情况并作了重要指示。

10日 省公安厅召开各行、专、市公安处、局长紧急会议，分析部署战备保卫工作。

11日 省人委发出《关于开征集市交易税的指示》。

13日 省赣剧院一团结束在北京为期1个月的公演后，离京赴上海等地巡回演出。赣剧院这次在北京演出了青阳腔《西厢记》，弋阳腔《西域行》以及传统折子戏《张三借靴》、《思凡》、《幽闺拜月》、《挡马》等剧目。中国戏剧家协会、中国作家协会先后举行了座谈会，出席座谈会的分别有茅盾、邵荃麟、曹禺、周立波、严文井、阮章竟、李超、伊兵、晏甫等作家、戏剧家、文艺评论家，对赣剧的音乐、表演、剧目等进行了热烈探讨，并对赣剧近年来的发展、进步给予了较高评价。《人民日报》、《光明日报》、

《北京日报》等报刊也发表了评论文章。

14日 全省中等医药卫生学校教学人员中有助教职务的,均改为教员。

14日 省商业厅、省财政厅发出《关于商业企业经营各种高价商品调拨作价和利润上缴的几项规定的通知》。

14日 宜春专区大田、峨眉山两矿改为省属矿,由省煤管局直接领导(1963年,峨眉山煤矿停建)。

14日 省军区司令部、政治部发出《关于加强战备中民兵工作的指示》,要求各级人民武装部门立即投入战备工作。全省共组织武装基干民兵45万人,9个市落实了城市防卫计划和战争初期动员任务。

15日 《江西日报》报道,江西电机厂通过改进工艺,生产的变压器在1962年华东地区举行的变压器质量评比中获得第一名。

16日 省文化局制定《关于全省国营剧团改为集体所有制方案》,88个在1956年社会主义改造高潮时期由集体所有制改为地方国营的剧团,重新转为集体所有制。

16日 地质部探矿司向各省、市、区地质局转发《江西省地质局赣东北大队使用全孔反循环钻进,提高硬脆碎矿心采取率》的经验。

18日 省人委发出《关于集中力量、动员群众,坚决战胜洪水的紧急通知》。通知要求全省各地立即组织和发动广大群众,动员各方面力量,把防汛抢险作为一项紧急的战斗任务,确保赣、抚、修河大堤安全。并切实做好:(一)凡是洪水经过的地方,要立即作出防汛抢险的战斗部署,在最近三五天内,集中足够的干部和防汛队伍,由负责干部亲自率领,分段负责,上堤防守;(二)沿河各县立即把防汛队伍全部调到阵地,严密组织,明确划段分工,加强防守;(三)各级政府和有关机关应对这次洪水全面分析,通盘部署,凡是经过最大努力可保住的圩堤,要坚决保住,委实人力不可保住的某些小堤,事先也要做好转移准备,尽一切努力减轻灾害;(四)沿河低洼易发山洪的村庄,要事先做好转移准备,避免洪水包围;(五)凡是已经发生水灾的地方,

必须立即抢救受灾群众,尽一切可能减少群众的损失。

20日 樟树上游赣江晏公堤决口。同日,南昌县万家洲、樟溪两处赣江大堤决口,浙赣线K618—K664全长46公里线路水漫钢轨,路基被冲断40多处,中断行车216小时。

20日 全省连续降雨,暴雨中心在赣江流域上下移动,赣江接连出现3次洪峰。樟树洪峰水位33.95米,南昌洪峰水位24.21米。29日,再次出现最高水位,吉安54.05米,峡江44.93米;30日,新干39.28米,均超过以往最高记录。

21日 邵式平、彭梦庚以及省水电厅副总工程师万尚阴等人,乘船溯赣江洪峰南行巡视水情,并亲临赣江大堤南昌、丰城交界处的万家洲、樟溪村险段处察看。在万家洲等地,邵式平、彭梦庚会见了领导群众坚持抢险的南

邵式平(左一)到南昌县万家洲堵口工地上巡视水情

昌县副县长蔡厚福、南昌吴石区委书记张良述等人,听取了他们的汇报,并对防汛工作作了指示。

22日 省人委第二十三次会议通过《关于召开第二届全省人民代表大会第四次会议的决定》。内容为:(一)第二届全省人民代表大会第四次会议,定于1962年6月30日在南昌召开。(二)为了迎接会议召开,全省各级政府和全省人民要切实做好以下几方面的工作:1.千方百计地争取农业增产,首先是争取粮食、棉花、油料的增产;2.积极开展生产救灾运动,战胜自然灾害所带来的困难;3.抓紧时间做好工业的调整工作,完成调整后的生产任务;4.进一步加强市场工作,安排好群众的生活;5.加强治安保卫

工作，注意巩固社会治安。

22 日　省政协第二届常委会第十二次会议在南昌市举行。会议讨论第二届委员会第三次会议的准备工作。

23 日　江西医学院第一附属医院近日在省药品检验所的大力协助下，试制水解蛋白注射剂成功。经有关单位检查，认为质量合乎国内标准。这种药品在当时国内还不能大量生产，江西主要依靠进口，是一种临床上迫切需要的注射剂。

24 日　省人委发布《关于立即抢堵赣东大堤万家洲和樟溪决口的紧急命令》。

25 日　由于南昌县赣东大堤万家洲段决口，洪水由富山涌入象湖，水位 12 小时猛涨 3 余米，凌晨 2 时，抚河桥被冲毁，八一大桥严重受损（10 月 25 日，抚河桥重建工程开工；当年投资 116.5 万元对八一桥 11 座桥墩维修加固）。

26 日　省人委转发国务院《关于对华侨、港澳同胞和入境旅客携带和邮递进口的钟表、自行车提高关税、工商统一税率和加强管理的通知》。

26 日　江西医学院第二附属医院医护人员最近成功救活一个心脏停止跳动 5 分钟的病人。该病人为横峰县良种繁殖场工人熊反根。

26 日　省公安厅在靠近昌浔线的南昌市北郊双港建立省公安厅双港调犯指挥部，向全省各监狱、劳改支队押送安置福建调犯。

27 日　朝鲜国立艺术剧院代表团一行 150 人，来南昌访问演出并游览庐山。

28 日　省人委办公厅发出《关于江西省第二届全省人民代表大会第四次会议延期举行的通知》。该通知说，鉴于防汛救灾工作紧张，省二届人大四次会议延期至 7 月 10 日召开。7 月 2 日，省人委办公厅又发出《关于延期召开江西省第二届全省人民代表大会第四次会议的通知》。通知说，鉴于目前全省大部地区继续普降大雨或暴雨，各地交通大部分中断，为了集中力量抗击洪水，做好生产救灾工作，省人民代表大会决定延期到 10 月下旬召开。

28 日　吉安市洪水为患，禾河最高水位达 54.72 米，赣江最高水位达 54.05 米，禾埠堤多处缺口，市区被淹面积达 21.1 平方公里。

29 日　省委、省人委批准《江西省军区战备方案》，并指出基本任务是巩固后方，支援前方，确保城市、工矿、桥梁、仓库等重要目标的安全和全省社会治安的巩固。

30 日　省商业厅、省供销社决定：永修县涂家埠、临川县唱凯供销社，为华东局农村集市贸易成交价格调查点，要对粮食、肉类、干鲜果、蔬菜、土特产品的实际成交价格情况直接进行汇报。

30 日　上半年，全省各专、市和 71 个县先后实行凭证券供应肥皂、火柴、香皂、牙膏、搪瓷制品、铝制品、热水瓶及瓶胆、胶鞋、电筒、电池等。

30 日　上半年，全省各专、市和 71 个县先后实行凭证券供应肥皂、火柴、香皂、牙膏、搪瓷制品、铝制品、热水瓶及瓶胆、胶鞋、电筒、电池等。

30 日　上半年，省委再次对高等和中等学校进行调整，赣东北医专停办，在校学生并入九江医专。

本月　南昌市连降大暴雨，赣江、抚河及锦江水位急剧上涨，加之鄱阳湖水的顶托倒灌，各河出现了历史的最高水位。由于全民动员，确保了滨河主要大堤的安全，但仍有部分滨湖小圩堤溃决，内涝较为严重。南昌县受灾农田 64.48 万亩；新建县 20 多万亩；进贤县近 20 万亩；安义县 8.4 万亩。

本月　冶金部决定，将原中南第九冶金建设公司下属的一、二土建、安装公司及筑炉公司划给江西冶金建设公司。

本月　省新华书店根据省文化局《关于开展新华书店清仓核资工作的通知》，召开经理、会计会议，成立清产核资领导小组，部署清产核资工作。

本月　省轻化工业厅确定庐山造纸厂所在地域作为全省化学纤维原料生产基地，并开始筹建庐山浆粕厂。

1962
7月
July

公元1962年7月							农历壬寅年【虎】						
日	一	二	三	四	五	六	日	一	二	三	四	五	六
1 建党节	**2** 六月小	**3** 初二	**4** 初三	**5** 初四	**6** 初五	**7** 小暑	**8** 初七	**9** 初八	**10** 初九	**11** 初十	**12** 十一	**13** 十二	**14** 十三
15 十四	**16** 十五	**17** 十六	**18** 十七	**19** 十八	**20** 十九	**21** 二十	**22** 廿一	**23** 大暑	**24** 廿三	**25** 廿四	**26** 廿五	**27** 廿六	**28** 廿七
29 廿八	**30** 廿九	**31** 七月大											

1日　中国文联主席郭沫若来江西视察工作，参观瑞金革命旧址，写下题为《吃水不忘挖井人》诗一首。

1日　省冶金厅要求冶金勘探公司将队伍精减至800人。

1日　恒湖垦殖场因暴雨受灾，围堤漫顶而破，造成1人死亡，经济损失达354余万元。省委、省人委派出慰问团到场慰问，并决定复修大堤重建家园。

2日　中午12时，山洪暴发，德兴铅锌矿选厂尾砂坝决口，选厂工人村住房被洪水冲刷，幸未有人员伤亡。

4日　南昌市书画之家近日正式成立，它一方面将组织创作，开展学术研究活动，另一方面将经售、寄售书画金石作品和各种国画材料，复制历代名人字画，装裱国画，设计制作礼品，并且将举办各种书画展览。其为南昌市文化局直接领导的企业单位和学术研究机构。

4日　第三次洪峰于14时到达南昌。八一桥水位24.22米，超过警戒线1.52米，为南昌有记载的最高水位。

10日　省卫生厅对卫生技术人员技术职务晋升的批准权限作出规定，规定主治医师，正、副主任医（药、技）师由省卫生厅批准；中级人员提为医（药、技）师由专署批准；初级人员晋升为中级，以及中级人员改职由专县自行审批。

12日　省商业厅、省供销社、省军区后勤部联合发出通知，要求各地国营商业、合作社商业做好战备部队的物资供应工作，如五金、交电、电工器材、燃料、肉食、副食、食盐、蔬菜、调味品、日用消费品、医药、卫生器材等，并做到保证质量。

12日　省水产厅为把鱼苗从九江迅速运往各地，5月份开始了九江至赣州、新城、吉安、景德镇等地的鱼苗空运。上海民航局共调出大、中、小型飞机7架执行这一任务。从5月12日空运开始至今日，共飞行147架次，运至赣南、吉安、景德镇等县（市）鱼苗达4.2亿余尾，鱼苗成活率达96%以上，顺利地完成了空运任务。

13日　省委批转全省第二次案件甄别工作座谈会议的总结报告。报告指出：从1961年7月以来，对全省党员、干部的案件，进行了分期分批的甄别工作。自1958年7月至1961年6月间，受过各种不同纪律处分的党员、干部共70385人，已作甄别的共有64460人，占总数的91.6%。

16日 南昌县万家洲堵口工程胜利截流。邵式平亲自到堵口工地庆祝抗洪的阶段性胜利，并鼓励大家乘胜前进，早日完成复堤任务，抓紧退水时机，争分夺秒抢种二季晚稻。

16日 省委最近组织了31个工作组，分别深入赣南行政区、宜春、上饶、吉安、九江、抚州等专区和南昌市、新余市等地农村，协助各地党政领导机关搞好夏收夏种和生产救灾，争取1962年全省农业生产有一个好收成。并代表省委和省人委对受灾地区人民表示深切关怀和慰问。所有组织下去的同志，包括省级党政机关、团体、学校、工厂等各方面抽调的干部共280多人。其中厅、局、处、科长以上领导干部150多人。根据省委要求，工作组下去的时间为3个月。

18日 南昌钢铁公司、江西拖拉机厂、南昌柴油机厂、江西纺织厂、肉类联合加工厂等十几个工厂的400多名基干民兵，参观八一起义纪念馆和革命烈士纪念堂。参观之后举行了座谈会，会上，大家纷纷表示要向革命先烈学习，勤学苦练，握紧枪杆，随时准备响应祖国的号召，走向保卫祖国的战斗岗位。

紧握枪杆的基干民兵

18日 省财政厅召开全省行、专、市财政（局）长、税务局长会议，根据中央"财政六条"精神检查上半年工作，安排下半年工作。

18日 省农业厅发出《关于加强迟播二季晚稻秧苗培育管理的紧急通知》。要求全省各地做到：（一）切实加强秧田管理责任制度，特别是加强对迟播的二季晚稻秧苗的管理；（二）认真注意秧田管理技术，切实做好灌溉换水工作，千方百计降低水温，避免晚稻烂秧；（三）加强具体领导，从思想上重视晚秧培育管理工作。

19日 江西省工艺美术研究所成立。

21日 省哲学学会、文艺学会邀请中国著名语言学家、中国科学院语言研究所副所长吕叔湘，著名哲学家、中国科学院哲学研究所研究员贺麟来南昌，向从事语言教学工作者和理论工作者作短期学术讲演。吕叔湘主讲《关于现代汉语中的单音谐和双音谐》，贺麟主讲题目为《关于黑格尔研究批判中的几个问题》。讲演会21日、22日上午在中苏友好馆电影部和会议室分别举行。

21日 省委、省人委直属机关420名干部和职工，前往南昌县小蓝公社支援夏收夏种。省委委员、副省长李杰庸和部分厅、局的负责干部也参加了这一活动。

22日 省人委人事局规定，凡入学前为国家机关、企事业单位的正式职工，经批准调到高、中等学校学习，且没有办理退职手续，在校享受并领取了调干助学金待遇的毕业生为调干毕业生。

24日 省人委针对入夏以来发生水灾的情况，发出《关于对灾区减免工商税收的通知》。

24日 民革中央委员、政协省委委员、省文物保管委员胡廷銮，因患脑溢血，医治无效逝世，享年81岁。26日，于洪琛、刘之纲、欧阳武、潘震亚等任正副主任委员的治丧委员会，在南昌中山堂为其举行了追悼会。

25日 省人委召开第二十四次委员（扩大）会议。出席会议的有省长、副省长、省人委委员、省人委所属各部门的负责人，省高级人民法院院长，省人民检察院检察长，省政协副主席、正副秘书长、常务委员，省参事室主任、省文史馆馆长也应邀参加。会议由邵式平主持。会议着重就做好夏秋季生产、复堤堵口和防旱抗旱等问题进行了讨论。要求各地政府进一步加强对农业生产的领导，迅速把广大人民群众动员和组织起来，依靠人民公社的集体力量，在受水灾地区抓紧时机进行补种、改种、扩种二季晚稻及其他夏秋作物，继续抓紧时机，及时复堤堵口，并充分做好防旱抗旱的一切准备。为争取1962年的农业生产有个较好的收成而努力。会议通过了省人委关于上述工作的指示和有关任免等事项。

26日 省军区司令部、政治部发出《坚决贯彻毛泽东主席关于民兵工作"三落实"的指示的通知》，指出"三落实"是民兵工作的指针，要认真贯彻执行。

26日 省医药卫生学会药学会在南昌举行1962年学术年会。会议期间，来自省、专、市医药院、校、研究所和制药厂的60多位新老药学工作者相聚一堂，检阅了近年来全省药学理论研究的进展，总结交流了药品生产的经验，就如何寻找新药，增加品种，提高药效质量；开展药用植物资源调查、民间有效草药研究；以及消灭大量输液的临床反应等问题进行了专题讨论。

27日 省编制委员会决定撤销乐平矿务局，充实钟家山和鸣山两矿，并由省煤管局直接领导。

27日 水利电力部下拨江西省防汛岁修及特大洪水防汛经费1350万元，分配给赣抚大堤各县用于防汛抢险、堵口复堤。

28日 经省委和上海市委商定，1962年接收上海精减下放人员1.5万人（包括家属），主要安置在一些重要的国营垦殖场、农场。

29日 萍乡市公安局侦察捕获拦路强奸抢劫犯李恒元，一举破获19起久侦未破的强奸案，李犯被依法判处死刑。

29日 湖南、吉林、江西3省竞速艇模型友谊赛在南昌市体育场八一养鱼塘举行。在500米竞速比赛中，江西队获2.5CC竞速艇模型比赛冠军，吉林队获5CC竞速艇模型比赛冠军。

30日 南昌市民办教育工作委员会成立。

30日 省委召开电话会议。会议由黄知真主持。会议针对当前全省夏收夏种进展情况，提出了"分秒必争、寸土必争、颗粒必争"的口号，要求全省各地进一步鼓足干劲，抓住立秋前的短暂时刻，全面搞好夏收夏种，适时收割早稻，做到精打细收，并完成和超额完成夏秋种计划，争取下半年多增产。

邵式平在红旗农场参加"红旗一号"良种水稻的收割

31日 省市各界为庆祝八一建军节35周年，在胜利、南昌两剧场同时举行拥军优属联欢晚会。参加晚会的有驻南昌市的人民解放军、人民武装警察、住院伤病员、休养员、烈军属，残废、复员、转业和退伍军人、老年退休军官和各界人士共3300余人。南昌市委委员、副市长孙英到会祝贺，并发表了讲话。

31日 民革、民盟、农工党省委和民建省工委负责人，参加省委统战部组织的赴井冈山避暑休养和参观学习。历时1个月。

本月 赣江、抚河出现3次暴雨洪峰，共溃决圩堤260多处，冲坏各种小型农田水利工程11.2万多座，山洪受灾范围达48个县、市，受淹农田56.9万公顷，成灾面积32万公顷（决堤淹田15万公顷），损失粮食10亿公斤左右，冲毁浙赣铁路数段，樟树机场被淹，公路冲毁甚多。

本月 全国电影工作会议在九江南湖宾馆召开，文化部副部长夏衍到会并讲话。

本月 南昌市华侨文化补习学校成立并开学，首批入学的归侨学生有46名。

本月 新余钢铁公司2座255立方米高炉煤气回收净化系统技术改造工程全部竣工，8月上旬改产锰铁。

本月 全省建设银行全面恢复。

本月 江西拖拉机制造厂归农业机械部直属。南昌动力配件厂与八一机床厂合并为八一动力配件厂，改为农业机械部直属。

1962

8月

August

公元 1962 年 8 月							农历壬寅年【虎】					
日	一	二	三	四	五	六	日	一	二	三	四	五	六
			1 建军节	**2** 初三	**3** 初四	**4** 初五	**5** 初六	**6** 初七	**7** 初八	**8** 立秋	**9** 初十	**10** 十一	**11** 十二
12 十三	**13** 十四	**14** 十五	**15** 十六	**16** 十七	**17** 十八	**18** 十九	**19** 二十	**20** 廿一	**21** 廿二	**22** 廿三	**23** 处暑	**24** 廿五	**25** 廿六
26 廿七	**27** 廿八	**28** 廿九	**29** 三十	**30** 八月大	**31** 初二							

1 日　省委批转省委文教领导小组《关于进一步调整全省文教卫生事业和精减职工的报告》。根据报告提出的原则，全省 2 座广播电台、30 座县广播站、550 座公社广播站停播，扬声器由 14 万只降到 7 万只。

1 日　省供销合作社与省商业厅正式分开办公。省供销社调整经营机构，决定设棉麻烟、农业生产资料、日用杂品、土产废品经营管理处和景德镇陶瓷销售批发站，原副食品经营管理处改为省供销社货栈；各行、专署办事处设农业生产资料采购批发站、合作货栈；县和基层供销社增设合作货栈。

1 日　国家档案局局长曾三就省档案工作机构、档案收集和革命史编写等问题写信给邵式平。省委办公厅对曾三信中提出的有关问题向邵式平写出专题报告。

2 日　浙赣铁路衢县安仁车站至株洲车站区间先后 3 次发现"告民书"等 6 种油印反革命传单 50 余张。查实该案是丰城煤矿工人肖龙等 18 人所为，以肖为首组成"中国民服党"反革命组织，肖自任"委员长"。破案时，逮捕罪犯 6 名，首犯肖龙被依法判处死刑。

4 日　省委向中央报告讨论《关于进一步巩固人民公社集体经济，发展农业生产的决定（草案）》的情况。报告说，目前江西有 5% 的生产队实行了包产到户，形式有三种：一是三包到田，按劳承包，农活分散操作；二是按人将口粮田分到户；三是分田到户，按户包征购，包积累。并提出对这些做法应采取"既不宜强迫纠正，也不能放任自流"的原则对待。

6 日　省人委发出《关于进一步做好清仓核资工作的通知》，对清仓工作提出了具体要求。

6 日　省委、省人委决定，全省再精减职工 12.8 万人，减少城市人口 55 万人，压缩吃商品粮人口 70 万人。

7 日　为让家在海外的归国华侨学生愉快地过好暑假，南昌市侨务处、市教育局和团市委等单位为他们在星子县中学建立了一座夏令营。市内大、中学 100 多名归侨学生在鄱阳湖滨愉快地欢度暑假。

9 日　江西工学院土木建筑系 58 级工人班 26 名学生通过学科和专业设计考试，成绩良好，全部获得了大学毕业文凭。这个班是在 1958 年秋季开办的，全班 26 名学生均为全省各建筑企业保送来的，在生产岗位上都是四级泥、木工技术工人，其中共产党员 17 人，共青团员 8 人。

9 日 省评剧团在省赣剧院上演《花为媒》。该剧导演：宋义臣、薄宝荣，主演：张丽云、任展凤、白素臣、吕连才、花砚霞。

9 日 省人委就当前全省不少地区发生虫害的情况，发出《关于加强防治虫害工作的指示》。指示要求：（一）全省各级政府必须加强对广大干部和群众的宣传教育，使他们充分认识到和虫害作斗争对保证农业生产的重要意义；（二）加强虫情预测、预报工作；（三）切实认真做好农药和农药器械的供应工作；（四）因地因时制宜地采取农业技术和药剂防治相结合的综合治虫措施。

9 日 省人委转发《国务院关于精减职工安置办法的若干规定》，指出："农村人民公社无法安置的，可以安置一部分到农场、垦殖场、水产养殖场或企业、事业和机关自办的农场参加劳动。"

10 日 江西医学院业余大学医疗系和检验班第一届 130 多名学生毕业。该业余大学是 1958 年开始创办的。依靠医学院原有教学组织，根据培养目标，按照医学专科应学知识范围，开设了化学、人体解剖、生理、生化、病理、内科、外科、小儿科、妇产科、卫生保健组织学等 24 门课程。教师全部由本科各学科教师兼任。

10 日 南昌县万家洲堵口复堤的第二期工程完成。经过 1.2 万多民工、干部和工程技术人员的艰苦努力，一条长达 1238 米的堵口大堤，在预定期限以内基本上修复到了预定的海拔 28 米的高度，可以抵御秋季的洪水。

11 日 根据中越文化协定前来中国访问的越南《救国报》编委阮肖乘火车抵达南昌。前往车站欢迎的有省新闻工作者协会副会长赵明德、副秘书长杜仲等。阮肖在江西作了为时 8 天的参观访问，期间参观了八一起义纪念馆、革命烈士纪念堂，访问了大茅山国营综合垦殖场，游览了庐山。

11 日 省委统战部、省民建、省工商联共同组成省工商界精简小组，在省精减职工减少城镇人口工作领导小组的领导下，配合党和政府做好资产阶级与工商业者的精减工作。先拨出 4.94 万元作为各地安置补助经费。

12 日 南昌一中 500 多名历届毕业生回母校举行建国后最大的一次联欢会。这些历届毕业生来自省内各地和其他省（市）、自治区。省委宣传部副部长吕良、省教育厅副厅长楚冰和南昌市教育局等有关部门的负责人参加了联欢会。

13 日 省委、省人委发出共产主义劳动大学招生问题的指示，要求 1962 年暑期的招生，以招收城市和县城以上集镇中应届和历届高中毕业生为主，也可以适当招收一部分应届和历届初中毕业生和具有初中毕业以上文化程度的社会青年。招收名额 2500 名到 3000 名左右。

18 日 华东局和上海市委共同研究决定，从上海市各医疗卫生单位内选派百余名优秀白衣战士，组成上海市支援江西灾区医疗队。医疗队有主治医师、医师、检验人员、药剂人员、助产士和护士。医疗队分为 4 个分队，奔赴新建、南昌、临川和南丰 4 县受灾地区，开展医疗预防工作。

20 日 《江西日报》报道，江西大学 1962 年暑期向国家输送了第一批建设人才。有哲学、新闻、中文、数学、物理、化学等 6 个系 10 个专业的 317 名学生首批毕业。这批首届毕业生经过 4 年的学习和锻炼，在德育、智育、体育等各方面都得到了全面发展，即将根据国家需要，奔赴工作岗位。

21 日 省人委批转《关于兴建国营抽水机站的报告》，1962 年拟建 40 马力以上的国营抽水机 190 多处，装机 215 台，共计 15030 马力，投资 596 万元。站址选择水源有保证、受益范围大、粮棉增产显著的地方，对重灾区、重点农场和垦殖场也作适当安排。要求各地将计划报省水电厅，经逐站审校后将指标下达专市，建成后实行企业管理。

23 日 南昌市美术工作者协会、市工人文化宫联合举办的《反对美蒋宣传展览会》正式展出。展览共动员专业和业余美术作者 50 多人，创作和复制了宣传画、漫画、连环画 240 多幅，表现了美术工作者的高度政治热情和创作热情。

24 日 省人委发出《关于全省高等学校和中等专业学校调整结果的通知》。经国务院批准全省保留高等学校 14 所，其余均予撤并。经教育部批准全省保留的中专学校 27 所，其中师范 12 所。经国务院和教育部批准撤销江西水利电力学院，改为江西省水利电力学校，自 9 月 1 日起按新规定办理。

25 日 省委批准省计委党组《关于城乡人民公社工业的调整意见》。《意见》提出：凡是不直接为农业生产和人民生活服务的；或原材料供应无保证，不具备正常生产条件的；产品质量低、成本高及亏损的企业一律关闭。

25 日 自 8 月 1 日《红旗》重新刊载刘少奇《论共产党员的修养》后，省直各单位党组织就学好刘少奇这一名著进行了专门研究。省委办公厅、省委监委、省委宣传部、地质局、邮电局、财政厅、公安厅、农垦厅、统计局、省工会、省团校等单位党的总支、支部，都根据《论共产党员的修养》的具体内容，结合本单位具体情况制定了学习计划，安排了 8 月到 12 月份的党课教育内容。在学习方法上，都能贯彻理论联系实际的方针，把认真读书和自觉地以《论共产党员的修养》中所提的要求为标准，来对照、检查自己的思想、行动。

28 日 为解决原棉供应紧张，省人委决定采用上海生产化学纤维的工艺设备和技术，利用新牲纺织厂厂房，生产化学纤维。省经委核定基建投资为 178 万元。

28 日 省人委决定，省、市两个安全监督所合并为省交通厅直属安全监督所。

28 日 庐山花径公园的园艺工人采用先进的科学栽培技术，加上夜以继日的辛勤管理，使数百朵昙花能在白天开放，历时也都延长到 7 个小时之久。

29 日 全省少年游泳比赛大会在南昌市游泳池召开。历时 3 天。来自景德镇、赣州、吉安、新余、九江、抚州、南昌 7 市和江西体院运动系游泳队 134 名运动员参加了比赛。经过 3 天比赛，南昌市获男女团体冠军，吉安市获男子团体第二名，景德镇市获男子团体第三名；女子组景德镇市获第二名，吉安市获第三名。南昌选手刘亚男（女子 100 米仰泳）、夏宝薇（女子 100 米与 200 米蛙泳）、刘小妹（女子 200 米自由泳）、王安国（男子 100 米自由泳）、廖主标（男子 200 米仰泳）分获 6 项第一名。

本月 省人委批转省卫生厅《关于加强全省公费医疗管理工作意见的报告》，报告决定取消党、政、群内的干部国家公费医疗待遇。

本月 根据国务院《关于商业部系统恢复和建立各级专业公司的决定》全省恢复公司建制。

本月 国务院和教育部批准江西省保留部分高等学校和中等专业学校。其中高等医学院校 4 所：江西医学院、江西中医学院、赣南医学专科学校、九江医学专科学校。

本月 永新县"龙源口大捷纪念碑"落成（1965 年 1 月 15 日朱德题写碑名）。

本月 省委、省人委批转省手工业管理局《关于手工业企业提高产品质量，降低生产成本，改善服务态度的暂行方案》。

1962

9月

September

公元 1962 年 9 月　　农历壬寅年【虎】

日	一	二	三	四	五	六	日	一	二	三	四	五	六
						1 初三	2 初四	3 初五	4 初六	5 初七	6 初八	7 初九	8 白露
9 十一	10 十二	11 十三	12 十四	13 中秋节	14 十六	15 十七	16 十八	17 十九	18 二十	19 廿一	20 廿二	21 廿三	22 廿四
23 秋分	24 廿六	25 廿七	26 廿八	27 廿九	28 三十	29 九月小	30 初二						

1 日　南昌市东湖区手工业联社创办的手工业工艺学校正式开学。该校实行半工半读，全校分设竹木雕刻、篾器编织、抽纱刺绣 3 个班，招收初中和高小毕业生。

4 日　据报道，全省一些日用手工业产品显著增加，1 月至 7 月份的铁锅产量为 1961 年全年总产量的 94.07%，菜刀为 66.24%，剪刀、日用锁、皮鞋等均为 70% 上下，编织物、碗为 120% ~ 160%，铅制品为 289%，火柴、发夹增产更多。

5 日　省委、省人委发出《关于做好上海下放人员安置工作的通知》。

7 日　1962 年暑期全省各高等学校有 4280 余名毕业生，已由国家按照建设需要和个人志愿分配了工作。其中，1500 余名分配在外省，2900 余名分配在本省。这是当时全省历史上大专毕业生人数最多的一年。毕业生中党员和团员占 50% 以上，工人和农民家庭出身的学生占总数的 53%。

8 日　据地质、煤炭等 5 个部关于复核储量的联合通知，省煤管局对省属矿地质报告全面复审，在本年度续建和移交矿井中，有徐府岭一井、龙王寨井、鸣山井和涌山二井 4 对矿井需补充钻探 1.5 万余米。

9 日　上午 8 时 50 分，国民党空军一架美制 U-2 高空侦察机窜入南昌市区上空，被解放军空军地空导弹部队在向塘附近击落。省、市公安机关及时派干警赶赴现场维护治安，进行调查和收集飞机残骸工作。

10 日　省委、省人委发出《关于立即开展秋季卫生积肥运动的指示》。指示号召全省人民立即在全省范围内广泛开展一次秋季卫生积肥运动。并要求各地做到：（一）广泛开展卫生宣传教育工作；（二）深入开展群众性卫生积肥运动；（三）加强饮食卫生管理，搞好饮食卫生；（四）紧密配合生产，开展防病治病工作；（五）加强组织领导，保证运动的健康发展。

10 日　省人委决定撤销上新矿务局，成立花鼓山煤矿，直属省煤管局领导。

10 日　省委办公厅召开省、专、市机关处理群众来信来访工作会议。出席会议的有省委各部、委，省人委各工作部门，省军区、南昌铁路局、共产主义劳动大学总校、洪都机械厂等单位的党委，赣南区党委和各地、市委的办公室主任，办理这项工作的专职及兼职干部104人。会议的目的主要是对于如何进一步加强领导，健全制度，改进方法，提高处理群众来信来访工作的质量，作了充分的研究和部署。会上，省委常委、省委监委书记罗孟文作了指示，号召全省各级党政机关和一切工作部门，认真重视这项工作，并对具体负责处理群众来信来访工作的专职和兼职干部，提出了加强学习的要求，并要求切实加强各有关部门之间的协作，充分发挥基层组织的作用，依靠广大群众，做好调查研究，调动各方面的积极因素，为伟大的社会主义建设事业发挥更大的作用。会议于13日结束。

12日 省、市人委联合召开南昌市关于开展以秋季卫生积肥运动为中心的整顿市容工作动员大会。出席会议的有来自全省各界的代表1500余人。邵式平出席了大会。省委常委、宣传部部长莫循，省卫生厅副厅长刘达迎，南昌市委书记处书记何恒，市委常委、副市长赵明也出席了大会。大会提出的主要任务是发动群众，鼓起干劲，大力消灭蚊蝇，搞好环境卫生和饮食卫生，改善市容观瞻，预防疾病，维护人民群众的身体健康。

13日 省卫生厅规定："本省凡经批准的开业医务人员，须在批准地行医，不得到处流动。对从外省、县流入的江湖医生应予取缔。"

13日 省人委照转国务院批转文化部《关于调整和充实新华书店业务骨干问题的请示报告》。

13日 江西化学纤维厂和庐山化纤浆粕厂筹建委员会在南昌成立。19日在南昌召开第一次会议。

14日 萍乡安源煤矿工人在路矿工人俱乐部举行庆祝大会，庆祝安源路矿工人大罢工胜利40周年。参加庆祝大会的有当年参加大罢工的老工人和萍乡矿务局各单位的工人代表400余人。

14日 省政协召开座谈会，祝贺解放军空军部队击落窜犯中国领空的美制U-2型飞机。民革、民盟、农工党省委和民建省工委于本月分别在《江西日报》上发表文章，谴责美国U-2型侦察飞机侵犯中国领空。

17日 自8月开始，邵式平邀请省内有关学者、专家和知名人士100多人，在江西宾馆召开治理水旱灾害研究会，讨论全省治水战略问题。会后省人委办公厅出版了《江西治水讨论集》。

19日 省中医院经过较长期的筹备，在南昌市开院，25日应诊。该院不仅承担指导全省中医技术和理论水平提高的任务，而且接受各县（市）有关医疗单位对疑难疾病的咨询、会诊、经验交流及医学院校的中医辅导教学和临床实习工作，还配合兄弟单位，进行专题研究，担负着医疗、教学和科学研究三大任务。

20日 省历史学会最近在南昌举行了一次以讨论王安石哲学思想为中心的有关王安石问题的学术讨论会。参加讨论会的有大、中学校的历史教师和业余历史学爱好者共20余人。在会上发言的有顾蔚萱、谷霁光、乐典、欧阳琛、姚公骞、王咨臣、瞿静涵、王化成等。会议对王安石的哲学思想、王安石变法的问题、王安石的教育思想问题进行了讨论，在许多问题上统一了认识，并对今后进一步开展研究的方法、步骤等提出了新的要求。

21日 省昆虫、植保学会最近组织省农垦科学研究所、江西农学院有关植保人员，进行了井冈山区农业病虫害考察。经过考察，大家对山区农业害虫的垂直分布有了深入了解和分析。并认为加强山区农业病虫工作的领导，及时预测、预报是消灭病虫害的先决前提；做好经营管理，适时、适量、因地制宜，运用先试验示范，后大面积防治的方法，是及时扑灭灾害的有效措施；严格注意种苗检疫及良种壮苗的选择，建立合理的栽培管理制度，是农业增产的根本保证。

24日 省机械厅制定《江西省机械系统技术措施计划的管理办法（草案）》。

25日 江西文艺学院改为江西省文化艺术学校，校长陈茵素，副校长刘恕忱、雷震、肖桂香。

28日 省歌舞团为庆祝建国13周年，在江西艺术剧院公演五场歌剧《小二黑结婚》。

29 日 省林学会最近举行年会，总结一年来林业科学研究的成果和经验，讨论了今后 10 年全省林业科学规划草案，初步确定了具体研究项目和研究课题。到会的各专（行）区林业科学研究所及部分垦殖场科学研究所，按研究项目分别组织了 12 个协作小组，共同完成研究任务。年会还决定在各专（行）区成立林学会组织，负责各地区的学术活动。

29 日 省工商界互助金委员会成立，由主任委员沈翰卿等 11 人组成。此后各地工商界互助金活动得到更好的开展。

本月 新余电厂至高安八景变电站的 110 千伏联络线建成投运，将新余电力系统同南昌电力系统连成一线，形成南新电力系统。

本月 为预防传入霍乱病，南昌铁路中心医院、南昌铁路中心卫生防疫站抽出卫生人员对南昌至上海、南昌至金华两趟列车实行交通检疫。这是全国第一次实行公开的交通检疫。

本月 省人委下发《关于认真清理机关、事业、企业单位征而未用的土地的通知》。

本月 东乡钢铁厂转产铜矿，两座 50 吨/日铜选厂开工建设，当年 12 月建成投产（1963 年 4 月东乡钢铁厂枫林铁矿改名为东乡铜矿。同年 7 月 1000 吨/日铜选厂动工兴建）。

本月 民革、民盟、农工党省委派员参加省委组织的农村社会主义路线教育工作团，到遂川县开展路线教育。历时 8 个多月。

1962

10月
October

公元 1962 年 10 月							农历壬寅年【虎】						
日	一	二	三	四	五	六	日	一	二	三	四	五	六
	1 国庆节	**2** 初四	**3** 初五	**4** 初六	**5** 初七	**6** 初八	**7** 重阳节	**8** 初十	**9** 寒露	**10** 十二	**11** 十三	**12** 十四	**13** 十五
14 十六	**15** 十七	**16** 十八	**17** 十九	**18** 二十	**19** 廿一	**20** 廿二	**21** 廿三	**22** 廿四	**23** 廿五	**24** 霜降	**25** 廿七	**26** 廿八	**27** 廿九
28 十月大	**29** 初二	**30** 初三	**31** 初四										

1 日 省市各界 5 万余人在八一广场举行集会和游行，庆祝建国 13 周年。邵式平、方志纯、刘俊秀、白栋材、刘瑞森、郭光洲等领导及各民主党派、人民团体负责人和工农业著名劳动模范共同检阅了游行队伍。郭光洲发表了讲话。

1 日 煤炭工业部党组决定：在全国煤矿中推广丰城矿务局仙姑岭矿掘进工区党支部带好工人队伍的经验。

6 日 江西新甡纺织厂改建转产化学纤维，改名为江西化学纤维厂。

7 日 省人委批准省计委、省财政厅、省人民银行《关于停产、关闭、合并，退转生产企业财产保管、处理问题的报告》。

9 日 省百货公司最近在南昌县莲塘镇举行了百货系统商品调剂交流会，有上饶、抚州、吉安、赣州、九江、宜春、景德镇、新余、萍乡、南昌等 10 个市百货公司以及兴国、宁都、余干、波阳、武宁、都昌、丰城、南丰、新干等 38 个县百货公司等 50 多个单位的代表参加。通过交流会，对于进一步合理调剂商品，活跃城乡旺季市场起到了良好的作用。

9 日 原由供销社经营的畜产品、茶叶、蚕茧业务划归外贸系统经营，并于 10 月底交接完毕。

9 日 1962 年航海模型冠军赛在南昌市东湖举行。来自全国 16 个省（直辖市）及解放军代表的 90 名航海模型运动员参加了比赛。最后，浙江队和江西队分获 2.5 毫升和 5 毫升竞速艇模型冠军；山东的遥控拖船与自动抛石船模型、浙江的水文测量船模型获得无线电操纵舰船模型一等奖。其中，在 2.5 毫升竞速艇比赛中，有 6 人 7 次打破了全国纪录。比赛于 15 日结束。

9 日 省委五届十二次全体扩大会议开幕。参加会议的有省委委员 36 人，省委候补委员 17 人。赣南区党委和各地、市、县委的第一书记，省委各部、委和省人委各厅、局党组的负责人，以及重点厂矿和综合垦殖场、农场的党委书记都参加了会议。会议听取了杨尚奎关于中共八届十中全会精神的传达，并根据八届十中全会精神，分析了全省当前的经济、政治情况，着重讨论了进一步巩固人民公社集体经济、发展农业生产的问题，并且围绕支援农业，工业、商业方面的问题，科学技术研究问题，当前工作部署问题，开展社会主义教育问题和其他问题，进行了讨论，通过了关于贯彻执行中共八届十中全会精神，进一步巩固人民公社集体经济、发展农业生产的决定。会议于19日结束。

13日 省文物管理委员会考古队不久前在万年县进行考古勘察工作时，于大源公社附近发现一座古人类居住过的洞穴——仙人洞洞穴遗址。经初步勘察，洞口文化堆积面积约有100平方米，文化堆积厚达2米多，可分上下两层，文化遗物比较丰富，有骨器、石器、蚌器、角器、牙器、陶器等共计300余件和代表4个人类个体的头骨与股骨化石以及大量动物骨骼化石。在下层文化堆积中还发现烧火堆12处。此遗址的发现，对研究江西地区原始人类的生产与生活问题提供了新的重要资料。

16日 南昌市公安局、卫生局联合发出《南昌市关于管制城市嘈杂音响的规定》。这是全省制定的第一个防止城市噪音污染的规章。

17日 省财政厅中央企业财务处配备干部8人与省税务局合署办公，省税务局利润监交工作与中央企业财务工作合并。

17日 南昌市篮球甲级联赛在南昌举行。江西前卫男、女队双双夺得本届联赛冠军。

18日 参加首都国庆观礼的解放军和武警代表在江西参观访问。邵式平看望了参观国庆观礼的部队代表，并代表省委和全省人民欢迎代表来江西参观访问。代表们在南昌瞻仰了革命烈士纪念堂，参观了八一起义纪念馆、贺龙指挥部、朱德创办的军官教育团旧址。代表们还专程去井冈山访问，参观了大井毛主席故居、茨坪和黄洋界哨口，瞻仰了井冈山革命烈士纪念碑，访问了井冈山光荣敬老院。活动于23日结束。

18日 省科学工作委员会、省农业厅邀请省、专各农业科学研究部门的主要研究人员和行政负责人举行座谈会。会议根据中共八届十中全会精神，讨论如何加强农业科学技术研究，大力培养农业科学技术人才等问题，使农业科学在巩固人民公社集体经济和发展农业生产中发挥更大的作用。在总结研究成果的基础上，提出了1962年和1963年的农业科学研究的任务，并确定以改良品种、改造低产田、轮作复种、肥料施用、螟虫防治、农具改革6个方面为研究的重点。同时还探讨了今后10年的农业科学研究规划。会上，刘俊秀发表了讲话，鼓励大家很好地进行科学研究工作。

19日 省委农村工作部发出通知，要求各地改进生产大队和生产队干部定工生产和定额补贴。

20日 印度尼西亚人民青年团代表团一行5

井冈山大井毛泽东故居

人抵达江西参观访问，为期7天。代表团参观了八一起义纪念馆，并专程访问了红色故都——瑞金。

21日 省农业厅发出通知，要求各地切实做好秋季家畜家禽防疫工作，做到：（一）普遍施行牛、猪、鸡的预防注射，以提高畜禽的免疫力；（二）加强畜禽的检疫工作；（三）结合秋季卫生积肥运动，加强畜群卫生管理；（四）加强防疫工作的领导，使广大人民群众自觉地遵守检疫制度。

22日 省政协第二届委员会第三次全体会议在南昌召开。出席会议的有省政协委员437人，列席代表223人。会议听取了省政协副主席潘震亚所作的《中国人民政治协商会议江西省第二届委员会常务委员会工作报告》。出席会议的委员和列席人士还列席了第二届全省人民代表大会第四次会议。会议一致通过了省政协常委会的工作报告，总结了两年来的政协工作。会议经过讨论，提出省、市、县政协今后在省委和各级党委领导下，根据全国政协三届三次会议精神，加强以下5项工作：（一）进一步巩固和扩大人民民主统一战线，号召各界人士，坚定方向，提高认识，加强团结，鼓足干劲，更高地举起总路线、大跃进、人民公社三面红旗，贯彻实行以农业为基础，以工业为主导的发展国民经济的总方针，对国民经济进一步地进行调整、巩固、充实、提高的工作；（二）继续贯彻长期共存、互相监督的方针，推动各民主党派和各界民主人士，在中国共产党领导下，积极参加国家政治生活，继续加强政治协商和各项政治活动；（三）办好社会主义学院，办好业余学习，进一步加强

省政协第二届委员会第三次会议会场

政治理论学习，推动各界人士继续进行自我教育和自我改造；（四）加强省政协同市、县政协的联系，加强政协组织同政协委员的联系，加强政协委员同社会人士的联系，加强老革命根据地委员同老革命根据地人民的联系，调查研究，交流经验，推动工作；（五）继续推动各界人士同全国人民一道，坚决拥护我国对外政策的总路线。会议于31日结束。

22日 省人委召开第二十七次会议，讨论通过《江西省人民委员会工作报告》和《江西省一九六一年财政决算和一九六二年财政预算（草案）的报告》，讨论省二届人大四次会议的议程以及其他有关事项。同日，江西省第二届人民代表大会第四次会议按地区分组召开预备会议。

23日 省二届人大四次会议在八一礼堂开

省二届人民代表大会第四次会议会场

幕。参加大会的代表共391人。大会由执行主席杨尚奎主持。邵式平向大会作《江西省人民委员会工作报告》的讲话；通过代表资格审查委员会代表资格的审查报告。

24日 省人委转发省商业厅《关于江西省工农业产品小范围综合换购试行办法（草案）》，在执行国家规定的平价奖售的农副产品和以个人（或户）定量计划供应及特殊供应的工业品的前提下，对大部分"二类物资"，一部分主要"三类物资"的农副产品和供应紧张而群众迫切需要的工业品，按一定比例进行小范围的综合换购。

24日 省剧协、美协召开全省舞台美术工作者座谈会。与会者本着百花齐放、百家争鸣的精神各抒己见，就舞台美术风格问题，向传统学习问题及如何提高戏曲现代戏舞台美术的质量等问题，进行了探讨。座谈会于27日结束。

25日　省委、省人委批转省高级人民法院党组、省高级人民法院《关于恢复人民调解委员会的请示报告》，要求各级党委和政府加强对人民调解委员会的领导，各级人民法院要加强具体指导，使调解工作健康地、正常地开展起来。

26日　省计委、经委转发纺织工业部同意江西省轻化工业厅调整纺织工业停工问题的报告。在此之前，省轻化工业厅第十六次厅务会议贯彻落实"调整、巩固、充实、提高"八字方针，制定了纺织工业关停并转的调整方案，调整前为18万纱锭，保留7.4万锭，专县染织厂保留3户，其余关停或改小商品，针织保留2户，丝织保留3户，化纤、麻纺织各保留1户，纺织机械器材保留3户。

27日　省检察院副检察长周克用向省二届人大四次会议作《江西省检察工作报告》。

28日　邵式平在江西宾馆接见参加省二届人大四次会议、省政协二届委员会第三次会议的革命老区的代表和委员。接见时在座的有王卓超、李杰庸、欧阳武、潘震亚、李世璋等。下午，杨尚奎、邵式平、刘俊秀、白栋材、刘瑞森、郭光洲、黄知真等，接见了出席省二届人大四次会议和政协二届委员会第三次会议的有关教育、科学技术、卫生体育、文学艺术等方面人士200多人。

省领导接见出席省二届人大四次会议代表中的工农业劳动模范的合影

28日　8月以来，修水县白喉流行，发病429人，死亡52人。省卫生厅发出《关于迅速组织力量加强白喉防治工作的紧急通知》。

29日　省委、省人委决定恢复省档案管理局，撤销省委档案馆，成立江西省档案馆，实行局馆合署办公。

29日　省新华书店最近为落实文化部《关于调整和充实新华书店业务骨干问题的报告》，派员赴吉安、九江、上饶等地，协助各地做好新华书店系统内业务骨干的调整工作。

30日　省委书记处邀请出席省二届人大四次会议和省政协二届三次会议的50多位工农业劳模座谈。省委领导杨尚奎、邵式平、刘俊秀、白栋材、刘瑞森、郭光洲、黄知真等出席这次座谈会。

30日　省二届人大四次会议于下午闭幕。会议通过了《关于江西省人民委员会工作报告的决议》、《关于江西省一九六一年财政决算和一九六二年财政预算的决议》，通过了提案审查委员会关于提案的审查报告。大会增选黄霖为副省长，何世琨为省人委委员。会议对全省人民提出了8项工作任务：（一）大力发展农业生产，千方百计地争取明年的农业丰收；（二）贯彻执行党和国家关于农村人民公社的各项政策，进一步巩固人民公社集体经济；（三）合理安排工业生产，尽一切可能多增产农业生产资料和生活日用品，全面完成国家计划；（四）进一步改进商业工作，活跃市场供应；（五）继续做好精简工作，进一步加强农业战线；（六）大力提高科学技术、文化、教育、卫生工作的质量；（七）进一步改进计划工作，把计划工作提高到更高的水平；（八）坚持勤俭建国的方针，厉行增产节约。

30日　赣江大桥铁路桥全部竣工，浙赣铁路与南浔铁路接轨通车。

30日　省市各界1400多人在八一礼堂举行集会，支持古巴人民反对美帝国主义的战争挑衅。杨尚奎、邵式平、刘俊秀、白栋材、郭光洲、黄知真、王卓超、彭梦庚、潘震亚、欧阳武、李世璋、林忠照、张云樵等省、市党政军负责人以及省市政协和人大的负责人，省市各人民团体、各民主党派的负责人参加了大会。大会通过了省市各界人民支持古巴人民反对美帝国主义战争挑衅的通电。

30日　省委、省人委批转省委农村工作部

和省农林垦殖厅工作组关于萍乡市垦殖场在调整、巩固工作中存在问题和意见的调查报告。指出：对于垦殖场、农场、水产养殖场的精简调整，主要是精减非生产人员，加强生产人员，紧缩那些与农业生产无关、没有前途的多种经营，加强农业、林业战线，而不应压缩各场的生产工人，更不应随便撤销一些不应撤销的生产单位。

31 日 截至月底，全省各级党组织围绕党的中心工作和生产，采取各种形式对农村基层干部和党员进行了大规模的教育训练工作。全省共调训生产队以上干部和党员 285687 名，占应训总数的 66.2%，现有生产大队支部书记已调训 75.8%；大队长已调训 76.9%；农村党员已调训 70.1%。

31 日 至月底，农村公社工业职工由原来的 60403 人减少到 21310 人。

本月 农垦部拨给围垦湖田洲地和丘陵荒地投资 1400 万元，支持江西省建场、扩场工作。

本月 省新华书店系统清仓核资基本完成，实际核资损失 112.9 万元。

本月 省儿童医院在南昌县小兰村开展全国第一个农村儿童保健试点（试点经验在 1964 年全国第六届儿科学术会上向全国推广）。

本月 省委办公厅组织编纂的《江西人民革命斗争史稿》和《中共江西省委文件汇编》（1949 年至 1961 年，27 册共计 1623 万字，预计在 1965 年完成编纂）内部出版发行。

本月 全省各地恢复农村基层供销社，重新成立南昌市供销合作社。

本月 新余市举行首次铁、木、篾、雨伞主要产品质量评比和技术表演现场会。会上，草拟了全市统一的 10 项优质铁器产品质量检验鉴别标准（试行草案）。

1962

11月

November

公元 1962 年 11 月							农历壬寅年【虎】					
日	一	二	三	四	五	六	日	一	二	三	四	五	六
				1 初五	**2** 初六	**3** 初七	**4** 初八	**5** 初九	**6** 初十	**7** 十一	**8** 立冬	**9** 十三	**10** 十四
11 十五	**12** 十六	**13** 十七	**14** 十八	**15** 十九	**16** 二十	**17** 廿一	**18** 廿二	**19** 廿三	**20** 廿四	**21** 廿五	**22** 廿六	**23** 小雪	**24** 廿八
25 廿九	**26** 三十	**27** 十一月大	**28** 初二	**29** 初三	**30** 初四								

5日　省委发出关于传达邵式平在省二届人大四次会议上所作的《江西省人民委员会工作报告》的通知。

6日　赣南采茶剧团在省赣剧院上演讽刺喜剧《茶童哥》。

7日　省市各界人民纷纷集会，支持古巴总理卡斯特罗提出的5点声明和电视演说。谴责美帝国主义对古巴的侵略罪行，支持古巴人民保卫主权，保卫独立，保卫革命的正义斗争。

9日　杨尚奎同抚州地委的负责人一同到金溪县浒湾公社丁家大队视察全国"三八"红旗手丁长华所领导的火箭生产队。杨尚奎表示希望全省每个生产队都能来参加学先进、赶先进、争先进的友谊竞赛，在竞赛中取得新的胜利。

10日　省工商联就各地资产阶级工商业者当中的退休、请长假和被精减回家的家属进行登记一事，向各地发出通知。

12日　省人委批准省财政厅《关于审查1961年基本建设财务决算的情况和加强基本建设财务管理工作意见的报告》，要求各地区各部门坚决制止把流动资金用于基本建设和进行计划外

基本建设的问题。

13日　省委批转省工农业余教育委员会《关于开展农村业余教育工作的意见》。

14日　湘粤赣毗连地区护林防火首次联防会议和闽浙赣毗连地区护林防火第三次联防会议，赣鄂皖毗连地区护林防火第五次联防会议在南昌召开，商讨湘粤赣毗连地区护林防火联防办法，成立湘粤赣毗连地区护林防火联防委员会，修订闽浙赣和赣鄂皖毗连地区护林防火联防办法。会议于18日结束。

15日　省委农村工作部、省农业厅发出通知，对人民公社年终产值分配，要贯彻少扣多分的原则；要发动群众，通过总结生产好坏、收入多少的经验教训，订好1963年的生产、财务计划，为1963年丰产丰收打下基础。

15日　省农业科学研究所总结了最近几年来的科学研究工作，肯定了50余项重大的研究成果，其中有一部分成果已在生产上推广应用，对全省农业增产起到了积极作用。

16日　省人委发出《关于基本建设、修缮费、购置费报批范围和报批手续的通知》，目的

即控制基本建设的投资，把节省下的经费用于生产性支出。

16 日 越南军事代表团由厦门赴南宁途中，在南昌停留。省军区副司令员倪南山到机场迎接。代表团在南昌停留期间，参观了八一起义纪念馆。代表团当天离开南昌时，邓克明、倪南山等到机场送行。

16 日 以苏娃迪为首的印度尼西亚妇女代表团一行 5 人抵达南昌，在南昌、井冈山等地参观访问。代表团在南昌期间，邵式平接见了代表团全体成员，并进行了亲切友好地交谈。

17 日 江西省中医药学会成立，由卫生厅副厅长江公铁为理事长。

18 日 省农业厅组织各专、县种子管理站站长、良种繁殖场场长等 118 人，到邓家埠进行良种繁育、推广工作的现场参观。

19 日 团省委作出《关于表扬在巩固集体经济、发展农业生产中的青年先进集体和先进人物的决定》。决定要求，各级团的组织应当按照农业、工交、财贸、文教卫生等战线的不同情况，制定具体条件，进行评选。决定还要求全省共青团员和青年，积极响应党的八届十中全会和省委五届十二次全体扩大会议的号召，鼓足干劲、力争上游、信心百倍地战胜前进道路上的一切困难，干劲充沛地为进一步巩固人民公社集体经济、发展农业生产而贡献自己的全部智慧和力量。

19 日 根据中央、国务院《关于当前财政金融方面若干问题的通知》，省税务系统聘请了助征员 1500 人，加强税收工作和国营企业利润监交工作，抓紧组织财政收入。

20 日 省编制委员会、省财政厅发出联合通知，增加税务人员编制，总员额为 4077 人。

21 日 民建省工委、省工商联召集部分民建会员、工商界人士座谈，拥护中国政府关于建议停止中印边界冲突，重开和平谈判，解决中印边界问题的声明。

23 日 中国作家协会江西分会召开学习座谈会，探讨革命历史题材创作问题。出席座谈会的有参加整理革命回忆录的部分作者和曾写过革命历史题材小说的部分作者共 30 余人。会议对长篇小说《红岩》和短篇革命回忆录《在烈火中永生》以及江西省的《红色赣粤边》、《第一个风浪》等优秀革命回忆录进行了比较和讨论。会议认为，回忆录和小说质量的提高，关键在于提高作者的思想认识、生活实践和写作能力。同时认为写好革命历史题材的作品是一种光荣的责任。江西省这方面的素材十分丰富，因而任务也特别艰巨。

23 日 省青联第三届委员会第一次会议在南昌召开。出席会议的委员共 105 人。会议通过了省青联三届委员会一次会议关于工作报告的决议，选出了省青联第三届委员会主席、副主席和

杨尚奎等领导接见省青联全体委员

常委、委员。会议期间，杨尚奎、邵式平、方志纯等省领导接见全体委员和列席代表。邵式平到会作了重要讲话。会议根据中共八届十中全会和省委五届十二次全体扩大会议的精神，根据省二届人大四次会议向全省人民提出的任务，号召全省各族各界青年，更紧密地团结起来，在省委的直接领导下，同全省人民一道，更高地举起总路线、大跃进、人民公社三面红旗，认清形势、统一思想，鼓足干劲、奋发图强，为全面完成 1962 年的国民经济计划，为进一步巩固人民公社集体经济，争取 1963 年的农业丰收，争取国民经济的更大好转，争取社会主义建设的新高涨，贡献出自己更大的力量。会议于 12 月 1 日结束。

25 日 全省许多地区大力推广"以磷增氮"

的农业增产措施。"以磷增氮"就是在绿肥田上施适量过磷酸钙、钙镁磷肥或磷矿粉等化学磷肥，促使绿肥高产，取得大量氮肥的措施。

26日 以冲直子为首的日本妇女访华代表团一行8人来南昌、井冈山等地进行为期9天的参观访问。于12月4日离赣。

29日 省委批转省委统战部《关于我省改造右派分子工作的情况和当前几个问题的意见的报告》。报告指出：至9月止，第三批右派摘帽工作告一段落，摘掉右派分子帽子3684人。报告提出了做好第四批右派分子摘帽工作的部署（第四批1106人摘掉帽子）。

30日 省委召开电话会议，检查布置冬季生产、水利冬修、植树造林和木竹生产等工作。会议由杨尚奎主持。参加会议的有赣南区党委和各地委、市委以及省级各部门的负责人。会上，杨尚奎、刘俊秀、彭梦庚先后就当前工作问题讲了话。会议号召各级党委和全省人民抓紧1963年元旦和春节以前的宝贵时间，切实搞好水利冬修和冬季农业生产等工作，为1963年农业丰收奠定更好的基础。

本月 "南昌汽车厂"易名"南昌汽车配件一厂"。

本月 九江玻璃纤维混凝土造船试验厂复建，并试制出全国第一艘35米钢筋混凝土囤船。

1962

12月
December

公元 1962 年 12 月							农历壬寅年【虎】						
日	一	二	三	四	五	六	日	一	二	三	四	五	六
						1 初五	**2** 初六	**3** 初七	**4** 初八	**5** 初九	**6** 初十	**7** 大雪	**8** 十二
9 十三	**10** 十四	**11** 十五	**12** 十六	**13** 十七	**14** 十八	**15** 十九	**16** 二十	**17** 廿一	**18** 廿二	**19** 廿三	**20** 廿四	**21** 廿五	**22** 冬至
23 廿七	**24** 廿八	**25** 廿九	**26** 三十	**27** 十二月小	**28** 初二	**29** 初三	**30** 初四	**31** 初五					

4日 全省不少地区以多种多样的形式，积极部署和开展农村扫盲和业余教育工作。

4日 省妇联召开执委扩大会。出席会议的有全体委员和各县、市妇联主任共 140 人。会议指出，各级妇联工作必须以巩固集体经济，发展农业生产为中心，发动广大妇女群众积极参加农村人民公社举办的农、林、牧、副、渔和多种经营生产，参加和关心生产队的经营管理。会议认为，为了进一步调动广大妇女群众建设社会主义的积极性，必须经常地向妇女群众进行社会主义、集体主义、爱国主义教育和阶级教育，教育广大妇女坚定社会主义方向，坚定走集体化道路。会议号召广大妇女更高地举起总路线、大跃进、人民公社三面红旗，进一步贯彻以农业为基础，以工业为主导的发展国民经济的总方针，进一步巩固人民公社集体经济，发展农业生产，为争取 1963 年农业丰收而奋斗。会议期间，刘俊秀到会作了《在巩固集体经济的前提下，既要搞好集体生产，又要搞好家庭副业生产》的报告，莫循作了时事报告。会议于 15 日结束。

4日 省委候补委员、省委宣传部副部长兼《江西日报》总编辑、省政协常委刘寒影因病逝世。5 日，在革命烈士纪念堂举行了公祭活动。

5日 由中国科学院古脊椎动物与古人类研究所和省文物管理委员会组成的喀斯特洞穴调查队，最近在乐平县涌山区首次发现了大猫熊、剑齿象化石。该化石地点名叫涌山岩（洞），位于乐平县北面 30 公里的涌山上。洞口向东北，洞底大约高出涌山河谷 150 米，洞身呈管道形。涌山岩里的堆积物，由粘土、砂质粘土、角砾岩组成，厚约三四米，从中发现的哺乳类化石计有：田鼠、箭猪、剑齿象、犀牛、水牛、鹿类等，与华南常见的大猫熊、剑齿象化石相似。其时代为第四纪中期，距今大约 50 万年左右。涌山岩化石地点之发现，不仅为研究江西境内的喀斯特发展史及其第四纪地层的划分，提供了宝贵的科学资料，同时也为研究中国南方的大猫熊、剑齿象动物群的地理分布增加了新的地点。

5日 江西船舶修造厂根据全省内河支流和

滨湖水网地区需要，在全省第一次设计制成一艘小型农用钢板船。这艘钢板船长9.6米，宽2.32米，深0.75米，载重5吨。具有稳性好、吃水浅、轻巧灵活、操纵方便等优点。

5日 全省文艺工作者第三次代表大会召开。参加大会的有来自全省各地的代表460人，

省委负责人与前来参加大会的田汉等代表们的合影。
第二排左起：周贻白、郑君里、杨尚奎、邵式平、田汉、刘俊秀、白栋材、黄知真、安娥

其中正式代表310人，列席代表150人。邵式平、刘俊秀、白栋材、莫循，以及中国文联副主席、中国戏剧家协会主席田汉分别在会上作了报告。大会总结了上届文联委员会的工作，讨论和研究了当前文艺工作中的一些主要问题，并一致同意省文联主席李定坤所作的《争取社会主义文学艺术的新胜利》的报告。大会修改了文联章程，选举成立了新的文联领导机构，李定坤为主席，石凌鹤、胡旷、东峰、刘天浪、彭沛民、武继国为副主席。大会期间，省作协、省剧协、省音协、省美协分别召开了会员代表大会或理事会。会上正式成立了中国舞蹈工作者协会江西分会和江西民间文艺研究会筹委会。大会认为，进一步贯彻执行党的百花齐放、百家争鸣的方针，文学艺术工作才能更有效地为工农兵服务，为社会主义服务。大会号召全省文学艺术工作者深入生活，表现急剧变化的新生活、新事物、新思想、新人物、新道德、新风尚，随时运用各种文学艺术形式，参加建设新生活的斗争，同时，更好地表现革命根据地人民光辉斗争的历史。大会号召全省文艺工作者积极地投入反

对帝国主义，特别是美帝国主义和现代修正主义的斗争。并号召全省文艺工作者在毛泽东文艺思想的光辉照耀下，在省委的领导下，高举总路线、大跃进、人民公社的三面红旗，加强革命团结，为争取全省文学艺术的新胜利而奋斗。会议于15日结束。

6日 省社联、省经济学会日前在南昌举行山区经济学术讨论会。出席讨论会的有垦殖场、高等院校等单位的农业经济工作者和经济理论工作者25人。《红旗》杂志编辑部也派人参加了会议。会议主要讨论了两个问题：一个是国营垦殖场的生产关系如何适应山区经济的发展，另一个是国营垦殖场的生产方针的客观依据。与会者还根据山区经济的特点讨论了山区经济发展农业和支援农业的具体途径，具体归纳为：（一）要力争粮油自给；（二）大力做好森林资源的营造、培育、保护工作，为农作物区创造最好的水土保持和水利灌溉条件；（三）合理砍伐森林，提高操作技术，降低成本，为农业提供价廉物美的农具材料和生活用具材料；（四）发展木本粮食作物和油茶林，以代替和降低粮食耗费量；（五）发展多种经营，丰富农村的物质生活。

7日 由阿尔巴尼亚劳动党中央委员、农业部长佩蒂·沙姆布利率领的阿中友好协会代表团一行5人，由中央候补委员、中阿友好协会会长蒋南翔，农业部副部长程明轩陪同，赴广州途经南昌。省委委员、副省长彭梦庚，南昌市委书记刘冠卿、副市长赵明等到机场迎送并共进午餐。

7日 省计委、省工业生产委员会、省商业厅、省供销社、省物资局联合制定《江西省三类物资管理试行办法》，规定凡是农（林）、副、土产三类物资，由供销社负责组织货源和市场供应。

8日 团省委五届六次全委扩大会议在南昌举行。参加会议的有团省委委员、候补委员，各地、市、县团委书记和省直属厂矿、垦殖场、大专学校、机关团委书记，共计214人。团省委书记周振远作了工作报告和会议总结。会议根据中共八届十中全会和省委五届十二次全体扩大会议的精神，总结了一年来全省团的工作，着重研究

和部署了团组织在进一步巩固人民公社、集体经济、发展农业生产中的工作，并通过了相应的决议和关于召开共青团全省第六次代表大会的决定。会议号召全省团员和青年，在省委和全省各级党委的领导下，同全体人民群众一起，更高地举起总路线、大跃进、人民公社三面红旗，战胜前进道路上的一切暂时困难，经受住任何考验，为进一步巩固人民公社集体经济，争取农业丰收，为争取社会主义建设的新高潮作出新的贡献。会议于19日结束。

10日 在北京出席全国棉花生产会议的江西省全体代表致信周恩来总理，表示坚决完成1963年棉花增产任务。

10日 全省农业科学技术会议在南昌召开。参加会议的代表有农业科学特约研究员、农业科学技术人员和科学工作干部，以及各专、县（市）管理科学工作的负责人共650人。邵式平、彭梦庚、李世璋以及省委、省人委各有关部门的负责人也都参加了会议。会议根据中共八届十中全会和省委五届十二次全体扩大会议的精神，认真讨论了全省当前科学技术工作的任务，并对全省各级科学工作部门和人民公社、大队、生产队的群众性科学技术队伍的组织工作作了讨论和研究，并制定出了相应的规章制度条例（草案）。会议总结了1962年全省的科学技术工作，交流了研究成果和经验，先后有400多人在会上作了发言或书面发言，宣读了论文，围绕着1963年的农业生产，提出了许多因地制宜的农、林、牧、副、渔等方面的科学技术增产措施。会议提出全省当前科学技术工作的任务是：进一步贯彻以农业为基础、以工业为主导的发展国民经济的总方针，巩固集体经济，大力发展农业生产，特别是提高粮食作物产量，以及种植棉花，发展油料作物，围绕农业"八字宪法"和农业技术改革，加强农业科学研究，大力培养这方面的人才，动员各个部门的科学工作大力支援农业。会上成立了以盛朴为理事长的江西省农业科学技术学会，并决定开始筹备其所属的作物、土壤肥料、植物保护、农业机械、畜牧兽医、园艺等方面的专业学会。会

议于23日结束。

11日 金溪县浒湾公社丁家大队火箭生产队全体社员向全省各兄弟生产队发出公开信，号召进行学先进、赶先进、争先进的友谊竞赛，比一比1963年在增产上、在对国家贡献上、在巩固集体经济上谁的成绩大。

11日 上海铁路局新龙华站每天开行753次快运货物列车，经浙赣线江西省境内去深圳，缩短了境内有关车站发往香港鲜活货物的运输时间。

12日 省委最近召开各地、市农业书记会议，贯彻中央《关于发展农村副业生产的决定》，鼓励社员发展家庭副业，借给社员每人平均2分田种油菜，实行谁种谁收的政策。

13日 农业机械部最近在南昌召开南方水田拖拉机铁犁耙研究会议，研究了拖拉机下水田铁轮及配套犁耙定型试验问题。参加会议的有南方12个省、市、自治区的农业机械研究单位、农业机械部拖拉机研究所、水稻机械研究所和中央有关部门的代表共50余人。会议最后选出了参加定型对比试验的拖拉机铁轮和犁耙机具型号，并且制定通过了对比试验的大纲和具体办法。各省将按照大纲的统一布置，将在1963年进行为期一年的对比试验，然后分别提出试验报告，为拖拉机铁轮和犁耙机具的定型提供科学依据。会议期间，邵式平和刘俊秀等接见了全体代表。邵式平亲自观看了各地铁轮犁耙的样机操作表演，并勉励农业机械科学工作者把专业研究与群众实际经验结合起来，创造出适合南方水田耕作特点的农业机械，为早日实现水田机械化作出更大贡献。

13日 省人委发出《关于加强森林工业企业财务管理的指示》，并附发省农林垦殖厅森林工业局《关于加强森林工业企业财务管理工作的报告》。

14日 省人委发出通知，决定补发奖励1959年农业先进单位萍乡、峡江、新干、宜春、广丰、玉山6县汽车各1辆。

14日 抚州地委发出在全区生产队和农村干部中开展学习丁长华和她所领导的火箭生产队的决定。

15日 自1957年以来全省建立的200多个

国营综合垦殖场、农场共开垦了 79 万多亩耕地，营造了 404 万多亩用材林、经济林和果木，抚育幼林达 350 多万亩，共饲养生猪 21 万多头、家禽 76 万多只、耕牛 3 万多头、羊 8000 多只。目前，许多场已实现了自给有余，而且为国家提供了大批商品粮和其他农副产品，成为国家积累资金和发展商品生产的重要基地。

16 日 省农业厅邀请参加全省农业科学技术会议的部分农业科学特约研究员彭光贤、易瑞生、胡华先、万绍鹤、张玉田、吴满俚、乐观汉、谢梅娇、丁长华、何来昌、宋喜明、蒋金山等 20 多人，举行座谈会，畅谈如何抓好冬季生产和明年春季的生产准备。

17 日 省农学会最近改选理事会，专业学组改分科学会。邵式平任农学会名誉主席，盛朴任理事长，白建义、李玉、肖锋、陈凤桐、杨惟义任副理事长，吴剑农任秘书长。

18 日 省委、省人委发出《关于召开一九六二年全省工、农业生产先进单位和先进生产者代表大会的通知》，决定 1963 年 2 月在南昌召开 1962 年度全省工、农业生产先进单位和先进生产者代表大会，并成立由邵式平任主任委员，刘俊秀、白栋材、郭光洲、黄先、黄知真、黄霖、邓洪、彭梦庚、李世璋、王大川、方德鑫为副主任委员的全省 1962 年工、农业生产先进单位和先进生产者代表大会筹备委员会。确定出席会议的代表为 2000 人，其中农业代表为 1500 人，集体代表不得少于代表总数的 70%，妇女代表应不少于 1/4。

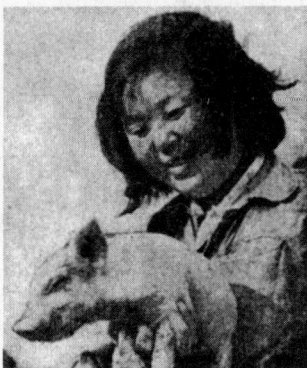

上海姑娘唐英兰 1958 年来到云山垦殖场松山分场参加山区建设，她在养猪场工作，虚心向有经验的老饲养员学习，精心饲养管理，多次被评为先进生产者

18 日 省农业厅邀请参加全省农业科学技术会议的部分棉区的特约研究员举行座谈会。参加座谈会的有文经珠、胡华先、聂寿茂、徐积连、徐远兴等，和江西农学院教授施珍、黄庭理等棉花技术干部以及各专区部分棉区的县、社干部，共 20 多人。座谈会在互相交流植棉技术经验的基础上，着重研究做好规划，落实面积，从各方面做好 1963 年棉花生产的准备工作。

19 日 南昌市 1962 年度民兵比武大会在青云谱召开。参加比武大会的有省市各厂矿、企业、学校和市属 6 个区的 53 个单位、378 名在军政训练中获得优异成绩的基干民兵和基层干部的代表。比赛项目有：政治测验、射击、投弹等。经过比赛，获得优秀集体奖的单位达 41 个。比武大会于 21 日结束。

20 日 江西大学生物系结合专业开展的全省植被和植物资源调查的科学研究活动已取得初步成果。先后完成了武夷山、九连山、鄱阳湖滨等地区的资源考察工作；写出了《江西植被与植物资源分布情况》、《武夷山区植被垂直分布研究》等有关论文报告 12 篇，提供了一般或特种资源植物的种类、分布与利用的具体材料。其中 10 万余字的《南昌树木志》已脱稿送交出版。此外，结合考察，他们还对全省野生饲料进行了全面调查，采集到近 200 种标本。这些将为正确划分全省植被区域，以供农林牧生产经营作参考，为改造自然和开发植物资源提供了科学依据。

20 日 丰城煤矿和丰城、高安县公安局联合破获"中国自由党大陆反共委员会游击队"反革命阴谋暴乱案。首犯为丰城煤矿工人朱经伦、余炳炎，共发展反革命成员 58 人，朱自任大队长，余为党委书记。破案时，缴获"关防"、子弹和"政治纲领"等罪证 211 件，依法逮捕主犯 17 名，首犯朱经伦被依法判处死刑（已在狱中病死），余炳炎被判处死刑缓期 2 年执行。

20 日 省卫生厅、省供销社发出《关于开展成药下乡工作的联合通知》，决定基层供销社恢复医药经营，直接向县医药公司进货。

20 日 共产主义劳动大学总校党委成立围垦将军洲农场指挥部，动员师生员工 4500 多人参加修建 19 华里长的围堤，开垦面积 4800 亩。

23 日 省委农工部就评工记分问题的调查发表文章《合理计算报酬，进一步调动社员积极性》。

24 日 第二届全国人大常委会第七十八次

会议批准任命周克用、谢礼顺为省人民检察院副检察长；免去陈克光、姜梅伍省检察院副检察长职务。

25 日 全省外事工作会议在南昌召开，会期20天。会上传达全国第六次外事工作会议精神，并对当前重大国际问题进行学习和讨论，研究部署会后的外事工作。

25 日 省商业厅召开厅长办公会议，专门研究直接对港澳出口问题。决定成立食品出口筹备领导小组，由庞声远任组长，高恕、李景林任副组长。

25 日 省供销社制定《农村合作商店暂行工作条例》，发至各地执行。

26 日 省民航局最近以支援农业为纲，积极开展多种专业飞行。已决定1963年的飞行项目有：鱼苗运输、森林播种、防治森林虫害以及防治农作物病虫害等。并确定鱼苗运输飞行，以九江为基地，运至赣州、吉安等地区，飞行150余架次；林业飞行，确定在崇仁、上高、玉山等林区，进行松毛虫防治的航空化学飞行。

26 日 全省第十次检察工作会议召开。全省各级检察院的负责人共计116人参加。会上传达了全国政法工作会议和第六次全国检察工作会议精神，总结1962年全省检察工作，部署1963年工作任务。会议进行了15天，于1963年1月12日结束。下旬，省检察院工作组检查赣州、会昌、寻乌、安远、龙南、定南、全南、信丰、南康、吉安、安福等11个县检察院所办自行侦查案件161件、181人，其中批捕87人，发现错捕3人，及时释放。

27 日 省军区司令部、政治部最近对所属部队发出了《广泛开展拥政爱民活动的通知》。通知要求在1963年元旦、春节这段时间，部队要广泛开展拥政爱民活动，要求各部队对这一活动给予重视，认真研究贯彻，作出成绩来。

27 日 省委批转省委宣传部、省妇联党组等6个单位进一步宣传贯彻执行婚姻法的报告。

27 日 省人委发出《关于元旦春节前后开展卫生积肥运动的通知》，要求全省各地在元旦、春节前后这段时间内，在全省范围内广泛开展一

次卫生积肥运动。省人委并召开省直属机关、省级各医疗卫生部门负责人会议，邵式平就开展卫生积肥问题作了动员报告。

南昌市公安人员在为居民打扫卫生

28 日 朱德从杭州抵达南昌。于次日，听取省委负责人汇报商业、外贸和农业生产情况，30日离开南昌抵达广州。

29 日 为迎接1963年元旦，省市各界及解放军代表2200余人在南昌剧场举行军民联欢晚会。副省长欧阳武、潘震亚，省民政厅厅长谢象晃，省军区领导林忠照、叶长庚、祝世凤、孔令甫等及省市机关、人民团体、民主党派的负责人参加了联欢会。

29 日 省总工会向全省职工发出公开信，表示新年的祝贺，并号召大家在新的一年里进一步动员起来，切实做好以下几方面的工作：（一）努力学习、提高政治觉悟；（二）积极参加增产节约运动和社会主义劳动竞赛；（三）提高技术，掌握新技术，开展技术革新；（四）积极参加企业管理，努力提高企业管理水平。

29 日 全省城镇房屋管理工作由民政部门划归省建设工程局管理。

29 日 省教育厅、省总工会发出通知，对地区性干部、职工业余学校的办学任务、教师配备和领导管理等问题作出了规定。

30 日 省政协学习委员会召开会议，讨论通过《关于进行爱国主义、国际主义和社会主义思想教育的计划》。

31日　省纺织工业厅年终统计：当年实际生产棉纱3.48万件，棉布2757万米，分别退到1954年和1950年的生产水平，成为建国以来全省纺织工业的第一次生产大滑坡。

31日　自8月份至本月底，省工商联陆续召开全省工商联工作会议，传达、学习讨论《国务院关于处理资产阶级工商业者退休问题的规定》、《国务院关于在精简工作中妥善安置资产阶级工商业者的若干具体规定》。

31日　省建设银行根据国家规定对自筹基建工程停建项目采取封存、冻结存款的措施。

31日　南昌市对部分工厂实行关、停、并、转，至年末全市工厂比1960年减少了54个，精减了职工11.05万人。

31日　省地质局系统的队伍在1961年大量精减下放的基础上，1962年又精减下放了4060人。至年末省地质局职工剩6914人。

31日　下半年，省人委为贯彻国务院关于减少城镇人口、整顿压缩粮食销量的决定，提出4项措施要求全省各地切实减人压缩，至年底全省城镇减少吃商品粮人口63.9万人，压缩粮食供应量6900万公斤。

本月　省人委批转省工业生产委员会、省财政厅、省人民银行《关于全面开展清理企业拖欠货款的报告》，要求各地采取有力措施，解决企业拖欠货款问题，并防止发生新的拖欠。

本月　中央财政部拨医疗救济专款50万元，省卫生厅拨款60.1万元，用于浮肿、子宫脱垂、小儿营养不良症患者及遭受自然灾害地区疾病患者的医药减免救济。

本月　省工商联将全国工商联下拨的春节困难补助金2万元，分配给全省84个市、县工商联。

本月　鹰潭水泵厂J250-I型轴流泵试制成功。该泵简单轻便，用于农村低扬程大流量排灌。

本月　省统计局首次组建省农村经济调查队，采用等距抽样的方法，开展全省社员收支调查。

本月　根据中央和国务院《关于加强统计工作的决定》，省人委批复省统计局行政编制为108人，其中农村经济调查队编制30人。局内所属的科改为处。

本月　井冈山茨坪"毛泽东旧居"、"中国工农红军军部旧址"、"朱德旧居"、"陈毅旧居"按原貌修复。

本月　九江市发出《关于试行降低居住在九江市国家机关和事业单位工作人员房屋租金收费标准和实行房租补贴通知》，降低房租，房租由国家补贴50%。

本　年

本年　江西上（高）新（余）地方铁路建成通车，由省地方铁路处管理。该线全长52.74公里，线路等级为一级单线。

本年　全国人大常委会副委员长沈钧儒和全国政协副主席胡愈之到大茅山垦殖场视察工作。

本年　全省重点水产区各等级以内的鲜鱼、咸干鱼、淡干鱼、银干鱼、干虾，均列为"二类物资"，实行派购。豆制品实行凭票证定量供应。

本年　江西医学院第一附属医院成功地抢救了烧伤总面积达80%以上的特重烧伤病人。参加抢救的有解放军第七军医大学教授黎鳌、史济湘等专家及江西医学院第一、第二附属医院医师王子健、龚胜连、俞和济等。

本年　江西师范学院生物系讲师黄新和发现武夷山有大面积柳杉和铁杉原始森林及半原始森林分布，该森林是东南各省自中生代以来残存至今的原始森林。

本年　江西医学院讲师胡人义等在家兔大脑皮质的视、听、感觉、运动4个区内，发现树突的侧束与较大血管发生接触（1978年，他对神经突触分型，提出按形态学分为S型、F型、S-F型和F-S新型概念。1980年，胡人义又在大白鼠下丘脑视上核内发现4个神经结构成分的复合型连续性突触,并作国际首次报道)。

本年 省农林垦殖科学研究所与上海科教电影制片厂联合编摄了《松林里的战斗》和《铁秆庄稼——板栗》两部林业科教片。

本年 全省大部分地区连续3次遭受特大洪灾侵袭,水灾过后,部分地区又遭受严重旱、虫灾害。全省受灾人口689.68万人,成灾播种面积1249万余亩。省人委拨出大米1.2亿斤,救济款1065万元及木材、毛竹等大批救济物资赈灾。

本年 全省享受优待劳动日的优抚对象有4.66万余户、18.45万余人,优待劳动日378.4万多个。享受定期定量补助的烈属2.49万户、3.03万余人,城镇军属652户、1658人,伤残军人2383人,带病回乡复员军人1584人,在乡退伍红军老战士、苏区老干部4538人,全年共发放定期定量补助款281万余元。

本年 大余县发现耕牛钼中毒事件,当地农民称为"红皮白毛"症。

本年 赣州精选厂兴建全省第一个钨细泥水冶车间,采用选冶联合工艺处理钨难选物料。

本年 省冶金工业厅进行部分职工工资调整,开始实行井下津贴制度,工资类别由三类调整为四类工资地区。

本年 南昌铁合金厂停建,在龙王庙试验车间成立留守处(1965年试验车间移交给省冶金厅钢铁研究室)。

本年 萍乡矿务局组织合理集中生产。青山矿老井与暗立井贯通;安源矿北翼下煤组停产;巨源矿3个小井贯通,集中在杉坡里斜井出煤;王家源矿与高坑矿贯通,拆除王家源至高坑选煤厂的运煤缆道,回收缆道保护煤柱。这些措施取得了较大的经济效益。

本年 省地质局九○一、九○二地质队和煤管局地质队,自1958年以来,以萍乡到乐平拗陷带为重点,开展全省煤田普查勘探,提交仙姑岭、梅仙岭、花鼓山、鸣山、天河等27份地质报告,探明储量5亿多吨。

本年 省直机关派出大批干部深入社、队,总结经验,落实政策,进一步组织社、队退赔兑现;调整社、队规模,理顺各方面关系。

本年 江西省植保学会成立,著名昆虫学家杨惟义任理事长。

本年 南昌市委作出在昌北地区建立大型水果生产基地的决定。

本年 南昌县塘南水产场成功孵化出花白鲢鱼苗;莲塘水产场幽兰厚田塘生产队繁殖单鱼获成功。

本年 南昌通用机械厂生产出中国第一台装岩机,填补了国内装岩机生产的空白。

本年 李渡高粱酒名列省名酒之首,并蝉联历届全省名酒。

本年 南昌市卫生局拟发《南昌市中医带徒弟工作暂行管理办法》。

本年 广丰公路大桥、吉安高塘圩大桥建成通车。

本年 江西省营汽车、轮驳船实行支农转轨,车船运力布局重点转向农村。

本年 南昌市人委拨款30万元,在南昌下正街电厂建设南昌煤渣砖厂,年产煤渣砖1200万块,质量达100号以上。

本年 井冈山大厦方楼竣工。该工程投资118万元,片石木结构,建筑面积10600平方米。由省城市建筑设计院胡正赞等人设计。

本年 省建工局精减建筑安装职工1万余人,只保留7000人。15个企业和单位合并成立了省建筑工程公司。撤销省建筑工程学校和省建筑科研所,省工业设备安装公司及8个水泥厂下马。

本年 九江市一建公司采用土法人工牵引安装九江市龙开河朝阳桥86米长度的钢筋混凝土面梁。

本年 省党史研究室编写完成《江西人民革命史资料》。

本年 南京大学地质系师生在崇义、大余一带进行地质调查时,首次在前泥盆系龙山群中采获笔石、三叶虫等化石,证明龙山群中包含有寒武、奥陶纪地层。

本年 省地质局科研所陈苇鸿主编第一张彩印1:500000的江西省地质图。

1963 年

概 要

1963 年起至 1965 年是中央确定的国民经济三年调整时期。江西省经济计划调整的主要任务是:(一)大力加强农业;(二)进一步提高工业产品质量;(三)适当扩大基本建设规模;(四)继续完成精减职工和减少城镇人口任务;(五)所有企业、事业单位必须改善经营管理,杜绝各种浪费人力、物力和财力的现象。此外,还规定了商业、交通、财经、科教等方面的任务。本年起全省国民经济开始全面好转,农业总产值比上一年增长 5.27%,棉花创历史最高产量,工业扭转了连续两年大幅下降的趋势。自当年起,市场渐趋稳定,物资供应逐渐丰富。除粮食价格按国家规定有所提高外,副食品、服装、日用工业品、农业生产资料等销售价格均逐年下降。

全省工业战线掀起学先进、赶先进竞赛活动 这一活动从增产节约运动开始。全省工业交通工作会议要求把工业交通工作转到以农业为基础的轨道上来,开展以提高质量,节约原材料,降低成本,提高劳动生产率为中心的增产节约运动。会议确定 1963 年的任务是:进一步做好调整、巩固、充实、提高工作,提高产品质量,降低产品成本,提高劳动生产率,全面完成生产建设计划。在企业之间开展的"五比"竞赛发展为比、学、赶、帮运动。据统计,全省共实现技术革新项目 1.1 万多项,各地都出现了一批新技术、新工艺、新产品。

推广农业科学技术 全省各地农村广泛开展以"水、肥、土、种"为中心的推广农业增产技术活动。"水",主要是兴修水利和增加水利设施配套,发展小型水利工程,扩大山区灌溉面积,推广一季稻改双季稻、旱地改水田等;"土"是推广红壤改良、冷浸低产田改造;"肥"是扩种绿肥、施用磷肥等技术;"种"是推广水稻矮杆良种等。

社会主义教育运动 2 月,中央确定在农村普遍进行一次社会主义教育运动,在城市各级经济部门、党政机关、文化教育部门、物资管理部门,开展以增产节约为中心,以反对分散主义、官僚主义、铺张浪费、贪污盗窃、投机倒把为中心内容的"五反"运动。3 月,省委发出《关于今冬明春开展社会主义教育运动问题的通知》,要求在全省范围内全面深入地进行一次以揭发、批判资本主义歪风邪气为主要内容的社会主义教育运动。从 12 月开始,在全省各地人民公社(场、镇)开始进行社会主义教育运动。1963 年前后,全国各地组织对所谓"黑暗风"、"单干风"和"翻案风"

的批判。6月，省委批转《关于龙南县部分社队的"单干风"尚未制止的调查报告》，要求坚决纠正农村出现的"各种资本主义自发倾向"。之后，全省各地农村结合正在进行的社会主义教育运动，发动群众，有组织地对一些所谓"资本主义经济倾向"进行批判。批判的重点是：包工包产到户、副业单干、弃农经商、投机倒把、超规定扩大自留地和开荒地、生产队规模过小、"高利贷"、私人雇工等现象。8月，省委发出《关于在处理超规定自留地中严格纠正拔青苗问题的通报》，要求制止强行收回社员自留地、开荒地和"十边地"的做法。

学雷锋活动　3月，毛泽东等中共中央领导人亲笔为学习雷锋题词，全国上下掀起向雷锋学习的热潮。团省委、省总工会、省教育厅分别向所属各级组织和单位发出宣传和学习雷锋的通知。各地通过报告会、广播会、展览会、故事会、座谈会、文艺表演等多种形式，声势浩大地宣传雷锋的光辉业绩。这次活动首先在青年、解放军战士、工人中展开，迅速发展成为一个全民性的活动。

开展学习毛泽东著作运动　12月，省委作出决定，在全省干部和群众中开展学习毛泽东著作运动，要求县以上干部应对毛泽东著作进行一次系统学习，并适当选读马、恩、列、斯著作；其他各级干部要重点学习《实践论》、《矛盾论》、《关于正确处理人民内部矛盾的问题》等著作，要在广大工人、农民、解放军战士中，积极开展不同形式的学习活动。

重要工程建设　赣江大堤培修整险工程基本竣工。新建成的横跨赣江的南昌赣江铁路大桥，使南浔铁路从此与浙赣铁路相接。

全省本年主要经济指标情况　国民生产总值32.69亿元，比上年增长2.1%。农业总产值24.05亿元，比上年增长5.8%，粮食产量127.554亿斤，比上年增长5.6%；工业总产值18.07亿元，比上年增长3.1%，钢产量0.59万吨，比上年增长22%，生铁产量6.49万吨，比上年减少25%；财政收入5.49亿元，比上年增长5.17%；年末全省总人口2101.03万人，人口自然增长率29.80‰。

1963

1月

January

日	一	二	三	四	五	六	日	一	二	三	四	五	六
		1 元旦	**2** 初七	**3** 腊八节	**4** 初九	**5** 初十	**6** 小寒	**7** 十二	**8** 十三	**9** 十四	**10** 十五	**11** 十六	**12** 十七
13 十八	**14** 十九	**15** 二十	**16** 廿一	**17** 廿二	**18** 廿三	**19** 廿四	**20** 廿五	**21** 大寒	**22** 廿七	**23** 廿八	**24** 廿九	**25** 春节	**26** 初二
27 初三	**28** 初四	**29** 初五	**30** 初六	**31** 初七									

公元 1963 年 1 月　　农历癸卯年【兔】

1日 省人委批转省文化局《关于调整地、县、市新华书店管理的报告》。从即日起，全省各地、市、县新华书店改由省新华书店与地、县、市文化行政部门双重领导。

1日 省粮油食品进出口公司开始对香港、澳门地区自营出口活猪、活鸡、水产、水果蔬菜等食品。

南昌市食品采购站中山路水果仓库的职工准备将大批梨、苹果等新鲜水果调配到各销售点

1日 南昌步兵学校改名为福州军区步兵学校，担负军区步、炮、通、工和机要等现职军政干部的短期轮训任务。

4日 第十七次全省公安会议在南昌召开。会议传达贯彻全国政法会议和第十二次全国公安会议精神，具体部署 1963 年公安工作。会议于 12 日结束。

5日 省农业厅在余江召开直属农场工作会议。会议讨论、研究 1963 年生产、财务、良种繁殖和基本建设计划，实行"四定、三包、一奖"生产责任制，以及改善农场经营管理工作等问题。

6日 全省防治血吸虫病工作会议在南昌召开。邵式平到会讲话。会议总结全省防治血吸虫病的经验，讨论了 1963 年的任务。会议要求已经消灭、接近消灭血吸虫病的地区，已压缩疫区县（市）委每年要认真抓几次血防工作，解决防治工作和血防干部中存在的问题。

7日 全省各有关部门对过去基本建设征用土地使用情况进行全面检查清理，已有万安、瑞昌、庐山、抚州等 30 个县（市）和轻工厅等单位，共退还原单位征而未用的耕地 32370 多亩。

7 日 省委、省人委召开全省工业交通工作会议。会议要求把工业交通工作转到以农业为基础的轨道上来，确定 1963 年工作任务为：进一步做好调整、巩固、充实、提高工作，进一步深入地开展以提高产品质量，降低产品成本，提高劳动生产率为中心的增产节约运动，全面完成生产建设计划。

8 日 著名剧作家田汉游览赣州通天岩，为太和山新建园亭题名"群玉阁"，并赋诗一首贺群玉阁落成之喜。

9 日 全国植棉模范江善讲所在的彭泽县棉船公社江心大队向全省各棉区发出倡议，提出"多种棉花，多产棉花，多卖棉花给国家"，力争超过国家分配的"三大指标"（实收面积、总产量、交售量）。该大队 1962 年亩产皮棉达 118 斤，1957 年以来每年向国家交售高品质籽棉都在 130 万斤以上。此前江善讲曾被邀进京参加全国棉花集中生产区的生产会议。

10 日 省劳改局召开第九次全省劳改工作会议。会议传达贯彻中央政法、公安会议精神，研究制定 1963 年的劳改工作任务。会议于 19 日结束。

12 日 省人委人事局向省人委呈报《关于当前干部惩戒工作中存在问题和今后工作意见的报告》。

13 日 上高、万载、分宜 3 县公安局联合破获"中国大陆继国党"反革命阴谋暴乱案。该案首犯刘平敌（国民党军队中校政工室主任）、卢家之（国民党青年军分子）先后发展反革命成员 52 名，涉及 3 个县 8 个公社 1 个垦殖场。破案时，缴获子弹、"关防"、"成员名册"等罪证 77 件，逮捕骨干分子 24 名，首犯刘平敌、卢家之被依法判处死刑。

15 日 省人委发出《关于切实做好春季造林工作的指示》，提出 1963 年全省造林计划是 150 万亩（其中国营造林 20 万亩），要求在清明节以前完成。要求各地做好植树造林计划，合理安排用材林、经济林和防护林的比例；不仅要按时按量完成计划，更要保证质量，做到保栽、保活、保成材。

17 日 截至当日，全省累计完成水利冬修土石方 6021 万立方米，占全省水利工程计划的 86%，有 26 个县市和 5 万多座农田小型水利工程完成了冬修任务。赣江抚河大堤的 744 万立方米的培土任务已全部完成，列入全省计划的 66 座大中型重点配套工程的 845 万立方米的任务已完成 50% 左右。

贵溪县余家公社加紧修复小型水利工程设施，球源大队的社员在修复源里水库

21 日 吉安专区档案馆成立。

21 日 省人委人事局转发内务部《关于各级供销社干部任免问题给复函》，明确了各级供销社的工作人员按章程选举产生，均不经同级或上级人民委员会任免。

23 日 省人委召开第二十八次委员扩大会议。会议讨论了全省第三届人民代表大会和全省市、县、乡、镇第五届人民代表大会的选举问题。要求全省各级人委会成立选举委员会，作为选举工作的领导机构，行署、专区成立选举工作办公室。会议决定成立以 27 人为委员的江西省选举委员会，王卓超为主席，谢象晃为秘书长。

24 日 省委举办春节茶话会，招待在南昌的省政协部分委员、各民主党派负责人和知识界、科学技术界、文艺界、医务界人士。杨尚奎、黄知真等省领导和大家欢度春节。应邀到会的还有欧阳武、潘震亚、刘之纲、王德舆、潘式言、郭庆荣、杨惟义、万肖荫、万友生、王珏、邓筱兰等 120 余人。

28日　省委案件甄别工作领导小组向省委呈报《关于案件甄别工作的总结报告》。

30日　省委批转省委组织部《关于改进干部管理制度的意见》，要求对加强干部的考察了解，用阶级分析的方法了解干部；建立干部鉴定制度，每两年对干部鉴定一次；除统配人员外，任何地区和单位不得从社会上招收干部。

30日　省委批转农工部部长王大川在全省农村工作会议上的报告。报告对进一步贯彻《农村人民公社工作条例》提出：生产队可划分固定性或季节性作业组，划地分段，实行小段季节性或常年性包工，建立严格的生产责任制；社员的自留地、饲料地和开荒地相加，可占生产队面积的5%～10%，最多不超过15%。

30日　南昌赣江大桥正式交付运营。

本月　浒坑钨矿武功山50吨/日选厂建成投产。

本月　冶金部任命于前为江西有色金属管理局局长。

本月　天河煤矿按照省煤矿设计院提出的方案，实现双山、封山恒、摇兰窝3个小井合并开采，由双山井集中提升。

本月　南昌市统计局成立。

本月　南昌市人委批准市文化局《对居住本市闲散艺人管理办法》。

本月　江西医学院正式作为全省试行《教育部直属高等学校暂行工作条例（草案）》的高校之一。

本月　九江玻璃纤维混凝土造船试验厂更名为建工部九江水泥船试验厂。并于年内试制成由武汉中南设计院船室设计的65米钢筋混凝土囤船，这是中国自行设计生产的第一艘钢筋混凝土囤船。

本月　南昌玻璃一厂（后改为南昌保温瓶厂）自筹资金建设全省第一条采用高频电炉和真空系统工艺的石英玻璃生产线（后因缺真空泵而未能投产）。

本月　省地质局制定《全面提高地质工作质量的初步方案（草案）》。

本月　省轻化工业厅副厅长马青到九江化工厂蹲点，并兼任九江化工厂党委书记。

1963

2月
February

公元 1963 年 2 月							农历癸卯年【兔】						
日	一	二	三	四	五	六	日	一	二	三	四	五	六
					1 初八	**2** 初九	**3** 初十	**4** 立春	**5** 十二	**6** 十三	**7** 十四	**8** 元宵节	**9** 十六
10 十七	**11** 十八	**12** 十九	**13** 二十	**14** 廿一	**15** 廿二	**16** 廿三	**17** 廿四	**18** 廿五	**19** 雨水	**20** 廿七	**21** 廿八	**22** 廿九	**23** 三十
24 二月小	**25** 初二	**26** 初三	**27** 初四	**28** 初五									

1 日　省商业厅成立改善经营管理办公室。

1 日　全省农垦农业先进集体代表和科技工作者出席华东农业先进集体代表会议，周恩来到会并作重要讲话。

2 日　赣江大堤培修整险工程基本竣工。9 万人在从新干县到南昌市全长 140 公里的大堤上奋战了一个冬季，培修土方 514 万立方米，相当于此前 4 年培修土方总数的 2.5 倍。

4 日　省委发出《关于在全省商业部门开展改善经营管理运动的通知》，要求安排 5 个半月的时间，扭转亏损，增加合理盈利。

5 日　省防汛指挥部召集赣抚有关县修堤负责人和有关部门会议。会议要求迅速解决两座大堤培土工作中的遗留问题，对一些堤段质量不合要求的，一定要返工，隐患没有处理的要处理好，抓紧做好防汛工作。会后，沿线各地积极采取措施，及早进行防汛准备。

5 日　省人委批准省供销社在上海、天津、广州、武汉成立购销组。上海购销组与省商业厅驻沪办事处合署办公，两块牌子，两套账务，由省商业厅办事处领导。

5 日　省委案件甄别工作领导小组宣布甄别工作结束，办公室停止办公。

6 日　由鹰潭钢铁厂改建成的、年产万吨以上钙镁磷肥的鹰潭化肥厂正式投入生产。该厂日产钙镁磷肥达 35 吨以上，经检验，质量达到国家一级标准。

6 日　江西省"两会"举行全体委员联席会议，出席会议委员和有关人士共计 213 人。会议的主要任务是：深入学习中共八届十中全会公报和中共江西省委五届十二次全体委员（扩大）会议有关文件，传达贯彻"两会"中央执委联席会议的决议和精神，从全省工商实际情况出发，讨论在全省"两会"成员中进行爱国主义、国际主义、社会主义（简称"三个主义"）的思想教育和增产节约问题。会后，全省各地进行了传达。继而"三个主义"的思想教育和增产节约，在全省工商业者中广泛展开。

6 日　省妇联工作组会同吉安地委工作组在吉安县万福公社开展进一步贯彻执行婚姻法试点工作。会议于 20 日结束。

7 日　南昌市委办公厅、市人委办公厅发出

《关于进一步做好文书处理部门立卷工作的通知》。

7日 省委作出《关于进一步发扬艰苦朴素作风，反对干部特殊化的规定》，要求阻止干部党员中资产阶级思想作风的滋长与蔓延。

7日 省水产厅召开全省水产工作会议。会议传达贯彻国家水产工作会议精神，布置落实全省1963年水产生产的各项任务。副省长彭梦庚到会讲话。会议于15日结束。

9日 冶金部通知，江西冶金设计院改名为南昌有色冶金设计院。隶属关系实行部、省双重领导，以部为主。

9日 江西省天主教爱国会和基督教三自爱国会，在南昌分别举行了第二次代表会议。与会代表讨论了当前国际国内形势，同时就贯彻中国共产党的宗教政策、开展反帝爱国运动和加强思想改造等问题，广泛交换了意见，并分别通过了工作报告和决议。会议分别选举产生了第二届委员会，推选了正副主任委员。会议于20日结束。

10日 省人委人事局要求各地切实落实《关于做好转业干部接收分配的通知》精神，认真做好安置工作。

13日 兴国县公安局破获"自由中国反共赣北游击司令部"反革命阴谋暴动案，依法逮捕该案骨干分子13人。

13日 省文联举行座谈会和茶话会，欢送省市第一批下到农村和工厂深入生活的25名文艺工作者。其中戏剧方面11名，文学方面4名，音乐方面5名，舞蹈方面5名。

15日 省冶金厅决定：南昌钢铁厂炼铁系统停产，保留炼钢、轧钢和金属制品生产。本月1号高炉停产封存。铁坑、河下两矿划归萍乡钢铁厂领导，城门山、七宝山、铜岭铁矿关停。

15日 省煤管局对办好专县煤矿作出部署，以原有煤矿为基础，在缺煤地区积极发展，特别是在经济作物地区和商品原料地区优先考虑无烟煤的开发，以小为主，分批改造，安全生产，自负盈亏。

15日 省委、省人委批转省委宣传部、省教育厅《关于调整、充实中小学校舍的报告》。

15日 全省选举会议闭幕。该会议历时5天，对选举工作提出了要求：加强思想教育；充分发扬民主，保证选民充分行使民主权利，进一步密切党和政府同群众的联系；通过选举，民主检查工作，推动当前生产。会议要求全省各级人民代表大会的选举工作要在上半年完成。基层选举工作要争取3月底完成，最迟在4月中旬结束。

15日 省农林垦殖厅召开全省农林垦殖工作会议。会议传达周恩来总理在华东农业先进集体代表大会上的重要讲话。会议于22日结束。

16日 省供销社制定《关于大力改善经营管理的意见（修正稿）》，规定县以上供销社必须按经济区域设置业务批发机构，基层供销社以经济区划为主，按集镇设置，兼顾行政区划。

18日 省妇联赣南区办事处决定开展勤出工、勤积肥、勤养猪，婚丧喜庆从俭、平常用钱从俭，关心集体和妇女儿童"三勤二俭一关心"的活动。

23日 省教育厅发出《关于当前函授师范教育的意见》。

23日 南昌钢铁厂新建5号电炉投产。第一炉炼出优质合金钢23吨，经检验质量良好。白栋材等领导到现场观看了生产。

24日 省委召开关于农机修理的电话会议，要求各地立即采取有效措施，完成农机修理任务。要加快农机修理进度，重点摸清农机需修数及修理力量，不能自修的，要及时送厂安排修理；有关企业要加强管理，降低修理费用，提高修理质量。

27日 全省工农业先进单位和先进生产者代表大会在南昌召开，出席大会的代表共2010人。省党、政、军领导出席大会，刘俊秀在大会上提出，要争取农业全面丰收，必须贯彻执行"以粮为纲，全面发展"的方针，积极推行"农业八字宪法"，扩大耕地面积和复种指数，普遍提高单位面积产量，进一步贯彻执行多种多收和高产多收相结合的方针。会上表彰了获得高额丰产和大幅度增产的广丰等10个县及一批先进社、队。并作出开展"四好社队"、"六好社员"社会主义劳动竞赛的决定。

28 日 省人委规定换购粮食的物资标准为：每换购大米 100 市斤（或大豆 100 市斤），需用棉布 1 市尺，针织品 5 市尺，化肥 37 市斤和价值 3 元的毛线、人造毛织品、驼绒、胶鞋等工业品交换。

28 日 以尹志进为团长、王万吉为副团长，由各专区领导人组成的江西代表团，出席在上海召开的华东地区社会主义农业建设先进单位代表会议。

本月 南昌市北郊林场在昌北马鞍山正式开办，隶属市农林水利局管理。

本月 南昌市组建市工商行政管理局，在市场管理科内设专案组，专司打击投机倒把活动的工作。

本月 结合基层人民代表大会选举，全省自行组织一次人口普查。普查时间为 3 月 31 日。

本月 省委组织部、宣传部发文，根据中央组织部、宣传部的通知，在党内发行《做一个好的共产党员》（试用本）一书。

1963

3月

March

日	一	二	三	四	五	六	日	一	二	三	四	五	六
					1 初六	**2** 初七	**3** 初八	**4** 初九	**5** 初十	**6** 惊蛰	**7** 十二	**8** 妇女节	**9** 十四
10 十五	**11** 十六	**12** 十七	**13** 十八	**14** 十九	**15** 二十	**16** 廿一	**17** 廿二	**18** 廿三	**19** 廿四	**20** 廿五	**21** 春分	**22** 廿七	**23** 廿八
24 廿九	**25** 三月大	**26** 初二	**27** 初三	**28** 初四	**29** 初五	**30** 初六	**31** 初七						

2日~6日　委内瑞拉共青联盟全国书记处书记雷那多尔·蒙迪亚在中央对外联络部副部长朱良的陪同下抵达南昌。在省期间，参观了八一起义纪念馆和革命红都瑞金，并访问了当地部分老同志。

5日　省煤管局在对矽尘危害进行检查后发出通报：绝大多数煤矿井下粉尘浓度超标，有的工作面经常在每立方米120毫克~600毫克之间，省属以上煤矿矽肺病患者已达395人。重申必须在岩巷和半煤岩巷道中，全部实行湿式凿岩。

6日　黄知真会见委内瑞拉共青联盟全国书记处书记雷那多尔·蒙迪亚。

7日　南昌军分区政治部、市团委、市总工会联合举行"响应毛泽东主席号召，向雷锋学习"报告会，共有2700余名青年参加。

7日　全省劳改系统政治工作会议召开。会议提出加强劳改工作干部教育问题。

8日　省编委、省财政厅发出通知，决定增加省建行编制55人，设置办事处11个，以适应基建投资（主要是农业投资）比上年增长60%、搞好拨款监督的需要。

8日　省人委发出通知，规定每月至少供应煤矿井下工人猪肉1斤，卷烟10包，白酒1斤。

8日　省市各界妇女在南昌市工人文化宫集会，庆祝"三八"国际劳动妇女节。出席全省工农业生产先进代表大会的218名女代表应邀参加了庆祝会。

9日　全省工农业先进代表大会闭幕。杨尚奎、刘俊秀、白栋材在闭幕式上讲话。大会提出，当前要迅速在全省掀起增产节约运动高潮；加强社会主义教育，进一步提高工农群众的社会主义觉悟。全体代表提出倡议：努力做到政治思想好、执行政策好、经营管理好、增产节约好、工作作风好、服从党的领导好。

省领导和全体代表庆贺大会圆满结束

10日 省人委批转省商业厅《关于合理调整部分地区商业机构体制和经营体制（草案）》，撤销宜春、抚州专区的百货、纺织品采购批发站，按经济区在南昌设立百货、纺织品批发站，实行跨区供应。

10日 国务院批准江西拖拉机制造厂扩建设计任务，年产丰收-27型拖拉机1万台。

10日 省军区、团省委、江西人民广播电台联合举办"向雷锋同志学习广播大会"。从此，全省范围内掀起学习雷锋的热潮。

11日 全省大型引水灌溉工程之一的袁惠渠工程，经过春季整修后，提前半月通水。该渠道跨辖新余市、清江和新干县19个公社（场），总干渠和南北干渠长达270多华里，灌溉面积达33万亩。这次整修干渠主要建筑物24座，兴建干渠5座，支、斗、农渠改建30多条，补修160多条。

12日 省农业厅在邓家埠水稻原种场召开全省各级示范场场长和地、市良种公司经理会议。会议学习贯彻周恩来在华东区农业先进代表会上的报告和省委、省人委《关于加强种子工作会议的决定》，传达农业部长廖鲁言在全国农业工作会议上的总结讲话。会上制定了《江西省各级良种示范场繁殖良种工作暂行制度》。会议于19日结束。

13日 省政协第二届常委会第十五次会议在南昌举行。会议审议通过学习委员会《关于组织在南昌市的省政协委员、各民主党派省委委员、省工商联委员和各界民主人士进行爱国主义、国际主义和社会主义思想教育的计划》。

14日 省委常委扩大会议结束。会议传达了北京工作会议精神和中央有关指示，作出《关于贯彻执行中央关于厉行节约和"五反"运动的指示精神》，决定在各级经济部门、县团以上党政领导机关、文化教育部门、物资管理部门，以增产节约为中心，开展反对以分散主义、官僚主义、铺张浪费、贪污盗窃、投机倒把为中心内容的"五反"运动。

14日 机械厅制定《关于主管厅

（局）收购物资的几点规定意见》，对处理企业清仓积压物资作了具体规定。

16日 省人委批转省农林垦殖厅《关于我省山林纠纷情况和处理意见的报告》。

16日 省人委开始将各行（专）署、市的行政监察工作从人事监察处（局）划出，单独设立监察处（局），受省监察处、行（专）署双重领导，人事监察处（局）改为人事处（局）。

18日 省委发出《关于今冬明春开展社会主义教育运动问题的通知》，要求在全省范围内全面深入进行一次以揭发、批判资本主义歪风邪气为主要内容的社会主义教育运动。

18日 全国气象（候）服务站管理工作会议在南昌召开，各省、市、自治区气象局局长，部分专、州、盟气象局及部分县气象（候）服务站的负责人共200人出席会议。中央气象局代理局长饶兴和副局长张乃召主持会议。江西17个国家基本站及乐安、铜鼓、铅山、兴国等气象服务站代表参加会议。

19日 《江西日报》报道，一场争取1963年农业更大丰收的学先进、比先进、赶先进的友谊竞赛，在全省各地农村开展。参赛人数之多，竞赛范围之广，为近几年所未有。

20日 国家安排江西支农资金2亿多元，以进一步巩固人民公社集体经济，发展农业生产。

21日 据当日统计，九江专区落实集体植棉面积达400495亩，比1962年增加19.5%，超额完成国家分配计划任务。另据报道，上饶专区落实棉田面积已超过1963年国家分配指标的16.3%，比1962年实播面积扩大10%以上。

九江县永安公社幸福大队扩种棉田3600亩，该大队第七生产队棉花丰收

22日 省人委通知，1963年收购茶叶、蚕茧实行奖售办法。茶叶按质量分档，各档奖售一定量的贸易粮、化肥、棉布、香烟；蚕茧按每百斤奖售一定量的化肥、棉布、煤油。

25日 省人委发出通知，决定在清明节前后开展一次纪念革命烈士活动。要求在不影响生产、工作、学习的情况下，组织各阶层人士和机关、团体的代表，就地祭扫革命陵墓，瞻仰革命烈士碑、塔，参观烈士纪念馆，邀请老革命同志或有声望的烈士家属，介绍革命事迹。在清明节前，当地政府要对革命烈士墓、碑、塔亭、馆的保养和维护工作进行一次检查。有关部门应继续搜集、整理革命烈士生平事迹资料和遗物的工作。

25日 省妇联召开社会主义教育座谈会。

五都公社女社员在唱革命歌曲

27日 江西省水产学校恢复。

27日 全省200多名被科学研究部门聘为特约研究员的生产能手和劳动模范，围绕当前农业增产中一些问题，推广他们自己或外地的研究成果，包括粮棉新品种、改进作物栽培技术、改造红壤低产田等方面10多个项目。

28日 全省各地勘测单位相继开展以增产节约为中心的反贪污、反浪费、反投机倒把、反分散主义、反官僚主义的"五反"运动。

31日 南昌铁路局划归上海铁路局，撤销南昌铁路局公安处。

本月 江西省电力工程公司（处）更名为江西省电力建设公司。

本月 省卫生厅、省财政厅制定《关于加强卫生事业财务管理若干问题的规定》，规定县以上各类医院经费按当年工资的70%安排，其余30%由医院自行解决。

本月 省科学院应用物理研究所制成锗半导体三极管。

本月 南昌市人委下达《关于改进开挖、占用道路的管理问题的批复》。

本月 九江专区档案馆成立。

本月 江西有色金属管理局储运站转为专业汽车修理，成立南昌汽车保修厂，直属江西有色金属管理局领导。

本月 省农业厅发出通知，要求全省农技推广站经过整顿、充实和加强，到1965年实现各个地、市、县普遍建立起农技、种子、植保、会计、沼气等推广辅导站。

本月 省林业科学研究所受南昌市林业主管部门的委托，开始在市郊昌北地区设立一个长期挂钩的森林病虫预测预报点，并负责为邻近的市北郊林场代培虫情测报员。

本月 南昌市家畜禽试验场建立并投产。

本月 南昌市重工业局与市轻化工业局合并为市工业管理局。

本月 省教育厅教研室改为视导室，并制定《江西省行、专、县、市文教处、局中小学教育视导室工作条例（草案）》。

本月 中央和国务院联合召开全国农业科技工作会议。会议将江西省"山地利用"和"红壤改良"项目列为全国农业十大样板之一。

本月 省建公司抽调800人支援721矿建设（宜春五处600人，抚州一处200人）。

本月 国家统计局全国农产量调查总队江西分队成立，受国家调查总队直接领导。

1963

4月 April

公元 1963 年 4 月							农历癸卯年【兔】					
日	一	二	三	四	五	六	日	一	二	三	四	五	六
	1 初八	**2** 初九	**3** 初十	**4** 十一	**5** 清明	**6** 十三	**7** 十四	**8** 十五	**9** 十六	**10** 十七	**11** 十八	**12** 十九	**13** 二十
14 廿一	**15** 廿二	**16** 廿三	**17** 廿四	**18** 廿五	**19** 廿六	**20** 廿七	**21** 谷雨	**22** 廿九	**23** 三十	**24** 四月小	**25** 初二	**26** 初三	**27** 初四
28 初五	**29** 初六	**30** 初七											

1 日 省人委发出《关于开放粮食集市贸易和供销社开展粮油自营业务的通知》，规定粮油交易所的买卖活动，以当地供销社的合作货栈为中心；由合作货栈在粮油交易所进行粮油收购或换购。从此粮食议价收购业务开始在全省供销社系统开展。

2 日 赣抚平原大型水利配套工程之一的南昌县大渡槽提前竣工通水。这座渡槽由国家投资 100 万元，重新改造成钢筋水泥结构。渡槽是排灌两用工程，槽身长 40 米，宽 16 米，可灌溉南昌县 12 个区和南昌市郊区共 21 万多亩农田。渡槽下面建有 8 孔大闸，可排泄丰城青丰山下来的洪水。

赣抚平原水利工程在农业灌溉、排涝中起了重大作用。图为岗前大渡槽

5 日 省市各界和驻军代表 130 余人在南昌瀛上烈士陵园祭扫烈士墓。省委、省人委，南昌

南昌市的少先队员们，赴瀛上革命烈士公墓为革命先烈扫墓，并听取了革命前辈讲述革命斗争故事

市委、市人委，省军区、南昌军分区，省市各民主党派，人民团体等单位向烈士墓敬献了花圈。副省长欧阳武，省军区领导陈浩，南昌市副市长李方晓先后在祭扫仪式上讲了话。南昌市中小学校的学生 5000 余人也到此祭扫烈士墓。

5 日 《江西日报》报道，省委从省级有关单位抽调 120 名干部（其中厅局级 14 人，处级 24 人），组成 7 个工作团，分赴各地检查、督促工业交通生产建设工作。工作团出发前，白栋材就一季度的工业生产情况与二季度的要求、措施，以及工作团的任务、方法、时间和组织领导等问题，向全体人员作了讲话。

6 日 省教育厅发出《对当前学校体育工作的意见》。

8 日 省政协第二届常委会第十六次会议在南昌举行。会议听取《关于开展增产节约运动的报告》。

8 日 《江西日报》报道，省委从省直机关和省军区抽调 140 名干部（其中厅局级干部 12 名，处、科级干部 35 名）组成 15 个工作组，分赴各地区检查推动春耕生产，协助开展社会主义教育运动。工作组出发前，刘俊秀就目前农村形势、当前农村工作中心任务等问题作了讲话。

9 日 全省第十三次民政会议在南昌市召开。会议于 19 日结束。

10 日 省政协召开工作组长联席会，研究活跃工作组工作问题。

11 日 省供销社、省文化局联合发出《关于恢复和加强供销社兼营图书业务的联合通知》，指出 1958 年农村图书发行改由人民公社书店经营，后因公社书店陆续撤销，影响农村图书供应，要求基层供销社迅速恢复图书的兼营业务，设置图书购销网点。

11 日 省有色金属工业厅发出关于开展增产节约和"五反"运动的通知。

12 日 省委再次召开电话会议，要求各地以抗旱抢种作为当前最突出的中心任务，进一步动员和组织群众，抗旱翻田，抗旱护秧，抗旱报种，千方百计力争完成早稻种植计划。刘瑞森主持会议，刘俊秀在安福县参加会议并讲话。

赣州市水东公社虎岗大队岭下生产队社员在车水做秧田

13 日 越南民主共和国气象考察团一行 3 人在团长越南气象局局长阮阐的率领下，在江西进行了 12 天的考察后离赣。考察团在江西期间，副省长彭梦庚会见了考察团全体成员。考察团曾去九江专区水文气象总站和庐山高山气象站进行考察，并到景德镇市参观了瓷器生产。

13 日 省人委人事局、省劳动局下发《关于转业干部爱人工作安排问题的通知》。

15 日 省人委发出《关于突击抗旱抢种的命令》，要求各地紧急行动起来，开展群众性的突击抗旱抢种运动，适时地完成早稻种植任务；各级政府机关凡是能抽调下乡的干部，都应尽量抽调下乡，深入基层，积极参与抗旱抢种。

16 日 南昌市政府发布《关于南昌市区厕所及粪便暂行管理办法的几项具体规定》的通告。

17日 省人委抽调61名机修工和电工,下乡支援农村抗旱抢种。这些技工出席了即日省人委召集的会议,听取了省委委员、副省长李杰庸的讲话。

19日 南昌市1963年基层人民代表选举工作结束,有35万选民参加投票,占选民总数的99.49%。

20日 省委、省人委发出《关于开展夏季卫生积肥运动的指示》,要求各地区各部门结合群众在"四月八"、端午节杀虫扫除的习惯,有计划有步骤地组织几次群众性积肥突击运动。在夏季肠道传染病易发季节,各地必须加强饮食服务行业、食品制造加工经营业和集体单位的食堂饮食卫生工作,切实贯彻执行饮食卫生有关规定。

21日 省委召开农业战线负责人会议。会议要求各地抢时间,争季节,适时全面地完成1963年早稻、棉花及其它作物的种植计划。会议由刘俊秀主持,彭梦庚等参加了会议。

22日 省政协第二届常委会第十七次会议在南昌举行。会议讨论二届委员会日常工作,通过人事事项。

22日 省委、省人委发出《关于国营农业企业领导管理体制的规定》。规定明确全省国营垦殖场、农场、水产养殖场实行省、专(行)、县(市)三极管理的办法,归省直接领导和管理的有九连山、八一、黄岗山、西山、大茅山、鄱公山、红星、旭光、武功山、德胜关、云山、井冈山、庐山、蚕桑、恒湖、新丰、饶丰、捉牛岗垦殖场和红旗农林试验场、宜春油茶试验场等20个场。

23日 江西省冶金厅地质勘探公司更名为江西省有色冶金勘探公司。

23日 省政协举办报告会,中国科学院学部委员陈凤桐应邀传达中央、国务院召开的农业科学技术规划会议精神。报告会于24日结束。

25日 省人委转发国家统计局《关于国务院各部门清理精简统计报表的报告》。南昌市人委指示各部门和统计局,对全市现行各种统计报表进行全面彻底的清理。

26日 省人委批转省编制委员会《关于农业机电排灌管理体制和机构编制问题的报告》。报告决定成立省农业机电排灌总站,负责办理机电排灌站勘测、设计、施工的技术指导和经营管理、设备订货、购销等工作。总站编制25名,由水电厅领导。

26日 历时7天的全省手工业合作社第二次社员代表大会闭幕。大会确定了今后的任务:集中主要力量办好手工业合作社,深入开展增产节约运动,面向农村,大力支援农业生产,并积极地为城乡人民生活、为工业建设和为出口需要服务。大会选举119人为省手工业社委员会委员,13人为省手工业合作联社理事会理事,沈衷为理事会主任。大会选举了13人出席全国手工业合作社第二次社员代表大会。

29日 全省城市财贸会议举行。会议就整顿城市集市贸易和打击投机倒把问题进行了研究与部署。

29日 省人委要求全省各地对境内测量标志进行一次检查,同时进行一次保护测标的宣传教育。

30日 省人委决定,自1963年起高等学校和中等专业学校毕业生的分配工作,仍交各级人事部门主管。

本月 进贤县文港等乡遭冰雹袭击,冰雹大的重达三四斤。

本月 南昌市物委办公室从经计委划出,归市工商局管理。

本月 省委宣传部派出工作组开展《全日制中学暂行工作条例》的实施试点工作。

本月 省轻化工业厅先后对江西棉纺织印染厂、兴中纺织厂、江西八一麻纺织厂、江西化学纤维厂、九江棉纺织厂5个直属企业进行了精简调整,停开细纱机纱锭99716枚,布机2070台,麻袋织机112台(168台停开两班)。精减职工9075人,为1960年职工总数的59.3%。

本月 省机械厅在《关于建立与恢复省地县三级农机研究所的请示报告》中提出在机械科研所基础上扩充100人,成立省农机研究所;恢复各专(行)区一级的农业机械研究所,人员编制15名到20名;在每个专区内选择一二个重点县,建立县一级农机研究所。

1963
5月
May

公元1963年5月							农历癸卯年【兔】					
日	一	二	三	四	五	六	日	一	二	三	四	五	六
			1 劳动节	**2** 初九	**3** 初十	**4** 青年节	**5** 十二	**6** 立夏	**7** 十四	**8** 十五	**9** 十六	**10** 十七	**11** 十八
12 十九	**13** 二十	**14** 廿一	**15** 廿二	**16** 廿三	**17** 廿四	**18** 廿五	**19** 廿六	**20** 廿七	**21** 廿八	**22** 小满	**23** 闰四月	**24** 初二	**25** 初三
26 初四	**27** 端午节	**28** 初六	**29** 初七	**30** 初八	**31** 初九								

　　1日　省人委发出《关于抓紧做好防汛抢险准备工作的指示》。指示要求各地认真吸取过去两年的水灾教训，克服盲目乐观的麻痹思想，从最坏处着想，向最好处努力，切实做好防洪抢险准备。

　　1日　全省大型电力排灌站——国营南新电力排灌站第一期工程完成，正式投入使用。该站位于南昌县蒋巷区，自1961年开始兴建。全部设备开动后，每秒钟可出水6吨。电灌站建成后，将使蒋巷区的南新、丰乐等4公社的4万亩农田摆脱旱涝灾害。

　　4日　省采茶剧团创作演出《五井之春》。中国作家协会江西分会、中国戏剧家协会江西分会联合召开《五井之春》座谈会。剧作者万马、张衍任，导演喻财宝，省采茶剧团的主要演员和文艺工作者约30余人出席。

　　7日　省委组织部、农工部、省人事厅、农垦厅联合通知，从八一、九连山、武功山、恒湖、云山、鄱公山、德胜关、井冈山、西山、蚕桑、黄岗山、新丰、红星、大茅山14个省属场调出干部1858人，分配到赣南、吉安、宜春、抚州、上饶、九江等地工作。

　　7日　省人委召开全省木、竹生产和调动电话会议。副省长彭梦庚等到会讲话。截至4月底，全省木材、毛竹上调仅完成上半年计划的20.7%和40.4%。会议指出，当前木、竹生产，必须以开展增产节约运动为动力，以加强水运为中心，组织一切力量，在五六月，最迟7月间，将现存小溪、小河的木、竹全部运出，以供国家需要。

国营大茅山综合垦殖场花桥分场各林场生产的大批毛竹梢，准备运往上海等地

155

11 日 省委召开农业战线有关部门负责人会议,讨论和部署当前农村工作,由刘俊秀主持。会议指出,在完成和超额完成早稻、棉花等作物种植计划的基础上,抓紧搞好田间管理,是争取早稻、棉花及其它农作物丰收的中心一环。

临川县华溪公社华溪大队第五生产队种植的早稻,由于田间管理扎实,已全面耘禾四遍,禾苗生长良好。图为社员在点草木灰,防止禾苗倒伏

15 日 省人委根据外贸部关于"基地适当集中,保留重点"的精神,下达《关于一九六三年调整出口商品生产基地规划报告的批复》,同意建立生猪和其他农副土特产品出口基地 26 个。

16 日 萍乡市发出关于试行《萍乡城镇公有土地管理租赁实施细则》、《萍乡市公有房地产租金减免细则》、《萍乡市私人房屋租赁管理实行办法》3 个文件的通知。

17 日 彭梦庚会见日本国民救援会第三次访华代表团全体成员,并与客人共进晚餐。

18 日 省人委根据国务院关于认真提倡计划生育的指示精神,决定成立省计划生育指导委员会。方志纯任主任委员,吕良、邓子华任副主任委员,办公室设在省卫生厅。

18 日 省人委第二十九次会议通过《关于加强全省各级水土保持委员会的决定》,水土保持办公室和兴国县水土保持研究所的机构、编制人员及水土保持经费全部划给农垦厅。

18 日 日本国民救援会第三次访华代表团一行 5 人在结束了为期两天的参观访问后离开南昌。在南昌期间,代表团一行参观访问了八一起义纪念馆、革命烈士纪念堂和小蓝公社等地。

21 日 巴西里约热内卢巴中文协会副主席恩利盖·奥埃斯特和夫人、教育家保拉·莫阿西尔来南昌参观访问。访问历时 3 天。

22 日 省委批转统战部《关于在增产节约和"五反"运动中有关对待党外人士若干问题的意见》,确定在各级政协、民主党派、宗教团体等机构内,原则上不搞"五反"运动,对党外代表性人物只组织进行"五反"学习。

23 日 省人委发出《关于加强全省各级水土保持委员会的决定》。决定成立省水土保持委员会,彭梦庚为主任,陈志诚、李玉为副主任。委员会下设办公室于省农林垦殖厅。赣南行署、各专署、庐山、井冈山管理局和水土流失现象严重的县,均应建立和健全水土保持委员会,指定一个行、专、县主要负责人认真抓好这项工作,并配备一定数量的专职干部办理日常事务。

24 日 省市政协在中山堂联合举行报告会。刘俊秀作关于发展农业生产问题的报告。参加报告会的有省市各民主党派、省市工商联等单位负责人、部分省市人民代表共 800 余人。

24 日 景德镇人民广播电台停播(1965 年 10 月 1 日恢复播音)。

30 日 中央政治局委员、华东局第一书记柯庆施由刘俊秀陪同视察金溪县浒湾公社火箭生产队,并同正、副队长丁长华、丁延筹交谈。

31 日 由奈特·克耳德率领的新西兰共产党代表团一行 5 人,从广州赴杭州途经南昌,黄知真到机场迎送并设宴招待。

31 日 团省委在"六一"国际儿童节前表扬了夏梦淑、胡有仁等 285 名优秀少先队辅导员。

本月 省卫生厅制定《一九六三年至一九七二年江西省医学科学研究规划重点项目》,共 12 项 120 个研究课题。

本月 省交通局派出以专家组副组长刘春义为首的工程技术人员 50 人,参加由中国无偿援助修建加德满都至科达公路的测设和施工,公路线长 104 公里。

本月 江西省农业机械学会成立,李德友任理事长。

本月 安义、靖安与永修、德安等县公安局联合破获一起反动会道门"一贯道"案。1960年,以杨熙寿为首串联劳改释放的点传师徐水莲、王兰英等人,先后串联、发展道徒253名,涉及江西、湖北两省13个县市。破案时,缴获"功德证"(派令)、"经书"、"花名册"等罪证415件,依法逮捕罪犯23名。

本月 教育部和劳动部在江西联合召开城市职业教育座谈会。

本月 省水利电力厅制定《沿江滨湖圩区电力排涝规划》,报经国家计委批准。主要内容为:(一)在五河下游及滨湖24个县,增加10.08万千瓦电力排灌装机;(二)架设以农电为主的110千伏输电线105公里(由南昌罗家集经进贤、余干至波阳珠湖山)和35千伏输电线514公里,6千伏~10千伏输电线342公里;(三)建成后,灌田387万亩,排涝206万亩;(四)工程造价1.5亿元。以上规划到1970年基本实施。

本月 省计划委员会决定对各专(行)署一级以抓农业为主,不直接管工业企业,各专(行)署直属工厂统转为省工业主管部门直属。省机械厅先后接收赣东北农机修配厂、鹰潭机床厂、吉安农机厂、九江专区农机厂、宜春专区农机厂、庐山通用机械厂等。

1963

6月
June

公元 1963 年 6 月							农历癸卯年【兔】					
日	一	二	三	四	五	六	日	一	二	三	四	五	六
						1 儿童节	**2** 十一	**3** 十二	**4** 十三	**5** 十四	**6** 芒种	**7** 十六	**8** 十七
9 十八	**10** 十九	**11** 二十	**12** 廿一	**13** 廿二	**14** 廿三	**15** 廿四	**16** 廿五	**17** 廿六	**18** 廿七	**19** 廿八	**20** 廿九	**21** 五月大	**22** 夏至
23 初三	**24** 初四	**25** 端午节	**26** 初六	**27** 初七	**28** 初八	**29** 初九	**30** 初十						

1 日　共青团江西省第六次代表大会召开。杨尚奎、刘俊秀、白栋材、刘瑞森、郭光洲、黄先、黄知真、罗孟文等出席开幕式。周振远作《高举毛泽东思想伟大红旗，提高青年的无产阶级觉悟，增强团的战斗力，为争取社会主义建设的新胜利而奋斗》的报告。大会着重讨论了对青年加强社会主义和共产主义教育、阶级和阶级斗争教育的问题，确定了今后全省团的工作任务，选举周振远、王显文、王天德、宋喜明、蒋金山等49 人为共青团江西省第六届委员会委员，王武昌等 17 人为候补委员。选举黄天泽、周振远、丁长华等 68 名代表出席共青团全国第九次代表大会。

共青团江西省第六次代表大会主席台

省委负责人接见出席共青团江西省第六次代表大会的全体代表

表扬了 392 个青年先进集体，630 名青年先进人物和 148 名优秀团干部。大会于 10 日结束。

3 日　省财政厅发出通知，在省财政系统开展增产节约和"五反"运动的同时，继续开展红旗竞赛运动，进一步调动干部的积极性，全面完成 1963 年财政工作任务。

3 日　省人委转发国务院《关于调整工商所得税负担和改进征收办法的试行规定》，根据限制个体经济，支持集体经济的精神作出 4 条补充规定。

3 日　省人委批转省财政厅《关于改进集市交易税征收办法和全面升征集市交易税的报告》，同意在全省集镇升征集市交易税。

4日　省委办公厅批复：同意省地质局所属各地质大队党的关系由地方党委和地质局党委双重领导，以地方党委领导为主。

5日　省煤管局党组对"二五"期间基建方面重大浪费进行检查：全省停建工程项目投资共4175万元，其中完全不能利用的占1813万元；报废工程项目投资共6046万元，其中省属以上煤矿开办的小井工程报废2254万元。两项合计占同期国家投资的30%。1961年和1962年，由于对"八字"方针的贯彻执行不够坚决，许多该下马的工程未能及时下马，又多用去投资857万元，其中不能收回利用的达735万元，占同期国家基建投资的10%。

5日　省人民银行颁发《驻厂信贷员工作的暂行规定〈试行草案〉》，要求各地试行。

5日　《江西日报》报道，东乡钢铁厂年产万吨磷肥车间投入生产，产品质量符合规定标准。1962年下半年该厂将一座炼铁高炉进行技术改造，试验生产钙镁磷肥。改造仅稍微充实某些烘干、粉碎设备，比新造一座年产万吨的化肥厂，节约20余万元开支。

5日　省委、省人委发出《关于共产主义劳动大学经费问题的通知》，规定今后共产主义劳动大学总校和分校编制内的教职员工和教育行政费用，全部由国家开支，生产流动资金，由财政厅从中央下拨的1000万元农垦企业流动资金中拨给150万元。

7日　省委、省人委批转省计委党组和省计委《关于进一步调整工业企业的报告》，将南昌钢铁厂留守处正式划开，留守处归南昌钢厂领导。

8日　省人民银行颁发《信贷管理若干问题的规定》，决定实行"集中统一，分口分级管理"的贷款指标管理原则。

11日　印度尼西亚共产党代表团一行5人来赣参观访问。

13日　《江西日报》报道，省委、省人委召开共产主义劳动大学第九次会议。刘俊秀主持会议并作报告。会议要求共产主义劳动大学坚定不移地继续贯彻党的"教育为无产阶级政治服务，教育与生产劳动相结合"的教育方针和省委提出的"勤工俭学，半工半读，学习与劳动相结合、政治与业务相结合"的办学方针，切实加强政治思想工作，努力提高教学质量，搞好生产基地，办好学校，为建设社会主义山区和为人民公社培养又红又专的农业、林业、畜牧业等方面的技术人才。

13日　在北京举行的全国射击冠军飞碟射击比赛中，江西省22岁的飞碟射击运动健将宋玉水，以300个碟靶命中285个的优异成绩，荣获冠军。

15日　省委统战部就加快做好右派摘帽工作进行部署。此后，全省被摘掉右派分子帽子的有406人。

15日　省人委转发国务院《关于长期保护测量标志的命令》和《保护测量标志宣传提纲》。

15日　省委召开三级干部会议，传达华东局书记处书记扩大会议精神，讨论、贯彻5月20日中央发布的《关于目前农村工作若干问题的决定〈草案〉》（简称《前十条》），调整社教运动的部署。会议于7月3日结束。

17日　省人委通知，标准级皮棉收购价每百斤由84元调高到91元，恢复预购合同，发放预购定金。同时，调整奖售政策，每收购100斤皮棉，奖售粮食15斤，化肥70斤，布票20尺，每收购超产棉1担，奖售相当于担棉价格40%的物资。

17日　省检察院召开分、市检察院检察长会议。会议总结5个月来全省检察工作，研究和部署今后工作任务。并着重研究检察机关保卫夏收夏种，以及开展"五反"运动等问题。会议于23日结束。

18日　省人委召开紧急会议，研究防汛抢险工作。同时通知各地集中力量，投入抗洪抢险。

20日　凌晨，驻赣空军某部截击机大队副大队长王文礼，在临川县上空击落台湾国民党空军P₂V飞机1架，机上国民党军"技术研究组"少校作战处长周以栗等14人毙命。抚州军分区组织5万余名民兵搜索飞机残骸与敌尸，搜集到飞机零件及碎片 1400 多块，摄影胶卷一部，敌尸 14 具。

20 日　省人委批转省教育厅《关于有重点办好一批全日制中小学的意见》。

21 日　省人委成立省调整工资办公室，省劳动局副局长朱明任主任，省人事局副局长姜竹轩任副主任，下设计划统计、工资、秘书 3 个组，抽调干部 20 人到 25 人。

21 日　省委任命赵明德为江西日报社总编辑。

22 日　林业部向南方省（区）林业厅（局）转发江西省农林垦殖厅次生林抚育改造座谈会会议纪要。

25 日　省委批转《关于龙南县部分社队的"单干风"尚未制止的调查报告》，要求各地迅速制止包产到户的做法。报告指出龙南县 323 个生产队经济作物实行包产到户，占生产队总数的 11%；全县有一半生产队，对固定副业劳动力采取包产到人的做法。

25 日　省人委转发总参谋部测绘局第一办事处《关于测量战标、标石被破坏的报告》。报告指出：上高、靖安、高安等地的永久性测量标志，连续遭到破坏，影响了国防建设事业的进行。希宜春专署、上高、靖安、高安县人民委员会从速查明情况，进行处理，并将结果上报。

26 日　省教育厅发出分期分批试行全日制中小学工作条例的通知，确定 40 所中学、266 所小学第一批试行。

26 日　水电部批复《江口水利枢纽工程补编扩大初步设计》，同意继续进行工程补强和提高设计标准。在施工安排方面，应首先集中力量进行枢纽补强工程，力争 1964 年汛前达到防御 300 年一遇洪水的标准。在主体工程未彻底补强加固以前，不宜装机蓄水发电。

27 日　省委、省人委发出《关于共产主义劳动大学若干问题的指示》。

27 日　省电影公司在南昌召开各专区电影公司经理会议，贯彻执行中央、省体制会议精神，

研究专、县电影管理机构范围，讨论当前农村电影发行的放映工作。会议于 29 日结束。

29 日　省政协、省历史学会联合举行报告会。省委常委、副省长、省政协副主席黄霖在会上作《关于发扬党的光荣革命传统，学习毛泽东思想，加强世界观改造的报告》。出席会议的有在昌的省政协委员、省人民代表、各民主党派省委委员以及历史学界人士共 800 多人。

29 日　国家测绘局同意《江西省地图集》样本为秘密级，分发范围为县级以上党政机关、大专院校。图集出版后，送国家测绘局资料馆备存。

30 日　余干县经过 5 年 10 次的全面复查，宣布消灭血吸虫病。

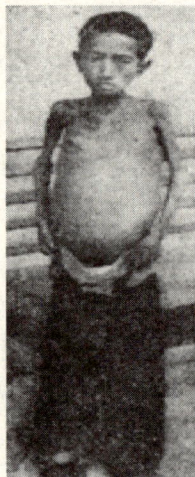

保存在余江县血吸虫病展览馆"悲惨的过去馆"的照片

本月　经过试行，省电业管理局决定在局系统正式实行人事工资方面的 8 项制度。

本月　国家计委批准，建设犹江（上犹、崇义）、遂川、靖安北河、奉新西北部阵大林区。

本月　省民政厅接收内务部拨款 40 万元，补助南昌、景德镇兴建殡仪馆、火葬场。

本月　江西省红壤试验站成立，站址设在进贤县张王庙。

本月　省委通知撤销新余市，恢复新余县，重归宜春专区管辖。

本月　省委部署在全省进行社会主义教育运动。1965 年 1 月改称"四清"运动。

本月　省机械厅将县农机修造厂及厅农具改良修理处划归省农业厅领导。

本月　东乡磷肥厂成功地将 1 台直径 1.3 米、容积 13 立方米的闲置炼铁高炉，改造成为年产 3 万吨钙镁磷肥的热风腰鼓型高炉。

本月　省科委编制《一九六三年至一九七二年江西省科技发展规划（草案）》。

1963

7月
July

公元 1963 年 7 月							农历癸卯年【兔】						
日	一	二	三	四	五	六	日	一	二	三	四	五	六
	1 建党节	**2** 十二	**3** 十三	**4** 十四	**5** 十五	**6** 十六	**7** 十七	**8** 小暑	**9** 十九	**10** 二十	**11** 廿一	**12** 廿二	**13** 廿三
14 廿四	**15** 廿五	**16** 廿六	**17** 廿七	**18** 廿八	**19** 廿九	**20** 三十	**21** 六月小	**22** 初二	**23** 大暑	**24** 初四	**25** 初五	**26** 初六	**27** 初七
28 初八	**29** 初九	**30** 初十	**31** 十一										

1日 南昌市新建成的人民公园及动物园正式对外开放。

1日 井冈山革命博物馆开馆。经过4年建馆筹备，共分6个陈列室，展出各种图表、图片100多件，文物200余件，各种大型模型和艺术作品数十件。

4日 社会主义教育展览会在南昌市工人文化宫开展。展览会上展出了大批实物、照片、图表和史料。展出前后，郭光洲等省市领导先后参观了展览会。

5日 省人委发出通知，要求各地做好夏收

鞍山第二拖拉机队的职工在国营邓家埠水稻田翻地，帮助抢种二季晚稻

夏种物资供应工作。各级农业生产部门和供销社要立即检查农具库存，把适用于夏收夏种的各种竹、木、铁农具迅速运到基层市场，敞开供应；对资源不足的，要组织手工业合作社赶制；对夏收夏种农具，要有计划地开展余缺调剂；在做好生产资料供应的同时，积极做好生活资料的供应。

9日 省人委和煤炭工业部批复，同意成立省煤管局地质勘探公司和地质测量处。

9日 《江西日报》报道，省科学工作委员会、省科学技术协会最近召开了各专（市）和部分县、厂矿的科委、科协负责人会议，传达贯彻全国农业科学技术普及工作会议精神，研究和部署这方面的工作。会议认为，科学技术普及工作的任务，主要是以"农业八字宪法"为中心，为实现农业发展纲要和农业技术改革服务。首先要普及当前迫切需要掌握的科学技术，因地制宜地推广普及科学技术研究成果，广泛传播和传授现代科学技术知识。

11日 省公安厅召开安义、吉安、乐平、瑞昌、宜春、崇仁、宁都、新余等8县市参加社

会主义教育运动试点的公安局长、教导员座谈会，分析当前阶级斗争情况，研究社教运动中的公安保卫工作。

13日 当晚，省体育馆举行有工人、农民、战士、干部、学生4000余人参加的群众歌咏大会，省市党、政、军和工、专、轻的负责人参加了活动。有关单位的业余文艺爱好者演唱了《雷锋大合唱》、《淮海战役组歌》、《东方红》等20几首歌曲。

13日 农垦部批复同意恒湖等13个垦殖场扩建计划，面积为12.27万亩，投资2457.44万元，包括基本建设，流动资金和安置2.76万人的全部经费，要求将13个垦殖场一次建成，不再增拨投资。将新洲、官湖、信丰3个场定为缓建。

15日 省、市归侨在中山堂集会，拥护中国政府抗议美国U-2飞机侵犯中国领空，并庆祝击落美制U-2间谍飞机的重大胜利。

17日 日本民主同盟前总书记由广州来南昌、萍乡、井冈山、瑞金等地参观访问。访问于31日结束。

19日 化工部橡胶设计研究院日前首次研制出3种型号的丰收型拖拉机水田高花纹轮胎，安排在江西试用，效果很好。随即在全省农村推广使用。

20日 省人委批转省商业厅《关于在国营农场、垦殖场设置商业机构和人员问题意见报告》。

21日 省供销社印发《关于基层供销社社会主义教育试点工作计划提纲》。提纲决定由铅山、清江两县各选择一两个基层供销社进行社会主义教育试点，试点时间1个半月，分四步进行。第一步调查研究；第二步学习文件，"洗手洗澡"，揭露问题，"放包袱"；第三步发动群众，清账目，清财物，清仓库，清资金（简称"四清"），帮助干部进行整改；第四步研究处理问题，巩固运动成果，改善经营管理，掀起支农高潮。

22日 省人事局在南昌召开全省工资工作会议。会议讨论劳动工资进行指标分配、调整工资的办法、改进工资制度的问题。会议于8月7日结束。

24日 省人委批转人事局《关于大专毕业生的工作调整和管理问题的报告》，开始对所学专业与实际工作不一致的大专毕业生进行调整。

25日 省劳动局、省财政厅联合通知：税务部门的助征人员按临时人员性质纳入工资管理，实行定额标准工资。

27日 省军区革命传统教育报告团成员叶长庚少将向省公安厅全体干部作题为《学习毛主席人民战争思想，发扬人民军队优良作风》的报告。这个报告团共有60余人，将深入基层，以自己的经历和体会，宣扬毛泽东的人民战争思想，介绍我军英勇顽强、艰苦奋斗的作风，配合当前的社会主义教育运动，向干部和群众进行思想教育。

30日 著名画家丰子恺和作家、艺术家一行40余人日前游赣，凭吊抚州汤显祖故居"玉茗堂"遗迹。

31日 省农业厅从宜春、上饶、吉安专区聘请一批种植红花绿肥能手，去赣南辅导红花草种植技术。

31日 当晚省市各界在南昌剧场举行拥军优属、拥政爱民联欢会，庆祝建军36周年。省委第一书记杨尚奎、副省长潘震亚、省军区领导邓克明、叶长庚、孔令甫、彭定千及南昌市有关领导出席。

本月 水电部先后批准高安上游、宜春飞剑潭、波阳滨田、丰城紫云山4座大型水库设计任务书。飞剑潭水库是一座能灌溉5.5万余亩稻田

修建中的飞剑潭渡槽

大型水库。为了更进一步发挥其灌溉效能，全县人民正在金瑞区段兴建一座长达380米、高达28米的钢筋水泥渡槽。该渡槽建成后，灌溉总面积将达15.3万亩。

本月 在第四机械工业部召开的全国电子工业计划会议上，南昌无线电厂被列为三管半导体收音机的试产单位。会后，从石家庄四机部直属十七所引进样机，四机部为此项目拨款3万元作试制费。

本月 鸣山煤矿立井在基建施工中由于官山沙岩裂隙渗水被淹，技术人员采用止水垫方法止水成功，恢复施工。

本月 江西省家畜血吸虫防治组成立。

本月 自下旬开始，萍乡市73天未下雨，河水断流，河床可行人，城市居民用水紧张。

本月 景德镇市路灯管理所引进瑞士钟表式定时开关，实现路灯开关自动化。

本月 吉安汽车运输分局的一辆客运班车在安福坠落于严田大桥下，死11人，重伤12人，轻伤14人。

本月 省编委同意省建工局技术定额站改为事业编制，列入事业经费开支，定员11人。

本月 重新成立江西省建筑工业科学研究所，为事业单位，承担全省建筑业生产试验及科学研究任务，人员编制暂定30名，所需经费由国家财政拨给。

本月 省机械厅在南昌进行铸造生产专业化试点，省属企业撤销江东机床厂铸锻车间，将设备人员并入江西铸锻厂。南昌市机械局将南昌市农机厂的铸锻车间并入南昌铸造厂。到1964年由于体制、技术及管理跟不上，造成生产困难而流产。

本月 轻工业部下达《关于当前轻工业生产工作的指示》，要求加强调查研究，增产适销对路品种；加强技术管理，提高产品质量；加强经济管理，扭转亏损，合理安排轻工业布局。

南昌油脂化工厂今年各种食油的产量与1962年同期相比增长43.2%。图为大批待运出厂的芝麻油

本月 省委组织农业企业社教试点工作队进驻蚕桑场开展社教工作。工作队由省委农村工作部副部长尹志进、省农林垦殖厅副厅长马朝芒负责，并从各省属场抽调一批干部参加试点工作，以取得经验，训练干部，为各场开展社教运动做好准备。

本月 全省各地连降大雨，暴雨中心在赣江流域，赣江下游汇成特大洪峰。

1963

8月
August

公元 1963 年 8 月							农历癸卯年【兔】						
日	一	二	三	四	五	六	日	一	二	三	四	五	六
				1 建军节	**2** 十三	**3** 十四	**4** 十五	**5** 十六	**6** 十七	**7** 十八	**8** 立秋	**9** 二十	**10** 廿一
11 廿二	**12** 廿三	**13** 廿四	**14** 廿五	**15** 廿六	**16** 廿七	**17** 廿八	**18** 廿九	**19** 七月大	**20** 初二	**21** 初三	**22** 初四	**23** 初五	**24** 处暑
25 初七	**26** 初八	**27** 初九	**28** 初十	**29** 十一	**30** 十二	**31** 十三							

1 日 省委发出《关于迅速健全档案工作机构的通知》，要求各级党委切实加强对档案工作的领导、监督和检查，凡是没有恢复和建立档案机构的，应尽快恢复或建立起来，并按省编委规定的编制配齐干部，以利于档案工作的开展。

1 日 省人委批转省商业厅《关于肉食品、煤炭、蔬菜等经营管理实施方案》，规定蔬菜实行全年经营、淡旺季都管、管粗不管细的方针。

2 日 省委召开农业生产紧急会议。会议由杨尚奎主持，参加会议的有刘瑞森、黄先及省直机关各有关部门负责人。会议要求各地在 1963 年早稻普遍丰收和夏收夏种取得很大成绩的基础上，

新建县望城岗公社省庄大队晚稻长势超过 1962 年

加快夏收夏种进度，尽可能扩大二季晚稻和秋季杂粮作物面积，完成种植计划。会议于 3 日结束。

2 日 省委发出《关于在处理超规定自留地中严格纠正拔青苗问题的通报》，要求制止强行收回社员群众超过规定的自留地、开荒地和"十边地"的做法。

6 日 省政协召开座谈会，座谈中国政府《关于全面、彻底、干净、坚决地禁止和销毁核武器的声明》。

7 日 朝鲜拥护和平全国民族委员会和朝鲜亚洲团结委员会代表团一行 4 人，结束了在江西省为期 5 天的访问，在团长金重熏的率领下离开江西。在赣期间，杨尚奎会见了代表团全体成员，同他们进行了友好的谈话，并设宴招待他们。该团成员参观了八一起义纪念馆，访问了老革命根据地井冈山。

7 日 杨尚奎视察南昌县小兰公社。他对干部群众说，1963 年这样的好年景，应当尽最大努力增产一些粮食。要争时间，争面积，争产量，争超计划，发动群众多种，除了扩种粮食作物，还要尽可能多种其他小杂粮；同时，要搞好其他

小兰公社电力灌溉面积达到 95%，为实行精耕细作，扩大复种面积，提高单位面积产量提供了有利的条件

多种经营，发展集体副业生产。

8 日 省政协第二届常委会第十八次会议在南昌举行。会议审议通过学习委员会关于各界人士继续进行爱国主义、国际主义和社会主义思想教育的安排。

11 日 《江西日报》报道，1963 年全省新建一批机电排灌站。由国家投资兴建的 84 个大型抽水机站中，已经建成 58 个站，装机容量为 7060 匹马力；由集体负责兴建的 550 个中、小型抽水机站中，有 413 个站已建成完工，装机容量为 19110 匹马

南昌县蒋巷区 3200 千瓦变电站

力。全省还新建了电力排灌站 115 站，共 7500 千瓦。这些新建机电排灌工程，使受益面积达 40 余万亩。

12 日 省编制委员会同意省档案馆定编 20 人，其中增拨事业编制 10 人，在省档案管理局现有行政编制调剂 10 人。

12 日 省人委决定，以南昌县农业机械化实验站为基础，成立江西省农业机械鉴定站，由省农业厅直接领导。

12 日 省委召开农业生产会议。杨尚奎主

持会议。参加会议的有刘俊森等省领导及省直机关各有关部门负责人。会议号召各地抓紧雨后有利时机，抢种红薯和秋杂粮；开展秋田管理，尽量提高单位面积产量；合理安排劳动力，发展集体副业生产，搞好夏收预分，认真进行社会主义教育，提高社员群众的积极性；力争 1963 年农业全面丰收，为 1964 年生产做好充分准备。

16 日 省编制委员会同意全省水文气象事业机构编制由 1157 名增加到 1237 名，从 8 月份起执行。

16 日 江西化学纤维厂化纤车间基建安装工程竣工。投料试车生产出第一批人造棉，经检验产品合格。原停开的棉纺织机陆续复工，试产出纯黏纱、棉黏混纺布，填补了全省的空白。

16 日 应中国拉丁美洲友好协会邀请来我国访问的巴西、朝鲜文化协会代表团约赛·杜阿尔持与露伊·莎蒂可奥卡一行 2 人，结束了在江西的参观访问后，离开南昌去上海。客人在赣期间，参观了八一起义纪念馆，访问了井冈山和瑞金。

18 日～9 月 17 日 《江西日报》连续发表 7 篇论争取晚稻增产和农业全面大丰收的社论。

20 日 省人委、省军区发出关于在全省进行测量标志检查的联合通知。检查过程分为：准备阶段（9 月 6 日～9 月 15 日）、检查阶段（9 月 16 日～10 月 10 日）、总结阶段。（10 月 11 日～10 月 15 日）

21 日 省政协召开全省社会主义院（校）教学工作经验交流会。会议于 28 日结束。

21 日 1962 年被洪水冲毁的南昌市抚河桥重建竣工。该桥为永久性装配钢筋混凝土桥，6 孔，全长 133.5 米，宽 13.5 米，投资 103 万元，建于东桥原址。

21 日 省委召开赣南区党委、各地（市）委书记电话会议。黄知真作《继续深入开展社会主义教育运动》的报告。会议指出：全省已有 153 个农村人民公社开展社教试点工作，参加试点工作的干部达 7044 人，为继续开展社教运动

摸索了经验，培养了队伍。会议要求用2年半至3年的时间，全面完成全省农村社教运动。

22日　省人委批转省教育厅《关于地区性干部、职工业余学校的情况和意见的报告》。

22日　省人委第一百四十七次省长集体办公会讨论并通过测绘管理处关于婺源县与安徽接壤地区一段省界划法问题的意见，即休宁、屯溪西南段省界南移。

23日～24日　杨尚奎视察了全国植棉模范江善讲领导的彭泽县棉船公社江心大队。这个大队大面积植棉连续6年亩产皮棉超百斤。杨尚奎赞扬江心大队服从国家需要，克服种种困难，从无到有发展棉花生产，树立了棉花大面积高产的旗帜。

杨尚奎（左一）在全国植棉模范江善讲（右一）陪同下，到江心大队田间视察棉花的生长情况

24日　《江西日报》报道，1963年全省高等院校毕业生达4400余名，是江西有史以来最多的一年。其中有1300多人分配到中央企业单位和省外工作，有3100多人留在省内工作。

26日　省委从省级机关各部门抽调75名干部，组成9个农业生产检查组，赴赣南行政区和宜春、上饶、吉安、九江各专区农村，协助各地广泛深入开展秋田管理检查评比活动。出发前，刘俊秀向检查组全体成员作了报告。

26日　省检察院召开分、市检察院检察长和部分参加社会主义教育运动试点的县检察院检察长座谈会，研究为社会主义教育运动和"五反"运动服务问题。座谈会于30日结束。

26日　省高级人民法院召开全省各中级人民法院院长会议。会议学习和研究省政法领导小组《关于在社会主义教育运动中深入开展对敌斗争，坚决打击反革命复辟活动的意见》，明确社会主义教育运动中司法工作的任务、政策和做法。会议于9月2日结束。

27日　省人委批转省扭亏增盈领导小组关于上半年扭亏增盈情况的报告。报告要求各地区部门结合增产节约和"五反"运动，加强领导，严格掌握省下达的亏损指标，防止突破，并力争结余。

28日　南昌市人委决定重新划定南昌港区。

29日　省政协召开座谈会，声援越南人民反美爱国的正义斗争。

30日　向九线杨柳津铁路大桥由于载重等级低，使用59－130型架桥机换梁，当日竣工，创造建筑史上使用架桥机换梁先例。该工程由向塘桥隧队施工，换梁后载重等级提高到中－26级。

本月　省农科院特级研究员、彭泽县植棉劳模徐积连培育出6株"棉花王"，由国家农业部选送阿尔及利亚、巴西等国际博览会展出。

本月　省委召开全省工交企业增产节约运动工作会议。白栋材主持会议并作报告。会议对运动总的部署作了适当调整，将整个运动时间适当延长，运动各个阶段的时间也作了相应调整。会议要求全省工交部门和工交企业的职工，集中力量搞好增产节约运动，切实提高产品质量，降低成本，增加盈利，追赶全国先进水平，力争全面完成或超额完成国家计划。

本月　省农林垦殖厅干部训练班第一期开学（地址设在昌北新牛街一号），培训会计人员86人。结业后，分到各专区进行业务辅导。"文化大革命"前不久，这批人员下放到辅导所在地工作。

本月　九江港机械化煤码头正式投产，设计年吞吐能力为60万吨。

本月　中国驻突尼斯大使申健视察江西第一化学纤维厂。

1963
9月
September

公元 1963 年 9 月							农历癸卯年【兔】						
日	一	二	三	四	五	六	日	一	二	三	四	五	六
1 十四	2 十五	3 十六	4 十七	5 十八	6 十九	7 二十	8 白露	9 廿二	10 廿三	11 廿四	12 廿五	13 廿六	14 廿七
15 廿八	16 廿九	17 三十	18 八月小	19 初二	20 初三	21 初四	22 初五	23 初六	24 秋分	25 初八	26 初九	27 初十	28 十一
29 十二	30 十三												

2日　南昌市富大有堤青山涧、鱼尾闸改建工程开工，次年4月25日竣工。

2日　按国务院《关于调整工资区类别和生活费补贴的通知》精神，南昌、萍乡和大吉山钨矿、萍乡煤矿等，由三类工资区调整为四类工资区，全省其他各地市区均调整为三类工资区。

2日　省人委人事局向省委、省人委呈报《关于干部精减工作情况的总结报告》，3年来全省共精减下放与调整干部8万余人，精减下放和处理干部5.1万余人，调整干部2.9万余人。

5日　江西省煤管局地质勘探公司成立，下辖一九五、二二三和水文3个队。

7日　《江西日报》报道，全省1963年新建和扩建16个滨湖地区国营垦殖场、农场。这些垦殖场、农场，是1962年冬天省委、省人委决定兴建的，经过一冬春，围垦滨湖洲地13万余亩，成为国家粮食和经济作物的商品生产基地。

7日　南昌至莲塘公路试铺沥青路面。

9日　省农林垦殖厅、财政厅、公安厅向省人委提出了在重点林区建立森林公安派出所和配备国有林护林员的请示报告。

9日　省人委下发《关于国家行政机关工作人员牺牲病故其直系家属的生活困难补助的通知》。

10日　省人委转发国务院《关于改进社会集团购买力审批手续的通知》。通知规定个别单位确实需要购买控制购置的物品由省人委委托省财政厅审批。

10日　省妇联召开全省城市工作座谈会，着重研究加强对妇女的社会主义教育工作。座谈会于19日结束。

11日　《江西日报》报道，省委工交部近日发出通知，要求全省工交企业认真学习南昌建业染织厂的先进经验。该厂职工思想觉悟日益提高，先进队伍不断扩大，年年完成国家计划。通知要求各企业通过学习，进一步提高工人阶级觉悟，发扬无产阶级正气，促进增产节约运动的深入发展，保证国家计划的全面完成。

11日　金溪县浒湾公社丁家大队火箭生产队棉花大丰收，平均每亩收籽棉达600斤，全队已交售籽棉1.12万斤。中央新闻纪录电影制片驻江西的摄影师特地前去拍摄该队棉花丰收和社员热情交售爱国棉的盛况。

14日 《江西日报》报道，刘俊秀近日视察了赣北和赣东北7个重点产棉县——瑞昌、九江、彭泽、湖口、都昌、波阳、乐平。据7县初步统计，1963年棉花总产量超过包产的70.2%，超计划的48%。刘俊秀要求各县人民发扬爱国主义精神，完成和超额完成国家棉花收购任务，充分做好1964年植棉的各项准备。

全省农业先进集体、临川县洛湖公社棉花获得了大丰收，已向国家交售了4.4万斤皮棉，超额计划1.1万斤

各地农村社员向国家交售的新棉正源源不断运往城市支援纺织工业

17日 省编委和省人事局通知：省煤管局等9个厅局的物资管理工作统一交省物资局，编制与人员同时划归省物资局。

18日 省人委发出《关于在国庆节和中秋节前开展爱国卫生积肥运动的通知》。通知指出爱国卫生工作是移风易俗、增强人民健康的一件大事，必须人人动手，户户动员。并对城市集镇和农村分别提出了不同要求。

19日 省委批转省委宣传部《关于在中小学生中开展社会主义教育的意见》。

20日 《江西日报》报道，江东机床厂试制X六二W万能铣床成功，并已转入小批量生产。这种万能铣床，是具有现代化水平的工作机之一，可供金属切削加工使用，除能切削平面、槽等几何形状外，还可用来加工多种直点、斜点及螺旋点轮。

20日 省计委、省教育厅、省人委人事局转发教育部、内务部、国家计委拟定的《高等学校毕业生调配、派遣暂行办法》。

22日 省委批转省委政法领导小组《关于"五反"运动和社会主义教育运动中案件处理问题的请示报告》。省委指示：必须坚持"说服教育，洗手洗澡，轻装上阵，团结对敌"的方针，处理好人民内部矛盾。对于贪污盗窃分子，只要做到坦白交代，彻底退赔，洗手不干，也可以不按贪污分子论处，实行"一个不杀，大部不抓"。

23日 省人委批复省水利电力厅报告，同意将赣南、宜春、上饶、吉安、九江、抚州地区水文气象总站分别改为省水利电力厅水文气象局赣南、宜春、上饶、吉安、九江、抚州分局，行政上受厅直接领导，业务上由省局管理。

25日 省政协组织参观团，参观赣抚平原水利工程。

25日 江西省煤田地质勘探公司成立。

25日 全省外事工作会议在南昌召开。会议根据中央指示精神，结合当前外事工作情况，研究部署国庆期间外宾接待工作。会议于27日结束。

25日 《江西日报》报道，南昌柴油机厂已成为我国制造柴油机的重点工厂之一。它每年制造的柴油机在几万马力以上；产品品种包括二大系列、三大品种9个型号。生产的柴油

南昌柴油机厂装配车间工人在装配大批高速柴油机

机的共同特点是结构简便，起动灵活，操作方便。

26日 省供销社、省商业厅联合发出《关于经营高价卷烟问题的通知》。通知规定从10月份起，各地供销社不再经营高价卷烟业务，现存的高价卷烟可在原地按原办法继续销售。

截至目前，江西卷烟厂的烟叶收购量已比1962年多收4.8万余担，3个季度卷烟产量已完成年度计划的79.56%

27日 《江西日报》报道，国营江西蚕桑垦殖场建成一座现代化的丝绸联合工厂。该厂于1962年投入生产，拥有5个车间，投产仅一年零三个月，就生产出各种绸缎310万米。

28日 省人委人事局、省教育厅下发《关于试用人员转正问题的补充通知》，规定凡1961年6月30日前经教育行政主管部门批准长期代课、无中断、未签订临时合同的人员均办理转正手续。

28日 《江西日报》报道，全省国民经济全面好转，主要城镇节日肉副食品供应丰盈。据统计，南昌、景德镇等9个城镇在节日期间供应的各种副食品数量，普遍比1962年同期增加。猪肉供应比1962年同期增加了一倍至两倍，鱼类供应增加了50%～90%，蛋增加50%，各种家禽成倍增加。

29日 省人委批转省财政厅《关于对积蓄暴利在1000元以上的投机倒把分子补税和加成征税幅度的报告》。积蓄暴利在500元～1000元的补税和加成征收的税款最高为积蓄暴利的7%。

29日 省政协举办报告会。省政协副主席、省委宣传部部长莫循作《关于反对现代修正主义》的报告。

29日 《江西日报》报道，全省农村各种农业机械、机电设备日益增多，截至目前，全省已建立拖拉机站92个，农用拖拉机达2477标准台，服务面积约50万亩；农田机电排灌设备达1.03万多台，27万多马力，有效排灌面积430多万亩；高压输电线向农村延伸，总长达1290多公里。全省70%的人民公社，已经全部或部分用上了拖拉机、抽水机、碾米机等机电设备。

本月 江西籍著名画家傅抱石来江西视察深入生活。

本月 赣州专区档案馆成立。

本月 福州军区司令员皮定钧视察劳改单位江西第一化学纤维厂。

本月 全省棉花糖料工作会议召开，29县棉花、甘蔗生产负责人，国务院驻省棉花工作组和省、专（区）棉花组的成员、教授、专家、植棉能手到会。会议要求切实做好工作，为1964年棉花、甘蔗大丰收准备条件。

本月 省委连续3次向中央呈送《关于旱情报告》：1962冬至1963春，全省多数地区长期未下大雨，上半年的降水量比正常年景少1/3左右，7月、8月、9月雨量仍然偏少，许多大中型水库的蓄水量只及计划蓄水量的20%～30%，多数小型水库、水塘干涸，小河断流。截至9月18

日，全省晚秋作物受旱面积已达 1324 万亩，减产粮食 19 亿斤。据调查，抗旱费用最高的每亩达 30 元以上，一般的 15 元至 20 元，最低的 10 元左右。

本月 省供销社制定《江西省主要三类农副土特产品、废品统一安排、统一调度试行办法》，规定 12 类土特产品、12 类废品、3 类日用杂品，6 类干菜和调味品，由省供销社各经营管理处分别进行归口管理，委托行、专、市、县供销社经营。

本月 鹰潭饭店竣工。该饭店于 1960 年动工，共投资 100 余万元，建筑面积 8600 平方米，五层，600 个床位。由省综合设计院设计，鹰潭镇建筑工程公司施工。

本月 江西棉纺织印染厂新厂复工，到 10 月初全部投产（截至 10 月份，江西棉纺织印染厂进厂的新棉，比 1962 年同期增长 225.47%）。

大批新棉进厂

1963

10月
October

日	一	二	三	四	五	六	日	一	二	三	四	五	六
		1 国庆节	**2** 中秋节	**3** 十六	**4** 十七	**5** 十八	**6** 十九	**7** 二十	**8** 廿一	**9** 寒露	**10** 廿三	**11** 廿四	**12** 廿五
13 廿六	**14** 廿七	**15** 廿八	**16** 廿九	**17** 九月大	**18** 初二	**19** 初三	**20** 初四	**21** 初五	**22** 初六	**23** 初七	**24** 霜降	**25** 重阳节	**26** 初十
27 十一	**28** 十二	**29** 十三	**30** 十四	**31** 十五									

1 日　省市各界 6 万余人在八一广场举行集会和游行，庆祝建国 14 周年。杨尚奎、方志纯、刘俊秀、白栋材、刘瑞森等参加大会并检阅游行队伍。

游行队伍抬着马恩列斯巨幅画像昂步前进

1 日　江西大学举行大会，庆祝建校 5 周年。

化学系同学在做实验

方志纯等到会。至今，该校有学生 1700 多名，已为国家输送了两届共 900 多名毕业生。教师由 84 名发展到 339 名，专业设置包括政治教育、新闻、中文、教学、化学、生物 7 个系 8 个专业。

1 日　南昌市开始实行凭券不定点供粮办法。

1 日　余干县医药公司三塘药店经理陈新如参加江西省国庆观礼代表团，赴北京观礼，受到毛主席接见。

4 日　省商业厅、省供销社联合发出《关于作好工业品下乡，加强县级商品分配领导小组工作几项规定的通知》。通知规定成立县（市）级商品分配领导小组，由县长领导，县计委，县商业局、县供销社等部门参加，组成分配办公室，负责商品分配工作。

4 日　《江西日报》报道，全省 147 个国营良种示范繁殖场为国家繁殖了大批各类良种，起到了良好的示范作用。据统计，10 多年来，各场培育繁殖的水稻、棉花等作物良种共达 2 亿多斤，推广示范遍及全省各地及湖北、四川、广东、浙江等 13 个兄弟省，其中"南特号"、"莲塘早"等水稻良种，已列为向国外交换的优良品种。

5日　省卫生厅制发《关于提倡晚婚和计划生育的若干规定（试行）》。

7日　省农林垦殖厅在南昌召开国营垦殖场农机工作会议。会议总结5年来的农机工作经验，研究和提出进一步加强农机管理和今后两三年进行全面整顿的意见。会议于12日结束。

7日　省地质局第一届地质资料工作会议在南昌召开。会议讨论了建立、健全地质资料的收集、立卷、入库等管理办法。

8日　省人委发出《关于切实抓紧工商企业收入和全部财政收入，严格控制支出的紧急通知》。通知分析了下半年以来财政收入进度逐月下降的原因，要求采取有效措施，力争把全年财政收入任务完成得更好一些。

10日　省人委批准省民政厅、省建工局《关于住用城镇公产房屋租金减免意见的报告》。

10月　由国家城市规划研究院、省建工局、南昌市计委、城建局组成联合工作组，修订南昌市城市总体规划，次年2月完成。

13日　《江西日报》报道，万年县农业技术员顾耕，经过5年实验，选育出优良小麦新品种"万年二号"。此品种是在"南大二四一九"

不倒伏、无锈穗"万年二号"小麦与地方良种——"洋小麦"、"和尚头"对比情况

品种内培育出来的，它克服了原种的缺点，具有产品高、品质好、耐涝、耐肥、抗倒伏、抗病虫害、种子休眠期长、分蘖力强、粒大粒多、粒重及适应性强等特点。中国农科院已同意"万年二号"参加全国小麦良种区域试验，确定在浙江、安徽、湖北、四川4省进行试验。

14日　省机械厅组织首批全省机械系统赴上海市找差距、学先进工作团。该团有13个厂156人，为厂级领导干部、科室车间领导、工程技术人员、工人等三结合的学习队伍，进行对口学习。

15日　以米·罗·卡尔德隆为团长的古巴妇女代表团一行5人，来南昌、庐山、景德镇、瑞金等地参观访问。

15日　全省水利会议召开。杨尚奎、刘俊秀、黄先到会讲话。会议根据水电部"巩固提高，加强管理，积极配套，重点兴建，充分发挥现有水利工程的效益，并为进一步发展创造条件"的水利工作近期方针，结合全省的情况，部署1963年冬1964年春的水利工程管理，并适当发展小型水利。

16日　省委从本月7日开始召开的工作会议结束。会议传达9月中央工作会议精神，着重研究贯彻中央《关于农村社会主义教育运动中一些具体政策的规定（草案）》（简称《后十条》）的意见，部署在农村开展社教运动。

17日　周恩来在北京人民大会堂召集中央有关8个部委的领导及有关人员开会，听取江西共产主义劳动大学负责人的汇报，并对该校巩固发展作了指示。同时委托谭震林帮助解决具体问题。

18日　省委批转"五反"领导小组《关于列为专案对象和案件审批手续问题的意见》。意见要求在进行专案组织处理时，必须认真贯彻"严肃慎重、区别对待"的方针。对于内部"三反"问题的处理，必须贯彻执行"惩前毖后，治病救人"的方针和"团结——批评——团结"、"思想批判从严，组织处理从宽"的原则。

19日　省人委批转省农林垦殖厅《关于开发重点林区与确定木竹经营方式的几个问题的报告》。

19日　省人委批准省商业厅、省供销社关于肉类食品、百货减少经营环节的方案，决定猪、禽、蛋由国营公司实行"一条鞭带个梢"的经营办法，食品公司力量不足，则委托供销社代购。

南昌肉类联合加工厂冷藏车间的一角

20 日 省教育厅近日转发教育部《关于高等学校教师职务提升工作问题的通知》，要求各高等学校成立提升教师职务的业务评审委员会或小组，提升副教授报教育部审批，提升讲师由省教育厅进行审批。

21 日 省工商联举行二届四次常委会议，传达"两会"中央宣教工作座谈会议精神，在全省工商界中深入开展"三个主义"教育，促进服务与改造，克服存在的问题，争取新的进步。会议于 11 月 10 日结束。

22 日 省水利电力厅近日召开全省水利会议。杨尚奎、刘俊秀、黄先作报告。会议研究部署了 1963 年冬 1964 年春全省水利工作，确定 1963 年冬 1964 年春水利工作的主要任务为：大力维修配套，清查整顿提高，加强现有工程管理，适当发展小型水利。会议强调，必须坚持依靠群众、勤俭治水的方针，以群众自办为主，集体力量为主，反对单纯依靠国家包办的思想。

23 日 中国人民解放军、公安部队迎国庆观光代表团，结束了为期 6 天的访问，离开江西前往长沙。在江西期间，代表团参观了八一起义纪念馆等革命史迹，专程访问了井冈山。

23 日 中央农垦部党组召开会议。会议形成了《中央农垦部关于解决江西共产主义劳动大学一些问题》的纪要。

24 日 省委批转省委农村工作部《关于农村副业生产座谈会情况的报告》，要求各级党委把副业摆在应有的重要地位，安排好农业、副业生产。

24 日 省人民委员会举行第三十一次会议。会议审查批准了黄先作的《江西省一九六一年和一九六二年国民经济调整计划的执行情况的报告》，并通过了省人委关于《江西省一九六一年和一九六二年国民经济调整计划的执行情况报告的决议》。会议决定单独设立省对外贸易局，作为省人委的一个工作部门，受其直接领导。

25 日 省人委发出《关于一九六三年农业税征收工作的指示》。根据国务院规定，全省农业税征收任务比 1962 年增加 7%，即增加到 7.49 亿斤大米。

25 日 全省测量标志检查工作会议召开。出席会议人数为 114 人。省人委副秘书长阚由喜在会上讲话并作总结，省军区参谋长李国良作了报告。据对 57 个县（市）4371 个测量标志的检查，遭破坏的 1115 个，占 26%。会议于 28 日结束。

26 日 毛泽东在江西视察。历时 3 天。

27 日 刘俊秀、华东局农林水办公室杨主任，省人委副秘书长董元庆，在上饶第一书记彭协中等陪同下，到广丰县检查验证农业生产粮食跨《纲要》（亩产 800 斤）的实绩。在洋口公社星火大队符熏信生产队与劳模符熏信及社员一起收割二季晚稻，并组织座谈和丈量土地。

29 日 华东区山地利用、水土保持研究协作会议近日在南昌市召开。会议交流工作经验和科研成果，安排落实华东区六省一市的土地利

杨尚奎（左一）等领导接见出席华东区山地利用、水土保持会议全体代表

用,水土保持科学研究规划,成立华东区水土保持研究协作组织,拟定协作办法。

30日 以团长米·罗·卡尔德隆夫人为首的古巴妇女代表团,结束在江西的参观访问后,离开南昌去上海。省委常委、副省长黄霖29日晚会见并宴请客人,临行前,省妇联组织了南昌市各界妇女欢送会,古巴妇女代表团应邀作了古巴妇女革命斗争的报告。在赣期间,代表们参观了八一起义纪念馆、革命烈士纪念堂,游览了庐山,访问了井冈山革命根据地以及工厂、人民公社等。

30日 省卫生厅转发卫生部《关于试行〈卫生技术人员名称及晋升暂行条例〉(修正草案)的通知》。通知对各类卫生技术人员的职务名称、任职条件、晋升办法进行了修订,增加了部分卫生职务名称档次。

31日 《江西日报》报道,全省国营垦殖场经过6年建设,已成为农业战线的一个重要方面。据统计,从1957年到1962年,200多个国营垦殖场上缴国家粮食达1亿多斤,肥猪9.2万头,家禽61万只,鲜蛋92万斤。5年间向国家提供的竹木占全省竹木生产总量的67%以上。1963年,各垦殖场的生产又有新的发展,上缴给国家的各种产品超过往年。

南昌县食品公司职工正把鲜蛋等副食品过秤,运往城市

十都山区粮食生产连年增产,上缴的粮食正在装车

31日 从10月19日开始的全国篮球联赛第二阶段南昌赛区比赛全部结束。福建队7战6胜,八一青年队9战9胜,分别获得男、女冠军;河北二队、山东队、贵州队、河南队,分获男、女二、三名。上述6队,晋升为全国篮球甲级队。

河北二队与福州部队争夺篮板球

31日 《江西日报》报道,省人委近日召开了全省农村金融工作会议。省委书记处书记刘俊秀、刘瑞森讲话。会议认为,要管好、用好国家支援社队的资金,办好信用社,做好农村金融工作,要加强对农村金融工作和农业资金分配及使用的领导,把抓农业生产和抓公社财务、抓农业资金紧密地结合起来。

本月 国家计委副主任袁宝华到德兴铜矿视察。

本月 赣州铝厂直属省冶金厅领导。

本月 江西省畜收兽医学会成立,林启鹏任理事长。

本月 省人委作出《关于物价管理补充试行规定》,规定市区的各种价格权限,一律由市一级集中管理。

本月 江西教育出版社出版一套民办小学语文、数学课本。

本月 安哥拉妇女代表团来赣访问。

本月 省建公司派出以副经理石天行为首的学习参观团,赴无锡、上海参观学习回来后掀起学赶热潮,并拟订了学习规划,从生产管理、技术改造、工作作风3个方面着手,经九江现场会议讨论修改后下达贯彻。

本月 江西省机械工程学会召开第一次会员代表大会,选举35名理事,组成第一届理事会,李涤心任理事长。

1963
11月
November

公元 1963 年 11 月							农历癸卯年【兔】						
日	一	二	三	四	五	六	日	一	二	三	四	五	六
					1 十六	**2** 十七	**3** 十八	**4** 十九	**5** 二十	**6** 廿一	**7** 廿二	**8** 立冬	**9** 廿四
10 廿五	**11** 廿六	**12** 廿七	**13** 廿八	**14** 廿九	**15** 三十	**16** 十月大	**17** 初二	**18** 初三	**19** 初四	**20** 初五	**21** 初六	**22** 初七	**23** 小雪
24 初九	**25** 初十	**26** 十一	**27** 十二	**28** 十三	**29** 十四	**30** 十五							

1 日 14 时，解放军空军部队在广丰县境上空击落台湾国民党军美制 U－2 高空侦察机 1 架，当地民兵 1.9 万余人参加搜山，敌飞行员叶常棣跳伞被民兵活捉。战斗结束后，国防部副部长、空军司令员刘亚楼、南京军区司令员许世友到上饶参加空军部队祝捷大会。会议嘉奖了有功单位和个人。

3 日 《江西日报》报道，萍钢炼铁焦比跨入全国先进行列，1963 年该厂炼铁焦比逐季下降：第二季度比第一季度降低了 5.26%，第三季度比第二季度降低了 10.45%。从 7 月份开始，入炉焦比降低到比全国同类型高炉的历史最低水平还低，仅次于鞍钢等几个大中型钢铁厂高炉先进单位。

4 日 中华医学会江西分会儿科学术会议召开，120 余人出席。黄知真、罗孟文、欧阳武接见了出席会议的本省和来自 27 个省、市、区的专家和代表。

6 日 省委、省人委联合召开省、市学习上海工业先进经验大会，动员工业战线职工学习上海先进经验，发动群众掀起比学赶帮劳动竞赛，努力提高全省工业先进水平，确保全面和超额完成 1963 年工业生产计划。省委委员、副省长李杰庸到会讲话。会后，省委派出 3 批共 300 名工交干部赴上海学习，并确定大力抓好 88 个重点工业品种的生产。

6 日 南湖农场、朱港农场在朱港农场联合召开建场一周年大会。副省长王卓超、省检察院检察长刘护平、省政府副秘书长庄健等出席会议。

7 日 省委统战部要求各地紧密围绕城乡社会主义教育运动，切实加强对"右派分子"的教育改造，右派摘帽工作要坚持中央规定标准，不能强凑比例。至此，全省右派摘帽工作基本停止。

7 日 白栋材到德兴铜矿检查"五反"运动和建设情况。

9 日 于 11 月 1 日在南昌召开的中国土木工程学会道路工程委员会学术会议闭幕。会议通过大小会议和专题辩论，总结工作，交流经验，在科学技术上找出了道路建设支援农业的途径。会议期间，黄先、黄知真等设茶会招待了到会的全体专家和代表。

9日　省测绘学会筹备委员会会议南昌召开，参加会议的筹委委员10人，会议内容为：成立江西省测绘学会筹委会，通过筹委会组成人员名单，讨论筹委会第四季度工作。

9日　中华医学会江西分会儿科学术会议闭幕。大会宣读和交流了全国各地选送来的281篇论文，来自全国27个省、市、区儿科专家和儿童保健工作者的代表，认真探讨儿科学术问题，深入讨论修订和制定了城乡儿童保健建议、佝偻病的防治、新生儿的管理、新生儿窒息的抢救等9个方案，对今后开展儿童保健等工作和提出了新的要求。

10日　全省第三届消防体育竞赛大会召开。

11日　经过9天丰富多彩演出的首届"江西音乐周"闭幕。音乐周共举行了8个不同类型的音乐会，演出了16场约150个节目。整个演出，反映了时代的精神面貌。参加音乐周的，不仅有专业音乐团体和专业音乐工作者，而且有来自全省各地的民间歌手和乐手。许多工人、农民、战士、学生、教师、干部都参加了演出。期间，中国音乐家协会江西分会召开了一系列座谈

会，对音乐如何进一步民族化、大众化的问题，进行了讨论。

11日　省文化局整顿书店试点工作组赴丰城县、波阳县新华书店开展书店整顿试点工作。

13日　省公安厅召开各行、专、市公安处、局政治处主任和政治教导员座谈会。会议讨论如何搞好"五反"运动和整顿公安队伍，加强政治工作等问题。

14日　应中苏友协邀请来中国参加十月社会主义革命46周年庆祝活动的苏中友协代表团到达南昌。经过3天访问，于16日在中苏友协副秘书长李希庚的陪同下，前往广州。代表团在南昌期间，参观访问了八一起义纪念馆、南昌柴油机厂、南昌二中、南昌瓷器商店等单位，游览了南昌市容、人民公园、佑民寺等地。

16日　全省第三届消防体育竞赛大会，经过11天比赛闭幕。团体总分第一、二、三名分别是南昌代表队、洪都机械厂代表队、上饶代表队。比赛的11个项目中，上届消防体育竞赛大会纪录的6个项目的成绩全被刷新，3个项目打破了省的最高纪录。

18日　由朝鲜农业科学院院长金启铉为团长，朝鲜劳动党中央委员会农业部副部长吴圣默为副团长的朝鲜农业代表团一行20人访问南昌。在省期间，刘俊秀举行了宴会招待代表团成员。代表团参观了革命烈士纪念堂并献了花圈，还参观了庐山植物园，游览了名胜风景区，同全省劳模彭光贤和农业方面的专家、教授进行了座谈，互相交流了有关高山的农业生产，作物栽培、红壤的改良、畜牧兽医等方面的科学研究成果。省

首届"江西音乐周"在省体育馆开幕

南昌通用机械厂业余乐队演奏江西民歌《送郎当红军》

刘俊秀（左）与金启铉团长亲切交谈

有关部门还赠送给代表团种子、苗木、标本、资料共115种。代表团于25日离赣。

18日 经省人委第三十一次会议通过，决定将全省外贸工作从省商业厅划出，单独设立江西省对外贸易局。顾强任局长，苏震、李和荣任副局长。

20日 共青团南昌市委、市总工会、市妇联邀请回乡参加农业生产的老红军甘祖昌，全国著名爆破英雄邢文志，前志愿军特等战斗功臣、复员军人徐从水，前志愿军一等功臣、特等残废军人刘雅伦，全国著名烈属模范王月香等，在八一礼堂同2500多名团员、青年会见。

21日 省市各界2000余人在八一礼堂集会，追悼中央政治局委员、全国人大常委会副委员长、中华人民共和国元帅罗荣桓。

21日 全省烈属、军属、革命残废军人、复员、退伍、转业军人社会主义建设积极分子大会，历时8天闭幕。会议期间，杨尚奎接见了全体代表并讲话。他要求大家不但自己要保持和发扬光荣革命传统，而且要用自己的模范行动和宝贵经历教育好下一代。代表们表示，一定遵照党的教导，继续保持和发扬革命传统，永远站在革命和建设前线，教育好下一代。大会通过了给全省烈属、军属、革命残废军人和复员、退伍、转业军人的一封信。

杨尚奎接见参加全省烈属、军属和残废、复员、退伍、转业军人积极分子大会的部分代表

22日 省政协第二届常委会第十九次会议在南昌举行。会议通过《关于召开政协江西省第二届委员会第四次会议的决定》，并讨论会议准备工作。

22日 省农业厅决定在崇仁、吉水、宜丰、星子等县建立低产田改造试点。

23日 省、市商业部门举办了南昌市物资交流会，成交金额2008万元。交流会于12月1日结束。

25日 省人委批准瑞金县、丰城县、南昌县三江口、乐平县镇桥供销社，为外宾参观点。

26日 省人委批转省卫生厅、省商业厅等部门《关于集体贸易和饮食摊贩卫生管理暂行办法》的联合公告。

28日 全省第一座宽银幕立体声电影院——洪都电影院在南昌落成。该电影院由洪都影剧院改造而成。

29日 省生产委员会、南昌市委员会在江

江西造纸厂由于改进了一系列的操作技术，生产的新闻纸的产品合格率由1962年的85%提高到94.37%

西造纸厂联合召开省、市企业推广上海工业先进经验交流会。白栋材等出席了会议。江西造纸厂领导介绍该厂推广上海先进经验的主要做法和初步效果，与会者参观了该厂推广上海先进经验的现场和小型展览会。

29日 全省财政处（局）长会议召开。会议决定从11月份起，财政驻厂员划归税务部门管理。

30日 省工商联转发全国工商联关于进行资产阶级工商业登记工作的通知及作出全省进行登记工作的意见。同时，省工商联有重点地开展了工商业者登记工作，并协助南昌市搞好登记。全省各级工商联进行了这项工作。

30日 八一麻纺织厂由一班生产恢复为二班生产。

本月 全省首台晶体管收音机（63-3B型英雄牌）在南昌无线电厂问世。

本月 国务院有关部门组成的防尘安全联合检查组对萍乡、丰城、天河、花鼓山和景德镇5

个煤矿进行检查。

本月 省农业厅颁发《江西省农业机械修理企业技术检查工作条例》（草案），同时转发农业部《农业机器修理技术管理试行办法》。

本月 南昌市人委决定将南昌广播器材修配服务部划归南昌市科委领导。

本月 八机部水田机械研究所成功研制了PLB－27－1.8江西水田联合耙，通过部级鉴定。获1964年国家发明三等奖。

本月 省机械厅调整了部分机械制造厂的生产方向，将南昌锅炉厂改为机引农具厂，赣东北农机修配厂改为轴瓦厂，吉安专区农机厂改为机油泵厂，九江专区农机厂设立冷却泵车间，宜春专区农机厂改为萍乡动力配件厂，鹰潭机床厂改为鹰潭水泵厂。

本月 省委宣传部颁发《关于整顿和加强新华书店工作》的通知。

本月 八一垦殖场向省科委报告，八一垦殖场从1960年以来采用组织分离方法，培养出纯菌种，通过人工接种，使灵芝、香菇等由野生转化为人工栽培获成功。

本月 省人委办公厅测管处发出关于1:10000测图区三角点布设密度和地形控制加密方法问题的通知。

1963

12月
December

公元 1963 年 12 月							农历癸卯年【兔】						
日	一	二	三	四	五	六	日	一	二	三	四	五	六
1 十六	**2** 十七	**3** 十八	**4** 十九	**5** 二十	**6** 廿一	**7** 廿二	**8** 大雪	**9** 廿四	**10** 廿五	**11** 廿六	**12** 廿七	**13** 廿八	**14** 廿九
15 三十	**16** 十一月大	**17** 初二	**18** 初三	**19** 初四	**20** 初五	**21** 初六	**22** 冬至	**23** 初八	**24** 初九	**25** 初十	**26** 十一	**27** 十二	**28** 十三
29 十四	**30** 十五	**31** 十六											

3 日 《江西日报》报道，全国油茶研究协作组首次学术会议近日在南昌举行。参加会议的有中国林业科学院，江苏、浙江、安徽、福建、江西等省区林业研究所，有关高校和油茶林场的专家、教授、科技人员 50 余人。会上总结和交流了几年来油茶研究成果和经验，对油茶速生丰产培育、良种繁育和病虫防治等问题进行了讨论，制定了协作制度，落实了重点研究项目。会上交流了 40 多篇学术论文、研究报告和专题小结。

3 日 江西省曲艺队经过一年多的筹备在南昌市正式演出。演出包括南昌清音、文词、送情、昌江大鼓等富有江西乡土特色的节目，也包括受人喜爱的快板、山东快书、四川清音、河南坠子、相声等节目。

5 日 省政协第二届常委会第二十次会议在南昌举行。会议继续讨论二届委员会第四次会议的准备工作。

5 日 省人委举行第三十三次委员会议。会议讨论通过了省人大三届一次会议的《江西省人民委员会工作报告》、《关于江西省一九六三年国民经济计划执行情况和一九六四年国民经济计划草案的报告》、《江西省一九六二年财政决算、一九六三年财政预算草案和预计执行情况、一九六四年财政预算初步安排的报告》。会议就省人大三届一次会议的议程等事项进行了协商。

6 日 省人委批转省财政厅《关于贯彻执行会计人员职权试行条例情况的报告》。

6 日 省政协第二届委员会第四次会议在南昌召开。省政协主席杨尚奎主持了开幕式。

政协江西省委员会二届四次会议在南昌市开幕

6日 《江西日报》报道,由省生产委员会、省农业厅等5部门联合召开的全省农机冬修工作会议近日召开。会上,根据全国农机修理工作会议精神和省委、省人委关于做好农机冬修工作的精神,对如何做好农机冬修工作,迎接1964年农业生产新高潮的问题,进行了研究和讨论。黄先、彭梦庚到会讲话。

6日 省检察院检察长刘护平在全省人民代表大会作《维护革命法制,保卫社会主义建设》的发言。

8日 省农业科学研究所农机系研制的丰收型拖拉机水田驱动铁轮、四铧犁、双滚轧耙近日在农机部召开的南方13省、市、自治区犁、耙、铁轮鉴定会上通过。此后,在全省农村迅速推广、使用。

10日 《江西日报》报道,广丰县1963年粮食生产又获大丰收,超过《全国农业发展纲要(修正草案)》关于粮食平均亩产800斤的要求,达到801.77斤,总产量比1962年增长24.56%。

根据农业增产需要,广丰县关里水库总长18里长的渠道工程正紧张施工

10日 省委批转省委农村工作部《关于加强农村人民公社经营管理工作意见的报告》。报告指出,各级党委要加强对农村人民公社经营管理工作的领导,一年抓二三次,务求在一二年或二三年内把经营管理的各项工作健全起来,建立起一套制度,进一步巩固人民公社,发展农业生产。

11日 杨尚奎接见出席省第三届人民代表大会第一次会议的全省各民主党派、工商联负责人和无党派民主人士潘震亚、李世璋、刘之纲、王德舆、平戎、何世琨、李尚庸等30余人,听取他们的意见和建议,同他们进行亲切的谈话。

13日 莫循在省三届人大一次会议上就当前的形势问题发言。同日下午,杨尚奎接见参加省三届人大一次会议和省政协二届委员会第四次会议的科技、教育、卫生和文艺界等方面的代表和委员。

14日 杨尚奎召集一部分出席省人大会议的劳动模范专门座谈以粮为纲、发展多种经营的问题。杨尚奎指出,发展多种经营,要树立兴家立业的思想,兴集体之家,立社会主义之业。要明确认识农业和副业的相互关系,农业和副业,两者互相促进,互相储存。要因地制宜作出发展集体副业生产的全面规划。

杨尚奎召集出席省三届人民代表大会第一次会议的部分农业劳动模范,专门座谈以粮为纲、发展多种经营的问题

14日 省人大三届一次会议历时7天闭幕。出席会议的代表共552名。副省长黄先代表邵式平省长作《江西省人民委员会工作报告》,省计委副主任胡德兰作《关于江西省一九六三年国民经济计划执行情况和一九六四年国民经济计划的报告》,省财政厅厅长徐光远作《江西省一九六二年财政决算、一九六三财政预算草案和预计执行情况、一九六四财政预算初步安排的报告》,

省高级法院院长朱开铨作《江西省高级人民法院工作报告》，会议通过了这些报告。会议讨论了1964年发展国民经济的主要任务，号召全省人民为争取国民经济进一步全面好转而奋斗。大会选举邵式平为省长，方志纯、黄先、李杰庸、王卓超、邓洪、黄霖、潘震亚、李世璋、彭梦庚、欧阳武为副省长，43人为省人委委员，朱开铨为省高级人民法院院长。

省人大三届一次会议

15日 《江西日报》以《全省人民运动起来，为争取一九六四年更大的胜利而奋斗》为题发表社论，祝贺省人大三届一次会议圆满成功。

15日 省政协第二届常委会第二十一次会议在南昌市举行。会议审议将提请二届委员会第四次会议通过的《决议（草案）》。

15日 截至当日，省委工业交通工作部在1个月内先后组织了全省220个工交企业（包括部分非工交厅局所属企业）的书记、厂长262人，到南昌市学习建业染织厂勤俭办企业的经验。

16日 省政协第二届委员会第四次会议闭幕。会议听取和审议了省政协副主席潘震亚所作《政协江西省第二届委员会常务委员会工作报告》。会议通过《决议》，热烈拥护省三届人大一次会议上的各项工作报告。

18日 省计划委员会批准南昌市档案馆兴建新档案馆库房，投资10万元，面积为1040平方米。

21日 财政部指示，对基层税务人员实行奖励制度。省税务局确定的奖励对象为：税务所、县（市）税务局、南昌市各税务分局以及南昌、景德镇两市局直接负责征收工作的人员。奖励面为参评人员的40%。

22日 省爱国卫生委员会发出《关于元旦春节前后开展卫生积肥运动的通知》。通知要求全省所有城市和农村，应在元旦春节前后，组织几次群众性的卫生突击运动，各地要切实加强饮食卫生工作，加强对冬季多发病和其他主要疾病的防治。

23日 省人委人事局会同省委组织部、省委农工部、省劳动局、农林垦殖厅下达从省属垦殖场抽调干部分配到各地区工作的计划，拟抽调1858人，其中男性1589人、女性269人。

24日 省建筑工程公司的中心试验室独立为"江西省建筑工业科研所"，承担全省建筑工业的生产试验及科研任务。

24日 省总工会、南昌市总工会联合召开省、市劳模和先进生产者代表座谈会。与会者回顾以往成就，畅谈1964年打算。白栋材参加座谈会，并要求1964年工业方面要突破质量、成本这两关，其中核心问题是抓技术管理和经济管理。会议于25日结束。

26日 省人委批转省农林垦殖厅《关于全省森林苗圃工作会议的报告》。

26日 省人委办公厅成立1962年基本测绘验收委员会。韩来凯为主任委员，从省地质局测绘大队、省水电设计院、省综合设计院、省农业厅、省测管处等部门选出11人为委员。

27日 省委召开工交战线电话会议。会议对1964年第一季度特别是一、二月份工作作了安排。要求一、二月份在继续开展增产节约运动基础上，集中抓生产，继续抓整改，集中先攻技术关和经济管理关，提高产品质量，降低成本，争取大多数产品在规定的时间内达到上海的目标。会议由白栋材主持。

27日 金溪县浒湾公社丁家大队火箭生产队在《江西日报》上向全省兄弟生产队发表公开信，介绍该队自1962年与全省各兄弟生产队开展"比、学、赶、帮"友谊竞赛后，1963 年全部实现竞赛指标；倡导继续开展竞赛，争取 1964 年农业全面丰收。

28 日 匈牙利陶瓷展览在省中苏友好馆展出。翌年 1 月 9 日闭会。

29 日 全省第二届民兵代表会议在南昌举行，出席会议代表 774 名。会议奖励一批民兵工作先进单位和个人。翌年 1 月 5 日闭会。

杨尚奎向参加全省第二届民兵代表会议代表讲话

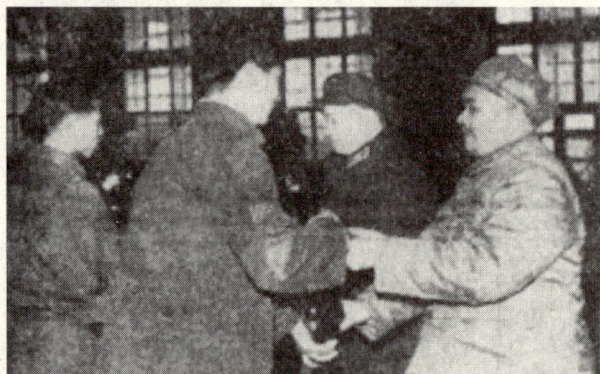

林忠照少将（右一）、倪南山少将（右二）向参加全省第二届民兵代表会议的代表授枪

29 日 中国农业银行江西省分行在南昌宣告成立。刘瑞森、李杰庸在成立大会上讲话。中国农业银行的主要任务是统一管理国家支持农业的各项资金和各种贷款，并协助农业部门辅导农村人民公社和生产队的财务会计工作。同时，领导农村信用社。

30 日 1962 年 1 月开工的丰城矿务局坪湖选煤厂补套工程完工。丰城矿务局重点产品——炼焦精煤由 15 级提升为 13 级。

30 日 萍乡、丰城两矿务局和省地质勘探公司划归新成立的华东煤管局（正式成立时，改称为华东煤炭工业公司）领导，煤炭工业部江西省煤管局撤销。省人委决定成立江西省煤炭工业管理局，为省人委的工作部门，负责管理本省地方煤矿。

30 日 省商业厅成立工商行政管理局。该局负责市场管理、对私改造、工商企业登记、商标管理等。

30 日 省委发出《关于在农村社会主义教育运动中整顿党的基层组织工作的具体安排和部署》。

31 日 萍乡钢铁厂全年炼铁入炉焦比降至 718 公斤，生铁成本每吨降到 153 元，被评为全国节约煤电先进单位和全省五好企业。

31 日 全省第二届工人业余美术作品展览会在南昌市工人文化宫开展。展览会共展出 223 件工人书法和图画。绝大多数是以社会主义革命和社会主义建设为题材的作品。

本月 江西化工石油机械厂为南京炼油厂试制成功年处理 100 万吨原油设备，共 11 项 62 台 521 吨。

本月 省教育厅和省电业管理局在南昌创办江西省电力职业学校。

本月 省保健委员会出台《关于干部医疗问题的十条规定》。

本月 江西化学纤维厂化纤基建第二期工程开始动工。

本　年

年初 省测管处精简机构后编制 5 人，后将地图编委会 6 名并入，计 11 人，其中有行政干部 2 人，技术员 6 人，工程师 3 人。分测绘管理、编图两组，月经费 766 元。

本年 南昌搪瓷厂在南昌举行的华东6省搪瓷厂厂际竞赛评比中，荣获"产值、利润、质量全面优胜单位"。

泰丰搪瓷厂不断扩大花色品种，质量被评为华东区第一名

本年 全省大旱，因旱未能栽种的农作物有167万多亩，约减产粮食19亿斤。灾情以吉安、赣南最重（至1964年春，省民政厅先后拨救济款745.9万元解决灾民口粮等问题）。

本年 南昌市城建局养护管理处制定《关于南昌市市政基建、维修工程有关质量标准及检验办法的暂行规定（草案）》。

本年 大余县人委与驻县四矿（西华山钨矿、荡坪坞矿、漂圹坞矿、下垅钨矿）联合成立大余县治理尾砂委员会，下设办公室。

本年 棉花良种"彭泽3号"、"彭泽4号"被定为全国15个优良品种之一，并选送至苏联、越南、朝鲜、保加利亚等国试种。

本年 江西省茶叶学会成立，燕天爵任理事长。

本年 省水产厅筹建赣南、吉安、抚州、上饶、宜春、萍乡、景德镇、南城鱼种繁殖站（事业性质），实行企业管理。任务是：开展家鱼人工繁殖，培育优质价廉的鱼种，支援和指导当地群众发展家鱼生产。

本年 南昌市郊区朝阳酿造厂成立。

本年 南昌重型机械厂成立。

本年 省人委批准白城乡划归三江区管辖，抚西大堤箭江以下正式由南昌县管理。

本年 南昌酒厂在全省第一届评酒会上，"百花洲牌"丁坊酒被评为省名酒。

本年 江西化工实验厂投资新建年产180吨甑法生产二硫化碳车间，填补省化工产品一项空白。

本年 省卫生厅根据国家卫生部的意见，对全省业余医学教育进行调整，并原则规定以各专（行）署、市人民医院与医专、卫生学校、防疫站为核心，办好一所业余医学院校。

本年 省人委下文确定17所高中、7所初中和154所小学为全省重点办好的中小学。

本年 上半年，全省在城市开展代替私商工作，从熟食（粮食制品）和肉食开始，然后向其他行业扩展。办法是：国营商业和供销合作社拿出人力、物力，利用合作商店、合作小组、饭摊、小吃店等网点，不收粮票，敞开供应。品种比私商多，质量比私商好，价格比私商低。

本年 南昌市成立防火委员会。

本年 萍乡市开始筹建人民公园。

本年 南昌八一动力配件厂成功试制2105气缸套。

本年 南昌市正式成立县（区）植保植检站。

本年 我国著名的结构学专家蔡方荫（南昌县人）因心肌梗塞在北京逝世。

本年 宁都县宁河公路大桥建成通车。

本年 全省组织推广粳稻、陆稻、深水稻良种，并发掘出黎川山禾、乐平耐旱南特号、弋阳大禾子、宁都大禾子、赣县大禾子（香粳）稻种。

余江县邓埠镇公社良种场培育的水稻良种长势喜人，普遍达到一级标准。图为浙江省水稻良种团来到田间参观

本年 1961 年至 1963 年，全国面临严重的经济困难。全省人民在省委的领导下，一方面为恢复和发展全省的经济进行艰苦努力，同时还遵循"全国一盘棋"的方针，千方百计支援国家经济建设。为了调粮支援外省，全省出动 100 多万劳动力，组织各种机动车 400 多辆，大小船只 21 万条，累计调出粮食 24.37 亿公斤，调粮居全国

国营鄱公山综合垦殖场鄱山分场抓紧时机，组织劳力突击抢运木材，职工们把囤放在小溪旁的木排放下水

第二位。在此期间，商业部门调出食油 1.53 万吨，生猪 29.56 万头，家禽近 100 万只，鲜蛋 1721 吨，木材 235.24 立方米。

本年 交通部筹建直属车队。省交通厅及时拨出建制汽车 100 辆，配备必需的管理、技术干部和职工，组成华东区第二车队。

本年 省建筑工程公司在所属单位建立技术监督站，配备专职技术监督人员，加强技术监督工作。

本年 省人委办公厅发出关于进行测绘资料保密大检查的通知。检查内容以建国以后各自新测的机密级测绘资料为重点，包括各种比例尺航摄照片等。

本年 一四五矿邻近地区测标破坏十分严重，尤其是华龙山三角点价值数千元的钢架被窃，标石也被挖出，矿区建设受到严重影响，省人委办公厅要求进行检查、严肃处理。

概要

从 本年开始国民经济调整已基本完成，整个国民经济开始全面好转。农业总产值创历史最高水平，比上年增长 6.4%；工业总产值增长速度达到 18.8%，粮、棉、猪等主要指标超过了建国以来的最高水平。1月，中共江西省第六届代表大会第一次会议召开，会议的主题是：高举毛泽东思想红旗，争取国民经济进一步全面好转。10月，省三届人大二次会议在南昌召开，会议号召全省人民积极投入阶级斗争、生产斗争、科学实验三大革命运动。

"三线"建设 当年，中共中央作出"调整一线，建设三线，改善工业布局，加强国防，进行备战"的战略部署。中央华东局军工会议确定江西是华东地区的战略后方，福州军区和华东局作出在江西建设大、小"三线"的决定，要求"大三线"6 个主要项目，"小三线"64 个项目。江西属于国家"小三线"建设的重点地区，国家安排给江西3.9亿元。从下半年开始，江西组织大批人力、物力、财力，投入大规模的"三线"建设。省委成立国防工业领导小组，直接领导"小三线"建设。在省委统一领导下，全省各地积极行动起来，从各方面大力支持"三线"建设。三线建设从客观上改善了江西的工业布局，加强了江西的工业基础，促进了地方经济的发展。但"三线"建设是在特定条件下展开的，出现了部署上要求过急、过大的问题。在建设中仓促上马，建设质量不高，造成一定的浪费，遗留下不少问题。

"四清"运动 4月，省委决定由杨尚奎、刘俊秀、莫循率领工作组分赴临川、清江、上饶进行"四清"（清账目、清仓库、清财物、清分工）试点。6月，省委举行常委扩大会议，传达贯彻五六月间中央会议精神和会议期间毛泽东关于"社教"等指示，研究关于城乡"社教"及当前生产等问题，贯彻执行"后十条"修正草案。8月间，中央《关于开展农村社会主义教育运动的通知》下达后，全省农村社会主义教育运动逐步铺开。全省集中力量在南昌市、省属以上大中型企业、青云谱区以及景德镇市、九江市、赣南地区的部分企业，共计 152 个单位，系统地开展了"社教"运动。这次城市社会主义教育运动和农村社会主义教育运动围绕清政治、清经济、清组织、清思想进行，统称"四清"运动。运动对于解决干部中存在的不正之风和经济管理方面的问题有好的作用，但也存在阶级斗争扩大化的"左"的错误。

发展农村基础教育 全省农村掀起多种形式发展小学教育的热潮。农村贯彻"两条腿走路"办学方针，大量兴办各种形式的学校，各地因地制宜，采取灵活多样的形式，兴办了半日班、隔日班、早班、午班、晚班、牧童班、耕读班、巡回教学班和季节性小学等，方便农民子女入学。据年底统计，全省多种形式办学入学儿童达 45 万多人，适龄儿童入学率由原来的 59% 提高到 79%。当年，刘少奇提出两种劳动制度、两种教育制度的观点，得到中共中央的肯定。省委在教育制度的改革方面积极倡导和大力开展半工半读教育。同时农村的农业中学和城市职业学校迅速发展。

开展群众性学习活动　当年，学习毛泽东著作运动在全省形成高潮，各级机关、学校、企业及农村，出现了一批学习毛泽东著作小组。各级党组织采取许多措施，全面制定学习计划，大量培训理论辅导员，召开学习经验交流会，组织巡回报告团，举办展览会等，以推动学习运动向纵深发展。江西省工人学习毛泽东著作汇报团，在全省巡回汇报 135 场，听众达几十万人。通过学习，促进了干部队伍的思想和作风建设。从本年开始，全省各地开展声势浩大的群众性学雷锋、学人民解放军、学大庆、学大寨活动。结合这些学习活动，各地还掀起以"争先进、创先进"为中心的"比、学、赶、帮"竞赛活动。工业交通战线开展了创"五好企业"和"五好职工"的活动。

文化、理论、学术界的批判　下半年，《江西日报》等报刊组织大批文章，先后对电影《北国江南》、《早春二月》、《林家铺子》、《不夜城》等开展批判。后来这场批判扩大到哲学、经济学、历史学、教育学等各个领域。

文教、体育、卫生等方面　3 月，由省文化局、省教育厅、省总工会、团省委联合举办的社会主义教育影片汇映在 9 个地、市同时举行。5 月，省委、省人委召开全省教育和文化、卫生、体育、新闻方面先进单位和先进工作者代表会议。10 月初，全省第三届运动会在省体育馆举行，1800 余名运动员在 13 个项目中进行比赛。12 月，空前规模的江西省现代观摩演出大会在南昌举行。这次观摩大会对现代戏的创作和表演作了有益地探索，但此后古装戏在江西被正式禁演。

其他重要事件　按照中央国务院《关于进行第二次全国人口普查工作的指示》，全省进行了第二次人口普查，普查时间自 6 月 30 日 24 时始。地质系统在赣东北、赣西北地区组织找铜矿大会战，探明江西铜矿储量居全国第一。

全省本年主要经济指标情况　国民生产总值 35.20 亿元，比上年增长 7.5%。农业总产值 27.64 亿元，比上年增长 6.3%，粮食产量 140.086 亿斤，比上年增长 9.8%；工业总产值 21.11 亿元，比上年增长 18.9%，钢产量 1.10 万吨，比上年增长 86.4%；生铁产量 7.90 万吨，比上年增长 8.1%；财政收入 5.98 亿元，比上年增长 8.17%。年末全省总人口 2143.63 万人，人口自然增长率 27.18‰。

1964

1月

January

公元 1964 年 1月							农历甲辰年【龙】						
日	一	二	三	四	五	六	日	一	二	三	四	五	六
			1 元旦	**2** 十八	**3** 十九	**4** 二十	**5** 廿一	**6** 小寒	**7** 廿三	**8** 廿四	**9** 廿五	**10** 廿六	**11** 廿七
12 廿八	**13** 廿九	**14** 三十	**15** 十二月小	**16** 初二	**17** 初三	**18** 初四	**19** 初五	**20** 初六	**21** 大寒	**22** 腊八节	**23** 初九	**24** 初十	**25** 十一
26 十二	**27** 十三	**28** 十四	**29** 十五	**30** 十六	**31** 十七								

1日　省财政厅开始试行《江西省国营企业利润监交人员工作细则》。

1日　省外贸厅、省供销合作社根据省人委规定的 1964 年奖售标准及有关事项，联合下达《关于一九六四年茶叶、蚕茧、畜产品奖售标准及有关事项的通知》。

3日　省商业厅、省财政厅发出《关于工商企业规费的征收标准问题的联合通知》。通知规定企业开业登记、变更登记和换领证照的规费征收，按国家工商行政管理局规定执行。

3日　江西省园艺学会成立会议在省农科所召开。39 个单位的 53 位代表参加了会议。会议共收到果树、蔬菜、花卉等方面的论文 18 篇。会议于 7 日结束。

4日　江西省科学工作委员会改称江西省科学技术委员会。

5日　景德镇市高级美术瓷厂（前身为民瓷厂）全部土建工程竣工。其中东侧工业建筑由省建筑工程公司承建施工，西侧工业建筑及生活区均由该市建筑工程公司承建施工。

6日　省妇联、省"两会"联合组织工作组赴九江对工商业者及家属工作情况以及工商业者及其家属的自我改造和服务事宜进行调查研究。

8日　江西省参加华东区话剧观摩演出的剧目《湾溪河边》在上海长江剧场开始演出。

11日　《江西日报》报道，全省水利冬修运动形成高潮，130 万人正战斗在水利工地上，圩堤岁修工程在 20 天内完成计划的 77% 以上。比 1963 年同期效率高约十个百分点。

13日　中共江西省第六届代表大会第一次

中共江西省第六届代表大会第一次会议开幕

会议在南昌召开。这次会议的主题是：高举毛泽东思想红旗，争取国民经济进一步全面好转。大会批准了杨尚奎的省委工作报告，批准了罗孟文的监察工作报告。大会选举杨尚奎、邵式平、方志纯、刘俊秀、白栋材、刘瑞森、郭光洲、黄先、黄知真等47人为中共江西省第六届委员会委员，选出候补委员18人。大会于27日结束。

13日　省军区政治部发出通知，要求所属部队在1964年春节期间，普遍开展拥政爱民活动，号召部队进一步发扬我军优良传统，更好地向地方人民群众学习，密切军政、军民关系。

杨尚奎到南昌市烈军属家里向烈军属祝贺新春

13日　省人委发出通知，自1月15日起以县为单位开放粮油集市贸易。

14日　南昌市电影发行放映公司与省电影公司合并。

15日　省供销社发出《关于基层供销社分发1963年股金红利时实行实物分红的通知》，规定1963年盈余的基层供销社应尽可能分一部分实物，分红品种和数量以不影响全体居民计划定量为前提。

16日　省、市各界人民群众举行支援巴拿马人民反对美帝国主义斗争大会，白栋材在大会

省、市各界人民支持巴拿马人民反对美帝国主义斗争大会会场

上讲话。南昌市12万人民群众冒着微雨寒风涌上街头，举行声势浩大的示威游行，声讨美帝国主义罪行，支持巴拿马人民的正义斗争。

17日　景德镇市5万多人举行反美示威游行，支持巴拿马人民的正义斗争，声讨美帝血腥暴行。

17日　上饶市动工兴建自来水厂（1965年1月建成，7月1日正式开始供水）。

18日　南昌市各工厂、企业、机关、学校、郊区公社和街道居民等基层单位纷纷举行抗议集会，支持巴拿马人民反美爱国斗争，参加集会的人数达22.8万余人。

18日　九江、上饶、萍乡等各城镇25万多人参加游行示威和抗议集会，声援巴拿马，声讨美帝国主义。各级党委号召人民化愤怒为力量，以搞好工作和生产的实际行动，支持巴拿马人民的正义斗争。

19日　《江西日报》报道，萍乡钢铁厂小高炉被评为全国节约煤电先进单位。

20日　东乡磷肥厂筹建。

白栋材在大会上讲话

示威游行队伍行进在胜利路上

21 日 《江西日报》报道,全省各地参加农村各级各类业余学校学习的人数已达 21.45 万人,比 1963 年同期增长 115%,此外还有不少社员参加了业余函授、农业技术班和干部班。

铜鼓县石桥公社中溪大队开办了业余教育学习班,向社员进行文化教育和政治教育

22 日 《江西日报》报道,全省重点产棉地区的九江县,1963 年全县棉花大面积平衡增产,亩产皮棉一举跨过百斤,7.04 万亩棉田总产量超过历史最高年产量 51.6%。

23 日 全省轻工、纺织工业会议日前召开。会议确定:学习大庆,广泛开展比学赶帮活动。

江西棉纺织印染厂简拈车间内班捻线小组认真执行岗位责任制,荣获全厂先进小组称号

狠抓"三基"工作(加强基础建设、基础性的管理工作、大练基本功),加强企业管理,进一步做好调整工作,迎接第三个五年计划。

24 日 《江西日报》报道,全省钢铁企业学习推广上海钢铁企业先进经验,掀起"学上海、赶上海"的热潮。在进入 1964 年的 20 多天内,生产碳素结构钢、合金结构钢和壁厚在 3 毫米以上厚壁无缝钢管等共计 10 个品种,质量符合要求。同时,还试产了一批定尺寸钢管,供应市场需要。

25 日 现代剧《祝你健康》和《社长的女儿》在南昌市上演。前者反映家庭内部和亲属之间的两种思想斗争;后者反映农村阶级斗争。

26 日 全省国营综合垦殖场、林场和农场,全面开展植树造林活动,为建立国家用材林基地打下扎实基础。据初步统计,全省已整地挖穴打洞 8 万多亩,占应整地造林面积的 50% 以上;播种造林面积已接近完成任务。

井冈山狮子岩原是一片荒山,1957 年干部上山后栽插的杉树目前已普遍成林

28 日 省委召开全省工业交通工作会议。会议确定工交战线的主要任务是:学习毛泽东著作,学习解放军,大力加强思想政治工作,高度发扬无产阶级革命精神,广泛开展比、学、赶、帮活动,掀起增产节约运动新高潮,进一步做好工业调整工作,进一步加强支援农业的工作,继续搞好企业管理,迅速地把全省的工业生产技术和企业管理提高到一个新水平。白栋材主持会议。会议于 2 月 4 日结束。

28 日 《江西日报》报道,江西省自行设计完全采用国产材料建造的一艘新型内河钢质客货轮——"安源号",在江西船厂建成。船体总长 32.8 米,宽 6.2 米,可载货 25 吨,主甲板上为客舱,备有 200 个固定席位。

正在拆墩下水的新型内河钢质客货轮——"安源号"

29 日　煤炭工业部批转《萍乡矿务局高坑办好"一舍两堂"的经验》。张霖之部长批示："搞好宿舍、食堂、澡堂的工作以及生产现场的清洁卫生工作，是搞好生产建设的一个极其重要的大事"。

31 日　省人委发出《关于洪门水库复工有关问题的批复》。批复规定：洪门水库工程（原抚州专署领导）改由省直接领导，具体工作由省水电厅负责；水库现有人员、器材、设备和全部财产以及各种资料档案由省水电厅接收，今后有关计划、财务、人事、职工工资福利等应按省属企业规定办理；水库所属人员编制，由省水电厅安排；移民安置工作由抚州专署负责（5 月，省人委决定恢复洪门水电工程局，以加强对复工后的施工领导）。

本月　省建公司撤销 4 个工区，合并组建第七、第八工程处。

本月　省计委批准建立南昌煤渣砖厂（1975年改为南昌硅酸盐制品厂）。

本月　省机械厅以江东机床厂机修车间为基础，在厅属工厂中抽调 30 台机床设备、50 名机修职工，投资 10 万元，在南昌电缆厂内组建江西机床维修站。

本月　《江西日报》报道，国营江西蚕桑综合垦殖场努力建设蚕桑生产基地，扩大蚕桑生产，在南起新建县的白马庙，北至永修县涂家埠沿南浔铁路两旁一带纵横 40 华里的土地上，建起了全省规模最大的从育苗、栽桑、养蚕、织绸到印染的蚕桑丝绸联合生产基地。每年可生产 400 万米丝绸。

本月　目前，省农业科学研究所组织各专区（市）农科所和邓家埠、乐丰、恒丰等水稻良（原）种繁殖场的作物育种科技人员以及省农业厅种子局、江西农学院的有关人员，成立作物育种工作联合考察组，进行全省农作物育种工作考察。

1964

2月

February

公元 1964 年 2 月							农历甲辰年【龙】						
日	一	二	三	四	五	六	日	一	二	三	四	五	六
						1 十八	**2** 十九	**3** 二十	**4** 廿一	**5** 立春	**6** 廿三	**7** 廿四	**8** 廿五
9 廿六	**10** 廿七	**11** 廿八	**12** 廿九	**13** 春节	**14** 初二	**15** 初三	**16** 初四	**17** 初五	**18** 初六	**19** 雨水	**20** 初八	**21** 初九	**22** 初十
23 十一	**24** 十二	**25** 十三	**26** 十四	**27** 元宵节	**28** 十六	**29** 十七							

1 日　全省各界人民春节慰问团组成。王卓超任团长，李杰庸、黄霖、潘震亚、李世璋、欧阳武、祝世凤、董琰、于洪深、李定坤、张正伦、王天德、佟国英、谢象晃、庄健、沈宗范、张云樵、宋志霖、周燮衡、吴克汝、于锦文、朱冰、王华、尹明任副团长。春节前后，慰问团分赴部队驻地进行慰问。

1 日　省委、省人委发出《关于高等学校领导管理体制的规定》。

2 日　朱德在南昌视察工作。3 日，前往医院看望邵式平。4 日，视察江西蚕桑垦殖场、江西丝绸厂。5 日，听取杨尚奎汇报省委工作后，离开南昌去广东。

6 日　省委、省人委颁发《关于召开一九六三年度全省财贸系统先进单位和先进工作者代表会议的通知》。该通知要求各地指派一定数量的干部总结好典型的先进事迹和经验，并做好评选准备工作。

6 日　省人民银行、省财政厅转发财政部、中国人民银行《关于加强一九六四年工业、交通企业流动资金管理工作的几项措施的通知》。

7 日　兴国县在兴修水利时发现战争年代埋藏的中共中央机关报《斗争》和中华苏维埃中央人民政府机关报《红色中华》以及中共刊物《青年实话》等，文献中有毛泽东关于《长冈乡调查》和刘少奇、周恩来、陈云、陆定一、肖华的文章（6 月 15 日将文献一部分送中央档案馆保存）。

8 日　省委、萍乡市委联合工作组发表《萍钢发掘革命精神改变企业面貌的基本经验》的调查报告。

10 日　《江西日报》报道，金溪县浒湾公社火箭生产队 1963 年收到来自 19 个省市表示向火箭队学习和向丁长华学习的信件 600 余封，接待参观学习者 5000 余人次。

10 日　省人委发出《关于试行农村人民公社、生产队集体造林给予经费补助和物资奖售的规定》。规定在兴国、南康等 33 个缺林或半缺林村以及水土流失严重的县市的社队集体采种、育苗和造林，试行经费补助和粮食、棉布等物资奖售。

11 日　省政协在南昌市举行春节联欢晚会，慰问省政协委员和省人大代表中 70 岁以上的老代表。

11 日　杨锡光任省卫生厅党组书记。

11 日　省市各界人民代表 3200 余人，举行盛大拥军优属、拥政爱民春节联欢晚会。杨尚奎、刘俊秀、白栋材、黄知真、王卓超、李世璋、潘震亚、欧阳武、邓克明、徐光友、张云樵等省市党、政、军领导出席了联欢会。省评剧团，南昌市京剧团、越剧团、采茶剧团、曲艺团表演了精彩节目。

12 日 省委、省人委、省军区向全省人民发出春节贺信。祝全省人民身体健康，春节愉快，希望全省人民继续鼓足干劲，夺取新的更大胜利。

16 日 省委、省人委决定于 5 月份召开全省教育和文化、卫生、体育、新闻方面先进单位和先进工作者代表会议。为开好这次会议，决定成立以方志纯为主任委员，黄霖、莫循、吕良为副主任委员，于英川、王泽民为委员的全省教育和文化、卫生、体育、新闻方面先进单位和先进工作者代表会议筹备委员会。

17 日 经国务院同意，内务部从 1964 年起，每年支援江西省赣南水土保持专款 200 万元，为期 5 年，共 1000 万元。

17 日 省委同意在大型劳改场（厂）矿设立检察机构和人民法庭。同日，省公安厅党组批复，对流浪人员强制劳动工作由劳改局直接管理。

19 日 省委、省人委发出《关于开展大规模植树造林工作的指示》。

22 日 省商业厅发出《关于调整南昌市及南、新两县国营商业（工业品）批零企业机构的意见》。调整的原则：一是打破行政区域，按经济区域组织商品流通；二是同一地区不能有几套经营同类商品的收购，批发、储运机构；三是企业恢复定点定人管理；四是反对吃"环节饭"，不直接经营商品的企业机构不得在商品调拨上增加任何费用。

24 日 省军区司令部、政治部联合发出《深入开展学习郭兴福教学方法》的指示，要求所属部队宣传动员，掀起学习郭兴福教学方法的热潮。

26 日 省政协举办报告会，省政协副主席，省委书记处候补书记黄知真作《关于形势和任务》的报告。

27 日 省委组织部、省人委人事局决定建立干部工资级别登记制度，工资级别登记表存入干部档案。

28 日 省煤田勘探公司撤销，组建华东煤田地质勘探局（4 月 6 日，改为华东煤田地质勘探公司；4 月 29 日成立华东煤田勘探公司江西办事处）。

29 日 省委、省人委就召开 1963 年全省财贸先进代表会议的具体事项发出通知。要求各地抓紧时间，切实做好准备工作。成立了以刘瑞森为主任委员，梁达山、李杰庸为副主任委员，何行之、张宇晴、朱旦华等 18 人为委员的筹备委员会，负责会议的筹备工作。

29 日 影片《夺印》自 2 月份开始在全省发行放映以来，受到农村、城镇群众的热烈欢迎。截至本日，观众已达 394586 人次。

29 日 全省 1963 年农业先进代表大会在南昌召开。参加大会的代表共 2101 名，杨尚奎主持大会开幕式，刘俊秀作报告，方志纯、白栋材、黄先、黄知真、罗孟文、黄霖、莫循、梁达山、李杰庸、潘震亚、李世璋出席了大会。会上表彰农业先进生产者 407 人。全体代表倡议：全省农业战线要以革命化精神，广泛开展以创造"六好社队"和"六好社员为中心内容的比学赶帮运动"，争取 1964 年农业生产全面大丰收。会议于 3 月 10 日结束。

本月 省委、省人委决定全省所有全日制高等学校，一律收归省委、省人委直接领导管理。

本月 林业部对在林业生产上取得显著成就的铜鼓县幽居公社、宜春县雷桥公社马王塘大队、萍乡市泉江公社茶垣大队、九江县长岭公社林场、永丰县龙岗公社、临川县三桥公社五星大队 6 个单位颁发奖状。

本月 上饶市新辟城区交通干道——五三大道竣工通车。该路长 700 米，宽 40 米。

本月 省新华书店召开各专市书店经理会，汇报研究整顿书店的有关事宜。全省从 3 月起全面开展以端正经营思想作风为主要内容的整顿工作。

本月 省委根据中央《关于国家机关、党派、人民团体精简精神》，决定取消区委、地委、市委、县委的书记处，第一书记一律改为书记，第二书记一律改为副书记。

本月 吉安地委书记处撤销。吉安地委下辖吉安市（镇）、吉安、吉水、永丰、峡江、泰和、遂川、万安、安福、永新、莲花、宁岗、新干县委共 1 个市委，12 个县委。

1964

3月
March

公元 1964 年 3 月							农历甲辰年【龙】						
日	一	二	三	四	五	六	日	一	二	三	四	五	六
1 十八	**2** 十九	**3** 二十	**4** 廿一	**5** 惊蛰	**6** 廿三	**7** 廿四	**8** 妇女节	**9** 廿六	**10** 廿七	**11** 廿八	**12** 廿九	**13** 三十	**14** 二月小
15 初二	**16** 初三	**17** 初四	**18** 初五	**19** 初六	**20** 春分	**21** 初八	**22** 初九	**23** 初十	**24** 十一	**25** 十二	**26** 十三	**27** 十四	**28** 十五
29 十六	**30** 十七	**31** 十八											

1 日　南昌灯泡厂正式从南昌玻璃一厂分出，实行独立核算，隶属关系由南昌市化学工业局划归南昌市机械工业局。

1 日　南昌市合作建筑工程公司正式成立。

1 日　省高级人民法院作出《关于加强全省各级人民法院政治思想工作的指示》。要求高举毛泽东思想红旗，把毛泽东思想真正学到手；开展"四好"单位和"五好"干部的比、学、赶、帮活动；实现机关的革命化、战斗化、科学化。

2 日　省文联召开常务委员扩大会议。省文联常务委员、在南昌市的委员、各协会的常务理事、各专（行）市文联负责人、部分重点作者和省直、南昌市各文艺团体负责人 300 余人参加了会议。杨尚奎接见出席会议的全体代表并作了重要指示。黄知真、莫循向会议作报告。会议于 12 日结束。

3 日　省军区发出通知，要求所属部队和全省民兵，开展纪念毛泽东"向雷锋同志学习"题词一周年活动。要求进一步深入地宣传和学习雷锋的光辉事迹，树立一批雷锋式的干部、战士和民兵作为标兵，在实际斗争中把自己锻炼成像雷锋那样的共产主义革命战士。

3 日　省供销社向全国总社报告扩大社员股金情况：到 1963 年底，全省实收社员股金 1638 万元，超过全国供销合作总社 1962 年下达扩股计划 1000 万元的 63.8%，比 1957 年全省社员股金 1070 万元增加 568 万元。

4 日　省、市文教系统举行学习解放军动员大会。省委常委、副省长黄霖出席会议并讲话。

4 日　地质部决定由苏、皖、赣、鄂 4 省地质局的有关领导为主，组成长江中下游地质工作协作组，由江西省地质局局长李如阜任组长。

5 日　杨尚奎在全省农业先进代表大会上讲

杨尚奎宣布全省农业先进代表大会开幕

话，要求全省每个干部、每个党员、每个先进生产者都要踏踏实实地学习先进经验、先进知识，要更高地举起毛泽东思想红旗，奋勇前进，争先进，争上游，夺取农业生产的新胜利。

6日　国家测绘总局发出关于省区测绘管理机构接交工作的几点意见，要求接交工作在1964年上半年完成，其名称统一为"国家测绘总局××省（区）测绘管理处"。江西省测绘管理处为甲种编制18人。

6日　省检察院召开分院、市检察院检察长会议。会议传达全国省、市、自治区检察长会议精神，总结1963年的检察工作，部署1964年的工作任务。会议于16日结束。

7日　省市各界妇女1500余人在工人文化宫集会，庆祝"三八"国际劳动妇女节。

8日　团省委举行授奖大会，向参加全省农业先进单位和先进生产者代表大会的丁长华、宋喜明、蒋金山、何来昌、乐观谟、洪翠仙、熊金妹等279名青年代表颁发奖状。

9日　江西省"两会"召集在南昌的委员和部分南昌市"两会"委员，举行时事座谈会。会议就宋庆龄副主席，周恩来总理出国访问，罗马尼亚工人党中央委员会代表团来我国访问和有关当前国内外形势问题进行座谈。会议由省工商联主任委员王德舆主持。

10日　省财政厅、省人民银行转发国务院《关于严格禁止预收预付贷款的通知》和中国人民银行、财政部《关于目前允许存在的预收、预付贷款范围的规定》，提出贯彻上述文件精神的3点措施。

11日　省政协与省体育运动委员会（简称省体委）联合举办报告会，省政协常委、省体委主任陈言作全国体育工作会议精神的传达报告。

11日　省水文气象学会成立大会暨首届年会在九江市召开。会议讨论通过学会章程，选举产生由19人组成的新的理事会。会议还宣读了学术论文。会议于18日结束。

13日　《江西日报》报道，2月27日开始，全省气温急剧下降，雨雹频繁，出现了分布面广、持续时间长的冰凌灾害，给邮电通讯带来严

重威胁。全省邮电职工依靠地方党政领导和各方面的支援，在省邮电局统一领导下，克服种种困难，确保全省通讯无阻。

14日　省财政厅转发财政部《关于"五反"运动中追回赃款赃物财务处理办法的通知》，并作出5条补充规定。

14日　省直属机关召开第三次党员代表大会。出席会议的正式代表321名。99名各单位党的工作干部列席了会议。黄知真到会作《关于实现机关革命化的报告》。大会号召省直机关的各级党组织和全体党员，立即行动起来，为实现省直机关革命化这一光荣和伟大的任务而奋斗。会议于21日结束。

14日　省高级人民法院召开全省各中级人民法院院长会议。会议学习毛泽东关于依靠群众专政问题的两次讲话；中央关于依靠群众力量加强人民民主专政，把绝大多数四类分子改造成为新人的指示；传达全国刑事审判工作会议文件；确定1964年全省司法工作任务。会后，省高级人民法院、省人民检察院、省公安厅联合发出《关于依靠群众办案几个具体问题的报告》。会议于24日结束。

16日　清江县适龄儿童入学率由原来的67%上升到88%以上。其中贫下中农子女的入学率由原来的64%上升到89%。这是由于清江县采取多种形式创办简易小学，才提高了农村适龄儿童入学率。

17日　杨尚奎连日来在宜春地区检查工作，考察座谈，要求全省各级党组织和各级干部，必须集中力量，深入基层，迅速行动，扎扎实实搞好春耕，所有地区都要迅速做到"五个落实"：一是落实比学赶帮竞赛；二是落实春耕生产各项准备工作；三是落实再生产计划和生产措施；四是落实社员生活安排；五是落实领导力量。

18日　全省工业、交通先进代表会议在南昌召开。1661名代表和特邀代表参加会议。方志纯、白栋材、黄知真、黄先、罗孟文、王卓超、梁达山、潘震亚、李世璋等省党政负责人出席了会议，黄先代表省委、省人委向大会作《发扬革命传统，大搞比学赶帮运动，掀起工业生产建设

新高潮》的报告。会议一致选出了 151 个五好集体和 348 名五好职工。会议于 28 日结束。

白栋材宣布代表会议开幕

19 日　由省文化局、省教育厅、省总工会、团省委联合举办的社会主义教育影片汇映，分别在南昌、上饶、宜春等 9 地、市同时举行，参加汇映的有《夺印》、《朝阳沟》、《蚕花姑娘》、《我们村里的年轻人》、《李双双》、《槐树庄》、《红色宣传员》、《在社会主义大道上》等 11 部现代题材影片。

20 日　《江西日报》报道，杨尚奎在宜春

杨尚奎（前排中）与 6 户贫农合影

黄承义（左一）和 6 户贫农社员讨论生产

地委书记张国震等陪同下，到全省闻名的丝茅窝生产队的茅棚里，访问艰苦奋斗创大业的 6 户贫农，赞扬他们排难前进、坚持改造低产田的硬骨头精神；强调先进单位要"一带二"、"滚雪球"，使先进经验遍地开花。

20 日　省军区司令部、政治部向全省民兵发出指示，要求各军分区和各级人民武装部门，在党委的统一领导下，组织民兵和集中一切可能的力量，迅速行动，以革命化精神投入到春耕生产中去，打好春耕生产仗，力争 1964 年农业全面大丰收。

20 日　省政协举办报告会，南昌步兵学校政委许军成应邀作《关于活学活用毛泽东著作》的报告。

24 日　《江西日报》发表题为《把农村比学赶帮竞赛扎根到基层去》的社论。该社论指出：比学赶帮竞赛既是群众性的生产革新运动，又是群众性的思想革命运动。它的根本目的是巩固集体经济，促进农业生产，加速社会主义建设。希望全省各地都像宜春县彬江地区一样，迅速把农村比学赶帮竞赛扎根到基层，扎根到群众之中，扎根到农业生产运动之中，把春耕生产推向新的高潮。

25 日　《江西日报》报道，全省从南到北陆续开始浸种播种。季节较早的赣南地区各县春播工作全面展开，早播的秧苗坚芽现青，露出水面，长势良好。早稻播种面积最多的赣中各县，已浸种 1500 多万斤，占应浸量的 34%。季节较晚的赣北地区正在加紧整理秧田，精选良种，少数社队浸了少量的种谷。

25 日　省编制委员会批准省轻化工试验所增至 120 人，省陶瓷科学研究所增至 174 人，省陶瓷科研所试验工厂增至 223 人。

25 日　省委发出关于建立国营垦殖场、农场、水产养殖场政治工作机构的通知，规模较大的省、专属场、总场设政治部或政治处，分场、生产队一般分别设政治教导员，规模较小的专属场、县属场部设政治教导员，生产队设政治指

导员。

26日 省委发出春耕生产紧急指示，要求各级党政机关干部，必须集中一切可能集中的力量，深入生产第一线，参加生产、领导生产，及时解决春耕生产中的各项问题，搞好春耕工作。

26日 省人委发出通知，要求各地在不影响春耕生产的前提下，组织干部、学生和人民群众，祭扫烈士陵墓，瞻仰烈士碑、塔，参观烈士纪念馆，邀请著名烈士的家属介绍烈士生平事迹，使广大干部和群众从革命先烈的事迹中受到教育和鼓舞，进一步激发革命精神。

27日 全省提前10天超额0.6%完成了植树造林计划，造林面积达160万亩，比1963年增造49%。

28日 省供销社根据省委关于加强财贸系统政治工作的精神，决定逐级建立政治工作机构，省供销社设政治办公室，行、专署办事处和省辖市供销社设政治处，县（市）供销社设政治教导员，基层供销社设政治指导员。

29日 省人委发出紧急指示，要求各地抓住最后时机，认真做好绿肥留种工作，全部落实绿肥留种田，确保1964年冬播种绿肥生产的需要。

30日 团省委举行六届二次全体委员会议。会议号召全省团员和青年活学活用毛泽东著作，积极投入社会主义教育和比学赶帮竞赛运动，大学解放军，为实现思想革命化而斗争。会议于4月7日结束。

31日 杨尚奎在万载考察春耕生产时，要求全省各地再接再厉，抓检查、抓落实、抓关键、抓到底，把春耕生产做到最好的程度。

本月 湖口县马影乡发现"湖口病"，发病356人，死亡34人。省卫生厅防治组与北京、上海等地的医学专家到发病区进行调查，发现该病是吃粗制毛棉油引起的中毒反应，后改食精制棉油和氯化钾加盐进行防治。

本月 中央批准撤销赣南区委，成立赣州地方委员会（5月，赣州地方委员会正式成立）。

本月 全省商业工作会议部署整顿基层企业。当年以整顿百货零售企业为主，各行业进行试点。要求分行分业，分期分批，先市后县，先零售后批发，分步骤进行整顿。到8月，全省有150多个企业进行整顿试点。

本月 全国妇联副主席康克清带队来江西省调查了解城乡社会主义教育运动中的妇女工作及妇女参加农业生产等情况。

本月 省妇联印发《学丁长华、赶火箭队》专辑，并印1万张彩色宣传画发到生产大队，号召全省妇女学习丁长华，赶上火箭队。

本月 第八机械工业部从日本、西欧引进的38种手扶拖拉机与配套农具，由八机部水田机械研究所和南昌农机试验站组织全国规模的选型对比试验与结构分析，为国内手扶拖拉机及其农机具的选型设计，提供科学依据。

本月 根据国家计委、国家统计局的通知要求，对全省基本建设施工力量基本情况进行调查。

本月 省地质局在吉安召开1：200000区调图幅评审验收会议。首批完成的宜春、东乡、高安、修水4幅图均通过验收。

本月 省人委致函国家测绘总局，同意国测字第177号文所提的测绘管理机构名称和编制方案。

1964

4月

April

公元 1964 年 4 月							农历甲辰年【龙】						
日	一	二	三	四	五	六	日	一	二	三	四	五	六
			1 十九	**2** 二十	**3** 廿一	**4** 廿二	**5** 清明	**6** 廿四	**7** 廿五	**8** 廿六	**9** 廿七	**10** 廿八	**11** 廿九
12 三月大	**13** 初二	**14** 初三	**15** 初四	**16** 初五	**17** 初六	**18** 初七	**19** 初八	**20** 谷雨	**21** 初十	**22** 十一	**23** 十二	**24** 十三	**25** 十四
26 十五	**27** 十六	**28** 十七	**29** 十八	**30** 十九									

1 日　全省第二次城市工作会议召开。会议要求继续控制城市人口、加强市政设施维修养护等。会议于 9 日闭幕。

2 日　孙光任省煤管局局长。

2 日　《江西日报》报道，全省有 3 万多县以上党政机关干部，走出办公室，会同农村 10 万多公社、大队干部，与广大群众并肩奋战在春耕生产第一线，保证春耕生产运动的顺利展开。

2 日　省委、省人委批转省编委《关于全省地方各级行政编制分配方案》。

3 日　省人委批转省卫生厅、省财政厅《关于对萍乡市、清江县一九六三年公费医疗经费开支情况的调查报告》，指出公费医疗经费实际开支超过预算 1 倍以上，问题严重，责成该市、县人民委员会采取措施迅速扭转超支浪费状况。

4 日　省军区颁布《关于学习吴兴春的决定》。通知指出：总政治部号召全国人民武装干部，向贵州省从江县人民武装部民兵组织科长吴兴春学习，全省人民武装干部（包括区、社武装部长），应立即掀起一个学习吴兴春的热潮，推动全省民兵工作"三落实"。

4 日　省人委发出《关于调整工商统一税的个体经济起征点的通知》。

4 日　省人委发出紧急通知，对绿肥种子的管理、购销、余缺调剂作如下规定：农民向种子公司每交售 1 斤绿肥种子，价 1 元，奖售粮食指标 3 斤，化肥（标氮）3 斤。各地建立红花草籽留种基地和种子田，做到就地留种，就地供应。

5 日　省市各界代表 100 余人和 2 万多名工人、学生、机关干部、部队官兵，前往南昌市烈士陵园祭扫烈士墓。省委、省人委、南昌市委、市人委、省军区、南昌军分区、省政协、南昌市政协、省市总工会、妇联、共青团、各民主党派、工商联和其他机关单位、学校代表，分别向烈士墓敬献了花圈。

6 日　民建省工委、省工商联联合举办读书会。担任省工商联和部分市工商联领导职务的民建会员参加学习，主要学习毛泽东著作，开展爱国主义、国际主义和社会主义教育。历时两个月。

6 日　省人委批转省编委《关于机构设置的报告》，同意将省农林垦殖厅调查设计处改为省农林垦殖厅勘测设计院，核定事业编制 350 人，比原编制增加 148 人；在重点林区设立森林派出所 35 个，核定事业编制 200 人；在赣南行政区和各专区设立森林病虫害防治站，与农林垦殖科研所合署办公，核定事业编制 55 人。

6 日 省人委批转省农林垦殖厅《关于撤销行、专、县（市）自行设立的木竹检查站的报告》，规定除省设立的木竹检查站外，各地自行设立的木竹检查站或兼管木竹检查工作的人员（变相的检查站），一律予以撤销。

6 日 国家经济委员会同意将江西高压电瓷厂划归第四机械工业部直接管理。

8 日 全国政协组织的特赦人员参观团来江西参观。17 日离开南昌。

13 日 省人委批转省计划委员会、省教育厅、省财政厅、省劳动局《关于开展职业教育和一九六四年职业学校招生计划的联合通知》。

13 日 省公安厅召开行署、专、市公安处、局长会议。会议传达贯彻第十三次全国公安会议精神，公安部副部长汪东兴到会讲话。

14 日 省人委批准创办一批职业学校，其中包括江西轻化工职业学校、江西建筑职业学校、江西交通职业学校、江西水电职业学校、江西商业职业学校、人民银行江西分行职业学校、农业银行江西分行职业学校、江西对外贸易职业学校、江西粮食职业学校、江西合作商业职业学校。

14 日 省委召开农业战线负责人会议。会议强调狠抓以下五项工作：一抓早稻适时插秧，二抓棉花等经济作物适时播种，三抓积肥造肥，四抓水利收尾和防洪抗旱准备工作，五抓春熟作物后期管理和收获。号召继续集中力量，抓住关键时刻，全面完成插秧播种工作。

15 日 全省公安部队召开"四好"连队、"五好"战士代表会议。315 名代表在会上展开了大学大比。中国人民公安部队党委，省军区司令部、政治部向大会发了贺电贺信。大会选出李群、王村友等 12 人为出席全国公安部队"四好"连队、"五好"战士代表会议的代表。会议于 23 日结束。

16 日 省人委任命李德友为省农业厅厅长。

17 日 九江市颁布《城市绿化树木管理暂行方法》和《九江市城市建设管理暂行办法》，从颁布之日开始实施。

18 日 省委日前召开全省工业交通企业第一次政治工作会议，会议历时 7 天。全省各工交厅（局）长，区党委、各地、市委书记，工交政治部主任以及一部分中央、省属企业的党委书记 200 人出席了会议。会议着重讨论了如何深入、扎实地学习解放军、加强工业交通企业的思想政治工作问题，白栋材主持会议并作会议总结。

19 日 毛泽东在江西视察工作。历时 4 天。

21 日 《江西日报》报道，全省早稻插秧已从南到北，从西到东，陆续展开。棉花等经济作物的播种也已开始。全省投入插秧、春翻、春播的 554 万劳动大军，早出晚归，争取适时完成插秧和播种计划。

22 日 省委批转省经委《关于深入扎实地开展比学赶帮运动的报告》，要求全省工业战线以 88 种学赶上海的产品为重点，统一计划，互相协作，推进比学赶帮运动更加深入地开展。

28 日 省人委批复省煤管局，同意恢复江西省煤矿设计院。

29 日 省建工局发出《关于进一步抓好市政工程设施维修养护工作》的通知。

30 日 杨尚奎到江西拖拉机厂，参加该厂举行的庆祝"五一"国际劳动节文艺晚会，和工人们一道欢度节日。

杨尚奎（前排右二）与江西拖拉机厂的工人们在观看文艺表演晚会

本月 萍乡钢铁厂职工坚持用高标准要求自己,全厂两座 100 立方米以下的小高炉,产量、质量不断提高,焦比、成本不断降低。目前,该厂开始筹建钙镁磷肥车间,改造 6 号、7 号 40 立方米高炉转产磷肥,将于 1965 年 1 月和 7 月竣工投产。

本月 省委在省直机关、团体和事业单位抽调干部组成社教工作队,前往临川、清江、上饶进行农村社教试点(8 月间,中央《关于开展农村社会主义教育运动的通知》下达后,省委又决定增调大批干部〈含部队干部、高校师生〉组成社教工作团〈下设工作队〉,由杨尚奎、刘俊秀、莫循任分团长,再次前往临川、清江、上饶 3 县农村全面进行以"四清"〈清账目、清仓库、清财务、清工分〉为主要内容的社教运动。从此,全省农村社会主义教育运动逐步铺开)。

本月 江西省哲学社会科学研究所成立。

本月 弋阳县公路大桥竣工通车。

本月 省人委批复:同意省建工局设立干部培训班,编制 10 人。同意设立标准设计站,编制 3 人。

本月 省统计局布置全省统计报表清理工作。

1964

5月 May

公元 1964 年 5 月							农历甲辰年【龙】						
日	一	二	三	四	五	六	日	一	二	三	四	五	六
					1 劳动节	**2** 廿一	**3** 廿二	**4** 青年节	**5** 立夏	**6** 廿五	**7** 廿六	**8** 廿七	**9** 廿八
10 廿九	**11** 三十	**12** 四月小	**13** 初二	**14** 初三	**15** 初四	**16** 初五	**17** 初六	**18** 初七	**19** 初八	**20** 初九	**21** 小满	**22** 十一	**23** 十二
24 十三	**25** 十四	**26** 十五	**27** 十六	**28** 十七	**29** 十八	**30** 十九	**31** 二十						

1日　《江西日报》开始刊登《毛主席语录》。

3日　团省委、省青联和共青团南昌市委、市青联联合举行纪念"五四"运动45周年大会。3000余青年工人、农民、战士、学生以及科技界、文艺界、教育界、医务界、工商界、宗教界、少数民族、归国华侨和街道等方面青年参加了纪念大会。驻赣某步兵学校校长徐光友到会向青年们作了报告。

4日　省人委颁布《关于加紧做好防汛准备工作的通知》，要求各地必须切实做好防汛抢险的各项准备工作，战胜今年可能发生的洪水灾害。

4日　省人委通知：责成全省供销合作系统，做好仔猪余缺调剂，促进生猪生产发展。

4日　省委批准，同意成立省公安厅劳动改造工作管理局委员会。

5日　省委召开赣南区党委、各地（市）和省直各战线"五反"领导小组长会议，贯彻执行中央《关于继续抓紧"五反"运动的指示》，要求

1965年一季度结束运动。

8日　省卫生厅、省商业厅、省轻化工业厅、省供销社发出《关于加强食品卫生管理工作的联合通知》。通知要求建立各项食品卫生管理工作档案。

8日　全省财贸先进代表会议在南昌召开。全省商业、供销社、粮食、对外贸易、财政、金融等部门1623名代表参加会议。会议内容为组织全省财贸职工学习毛泽东著作，学习人民解放军，学习大庆油田，实现财贸部门革命化。杨尚

全省财贸先进单位和先进工作者代表会议在八一礼堂开幕

奎、方志纯、刘瑞森、黄先、黄知真等省领导出席会议。全体代表一致通过了向全省财贸战线职工发出的倡议书。会议于 19 日结束。

10 日　省、市为加强影剧院管理，发扬新道德风尚，在江西艺术剧院召开现场会。

11 日　江西省旱涝保收稳产高产农田建设委员会成立。委员会负责开展农业规划工作，刘俊秀任主任委员，黄先、彭梦庚任副主任委员。委员会下设科学家小组，负责研究检查规划中的技术措施。

12 日　1964 年全省高等学校招生工作委员会成立。省教育厅厅长王纪明任主任委员。在南昌、赣州、宜春、上饶、吉安、九江、抚州分设 7 个考区办事处，负责高等学校招生工作。

15 日　全省人事局局长会议在南昌召开，参加会议人员为各专署、市、县人事局局长，省直各单位主管人事工作的负责人，共计 150 余人。会议讨论修改《江西省人事部门工作条例》、《关于从社会上吸收干部的规定》、《干部调配工作的暂行办法》、《关于高等学校毕业干部管理工作试行办法》等文件。会议于 6 月 1 日结束。

16 日　女子跳远运动员肖洁萍在北京举行的全国田径比赛中以 6.08 米的成绩打破全国纪录。她是我国第一个跳过 6 米大关的女子跳远运动员，也是江西第一个打破女子跳远全国纪录的运动员。

16 日　省地质局党委发出《关于各级政治工作机构设置的通知》。通知决定：省地质局成立政治部，局属各单位根据工作需要，分别设政治部、政治处、教导员、指导员。

17 日　团省委举行授奖大会。表彰出席全省财贸先进代表会议的徐爱珍、魏鑫华、王去娥、万根英、万菊英、万丹亭、邓武祥、顾泽皇等 187 名共青团员和青年。团省委书记周振远代表团省委颁发了奖状。

17 日　省森林工业局组织 52 名木材检验员，在修水县进行木材一次检尺与分类扎排的试点，总结木材一次检尺办法。此后，林业部在修水县召开南方九省（区）现场座谈会，推广江西省木材一次检尺经验。活动于 7 月 31 日结束。

18 日　省委宣传部召开省直机关和南昌市长期坚持学习毛主席著作，活学活用毛泽东思想的部分先进单位和积极分子座谈会。30 多个单位的 40 余名代表座谈学习情况，交流学习经验。杨尚奎参加座谈并讲话。

18 日　省人委批复省测绘管理处与地图编辑办公室合署办公，行政编制 11 人。

22 日　省人委颁发《江西省国营灌溉工程征收水费试行办法》，规定农业用水按实际田亩征收稻谷，有条件的也可按用水量计征。自流灌溉每亩每年征收稻谷 8 斤～12 斤，提水灌溉减半征收（1965 年 11 月，省人委通知改征现金，每亩每年收水费 0.65 元～1 元）。

22 日　省科委、省水产厅在南昌县水产养殖场组织人工繁殖鱼苗观摩活动，交流全省 35 个国营水产养殖场和鱼种场人工繁殖鱼苗获得成功（繁殖的鱼苗比 1963 年同期增加 1 倍多）的经验。省领导方志纯、王卓超、潘震亚、李世璋、彭梦庚、欧阳武等参观了繁殖鱼苗的操作过程和前几天人工繁殖出来的鱼苗。

23 日　省人委转发国务院《关于严格禁止楼堂馆所建设的规定的通知》，对各地区、各部门正在进行的楼堂馆所建设无论批准与否，均一律停止施工，听候处理。

24 日　《江西日报》报道，全省今年的棉花已经超额 3.45% 完成了播种任务，比 1963 年植棉面积扩大 20% 以上。全省甘蔗种植计划适时超额完成任务，比 1963 年实收面积扩大了 3 万余亩。

25 日　省军区在南昌召开全省城市民兵工

瑞金县沙洲坝公社沙洲大队的民兵带头参加生产，积极练武。民兵们请老红军杨衍球（左一）讲当年红军进行武装斗争的故事

作会议。出席会议的有省军区、军分区、市人民武装部的领导和省、专直辖市的工矿企业、大专学校负责民兵工作的党委书记、专职民兵干部。会议强调高举毛泽东思想红旗，坚持"四个第一"，全面加强民兵政治思想工作，是巩固和提高民兵组织的决定因素，是今后民兵建设的根本问题。会议希望各级党委切实加强对民兵工作的领导。各级民兵指挥机关要进一步改进工作作风和工作方法，把城市民兵工作做好。会议于31日结束。

26日 省教育厅召开全省教育行政会议。会议提出要逐步实行两种教育制度，发展职业教育；要克服学生课业负担过重现象，全面提高教育质量。会议于6月11日结束。

27日 全省第四次妇女代表大会在南昌召开。626名代表和310名列席代表出席会议。省党、政、军领导黄知真、王卓超、梁达山、潘震亚、李世璋、欧阳武、罗元炘等出席会议。罗孟文代表省委、省人委向大会致祝词，朱旦华作工作报告。大会以无记名投票方式，选出了省妇联第四届执行委员会的委员、候补委员。朱旦华当选为主任。

全省第四次妇女代表大会开幕

28日 省政协举办报告会。省政协副主席、省委候补书记黄知真作关于社会主义教育的报告。

29日 省检察院在丰城县召开全省比、学、赶、帮现场会，各分、市检察院检察长及县检察院检察长共计87人参加。会上，丰城县检察院检察长陈景星介绍"洁身自好，率先垂范；勤政为民，秉公执法"的先进经验。宜春

地区17名五好干部，丰城、万载、进贤3个四好县检察院在会上受到表彰。现场会于6月3日结束。

31日 团省委表扬波阳县五一小学少先队辅导员曹开展，井冈山小学少先队辅导员夏梦淑，南昌市五好民警、少先队校外辅导员余邦金，驻

在新时期，全国劳模余邦金一直保持着为人民服务的光荣传统

赣空军某部班长、雷锋式战士、瑞金县胜利小学少先队校外辅导员陈学元等600名少先队优秀辅导员。并号召全省少先队辅导员向受到表扬的优秀辅导员学习，把全省少先队工作推向一个新的阶段。

31日 省"两会"召开出席全省第四次妇女代表大会的工商界家属代表座谈会。参加座谈会的工商界家属代表有：傅名荣、王学和、胡纯华、涂玉焦、刘云轩、黄巧云、胡菊均、陈实云、黄芝秀、袁志坚、梁美琴、刘君贤12人。省"两会"负责人也参加座谈会。座谈会由省工商联副主委、省家属委员会主任委员傅名荣主持。代表们在会上纷纷发表自己的意见，表示要虚心向先进的劳动大姐们学习，努力学习毛泽东著作，加强自我改造，用社会主义思想教育好子女。

本月 赣南钨矿实验项目被地质部实验工作会议确定为全国重点任务之一。由赣、闽、苏3省共同负责，江西省地质局总工程师苗树屏任领导小组组长。

1964

6月

June

公元 1964 年 6 月						农历甲辰年【龙】						
日	一	二	三	四	五	六	日	一	二	三	四	五	六
	1 儿童节	**2** 廿二	**3** 廿三	**4** 廿四	**5** 廿五	**6** 芒种	**7** 廿七	**8** 廿八	**9** 廿九	**10** 五月小	**11** 初二	**12** 初三	**13** 初四
14 端午节	**15** 初六	**16** 初七	**17** 初八	**18** 初九	**19** 初十	**20** 十一	**21** 夏至	**22** 十三	**23** 十四	**24** 十五	**25** 十六	**26** 十七	**27** 十八
28 十九	**29** 二十	**30** 廿一											

1日　省卫生厅、省公安厅、省科学技术委员会印发《关于加强江西省放射性卫生防护工作的若干规定》的联合通知，要求实行统一发给"许可证"和"登记证"制度。

1日　省人委批转省商业厅《关于省产化纤布供应办法》，规定 1 元以下的白布、色布、花布等，优先多分配给缺布的农村，县以上的城市一般不安排供应。

5日　省政协组织各界人士和省社会主义学院学员 110 人，前往南昌县石桥公社参观社会主义教育运动和农业生产。

5日　国务院任命，于前任江西有色金属管理局局长，康文清、王丕良、刘达奇为副局长。

5日　周克用被任命为省公安厅厅长，牛何之调省科委任副主任。

5日　省轻化工业厅厅长刘抗调离，国务院任命肖善荣为省轻化工业厅厅长。

6日　省人委将原测管处人员、工资、物资计划指标等移交国家测绘总局，其中移交人员 5 名。

7日　《江西日报》报道，全省各项农副产品收购量大幅度增长，与 1963 年相比春粮增加

11.7%，春油增长 100%，生猪增长 70%，鲜蛋增加 56%，春茶增加 55%，其他农副产品的收购量，也都比 1963 年同期有所增加。

8日　赣南行政区更名赣州专区。全省行政区域划为 6 个专区、2 个地级市、5 个县级市、80 个县、4 个市辖区。

8日~22日　赣南赣中连降大到暴雨。暴雨造成的洪水在万安上游地区超过 1962 年最高水位，瑞金、会昌、于都、龙南、大余、南康和万安等县城先后进水。全省淹没农田 28.7 万公顷，冲倒山塘、陂坝工程 9159 座。

9日　《江西日报》报道，全省早稻生产形

景德镇市鹅湖公社京山大队第二生产队社员担牛粪到田间，增加农田的基肥，提高秧田的温度

势大好，面积比 1963 年大，田间管理抓得早，抓得细，禾苗分蘖快，分蘖早，有效分蘖多，长势十分喜人。

10 日　省委财贸政治部召开财贸政治工作会议。各地（市）委财贸政治部主任、省直财贸各部门的负责人参加了会议。会议指出：高举毛泽东思想红旗，组织广大职工认真学习毛主席著作，学习解放军，加强财贸部门的思想政治工作，进一步开展以阶级斗争为纲的社会主义教育，增强政治观点、生产观点、群众观点，使财贸队伍更加无产阶级化、革命化、战斗化，是全省财贸部门的一项最重大的任务。会议于 18 日结束。

11 日　龙南县连降大雨，县城内外一片汪洋，低洼地段水深达 4 米，倒塌厂房 21 间、民房 2933 间。

12 日　省人委决定成立省农业产量调查委员会，在全省开展调查，了解和掌握全省农作物产量数字。彭梦庚兼任主任，盛朴、刘星洲、石丰兼任副主任。

12 日　省人委调整平价糕点和饮食行业用粮收票标准。规定平价糕点收粮标准改为有馅的每市斤收粮票 1 市两，无馅的每市斤收粮票 2 市两；饮食行业用粮按 80% 收回粮票；免票、减票和实收粮票的品种由各市自行决定。

13 日　省人委批准调整全省城市医院病床与职工编制比例，由原 1∶0.92 调整为 1∶0.96，其中省、专、市级 21 个医院由原 1∶0.94 调整为 1∶1.02。

13 日　省人委同意省农业厅报告，此后绿肥种子经营管理，县以上由各级农业部门的良种公司经营，供销社不再插手，县以下委托基层供销社代购。供销部门、粮食部门做好奖售化肥、粮食的回供，人民银行解决收购种子所需贷款。有关部门密切合作。

14 日　赣州市开始遭受特大洪水袭击。

16 日　22 时，章江洪峰最高水位

达 102.79 米，超警戒水位 3.79 米；贡江洪峰最高水位达 103.02 米，超警戒水位 6.02 米。洪水持续 11 天。赣州市区被淹 7.76 平方公里，倒塌房屋 410 多间，经济损失 250 万元。

16 日　《江西日报》报道，全省春蚕普获丰收，产茧量达 1700 多担，比 1963 年同期增长 10% 左右。截至 6 月初，全省已收购 1100 担，超过收购任务的 13%，比 1963 年同期增长 36%。

17 日　省委召开紧急电话会议，部署抗洪抢险战斗。会议号召全省各级干部和全体人员，在春耕生产胜利的基础上，再接再厉，战胜洪水灾害，为全面完成 1964 年农业生产计划，争取农业丰收而奋斗。

17 日　省军区、省公安部队遵照省委电话会议指示，分别向所属部队发出紧急通知，要求凡已出现洪水的地区，部队必须全力以赴，在当地党委和防汛指挥部的统一领导下积极投入抗洪抢险战斗，确保人民生命财产安全和农业丰收。

19 日　省卫生厅、省轻化工业厅、省商业厅联合下达《关于管理毒药及限制烈性剧毒药暂行规定的通知》。

20 日　中国农业银行江西省分行 10 天内发放各项贷款 97 万余元，支援水患地区恢复生产。同时根据一些受水患地区的情况，分别拨给赣州、宜春、吉安 3 个专区的生产费用贷款 320 万元，水患区口粮贷款 20 万元。

20 日　省委、省人委召开防汛紧急会议，对当前的雨情、水情作了全面分析，针对赣中地

南昌县浃溪、河头、璜溪公社社员在万家洲堤段冒雨挑沙整险

区连降大雨和暴雨，赣江、抚河中下游水位步步抬高的情况，号召江河沿岸地区的各级党政领导机关和广大群众与干部，加强领导，集中力量，千方百计地战胜洪水。

20日　省高等学校招生委员会举行委员会议。会议讨论和研究1964年全省招生工作。方志纯就全省招生工作作批示，指出：高等学校招收学生，应该贯彻阶级路线和政治与学业兼顾的原则，各级党委和政府应切实加强对招生工作的领导，学校领导和教师应认真加强对学生的思想教育，帮助应届毕业生树立一颗红心，做好两种准备。

20日　华东科委组织华东区部分省市的水稻种植地区的种子干部、专家和技术人员，在余江县召开良种繁育和良种推广工作现场会议，推广余江县建立生产队良种培育田、单本繁殖田和县办良种场、社办良种场的"两田"、"两场"良种繁育制度经验。并参观了余江县的种子工作。会议于28日结束。

21日　赣江洪水涨势凶猛，新干以下各地接近1962年最高洪水水位。赣江沿岸各地出动了十几万人投入防洪抢险战斗。广大防汛大军，在各级党政领导干部率领下，日夜坚守阵地，同洪水进行顽强的搏斗。

南昌市防汛运输人员往汽车上装草袋，运往抗洪第一线

21日　《江西日报》报道，省人委最近批准了《江西省1964年中等学校招生工作的规定》，并决定成立1964年江西省中等学校招生工作委员会，负责管理全省各级中学和中等专业学

校的招生工作。根据规定，1964年全省各级中学、中等专业学校、中等师范学校、技工学校和部分职业中学采取统一招生办法进行招生。

22日　《江西日报》报道，全省主要产麦区的波阳、丰城、都昌和高安等25个县超额完成了向国家交售小麦的任务。

22日　化学工业部在东乡磷肥厂召开全国钙镁磷肥现场会议，化工部副部长侯德榜发表讲话，东乡磷肥厂副厂长郝建桂汇报东乡磷肥厂改造炼铁小高炉生产钙镁磷肥的经验。东乡磷肥厂用小高炉生产钙镁磷肥和提取镍磷铁的成果经国家科委、计委、经委评定，获"三定"发明创造奖。会议于7月3日结束。

23日　省政协召开全省各市、县政协主席和秘书长会议。会议讨论如何围绕爱国主义、国际主义和社会主义教育开展政协活动。

24日　省委举行常委扩大会议，传达贯彻五六月间中央会议精神和会议期间毛泽东关于社教等的指示，研究关于城乡社教、当前生产等问题。会议提出，在党委领导下，分为城乡两部分进行社教。农村划分阶级以土改时划定的阶级为依据，进行复查，改正错划、漏划；城市"五反"要增加划分阶级的内容，但划分阶级的工作，放到运动后期进行。

28日　省委、省人委召开电话会议，部署当前农业生产工作。会议号召各级党政领导与全省广大干部、群众，继续鼓足干劲、踏实做好工作，抓好水患地区的生产恢复工作，弥补洪水所造成的损失，为全面和超额完成全年农业生产任务而奋斗。刘俊秀主持会议并讲话，彭梦庚作报告。

28日　省轻工业厅、省文化局、中国美术家协会江西分会联合举办全省日用品美术设计展览。展览会目的是检阅日用品美术设计状况，交流经验，提高全省日用品美术设计工作水平。

29日　国务院转达周恩来总理的批示："希即派人转告江西同志，并帮助他们从改进生产技术管理着手，将有关生产单位组成省专业公司，加强领导，促进生产，提高质量，降低成本。至于成立产供销统一托拉斯陶瓷公司，因涉及全国陶瓷产供销出口平衡问题,可暂缓举办,待条件成熟,再行考虑组织全国性陶瓷公司"。

30日 按照中央、国务院《关于进行第二次全国人口普查工作的指示》,进行第二次人口普查,普查时间自6月30日24时始。

本月 全省58个县市遭受水灾,受灾农作物524万亩,受灾人口250万,毁房2.44万间。省军区抽调1.24万名干部战士,出动578台次车辆,参加抗洪抢险。

本月 彭泽县省棉花试验站,首次发现棉花枯萎病,系从中国科学院棉花研究所等单位引进棉种的植株上发生。余江县良种场首次发现水稻细菌性条斑病,后在南城、进贤、临川、分宜、瑞金、全南等县也有发现。

本月 省委、省人委为解决农民义务送粮负担过重问题,决定以农业生产队为基础,按农业人口计算,规定义务送粮限额,平原、丘陵每人不超过3000公斤里,山区每人不超过2500公斤里,超过部分由收粮粮食部门付给运费(1965年10月,平原、丘陵改为2000公斤里,山区改为1500公斤里)。

本月 省人委根据中央、国务院关于把计划内和计划外经营的粮油实行统一归口的规定,实行粮食议购议销工作全部由粮食部门归口管理,供销社不再经营议价粮油。

本月 宁冈县城开工改建会师桥。(1966年10月竣工)。

本月 省交通厅拨款10万元,赣南自筹3万元,对地区境内14条支流航道进行整治、开发。

本月 省机械厅召开全省机械工业产品设计工作革命化会议,贯彻产品设计的仿、改、创方针,推行新产品设计的调研、方案确定、设计图纸、工艺准备、试制过程服务、产品装配、产品试验等7事一贯制的方法。

1964

7月 July

公元 1964 年 7 月							农历甲辰年【龙】						
日	一	二	三	四	五	六	日	一	二	三	四	五	六
			1 建党节	**2** 廿三	**3** 廿四	**4** 廿五	**5** 廿六	**6** 廿七	**7** 小暑	**8** 廿九	**9** 六月大	**10** 初二	**11** 初三
12 初四	**13** 初五	**14** 初六	**15** 初七	**16** 初八	**17** 初九	**18** 初十	**19** 十一	**20** 十二	**21** 十三	**22** 十四	**23** 大暑	**24** 十六	**25** 十七
26 十八	**27** 十九	**28** 二十	**29** 廿一	**30** 廿二	**31** 廿三								

1日 省委调整省编制委员会成员。主任：方志纯，副主任：刘建华、彭梦庚、董琰、阙由熹；委员：王泽民等10人；下设办公室，梅展南兼办公室主任。省编委主要负责行政和事业人员编制。

1日 瑞金革命纪念馆正式开放。纪念馆的总陈列面积360平方米，展出文物500多件，记录了苏区人民在党和毛主席领导下进行革命斗争的光辉历史。

1日 省委工交部任命吕承恩兼任地质局政治部主任，免去其兼任的副局长职务。

2日 国家测绘总局颁发"国家测绘总局江西省测绘管理处"铜质印章一枚（自7月20日起正式启用）。

3日 《江西日报》报道，截至5月底止，全省城镇储蓄比1963年底增加了22.4%，在新增加的储蓄中，定期储蓄占85%左右。

5日 华东局发出《一九六五年至一九六七年后方建设规划通知》，确定江西小三线建设项目67个，总投资3.01亿元。

5日 省工商联支部成立，革石任书记，陈守礼、刘德纲任委员。

6日 省人委召开第三次会议。会议听取了副省长李世璋所作《继续鼓足干劲，扎实做好工作，为全面完成和超额完成全年农业生产计划而奋斗》的报告。会议还讨论通过了《江西省育林基金征收、使用管理实施细则》，《江西省人民委员会关于成立赣州专员公署和撤销赣南行政公署的决定》等。

6日 全省国营农业企业、共产主义劳动大学工作会议在南昌举行。刘俊秀出席会议并讲

现场教学是共产主义劳动大学经常采用的重要教学方式，新干县分校中等农学专业教师在田间给学生讲解水稻良种单穗选种技术

话。彭梦庚、张宇晴分别就国营农业企业和共产主义劳动大学作工作报告。会议要求各国营农业企业努力实现企业领导班子革命化、机关工作革命化、职工群众的革命化和企业管理的革命化；共产主义劳动大学努力实现生产、教学、政治思想工作的革命化，把国营农业企业和共产主义劳动大学办得更好。会议于15日结束。

6日 省人委决定成立省合作商业学校，并在校内设省供销社干训班，校与班隶属省供销社领导，校的办学规模为250人，开设财会、统计、物价3个专业，干训班以调训方式培训在职干部。校址设在南昌市站前路。

9日 省人委颁发《江西省育林基金征收、使用管理实施细则》，规定育林基金由采伐或收购木材的单位缴纳。育林基金分为"国有林育林基金"和"集体林育林基金"两大类，其中"集体林育林基金"又分为"甲种"和"乙种"两项。采伐或收购国有林的木竹，每立方米木材或100根毛竹缴纳育林基金10元；采伐或收购集体林的木竹，每立方米或100根毛竹缴纳甲种育林基金5元，林主在所得山价中缴纳乙种育林基金2元。

10日 民革、民盟、农工党省委会与民建省工委负责人和党外上层人士，参加省委统战部在庐山举办的读书会。学习关于农村工作和农村社会主义教育运动的《双十条》、《九评》和关于爱国主义、国际主义、社会主义教育的文件。8月8日，读书会学员举行座谈会，声讨美帝国主义侵略越南的罪行，并向报界发表谈话。读书会于9月10日结束。

10日 省人委办公厅发出做好测绘资料保密检查收尾工作的通知，要求7月底前将各项资料上报。

10日 省地质学会首届会员代表大会暨学术年会在庐山举行。大会选举产生了由33名理事组成的第一届理事会，推选郝文会任理事长，苗树屏、张廉、刘企萍任副理事长，常务理事共13人，朱训兼任秘书长。大会征集到论文201篇，与会者进行了广泛的学术交流。会议于14日结束。

10日 省军区"四好"连队、"四好"单位、"五好"战士代表会议在南昌召开。省军区各战线和各工作岗位的先进集体与先进人物400多名代表出席。会议内容是：检阅省军区创造"四好"运动的成绩，总结交流经验，宣扬先进，树立标兵，激励斗志，鼓舞干劲，进一步动员全体指战员更好地学习毛主席著作，深入地开展比学赶帮活动，把"四好"连队运动推向新高潮，全面完成各项工作任务。杨尚奎、刘俊秀、黄知真、李杰庸、吴瑞山、林忠照等党政军领导出席了会议。27个单位和个人立功受奖。会议于16日结束。

省党政军负责人与出席省军区"四好"连队、"四好"单位、"五好"战士代表会议的全体代表的合影

11日 省人委发出《关于开放春粮、春油集市贸易和关闭贸易的通知》。

13日 《江西日报》报道，省委召开各地（市）委秘书长和部分县委办公室主任会议，研究进一步加强人民来信来访工作。黄知真出席会议并讲话，要求各级党政领导加强对人民来信来访工作的领导和处理人民来信来访工作的力量，做好人民来信来访工作。

14日 省委发出《关于国家建设征用土地问题的通知》和《关于征收城市公用事业附加的几项规定的通知》。

15日 全省各民主党派负责人、无党派人士和工商界、宗教界、少数民族、归国华侨代表举行集会，庆祝我国空军部队第三次击落美制蒋军U-2型飞机的重大胜利。

15日 省商业厅《市场情况汇报材料》指出：全省市场商品货源不断增加，供应品种增多，质量提高，供求基本平衡。一度供不应求的猪肉、鲜蛋、胶鞋、面盆、口杯、水瓶等40多种商品，都能满足需要。年初凭票证购买的商品66种，已有41种退出票证范围。

南昌市中山路菜市场每日有24种蔬菜上市供应顾客需要

16日 《江西日报》报道，全省从6月25日以后，天晴少雨气温不断升高，有的地区旱象开始露头，全省各地正在加紧进行防旱和抗旱准备工作。全省92座大中型水库实际蓄水量平均达全年计划蓄水量的81.2%，总计27万匹马力的抽水机绝大部分已装好待用。

公社抽水机站的抽水机手们为保证适时插秧，不误农时，到各生产队帮助抽水翻田

18日 省政协举办报告会，李杰庸应邀作《关于当前经济形势问题》的报告。

18日 杨尚奎参加上饶地委召开的部分县夏收夏种座谈会，号召各地趁早稻丰收大好形势，用抓早稻生产的劲头，争时间，抢季节，种好、管好、收好秋季作物，全面完成和超额完成农业生产计划。

18日 省、市党政机关及其他各单位干部、职工，各学校师生和驻赣官兵，纷纷冒着烈日帮助郊区各公社收割早稻，抢栽晚稻。截至当日共有3700多人，累计做了6000多个劳动日。

南昌市郊湖坊公社长村大队民兵参加"双抢"插秧

19日 省人委颁布《关于切实做好防旱、抗旱、防虫灭虫工作》的紧急通知。通知要求各级领导必须统一安排好夏收夏种与抗旱灭虫工作，具体部署，分工负责，动员和组织广大干部、群众，力争粮、棉等作物全面丰收。

19日 全国农业劳动模范彭光贤领导的萍乡市湘东公社新村大队，实现再高产，全大队487亩早稻实收干谷33.186万斤，平均亩产678斤，比1963年平均亩产增长11.8%。刘俊秀到新村大队考察水稻生产情况，勉励他们戒骄戒躁，再接再厉，乘胜前进，夺取全年大丰收。

22日 省军区政治部、省公安总队、驻赣空军某部发出《纪念"八一"建军节开展拥政爱民活动》的通知。要求所属部队、机关、医院在"八一"建军节前后，普遍进行一次拥政爱民教育，组织检查群众纪律和积极开展拥政爱民活动。

23日 省人委转发国家计委、国务院农村办公室、财贸办公室《关于加强支援农业资金计划管理的几点试行意见的通知》。

25日 省人委召集省直有关部门开会，研究当前防虫灭虫工作，要求各地特别是虫害比较严重的地区，在抓好夏收夏种的同时，立即组织广大干部、群众投入灭虫斗争。

26日 省委、省人委发出《关于共产主义劳动大学招收新生和毕业生分配问题的通知》，规定总校和各分校1964年招收学生6580名；共大中专以上的毕业生列入计划，由省统一分配，县属分校培养的初技毕业生列入省的分配计划，由县统一分配，报省备案。

水南综合垦殖场的一批共大毕业生

27日 国家测量总局组织江西联合技术检查组。检查组由福建、浙江、江苏地质局测绘大队、江西测管处各1人组成，对江西地质局测绘大队进行技术检查。

29日 《江西日报》报道，暑假一开始，

南昌县塘南镇民兵清晨练武

全省许多城镇广大民兵和青年学生，踊跃参加军事野营锻炼，增强国防观，培养"三八作风"。

30日 省政协举办庆祝"八一"建军节报告会。省军区政治部副主任李彦令应邀作《关于中国人民解放军建军史和传统作风》的报告。

30日 省人委批转省计委、省教育厅、省人事局《关于一九六四年高等学校和中等专业学校毕业生分配问题的报告》，规定当年分配的高校毕业生要有40%的人参加劳动实习，10%以上的参加社会主义教育运动，其他毕业生亦尽量派到基层生产单位。

31日 省市各界代表2400余人，在胜利剧场和省赣剧院举行盛大拥军优属、拥政爱民联欢晚会，军民同欢，庆祝建军37周年。

本月 南昌市撤销蛟桥镇委。

本月 成立省委军工建设研究小组（9月，先后改为省委国防工业领导小组和省委国防工业办公室）。

本月 著名化学家、化工部副部长侯德榜到向塘化肥厂、东乡化肥厂、东乡磷肥厂视察。

本月 省地质局九〇七队马恒玮、林秦安等首次论证新余式铁矿并非多层矿，而是单层矿反复褶皱的结果，是一种独特的"红绸舞式"褶皱。

1964

8月

August

公元 1964 年 8 月						农历甲辰年【龙】						
日	一	二	三	四	五	六	日	一	二	三	四	五	六
						1 建军节	**2** 廿五	**3** 廿六	**4** 廿七	**5** 廿八	**6** 廿九	**7** 立秋	**8** 七月小
9 初二	**10** 初三	**11** 初四	**12** 初五	**13** 初六	**14** 初七	**15** 初八	**16** 初九	**17** 初十	**18** 十一	**19** 十二	**20** 十三	**21** 十四	**22** 十五
23 处暑	**24** 十七	**25** 十八	**26** 十九	**27** 二十	**28** 廿一	**29** 廿二	**30** 廿三	**31** 廿四					

3 日　省电影发行放映公司在南昌市召开全省城市电影发行放映工作会议。出席会议的有 40 家电影院负责人、30 个 35 毫米放映队负责人。省电影公司副经理柳琦作《紧密地配合社会主义教育，大力放映好革命现代题材影片，力争超额完成放映任务》的讲话。会议于 10 日结束。

4 日　《江西日报》报道，全省 15 所高等学校 45 个专业的应届毕业生 3400 余人，已由国家根据需要分配了工作。其中 410 余人分配到省外工作，3000 余人留在省内参加各项社会主义建设事业。

7 日　全省第一艘自行设计用于农业灌溉的水泵船，在江西省船舶修造厂试制成功。该船系钢质船体，装有 4 台大型离心水泵，每台水泵每小时输水量为 2160 吨。

8 日　江西省煤矿学院停办，改办萍乡煤矿学校（中专），隶属华东煤炭工业部。

8 日　南昌市 26 万多人举行集会和示威游行，反对美帝国主义武装侵略越南。

9 日　省政协与南昌市政协联合召开座谈会，拥护中国政府的严正声明，谴责美国武装侵略越南的行径。

10 日　南昌市、景德镇市、赣州市、吉安市、上饶市、九江市、宜春镇、抚州镇各界人民 30 余万人举行集会游行，愤怒谴责和强烈抗议美

浩浩荡荡的游行队伍行进在南昌市区中心街道——洗马池

帝国主义对越南民主共和国的武装侵略。

13日 景德镇红星瓷厂创造的双刀压坯机经轻工业部、省轻工业厅技术鉴定，被认定为是国内陶瓷成形生产中的先进设备之一，在全国推广使用。

14日 《江西日报》报道，南昌、新建、丰城、清江、波阳等县的粮棉高产地区新建成83座机电排灌站。这批机电排灌站共装机183台，总计为10156马力，受益面积可达21.98多万亩。其他地区还有7185马力排灌设备的土建工程正在加紧施工，争取提前发挥作用。

波阳县三亩前公社渡头排港灌站

14日 国家测绘总局江西省测绘管理处召开全省资料归口会议，传达全国测绘资料管理会议精神。

17日 《江西日报》报道，全省1月至8月在富山、荏港、除槎、小港口、芦州、蛟湖、黄墓、长岭（九江）等地建立了8个农业专用变电站。加上前两年建成投入生产的蒋巷、幽兰、麻丘、泷口（南昌县）、彭高（萍乡）、河下（新余）、池江（赣州）等变电站，农村专用输电线路总长约200公里，灌溉能力总共可达100

丰城县小港公社建成了一个1273千瓦的变电站，使全公社6.7万余亩耕地90%以上实现了电动排灌

万亩。相当于1954年总容量的两倍。

23日 赣州市、上饶市、景德镇市、抚州

横渡赣江的水上健儿们

市等市、县以及基层单位相继开展横渡赣江、信江、昌江、抚河等江河的群众性游泳和武装泅渡活动。参加的人员有工人、农民、学生、干部和解放军，也有老人和小孩，共计5000余人。吸引数以万计的人观看。

24日 省税务局转发财政部《工商税收计划，会计统计工作制度》。

25日 《人民日报》发表短评《坚持半工半读方向》，指出，江西共产主义劳动大学是一所半工半读的学校。6年来为国家培养了数以万计的高、中、初级技术人才，又在开发山区方面

半工半读的共大总校学生队伍在游行

为国家创造了大量的物质财富，同时摸索出了一套教育与生产劳动相结合的经验，学校越办越好。我们的教育方针是"教育为无产阶级政治服务，教育与生产劳动相结合"。江西共产主义劳动大学是执行这条方针的，这样的学校是正规的，坚持半工半读的正确方向，我们就一定能使半工半读这种新型学校越办越好。

25日 《江西日报》报道，省人委批准成立全省第三届运动会组织委员会，负责领导和筹划第三届全省运动会的各项工作。第三届全

省运动会组织委员会由省委常委、副省长黄霖为主任委员，孔令甫、吕良、陈言、杨敏之为副主任委员，董琰、王纪明、方德鑫、朱旦华、周振远、张云樵、廖少仪、石凌鹤、杨锡光、赵中、赖华兴、周克明、马秋芸、蒸洪真为委员。

26 日 南昌市颁发《南昌市树木绿地管理暂行办法》。

28 日 阿尔及利亚烈士子女 75 人和 5 名辅导员来赣度假，于 9 月 10 日离赣。

副省长彭梦庚接见阿尔及利亚客人

阿尔及利亚烈士子女与南昌市少年儿童合影

29 日 省轻化工业厅转发省计委批复，同意九江新生棉纺织印染厂扩建设计任务书，该厂年产灯芯绒能力由 98 万米扩为 200 万米。

31 日 全省手工业工人为"三秋"提前准备好农具。8 月份 1 个月生产了中小农具176.5

清江县手工业部门为"三秋"准备农具

万余件，比 1963 年同期增长 20.6%。做到了早动手、早安排、早备料、早供应。

31 日 省人委颁布《关于进一步加强秋田管理力争秋季丰收的指示》，要求全省各地进一步发动群众，做好 4 项工作：（一）坚决扑灭晚稻虫害；（二）积极防旱抗旱；（三）进一步开展秋季积肥工作；（四）全面做好秋作物田间管理，以确保秋季丰收。

31 日 省人委人事局制定下发《江西省人事部门工作条例（试行）》。

本月 省新华书店召开全省农村图书发行工作大型会议，审议通过《关于积极运用、巩固、发展农村供销社发行图书的意见》和《农村流动供应工作试行办法》两个文件。

本月 民革、民盟、农工党省委派干部参加省委组织的农村社会主义教育工作团，到永修开展农村社教工作。历时 8 个月。

本月 省计委党组向省委全体扩大会议提出了《江西省第三个五年计划（1966～1970）的初步设想（汇报提纲）》（1965 年 6 月，向省委报送《第三个五年工农业生产建设计划的初步设想》）。

本月 南昌洪都机械厂开始研究导弹的首次静力试验（至 1976 年完成）。

本月 吉安市新建渡运码头 1 座、候船室100 平方米，购置 20 吨机动渡轮 1 艘。

1964

9月

September

公元 1964 年 9 月							农历甲辰年【龙】						
日	一	二	三	四	五	六	日	一	二	三	四	五	六
		1 廿五	**2** 廿六	**3** 廿七	**4** 廿八	**5** 廿九	**6** 八月大	**7** 白露	**8** 初三	**9** 初四	**10** 初五	**11** 初六	**12** 初七
13 初八	**14** 初九	**15** 初十	**16** 十一	**17** 十二	**18** 十三	**19** 十四	**20** 中秋节	**21** 十六	**22** 十七	**23** 秋分	**24** 十九	**25** 二十	**26** 廿一
27 廿二	**28** 廿三	**29** 廿四	**30** 廿五										

1日 南昌市各界代表 3000 人在八一礼堂集会，欢送一批知识青年到农村去参加社会主义建设。彭梦庚等省市有关领导出席大会参加欢送。青年们表示到农村后，要在三大革命运动中把自己锻炼成一个新型农民。

4日 杨尚奎带领参加省委扩大会议的全体人员到福州军区驻赣步兵学校观看学校"尖子"军事表演。

8日 省委召开电话会议，号召全省各级党政机关和广大农村干部和社员，狠抓当前决定秋季作物收成好坏的关键时刻，集中足够的力量，大战 20 天，掀起一个以抗旱灭虫为中心的群众性的秋季生产运动高潮，做到有旱必抗，有水必车，有虫必灭，有苗必保，力争秋季丰收。刘俊秀主持会议并作讲话。

11日 恢复上饶县，将上饶市的部分行政区域划为上饶县的行政区域；撤销抚州市，将抚州市的行政区域划归临川县。

14日 省人委人事局更名为"江西省人事局"，内设机构不变。

15日 省公安厅召开全省各专（市）公安处（局）长会议，传达中央工作会议、省委扩大会议和 7 月全国公安厅、局长座谈会精神，部署农村、城市社教运动中对敌斗争工作和公安机关"五反"运动。

16日 第十次全省劳改工作会议召开。会议主要学习毛泽东对劳改工作的重要指示，传达第六次全国劳改工作会议精神。会议于 10 月 8 日结束。

18日 由阮明芳率领的越南南方解放红十字会代表团一行 3 人，来南昌参观访问。

21日 根据省委"三线"建设的战略部署，省煤管局提出《江西省煤炭工业"三线"建设三年（1965~1967）初步规划》，规划在 5 个"三线"地区（湘鄂赣、湘赣、皖赣、闽赣和抚州）新建、续建和恢复 15 个小型煤矿。

22日 民革、民盟、农工党省委和民建省工委负责人出席省政协举行的报告会。省政协副秘书长朱祥红作《关于在各界人士中进一步开展爱国主义，国际主义和社会主义教育计划（草案）的报告》。

23日 省人委第四次会议通过《关于召开

江西省第三届人民代表大会第二次会议的决定》，定于 10 月 15 日在南昌召开。

24 日 省政协举办国庆 15 周年诗话会。

25 日 江西省自行设计和施工的江口水力发电站基本建成，第一台机组开始发电。刘俊秀参加发电典礼，并为工程剪彩。李杰庸、张国震、陈志诚等也参加了发电典礼。江口水力发电站是一个发电、灌溉、防洪、航运、养鱼等综合利用的水利工程，可有效地保证数十万亩农田的灌溉。

刘俊秀为江口水力发电站第一台机组开始发电剪彩

26 日 省人委颁发《江西省各级人民委员会任免国家机关工作人员职务名称表》，健全了全省干部任免制度，统一了全省各级人民委员会任免国家机关工作人员的范围和职务。

26 日 省政协举行报告会，黄知真就当前国际形势问题作报告。在南昌的省政协委员、部分省人大代表、省级各民主党派和工商联委员、无党派民主人士以及文教科技界、医药卫生界、文艺界人士等 900 余人参加了报告会。省政协副主席于洪深主持。

27 日 《江西日报》报道，江西蚕桑场丝绸厂已发展成为缫丝、织绸、印染的联合企业，能生产有光纺、素线绨、新霞呢，比较高级的软缎、锦华葛、缎子被面和深受维吾尔族、藏族等兄弟民族欢迎的近芳缎、采芝绫、文裳葛等春夏秋冬的各种衣着绸缎 30 多个品种。一天可以缫蚕茧 2000 多斤，绸缎日产量达到 1.2 万多米。

27 日 省市科学技术界、文联、青联、团省委分别举行座谈会、诗歌朗诵会、文艺晚会庆祝建国 15 周年。副省长潘震亚与科技界 100 多名专家、教授和工农业特约研究员进行了座谈。座谈会于 29 日结束。

28 日 刘俊秀在井冈山主持召开解决井冈山垦殖场与共大井冈山分校在拿山一带的地权问题会议。参加会议的有省委农村工作部副部长尹志进、井冈山党委书记袁林、副书记马英魁、赵义芳、井冈山垦殖场场长顾庆业、共大井冈山分校书记靳福茂和沟边、拿山公社的负责人等。

29 日 江西省阶级斗争教育展览在省博物馆正式开幕。刘瑞森、莫循、梁达山、潘震亚、李世璋、欧阳武等省领导与省市各机关、人民团体、大专学校、工厂等负责人和代表 300 多人参加了开幕仪式。展览馆共分 3 个部分，14 个陈列室，陈列面积 1900 余平方米，展出实物 1714 件，图片和模型 1392 件。

30 日 江西省最大的钢质深水客货轮——"赣浔号"在江西船舶修造厂建造成功。全船共 3 层，外形美观、船身坚固、航速较高，可载客 500 人，同时载货 15 吨。

钢质深水客货轮——"赣浔号"

30 日 《江西日报》报道，正在北京举行的全国田径运动会上，江西省运动员肖洁萍以 6.31 米的优异成绩获女子跳远冠军；王兴辉以 1 分 52.8 秒的成绩获男子 800 米第一名。

本月 省人委发出《协助测量单位进行测量工作的通知》。通知说：国家测绘总局第一分局将派测量单位在全省进行大地测量工作，请各地协助解决主、副食等问题。

本月 省新华书店制定《整店验收八项具体要求》，开始整店复查验收试点工作。

本月 根据文化部通知，在全省公开放映和批判《北国江南》、《早春二月》两部影片。

本月 全国妇联主席蔡畅、副主席康克清到新洲垦殖场视察。

本月 赣州市红旗大道首次采用高压汞灯照明，安装400瓦汞灯66盏。

本月 省委批准成立景德镇瓷业公司。

本月 省委决定：全省高等学校文科师生从1964年冬季起分批参加"四清运动"，时间一年至一年半。

1964
10月
October

公元 1964 年 10 月							农历甲辰年【龙】						
日	一	二	三	四	五	六	日	一	二	三	四	五	六
				1 国庆节	**2** 廿七	**3** 廿八	**4** 廿九	**5** 三十	**6** 九月小	**7** 初二	**8** 寒露	**9** 初四	**10** 初五
11 初六	**12** 初七	**13** 初八	**14** 重阳节	**15** 初十	**16** 十一	**17** 十二	**18** 十三	**19** 十四	**20** 十五	**21** 十六	**22** 十七	**23** 霜降	**24** 十九
25 二十	**26** 廿一	**27** 廿二	**28** 廿三	**29** 廿四	**30** 廿五	**31** 廿六							

1 日 省、市 10 万人在八一广场举行盛大集会和游行，庆祝建国 15 周年。省党政军领导杨尚奎、方志纯、刘俊秀、白栋材、刘瑞森、黄知真、罗孟文、黄霖、莫循、梁达山、林忠照、刘建华、李杰庸、潘震亚、李世璋、彭梦庚、欧阳武，驻赣部队领导胡定千、罗元炘，驻赣某步校领导徐光友，南昌市领导李华封、张云樵以及全省各民主党派、人民团体负责人参加了庆祝活动。晚上，省市党政军领导和省市 30 万群众聚集在八一广场，欢度国庆之夜。

2 日 南昌市南郊老福山发现一座西汉木椁墓，墓底中央有前后室。前室随葬品多为漆器，后室有漆盘和耳杯以及陶坛、鼎、盒、罐和建筑模型等。棺内随葬有铜镜、铜剑和玉璧。棺外放置的铜器有鼎、壶、钫、镜、勺、熏炉等。

2 日 全省第三届运动会在省体育馆举行。省市党政军领导刘俊秀、白栋材、黄知真、黄霖、莫循、吕良、潘震亚、李世璋、欧阳武、孔令甫、罗元炘、张云樵和各界群众 5000 余人出席大会开幕式。共有 6 个专区、2 个市、庐山和

省市各界人民庆祝建国 15 周年大会主席台

共产主义劳动大学等 10 个单位的 1800 余名男女运动员在田径、射击、举重、体操、武术、篮球、游泳、无线电、航空模型和航海模型等 13 个项目进行了比赛。南昌选手罗义三以 14.6 秒的成绩打破了 5 毫升竞速艇模型全国纪录，44 人（次）打破了 25 项全省最高纪录，117 人（次）打破 45 项上届省运会最高纪录。运动会于 6 日结束。

省党政军领导接见参加省第三届运动会的全体裁判员、运动员和工作人员

江西省第三届运动会会场

3 日 杨尚奎、方志纯、刘俊秀、白栋材、刘瑞森、黄知真、林忠照、罗孟文、黄霖、刘建华、李杰庸、潘震亚、李世璋、彭梦庚、欧阳武、祝世凤、朱开铨、刘护平等接见革命老根据地进省参加国庆观礼的全体代表。晚上，省军区为全体代表举行了电影招待会，放映电影《百日红》。

5 日 省档案管理局在南昌召开全省地、市档案馆工作会议，着重研究在城乡社会主义教育运动中如何建立阶级档案和做好档案鉴定工作。

5 日 《江西日报》报道，7 月到 9 月中旬，全省各地国营商业部门供应农村的工业品比 1963 年同期增加了 35.3%，所供工业品由于花色品种增多，质量提高，大部分适销对路，深受广大社员群众欢迎。

7 日 省委农村社会主义教育办公室、省财政厅发出《关于今冬明春农村社会主义教育运动经费开支标准和领报手续的通知》。

8 日 省科学技术协会 1964 年学术活动月在江西艺术剧院举行。全省 30 个自然科学专门学会的 1200 多名代表和省人委有关厅局、高等院校以及各有关科研、设计、工厂企业、医疗等部门的负责人出席了大会。

10 日 以金奉一为团长的朝鲜社会主义劳动青年同盟代表团一行 4 人，来南昌参观访问。

10 日 《江西日报》报道，全省秋收冬种已全面开始，各地正抓紧时机、集中力量投入秋收冬种。全省已收割各种晚秋作物 200 多万亩，其中一季晚稻比 1963 年同期多收 30 多万亩；已种冬作物 983 万亩，其中绿肥 972 万亩，油菜、大小麦、蚕豌豆都在开始播种。

13 日 省人委第五次会议，讨论通过了向省三届人大二次会议所作的《关于江西省一九六三年财政决算和一九六四年财政预算草案的报告》。会议还讨论了省三届人大二次会议议程（草案）及其他有关事项。

13 日 参加首都庆祝中华人民共和国成立 15 周年活动的解放军和公安部队国庆观礼代表团部分代表 90 余人到达南昌，对南昌、井冈山等地开始进行参观访问。

14 日 杨尚奎等党政军领导接见国庆观礼代表。省市各界 1200 余人在江西艺术剧院举行

省党政军负责人接见参加首都国庆观礼的解放军和公安部队的代表

盛大欢迎晚会，省歌舞团、省农垦文工团、南昌市京剧团演出了优秀节目，欢迎前来江西参观访问的解放军和公安部队国庆观礼代表。

14 日 省政协三届委员会一次会议在南昌召开。出席大会的省政协委员共 467 人。杨尚奎、

省政协第三届委员会第一次会议在南昌市中山堂隆重开幕

黄知真、罗孟文、黄霖、莫循、潘震亚、于洪深、刘之纲、谷霁光、潘式言、王德舆等参加会议。杨尚奎当选为省政协主席，郭光洲、黄知真、罗孟文、黄霖、莫循、潘震亚、于洪深、刘之纲、谷霁光、潘式言、王德舆、平戎当选为省政协副主席。会议要求：要努力学习毛主席著作，更广泛、更深入、更系统地开展爱国主义、国际主义、社会主义的思想教育运动，加强改造，加强团结，加强工作，调动一切积极因素，为社会主义建设事业作出更多贡献。会议于 22 日结束。

14 日 白栋材接见全省参加首都国庆观礼的工业、交通、基建、财贸、文教系统的劳模和代表，并和他们进行了亲切的谈话。

15 日 省三届人大二次会议在南昌召开。参加会议的共 527 名代表。省党政军领导杨尚

省三届人大二次会议会场

奎、方志纯、刘俊秀、白栋材、刘瑞森、郭光洲、黄知真、罗孟文、黄霖、莫循、梁达山、林忠照、潘震亚、李世璋、彭梦庚、欧阳武、汤光恢、罗元炘参加了会议。出席省政协三届一次会议的全体委员列席了会议。会议选出 63 人为出席全国人民代表大会代表，增选朱继光为副省长。会议号召全省人民积极投入阶级斗争、生产斗争、科学实验三大革命运动，把社会主义教育运动搞深搞透搞彻底，争取国民经济进一步全面好转，争取社会主义革命和社会主义建设的更大胜利。会议于 21 日结束。

16 日 以省外贸局副局长李和荣为团长，共 22 人组成的江西省代表团参加于 15 日举办的中国出口商品交易会（秋交会）。这是省外贸局成立后，首次组团参加中国出口商品交易会。

17 日 杨尚奎向出席省三届人大二次会议的全体代表和省政协三届一次会议的全体委员，作《当前形势和城乡社会主义教育运动》的报告。

18 日 出席省三届人大二次会

杨尚奎向全体委员作报告

议的代表和出席省政协三届一次会议的委员们，参观江西省阶级斗争教育展览馆。

20 日 省财政厅、省商业厅、省粮食厅、省供销社、省人民银行转发《关于清理农村社队欠国家赊销款、预付款和预购定金有关财务处理和核销拨款手续的几项规定的通知》。

21日 以米盖尔·安赫耳·博达林为团长的古巴文化代表团抵达南昌，在南昌、井冈山等地参观访问。历时8天。

22日 省政协第三届常委会第一次会议在南昌举行。会议通过副秘书长名单，并讨论日常工作。

23日 民革江西省第四届委员会举行第二次全体会议。会议指出，更加广泛、深入、系统地开展爱国主义、国际主义和社会主义教育运动，是日后一个较长时期的中心任务。会议期间，民建省工委、省工商联召开常委联席会议，就开展"三个主义"教育运动和延期召开"两会"全省代表大会作出决定。

23日 省工商联召开第二届常务委员第五次会议。会议指出，"三个主义"教育是目前城乡开展社会主义教育运动一个重要组成部分。全省工商业者及其家属必须在党的领导下，投入到这一伟大运动中去。会议于26日结束。

24日 省委、省人委颁布《关于抓紧时机，加强领导，完成秋收冬种任务的紧急指示》。要求各地必须切实加强领导，充分发动群众，在已经取得胜利的基础上，抓时间、抢季节、争面积、保质量，突击完成秋收冬种，切实抓好冬季田间管理，全面完成冬季农业生产任务。

26日 美国著名黑人领袖罗伯特·威廉和夫人梅贝尔抵达南昌，在南昌、井冈山、庐山等地参观访问。历时5天。

29日 民革、民盟、农工党省委会和民建省工委先后召开座谈会，庆祝中国第一颗原子弹爆炸成功，拥护中国政府《关于全面禁止和彻底销毁核武器和中国不会首先使用核武器的声明》。

31日 《江西日报》报道，江西省运动健将雷源生在全国射击冠军赛贵阳赛区分别以1113环和1120环的成绩，荣获男子自选大口径步枪和自选小口径步枪卧、跪、立3种姿势射击两项冠军。

31日 省第一监狱在光华塑料厂破获以犯人林叶明、邹宁、胡贵等为首组织的"中华民族反共决死队"现行反革命集团案。

本月 省机械科学研究所创办《江西机械》季刊，为全省机械工业产品设计、制造技术经验交流以及技术信息服务。该刊属内部发行刊物。

本月 省机械厅对赣南通用机械厂生产的明杆阀产品未经检验出厂，部分产品质量不合格，进行质量事故通报。

1964

11月 November

公元 1964 年 11 月							农历甲辰年【龙】					
日	一	二	三	四	五	六	日	一	二	三	四	五	六
1 廿七	**2** 廿八	**3** 廿九	**4** 十月大	**5** 初二	**6** 初三	**7** 立冬	**8** 初五	**9** 初六	**10** 初七	**11** 初八	**12** 初九	**13** 初十	**14** 十一
15 十二	**16** 十三	**17** 十四	**18** 十五	**19** 十六	**20** 十七	**21** 十八	**22** 小雪	**23** 二十	**24** 廿一	**25** 廿二	**26** 廿三	**27** 廿四	**28** 廿五
29 廿六	**30** 廿七												

3 日　全省戏曲现代戏观摩演出大会在南昌举行。全省各地的演出和观摩代表 1000 余人参加大会。省党政军领导刘俊秀、刘瑞森、黄知真、黄霖、潘震亚、李世璋、欧阳武、孔令甫等出席观摩大会。黄霖代表省委、省人委向大会致祝词，黄知真向大会作讲话。观摩演出期间，共演出了全省近一年新创作的 31 个剧目，共 80 多场，观众达 5 万多人。观摩演出于 12 月 10 日结束。

宜春代表团在福义轩茶社演出《小保管上任》

5 日　省政协举办报告会，副省长王卓超应邀作访问苏联的报告。

8 日　《江西日报》报道，全省各地组织劳力突击抢种油菜。到 11 月 4 日止，全省已种下油菜 136 万多亩，占计划面积的 40%。

9 日　《江西日报》报道，全省棉花收购工作已进入旺季，收购进度日渐加快，截至 10 月 31 日，全省已完成统购计划的 81.9%。已完成统购任务的宜春专区和安福、波阳、东安、余干、余江、东乡、玉山、广丰、永修、南丰、于都

瑞昌县大桥公社农民交售超产棉

等 11 个县及其他县的不少产棉社、队，正积极向国家交售超产棉。

11 日　省人委颁布《关于抓紧时机、突击冬种的紧急通知》，要求全省各地除继续完成晚稻收割和收好棉花、红薯、晚大豆秋作物以外，还必须集中主要力量突击冬种，首先是抢种油菜，力争五六天内完成油菜种植计划，继续抢种大小麦和其他冬作物，力争在小雪以前完成冬种任务。

11 日　省农林垦殖厅颁发《关于建立采育

结合林场的试行办法》。

12日 纺织工业部批复同意续建九江棉纺织厂。

13日 《江西日报》报道，江西省阶级斗争展览馆从9月29日开馆至10月底，接待观众80775名。

14日 华东地区乒乓球赛在南昌举行。参加比赛的有102名选手，其中运动健将8名、一级运动员45名。经过5天132场激烈比赛，江西一队获男子团体赛冠军，上海青年一队获女子团体冠军。

16日 省建筑公司撤销，省人委决定将其并入省建工局，将公司一处下放抚州专署。局司合并后，建工局仍是省人委的一个工作部门，履行对全省建材工业、城市建设、房产管理和全省建筑企业的行政管理工作。

23日 南昌市举行物资交流大会。全省各专、市、县国营工商企业、供销合作社代表以及来自河南、湖北、山东、陕西、内蒙古等19个省、自治区，武汉、广州、长沙、沈阳等16个市的国营、合作企业代表共2000余人参加了交流活动。共签订购销合同2300多份，成交金额1000余万元。交流大会于12月1日结束。

24日 省人委在转发国务院《关于继续控制社会集团购买力的通知》中强调指出，必须坚决反对年终突击花钱现象，保证省下达控制指标不得突破。

25日 日本工业展览团记者一行10人，登庐山作3日游。

27日 省人委决定撤销省人委监察处，有关行政监察工作交由省人事局。省人事局增设四处。各专、县监察处撤销后，其编制名额交专署人事处，有关行政监察业务由专、县人事处（局）负责办理，专县人事处（局）名称不变。

29日 全省草医草药人员代表会议在南昌召开。会议主要交流草医草药工作经验，研究和讨论如何更好地发挥草医草药作用，为社会主义建设事业服务。全省各地草医草药人员80余人参加了会议，会上献出草医药方540多个，展出草药标本720多份。

29日 省委、省人委召开电话会议，部署冬季农业生产和当前农村工作。会议号召全省各级干部和农村人民公社社员，继续鼓足革命干劲，克服自满松劲情绪，坚持以阶级斗争为纲，以生产为中心，深入开展社会主义教育运动，掀起冬季农业生产新高潮，为实现1965年农业生产更大丰收而奋斗。

29日 白栋材接见全省工人学习毛主席著作汇报团全体成员。该汇报团是由省委宣传部、工交政治部、省总工会、团省委、省妇联联合主办，由5名省工矿职工中学毛主席著作积极分子和先进单位的代表组成。

白栋材接见汇报团成员

30日 全省秋粮入库已形成高潮。全省11月下旬入库量平均每天比中旬增加两倍多。截至月底，全省全年粮食征购任务已完成90.8%，征购总量比1963年同期增加10%。南昌、新建、余干、上犹、新干、德安、湖口、九江、高安、余江县，南昌、上饶、九江、吉安市，鹰潭、抚州镇以及庐山等17个县、市、镇已完成或超额完成全年征购任务。

本月 萍乡市人民医院成功抢救一例烧伤面积达71.25%的患者。

本月 江西省农业机械学会成立，李德友任理事长。

本月 恢复上饶县建制，上饶县委恢复。至此，上饶地委下辖15县委、1市委和1镇委。

本月 戏剧家田汉游赣，并专程访问游览金溪县浒湾店铺街。

1964

12月

December

公元 1964 年 12 月							农历甲辰年【龙】						
日	一	二	三	四	五	六	日	一	二	三	四	五	六
		1 廿八	**2** 廿九	**3** 三十	**4** 十一月大	**5** 初二	**6** 初三	**7** 大雪	**8** 初五	**9** 初六	**10** 初七	**11** 初八	**12** 初九
13 初十	**14** 十一	**15** 十二	**16** 十三	**17** 十四	**18** 十五	**19** 十六	**20** 十七	**21** 十八	**22** 冬至	**23** 二十	**24** 廿一	**25** 廿二	**26** 廿三
27 廿四	**28** 廿五	**29** 廿六	**30** 廿七	**31** 廿八									

1 日　江西第一糖厂扩建的日处理甘蔗 1000 吨车间正式投入生产。这个车间大部分设备都是江西省自行设计、制造的，一个榨季可为国家提供 7000 多吨白砂糖。

1 日　省委、省人委作出《关于国营农业企业工作中几个主要问题的决定》，对于国营农业企业的经营方针、经营管理和劳动工资、基本建设管理、三类物资处理、政治思想工作等问题作了具体规定。

5 日　全省戏曲现代戏观摩演出大会组织 16 个演出队、演唱队，分别深入到洪都机械厂、小兰公社、省军区和南昌的松林园、万寿宫、宝发楼、四季春等茶馆演唱革命戏曲。每场演唱会都受到工农兵观众的热烈欢迎和赞扬。活动于 8 日结束。

9 日　省农林垦殖厅发出《关于积极办好社队林场的通知》。

9 日　省委决定在省科委内设立科技干部管理处，作为管理全省科学技术干部的行政机构。

9 日　南昌市 10 万人次上山打洞整地，为加速进行植树造林做准备，截至本日，已打洞 25 万多个，送上山植树的底肥 700 余吨。

10 日　《江西日报》报道，景德镇市陶瓷工业经过 8 年革新热工技术，煤窑已经代替柴窑，结束了 1000 多年来的柴窑烧炼历史，每年为国家节约松柴 300 万担至 500 万担。

15 日　省财政厅、省水产厅联合颁发《江西省国有湖港、草洲管理费征收及财务收支管理暂行规定》。

16 日　省工商联主委王德舆，经全国政协第四十四次常委会通过为全国政协委员。即日前往北京参加全国政协第四届委员会议。

19 日　全省首届民兵比武大会在南昌举行。省市党政军领导刘瑞森、林忠照、李杰庸、孔令

全省首届民兵比武大会开幕式

参加比武大会的民兵代表

甫、倪南山、罗元炘、陈浩、李国良、徐光友、丁士采、张云樵及省工、青、妇等有关单位负责人出席了大会。刘瑞森作讲话。1000多名男女民兵选手共进行了39个项目的军事比武，荣获各等奖励的集体单位63个，选手416名。120多名民兵业余演员演出自编自演自唱节目39个。大会于26日结束。

20日 省人委颁布《关于进一步开展农村扫盲和业余教育工作的指示》。指出：许多贫下中农，尤其是基层干部，由于文化水平的限制，在领会和贯彻党的各项方针政策中，在日常工作和领导生产中，遇到许多困难。因此，各公社、垦殖（农）场、生产大队、生产队的领导，必须在抓生产的同时，把扫盲和业余教育工作当作一项重要的政治工作抓紧抓好。各有关部门必须通力协作，共同努力，把农村扫盲和业余教育坚决搞好。

20日 全省半机械化农具工作会议在南昌召开。会议传达贯彻全国半机械化农具工作会议精神，检查、落实冬修工作及计划，总结拖拉机站、农机修理厂财务情况，安排来年工作。

20日~27日 省测绘学会第一届会员代表大会暨学术讨论会在南昌召开，会议代表42人，列席代表12人，韩来凯致开幕词，谢尚英作工作报告，文邦藩作《参加中国测绘学会工程测量专业第一届学术年会情况汇报》。大会收到论文27篇，展品10件，吸收会员134人。选举第一届理事会理事19人，理事长季林，秘书谢尚英，理事会设组织、学术、普及宣传组。

21日 省人委批转省教育厅《关于贯彻半工（农）半读教育制度的情况和今后意见的报告》。

24日 省人委批转省编委《关于省级机关各种临时机构调查情况与意见的报告》。

25日 《江西日报》报道，全省各地切实加强领导，落实各项措施，加紧造林准备工作。全省今冬明春的造林任务已基本落实到社、场、队，全省已为造林组织了169347万株树苗，造林整地已完成18.1万多亩。

26日 华东地区举行戏曲现代戏调演活动，江西演出团在上海作汇报演出。江西参演的剧目有：高安采茶戏《小保管上任》、赣南采茶戏《怎么谈不拢》、抚州采茶戏《秧》、萍乡采茶戏《寨上红》、赣剧《铁肩红心》等。活动于1965年1月27日结束。

27日 《江西日报》报道，全省水利冬修工作正在全面进行。已开工水利工程4万余处，参加冬修民工200余万人，已完成土石方占计划任务70%以上。广大民工纷纷表示，力争春节前超额完成任务。

28日 省委组织部、省人事局、省科委日前在南昌召开全省科学技术干部管理工作会议，讨论、部署全省加强科学技术干部管理工作的任务。

29日 《江西日报》报道，全省各地农村积极贯彻"两条腿走路"的办学方针，大量兴办多种形式的耕读小学。目前全省各种形式的耕读小学学生总数已达45万余人，其中贫下中农子女占95%。全省学龄儿童入学率由1963年的59%上升到75%以上。

30日 《江西日报》报道，江西人民出版社1964年以来共出版文艺新书53种，印发了125.3万多册，出版年画、宣传画、图片19种，印发了150多万份。

31日 四机部在《关于八三四厂改建设计方案的批复》中，确定八三四厂"年生产能力为各种电话机35000部，十门交换机1100部，四十门交换机 250 部, 新式二十门交换机 200 部, 船舶电话机 20 套, 维修与备件占总生产能力的 20%"（经过一年的建设, 1965 年 12 月 30 日竣工, 经四机部验收合格, 正式投产）。

本月 江西医学院第一附属医院眼科在国内首创头灯直视下封闭视网膜裂孔成功。

本月 宜春风动工具厂试制成功 YN－30 型内燃凿岩机, 通过一机部与工程兵后勤部组织的技术鉴定, 填补国内空白（1969 年改进设计后定型为 YN－30A 型内燃凿岩机, 1978 年获全国科学大会奖。1980 年获国家优质产品银奖）。

本月 上饶专区建筑公司三〇一工区承建抗射线、耐强酸、强碱的国际七一三矿工程。

本月 省委宣传部通知, 彻底清查处理包括自 1949 年至 1962 年出版的各类有错误的图书。

本 年

本年 年初, 华东局决定在江西省建设一个以为军工提供原材料为主的特殊钢厂。当年夏, 厂址选定在新余县良山地区。

本年 临川县七里岗垦殖场在红壤上种植千年桐成功。

本年 新洲垦殖场采用江西林科所教授苗雨、技术员高和平研究利用氯化铝制造的新农药"烟雾剂", 在棉田现场杀虫试验成功。

本年 新建县出现 10 级至 11 级龙卷风, 吹倒房屋 1433 间, 吹坏 47373 间, 死 1 人, 伤 8 人; 安义县于 4 月 21 日和 7 月 2 日, 先后两次遭 9 级以上大风袭击, 有 1000 余户受灾。

本年 省地质局九一三队在葛源找到了以钽铌为主体的工业矿床, 其后九〇九队在石城县找到钽铌矿床。

本年 英国著名科学家、英中友好协会主席李约瑟博士偕夫人访问景德镇, 并在他的巨著《中国科学技术史》中介绍中国和景德镇的制瓷技术。

本年 上高县田心农具厂生产的水力自动封闭式水车获轻工业部革新一等奖。工人黄桃妹获轻工业部革新能手称号（1965 年, 这种水车参加了在北京举办的全国农具展览）。

本年 省地质局科研所黄学溽等将崇义县早奥陶世后期笔石地层划分为 9 个笔石带, 建立了江南最完整的宁国组标准剖面, 并在中国首次发现肿笔石化石。

本年 洪都机械厂开始研制"上游一号甲舰舰导弹"（该项目获 1985 年国家科技进步二等奖。主要完成人为工程师何文治、彭历生、蒋祝平）。

本年 南昌铁路局向塘机务段研制成功"动轮、连杆、动轴箱组装化整体进出"新工艺（1965 年 4 月, 铁道部在济南召开架修工作会议, 决定把此项架修机车新工艺列为重大革新之一在全国推广）。

本年 首次在赣州和萍乡发现水稻黄矮病。石城、瑞金、于都、赣县、信丰等县及赣州旗帜蝗二季晚稻病害严重, 面积达 10 余万亩, 全省发病面积为 20 万亩, 并逐渐由南向北蔓延。1966 年省农科所植保系徐承业等首次进行虫病传播试验, 证明水稻黄矮病系黑尾叶蝉（包括二点黑尾叶蝉）带毒传播。发病田一般要减产一二成, 严重者达五成以上, 有的翻秋矮秆品种和杂交晚稻颗粒无收。后通过改用抗病品种和灭蝉等技术措施进行综合治理, 取得良好效果。

本年 全省建立生产科学实验小组 9.17 万个, 参加人数 63.8 万人, 省、地、县三级有特约研究员 4837 人。

本年 省地质局赣西北大队工程师黄恩邦和安徽省地质局三二一地质队的同行开始围绕长江中下游铜金银资源找矿、勘探、研究（至 1985 年取得"长江中下游铜硫金银资源重大发现与旧一大厂锡矿成矿条件, 找矿方法及远景"重大成果，1987 年获国家科学技术进步特等奖）。

本年 省建工局发出《关于进行城市建设"三五"专业规划通知》。

本年 南昌市城市规划设计院成立。

本年 赣江航道开始实行以堆石坝为主的重型整治。赣州至良口段筑丁、顺、锁、潜坝 28 座，总长 7216 米。峡江县肖家滩建丁坝 13 座，枯水水深可保持 1.1 米，有利于船舶载重航行。

本年 九江玻璃纤维厂、景德镇建筑瓷厂，改为国家建工部直属企业。

本年 萍乡高坑煤矿建材厂建成投产，年产煤矸石烧结砖 1800 万块，是全省第一家生产煤矸石烧结砖企业。

本年 夏，上饶专区建筑工程公司第三〇三工区承建铁道部鹰潭木材防腐厂油枕棚工程，面积 5700 平方米，柱距 6 米，跨度 24 米，采用多边形钢筋混凝土预应力桁架。

本年 省建工局技术定额站编制的《江西省房屋维修工程定额》颁发。

本年 夏，华东局和省委协商，决定在德兴县境内建设铜、铅、锌冶炼加工厂，作为上海有色金属冶炼加工业的后方基地和军事工业的后方原材料基地（1965 年 4 月，七〇一厂筹建成立，1966 年 8 月 1 日，七〇一厂正式成立）。

本年 下半年，省人委决定对南昌、景德镇、赣州、吉安、上饶、九江、抚州 7 市和鹰潭、宜春等猪源较多的县，取消猪肉凭票供应办法，敞开供应猪肉。

本年 下半年，东乡县枫林铜铁矿区普查中，钻孔见到富、厚铜矿体，地质部决定迅速组织赣东北地区铜矿会战。

本年 抚州农机厂试制成功全金属结构、3 吨带刹车装置的双轴拖车。

本年 江西人民出版社编印《革命歌曲一百首》，初版达 100 万册。

本年 省公安厅授予第一监狱南昌联合工厂政委吴金森"模范公安人员"称号，并号召全省公安人员向吴金森学习。

本年 南昌市委下辖东湖、胜利、西湖、抚河、青云谱、郊区 6 个区委。

概 要

本年，国民经济进入一个新的发展时期。通过前三年调整计划的执行，国民经济调整工作全面胜利完成，全省农业生产条件得到进一步改善，一些在前些年建设起来的工业企业，经过有计划的配套补齐，得到充实与提高，较好地发挥出生产能力。全民所有制独立核算工业企业全员劳动生产率人均达到 6333 元，创历史最好水平。当年，江西农业生产全面丰收，工业生产全面高涨，市场繁荣，人民生活改善，城乡人民生活水平有所改善，收入水平明显提高，全省职工年平均工资达到 544 元，消费能力有所提高。国民经济比例关系初步趋向协调的另一重要表现是，国民收入中的消费和积累比例得到调整，有利于经济的发展和人民生活水平的提高。全社会消费品零售总额有所增长，一些限购的工业日用品开始逐步取消凭证凭票供应，消费状况大为改善。

供销社的巩固和发展　到当年，全省共有基层供销社 892 个，职工 5.7 万多人，拥有固定资产 3400 多万元。全面恢复供销社后，国营商业和供销合作商业的业务范围分工逐步明确。供销社的业务范围是：农副产品收购，农业生产资料供应，县以下农村市场的工业品供应，同时还对三类物资和完成统派任务后的一、二类物资开展自营业务。供销社对平抑市价、促进集市贸易正常开展发挥了一定作用。在恢复供销社的同时，城乡合作商店、合作商业小组也重新建立。初步形成国营合作并存、多种形式发展的局面。当年，全省县、市一级的贸易货栈与农村集镇一级的贸易服务行栈发展到近 1000 个。下半年，开始在流通体制方面进行改革，撤销原来按行政区域设置的专业经营工业品的专业公司，设立采购批发单位，允许基层商业部门跨县、跨区就近进货。对农副产品进城实行直接运输，粮油商品也按经济区域组织流通，允许跨界交购和供应。这样有利于节约流通费用，降低商品成本，符合商品流通规律。

推广农业科学技术　当年，全省有国家兴办的农技推广机构 805 个，公社农技站近 2000 个，各类农业科学试验小组 4.9 万多个，初步形成全省性的县、社、队三级农技推广网。全省各地掀起大搞"三田"（试验田、样板田、丰产田）活动，目标是"低产变高产，高产再高产"。

半工半读教育的试行　省委、省人委传达贯彻全国第一次农村半农半读教育会议精神，批准全省 6 所学校试行半工（农）半读的教育制度，确定当年恢复并新建 60 多所共产主义劳动大学分校。各种业余学校遍及全省农村。全省共有农业中学 1903 所，在校学生 7.06 万人，城市职业学校 201

所，在校学生 2.72 万人。省教育厅增设半工半读局，对半工半读中等学校加强管理，同时在一些全日制高等学校开设半工半读分校（院）。半工半读教育是符合当时实际的，但在试行过程中出现过一些片面性倾向。有的学校放松课堂教学，不重视书本知识，甚至以劳动代替学习。有的学校大量招收临时工、季节工，结果临时变正式，季节变常年，加重了企业的负担。

创"六好""五好"活动　学习毛泽东著作活动不断高涨的同时，也出现越来越明显的形式主义和极左的倾向，甚至把学习毛泽东著作与政治批判等问题等同起来。下半年，学习山西省昔阳县大寨大队活动在全省农村再度兴起。同时，结合学习人民解放军、学习大庆、学习焦裕禄活动，开展了创"六好社队"（指政治思想工作好、执行政策法令好、集体增产效果好、完成国家任务好、巩固集体经济好、群众生活管理好）、"五好社员"（指政治思想好、集体劳动好、团结互相好、爱护公物好、勤俭持家好）、"五好企业"（指政治思想好、完成计划好、三八作风好、企业管理好、生活管理好）、"五好职工"（指政治思想好、完成任务好、经常学习好、遵守纪律好、团结互助好）活动。

城乡社会主义教育运动　1月，中共中央制定的《社会主义教育运动中目前提出的一些问题》（即"二十三条"）提出对干部要一分为二，做到依靠干部和群众的大多数，实行群众、干部、工作队"三结合"。省委召开常委扩大会议，研究如何贯彻中共中央下达的《二十三条》及"四清"运动。当年，中央直属机关派出一批干部，在江西上饶县指导社会主义教育运动。城乡社会主义教育运动是一次大规模的群众运动，全省除分期分批开展系统的社会主义教育运动外，各地还在未开展运动的县、社、队进行面上教育。

全省本年主要经济指标情况　国民生产总值（按当年价格计算）48.40亿元，比上年增长6.5%。工业总产值27.17亿元，比上年增长16.5%；农业总产值37.53亿元，比上年增长5.6%；粮食总产量161.08亿斤，比上年增长0.38%；财政收入7.40亿元，比上年增长10.9%。年末全省总人口2283.65万人，人口自然增长率为29.64‰。

1965

1月

January

公元 1965 年1月							农历乙巳年【蛇】						
日	一	二	三	四	五	六	日	一	二	三	四	五	六
					1 元旦	**2** 三十	**3** 十二月大	**4** 初二	**5** 小寒	**6** 初四	**7** 初五	**8** 初六	**9** 初七
10 腊八节	**11** 初九	**12** 初十	**13** 十一	**14** 十二	**15** 十三	**16** 十四	**17** 十五	**18** 十六	**19** 十七	**20** 大寒	**21** 十九	**22** 二十	**23** 廿一
24 廿二	**25** 廿三	**26** 廿四	**27** 廿五	**28** 廿六	**29** 廿七	**30** 廿八	**31** 廿九						

1日 华东煤炭工业公司（以下简称华东公司）在江西的企事业单位完成体制改革，开始按试办社会主义托拉斯的要求进行运转。

1日 华东公司决定，萍乡分公司高坑选煤厂停止洗精煤生产，腾出焦原煤供应株洲选煤厂，土炉炼焦也同时停止。巨源矿杉坡里井停产进行补充勘探。

1日 峨眉山矿区恢复建设，峨眉山三井恢复施工（1968 年 5 月 11 日，八景煤矿成立。峨眉山矿区改称八景矿区）。

1日 萍乡矿务局水泥支架厂改称萍乡市水泥厂（该厂建设初期投资 449.2 万元。1979 年 6 月 14 日，省建材局批准扩建，投资 847.83 万元，该工程由萍乡市建委设计室设计、萍乡市建筑工程公司等施工）。

4日 省委召开常委扩大会议，传达 1964 年 12 月 15 日至 28 日中央政治局在北京召开的全国工作会议精神，研究《关于农村社会主义教育运动中目前提出的一些问题》（简称《二十三条》）的贯彻意见。会议于 21 日结束。

6日 10 时，南昌市胜利路石厂街市花炮焰火社夜明珠车间发生大火，胜利区手工业联社干部刘奇吟和职工万菊根因抢救人员牺牲，另一女工被烧死。

7日 省委、省人委发出《关于坚决打击和取缔高利贷活动的指示》。

7日 江西省"两会"举行座谈会，座谈工商界当前的政治思想情况。南昌市部分工商界人士出席会议。会议于 8 日结束。

9日 省政协召开座谈会，学习座谈国务院总理周恩来在第三届全国人民代表大会上所作的《政府工作报告》。

9日 《江西日报》发表萍乡煤矿采煤工人、省劳动模范袁佑生参加"江西省工人学习毛泽东著作汇报团"的长篇讲话稿《要革命，就必须学习毛主席著作》。

10日 省工商联宣教处处长梅俊文前往北京参加全国青年联合委员会四届二次会议。30 日返回南昌。

11日 省财政厅、省商业厅、省人民银行发出《关于改进社会集团购买力控制管理办法》。

11 日 省人委召开林业工作会议。会议从总结历年林业工作入手，摆情况，揭矛盾，提措施，定任务，提高了与会者对林业生产的认识，并要求全省广大群众与干部，以阶级斗争为纲，振奋革命精神，树立全局观念，加速发展林业，并在今春迅速掀起植树造林高潮；要求有计划地开展造林，实现以农保林、以林促农，并按照采伐——更新——再采伐——再更新的规律组织生产；做到造林必管，管必管好，适时抚育，经常保护，使山常青。会议于 19 日结束。

12 日 井冈山各垦殖场、机关、人民公社、工厂和学校共 900 余名男女民兵，沿着当年红军走过的道路，登上了黄洋界、八面山、桐木岭、朱砂冲、鹭山及 1700 余米的井冈山主峰，把红旗插上了山顶。

12 日 《江西日报》报道，鄱阳湖滨各国营垦殖场从 1964 年入冬以来，把冬季生产与血防工作统筹安排，有计划地进行查螺与群众性的灭螺，并同时进行检查与治疗血吸虫病人，为春耕增添强壮劳动力。

16 日 省经委、省财政厅发出《关于举办国营工业企业小型技术组织措施贷款的通知》，随文附发 1965 年分配给各级企业的贷款指标。

16 日 萍乡大田煤矿进一步改进干部工作作风，把办公室搬到井口办公。干部们感到办公室搬到井口后，和工人一道生活，一道战斗，使工作和生活充满了团结、紧张、严肃、活泼的气氛。

16 日 公安部队江西总队全体指战员继续深入开展社会主义教育、革命传统和形势任务教育，在完成备战、执勤、训练任务的同时，积极参加社会主义建设，并为地方训练 1.5 万多名民兵，培养出 43 个"尖子班"，促进了民兵工作"三落实"。

17 日 《江西日报》报道，南昌县冈上乡蚕石、早田两个大队办起了"蚕石农民俱乐部"，组织农民学习毛主席著作，教农民唱革命歌曲，给农民讲革命故事，俱乐部成了社员的舆论中心。农民赞扬说，自从办了俱乐部，村里的青年人的性格都改了样。

20 日 上海第一医学院在宜春地区设立上海第一医学院——宜春农村医学系（7 月 3 日招收全省第一批"社来社去"学生 60 名）。

20 日 国家测绘总局资料馆同意江西省范围内凡已出版同比例尺新地图的地区，1∶50000 旧地形图每幅保留 50 份、1∶100000 旧地形图每幅保留 20 份，其余均销毁。

21 日 省人委、省军区批转《全省测量标志检查工作情况和加强测量标志长期维护工作的报告》。

22 日 第四机械工业部决定南京有线电厂的军用电话机、交换机、船舶电话机、防空报警器等成套设备和生产线及有关人员 429 人迁往吉安市，组建江西有线电厂（八三四厂）。

22 日 《江西日报》报道，南昌市经委、南昌市总工会，从上海请来几十位退休工人和工人出身的技术人员来南昌作技术指导。1 个多月来，上海老师傅在南昌通用机械厂、南昌农业机械厂、南昌食品厂、南昌毛巾厂、南昌市公共汽车公司保养厂等单位，既传先进技术，又传先进思想，深受广大职工的欢迎。

22 日 景德镇瓷厂现代化工程初具规模。该工程建筑面积 7.88 万平方米，占地 24.48 万平方米，土建由景德镇市建公司承建，烟囱则由武汉筑炉公司承建。

23 日 江西省扭亏增盈领导小组办公室撤销，其业务转到财政厅等部门继续办理。

23 日 省公安厅厅长周克用带领厅机关 87 名干部参加"爱民月"活动，深入南昌市榕门路、惠民门、后墙路等居民委员会，为群众疏通阴沟，开挖下水道，修建安全炉灶，打扫庭院、房屋等。

26 日 南昌市委召开全市 7000 多人的党员干部大会，动员全市党员干部，根据党中央、省委的指示精神，认清当前形势，以阶级斗争为纲，以生产为中心，用革命精神掀起工农业生产高潮。

26 日 省委发出《关于宣传贯彻执行中央〈二十三条〉的通知》。

28 日 省哲学社会科学联合会举行春节座谈会。参加座谈会的有省委党校、大专院校、科学研究机关的理论工作者、工农兵学习毛主席著作积极分子和从事实际工作的同志共 60 余人。会议确定 1965 年工作的主要任务是：高举毛泽东思想红旗，以阶级斗争为纲，兴"无"灭"资"，为无产阶级政治服务，为工农兵服务，为社会主义经济基础服务。

29 日 省市文艺界举行欢迎会，祝贺江西省戏曲现代戏汇报演出团在上海演出成功归来。

《小保管上任》中的老保管扮演者和小保管扮演者与上海京剧院、淮剧团的演员交流学习表演艺术

《怎么谈不拢》中的徐招秀扮演者与上海京剧院演员交流学习表演艺术

本月 省人委决定，取消地（市）财政的办法，改为省直接管理县（市）预算。

本月 省统计局再次转发国家统计局党组保密委员会关于《统计资料保密范围和机密等级》的暂行规定。

本月 赣州与广东韶关电网联通（至 1990 年，互送电量 31.78 亿千瓦时，其中赣州电网净受电量 24.21 亿千瓦时）。

本月 在华东局经委的组织领导下，由省轻化工业厅副厅长金流带队，组织企业三结合队伍（领导、技术人员、工人）去上海对口厂学习技术革新、技术革命经验，学习推广项目 37 项。

本月 江西化学纤维厂化纤基建二期工程（日产 5 吨）竣工投产。

本月 经省轻化工业厅批准，由国家贷款 19.8 万元，在九江兴中纺织厂新建织毯车间。

本月 根据省委组建地方国防工程施工队伍的指示，省建工局党委决定：将原省建第六工程处（吉安）300 多人，721 矿工程处（乐安）800 多人，原省建第八工程处（南昌）400 人，合并组成一个工程处，在永新县城成立，番号仍用第六工程处，承担地方国防工程的建筑施工任务（6 月，又从萍乡煤矿工程处调 400 人到第六工程处）。

本月 《穷女革命记》一书由江西人民出版社出版发行。首印 4 万册。

本月 省委社教工作团和九江、赣州地委社教工作团先后进驻井冈山、云山、八一垦殖场开展社教活动（全省农垦企业的社教运动逐步铺开，历时近 2 年，至 1966 年 10 月结束）。

本月 云山垦殖场被评为全国青年业余文学创作先进单位，并派代表赴京参加全国青年业余创作积极分子大会。

1965

2月
February

公元 1965 年 2 月							农历乙巳年【蛇】					
日	一	二	三	四	五	六	日	一	二	三	四	五	六
	1 三十	**2** 春节	**3** 初二	**4** 立春	**5** 初四	**6** 初五	**7** 初六	**8** 初七	**9** 初八	**10** 初九	**11** 初十	**12** 十一	**13** 十二
14 十三	**15** 十四	**16** 元宵节	**17** 十六	**18** 十七	**19** 雨水	**20** 十九	**21** 二十	**22** 廿一	**23** 廿二	**24** 廿三	**25** 廿四	**26** 廿五	**27** 廿六
28 廿七												

1日 《江西日报》报道,瑞昌县大桥公社大桥大队以自力更生、艰苦奋斗的"铁肩膀"精神,积极开荒改造低产田,使很多荒山秃岭变成了沃土,获得了棉麦两熟高生产,在九江地区产生了深远的影响。并吸引了全省广大干部和社员,推动了全省比、学、赶、帮运动的发展。

大桥大队庙儿嘴一带的梯田,过去这里是杂草丛生的荒岭,现在被改造成肥沃的高产田

5日 省委批准,将专区公安处代管的劳改单位收归省管,实行省、专双重领导,以省公安厅劳改局为主。

7日 应有关国家邀请,福州军区步兵学校(即南昌步兵学校)派谭谈美、郑国文等6人到坦桑尼亚、马里等6个国家任教,受到这些国家领导人的欢迎和接见。

11日 省人委发出《关于抓紧时机,加强越冬作物田间管理,突击防虫灭虫的紧急通知》。通知要求全省各级加强党的领导,以阶级斗争为纲,以生产为中心,依靠贫下中农,依靠广大农村干部,下最大决心,鼓足更大干劲,采取有力措施,取得越冬作物全面丰收。

12日 全省科学技术工作会议在南昌召开。会议提出科技战线要以阶级斗争为纲,大批科技管理干部和科技干部应到农村参加社会主义教育运动。

12日 地质部决定从省地质局抽调勘探技工等36人援助阿尔及利亚勘探高岭土矿。

14日 日本工艺美术代表团一行4人,由团长松田权六率领抵达南昌。当日下午,中国人民对外文化协会江西分会会长吕良会见并宴请了代表团全体人员,宾主进行了友好交谈,日本客人观看了文艺演出。

16日 省人委批转水电厅的报告,要求各地把过去已迁出尚未安置好的老移民全部安置好。1958年以来，全省已迁移的水利移民19.6万人，当时基本解决住房问题的约10.6万人，占已迁移民的54%。但存在的问题是：移民建房进度迟缓，影响移民的生产；有相当一部分移民生活低于原来的生活水平，有少数移民口粮和穿衣发生问题；对移民经费补助不尽合理；缺乏建房木材。年内水电部先后下拨江西水库移民补助款400万元及老移民费300万元，由省包干使用。

16日 省人委召开电话会议。方志纯主持，彭梦庚、李世璋等到会。会议要求各地在春分前后，突击做好植树造林工作。

19日 省委、省人委举行"加强备耕工作，迎接春耕高潮"广播大会。方志纯作报告，李杰庸、潘震亚、李世璋、彭梦庚、欧阳武出席会议。

21日 省委、省人委召开电话会议，号召全省工交战线职工振奋革命精神，以生产为中心，广泛深入开展增产节约运动，大力组织和发展工业生产，多、快、好、省的全面超额完成国家生产计划。

21日 江西大学瑞金分校正式成立。这是全省又一所新型的半工半读高等学校。学校设中文、政治教育两个系，师生200余人。学生一边学习，一边劳动；教师也逐步做到半工半教。把师生锻炼成又红又专的新型劳动者。

22日 全省京剧现代戏调演大会在南昌举行。大会期间，省委、省人委领导观看了演出。演出于3月2日结束。

23日 省委批转省供销社党组《关于撤销各级供销合作社监事会机构和建立党的监察组织的请示报告》，决定省供销社设立监察组，为省委监委派驻机构；省供销社驻各行、专办事处设立监察员办公室，为省供销社监察组派驻机构；市、县供销社，由社党委或市、县委设立监察委员会或监察组；基层供销社，规模大的设立专职监察员，一般的设兼职监察员。

25日 省文化局从所属文艺单位抽调41名文化工作者，组成两个农村文化工作队（演出队），赴临川、上饶两县农村演出，并向农民教唱革命歌曲，配合"四清"运动的开展。

25日 团省委召开座谈会，纪念毛泽东主席发出"向雷锋同志学习"号召两周年。到会的有工厂、企业、军队、机关等方面的青年代表。会议号召全省青年要坚持不懈地向雷锋学习，用毛泽东思想武装自己，沿着革命化道路前进。

26日 全省水土保持现场会在兴国县召开。会议要求推广兴国等地治理水土流失的经验。会议于3月2日结束。

本月 江西省盲人聋哑人协会成立，谢象晃任协会主席。

本月 华东局计委及江西有色金属管理局工作组在上海共同研究新钢"三五"期间建设项目。初定续建良山采、选一个系列70万吨；新建2台18平方米烧结机；续建1座255立方米高炉；新建2座42孔焦炉及化产回收车间。

本月 南昌市清真寺民主管理委员会成立，并接办了原回民文化协进会的全部任务。

本月 省建七处和八处部分人员合并为第七工程处，安装处与机修厂分开，机修厂改名为江西省建筑工程局机械修理厂。

本月 省新华书店召开全省图书发行工作会议。

本月 省轻化工业厅厅长吴平调省委统战部。省人委任命梁志永为省轻化工业厅代理厅长，石其森为副厅长。

1965

3月 March

\	\	\	\	\	\	\	\	\	\	\	\	\	\
日	一	二	三	四	五	六	日	一	二	三	四	五	六
	1 廿八	**2** 廿九	**3** 二月大	**4** 初二	**5** 初三	**6** 惊蛰	**7** 初五	**8** 妇女节	**9** 初七	**10** 初八	**11** 初九	**12** 初十	**13** 十一
14 十二	**15** 十三	**16** 十四	**17** 十五	**18** 十六	**19** 十七	**20** 十八	**21** 春分	**22** 二十	**23** 廿一	**24** 廿二	**25** 廿三	**26** 廿四	**27** 廿五
28 廿六	**29** 廿七	**30** 廿八	**31** 廿九										

公元 1965 年 3 月　　农历乙巳年【蛇】

1日 省政协三届常委会第二次会议在南昌举行。会议讨论日常工作，通过人事事项。

1日 省水产厅提出鄱阳湖草洲管理意见：（一）进一步做好草洲管理工作；（二）割草季节，湖区各县人委必须统一部署，组成由草洲管理、农业、公安等部门的干部工作组，深入洲地，维护割草秩序；（三）草洲管理费按照1964年省财政厅、省水产厅《关于国有湖港草洲管理费征收及财务收支管理暂行规定的通知》征收；（四）开垦草洲，不能到处乱开，造成泥土冲刷，影响水利和湖区的规划利用，必须有计划、有组织地进行；（五）处理好已发生的草洲纠纷。

5日 省地质局成立"赣东北地区地质勘探会战指挥部"，省委批准成立会战指挥部工作委员会，由局长李如皋任指挥兼工委书记，副局长郝文会任副指挥兼第一副书记。该会战指挥部集中了赣东北、九一一、九一二、九〇一四个大队，4000余名职工，50余台钻机，在东乡枫林、铅山永平铜矿区和赣东北地区展开铜矿会战。

7日 全省手工产品评比展览会在南昌市召开，展出产品8000多件，集中反映了全省手工业几年来的发展和新的成就。

8日 省、市各界妇女 2000 余人集会庆祝"三八"国际劳动妇女节。

8日 全省工业交通工作会议在九江市召开。白栋材作报告。会议确定1965年的基本任务是：以阶级斗争为纲，以生产建设为中心，抓革命、促生产、保建设，广泛深入地开展社会主义教育运动，开展技术革命，实现企业管理革命，把以"五好"为目标的比学赶帮运动推向前进，掀起生产建设高潮。会议于18日结束。

11日 全省第一条跨长江1万伏三回路水底电缆竣工，经过各种检验，铺设质量符合设计要求，开始正式送电。

11日 省农林垦殖厅供销经理部成立，定企业编制30人，负责管理全省垦殖场三类物资的产、供、销业务。

12日 省财政厅发出致全省财政干部的一封信，要求立即掀起广泛深入地学习毛主席著作的新高潮。

12日 《江西日报》报道，永修县艾城公社结合社会主义教育运动开展农民业余文化教育，满足了贫下中农学习文化的迫切要求，也提高了群众的阶级觉悟。

13日 省人委通知规定，收购良种价格按良种分级标准加成10%～20%，新品种和棉花良种可加成50%。但推广加价不准超过国家收购价的15%，亏损由农业事业费补贴。

14日 《江西日报》报道，全省84个县、市相继召开贫下中农和农业先进代表会议。各地出席会议的贫下中农和农业先进代表共60332人，其中贫下中农代表39288人，占总出席会议人数的67%。会议总结交流了开展阶级斗争、生产斗争和科学实验三大革命运动的经验及开展比学赶帮运动的经验，提出了新的奋斗目标。

15日 全省贫下中农代表会议和全省农业先进单位、先进生产者代表大会召开。参加会议

全省贫下中农代表会议和农业先进单位、先进生产者代表会议开幕

参加全省贫下中农和农业先进代表会议的代表进入人民公园时，受到各界人民的热烈欢迎

的贫下中农代表1500人，农业先进代表1000人。刘俊秀致开幕词，杨尚奎作《继续深入开展三大革命运动，即阶级斗争、生产斗争和科学实

验，大力组织农业生产新高潮》的报告。会议成立了江西省贫下中农农协会筹备委员会，选举杨尚奎为主席，方志纯、刘俊秀、王大川为副主席。会议于26日结束。

15日 省供销社根据全国总社的指示，决定撤销全省各级供销合作货栈，停止议价业务，并做好货栈业务、商品、财务、资产的清理和交接工作。

16日 省委发出《关于〈二十三条〉宣传贯彻情况和今后意见》的通知，要求各地对宣传贯彻情况进行一次认真总结，采取切实措施解决已发现的问题。

19日 省委批准成立省财政厅政治办公室。

20日 在毛泽东发出"向雷锋同志学习"号召两周年之际，省教育厅、省文化局、省总工会、省妇联、团省委发出《关于宣传和组织观看影片〈雷锋〉的联合通知》。

20日 全省商业工作会议提出：当前思想政治工作的中心任务是抓"四个第一"，搞好社会主义教育运动，运用解放军创"四好"连队的办法，树立标兵，以点带面，把"一点红"变成"一对红，对对红，一片红"，把创"五好"企业、"六好"职工为内容的比、学、赶、帮运动推向高潮。

22日 省人委发出《关于一九六五年度收购农副产品奖售标准的通知》。规定1965年全省出口奖售的农副产品有33种（类），用于奖售的物资只限于化肥、粮食、棉布3种。胶鞋不再列入奖售商品。国营商业部门收购1头生猪，奖售棉布5市尺，稻谷30市斤。鲜蛋收购退出奖售范围。

23日 江西高频瓷厂（九九九厂）改名为景华瓷件厂（九九九厂）。

24日 中央候补委员、省委书记处书记、省长邵式平因病在南昌逝世，享年65岁。邵式平，弋阳人，生于1900年。1923年进入北京师范大学学习，开始参加革命活动。1925年在校加入共产党。后与方志敏一起，领导农民运动，创建赣东

陈奇涵（左二）、孔原（左一）、杨尚奎（右二）等瞻仰邵式平遗容

陈奇涵（右四）、孔原（右一）、杨尚奎（右三）和省、市各方面负责人在追悼会上默哀

北革命根据地。参加了赣东北、中央苏区的斗争、二万五千里长征、抗日战争和东北解放战争。江西解放后回赣工作，一直担任江西省省长。

27日 《江西日报》发表《一本传播资产阶级思想毒素的坏书》的文章，批判省委党校校长艾寒松编著的《怎样做一个共产党员》。文章指出，艾寒松编著的《怎样做一个共产党员》，是一本具有严重政治错误的坏书。它披着宣传马克思列宁主义、宣传党的基本知识的革命外衣，运用蓄意曲解、制造混乱、混淆是非等恶劣手法，宣传、贩卖资产阶级思想和现代修正主义私货，同毛泽东思想唱对台戏。从此，艾寒松受到严厉批判及政治迫害（粉碎"四人帮"以后，

经过拨乱反正，才得以平反昭雪，恢复名誉）。

27日 省人委作出省内编制出版地图工作的暂行规定，包括保密地图的审批和成图管理、内部参考地图的审批和成图管理、公开出版地图的审批和出版等内容。

29日 省煤管局发出通知，要求继续巩固技术工作上的矿长领导下的总工程师负责制，实行领导、工人、技术人员三结合的工作方法。

30日 全省财政、税务局长会议召开，学习全国和华东财贸政治工作会议文件，讨论加强思想政治工作，促进财政税收工作革命化问题。省委常委、省委财贸政治部主任梁达山到会讲了话。

30日 省农林垦殖文艺工作团在南昌市结束歌剧《江姐》的演出。该剧以它深刻的革命内容，高度的艺术水平，吸引了南昌观众。自1月16日在南昌市上演，连演81场，场场客满，观众达11万多人。

31日 南昌市造林工作自1964年11月15日开始，截至当日，共完成成片造林10454亩，其中用材林4701亩，经济林3566亩，果木林1646亩，防护林541亩。此外，农村"四旁"和庭院绿化零星植树16.1万余株。

本月 南昌市重点改建了三省巷、三道桥等31条街巷，全部工程总长度5439米，总面积27103平方米。

本月 全省首次在沿上（饶）广（丰）公路两侧的红壤低丘岗地上，用飞机撒播马尾松1.1万亩（1966年检查，每亩有苗17株至20株）。

本月 江西省邮电综合大楼建成。该大楼六层，高31.4米。由省综合设计院设计，省第一建筑工程公司施工。

本月 省机械厅分别组织成立"小三线"建设省内负责项目的筹建机构，安排工厂的选址与工厂设计工作。

本月 抚州地区16万农村妇女参加学习丁长华火箭队的比学赶帮竞赛活动。

本月 全国血吸虫病防治工作现场会议在玉山县召开。南方13个省、市血吸虫病防治办公室主任和专家、教授出席会议。

1965

4月
April

公元 1965 年 4 月							农历乙巳年【蛇】						
日	一	二	三	四	五	六	日	一	二	三	四	五	六
				1 三十	**2** 三月小	**3** 初二	**4** 初三	**5** 清明	**6** 初五	**7** 初六	**8** 初七	**9** 初八	**10** 初九
11 初十	**12** 十一	**13** 十二	**14** 十三	**15** 十四	**16** 十五	**17** 十六	**18** 十七	**19** 十八	**20** 谷雨	**21** 二十	**22** 廿一	**23** 廿二	**24** 廿三
25 廿四	**26** 廿五	**27** 廿六	**28** 廿七	**29** 廿八	**30** 廿九								

1 日　根据中央批转国务院财贸办公室《关于稳定农民负担，下苦功夫，进一步做好粮食工作的意见》，江西省结合公粮征收开始实行粮食征购"一定三年"不变的办法，这个 3 年不变的数字——15.5 亿公斤贸易粮，成为全省农民负担的粮食征购基数。

1 日　省人委发出《关于清明节开展纪念革命烈士活动的通知》。该通知要求全省各级人委在清明节组织干部、学生和人民解放军祭扫烈士陵墓，瞻仰烈士碑塔及烈士纪念馆。利用报纸、广播等宣传工具，宣传烈士们对革命事业赤胆忠心、英勇牺牲的崇高品质及革命精神。

1 日　南昌市工业交通"五好"代表会议召开。会上有 60 多个五好集体和个人介绍了先进经验。会议期间，代表们听取了南昌市委副书记、市长张云樵的报告和五好集体、五好职工代表的发言，参观了南昌市技术革新展览。会议于 3 日结束。

2 日　省农林垦殖厅、财政厅联合发出的《关于国营垦殖场一九六五年实行财务收支"包干"的几项规定》开始实施。

2 日　省人委要求省农林垦殖厅协同宜春专署和奉新县人委，加强西山垦殖场林区的统一管理，把西山林区办成样板林区，以推动全省林区管理工作。

3 日　《江西日报》报道，江西拖拉机厂以超额计划 7.14% 完成首季拖拉机生产任务，成批拖拉机开往农村支援农业生产。

4 日　省国营农业企业工作会议召开，讨论进一步巩固提高和扩大全民所有制阵地的问题。

5 日　省储委审查批准由省地质局赣东北地质队提交的弋阳樟树墩大型蛇纹岩矿地质勘探的报告。

6 日　省卫生厅制发《江西省医院肠道专家门诊实施办法（草案）》，要求县及县以上各医院（含工矿、企业职工医院）均设立肠道专科门诊。

6 日　丰城县各界人民和驻省空军某部代表2500 多人，清明节冒雨祭扫 1961 年 6 月在丰城县遭受洪水袭击中，为抢救人民生命财产牺牲的驻省空军某部战士张石祥烈士。

7 日　《江西日报》报道，省军区深入贯彻解放军总政治部民兵政治工作会议精神，认真贯彻毛泽东人民战争思想、加强民兵建设，要求各级人民武装部门在同级党委的领导下，以阶级斗争为纲，以生产为中心，紧密结合社会主义教育运动，开展"五好"民兵活动，把全省的民兵工作"三落实"做得更好。

7 日 《江西日报》报道，省委党校在教学中增设军事教育课程，对学员进行毛泽东人民战争思想的教育，提高了学员对人民战争、全民皆兵的认识，增强了国防观念，推动了民兵建设。

8 日 省供销社向全国总社汇报 1962 年以来全省基层供销社组织的情况。据统计，到 1964 年年底，全省共有基层供销社 850 个，分社 2465 个，购销点 1517 个，社员 6641709 人，社员股金 1639.99 万元，已恢复到 1957 年的水平。

9 日 新西兰共产党机关报《人民之声报》副总编辑雷克斯·霍利斯访赣。访问于 12 日结束。

10 日 华东局财办邀请有关单位座谈扩大景德镇瓷器出口问题。出席会议的除华东局财办人员外，还有外贸部副部长傅生麟、副局长冯铁城、副省长李杰庸、上海市外贸局局长齐维礼、省外贸局局长苏震及有关人员。

10 日 省委成立半工半读教育领导小组。

10 日 省委批转《关于贫下中农协会筹委会工作的几个问题的报告》，要求各地委在 4 月内成立贫下中农工作委员会。

11 日 全省财贸政治工作会议在南昌召开。会议研究了 1965 年全省财贸政治工作任务，并着重讨论了财贸部门如何突出政治，落实"四个第一"的问题。会议要求全省财贸职工要继续高举毛泽东思想红旗，在一切业务工作中坚持政治挂帅，思想领先，克服不问政治的单纯业务观点。要充分发挥政治工作威力，完成 1965 年财贸工作的各项任务。

11 日 省委发出《关于善始善终圆满结束第一期点上社教运动的意见》，要求各地按照中央《二十三条》规定的 6 条标准，对照检查总结，及时结束第一期运动。

12 日 省煤管局按照省人委指示，制定《江西省煤炭工业支援农业，以煤代木"三五"规划》。规划决定，为了保护森林资源，防止水土流失，在缺煤山区和湖滨地区发展一批小煤井，每年增产民用煤 50 万吨。至"三五"期末，全省 85 个县（市）中，已有 52 个县（市）由烧柴为主改为烧煤为主。

13 日 据统计，全省去冬今春农村业余教育发展迅速，参加各种业余学校学习的干部和农民达 87.2 万人。

13 日 捷克斯洛伐克、阿尔巴尼亚、朝鲜、罗马尼亚、民主德国、波兰、保加利亚、苏联、匈牙利、印度、印度尼西亚、缅甸、巴基斯坦、法国 14 国驻华武官和夫人一行 22 人，来南昌、庐山、井冈山等地参观访问。访问于 22 日结束。

14 日 全省京剧现代戏调演在南昌市举行，南昌市、宜春专区、景德镇、萍乡、赣州、吉安、上饶市京剧团和省文艺学校京剧科等 8 个单位，分别演出了《小保管上任》、《五岔口》、《怎么谈不拢》等 13 个革命现代戏。《猎虎迎春》、《风雷渡》、《养猪姑娘》、《小保管上任》、《五岔口》、《怎么谈不拢》6 个剧目，还将在南昌市再作短期公演。

14 日 全省工业交通"五好"代表会议召开。出席会议的代表和特邀代表共 2000 余人。杨尚奎、方志纯、刘俊秀、白栋材、刘瑞森、黄先、黄知真、黄霖、莫循、梁达山、李杰庸、邓洪、潘震亚、李世璋、欧阳武、林忠照等省党政军领导接见了出席代表会议的全体代表。黄先作大会报告，白栋材作形势报告。会议于 22 日结束。

杨尚奎等接见出席省工业交通"五好"代表会议代表

15日 经萍乡市人委和华东公司批准，萍乡分公司在安源矿试行亦工亦农的轮换工制（年底，丰城分公司开始试行。同时，省属煤矿也在天河煤矿试行）。

15日 经华东局、上海市委和省委批准，组建华东小三线厂——江西东风制药厂（10月23日该厂破土动工，1967年1月建成投产，主要生产青霉素原料药及制剂，设计年生产能力20吨）。

15日 《毛泽东著作选读》甲种本、乙种本在全省各地发行。

李富春（前排左一）在杨尚奎（右一）的陪同下，接见全省工交"五好"代表会议全体代表

广大读者在南昌市新华书店购买《毛泽东著作选读》甲种本和乙种本

17日 全国体操健将级比赛在南昌市开幕。参加比赛的有来自北京、上海等22个省市、自治区和解放军男女运动员300多人。杨尚奎、方志纯、刘俊秀、白栋材、黄先、黄知真、黄霖、欧阳武、林忠照、孔令甫等出席了大会开幕式。黄霖致开幕词。经过8天精彩竞技，比赛于4月25日闭幕。

17日 《人民日报》发表刘俊秀撰写的文章《我们是怎样创办共产主义劳动大学的》。

18日 《江西日报》发表通讯《做革命的闯将》，介绍江西拖拉机厂车工、共产党员赵长生（赵志坚）。赵长生自1955年开始参加技术革命活动，从学习推广先进操作技术、革新工具、夹具到改进制造机床设备，先后实现了技术革新200多项，年年超额完成国家计划，连续8年没出过废品，当选为全国劳模（20世纪80年代当选为南昌市市长）。

19日 中央政治局委员、书记处书记、国务院副总理李富春，在南昌接见全省工业交通"五好"代表会议的全体代表。华东局候补书记韩哲一，国家计划委员会副主任范慕韩，上海市副市长李广仁参加了接见。陪同接见的有杨尚奎、方志纯、刘俊秀、白栋材、黄先、黄知真、罗孟文、黄霖、梁达山、李杰庸、邓洪、潘震亚、李世璋、欧阳武等。

20日 李富春、韩哲一、范慕韩、白栋材、黄先等到新余钢铁厂视察，并审查了新钢"三五"期间建设项目。

20日 省人委紧急通知，规定收购黄麻奖励标准为：计划内每收购1担黄麻，奖售化肥30斤，布票2尺；计划外每超购1担黄麻，增加奖售贸易粮24斤。

20日 经省委批准，专、市公安处（局）的劳改科撤销。

21日 上海支援江西钢厂第一批建设者丁振芳等4人到达厂区（5月27日江西钢厂筹建处正式成立，隶属省基本建设第二指挥部。1966年6月10日，筹建处撤销，正式成立江西钢厂）。

22日 宜春、萍乡、万载3县（市）公安局联合破获一起反动会道门复辟案。首犯汤宗兑从1961年开始，从3个县、22个公社秘密串联旧道徒71名，发展新道徒65名，合计136名。破案时缴获"皇衣"、子弹及"飞刀"、"黑册"、"五公经"等一批罪证，依法判处5名主犯徒刑。

23日 省人委批转国家测绘总局江西省测管处关于赣州专署水利处擅自大量复制1：50000地形图情况的报告，并请各部门、各地区对所属单位的测绘资料管理工作进行一次检查。

25日 九江化工厂化学农药车间建成投产，生产出全省第一批"六六六"药粉。

25日 赣州钴冶炼厂从砷碴中提取金、银成功。

26日 华东局计委批复江西省山区建设领导小组、上海市支援江西建设指挥部《关于江西特殊钢厂建设方案》，并决定工程由上海市负责包建包产。

27日 省歌舞团把京剧《红灯记》谱写成歌剧在南昌市公演获得成功。

27日 省档案管理局召开全省地、市和社教试点县档案馆长座谈会，专门研究加速档案清理鉴定和档案工作为社会主义教育运动服务的问题。座谈会于29日结束。

28日 日前，国务院副总理李富春在南昌主持小三线建设会议。经中央批准，华东局与福州军区决定在江西建设大、小三线工业。江西三线建设由上海市负责援助。江西省成立了由白栋材任组长的国防工业领导小组。到"文革"前，江西开办的小三线厂矿企业基本建成并生产出一批成品。

29日 全省工人学习毛泽东著作汇报团先后在省市机关、企事业单位及全省各地区和主要厂矿作巡回演讲。前后历时两个月，汇报135场，听众达15万余人。

29日 省人委发出《关于恢复江西省支前委员会的通知》，副省长李杰庸任主任委员。

29日 省人委发出《关于一九六五年选举工作的指示》，要求全省第六届市县以下各级人民代表大会的选举，必须在1965年内进行。

30日 省人事局印发《关于干部任免工作问题的通知》。省人事局针对各地任意扩大干部任免范围的现象，要求各地切实按照省人委规定的干部任免范围执行，以免造成干部任免工作中的混乱。

30日 教育部发出《关于选派教师到江西共产主义劳动大学进修的通知》，决定在江西共产主义劳动大学办教师进修班。

本月 彭泽县国营上十岭垦殖场首次采用早稻薄膜育秧。

本月 经中央批准，方志纯代理省长。

本月 向塘机务段研制成功的"动轮、连杆、动轴箱装化整体进出"新工艺，被铁道部在济南召开的全路机车架修工作会议上作为架修机车一项重大革新，在全国铁路上推广。

本月 丰城支线（现为张塘支线）K0＋000—K5＋000一段铺设硫磺铆固扣钣扣仲预应力混凝土新型轨枕（弦Ⅱ61A型）。由上海铁路局大修科设计，鹰潭线路大修队施工。

本月 省气象局制定并颁发《江西省水文气象管理部门文书处理暂行规定》、《江西省水文气象系统文书材料立卷工作暂行办法》、《江西省水文气象系统技术档案管理暂行办法》。

本月 江西有色冶炼加工厂（代号七〇一）开始筹建，隶属于冶金工业部赣东北有色金属公司，产品供华东区军工企业。由南昌有色冶金设计院设计。

本月 省水电勘测设计院编制《江西省赣江下游赣东特等圩堤工程设计任务书》。

本月 景德镇建筑瓷厂改名为景德镇陶瓷厂。

本月 江西省广播局二〇二工程指挥部成立（1966年7月建成，定名二〇二转播台，转播江西人民广播电台第一套节目。发射机功率30千瓦，频率1449千赫）。

本月 省煤管局重建煤田地质普查队（7月24日，又组建江西煤田地质勘探队）。

1965

5月
May

公元 1965 年 5 月							农历乙巳年【蛇】						
日	一	二	三	四	五	六	日	一	二	三	四	五	六
						1 劳动节	**2** 初二	**3** 初三	**4** 青年节	**5** 初五	**6** 立夏	**7** 初七	**8** 初八
9 初九	**10** 初十	**11** 十一	**12** 十二	**13** 十三	**14** 十四	**15** 十五	**16** 十六	**17** 十七	**18** 十八	**19** 十九	**20** 二十	**21** 小满	**22** 廿二
23 廿三	**24** 廿四	**25** 廿五	**26** 廿六	**27** 廿七	**28** 廿八	**29** 廿九	**30** 三十	**31** 五月小					

1日　国务院副总理李富春到洪都机械厂与职工群众共度"五一"节。

李富春（前排站立左一）同洪都机械厂职工们一起欢庆"五一"国际劳动节，并接见了该厂五好职工、技术操作能手、老工人和各单位的代表

1日　华东煤炭公司在全公司范围内实行干部交流，萍乡、丰城两分公司的一批负责干部陆续调往华东地区其他几省工作，其他几省一批负责干部陆续调来江西。

1日　全省举行集会和联欢晚会，庆祝"五一"国际劳动节。广大职工表示，要把援越抗美的高涨热情进一步贯穿到各项工作中去，以实际行动支援越南人民的抗美爱国斗争。李富春、韩哲一、范慕韩、杨尚奎、白栋材出席了联欢晚会。

2日　省手工业管理局、省手工业合作联社组织全省手工业的重点行业和重点企业的社员分批参观"全省手工业产品评比展览会"和"南昌市工业技术'双革'展览会"。展览会设有农具、五金、竹木藤器、工艺美术、出口产品、塑料制品、轻化工日用品、服装鞋帽等11个展馆，展出产品1万余件。展览会于7月10日结束。

4日　团省委庆祝"五四"青年节，表扬了第一钨矿"董存瑞"青年采矿队等一批青年先进集体和青年先进人物。并号召全省广大青年，高举毛泽东思想伟大红旗，在三大革命运动中发挥积极作用。

5日　交通部公路工作会议在南昌市召开。与会代表专程到广丰县观摩该县全面实现公路桥梁永久化的经验。

7日　以卢西拉·内图为团长的安哥拉妇女

代表团一行 4 人，来南昌、井冈山等地参观访问。

7 日 省人委办公厅发出加强测绘资料管理的通知，要求任何时候都必须保证测绘资料绝对安全，并对测绘资料管理工作进行一次保密检查。

8 日 由文化部举办的《庆祝战胜德国法西斯 20 周年》电影周在南昌市举行。电影周放映苏联、阿尔巴尼亚、德意志民主共和国、波兰、罗马尼亚、捷克斯洛伐克等国家反映人民战胜德国法西斯为主要内容的故事片。其中有苏联的《伟大的转折》、《斯大林格勒战役》等影片。电影周于 14 日结束。

10 日 副省长黄先近日视察七〇一厂施工现场。

11 日 省萍乡钢铁厂在全国地方钢铁企业中率先推广高炉喷煤先进工艺（至 1979 年共节约焦炭 10 万吨。1978 年 12 月冶金部在该厂召开全国高炉喷煤经验交流会）。

12 日 省委和冶金部任命郑华堂为省冶金厅副厅长、江西有色金属管理局副局长。

12 日 江西省防空委员会成立，王卓超任主任，胡定千任副主任。下设指挥部，胡定千兼总指挥，办公室设在公安厅八处（1966 年 9 月 19 日，省委决定撤销省防空委员会，成立备战委员会，负责全省的备战与防空工作）。

13 日 省、市文联联合举办援越抗美文艺晚会活动。省话剧团、省歌舞团、省赣剧团、南昌市文工团、南昌市采茶剧团，演出了讽刺喜剧《惊弓之鸟》、女声小合唱《中越人民心一条》、《援越抗美大联唱》及赣剧、采茶戏清唱《心飞向越南》等。文艺活动于 14 日晚结束。

15 日 省政协召开工作组长联席会议，研讨开展工作组活动问题。

16 日 《江西日报》报道，铁路南昌材料厂向塘材料库党支部，从 1953 年开始读报活动，12 年如一日，给工人的思想、工作带来了很大的收获。

16 日 萍乡市遭受洪水淹没，倒塌房屋 436 间，淹死 3 人，伤 23 人，稻田被淹近 9 亩。

16 日 省直机关民兵举行军事野营活动。1100 多名男女民兵，进行了军事、防毒气、防空、射击等军事技术的操练和学习。

省直机关的民兵在进行实弹射击练习

参加军事野营的南昌市民兵们向鹅公堡山头进军

19 日 省委就第二批城市社教运动安排发出通知，要求各地、市分别设立由地、市直接领导的社教工作团，开展第二批城市社教运动。先搞对国民经济有重大作用的企业和对当前备战有重大关系的要害部门，按地区或行业适当集中，以工交企业为主，适当兼顾其他系统。

21 日 中国人民银行江西省分行召开全省人民银行系统学习毛泽东著作座谈会。参加座谈会的代表认为，坚持以毛泽东思想为指针，是银行职工前进的动力，是坚持社会主义银行工作的方向，也是做好银行工作的保证。

21日　全省京剧现代戏调演参加公演的《猎虎迎春》、《五岔口》、《雪地红心》、《风雷渡》、《大渡河》等剧目，组成演出团赴上海参加华东区京剧现代戏观摩演出。

21日　省人委决定成立省农药领导小组。

22日　毛泽东由湖南省委第一书记张平化和江西省委副书记刘俊秀，副省长王卓超陪同重回井冈山。他们从湖南出发，中午在永新县接见了县委领导人，下午上山，在黄

毛泽东在井冈山宾馆亲切会见井冈山群众

毛泽东在井冈山

洋界保卫战胜利纪念碑前留影，傍晚抵茨坪。在山上的几天，毛泽东面对井冈山的建设和变化，几次称赞"几十年了，井冈山真的大变样了"，"和当年大不一样了"。以至诗兴大发，挥笔写下了《水调歌头·重上井冈山》的诗词。他回顾当年的斗争历史，深情地说："为了创建这块革命根据地，不少革命烈士牺牲了自己生命，我早想回井冈山看看，一别就是38年啊！我的心情和你们一样高兴、激动。没有过去井冈山艰苦的奋斗，就不可能有今天了。现在，我们胜利了，要更好地建设社会主义中国，更好地建设社会主义的井冈山。"29日下山前，毛泽东在井冈山宾馆接见了井冈山群众代表。30日，在吉安宾馆接见了吉安地、市委负责人，随即经樟树离开江西。

24日　地质部任命朱训为江西省地质局副总工程师。

24日　省教育厅召开全省教育行政会议，传达学习全国农村半农半读教育会议精神，提出全省教育工作任务。会议于6月8日结束。

26日　省外贸局下达《关于陶瓷直接出口筹备工作几个问题的通知》，要求7月1日前正

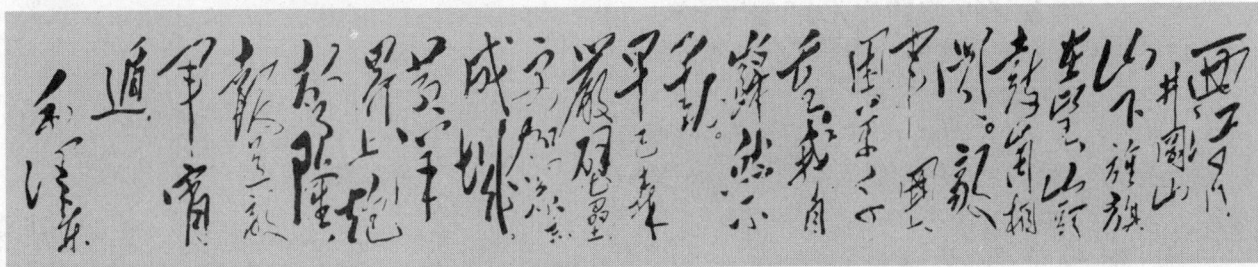

毛泽东写的诗词《西江月·井冈山》

式对外开展工作。

26 日　全省水土保持座谈会在兴国县召开。会议分析了水土流失所产生的严重后果，指出：没有出现水土流失的地区，要搞好封山育林，并规定有效的办法，防止水土流失；已经出现水土流失的地区，要本着早防早治的精神，把水土流失消灭在萌芽状态；已经发生严重流失的地区，要采取措施，积极治理。

27 日　《江西日报》报道，省体育训练班各运动队，以国家乒乓球队为榜样，坚持从严、从难、从实战出发，开展大运动量训练，力求思想、技术双过硬，为祖国争取更大的荣誉。

28 日　省委批转《江西省防空委员会第一次会议纪要》。

29 日　德意志民主共和国驻华大使、文化、商务参赞到江西蚕桑场参观访问。

本月　第四机械工业部副部长刘寅考察江西，帮助江西制定电子工业的发展规划。

本月　华东煤炭工业公司经理吴允中率工作组来江西，参加制定江西"三线"煤炭工业建设规划。

本月　省地质局九一〇队在于都县盘古山钨矿勘探中，创全国吊灌法掘进天井高度的最高纪录。

本月　省人委批复省轻化工业厅，同意景德镇陶瓷科研所改由第一轻工业部领导。

1965

6月

June

公元 1965 年 6 月							农历乙巳年【蛇】						
日	一	二	三	四	五	六	日	一	二	三	四	五	六
		1 儿童节	**2** 初三	**3** 初四	**4** 端午节	**5** 初六	**6** 芒种	**7** 初八	**8** 初九	**9** 初十	**10** 十一	**11** 十二	**12** 十三
13 十四	**14** 十五	**15** 十六	**16** 十七	**17** 十八	**18** 十九	**19** 二十	**20** 廿一	**21** 夏至	**22** 廿三	**23** 廿四	**24** 廿五	**25** 廿六	**26** 廿七
27 廿八	**28** 廿九	**29** 六月小	**30** 初二										

1日 《江西日报》报道，省少年儿童运动取得了很大的成绩，少先队组织得到不断发展和壮大。目前全省已拥有 148 万多名少先队员。有的地区还以行政村为单位，试建了少先队和儿童团组织。这些组织已成为少年儿童们学习共产主义的学校。

驻省某步校政治部协理员在向步校幼儿园的孩子们讲革命故事

1日 赣州冶金机械修造厂划出汽车修理车间，单独成立赣州冶金汽车修理厂，直属省冶金厅领导。

1日 昌汉（南昌至汉口）公路直达客班车开行。

1日 省金属学会在井冈山召开第二届会员代表大会，选举产生第二届理事会，郑华堂当选为理事长。

1日 南昌市及各地、市电影院按上级通知上映并批判影片《林家铺子》、《不夜城》，省市各报配合发表有关文章。活动于 10 日结束。

2日 省市各界共有 270 多个基层单位、2 万余名群众到江河游泳，1600 余名民兵和青少年横渡赣江，揭开了全省群众性游泳活动的序幕。部分省市领导也参加了游泳和渡江活动。

省军区部队泅渡赣江

3日 《江西日报》报道，婺源县全日制小学教师，带着问题学习毛泽东著作，改变了教学思想和教学方法，使全县全日制小学附设的耕读班得到了巩固和发展。全县适龄儿童入学率显著提高。群众高兴地说："过去孩子认字要出村，如今老师进门教，共产党替我们想得真周到。"

3日 省委向中央、华东局报送《关于今后全省农村社会主义教育运动安排的报告》，提出再用3个冬春的时间分期分批进行社教运动，到1968年春全部结束。

4日 第四机械工业部计划司司长张挺率19人工作组抵赣，开始对江西选定的11个电子工业项目进行复勘。

6日 省委发出《关于加强县属工业领导的指示》，要求各地委、县委集中力量抓好农业的同时，把工业切实抓起来。

7日 挪威共产党中央书记利佩和夫人来南昌参观访问。

7日 省人委批复九江专署，同意修水县南岭黄沙港场挂钩的大坪、三溪、清水、红星、龙星等5个集体所有制大队转为全民所有制。

8日 根据国家援阿计划签订的《关于中国向阿尔巴尼亚提供技术援助和供应成套设备的议定书》，江西省冶金工业局负责阿尔巴尼亚布尔奇泽铬选厂的扩建工作。

8日 省人委批转省公安厅《关于公安消防民警实行义务兵役制几个问题的请示报告》。报告提出，各专署和南昌、景德镇市成立消防大队，其他有公安消防队伍的市、县、镇成立消防中队（10月1日省公安厅消防处正式改称为江西省公安厅消防总队）。

10日 《江西日报》报道，金溪县委检查和克服小农经济的指导思想决定派出各级干部下去蹲点，把火箭生产队和曾泗生产队的先进经验在全县各社队推广开来，实现大面积、大幅度增产，彻底改变低产面貌。

10日 《江西日报》报道，解放军沈阳部队装甲兵某部三连政治指导员廖初江，福建前线空军某部队汽车连炊事班长丰福生，广州部队某部防化连班长黄祖示，是毛泽东思想哺育成长的

"廖初江、丰福生、黄祖示学习毛主席著作展览"在南昌市展出

雷锋式好战士。省委宣传部、省军区政治部联合举办"廖初江、丰福生、黄祖示学习毛主席著作展览"，在省博物馆展出。省委副书记白栋材，省委常委、省军区司令员吴瑞山等观看了展览。

11日 省政协第三届常委会第三次会议在南昌举行。会议原则通过第三届委员会《工作组简则》。

13日 文化部、中国美术家协会、省文化局、中国美协江西分会在中苏友好馆和南昌市书画之家举办全国美术展览会华东地区作品展览。展览于7月1日结束。

14日 21时38分，江西化纤厂造丝车间磺化站爆炸起火，大火持续2小时20余分钟，磺化、丝管、筒摇、浆泊等主要部分全部烧毁。消防队出动18辆消防车扑救。

15日 第四机械工业部下达《关于景德镇地区"五厂、一校、一库"有关筹建工作的通知》，确定江西无线电厂（七一三厂）、景光电工厂（七四〇厂）、万平无线电器材厂（八九七厂）、昌明无线电器材厂（八五九厂）、建阳工具厂（六〇二厂）和江西无线电工业学校、闽赣物资供应站（八〇〇库）开始筹建。

15日 省人委在鹰潭召开会议，计划在鹰潭、余江、东乡、贵溪4个县（镇）建立120万亩红壤区水稻低产变高产大面积样板田。这些红壤地区侵蚀严重，土地瘠薄，地力很差。准备在这里摸索总结出改造红壤低产的经验从而在全省推广。

15日 省委召开六届三次全委会议，传达华东局第三次全委会议精神，讨论备战"小三

线"，城乡社教等问题。会议确定：加速后方基地建设，积极准备支援战争。会议于28日结束。

17日 省委批转《全省第二次安置工作会议的报告》。《报告》确定：1965年全省动员1.8万名城市社会青年和闲散劳动力上山下乡，从事农业生产劳动。

18日 省人委批准省教育厅成立半工（农）半读教育局和高等教育局。

19日 省人委批转省教育厅《关于一九六五年全省高等学校部分专业试行半工（农）半读的意见》。

20日 《江西日报》报道，南昌市第一百货门市部在开展业务中活学活用毛泽东思想，通过五学《为人民服务》，振奋了职工的革命精神，进一步发扬勤勤恳恳为人民服务的作风，决心为革命站好柜台。

20日 《江西日报》报道，赣州专区农业干部学校举办农民技术员训练班。根据赣南农村的实际情况，开设了农作物和兽医两个专业。学员从社队来，又回到原社队去，参加农业生产，担任不脱产的技术员。这种办学办法受到了广大农村干部和社员的欢迎。

21日 省计划委员会向水电部报送《赣东特等圩堤工程设计任务书》。该任务书把防洪标准提高到30年一遇，近期计划需国家投资4248万元，从1966年起至1970年5年完成（7月，水电部批复同意。

22日 省人委转发国务院《关于在财贸系统清理"小钱柜"的几项规定的通知》。

23日 全国人大常委会副委员长、中国文联主席郭沫若偕夫人于立群一行，先后参观瑞金、赣州、兴国、井冈山的革命旧址和庐山文物古迹。参观于7月结束。

24日 第四机械工业部决定将上海电子管厂的两条充气灯泡生产线（包括全部设备和人员）移送给南昌灯泡厂，以便筹建南昌电子管厂。

25日 省人民银行、省财政厅转发中国人民银行、财政部关于对各部门各企业在银行的专户存款停止计付利息的联合通知，从第三季度实行。

26日 《江西日报》报道，国营大茅山垦殖场一年来兴建水轮泵22台，山区的高排田，"望天丘"的灌溉问题从此得到解决。

28日 南昌市1万多名军民在省体育场，举行声势浩大的反对美帝国主义侵占我国领土台湾15周年示威游行大会。郭光洲、潘震亚、李世璋、欧阳武、倪南山、罗元炘、祝世风、李国良、张云樵及各民主党派负责人出席了大会。郭光洲在大会上讲了话。

南昌市民兵反对美帝国主义侵占台湾十五周年示威大会会场

29日 省委、省人委批转《关于当前水产工作几个问题的报告》，要求进一步加快水产发展。

29日 全省棉花生产流动现场会议召开，有26个产棉县、社、队、场的干部以及劳模、技术员参加。会议要求全省各棉区学习江心、大桥高产经验，开展一个群体性的棉田基本建设和植棉技术革新运动。会议于7月7日结束。

30日 华东煤炭工业公司抽调一批钻机和机长、班长给江西省煤管局，省煤管局以此为基础组建地质勘探队（1969年改为二二七队）。

30日 全省第十一届教育行政会议结束。会议确定大力普及小学教育，坚定不移地推行半工（农）半读教育制度，形成一套完整体系。

本月 省机械厅成立第二机械工业局（即军工局），负责省内部分"小三线"军工项目的建设、管理与组织军品试制和技术生产等工作。

本月 省文化局组织调查组到瑞金县调查《毛泽东著作选读》的供应情况。

1965

7月 July

公元 1965 年 7 月							农历乙巳年【蛇】					
日	一	二	三	四	五	六	日	一	二	三	四	五	六
				1 建党节	**2** 初四	**3** 初五	**4** 初六	**5** 初七	**6** 初八	**7** 小暑	**8** 初十	**9** 十一	**10** 十二
11 十三	**12** 十四	**13** 十五	**14** 十六	**15** 十七	**16** 十八	**17** 十九	**18** 二十	**19** 廿一	**20** 廿二	**21** 廿三	**22** 廿四	**23** 大暑	**24** 廿六
25 廿七	**26** 廿八	**27** 廿九	**28** 七月大	**29** 初二	**30** 初三	**31** 初四						

1 日　江西景华瓷件厂（九九九厂）验收合格，正式投产。

1 日　省地质局党委制定了《第三个五年地质工作初步规划纲要》。

1 日　省人委发出《关于停发省人民委员会任命书的通知》，规定此后经省人委通过任命的人员，采取由省人委内部通知或《江西政报》公布等方式，停止颁发由省长署名的任命书。

1 日　邮电部发行"革命摇篮——井冈山"特种邮票。这套彩色邮票共 8 枚，面值从 0.04 分至 0.52 元。其图案是：茨坪、三湾、茅坪八角楼、砻市、大井村、龙源口、黄洋界、井冈山主峰。

1 日　内蒙古自治区"乌兰牧骑"巡回演出队在江西艺术剧院演出，受到热烈欢迎。白栋材、刘瑞森、郭光洲、黄先、黄知真等省领导观看了演出，并接见了"乌兰牧骑"全体演员。《江西日报》当日开辟了"学习乌兰牧骑的革命精神，满腔热情为工农兵服务"的专栏，发表了文章《乌兰牧骑——文艺工作者的榜样》。

1 日　赣南森林铁路竣工后，以该路基建队伍为基础，成立省农林垦殖厅第一基建工程队，共有职工 1618 人，承担犹江林区建设任务（1966 年 4 月 15 日，该队划归省农林垦殖勘测设计院管辖）。

2 日　朝鲜、越南、罗马尼亚、波兰、民主

朝鲜等 29 个国家驻华使馆的文化官员在井冈山革命博物馆的合影

德国、苏联、捷克斯洛伐克、保加利亚、蒙古、古巴、柬埔寨、缅甸、锡兰、老挝、巴基斯坦、印度、叙利亚、坦桑尼亚、马里、肯尼亚、摩洛哥、丹麦、芬兰、荷兰、瑞士、瑞典、法国、英国、南斯拉夫 29 个国家驻华使馆文化官员一行 45 人，来南昌、井冈山、庐山、九江等地参观访问。活动于 11 日结束。

2 日 《江西日报》报道，泰和县津洞林业中学，是全省第一所半农半读的中等林业学校。当地 34 名回乡的高小毕业生在这里学习，聘请了附近林站的 3 名林业技术员兼任教师。学校开设了林业知识课，侧重讲授当地主要树种的采种、育苗、造林、抚育管理和防治树木害虫等方面知识及木竹伐运的技术技能。

3 日 进贤县青岚湖养殖场于 3 月引进 3 对古巴牛蛙，共产幼蛙 3000 只，经几个月饲养，目前已长到 1 斤多重。试养牛蛙成功，为全省养殖牛蛙打下了基础。

5 日 省军区召开全省城市民兵工作会议。会议提出：要继续贯彻"三落实"，切实做好城市民兵工作，支援越南抗美救国斗争。会议于 13 日结束。

7 日 "小三线"建设配套项目——棠浦一井采取边勘探、边设计、边施工的办法开工兴建，设计年产 12 万吨肥气煤。

8 日 团省委召开六届三次扩大会议。会议要求，全省共青团组织要认真执行党关于把青少年组织起来，把共青团基层组织活跃起来的指示，深入实际，深入群众，同青年人一起生活，一起学习，抓好典型，为实现第三个五年计划作出贡献。

10 日 江西船舶修造厂制成全省最大的一艘钢质深水拖舱——赣拖 112 号，即将投入九江港营运。该船舱每航次可拖货物 2000 多吨。

10 日 省人委批准，江西大学、江西师范学院、江西农学院、江西工学院、赣南师专、景德镇陶瓷学院 6 所院校 18 个专业，试行半工（农）半读的教育制度。

10 日 省委、省人委发出《关于建立安置老干部机构和试行安置管理退休老干部工作的几项暂行规定（试行草案）的通知》。

11 日 新华社以《荷塘——社会主义时代的南泥湾》，《人民日报》以《发扬南泥湾革命精神》为题，分别发表长篇文章与社论，介绍和宣传波阳县荷塘垦殖场自力更生、艰苦奋斗、综合经营的创业精神和办场经验。

11 日 《江西日报》报道，江西大学校党委在大办民兵的过程中，深入贯彻毛泽东关于民兵工作"三落实"的指示，把民兵工作纳入教学计划，并逐步做到群众化、制度化、经常化。该校办好民兵的经验是：突出政治，用毛泽东思想武装师生头脑；充分发动群众，抓好组织落实；从严从难，苦练杀敌本领；为革命而教，为革命而学，促进师生思想革命化。

13 日 江西八一麻纺厂是一座现代化工厂，生产规模、厂房设备为全国八大麻纺企业之一。今年以来，全厂共革新大小项目 113 项，全厂日产量突破 4 万条麻袋，每天增产 600 条，产量、质量创造了前所未有的纪录。

14 日 省市各界青年 2700 余人举行大会，欢迎 28 名上山下乡知识青年代表回城汇报和巡回作报告。

15 日 林业部在修水县召开南方 9 省（区）木材一次检尺现场座谈会，推广江西省木材一次检尺经验。

15 日 省委、省人委召开共产主义劳动大学工作会议，传达、讨论全国第一次农村半农半读教育会议精神，要求各级党委进一步加强对半农半读学校的领导，为农村建设、山区建设培养更多能文能武的新型人才。会议确定 1965 年恢复、改建、新建共大分校 60 余所。会议于 23 日结束。

17 日 省政协举办报告会，副省长黄霖应邀作《关于贯彻执行两种教育制度》的报告。

19 日 省妇联召开重点地区社教运动妇女工作座谈会，研究社教中的妇女工作。会议于 25 日结束。

20 日 弋（阳东）樟（树墩）支线建成通车。该支线于 1960 年由南昌铁路局设计所设计为 762 毫米的窄轨铁路，1960 年开工，1961 年停工。1963 年 10 月又委托上海铁路局修改设计，改为标准轨距。1965 年 2 月完成铺轨，即日由南昌铁路分局接收管理。支线全长 13.53 公里。

20 日 省人委文卫办公室召开从农村归来的全省首批农村巡回医疗队的医务人员座谈会。大家一致认为，组织医疗队下乡，是卫生工作面向农村、为农民服务的一项措施，是促进医务人员思想革命化的有效途径。并一致表示，要把下乡巡回医疗工作坚持下去，同工农群众结合，全心全意为人民服务。

21 日 省检察院在九江召开九江片区检察长会议。九江、上饶、宜春、景德镇、九江市检察院和庐山检察院的检察长参加。会上传达贯彻最高检察院召开的 9 个省、市检察长会议精神，总结依靠群众办案的经验，研究备战期间的检察工作等问题。

23 日 南昌市各界代表 3000 余人，在八一礼堂集会，欢送南昌市 400 余名知识青年上山下乡，参加农村社会主义建设。他们分别在资溪、奉新、靖安、九江、吉安、遂川、新干、永丰、峡江、新建等县安家落户。

23 日 宜春地委城市社教工作团进驻萍乡分公司，全省煤矿企业开始开展社会主义教育运动。

23 日 省人事局下发《关于停止县（市、镇）人民委员会任命书的通知》，停止颁发由县（市、镇）长署名的任命书。

28 日 省农林垦殖厅发出《关于进一步落实大片林业基地和大片国营林业基地第三个五年计划及十年规划的通知》。根据山脉、水系，全省初步划分和建设西山、袁水、章江、桃江、贡江、东江上游、信江、乐安河、井冈山、赣江中游、大王山、抚河、修河、长江、鄱湖、昌江 16 大片林业基地，经营山林总面积 7200 万亩，其中国营 2270 万亩。

29 日 江西中医学院举行首届本科和专科毕业典礼。该院首届毕业的六年制本科学生 65 名，五年制专科毕业生 74 名，通过系统的中医理论学习和临床学习，全面地掌握了系统的中医理论，并具备了现代医学知识，为继承和发扬祖国医学遗产打下了良好的基础。刘瑞森、黄知真参加了毕业典礼，并和毕业班同学一起合影留念。

31 日 省政协与南昌市政协联合举办庆祝"八一"建军节报告会，省公安总队总队长陈昌奉应邀作革命传统教育报告。

本月 省煤管局介绍天河煤矿企业管理革命化经验，主要内容为矿部机关搬到井口，一年 365 天办公，一天 24 小时值班，干部实行半天工作、半天劳动等。

本月 省商业厅决定将糕点退出高价范围，实行收粮票平价敞开供应。

本月 江西电机厂设计试制成功的 JM 型系列木工电机产品通过鉴定，并完成一机部委托编制的国家标准。该机属国内首创，为国内独家生产。

本月 根据全省小化肥厂建设的需要，开始组织部署 3000 吨小氮肥厂成套设备的试制，由赣南通用机械厂、江西化工石油机械厂、江西锅炉厂、赣州市机械厂、南昌阀门厂等 11 个厂担负试制任务。

本月 省机械工业学校搬迁至吉安市，与吉安机油泵厂合并。

本月 省人委批转省手管局、省轻化工业厅《关于划分行业分工管理范围意见的报告》，要求各地按此执行。省轻化工业厅发出关于加强专、县轻化工业管理的意见，对管理范围、管理方法提出了具体要求。

本月 省高级人民法院院长朱开铨、副院长柳滨各带工作组于中旬分赴景德镇、吉安市，分别召开中级人民法院院长会议。要求加强战备教育，严厉打击现行犯罪活动，保卫战备时期的治安秩序；进一步贯彻依靠群众专政、依靠群众办案的方针，全面提高办案质量；加强基础建设，抓好调解工作和人民法庭工作；大抓学习毛泽东著作，改造思想，改进工作。

1965
8月
August

公元 1965 年 8 月							农历乙巳年【蛇】						
日	一	二	三	四	五	六	日	一	二	三	四	五	六
1 建军节	**2** 初六	**3** 初七	**4** 初八	**5** 初九	**6** 初十	**7** 十一	**8** 立秋	**9** 十三	**10** 十四	**11** 十五	**12** 十六	**13** 十七	**14** 十八
15 十九	**16** 二十	**17** 廿一	**18** 廿二	**19** 廿三	**20** 廿四	**21** 廿五	**22** 廿六	**23** 处暑	**24** 廿八	**25** 廿九	**26** 三十	**27** 八月小	**28** 初二
29 初三	**30** 初四	**31** 初五											

1 日　《江西日报》报道，全省各级党委认真贯彻毛泽东关于全党抓武装、民兵工作"三落实"的指示和军委总政治部民兵政治工作会议精神，全省民兵组织进一步健全，政治工作进一步深入，国防观念和军事素质大大增强，在社会主义各条战线上发挥了积极作用。最近在援越抗美斗争中，各级民兵组织和广大民兵百倍提高警惕，从难从严开展训练，随时准备歼灭来犯敌人。

2 日　南昌市殡仪馆落成。

3 日　省人委批准江西大学、江西师范学院分别在瑞金、靖安建立半农半读分校。

3 日　全省大、专院校应届毕业生共 2300 余人，在八一礼堂集会，向党表示坚决服从分配，到革命最需要的地方去，为社会主义革命和社会主义建设贡献一切力量。黄知真出席大会，并向毕业生作了报告。

8 日　江西省共产主义劳动大学总校在国家统一安排下，首次接收 87 名来自全国 24 个省、市、自治区的 36 所高等院校优秀老师进修 1 年，帮助培养半农半教师资力量。

9 日　省财政厅、省商业厅、省人民银行、省供销社发出联合通知，要求在 1965 年 8 月 31 日以前完成退还供销社自有资金的工作。

9 日　省人委批转省卫生厅《关于加强"2号"病防治工作的报告》，要求全省开展"三管"（管粪、管水、管饮食）"二灭"（灭蚊、蝇）的爱国卫生运动，防止"2 号"病传入江西省。

9 日　《江西日报》报道，省赣剧团、省采茶剧团、省歌舞团、省话剧团、省评剧团、省曲艺队 6 个剧团，抽调 200 多名文艺工作者，组成 10 个农村文化工作队（演出队），分赴全省各地农村、山区，为广大农民演出。

10 日　省人委在批转《关于一九六五年高等学校和中等专业学校毕业生分配计划的报告》中强调，高、中等学校毕业生在分配工作以后，先劳动实习一年，应该成为一项制度，坚持下去，因工作急需的先服从工作需要，以后补课。过去几年毕业生凡未参加劳动实习的必须补课。

12 日　国务院国防工业办公室批复四机部，同意南京无线电厂在景德镇迁（包）建 4 个电子工业项目（七一三厂、八九七厂、六〇二厂、八五九厂）。

12 日 安奉农场汽车库失火，烧毁车库房一栋、汽车一辆、汽油 1300 公斤，损失 2 万余元。

14 日 江西钢厂八〇三车间破土动工，揭开了江西钢厂建设序幕（至年底，先后开工建设的还有八〇一、八一五、八二五、氧气站、八〇五、八〇七、八〇九等车间）。

14 日 《江西日报》转载《人民日报》关于江西共产主义劳动大学大茅山分校举办半农半读医士班的报道。

16 日 《江西日报》报道，丰城紫云山水库实行按方收费，水费降低约 20%。灌溉面积由 1963 年 4.6 万亩扩大到 14 万亩。而且上下游之间、社队之间争水纠纷基本消除，群众满意。

17 日 省人委转发国务院《关于精减退职老职工生活困难救济问题的通知》（至 1966 年底，全省共批准 1444 名精减退职老职工享受本人原标准工资 40% 的救济）。

17 日 江西省"两会"家属委员会举行骨干分子座谈会，就有关工商界子女上山下乡问题进行了座谈。动员两会子女 1058 名上山下乡（据 31 个市、县的不完全统计）参加农业生产。

17 日 日本共产党总书记宫本显治的夫人宫本寿惠子来赣州、井冈山、南昌等地参观访问。参观访问于 22 日结束。

18 日 省人事局局长阚由熹在全省人事处、局长会议上的报告中强调，培养选拔革命接班人工作应注意 3 个问题：一是反复宣传培养选拔新生力量的意义，克服保守片面思想，打破论资排辈的框框；二是注意贯彻毛泽东提出的革命接班人的 5 个条件，不仅要看才，还要看德，要注重德才兼备；三是要订出培养规划，落实培养措施，结合"四清"运动加强对干部考察了解，摸清情况。

20 日 教育部转发江西省教育厅的《一年来采取多种形式发展小学教育的初步总结》。

30 日 江西人民广播电台举办纪念抗日战争胜利 20 周年专题文艺节目，于 9 月 3 日结束。

30 日 省委、省人委日前在庐山召开农村卫生工作会议。会议全面贯彻落实中央关于把卫生工作重点放到农村去的指示。杨尚奎、刘俊秀、白栋材到会讲了话。

31 日 《江西日报》报道，于都县电影队长年累月走村串寨，上山下乡，想方设法把革命现代题材电影送到社员家门口，使全县 98.5% 的群众，可以在平原 3 华里之内，山区在 5 华里之内定期看到电影。

本月 南昌铁路局局史编纂办公室在福州成立，搜集、编纂建国前浙、赣、湘、闽铁路修建史料，后迁至南昌老昌北站（至 1967 年"文化大革命"期间撤销）。

本月 省卫生厅成立农村卫生工作办公室。办公室组织了全省各地城市医务人员累积 13438 人次，赴偏远山区和老区开展巡回医疗；组织了临川农村卫生工作队，开展农村基层卫生组织建设试点。

本月 江西机械电子工业局〇八六建设筹备处在景德镇市成立。

本月 全省第一台国产 0.75 千伏安、0.64 万千瓦的双水内冷发电机组投入使用，作无功补偿设备机用。

本月 一机部仪器仪表局选定德兴大茅山花桥，兴建江西光学仪器总厂，为部属"小三线"项目（该项目 1969 年底建成，部分投产，1971 年全面投产。1988 年从德兴搬迁至上饶市）。

本月 农机部选定乐平县兴建为民机械厂，生产摩托艇操舟机，为部属"小三线"项目（1970 年建成投产）。

本月 原省建筑公司第五工程处下放宜春，更名宜春专署建筑工程处。

本月 建材部华东地质勘探公司迁至上饶市。

本月 中日青年友好大联合电视摄影团一行数十人到新洲垦殖场参观。

1965

9月
September

公元 1965 年 9 月							农历乙巳年【蛇】						
日	一	二	三	四	五	六	日	一	二	三	四	五	六
			1 初六	**2** 初七	**3** 初八	**4** 初九	**5** 初十	**6** 十一	**7** 十二	**8** 白露	**9** 十四	**10** 中秋节	**11** 十六
12 十七	**13** 十八	**14** 十九	**15** 二十	**16** 廿一	**17** 廿二	**18** 廿三	**19** 廿四	**20** 廿五	**21** 廿六	**22** 廿七	**23** 秋分	**24** 廿九	**25** 九月小
26 初二	**27** 初三	**28** 初四	**29** 初五	**30** 初六									

1 日　省人委批准省财贸办公室《关于部分地区和单位抽调挪用流动资金进行计划外基本建设的情况报告》，要求还在施工的计划外基建一律停下来，抽调挪用的流动资金应立即退还，并根据不同情况分别作出处理。

2 日　南昌市文化局在市工人文化宫电影院举行大型文献纪录片《人民战争胜利万岁》电影招待会。有关单位 1900 余人出席，省市各报纸均发表文章配合宣传。

3 日　省市各界 2500 多人在八一礼堂举行集会，纪念抗日战争胜利 20 周年。出席大会的有方志纯、刘俊秀、刘瑞森、黄先、黄知真、李杰庸、潘震亚、李世璋、欧阳武、罗元炘、张云樵等省市党政军领导以及省、市各民主党派、各人民团体负责人。林忠照在大会上讲了话。

3 日　省委批转省卫生厅《关于进一步做好精神病人的管理和治疗工作的报告》。

7 日　省人委办公厅发出关于召开省第三届人民代表大会第三次会议几个具体问题的通知。

8 日　省储委审查批准由省地质局九○七队提交的新余市良山铁矿区补充勘探报告。

8 日　省人委发出《关于学校植树造林活动的指示》，要求将植树造林活动列为学校生产劳动的一项重要

省市各界人民纪念抗日战争胜利 20 周年大会

省委机关干部利用院内空地,大力开展植树造林活动

内容,全面规划,合理安排;各级政府和有关部门都应对学校植树造林工作加强领导和大力支持。

9 日 省农业厅召开全省冬季农业生产工作会议。会议要求各地在做好秋田管理和冬种工作的同时,做好改造低产田,发展山区农业生产工作,做好种子准备工作,发展畜牧业,实行农牧并举;开展多种经营和搞好秋收分配等工作。会议于 12 日结束。

10 日 省政协三届常委会四次会议在南昌举行。会议通过《关于召开政协江西省第三届委员会第二次会议的决定》,讨论会议准备工作。

10 日 省人委对黎川、上犹、南丰、兴国、资溪 5 县挂图进行了审定,同意将挂图内工厂、矿区、水库、坝址等要素删改后复印。

10 日 由几内亚"革命之声"广播电台台长谢拉夫·谢克率领的几内亚广播代表团一行 4 人,到南昌、井冈山等地参观访问。参观访问于 15 日结束。

11 日 赣鄂皖第八次、浙闽赣第六次、湘粤赣第四次护林防火联防会议在南昌召开。会议于 17 日结束(12 月 14 日,省人委转发会议纪要)。

12 日 潦河庙前—仁首 30 公里航道疏浚成功。

13 日 省人委举行第十六次委员会议,决定省三届人大三次会议于 9 月 20 日在南昌召开。会议还讨论即将向省三届人大三次会议作的几个报告。

13 日 省妇联召开常委扩大会议,研究进一步深入基层,加强基层,活跃农村基层妇代会

的问题。会议于 15 日结束。

13 日 省委财贸政治部召开全省财贸系统学习毛泽东著作积极分子座谈会。出席会议的积极分子共 50 人。座谈会期间,大家取长补短,总结交流了学习经验。刘瑞森作了报告。会议要求把财贸工作重点放到农村,为农民服务,为生产服务。座谈会于 22 日结束。

14 日 省委、省人委召开全省农村卫生和血防工作会议。杨尚奎到会讲话。会议指出,本年全省组织了 206 个农村巡回医疗队、1823 名医务人员下乡,共治愈 30 余万人。会议要求全省各级医疗机构,每年都应按规定抽调医务人员下乡,形成制度;也可以采取办公社医院、流动医院和医疗站的办法,协助农村加强卫生设施;卫生部门一定要把重点转到农村。

15 日 省公安厅按比例抽调干部分赴各地公安机关和劳改单位参加"四清运动"(清政治、清经济、清组织、清思想)。

15 日 水电部批复同意抚州洪门水电站复工设计任务书。尚需投资的 2300 万元由地方电业与水利投资中安排。复工初步设计由水电部上海勘测设计院完成,技术施工设计由省水电厅勘测设计院承担,设计组人员按时赴工地进行现场设计。

16 日 省政协三届常委会五次会议在南昌市举行。会议继续讨论三届委员会第二次会议的准备工作。

16 日 省人民银行、省农业银行联合发出《关于人民、农业两行合并及有关事项的通知》。两行于 9 月 20 日正式合并,统称中国人民银行江西省分行。

16 日 《江西日报》报道,宜春地委中心学习组成员,深入基层蹲点,搞样板,调查研究,解决本地区前进中的主要问题。并带动了各级干部和广大工农群众学习毛泽东著作,不断推动本地区社会主义事业向前发展。

18 日 省人委召开第十七次委员会议,讨论通过向省三届人大三次会议所作的《江西省人民委员会工作报告》、《江西省一九六四年国民经济计划执行情况和一九六五年财政预算草案的报告》。

19 日 省政协三届委员会第二次会议在南昌

市举行。会议听取和审议三届委员会《常务委员会工作报告》。会议于27日闭幕。

20日 第四机械工业部决定：七一四厂可变电容器的部分生产能力和有关人员260人迁往景德镇，组建万平无线电器材厂（八九七厂）。

21日 第三届全省人民代表大会第三次会议在南昌开幕。参加会议的代表共515人，应邀列席会议的有江西的全国人大代表，省贫下中农协会筹委会委员等57人，出席省政协第三届委员会第二次会议的全体委员列席了会议。与会代表一致通过决议，批准了《江西省人民委员会工作报告》，《江西省一九六五年国民经济计划》，《江西省一九六四年财政决算和一九六五年财政预算》。会议补选方志纯为省长，补选董琰为副

省三届人民代表大会第三次会议的全体代表一致通过《江西省人民委员会工作报告》的决议

省长，并补选方志纯为全国人民代表大会代表。会议还通过了提案审查委员会关于提案审查报告。会议期间，白栋材向会议作了目前形势的报告。会议于27日闭幕。

22日 抚州棉纺织厂续建工程列为全省重点建设项目，国家投资1800万元。

25日 省计划委员会批复同意枫渡水电站设计任务书。电站位于永新县西南禾水支流宁冈河下游，装机9000千瓦，下游约7公里芷南电站装机2500千瓦。芷南电站于冬季开工，次年冬建成（枫渡电站1966年8月开工，1972年3月竣工，总造价1606万元）。

25日 江西省贫下中农协会筹备委员会举行第二次会议。会议由省贫协筹委会副主席方志纯主持。出席会议的全省贫协筹委会委员共29人。会议认为，全省各地已经成立起来的贫协组织，在三大革命运动中作出了很大的成绩。今后必须进一步做好贫协组织工作，使广大贫下中农在三大革命运动中发挥更大的作用，以加速社会主义革命和社会主义建设事业。

26日 省政协三届常委会六次会议在南昌举行。会议审议将提请三届委员会第二次会议通过的《决议》（草案）。

27日 省政协第三届委员会第二次会议在南昌市闭幕。会议一致通过了《决议》，号召全省各界人士紧密地团结在中国共产党和毛主席的周围，更高地举起毛泽东思想伟大红旗，在社会主义革命和社会主义建设中积极贡献力量，为争取反对帝国主义、各国反动派、现代修正主义的新胜利而奋斗。

省政协第三届委员会第二次会议全体委员一致通过会议决议

28日 省工商联二届六次常委会与省民建常委会联席召开会议，提出进一步推动全省"两会"成员积极参加援越抗美斗争和社会主义教育运动。会议于10月3日结束。

29日 《江西日报》报道，省工交战线广大职工，以毛泽东思想为武器，改造思想，改进工作，取得了可喜的成绩。1965年1月份至7月份职工提出的革新建议7700多项，已实现230多项。1月份至8月份，工业总产值完成了全年计划的73.36%，比上年同期增长了25.64%。其他各项经济技术指标也完成得很好。

29日 省委组织部、省人事局下发《关于划分干部职务范围的意见》。

30日 省市各界在南昌剧场举行文娱晚会，庆祝中华人民共和国成立16周年。参加晚会的有省、市党政军领导，各民主党派、人民团体的

负责人，五好职工、六好社员代表，四好连队及五好战士代表，学习毛主席著作的积极分子代表，上山下乡参加农业生产的知识青年代表和各阶层人民代表共 2000 多人。南昌市京剧团为晚会演出了精彩节目。

30 日 中央办公厅主任汪东兴日前在铅山县石溪公社孔家大队参加"四清"运动。

本月 国务院副总理李富春在永新县招待所接见芰南水电站工地负责人，听取电站工程情况的汇报。

本月 新钢工程处划归江西冶金建设公司领导，成立冶建一处。

本月 由扬子洲机修铸造厂组建的南昌离合器厂，为全省唯一生产工程和农用离合器的全民所有制企业。

本月 省轻化工业厅召开轻工、纺织、化工、陶瓷"双革"检查评比会，出席的企业 77 家，树立标兵 15 个，全省推广"双革"项目 37 项。

本月 参加中日青年友好大联欢的 100 余名日本青年朋友抵达南昌，受到南昌市各界青年 1000 余人的欢迎。日本青年朋友在参观了八一起义纪念馆后，和江西共产主义劳动大学总校师生 2000

余人进行了联欢，并观看了话剧《八一风暴》。

参加中日青年友好大联欢的日本青年朋友抵达南昌时，受到南昌各界青年的热烈欢迎

日本青年代表参观访问共产主义劳动大学总校，并与共大师生进行联欢

1965

10月
October

公元 1965 年 10 月							农历乙巳年【蛇】						
日	一	二	三	四	五	六	日	一	二	三	四	五	六
					1 国庆节	**2** 初八	**3** 重阳节	**4** 初十	**5** 十一	**6** 十二	**7** 十三	**8** 寒露	**9** 十五
10 十六	**11** 十七	**12** 十八	**13** 十九	**14** 二十	**15** 廿一	**16** 廿二	**17** 廿三	**18** 廿四	**19** 廿五	**20** 廿六	**21** 廿七	**22** 廿八	**23** 霜降
24 十月大	**25** 初二	**26** 初三	**27** 初四	**28** 初五	**29** 初六	**30** 初七	**31** 初八						

1日 省市各界 6 万余人在八一广场集会，庆祝建国 16 周年。杨尚奎、方志纯、白栋材、刘瑞森、黄知真、罗孟文、王卓超、梁达山、潘震亚、欧阳武、董琰、汤光恢、胡定千、罗元炘、李国良、李华封、杨冶光等省市党政军领导及各民主党派、各人民团体负责人出席了大会。李华封在庆祝大会上讲话。

1日 经省工商有关部门决定，即日起，本省织布、针织用纱和印染用坯布，分两步实行纺织工业内部调拨。省轻化工业厅正式成立纱布内部调拨经理部。

3日 省高级人民法院召开第十五次全省司法工作会议。会议集中学习讨论中央和毛泽东关于"依靠群众专政，少捕人，矛盾不上交"的指示，总结经验，分析问题，提出落实措施。白栋材到会作形势报告。朱开铨作《高举毛泽东思想伟大红旗，进一步贯彻执行依靠群众专政的方针，使我省司法工作沿着革命化的道路前进》的报告。会议于 22 日结束。

5日 《江西日报》报道，全省农业战线高举毛泽东思想红旗，深入开展了社会主义教育运动，广大农村普遍掀起了学习毛主席著作的热潮。

6日 全省第十一次检察工作会议召开。全省各级检察长和分、市检察院办公室主任出席了会议。会上，根据农村社会主义教育运动《二十三条》的精神，检查和总结 1 年多来贯彻执行中央关于"依靠群众专政，少捕人，矛盾不上交"的指示和毛泽东关于"依靠群众专政"的几次谈话，研究今后如何进一步贯彻执行这个方针的问题。会议于 21 日结束。

7日 参加全国第二届运动会的江西省体育代表团的全体运动员、教练员和工作人员回到南昌。省人委文教办公室副主任王纪明、省委宣传部副部长李宏、省人委副秘书长廖少仪等负责人和省市体育界、文教界代表 200 余人，迎接体育健儿归来。在这次全运会上，江西代表团共获 38 个名次，大大超过了第一届全运会的可比名次。

8日 《江西日报》报道，由省采茶剧团、省赣剧团、省评剧团、省曲艺队、省歌舞团 150 余人组成的 8 个农村文化工作队，自 7 月中旬以来，分别深入永修、铜鼓、丰城、安福、南昌、吉安等地农村演出，把革命文化送到农民手里。

10日 江西农学院兽医系组织兽医巡回医疗组，前往临川县院上、车前、温圳3个公社开展家畜家禽疫病防治工作；并举办短期训练班，为公社、大队培训不脱产的家畜保健员。

10日 全国妇联副主席康克清带领全国妇联宣传部长刘加林、农工部副部长李林等和省专妇联工作组在铅山县鹅湖公社江村大队开展为期5个月的"四清"运动。

11日 省供销社、省对外贸易局联合发出《关于加强组织捕捉黄狼，扩大黄狼皮利用，促进多种经营，增加出口货源的通知》，指出黄狼皮为传统出口商品，国际市场卖价高，平均每张黄狼皮为1.44美元，按1964年国际市场价格计算，出口20万张黄狼皮等于出口20万只南安板鸭，可为农民增加收入60万元，且投资少，见效快。要求各地供销社认真贯彻"护、养、猎"并举的方针，在1965年冬捕猎季节积极组织生产队和社员开展狩猎活动。同时决定在九江专区的湖口县，上饶专区的余干县，宜春专区的奉新县，分片举办捕捉黄狼培训班，组织有关人员参加学习，提高捕捉技术，增加捕获量和收购量，支援出口。

11日 全省第三届职工业余革命文艺观摩演出大会在南昌市举行。全省11个地区和单位的18个代表队，共演出278个节目。杨尚奎、方志纯、刘俊秀、白栋材、黄知真、黄霖接见了全体演出人员。演出大会于27日结束。

12日 省军区召开学习毛主席著作积极分子代表会议。出席会议代表191名。会上交流学习经验，表彰先进。会议于16日结束。

12日 第十八次全省公安会议召开。会议传达贯彻全国公安会议精神，着重讨论如何贯彻执行党中央、毛泽东关于"依靠群众专政，少捕人，不要把矛盾上交"的指示和加强公安政治工作的问题。会议于22日结束。

12日 省委宣传部、省教育厅召开全省高等学校政治工作会议。会议于23日结束。

15日 省委农村工作部和省农林垦殖厅党委，在南昌举行全省农林政治工作会议。会议重点研究了农林企业、事业的政治工作和农村基层的政治工作。要求农业战线更高地举起毛泽东思想伟大红旗，以阶级斗争为纲，以社会主义和资本主义两条道路斗争为纲，以生产建设为中心，深入开展社会主义教育运动；坚持"四个第一"，大兴"三八作风"，实行"四大民主"，深入开展以"六好"为目标的比学赶帮超的群众运动；进一步发扬大寨的革命精神，加速社会主义农村的建设。会议期间，白栋材作了《关于国际形势问题的报告》。

16日 南昌市委、市人委召开革命老干部座谈会。参加座谈会的有革命老干部62人。座谈会由南昌市委副书记何恒主持，黄知真出席了会议，并就当前国内外形势作了讲话。与会的老干部一致表示，感谢党和政府的关怀，做到人退休了，思想永不退休，为培养无产阶级革命接班人，热心教育好革命后代。

17日 蒙古人民共和国的两位美术家沙格达尔苏伦和道尔吉江仑抵达南昌，在参观了八一起义纪念馆之后，赴景德镇市参观访问，于21日离开江西去广州。

20日 省政协组织各界人士参观学习小组，前往丰城县农村参观学习社会主义教育运动。

20日 民建省工委、省工商联组织在南昌市的委员20人，到丰城县梅林人民公社参观社会主义教育运动。

21日 日本社会主义研究所代表团一行7人，在团长广泽贤一率领下抵达南昌。对外友协江西省分会副会长李定坤设宴招待客人，并进行了亲切友好的谈话。

23日 锡兰共产党中央委员夏非到南昌、九江、井冈山等地参观访问。访问于30日结束。

23日 水电部在鹰潭召开全国水利管理现场会议。27个省、市、自治区的水利（电力）厅、大型水库、重点灌区和重点中小型水利工程的代表400多人，参观了白塔渠。会议认为白塔渠在工程管理上有5个突出特点：（一）工程效益超过原设计灌溉面积27%，还填塞死水塘沟600余处，消灭了流行百余年的血吸虫病。（二）明确办水利为农业增产服务的目的。全灌区平均亩产已达 818 斤，有 107 个生产队超过了 1000 斤。（三）自力更生，实现经费自给，没有要国家 1 分钱投资，用征收水费的办法，还清了贷款，解决管理维修一切费用，先后续建大小建筑物 357 座。（四）专群结合管好工程。干渠、支渠 150 公里，主要建筑物 126 座，只有 15 个专职管理人员和 700 多人的群管队伍。（五）有一个革命化的管理班子。会议评选白塔渠为全国水利管理标兵。会议于 11 月 1 日结束。

24 日 江西省参加第二届全国运动会代表团航海模型队在南昌市八一公园东湖水面，向省党、政、军领导及南昌市人民作汇报表演。杨尚奎、王卓超、黄霖、潘震亚、欧阳武、孔令甫、胡定千、匡斌和省委各部门负责人及南昌市民数千人观看了表演。

25 日 《江西日报》报道，宜春专区各县在三大革命运动中，培养种子、土壤、肥料、虫情测报、水利灌溉、畜牧兽医等方面的农民技术员 3.27 万余人。宜春地区各级党政领导，十分重视这批半农半科的技术力量，从政治上关心他们，支持他们在生产各方面的合理化建议。专业科技人员下乡，注意向他们传授技术，供给他们科学技术学习资料，不断提高他们的科学技术水平，推动了农业的技术改革，促进了生产的发展。

26 日 省教育厅召开全省中等教育工作会议，传达、学习毛泽东的"七三"指示，研究减轻学生课业负担，增进学生健康等问题。会议于 11 月 2 日结束。

本月 江西省电力公司成立，与江西省电业管理局合署办公，两块牌子，一套人马。

本月 萍乡市中医院被卫生部评为全国"继承与发展祖国医学"先进单位。

本月 横峰县钽铌矿开始创办。当年用手工淘洗出 1 吨钽铌矿砂。

本月 江西冶金建设公司成建队调往甘肃白银公司，改为直属冶金工业部领导的第 11 冶建公司。

本月 井冈山在大井修建"红军烈士墓"，并在五大哨口兴建纪念亭。

本月 上饶地委在上饶、广丰、铅山 3 县同时开展第三期农村社会主义教育运动。铺开的范围有：2 个县机关，44 个农村人民公社（场、镇），384 个大队（包括 4 个分场和 17 个居委会），5267 个生产队，888 个企事业单位，89725 户，46 万多人口。参加运动的工作人员共计 7811 人。其中基本队员 5161 人，平均每个生产队将近 1 个基本队员（这期社会主义教育运动至 1966 年 2 月结束）。

1965

11月
November

公元 1965 年 11 月							农历乙巳年【蛇】						
日	一	二	三	四	五	六	日	一	二	三	四	五	六
1 初九	**2** 初十	**3** 十一	**4** 十二	**5** 十三	**6** 十四		**7** 立冬	**8** 十六	**9** 十七	**10** 十八	**11** 十九	**12** 二十	**13** 廿一
14 廿二	**15** 廿三	**16** 廿四	**17** 廿五	**18** 廿六	**19** 廿七	**20** 廿八	**21** 廿九	**22** 小雪	**23** 十一月大	**24** 初二	**25** 初三	**26** 初四	**27** 初五
28 初六	**29** 初七	**30** 初八											

1 日　省民政厅举办首期盲人按摩医士培训班，培训学员 30 名。

1 日　全国大寨式农业典型展览在北京农业展览馆展出。余江县和瑞昌县大桥公社大桥大队参展。

5 日　《江西日报》报道，江西师范学院为适应全省半农半读教育事业发展需要，培养更多更好的半农半读师资力量，遂在靖安县城郊建立了一所半农半读分院。该分院设有中文、历史、农业技术基础等 3 个专业。其中，农业技术基础是新办的专业，采取"社里来，社里去"的办法，为农业中学培养农业技术和物理、化学师资力量。

5 日　景德镇瓷器展览在北京中国美术馆展出。共展出瓷器 500 多个品种 1.3 万多件，接待观众超过 10 万人次，展览至 30 日结束。

6 日　花鼓山煤矿开工建设炼焦厂，投资 30 万元，建造立式圆形土炉 55 座，设计年产焦炭 6 万吨（1966 年建成投产。1970 年圆炉增加到 136 座，焦炭产量 11 万吨。1983 年停产报废）。

8 日　省人委同意全南、铅山、定南等 3 县挂图做某些删改后复印。

9 日　毛泽东亲笔题写"方志敏烈士之墓"碑铭。

9 日　省委决定，立即在全省范围内宣传王杰的英雄事迹，开展学习王杰为革命而生，为革命而死的英雄气概和高尚品质的活动。

11 日　省财政厅、商业厅、省人民银行发出联合通知，下达改进控制社会集团购买力的办法。

13 日　省委、省人委作出关于在全省开展学习白塔渠的革命精神和先进经验的决定，并举行广播大会，刘俊秀作《学习白塔渠，把全省比学赶帮超运动更好地开展起来》的讲话。

13 日　省人事局党组向省委汇报全省以工代干人员情况。

15 日　《江西日报》报道，宜春专区商业部门实行按经济区域组织商品流通，砍掉不合理的经营环节，撤销重复设置的机构，根除了商业迂回倒运现象，加速了城乡之间、地区之间、产销之间的物资交流，促进了工农业生产，对活跃城乡经济和改善人民生活起了推动作用。

16日 中央"两会"来江西省参观代表团成员荣毅仁、胡子昂、胡子婴、孙晓村、王筱天、叶宝珊等一行，前来省"两会"机关访问。

23日 省人委规定机耕收费按作业标准亩计算。水田水耕（自然亩折合）标准亩，从当年5月1日起，每亩收费由1.20元下调为1.10元。

24日 省科学技术委员会、省科学技术协会在金溪县召开全省群众性低产田改造经验交流会和省土壤学会1965年学术年会。会议着重学习和推广金溪县琉璃公社中宋大队曾泗生产队，以自力更生的革命精神改造低产田的经验。

24日 南昌市邮电综合大楼竣工投产，安装有3000门47式步进制自动电话交换机及一批长话、电报、无线电通信设备。南昌成为省内首个有自动电话的城市。

25日 省委、省人委批转省人民银行党组、省人民银行豁免1961年以前的旧欠农贷款结合社教运动进行的报告，对未进行系统社教的地区，暂不豁免，待开展系统社教运动时再作处理。

25日 南昌江南材料厂（七四六厂）经四机部验收合格，正式投产。

25日 省高级人民法院总结《关于贯彻执行依靠群众专政、少捕人、矛盾不上交方针的几点体会》，上报下发。

26日 《江西日报》转载上海《文汇报》11月10日发表的姚文元《评新编历史剧〈海瑞罢官〉》一文。

27日 省人委测管处在南昌召开全省测绘资料会议，布置开展全省测绘资料保密大检查工作。参加会议人数55人。会议于12月1日结束。

30日 省委组织部下达为国防"三线"企业抽调干部1000人的计划。

本月 省人委贯彻国务院调低屠宰税率的通知精神，决定全省生猪屠宰税每头定额征收3元。

全省鲜肉每月供应量达120余万斤。图为南昌肉类联合加工厂肉脂车间的工人在大批加工鲜肉

本月 全省贯彻中央《关于精简农村报表的通知》，农业生产统计年报减少1/2，季报减少1/3。

本月 马里共和国议会代表团到江西蚕桑场参观访问。

本月 江西有色冶炼加工厂筹建处归省国防工办和省基本建设第一指挥部指导，直属省冶金厅领导，党的关系属上饶地委领导。

1965

12月
December

公元 1965 年 12 月							农历乙巳年【蛇】					
日	一	二	三	四	五	六	日	一	二	三	四	五	六
			1 初九	**2** 初十	**3** 十一	**4** 十二	**5** 十三	**6** 十四	**7** 大雪	**8** 十六	**9** 十七	**10** 十八	**11** 十九
12 二十	**13** 廿一	**14** 廿二	**15** 廿三	**16** 廿四	**17** 廿五	**18** 廿六	**19** 廿七	**20** 廿八	**21** 廿九	**22** 冬至	**23** 十二月小	**24** 初二	**25** 初三
26 初四	**27** 初五	**28** 初六	**29** 初七	**30** 腊八节	**31** 初九							

1 日　省人民银行、省建设银行发出关于大中城市农业基建拨款，自 1966 年起改由人民银行办理的通知。

1 日　《江西日报》报道，兴国县上社供销社是在第二次国内革命战争时期的长冈乡与上社区消费合作社的旧址上创办和扩大起来的。全社 6 个门市部、3 处分销店，26 名职工。他们发扬革命传统，关心群众生活，千方百计支持生产，成为全省商业战线上的一面旗帜，当地群众称它为"种田人自己办的供销社"。省委财贸政治部发出《关于学习上社为革命做生意的通知》。

1 日　黎川县妇联带领 21 个公社的 1257 名青年妇女到新荣公社开展营造万亩样板林活动。

1 日　省军区委员会召开第三次党代表大会，正式代表 227 人，候补代表 56 人。会议选举产生第三届省军区委员会和党的监察委员会，选举出席福州军区第三届党代表大会的代表。会议于 8 日结束。

2 日　省供销社、省商业厅联合发出《关于切实加强合作商店公积金管理问题的通知》。通知规定任何部门、任何个人都不得超过使用范围，也不准合作商店任意扩大经营，凡用公积金基建的房屋，产权属于归口企业所有，分别由国营商业、合作商业的归口企业统一管理使用。并规定从 1966 年 1 月 1 日起，合作商店的公积金一律按"三、四、三"的比例分配，即 30% 留给合作商店，40% 交县（市），30% 交省。

3 日　《江西日报》报道，江西兴中纺织厂厂老、机器老、设备差。但这个厂坚持自力更生、艰苦奋斗的方针。特别是开展学习解放军、学习大庆，深入开展以"五好"为目标的比学赶帮群众运动，全厂职工的精神面貌焕然一新，生产一年比一年好。

5 日　南昌齿轮厂建成投产。

6 日　煤炭工业部部长张霖之在华东公司经理吴允中陪同下，视察江西煤矿。在视察期间召开全省煤炭工业计划会议。会上指出：江西属"小三线"，三线建设的中心是煤。今后长江以南、广西以东，煤炭工业发展的重点是江西省。

7 日　全省首次蛇医座谈会在南昌市举行。

7 日　《江西日报》报道，江西紫云山水库职工在管好水库的同时，充分利用水库的水土资源，广泛开展多种经营：植树造林、种粮、种棉、种菜、养鱼、发展畜牧业、搞运输及农副产品加工等10余种。使多种经营收入占总收入的70%以上。经费自给有余，扩大了灌溉面积，降低了水费，促进了农业发展。

8日 省教育厅、团省委在八一礼堂联合举行纪念"一二·九"运动30周年报告会。参加报告会的有省市大、中学校学生2500多人。刘瑞森作了《高举毛泽东思想伟大红旗，坚持知识分子与工农兵相结合的道路》的讲话。

10日 刘俊秀在全省农机工作会议上的报告中指出：（一）农业发展的方向必须明确3个过渡，由基本队有制到社有制，由集体所有制到全民所有制，由社会主义过渡到共产主义；（二）农业发展的根本路线是：第一步实现农业集体化，第二步在集体化的基础上实现农业机械化和电气化。

11日 省人委下发《关于防空战备疏散城市人口的通知》。

11日 省政协三届常委会七次会议在南昌市举行。会议听取和讨论关于省委工作会议精神的传达报告。

13日 省委、省人委批转省编委《关于全省各级党政群机关精简意见的报告》。

16日 《江西日报》报道，全省各地在水利冬修中，决心走大寨之路，以白塔渠为榜样，自筹资金，自筹器材，自己学技术，自己开石方，大搞小型水利，大搞配套工程，全省水利冬修已形成高潮。

18日 《江西日报》报道，省农业机械巡回技术服务队，经常流动在全省农村，帮助全省农机站修治农机的疑难"病症"，对提高全省农机技术状态、农机效率和基层管理水平起了很大作用，被誉为全省农机战线的"医疗队"。

20日 省委、省人委召开全省农业科学实验会议。会议就加速实现农业科学技术工作革命化的问题，进行了讨论与研究，要求各级党委成立、健全科学领导小组，开展群众性的科学实验，抓好专业队伍的建设与改造，解决当前农业生产中关键性的科技问题。中央农林办公室副主

任陈亚人，华东局科学技术委员会副主任戴星明到会并作了报告。会议于30日结束。

20日 毛泽东来江西视察工作。视察于1966年1月5日结束。

24日 省人委颁发《江西省改进农村人民公社、生产大队、生产队工商税征收办法的规定》。规定对生产大队、生产队自产自用的工业品和手工业品，在本大队范围内公用或出售给社员的不征税；但对烟丝、酒、植物油、糖、鞭炮5种产品应就榨坊征税。

24日 《江西日报》报道，国营玉山县怀玉山综合垦殖场于1959年从吉林省购进28头梅花鹿，日前，已发展到97头。1965年又有30多头母鹿配上了种，并为国家提供了价值4万多元的鹿茸。

25日 南昌市人大六届会议在中山纪念堂闭幕，历时6天，出席代表349人。会议选举张云樵为市长。

25日 《江西日报》报道，南昌市有色金属冶炼社创建初只有42名职工，4000元流动资金，生产设备是一些砖炉瓦罐。但他们发扬自力更生、奋发图强的革命精神，担起了过去只靠进口的白铁皮的试制任务。经过5个多月100多次试验，终于将这种化学反应比较强烈、技术比较复杂的新产品试制成功，为江西原材料工业增添了一朵新花。

25日 江西省文化工作队（演出队）在南昌举行调演大会。大会共演出110多个节目。1965年以来，全省120多个专业剧团，组成179个演出队上山下乡，有60%~70%的生产大队看到了演出。调演大会检阅一年来的成绩，总结交流上山下乡演出经验，提出继续贯彻执行无产阶级文艺方向，把上山下乡为农民服务工作做得更好。调演活动持续至1966年1月8日结束。

26日 日本京都学术代表团一行11人，在芦田让治教授率领下到达南昌市，与江西学者进行学术交流。

26日 省人事局下发《关于当前干部惩戒工作存在的问题和今后工作意见的报告》，要求各级人事部门在行政惩戒中坚持"教育为主，处

分为辅"的方针。

29 日 《江西日报》转载刊登北京中国美术馆展出的大型泥塑群像《收租院》。

30 日 省直机关召开中心学习组组长座谈会。座谈会检查省直机关领导干部学习毛泽东著作的情况,总结和交流学习毛泽东著作经验。座谈会指出,第三个五年计划即将开始,对领导干部提出了更高的要求,领导干部更要自觉地带头活学活用毛泽东著作。郭光洲在座谈会上作了讲话。

31 日 全省纺织系统在技术革新、技术革命活动中,全年实现大小革新项目 857 项。

江西棉纺织印染厂第一细纱车间的工人开展技术革新竞赛

31 日 省人委发出《关于绿化全省道路的指示》。指示要求以县为单位,全面规划,分线路、分地段实施。公路由交通部门负责,铁路由铁路部门负责,其他道路由城乡人民公社负责,把规划落实到本系统中去,然后分批分期实施。

本月 国务院副总理薄一波视察南昌柴油机厂。

本月 省科委颁发《江西省工农业产品和工程建设技术标准试行实施办法》。这是全省第一个标准化工作法规。

本月 省人委办公厅测管处从 10 月中旬开始至 12 月下旬,开展保密三查。组织三查小组,确立清查范围,拟定运动计划,进行文书档案和测绘资料的清查。

本月 团中央第一书记胡耀邦,再次到上饶视察青年、文教、卫生等工作。

本 年

本年 南昌市潮王洲自来水厂年初动工兴建,年底部分投产(1966 年 1 月 3 日续建,4 月竣工,规模月 0.5 万吨,投资 26 万元)。

本年 赣州八〇一厂成功从钴渣中提取金银,并从废水中回收金属镍。

本年 由江西大学林英、省农科院姜文正和廖桢等主持撰写的《江西省自然综合区划》、《江西省植被区划》、《江西省农林业区划》完稿。

本年 年内,全省群众性科学实验效果比较显著的有农业机械、农具革新改良,创、仿制出改良农具达 90 多种 35 万件。

本年 宜春电厂改为赣中磷肥厂。

本年 南昌铁路玉山林场管辖内蒋堂至贵溪间已有绿化用材树 80 万株,经济林 10.7 万株,护坡林 126.9 万株。该场自 1959 年正式成立起,每年在铁路沿线植树造林,浙赣线两侧基本上绿树成荫。

本年 年中,省冶金工业厅党委开始分别派出社会主义教育工作团到各单位,开展"四清"运动。1966 年下半年结束运动。

本年 冶金部委托江西有色金属研究所对1955 年制定的钨金矿国家标准进行修订,提出了新的标准:YB504－65。

本年 钨精矿国内调拨价由每吨 5763 元调为每吨 6650 元。

本年 江西省粮油食品进出口公司委托南昌罐头啤酒厂试制长青牌藠头罐头获得成功。法国国际美食及旅游业协会授予长青牌藠头罐头金桂叶奖。

本年 省农业厅在丰城县召开全省绿肥留种技术现场会，参观、考察小港公社实行早稻、晚大豆、红花草留种一年三熟、水旱轮作的耕作制度和红花草籽采取"两扒一、精收细打"的收种办法。

本年 在"四清"运动中，江西地质部门不少干部和职工受到不应有的批判。

本年 南昌县莲塘水产场首先建成全省第一个家鱼孵化环道。

本年 南昌市人委对市区48家私人牧场实行公私合营，成立南昌市公私合营奶牛场。

本年 南昌市工商行政管理局制定《关于商标设计印刷管理几项规定》。

本年 江南蓄电池厂生产的蓄电池在全国同类产品评比中名列第二。

本年 江西电子计算机厂开发了YZ型航空接插件系列产品，试制成功BW－WZ－nit航空仪表插件，品种有上、下座，有插头、插销，规格从2孔到7孔。

本年 省教育厅决定在南昌创办江西矿山机械厂半工半读中专技术学校、江西轻化工业半工半读职业学校、南昌市机械工读学校、江西医学院第一附属医院半工半读护士学校、南昌晚报工读班。

本年 省军区组织1440名干部参加地方"四清"运动。

本年 省卫生厅、商业厅下达《管理毒性中药暂行办法》。

本年 中国医药工业公司杭州公司决定，将江西制药厂的咖啡因车间和龙脑车间生产设备和工艺技术无偿拨迁福建省福鼎制药厂。

本年 赣县、南康、于都、广丰4县首次使用飞机进行播种造林。

本年 梁家渡储木场撤销，改组成立省农林垦殖厅第二基建工程队，职工300余人，承担乐安林区筑路和厅属单位房建工程设计施工任务。

本年 赣州东河大桥、峡江新江大桥建成通车。

本年 新余市砖瓦厂使用山土烧制砖瓦成功，为全省使用山土烧制砖瓦之先例。

本年 江西援助阿拉伯也门共和国修建的萨那—萨达公路开始测设（1972年动工，1978年竣工通车，全长244.67公里）。

本年 江西汽车运输局在萍乡为越南培训汽车驾驶员300名（1966年又在宜春为越南培训一批汽车修理工。这两批越南学员均按期完成学业，返回越南）。

本年 由江西省建筑机械厂陈鉴等人主持设计和研制的QTC－6轮胎式塔吊，属国内首创。并且试产出灰浆隔膜泵，中心井字架等（1974年《建筑技术通讯》第六期对该机作了专题介绍。同年，第一机械工业部将该机编入《机械产品目录书》）。

本年 省建筑工程总公司七处在省建工局大院内一幢四层砖混结构宿舍楼工程，进行机械化施工试点，砌墙采用内脚手架，外装修采用挂架，垂直运输用0.60.6－1吨塔吊，空心板用杠杆车水平运输，初步做到了"放下扁担"，取消肩挑人抬，开创了省内文明施工的先例。

本年 省机械厅组织完成《江西省农业机械区划的调查和编制》研究项目，从1964年至1965年，历时2年，为全省制定农机区域规划和发展农机型谱提供了大量翔实资料。该项目由省机械科研所主持，江西水稻机械研究所、江西共产主义劳动大学等单位参加。

本年 江西省统计局与国家统计局有线传真正式开通。

本年 根据省文化局的指示，江西新华印刷厂择址吉安永阳筹建新华印刷二厂。

概　要

本年是第三个五年计划执行的第一年。《江西省一九六六年国民经济计划纲要》要求：1966年必须争取国民经济全面更大发展，为第三个五年计划创造良好开端。江西"三五"计划总的任务是：立足于战争，争取时间，建设后方，发展生产，支援前线。四项基本任务是：（一）充分发扬自力更生的精神，大力发展农业生产，在保证国家粮油外调水平的基础上解决本省军民的吃饭问题，提供更多的军需民用的工业原料和农副产品，增加社队集体积累和社员收入；（二）争取时间加快军工及其配套工厂的建设，力争在"三五"前期能够生产成套的轻型武器和弹药，以适应战争的需要；（三）建设以冶金、化工、机械为重点，配合必要的燃料、动力等基础工业，以适应国防、农业及其他国民经济部门的需要；（四）相应发展军需民用所必需的轻工业。年初，省委、省人委部署第三个五年计划，确定用五年或更多的时间把全省所有国营农场、企业分别建成商品粮基地、林业基地和其他各种农副产品基地。上半年，省委仍然把精力放在经济工作上，4月召开了全省工交工作会议，具体部署了下半年的经济工作，通过了《江西省工业交通工作纲要》，号召全省工交企业职工为全面完成和超额完成国家计划而努力。上半年工作进展顺利，工业生产比上年同期增长20%。下半年，"文化大革命"开始。5月16日，中共中央政治局扩大会议通过《中国共产党中央委员会的通知》（即《五一六通知》），号召全党"高举无产阶级文化大革命的大旗，彻底揭露那些反党反社会主义的所谓'学术权威'的资产阶级反动立场，彻底批判学术界、教育界、新闻界、文化界、出版界的资产阶级反动思想，夺取在这些文化领域中的领导权"。

"文化大革命"开始　5月下旬，省委成立了"文化革命"领导小组，领导各地的运动。6月，《江西日报》转载《人民日报》题为《放手发动群众，彻底打倒反革命黑帮》社论，号召进行大鸣、大放、大字报、大辩论。这些舆论强烈影响江西各大专院校，并迅速波及一些中小学校，许多青年学生到江西日报社贴出大字报，要把"文化大革命"之火"烧"向全社会。全省各地部分大中学校学生仿效北京、南昌的做法，起来造反。6月下旬，省委决定向全省各大、中院校派出工作组，有组织、有领导地进行"文化大革命"。省人委第二十六次会议贯彻执行《中共中央、国务院改革高等院校招生考试办法决定》，决定本省高校招生工作推迟半年进行，高校、高、初中毕业生一律推迟毕业、结业，取消原来的升学考试制度，另拟定招收新生办法。7月至8月，各类学校开始出现"红卫兵"组织。8月，省委决定撤销向各大专院校派出的工作组，各学校相继"踢开党委闹革命"，在校园内游斗所谓"资产阶级学术权威"和"反党反社会主义的黑帮分子"，学校陷入无政府状态。从南昌地区开始的"破四旧"、"立四新"运动，向传统文化、历史遗产、文物古迹、风俗习惯展开大规模冲击。在破"四旧"的名义下，许多优秀文化遗产和历史文物惨遭破坏。同时，"破四旧"与对"牛鬼蛇神"抄家一起进行，形成对文化的洗劫，社会秩序极为混乱。9月起，全省大中学校师生开始分批赴北京串连。当年冬季，全国其他省市的串连红卫兵陆续来到南昌，有10万人上井冈山。红卫兵运动和"大串连"高潮，进一步把"文化大革命"引向社会。串连活动加剧了交通运输、医疗和副食品供应等方面的紧张状况，严重影响了经济建设的正常秩序。

批判"资产阶级反动路线" 10月以后，一场声势浩大的批判"资产阶级反动路线"的风暴在全省兴起。在"炮打司令部"的口号下，把斗争矛头进一步指向当地党政机关的主要领导干部，许多领导干部被揪斗批判。"文革"运动逐渐扩展到工厂、农村，广大农村和工矿企业的基层的许多领导也受到冲击，大批工人离开生产岗位，生产秩序陷于混乱。在运动中，江西造反派分裂成两大派，两派之间不断发生冲突，造成工厂停工，铁路中断，公路阻塞，停水、停电等危及国计民生的严重事件。面对动乱局势的发展，省委发出《贯彻执行中共中央〈关于抓革命促生产的通知〉的决定》，并对完成1966年的生产计划提出具体要求。随后派出大批干部深入基层，解决生产中存在的问题，要求各地抓好工农业生产。本年是"文化大革命"开始的第一年，尚未对经济领域造成重大冲击，在省委和广大干部、群众竭力排除干扰，坚守生产岗位的努力下，全省国民经济尚保持增长势头，各项主要经济指标得以完成。

全省本年主要经济指标情况 国民生产总值（按当年价格计算）48.40亿元，比上年增长6.5%。工业总产值27.17亿元，比上年增长16.5%；农业总产值37.53亿元，比上年增长5.6%；粮食总产量161.08亿斤，比上年增长0.38%；财政收入7.40亿元，比上年增长10.9%。年末全省总人口2283.65万人，人口自然增长率为29.64‰。

1966

1月
January

公元 1966 年 1 月							农历丙午年【马】					
日	一	二	三	四	五	六	日	一	二	三	四	五	六
						1 元旦	**2** 十一	**3** 十二	**4** 十三	**5** 十四	**6** 小寒	**7** 十六	**8** 十七
9 十八	**10** 十九	**11** 二十	**12** 廿一	**13** 廿二	**14** 廿三	**15** 廿四	**16** 廿五	**17** 廿六	**18** 廿七	**19** 廿八	**20** 大寒	**21** 春节	**22** 初二
23 初三	**24** 初四	**25** 初五	**26** 初六	**27** 初七	**28** 初八	**29** 初九	**30** 初十	**31** 十一					

1 日　根据财政部《关于修改补充地方财政机关总预算会计制度部分规定》的精神，江西省财政部门开始执行新的会计制度。新制度的主要内容：会计、出纳分设；会计科目由 5 类改为 8 类；以各基层单位"银行支出数"，作为财政总预算支出的核算基础。

1 日　省人委在《江西日报》上公布《关于绿化全省道路的指示》。指示强调，为了适应国家经济建设和国防建设的需要，各地应充分发动群众，在全省开展在各种道路两旁大力植树的活动，力争在三五年内把全省一切能栽树的道路都绿化起来。

1 日　根据中央气象局意见，江西省气候服务站改称气象服务站，观测员改称气象员，补充订正预报改称为气象站天气预报。

1 日　省人委决定：景德镇市属涌山煤矿和乐平县属桥头丘煤矿改为省属企业，划归省煤管局管理。

1 日　依照省人委颁发的《江西省内河航道养护费征收和使用暂行规定》，正式开征航道养护费。

1 日　南昌市在铁道、粮食系统试行国营企业工商税。

1 日　根据国务院批准全国总社《关于改革供销合作社财务管理体制的报告》，省供销社确定从即日起，将全省各级供销社的资金（不包括社员股金）全部转为国家资金，视同国家对供销社拨款；县以上供销社的财务管理体制，由分级核算，自负盈亏，改为分级核算，统一盈亏，利润分成。基层供销社仍按原规定实行分级核算，自负盈亏，基金调剂的财务管理制度。

4 日　《人民日报》刊登题为《一心为人民一切靠人民》的长篇通讯。报道余江县委依靠群众改变生产面貌的斗争。同时，配发社论《为人民》，赞扬余江县委自觉为人民、坚决为人民的奉献精神。

5 日　省委、省人委召开全省国营农业企业和共产主义劳动大学工作会议。会议部署第三个五年计划，确定用五年或更多一点时间，把全省所有国营农业企业建成商品粮基地、林业基地和其他各种农副产品基地；要抓好"共大"发展，为农村培育和输送大批有社会主义觉悟、有文化科学技术的新型劳动者。会议于 15 日结束。

6 日　省委召开全省第二批城市社教运动工作团（队）负责人座谈会。会议研究进一步开展社教工作的问题。座谈会于 12 日结束。

7 日　省计划委员会、省水电厅、省电业局联合在余干县召开全省农村电网建设现场会议，研究农电排灌工程建设和管理工作的问题。

8 日　省委、省人委在南昌市召开全省农业科学实验会议。会议着重总结和研究了全省农业科学技术工作如何进一步适应新形势的发展，加速实现农业科学技术工作革命化。省委书记处候补书记黄知真向大会作了题为《用革命精神种田，用科学态度种田》的报告。

8 日　省高级人民法院、省人民检察院、省公安厅、省财政厅联合转发最高人民法院、最高人民检察院、公安部、财政部《关于没收和处理赃款赃物若干问题的暂行规定》，要求没收的赃款赃物依法处理后，均应送交同级财政部门处理，其变价款作为该级财政"其他收入"缴库。

9 日　南昌县发生大批耕牛中毒死亡事件。

16 日　江西省农村文化工作队调演大会在南昌举行。调演大会是检阅一年来全省文艺工作者贯彻执行毛泽东文艺方向的大会，也是进一步学习毛泽东文艺思想，总结交流经验的大会。大会演出的 110 多个节目，突出反映了江西省农村三大革命运动中的先进人物和先进事迹。

17 日　江西省军区、南昌军分区联合举行转业、复员、退伍军人报告会。勉励大家更高地举起毛泽东思想伟大红旗，活学活用毛主席著作，把毛主席的书当作一切工作的最高指示，在"用"字上狠下功夫。

20 日　省委、省人委、省军区，向全省人民发春节贺信。贺信强调："1966 年，是我国进行伟大的第三个五年计划的第一年。五年看三年，三年看头年。当前摆在我们面前的任务，就是要坚决打好 1966 年这一仗，为实现国家第三个五年计划的各项任务打下有力的基础。"

20 日　全国日用陶瓷专业情报中心站在景德镇陶瓷研究所成立。

24 日　新华社以较大篇幅对江西共产主义劳动大学七年来的实践所取得的巨大成就作了全面总结。文章指出，江西共大以延安抗日军政大学为榜样，艰苦奋斗，自力更生，使学校不断发展壮大，为大量吸收工农子弟特别是贫下中农子弟入学创造了条件。几年来，江西共大既出了人才和产品，又出了办学经验，成为名副其实的既是教育队又是生产队的新型学校，为半工（农）半读学校树立了一个榜样。

25 日　省建工局转发省计委颁发的《江西省民用建筑造价指标及质量标准》。

27 日　省财政厅、省人民银行发出通知，要求做好"四清"（清政治、清经济、清组织、清思想）重点地区农村退赔期票的收兑工作。

28 日　江西省档案管理局根据国家档案局1965 年档案工作的意见，提出：全省各级档案工作部门要突出政治，活学活用毛主席著作，实现档案工作革命化，继续进行以档案清理鉴定为中心的战备工作。

29 日　江西省兴建赣抚平原工程后又一项工程——全面根治赣抚大堤工程开工。这一工程完成后，它和赣抚平原工程共同保障着赣抚平原地区农业、工业、交通运输和人民生命财产的安全，并为两百多万亩农田实现稳产高产创造更为有利的条件。

29 日　省人委批转省农林垦殖厅、省供销合作社《关于利用竹木排载运三类土特产品的报告》，同意在木帆船不能进去的河道支流，利用竹木排载运三类土特产品，促进山区副业生产的发展。

30 日　省委、省人委发出《关于突出政治，抓紧备耕，力争一九六六年农业更大丰收的指示》，要求消除水稻平均亩产 350 斤以下的低产现象，确保当年计划的实现，并力争超计划，有更多的县、社、队实现农业跨"纲要"。

本月　全省在粮食、铁路系统试行"国营企业工商税"，即将原纳的工商统一税、城市房地产税、车船使用牌照税合并征收。

本月　江西八〇一厂用硫酸化焙烧——氰化法工艺从进口的砷钴矿冰钴高酸浸出渣中提取金银和回收钴成功。并开始兴建黄金车间，于 9 月建成投产。

本月 萍乡分公司六六一厂开工建设，为全省煤炭系统第一个火药工厂（1970 年 1 月建成投产）。

本月 南昌电网第一条直埋通讯电缆在江西省中调所至南昌电厂安装投运，全长 4.47 公里。

本月 南昌柴油机械厂受八机部委托，主持联合设计试制国内第一代 X105 型柴油机系列产品。X2105、X4105、X6105 型柴油机分别于 1969 年、1973 年、1974 年通过部级鉴定。标志省内柴油机生产从仿制进入自行设计阶段（1978 年该产品获全国科学大会奖）。

本月 省委宣传部通知各地"认真做好内部发行《毛主席语录》"的工作。

本月 为保护售粮农民种粮利益不受损害，江西省粮食厅通知各县、市粮食局，对当年入库早稻付给农民的价款，凡未达到中等粮质国家牌价的，视同压级压价，一律补付价款给售粮农民。

1966

2月
February

公元 1966 年 2 月							农历丙午年【马】						
日	一	二	三	四	五	六	日	一	二	三	四	五	六
		1 十二	**2** 十三	**3** 十四	**4** 立春	**5** 十六	**6** 十七	**7** 十八	**8** 十九	**9** 二十	**10** 廿一	**11** 廿二	**12** 廿三
13 廿四	**14** 廿五	**15** 廿六	**16** 廿七	**17** 廿八	**18** 廿九	**19** 雨水	**20** 二月大	**21** 初二	**22** 初三	**23** 初四	**24** 初五	**25** 初六	**26** 初七
27 初八	**28** 初九												

1 日 中共中央政治局常委、全国人大常委会委员长朱德在江西视察。先后察看了蚕桑垦殖场、洪都机械厂、江西共产主义劳动大学总校、南昌齿轮厂。为洪都机械厂题词："高举毛泽东思想伟大红旗，加紧进行国防建设，反击美帝国主义侵略。"为共大总校题词："共产主义劳动大学，是理论与

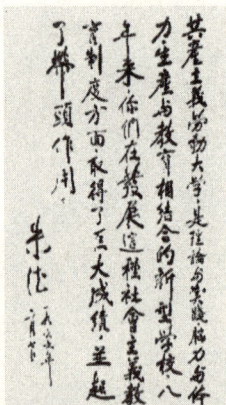
朱德给共大的题词

实践、脑力与体力、生产与教育相结合的学校。八年来，你们在发展这种社会主义教育制度方面取得了巨大成绩，并起了带头作用。"

1 日 省委批转省教育厅党组《关于在全日制中、小学认真贯彻毛泽东"七三"指示的报告》。

3 日 省委根据 1964 年 8 月 18 日中共中央作出的《关于县以上干部学习毛主席哲学著作的决定》，作出县级以上干部加强毛泽东著作学习的决定，要求继续认真学习《矛盾论》、《实践论》、《关于正确处理人民内部矛盾的问题》和《人的正确思想是从哪里来的》四篇哲学著作。

4 日 省人委发出《关于印发南昌市郊植树造林座谈会议纪要的通知》，要求以南昌市为中心，包括南昌、新建县的一部分，将方圆60 华里内一切荒山荒地和道路两旁、河流两岸、水库周围、村前屋后等空地，在两三年内有计划地进行造林绿化。

5 日 江西省"两会"机关全体

朱德委员长视察南昌三二〇厂，观看"强五"飞机

干部前往省政协三楼会议室，听取省委统战部副部长周明正作题为《积极行动起来，大学毛泽东著作，掀起大学毛泽东著作高潮，更高地举起毛泽东思想伟大红旗，促进机关革命化、干部革命化》的动员报告。

6日　省委在玉山县召开全省血防工作会议，要求全省血吸虫病流行地区的干部和人民，苦干巧干实干，为提前实现全省消灭血吸虫病而奋斗。

8日　中共中央政治局常委、全国人大常委会委员长朱德到我国南方最大的专业化齿轮生产厂——南昌齿轮厂视察，并为南昌齿轮厂亲笔题名。

9日　省委转发《省委城市社教办公室关于城市四清运动中的几个具体政策问题的意见》，对工人群众的经济问题、企业职工的政治历史问题、漏划资本家等问题的处理，作了具体规定。

9日　省妇联召开常委扩大会议。会议研究农村基层妇代会的工作和开展"科学试验一亩田"运动。

10日　省委发出《关于向焦裕禄学习的通知》。通知号召全省共产党员和广大干部认真学习焦裕禄彻底为人民服务的精神，要求全省党员和干部，特别是各级领导干部，要认真学习焦裕禄，争取做一个焦裕禄式的好干部。

10日　省电影公司发出《关于配合战备形势教育的通知》，要求在南昌市及全省上映《地道战》、《粮食》、《沙家店粮站》等48部故事片及科教片《城市人民防空》。

11日　省委召开省直单位负责人学习毛主席著作座谈会，要求省直单位县级以上干部必须自觉带头，真正成为活学活用毛主席著作的模范。省委书记处书记、省长方志纯，省委书记处候补书记黄知真出席了会议。

12日　省委发出关于防止和纠正一平二调"命令风"的通报。

12日　中共中央政治局常委、全国人大常委会委员长朱德第四次莅临南昌市人民公园，并与园林花工合影。

12日　省教育厅发出《关于减轻全日制中、小学生负担，增进学生健康的若干规定（试行草案）》。

15日　全国农业展览馆农村副业馆在北京正式开馆，南昌县塘南人民公社和婺源县秋口人民公社渔潭生产队将自己的农副产品摆上了展台。

15日　第四机械工业部批复南京有线电厂，同意将该厂线材车间迁往江西省吉安市，将原吉安纤维复制品厂改建为地方国营吉安无线电线材厂，由四机部归口管理。

15日　1965年度江西全省贫下中农和农业先进代表会议在南昌市召开，1500名贫下中农代表、1000名农业先进单位和先进生产（工作）者代表，江西省党政领导以及各民主党派人士出席大会。省委书记处书记刘俊秀作了《高举毛泽东思想伟大红旗，争取一九六六年农业生产大丰收》的报告。代表们倡议开展"比、学、赶、超"运动，组织农业生产新高潮，争取1966年农业大丰收，以及更多的县、社（场）、队跨"纲要"的运动，为实现第三个五年计划创造良好的开端。会议于25日结束。

16日　江西省出口商品展览会在南昌举行，整个展会面积3500平方米，分畜产、茶叶、蚕桑、瓷器等11个展馆，共展出了1620多个品种，着重介绍了江西出口农副土特产品，展示江西的外贸工作成绩。

19日　省政协第三届常委会第八次会议在南昌举行。会议审议通过学习委员会关于组织各界人士学习毛泽东著作的安排；听取关于各界人士如何学习毛泽东著作，加强政治立场和世界观改造的讲话。

20日　全省各地已掀起植树造林高潮。到当日止已完成造林面积382万亩，为计划的95%，与1965年同期比较快一倍多，抚州、宜春、上饶等专区已完成任务。

21日　省政协第三届委员会召开座谈会，邀请文艺界、教育界人士对吴晗新编历史剧《海瑞罢官》和田汉改编的历史剧《谢瑶环》展开辩论。

22 日 南昌市公安局、税务局、交通局开展首次非机动车检验征税工作。

22 日 江西省机关干部前往省委礼堂听取学习焦裕禄的录音报告。

23 日 省委书记处书记刘俊秀，省委书记处候补书记郭光洲、黄知真接见出席全省贫下中农、农业先进代表会议的 103 名回乡知识青年，勉励他们更好地读毛主席的书，听毛主席的话，照毛主席的指示办事，虚心地向贫下中农学习，努力参加集体生产劳动，改造思想，把自己锻炼成社会主义、共产主义的红色接班人。

26 日 省人事局制定《江西省人事局 1966 年人事工作要点》，要求各级人事部门积极协助党委组织部门做好培养提拔干部的工作，把培养和提拔新生力量，解决革命接班人的问题，列入人事部门的工作中心，搞好宣传，加强教育，制定规划，落实培养措施，贯彻毛泽东主席提出的接班人五个条件，破除重资格、排辈数、论级别的保守思想和习惯势力；要加强对干部的考察了解，在全面识别干部的基础上，注意发现人才，对重点培养对象要有专人负责，加强教育管理，放手使用，严格要求，具体帮助，不断地将年轻优秀的干部选拔输送到各个领导岗位上去；要认真抓好大专毕业干部的培养选拔工作，多给参加实践锻炼的机会，有步骤地提高他们的觉悟和政治业务水平。

26 日 《江西日报》发表社论：《夺取农业大丰收首先要突出政治》。

28 日 省人委召开第二十二次会议。会议由省长方志纯主持，听取了《关于一九六五年度农产品收购任务完成情况的汇报》和《关于全国城市半工半读教育会议和我省城市半工半读教育情况的汇报》。同时，还通过了干部任免等事项。

28 日 冶金部批准江西新余钢铁厂 3 号 255 立方米高炉恢复建设。

本月 根据毛泽东主席视察江西时关于开展费、税、利、价调查的指示精神，江西省财政厅厅长徐光远率干部 20 多人赴樟树镇、宜春镇进行调查研究工作。

本月 江西无线电厂工业学校成立（校址设在景德镇）。

本月 华东局决定从上海、江苏搬迁 4 个小厂（车间）支援江西。上海江宁机床厂内迁技术工人 150 人，机床 35 台，由江东机床厂负责利用萍乡电瓷厂芦溪厂房建设江西机床厂；无锡机床厂支内人员与设备，由江西电机厂负责在上高县新建江西机床电器厂；上海机床附件二厂支内人员，由赣南通用机械厂负责在抚州建设江西机床附件厂；上海红星轴承厂、上海中国轴承厂支援的部分设备和人员与南昌轴承厂合并，在宜春新建江西轴承厂。

1966

3月
March

公元 1966 年 3 月							农历丙午年【马】						
日	一	二	三	四	五	六	日	一	二	三	四	五	六
		1 初十	**2** 十一	**3** 十二	**4** 十三	**5** 十四	**6** 惊蛰	**7** 十六	**8** 妇女节	**9** 十八	**10** 十九	**11** 二十	**12** 廿一
13 廿二	**14** 廿三	**15** 廿四	**16** 廿五	**17** 廿六	**18** 廿七	**19** 廿八	**20** 廿九	**21** 春分	**22** 三月大	**23** 初二	**24** 初三	**25** 初四	**26** 初五
27 初六	**28** 初七	**29** 初八	**30** 初九	**31** 初十									

3 日　省教育厅、省体委发出《关于进一步做好学校体育工作的几点意见》。

3 日　新华社报道，农垦部表扬了 5 个国营农场，其中江西省荷塘垦殖场被称为"高度发扬自力更生、艰苦奋斗的革命精神，勤俭建设社会主义新山区的一面红旗"。这个垦殖场建立几年来，调给国家 170 多万斤商品粮，为国家积累了 180 万元资金，投资回收率达到 250%。

3 日　省物价委员会、省商业厅以物农字 9 号文件下发《关于省中药材价格制定原则方案》，要求中药材销售价格在现行基础上适当下降，下降幅度达 9.09%，其中：批发价约下降 3.6%，零售价下降 5.44%。

4 日　省计委同意涌山一号井恢复建设，设计生产 30 万吨无烟煤，"采取亦工亦农、矿社结合的方式，以相应减少宿舍建设"（1969 年 5 月建成投产）。

7 日　省委召开工作会议，集中研究县委以上领导干部学习毛主席著作问题。会议号召县委以上领导干部要以整风精神学好用好毛主席著作，在一切工作中突出政治，进一步促进思想革命化和工作革命化，推动三大革命运动的蓬勃发展。中共中央政治局候补委员、中央书记处书记陆定一到会作了重要讲话。会议于 21 日结束。

8 日　《江西日报》发表题为《用毛泽东思想把妇女武装起来》的社论。

10 日　全国农业展览馆水利馆开始展出，参加展览会的有全国各省的 43 个单位。余江县白塔渠为其中之一，作为"管好用好工程，保证灌区稳产高产"的典型向全国推介。同时推介的还有大搞小型水利、改变山区面貌的江西省宜春县张坊人民公社长埠第一生产队。

15 日　《江西日报》报道，瑞昌县从手工业、商业、文化教育、医疗卫生、粮食等部门抽调 620 多名干部和职工，组成综合性的"五进山"工作队，长期巡回在山区，为山区建设服务，为山区群众服务，加速了山区建设，促进了领导机关革命化和人的思想革命化。

15 日　省委发出《关于进一步搞好农村人民公社各级干部参加集体劳动的指示》。

15 日　赣州石油产品销售价格实行最高限价。赣州市汽油最高价为每吨 750 元，灯用煤油每吨 870 元，"O 号"柴油每吨 529 元。

15 日 省高级人民法院在乐平县召开全省法院系统学习毛泽东著作经验交流会，到会代表 52 人。乐平县、南昌市西湖区人民法院等 8 个单位和定南县人民法院钟声朋等 24 人介绍学习毛泽东著作的经验。交流会于 23 日结束。

17 日 工业交通五好代表会议在南昌召开。出席会议的代表和特邀代表共有 2200 人。会议进一步动员工交战线广大职工，高举毛泽东思想红旗，学大庆，创五好，促进工业生产建设新高潮，争取胜利完成第三个五年计划第一年的任务。省委书记处书记、省长方志纯主持会议，省委书记处候补书记、副省长黄先作了题为《高举毛泽东思想伟大红旗，争取 1966 年工业生产建设更大胜利》的报告。省委书记处书记白栋材作了重要讲话。会议于 27 日结束。

18 日 省人委发出通知，要求各地政府组织广大干部、人民群众、青少年和解放军指战员，清明节开展纪念革命烈士活动，进行革命传统和阶级教育，激发政治热情，为完成革命先烈未完成的革命事业而奋斗到底。

19 日 国家计委工作组到江西省调查研究减少北煤南运问题。与华东区计委局长华明、副省长黄先等共同商定，修订江西省煤炭工业"三五"规划，加快煤矿建设，有条件地增大煤炭开发强度。

19 日 省人委批转《省体委、省教育厅、省人事厅、省劳动厅关于选调和分配专业运动员意见的报告》。规定入选运动员实行试训一年，退役运动员原则上回原地分配工作。

20 日 农业部最近在上海召开耕牛血防工作会议，玉山县作为全国自力更生办家畜血防事业的样板，在会上作了经验介绍。

20 日 横峰纺织器材厂被推荐为全国大庆式先进单位，《江西日报》在第一版发表《厂小志大为国增光》的长篇报道，并配发了社论：《用毛泽东思想办企业》。

21 日 省委发出《关于全省第三批城市四清运动的安排》。

22 日 省人委举行第二十三次会议。会议由省长方志纯主持，听取了《江西一九六五年基层选举工作报告》和《关于进一步开展计划生育工作的报告》，并通过了干部任免名单。

23 日 江西省"五好"工人、江西拖拉机厂车工赵长生，在全省工交五好代表会议上介绍了自己活学活用毛主席著作的体会，题目是《以毛泽东思想为武器，为革命搞革新》。

24 日 南昌市上山下乡、回乡知识青年代表会在团市委礼堂举行，出席代表 80 余人。

24 日 民建、工商联主委召开江西省 8 市 4 县（镇）学习毛泽东著作座谈会。

25 日 根据煤炭工业部全国煤矿干部会议提出的"立足战争，加快重点建设，迅速扭转北煤南运"的方针，江西省煤管局向江西省委和省人委提出《江西省煤炭工业生产建设"三五"规划调整意见》。确定本年开工建设涌山一井、涌山三井、桥头丘井和袁村井等 4 对矿井。

29 日 吉安市颁发《吉安市下水道、道路管理细则》、《吉安市赣江河堤管理试行细则》、《吉安市园林绿化管理试行细则》。

29 日 《江西日报》就学习毛主席著作发表社论：《高举毛泽东思想伟大红旗，加速领导干部思想革命化》。

30 日 省人委颁发《江西省地方国营工业、交通企业财务管理的几项规定（草案）的通知》，要求在年内开始试行。

30 日 省人委发出《关于进一步开展群众性体育活动的指示》。指示要求各地结合生产、工作和民兵训练，大力开展游泳、射击、登山、通讯、军事野营等体育活动；群众体育活动应坚持自愿、业余、小型多样的原则，提倡干部带头，以身作则，带领广大群众自觉参加体育运动。

30 日 江西省外事工作会议在南昌召开。会议传达国务院外办召开的全国地方外办主任会议精神，总结交流外宾接待工作经验。会议于 4 月 9 日结束。

31 日 省人委最近在鹰潭召开了余江、东乡、贵溪三县和鹰潭镇的红壤样板会议。会议认为，全省红壤土地面积大，红壤的改造和利用的好坏，对全省发展农业生产，开展多种经营，具有极其重要的意义。要求红壤地区的广大干部和社员，总结经验，找出差距，用不断革命的精神搞好红壤土地的改造与利用，夺得更大、更全面的丰收。

本月 国家科委在大余县召开钨矿地质现场会。总结交流了江西省地质局九〇八大队发现木梓园隐优钨矿床的经验。国家地质部党组发出通知，要求推广九〇八队的找隐优矿经验。

本月 六五一工程筹建处芨南水电站建立。

本月 江西省天河电厂建立。

本月 南昌铸铁厂一分为三，成立南昌阀门厂、南昌铸管厂、南昌铸造厂（到1970年建成高中压阀门1000吨年生产能力的工厂，1974年南昌阀门厂搬迁新建县）。

本月 江西农林机械修配厂在省农机研究所协助下，按国内联合设计的图纸试制成功工农 - 5型手扶拖拉机（1967年通过省级鉴定，在省内首次投入批量生产）。

本月 省委宣传部长莫循率领联合工作组，对井冈山革命斗争史对外介绍材料和井冈山革命博物馆的陈列与说明，进行比较全面的审查和研究，分别加以大改和中改，随后向省委作了汇报。

本月 南昌市人委决定将南昌橡胶厂胶管、胶带、杂件等生产设备调拨给南昌橡胶制品厂。南昌橡胶制品厂隶属南昌市化工局，厂址迁往南昌县莲塘镇。

1966

4月
April

公元 1966 年 4 月							农历丙午年【马】					
日	一	二	三	四	五	六	日	一	二	三	四	五	六
					1 十一	**2** 十二	**3** 十三	**4** 十四	**5** 清明	**6** 十六	**7** 十七	**8** 十八	**9** 十九
10 二十	**11** 廿一	**12** 廿二	**13** 廿三	**14** 廿四	**15** 廿五	**16** 廿六	**17** 廿七	**18** 廿八	**19** 廿九	**20** 谷雨	**21** 闰三月	**22** 初二	**23** 初三
24 初四	**25** 初五	**26** 初六	**27** 初七	**28** 初八	**29** 初九	**30** 初十						

1日 《江西日报》报道，赣南地区广大农村以毛泽东思想为指导，开展群众性的"为革命种田，用革命精神种田"的大讨论。教育农民胸怀祖

全省农村广大社员在为革命种好田的思想指导下，加紧犁耙早稻田，力争春耕生产主动

国，放眼世界，使广大农村干部和社员的精神面貌发生了深刻变化，农业生产建设出现了新的局面。

1日 冶金部决定撤销赣东北有色金属公司。德兴铜矿、银山铅锌矿、江西有色冶炼加工厂由江西有色金属局领导。

1日 省委、省人委举行春耕生产广播动员大会。大会号召全省各级党政机关、广大农村干部和社员群众，把春耕生产作为当前农村工作的中心任务努力搞好。省委领导方志纯代表省委、省人委作了以《突出政治，依靠群众，掀起春耕

萍乡县湘东公社新村大队在战胜久雨低温，胜利完成早稻插秧任务以后，立即转入田间管理

生产高潮，争取一九六六年农业更大丰收》为题的报告。

1日 冶金部决定把萍乡钢铁厂建成一个新技术试验厂（一年后正式动工兴建，后由于各种原因未全部建成）。

1日 江西省水产厅被撤销，在农业厅设水产处。

1 日　省妇联召开安置下乡女知识青年工作座谈会，参加会议的有各专区（市）和部分县妇联、垦殖场妇联主任。座谈会于5日结束。

2 日　中共中央政治局候补委员、中央书记处书记、国务院副总理陆定一，在江西省委负责

陆定一（右一）和熊先返亲切握手

同志陪同下，前往江西医学院第一附属医院住院部，看望双目失明却一心为革命、一心为集体的贫下中农代表熊先返。陆定一首先代表党中央和毛主席向熊先返致以亲切的关怀和问候，并亲手把镶有玻璃镜框的毛主席像赠给了熊先返（4月3日，江西日报发表社论：《您有最明亮的"眼睛"》）。

2 日　省人事局党组向省委呈报《关于请求划清以工代干人员意见的报告》，提出了6条意见，后因"文化大革命"开始，该报告未能批转。

3 日　共青团江西省委第七次代表大会在南昌召开，省委书记处候补书记郭光洲代表江西省委向大会致辞。会议总结了前三年的共青团工作，选出了共青团江西省七届委员会，通过了《关于在全省青年中进一步掀起活学活用毛主席

共青团江西省第七次代表大会会场主席台

著作运动新高潮的决议》。大会于13日结束。

4 日　省政协第三届委员会举办报告会。省政协副主席、省委书记处候补书记黄知真作了《关于学习毛泽东著作》的报告。

6 日　省档案管理局总结1965年全省档案清理鉴定工作。

8 日~5月7日　省委召开全省工业交通工作和工业交通政治工作会议，传达贯彻全国工业交通工作和工业交通政治工作会议精神，总结和部署工作。白栋材、郭光洲到会并讲话。会议要求工交部门和企业"进一步按照毛泽东思想办工业、企业"，并将全省国营工交企业的利润改为全额上缴国家。

9 日　省人委发出《关于抓紧做好防汛准备工作的通知》。《通知》强调："从坏处着想，向好处努力，充分做好防汛抢险的各项准备工作，夺取防汛抢险战斗的主动权，确保春耕生产的全胜，争取1966年农业生产的更大丰收"。《江西日报》当日为此发表社论：《立足抗灾，夺取丰收》。

9 日　省委就第三期农村社教运动情况和第四期运动部署向华东局报告。江西省第四期农村社教运动在708个公社、7839个大队、72523个生产队展开，分别为全省公社、大队、生产队总数的23.5%、29.4%和28.9%。

11 日　省人委召集农业部门和农业科学研究单位有关人员，讨论研究突出政治、依靠群众，战胜久雨低温，切实做好育秧工作，把早、中稻秧苗育足育好，争季度，保质量，坚决完成和超额完成早、中稻种植计划的问题（13日，《江西日报》发表了《为革命育秧，用革命精神育好秧》的社论）。

12 日　全省公安部队召开四好连队、五好战士代表会议。会议总结交流了突出政治、活学活用毛主席著作，创造四好连队运动的经验，提出了今后公安部队建设的任务。省委书记处书记、省长方志纯，省委常委王卓超、林忠照、吴瑞山，省军区负责人胡定千接见了全体代表。

12 日　全国农业展览馆农业机械化馆和畜牧馆正式开馆展出。江西有"全心

全意为农业生产服务样板"的万安县农业机械站、"手工业支援农业好榜样"的瑞昌县农具锅炉社以及"防治牲畜疫病的先进典型单位"临川县、"新法养中蜂"的先进典型单位高安县，分别在农业机械化馆和畜牧馆展出新成就。

13日 《江西日报》报道，全省各级共青团组织，贯彻执行党中央和毛主席的指示，积极发展团员，壮大共青团队伍，1965年一年共接收了23万名新团员。这是近几年来接收新团员最多的一年。这批新团员，绝大多数是工人、贫下中农家庭出身的青年，是学习毛主席著作的积极分子。

13日 南昌市各界代表2300余人在南昌剧场举行大会，欢送上山下乡知识青年。

15日 中共中央书记处书记、国务院副总理陆定一视察景华瓷件厂（九九九厂）。

16日 共青团江西省委召开的七届一次全会选举王显文为团省委书记。4月14日，《江西日报》发表社论：《用毛泽东思想武装青年一代》。

17日 省委、省人委召开紧急电话会议，提出抗寒抗雨、育秧护秧，保证按时、按质、按量完成早、中稻插秧和棉花以及其他春播作物的种植计划，作为当前农村中最紧迫、最突出的政治任务和生产任务，号召全党全民紧急动员起来，为实现1966年"大灾不减产，中灾保计划，小灾超计划"的要求而奋斗。省委书记处书记白栋材主持会议并作重要讲话，省委委员、副省长彭梦庚作了工作部署。会后，省委、省人委派出6个春耕生产检查团分赴农村检查和协助工作。

18日 日本陶瓷产业代表团一行13人来南昌、景德镇参观访问。访问历时6天，于23日结束。

20日 省水产厅、省财政厅发出《江西省国营水产场财务管理实施办法（草案）的通知》。

20日 全国妇联在南昌召开南方片农村先进基层妇代会负责人座谈会。全国妇联副主席章蕴出席了会议。与会者参观瑞昌县"铁肩膀"大桥大队，听取妇代会主任陈金香的经验介绍。

23日 江西钢厂在825车间1.5吨电炉炼出第一炉合格钢水（7月、12月，801车间3吨、5吨电炉先后出钢）。

27日 《江西日报》报道，江西省各地党组织结合城乡社会主义教育运动，对积极分子进行认真考察和大力培养，全省已经有3.5万名优秀分子，光荣地加入了中国共产党。这些新党员90%以上是贫下中农出身，在社会主义教育运动中，经过阶级斗争的严格考验，阶级觉悟高，立场坚定，方向明确，密切联系群众，在各项工作中起了模范带头作用。

27日 省委举行办公会议。参加会议的有省委各有关部门和省人委各有关厅、局党组负责人，会议由省委书记处书记白栋材主持。会议号召全省各级领导继续突出政治，高度集中力量，打好插秧歼灭战，千方百计保证按时按质按量完成早中稻和棉花等春播作物种植计划。

29日 省财政厅、省人民银行发出《关于清查、核定和调剂企业流动资金的意见函》。

本月 荡坪钨矿宝山铅锌矿区开始兴建日处理原矿300吨的白钨浮选厂（至1967年1月建成投产）。

本月 江西武山铜矿开始筹建（1968年10月冶金部确定该矿总规模扩大到日采选3000吨。1971年11月，3000吨日选厂开始建设，1978年6月，北矿带采选工程基本建成并开始试产。1987年11月，南矿带基建工程开工。1988年10月，北矿带采选技术改造工程正式开工）。

本月 八〇一厂用技术费在江西南昌利用六〇三厂停建的部分厂房建设试验厂，从西华山钨细泥中提取氧化钇。同时，江西省冶金厅决定，将江西冶金研究所冶金室全部人员和设备并入该试验厂。

本月 中国国际旅行社九江支社成立。

本月 南昌市发出《关于不得把居民住房改作他用的通知》。

本月 江西召开全省工交工作会议，具体部署下半年的经济工作，通过了《江西省工业交通工作纲要》，号召全省工交企业职工为全面完成和超额完成国家计划而努力。

1966

5月 *May*

公元 1966 年 5 月							农历丙午年【马】						
日	一	二	三	四	五	六	日	一	二	三	四	五	六
1 劳动节	**2** 十二	**3** 十三	**4** 青年节	**5** 十五	**6** 立夏	**7** 十七	**8** 十八	**9** 十九	**10** 二十	**11** 廿一	**12** 廿二	**13** 廿三	**14** 廿四
15 廿五	**16** 廿六	**17** 廿七	**18** 廿八	**19** 廿九	**20** 四月大	**21** 小满	**22** 初三	**23** 初四	**24** 初五	**25** 初六	**26** 初七	**27** 初八	**28** 初九
29 初十	**30** 十一	**31** 十二											

　　1 日　省外贸局在南昌市站前路举办"江西省出口商品展览会"。展览会于 30 日结束。

　　4 日　省军区政治部于"五四"青年节向所属部队发出通报，表扬积极组织青年活学活用毛主席著作的省军区某部队一连团支部等五个团支部和 11 个团小组，并且表扬了陆军医院给养员王义高等 44 名"学习毛主席著作青年积极分子"。

　　4 日　《江西日报》报道，全省各地已有 6 万余名城镇知识青年和社会青年，响应党和毛主席号召，满怀革命雄心壮志，下乡上山安家落户，走与工农群众相结合的革命道路，参加农村社会主义革命和社会主义建设。

　　6 日　艾冬茂依法受到惩处。浙赣和鹰厦铁路江西境内轨道连续发生置放大石块阴谋颠覆列车重大案件。经两个多月的侦查，查明为艾冬茂所为。

　　9 日　江西省计划委员会批转国家计划委员会批准罗湾水电站设计任务书的决定，准予开工。罗湾水电站装机规模 1.8 万千瓦，总库容 0.77 亿立方米，在靖安县北河建水库，以 3722 米长的隧洞引水到南河高湖附近建电站，最大水头 181.2 米。

　　10 日　全国及全省大寨式农业典型展览在南昌县莲塘镇江西省农业展览馆开幕。全国其他地区 56 个单位和江西 75 个单位参展。《江西日报》发表社论：《发扬大寨精神，推广大寨经验》。

　　10 日　根据煤炭工业部《关于在湖南、江西两省开展煤田地质勘探会战的通知》，煤炭工业部湘赣地质勘探会战指挥部在湖南省株洲市成立（7 月，按照湘赣地质勘探会战的部署，在江西进行会战的地质勘探队伍共 3250 人陆续到达）。会战地区包括萍乡、景德镇、乐平、余干、进贤、丰城、高安、宜丰等地。

　　10 日　建材部地质总公司华东公司由上海市迁入上饶市。

　　10 日　江西省科学技术委员会、省农业厅联合组织全省 10 余种饲料粉碎机在南昌县莲塘镇省农业科学研究所示范农场进行评比、选型。

　　11 日　省人委根据财政部规定发出通知，对生产大队、生产队自产的植物油和糖，仅就对外出售部分征税，对本大队范围内公用或出售给社员自食自用部分停止征税。

11 日　《江西日报》奉命转载《解放军报》、《光明日报》、《解放日报》、《文汇报》的社论和文章。其中有 5 月 4 日《解放军报》发表题为《千万不要忘记阶级斗争》的社论，5 月 8 日，发表署名高矩的文章《向反党反社会主义的黑线开火》；《光明日报》发表何明（即关锋）的《擦亮眼睛，辨别真假》。5 月 10 日，《解放日报》、《文汇报》发表姚文元的文章《评"三家村"——〈燕山夜话〉〈三家村札记〉的反动本质》。

14 日　省委发出通知，要求各级党委组织干部、群众学习毛泽东的《新民主主义论》、《在延安文艺座谈会上的讲话》、《看了"逼上梁山"以后给延安评剧院的信》、《关于正确处理人民内部矛盾的问题》和《在中国共产党全国宣传工作会议上的讲话》及座谈讨论部队文艺工作座谈会纪要。

15 日　《红旗》杂志 1966 年第七期发表戚本禹《评〈前线〉〈北京日报〉的资产阶级立场》的文章，《江西日报》与全国其他报刊一律奉命转载。

15 日　日本工会总评议会代表团、日本中立工会联络会议代表团、日中友协工人代表团、日本散工工会代表团、日本妇女代表团抵达南昌参观访问。

16 日　《江西日报》与全国其他报刊一样，奉命转载《人民日报》发表的林杰的文章：《揭破邓拓反党反社会主义的面目》；《解放日报》发表的鲍蔚文、吴英、钟华的文章：《请看"三家村"的反动真面目》。

16 日　省委、省人委召开了地（专）、市党政负责人座谈会。会议检查春耕战斗情况，总结战斗经验，部署下一步工作。会议由省委书记处书记刘俊秀主持，省委书记处书记、省长方志纯到会作了重要讲话。省委、省人委号召各地继续高举毛泽东思想伟大红旗，坚持突出政治，以不断革命、彻底革命的精神，立即开展以田间管理为中心的夏季生产运动，为实现全年丰收创造更好的条件。

16 日　"文化大革命"开始，各煤矿企事业单位先后成立文革领导小组。

16 日　中共中央发出《五一六通知》，江西省各地勘测单位开始"文化大革命"。

17 日　省高级人民法院在永新县召开全省调解工作经验交流会，有 8 个中级人民法院、32 个县人民法院的负责人和 19 个公社、大队的调解工作干部共 59 人出席。有 47 人介绍调解工作经验。交流会于 26 日结束。

20 日　省人民银行、省农业厅发出关于办理社队会计辅导工作交接的联合通知，自 1966 年 6 月中旬前由省、专、市、县农业部门移交给同级人民银行主管。

21 日　省人委举行第二十四次会议，会议由省长方志纯主持，副省长、省农林办公室主任彭梦庚作了《关于春耕生产情况和今后工作意见的报告》。会议还通过了干部任免事项。

21 日　省妇联发出《积极发动和组织妇女参加社会主义文化大革命的通知》。

23 日　省人委批复上饶专署，同意兴建余干县康山围垦工程，总投资 750 万元，主要用于围堤和排灌工程。根据蓄洪垦殖的原则，遇到特大洪水经省水利厅批准进行蓄洪。

23 日　以锡兰工会联合会副主席蒂·恩·拉东格为团长的锡兰工会联合会代表团一行 5 人，来南昌、井冈山、瑞金等地参观访问。访问活动于 6 月 5 日结束。

24 日　由柬中友好协会主席兰·涅特率领

柬埔寨中国友好协会代表团成员与陪同人员在南昌佑民寺合影

的柬中友好代表团一行6人，在对外友协副会长丁西林和夫人、中柬友协副会长周一萍等陪同下，到江西访问。副省长董琰到车站迎接，并陪同他们参观了佑民寺、八一起义纪念馆、南昌市瓷器门市部。副省长李杰庸设晚宴欢迎，李杰庸和兰·涅特团长先后讲了话。

26日 《江西日报》一版增辟了"高举战无不胜的毛泽东思想红旗，把社会主义文化大革命进行到底"的通栏标题，通栏标题下报道："全省兴起社会主义文化大革命高潮，广大工农兵、革命干部和革命知识分子高举毛泽东思想伟大红旗，向反党反社会主义的黑线猛烈开火。"

26日 省委、省人委组织夏季生产检查团分赴农村，出发前省委书记处书记刘俊秀作了讲话，省委委员、副省长彭梦庚就检查团的任务发了言。

27日 《解放军报》、《光明日报》、《大公报》、《工人日报》和《体育报》都在一版全文转载了《文汇报》刊登的周信礼的文章《剥"权威"画皮，向"权威"开火》，并各自加了编者按。5月28日，《江西日报》奉命对此在一、二版作了全文转载，并在头前增辟了"我们要念念不忘阶级斗争，念念不忘无产阶级专政，念念不忘突出政治，念念不忘高举毛泽东思想伟大红旗"的通栏题。

28日 江西省文联举行座谈会，纪念《在延安文艺座谈会上的讲话》发表24周年。

30日 在庆祝毛泽东《在延安文艺座谈会上的讲话》发表24周年之际，省文联、省音协还联合举办了"毛主席诗词演唱会"。

31日 冶金部批准新余钢铁厂良山铁矿恢复建设，规模调整为年采选原矿70万吨。

本月 中共江西省委成立以书记处书记、省长方志纯，书记处候补书记黄知真为正、副组长的江西省"文化大革命"领导小组。

本月 省委对萍乡市委的领导机构进行了调整，重新任命了市委书记、副书记（至1967年2月市级党、政领导机关受到冲击，市委停止办公。这一时期，萍乡市委仍由宜春地委代管）。

本月 江西省供销社召开机关和直属单位职工大会，传达中共中央《五一六通知》，开始"文化大革命"。

本月 煤炭部决定在江西、湖南两省组织煤田地质大会战。集中十几支地质、物化探队伍在江西萍乡、乐平拗陷开展煤田普查勘探工作。

1966

6月

June

公元 1966 年 6 月							农历丙午年【马】					
日	一	二	三	四	五	六	日	一	二	三	四	五	六
			1 儿童节	**2** 十四	**3** 十五	**4** 十六	**5** 十七	**6** 芒种	**7** 十九	**8** 二十	**9** 廿一	**10** 廿二	**11** 廿三
12 廿四	**13** 廿五	**14** 廿六	**15** 廿七	**16** 廿八	**17** 廿九	**18** 三十	**19** 五月小	**20** 初二	**21** 初三	**22** 夏至	**23** 端午节	**24** 初六	**25** 初七
26 初八	**27** 初九	**28** 初十	**29** 十一	**30** 十二								

1 日　江西省银行会计核算将借贷记账法改为现金收付记账法。

1 日　全省各地共青团组织，结合城乡社会主义教育，大力发展少先队组织，全省 350 多万少年儿童戴上了红领巾，一批少年儿童工作优秀集体和优秀个人受到团省委的表彰。

1 日　省委批转共产主义劳动大学党委《关于社来社去问题的请示报告》。

2 日　《江西日报》奉命转载《人民日报》题为《横扫一切牛鬼蛇神》的社论和北京大学聂元梓等 7 人写的第一张大字报以及《人民日报》评论员文章《欢呼北大的一张大字报》。

3 日　《江西日报》奉命转载了《人民日报》社论《触及人们灵魂的大革命》，同时刊发了江西师范学院、江西医学院举行声援大会支持北大 7 人行动的消息。此后，江西省部分院校开始陆续出现了停课闹革命。

3 日　省劳改局发出《关于在三类人员（犯人、劳动教养人员和留场就业人员）中开展社会主义文化大革命的教育》的通知。

4 日　《江西日报》奉命在一版转载了《中共中央决定改组北京市委》的消息及《人民日报》两个社论：《毛泽东思想的新胜利》和《夺取资产阶级霸占的史学阵地》。

4 日　1966 年度全国田径分区赛南昌赛区比赛在江西省田径场举行。参加比赛的有上海、江苏、浙江、福建、安徽、山东、四川、江西等代表队的 300 余名运动员，比赛项目 70 多项。副省长黄霖担任比赛组委会的主任委员。运动会于 8 日结束。

5 日　省文化局近日向省直各剧团、省文艺学校派驻工作组，调查、掌握"文化大革命"运动的情况。之后，省委向这些单位派驻的工作组，直至中共八届十一中全会后撤回。

6 日　中国电影公司通知，经中央批准，在全省公映批判《兵临城下》、《舞台姐妹》、《逆风千里》、《桃花扇》、《球迷》、《两家人》、《阿诗玛》（以后又增加《抓壮丁》）共 8 部所谓坏影片。

6 日　省委宣传部、省教育厅发出紧急通知，要求中等学校停授原政治、语文、历史等科教材，改授毛泽东著作及《人民日报》、《解放军报》、《红旗》杂志社论等有关文章。

7 日　《江西日报》奉命在一至三版转载了

《解放军报》发表的关于"文化大革命"的宣传教育要点，从而把当前正在开展的"文化大革命"再向前推进一步。

8 日 日本"朝日电视新闻社"摄影队一行5 人，访赣游昌，登庐山拍摄风光片。拍摄于 24日结束。

9 日 《江西日报》奉命转载 8 日《人民日报》的社论——《我们是旧世界的批判者》。并且配发了江西省军区政治部召开座谈会的消息，痛斥"所谓反党反社会主义分子"对毛主席文艺路线的恶毒攻击，表示坚决把"无产阶级文化大革命"进行到底。

9 日 民革、民盟、农工党江西省委会和民建江西省工委机关先后近日成立"文化大革命"小组。

10 日～11 日 《红旗》杂志 1966 年第八期发表两篇社论：《毛泽东思想领先，干部层层带头》和《无产阶级文化大革命万岁》。《江西日报》分别在 10 日和 11 日进行了转载，从此对所谓资产阶级"权威"和"反党反社会主义黑线"的批判越来越激烈。

"文革"初期江西某校园内的大字报

13 日 中共中央、国务院决定改革高等学校招生考试办法，1966 年的高校招生工作推迟半年进行。

15 日 省供销社发出《关于建立巩固代购代销店的指示》，要求进一步贯彻全国总社关于《人民公社生产大队代购代销点暂行管理办法》，在已建立 1184 个代购代销点的基础上，做好巩固、发展工作，提高质量，把代购代销点普及到每个生产大队，方便农民购销。

16 日 《江西日报》转载《人民日报》题为《放手发动群众，彻底打倒反革命黑帮》的社论和南京大学校长匡亚明被撤销一切职务的消息。

16 日 老挝昆·蒙昆维莱将军一行 5 人来赣参观访问，历时 7 天。

18 日 由江西大学、省社联等组成的写作组，在《江西日报》以所谓"三家村黑店江西分店老板"、"反党反社会主义黑帮分子"等罪名，对著名历史学家、省政协副主席、省教育厅副厅长、江西大学副校长谷霁光公开点名批判。

18 日 省人委举行第二十五次会议。会议听取并讨论了《关于工业支援农业的情况报告》和《关于卫生工作情况的报告》，同时还通过了干部任免名单。

19 日 毛泽东主席在江西视察。

20 日 省文化局党组书记、局长、著名作家石凌鹤被以"反党反社会主义文艺黑线在江西的代表人物"、"彻头彻尾的反革命修正主义分子"等罪名遭到批判，受到批判的还有李定坤（原省委宣传部副部长兼省文联党组书记）、石少培（江西农学院党委书记兼副院长）。《江西日报》发表了题为《放手发动群众，横扫一切牛鬼蛇神》的社论。

20 日 国家商业部、全国财贸工会联合举办的"李素文学习毛主席著作展览"即日起在南昌、景德镇、赣州、九江、吉安、上饶等 13 个地区正式展出。省委书记处书记刘瑞森、省委常委、省委财贸政治部主任梁达山，省委委员、副省长李杰庸在南昌参观了预展。

20 日 瑞昌县武山大型铜硫铁矿成立。

20 日 江西人民广播电台召开编辑、记者大会。大会动员全台职工参加"文化大革命"，部署查阅广播稿件，强调把抓"修正主义黑线"放在第一位，并集中力量揭露领导干部的问题。

21 日 《江西日报》转载了《人民日报》号召大鸣、大放、大字报、大辩论的社论《革命的大字报是暴露一切牛鬼蛇神的照妖镜》，从此南昌及各地出现了大字报。

22 日 省委召开工作会议。会议传达 5 月中共中央政治局扩大会议通过的《五一六通知》和 6 月上旬中央政治局常委扩大会议决定向大中学校派工作组领导"文化大革命"的精神，进一步研究部署江西"文革"的开展步骤。会议决定向全省各大专院校派出工作组，和校党委一起制止乱揪、乱斗现象，有组织有领导地进行"文化大革命"。会议于7月7日结束。

23日 省委、省人委作出决定，撤销石凌鹤江西省文化局党组书记、局长等党内外一切职务，撤销谷霁光省教育厅副厅长、江西大学副校长的职务。

23日 省人委举行第二十六次会议，贯彻执行党中央、国务院改革高考办法的决定，并讨论了《江西省教育厅关于高中、中专采取推荐和选拔相结合的试行办法》。

23日 省人委召开第二十六次会议，讨论省教育厅关于贯彻执行《中共中央、国务院改革高等院校招生考试办法的决定》的报告，决定本省高等学校招生工作一律推迟半年进行；高等学校毕业班学生，一律推迟毕业；高、初中应届毕业生推迟结业；全省各级各类学校，一律不进行期终考试，毕业班不进行毕业考试；本年本省高中和中专招生，取消原来的升学考试制度，另拟定推荐和选拔相结合招收新生的办法。

24日 《江西日报》发表社论：《高举毛泽东思想伟大红旗乘胜前进》。社论号召全省各级党组织放手发动群众，采取大鸣、大放、大字报、大辩论的方法，"把斗争的锋芒对准一小撮钻进党内的资产阶级代表人物和反党反社会主义反革命的资产阶级知识分子"。在此之后，部分学校出现学生"造反"组织。

24日 省人委批复康山围垦工程所需物资、材料、钢筋、钢材367吨，水泥2000吨，生铁100吨，由省计委作专项指标立户，农垦厅转拨。木材1000立方米，毛竹10万根，由农垦厅解决。

25日 省委、省人委批转江西省教育厅党组《关于贯彻执行中央、国务院〈关于改革高等学校招生考试办法的通知〉的报告》。

25日 省委发出《关于圩镇手工业管理体制的通知》。通知规定，县城以下的圩镇（不包括城镇）手工业社、组原则上都下放给区、社管理，其集体所有制性质不变。

26日 省人委召开全省棉花田间管理现场会议。会议要求各地进一步加强对棉花生产的领导，继续采取领导干部、农民群众和科学技术人员"三结合"的办法，大搞试验田、样板田，参加学习和领导生产，进一步深入开展群众性的比学赶帮运动。

28日 江西盘古山钨矿发生第一次地压活动。

29日 省委日前召开全省组织工作会议。会议研究讨论在"无产阶级文化大革命"、城乡社会主义教育运动和三大革命中如何进一步加强党的建设，做好培养提拔新生力量，接收新党员和加强党的基层组织建设的工作。省委书记处候补书记黄知真，省委常委、组织部长刘建华作了报告，省委书记处候补书记郭光洲主持会议并作总结。

本月 潘坊油库合并到鱼目山油库，成立江西省石油公司南昌储油所，为独立核算单位，江西省石油公司从此完全转变为管理机构。

本月 江西省卫生厅成立了"文化大革命"领导小组。

本月 中共中央发出《五一六通知》后，江西冶金工业厅各单位开始"文化大革命"运动。

本月 为了加强江西煤矿建设，华东公司派出江西工作组。华东基建公司在原生产学习大队基础上组建的英岗岭工程处，承建桥头二井，揭开英岗岭矿区开发序幕。

本月 省公安厅召开全省公安处、局长会议。重点研究进一步加强"文化大革命"运动的保卫工作。会上传达了省委书记黄知真的指示，听取了副省长王卓超的报告，并认真分析了形势动态，研究了保卫工作措施。

本月 始建南昌胜利弹簧厂（后改南昌标准件四厂。1974年定为南昌弹簧标准件厂）。

本月 南昌下正街发电厂安装SF-58型有触点运动装置，向江西省中调传送6.9千伏母线——电压和发电功率数据，标志着运动技术在江西电力网络应用的起步。

本月 省军区抽调干部战士参加地方工作组，进驻大专院校。

本月 龙南、全南两县遭受百年罕见洪灾，两县城全部被淹，共倒塌房屋3.32万间，伤亡29人。

本月 全省各类学校开始相继停课搞"文化大革命"运动。教育战线大批干部、教师受到批判斗争。

本月 在"文化大革命"破"四旧"运动中，带有所谓"封、资、修"色彩和"帝、王、将、相"商标、图案的商品被停止生产和出售。

1966

7月
July

公元 1966 年 7 月							农历丙午年【马】						
日	一	二	三	四	五	六	日	一	二	三	四	五	六
					1 建党节	**2** 十四	**3** 十五	**4** 十六	**5** 十七	**6** 十八	**7** 小暑	**8** 二十	**9** 廿一
10 廿二	**11** 廿三	**12** 廿四	**13** 廿五	**14** 廿六	**15** 廿七	**16** 廿八	**17** 廿九	**18** 六月小	**19** 初二	**20** 初三	**21** 初四	**22** 初五	**23** 大暑
24 初七	**25** 初八	**26** 初九	**27** 初十	**28** 十一	**29** 十二	**30** 十三	**31** 十四						

1日 南昌铁路分局宜春站助理值班员缪昌连为抢救一名跌倒在铁道接车线路上的女孩，英勇献身。铁道部政治部授予缪昌连"王杰式铁路工作者"称号。

1日 《江西日报》报道，江西各级党组织根据社会主义革命和社会主义建设的需要，陆续提拔了一大批优秀的年轻干部。这些新提拔的干部绝大多数是担任县、社和工交企业事业等单位的领导工作，同时也有一些担任专（市）和省直厅局、大专院校，以及省级群众团体组织的主要领导工作。

1日 日本京都工艺美术家代表团在团长浅见隆三的率领下，一行 6 人抵南昌访问。对外友协江西分会副会长赵明会见并宴请了代表团全体成员。访问活动于 9 日结束，代表团参观了南昌、景德镇等地。

1日 江西省公安总队撤销，整顿为省军区独立师，原总队党委改为省军区独立师党委，直属省军区党委领导（1969 年 11 月，独立师奉命调往福建）。

2日 省人委发出通知，号召全省各地更高地举起毛泽东思想伟大红旗，将"无产阶级文化大革命"进行到底，坚持不断革命和彻底革命精神，在确保早、中稻丰产丰收的同时，千方百计夺取晚稻丰收，实现全年丰收。

2日 第四机械工业部批复南京有线电厂，决定将该厂现有电声零件和继电器生产能力全部迁往江西，利用原吉安神岗山芦陵机械厂和森工局部分房屋，改建成电声零件厂，厂名为国营宏声器材厂。

3日 年产 5000 吨合成氨的向塘化肥厂竣工投产。这个厂的生产设备全部都是我国自己设计自己制造的，所生产的产品质量好，肥力强，肥效快，深受农民欢迎。

4日 华东局计委同意江西铜厂新增 φ760 × 1200 毫米薄板轧机一套（1967 年 2 月 14 日江西省计委、国防工业办公室正式批准江西铜厂薄板车间扩建设计方案。1969 年 3 月 15 日动工兴建）。

5日 尼泊尔王国王太子比兰德拉·沙阿等一行 14 人，由外交部副部长韩念龙和外交部第一亚洲司司长张彤、礼宾司副司长周敏等陪同，来南昌参观访问并游览庐山。省长方志纯和夫人朱旦华举行宴会，热烈欢迎贵宾。参观访问历时5天。

比兰德拉·沙阿王太子（前行者左）由江西省省长方志纯（前行者右）陪同走出机场

6日 省计委、省财政厅决定将人民钢厂400/250轧机迁到南昌钢铁厂。

9日 越南交通代表团一行4人，来南昌、井冈山参观访问。历时7天。

10日 省委召开全省财贸工作和财贸政治工作会议。会议传达全国财贸工作会议精神，讨论"财贸部门如何搞好无产阶级文化大革命和进一步突出政治，按照毛泽东思想办好人民财贸的问题"，会议强调，要加强财贸部门的基层建设，进一步面向农村、面向生产、面向群众，在财贸部门深入开展增产节约运动。省委书记处书记刘瑞森向会议作了报告和总结，省委常委、省委财贸政治部主任梁达山和省委候补委员、省人委财贸办公室副主任韦新在会上讲了话。

11日 省委、省人委举行广播大会。大会号召全省广大群众和干部紧急动员起来，立即投入"双抢"战斗，确保夏季丰收，力争秋季丰收，实现全年丰收。会上，省委书记处书记刘俊秀代表省委、省人委宣读了《关于高举毛泽东思想伟大红旗，突出政治，集中力量，争取夏收夏种全面胜利的指示》。

12日 省、市各界人民集会，愤怒谴责美帝连续轰炸越南首都河内和海防，扩大侵越战争的滔天罪行。省委书记处书记、白栋材致词，省委书记处候补书记、南昌市委书记郭光洲在大会上讲了话。

12日 经中共中央华东局、上海市委、江西省委共同批准，组建黎明制药厂生产磺胺类药，厂址设景德镇市东郊，年产磺胺药240吨，3个医药中间体及片剂5亿片。

13日 九江棉纺织厂建成投产，该厂拥有5.6万余枚纱锭和1800多台织布机，每年可生产棉纱5000件、棉布5000万米左右。

16日 省长方志纯主持召开省人委第二十七次会议。会议听取和讨论省计委《关于江西省一九六五年国民经济计划执行情况和一九六六年国民经济计划的报告》及财政厅《关于一九六五年财政决算和一九六六年财政预算安排情况的报告》。

16日 省农业厅印发《关于做好绿肥扩种准备和种子调剂的通知》。通知要求各地应增加绿肥留种田，提高单产，扩大绿肥种植面积。

19日 省委发出《关于向毛主席的好战士刘英俊学习的通知》，要求"通过学习，进一步加强毛泽东思想的宣传教育，把活学活用毛主席著作的群众运动推向新的高潮，培养更多的学习毛主席著作的积极分子"。

21日 省总工会召开三届五次执委扩大会议和市、县工会主席会议。会议传达和学习全国工交政治工作会议和全国总工会执委会议精神。省委书记处书记白栋材和书记处候补书记郭光洲到会作报告。会议要求"按照毛泽东思想办工会，把工会办成活学活用毛泽东思想的学校"。

23日 省、市各界20万人举行集会和游行，支持越南民主共和国主席胡志明发表的《告全国同胞书》，声援越南人民的抗美救国斗争。

参加大会的群众在高呼口号

23日 省妇联号召全省妇女向沈阳部队某部炮兵连战士刘英俊学习。

26日 省总工会、共青团江西省委、省妇联分别发出通知，要求所属组织立即行动起来，广泛深入地开展宣传和学习刘英俊的活动，把活学活用毛主席著作的群众运动推向新高潮，把"无产阶级文化大革命"进行到底。

28日 省总工会、省贫农下中农协会筹委会、共青团江西省委、省妇联、省体委、省军区分别发出通知，要求所属各级组织，响应毛主席的号召，到江河湖海里去锻炼，在大风大浪中前进。

本月 毛泽东主席应井冈山党委的请求，亲笔重书1928年秋创作的著名诗篇《西江月·井冈山》。

本月 在文化大革命"破四旧"运动中，九江能仁寺、烟水亭、天后宫等省、市级文物保护单位遭到严重破坏，楹联、匾额、碑刻大部分被烧毁或砸烂，周濂溪墓及太平军炮台被夷为平地，浪井被填塞。

本月 第五机械工业部选定铜鼓县建立国营长林机械厂、长江机械厂，在宜丰县建立国营长青机械厂为部属"小三线"项目（1988年下放给江西省，转为民用机械工业）。

本月 省委派出以省公安厅副厅长黄庆荣为组长的工作组，进驻省广播局、江西人民广播电台领导"文化大革命"运动。

本月 农垦部在波阳县荷塘垦殖场召开南方四省样板场参观座谈会。江西省参加单位有荷塘、禾斛岭、洋峰、小叶崇、高垒、九龙山（景德镇）、大茅山、蚕桑、红星等场和共大总校、共大黄岗山分校、东固山分校等12个大寨式单位，另增加江西省代表36人，共48名。

本月 全省垦殖场组织学习《中共中央关于无产阶级文化大革命的决定》，开始错误地批判"三家村"（即原北京市市委书记邓拓、原副市长吴晗、原市委宣传部部长廖沫沙，合作撰写《三家村札记》，"文化大革命"中被称为"三家村"）。全省各垦殖场先后开展"破四旧"（旧思想、旧文化、旧风俗、旧习惯）活动。

1966
8月
August

| 公元 1966 年 8 月 |||||||| 农历丙午年【马】 ||||||
日	一	二	三	四	五	六	日	一	二	三	四	五	六
	1 建军节	**2** 十六	**3** 十七	**4** 十八	**5** 十九	**6** 二十	**7** 廿一	**8** 立秋	**9** 廿三	**10** 廿四	**11** 廿五	**12** 廿六	**13** 廿七
14 廿八	**15** 廿九	**16** 七月大	**17** 初二	**18** 初三	**19** 初四	**20** 初五	**21** 初六	**22** 初七	**23** 处暑	**24** 初九	**25** 初十	**26** 十一	**27** 十二
28 十三	**29** 十四	**30** 十五	**31** 十六										

1 日　南昌铁路分局南昌站在江边货场新建的第一台双梁桥式起重机投产，最大起重能力为20吨，是江西省境内有20吨起重能力的第一个车站。

1 日　南昌的解放军战士、民兵和青少年3100多人，举行了庆祝解放军建军39周年的横渡赣江活动。

南昌市 3100 多名游泳健儿举着毛主席像、毛主席语录牌横渡赣江

2 日　省委、省人委召开会议，检查当前"双抢"情况，研究下半年农业生产工作。会议由省委书记处书记、省长方志纯主持并讲话。

3 日　省人委发出通知，深入开展夏季爱国卫生积肥运动，防止病菌传播，以保护人民健康。

7 日　《毛泽东选集》合订一卷本首次在南昌市发行。此前已开始在全省公开发行。

7 日　省委宣传部副部长、省文联党组书记、省文联主席李定坤以"江西文艺界坚持走资本主义道路的当权派"、"钻进党内的资产阶级代表人物"、"彻头彻尾的反革命修正主义分子"等罪名，被《江西日报》公开点名批判，一版刊发了社论《党的群众路线万岁》，二版发了题为《彻底批判李定坤反党反社会主义反毛泽东思想的罪行》的长篇批判文章（1979 年 8 月 10 日平反）。

《毛泽东选集》合订本在南昌市发行，群众在新华书店踊跃购买

8 日　老挝（寮方）文化代表团一行 2 人来南昌参观访问。

8日　省委根据7月25日毛泽东"不要工作组,要由革命师生自己搞革命"的谈话精神,决定撤销6月派出的领导各大专院校和中等学校"文化大革命"的工作组。

9日　《江西日报》奉命在一二版全文转发《中国共产党中央委员会关于无产阶级文化大革命的决定》。

11日　省文化局根据省委指示召开毛主席著作印制工作会议。会议传达文化部全国毛主席著作印制发行工作会议精神。初步落实全省下半年毛主席著作的印制任务为:《毛泽东选集》10万部,《毛主席语录》700万册,《毛主席著作选读》甲种本80万册、乙种本134万册,毛主席著作单篇本21种1300万册。会议于14日结束。

12日　《江西日报》奉命在第一版转发了《中共中央关于无产阶级文化大革命的决定》公布后,毛主席会见首都群众的消息。

12日　新华煤矿一井东采区14层掘进工作面发生重大瓦斯突出事故,突出煤量240吨、瓦斯量5万立方米,破坏巷道40多米,死亡4人。华东公司为此向全区煤矿发出事故通报。

12日　刚果(布)红十字会代表团一行5人,来南昌、井冈山等地参观访问。历时8天。

13日　省委、省人委发出《关于切实做好当前抗旱灭虫工作的指示》,要求各地迅速开展抗旱灭虫的群众运动。

13日　省、市群众数十万人结队游行,庆祝党的八届十一中全会召开。

聚集在省委大门外的游行队伍

16日　省红壤样板地区——余江、东乡、贵溪、鹰潭三县一镇,百万亩早中稻获得持续增产,平均亩产和总产量都比上年增长10%以上,其中有的早稻亩产一季跨纲要,或者总产一季超上年。

18日　毛泽东主席在天安门首次接见红卫兵。红卫兵运动遍布江西全省,各地学生陆续离校"大串联"。

19日　江西南昌市的"红卫兵"近日走上街头,开展破"四旧"(旧思想、旧文化、旧风俗、旧习惯)活动,许多珍贵的历史文物、文献资料、图书画卷以及万历牌坊、娄纪墓、澹台墓、万寿宫等名胜古迹遭到破坏,许多剧团的精美戏装被焚毁。

红卫兵抄家封门"破四旧"

造反队走上街头"破四旧"

20日　省劳动局同意九江钢厂与南昌钢铁厂合并。

20日　全省各行各界妇女纷纷举行座谈会,集会游行,热烈祝贺毛泽东主席亲笔为《中国妇女》杂志刊头题字。

21日　省、市15万群众在南昌市人民广场,举行集会游行,庆祝"无产阶级文化大革命"轰轰烈烈地开展,迎接"无产阶级文化大革命"新高潮。大会由省委书记处候补书记黄知真主持,省委书记处书记、省长方志纯到

省、市 15 万群众举行集会游行

会并讲话。

21 日 省煤炭管理局组织一批煤炭企业的领导干部去湖南省参观学习"扭转北煤南运"的经验。

23 日 省煤管局为了解决"文化大革命"中部分干部不敢大胆指挥生产，少数工人不服从生产指挥的问题，发出《关于贯彻执行中央抓革命、促生产的指示的几点意见》，要求"各矿在党委统一领导下，建立两个班子，一个班子抓文化革命，一个班子抓生产、抓业务。职工的文化革命要在业余时间进行"。

25 日 《江西日报》以《大破"四旧"，大立"四新"，革命小将造反有理》为题，报道从南昌地区开始的破"四旧"、立"四新"活动。传统文化、历史遗产、文物古迹、风俗习惯受到大规模的冲击，大批珍贵典籍、古玩、书画被烧毁、捣烂，许多街巷和"老字号"名牌商店、工厂、

南昌红卫兵在街头书写"破四旧"大字报

学校被强行改名。这个活动遍及全省，时间长达几个月。

25 日 省煤管局"文革领导小组"成立。

26 日 省卫生厅、省财政厅转发卫生部、财政部《关于血吸虫病检查和治疗实行免费的通知》。

28 日 省委改组江西农学院党委，指出"石少培在这次文化大革命运动中，镇压革命学生运动"，决定"立即撤销石少培党内外一切职务"，"任命张亚翼为江西农学院党委书记兼副院

长"。同日，《江西日报》发表社论：《革命学生的无产阶级造反精神万岁》（1979 年 10 月 12 日，省委为石少培平反，恢复名誉）。

28 日 省委召开省直机关负责干部大会。大会传达 8 月 1 日至 12 日在北京举行的党的八届十一中全会精神和这次会议通过的《关于无产阶级文化大革命的决定》（简称《十六条》）。省委书记处书记方志纯代表省委在会上讲话，表示欢迎广大群众对省委的缺点、错误进行批评。

30 日 红卫兵、大中专院校师生开始全国大串联，至 1966 年，南昌铁路局管内运送共约 655 万人。

本月 省人委召开全省教育工作会议，传达贯彻中共中央、国务院《关于改革高等学校招生工作的通知》精神，决定"从 1966 年起，高等学校招生取消考试，采取推荐与选拔相结合的办法"。由于学校"停课闹革命"，本年全省未能办理招生工作，并由此停止按计划招生达 6 年之久。

本月 全国串联的红卫兵陆续来到南昌。至年底，由外地来南昌串联的大中学校学生已有 10 万人上井冈山，全省当时接待"串联"学生的经费达到 1150 万元。

本月 《毛主席语录》在江西省公开发行。

本月 在"破四旧"的影响下，全省戏曲界开始出现烧毁服装、道具、戏箱、剧本、音像、文字资料，砸烂文艺黑线，揪斗"牛鬼蛇神"等活动，文化系统各级组织陷于瘫痪。

本月 江西省独立承担第一个对外援助项目——毛里塔尼亚姆颇利农场成套项目。江西省农业局派出王永金等 5 名技术人员考察姆颇利平原 1500 公顷土地，选择其中 662 亩地试种 9 个水稻品种，亩产达 259 斤。该项目先后派出专家150 人次。农场建成后受到毛里塔尼亚总统达达赫的赞扬，并作为该国国民经济三大成就之一而被定为国庆参观项目。

本月 南昌市殡仪馆停止办理棺葬业务，经营棺木行业的人员全部改行。

本月 井冈山在黄洋界保卫战遗址上兴建的"黄洋界保卫战胜利纪念碑"揭幕，全国人大委员长朱德题写碑名。

宁冈县武装部政委在黄洋界纪念碑前给参加野营的民兵传授人民战争的经验

本月～9月 在民革、民盟、农工党江西省人委和民建江西省工委机关，红卫兵贴出要"取消民主党派"等大字报。民主党派省委会先后将挂在大门边的民主党派省委会牌子摘下。各民主党派省委会（省工委）作出决定：暂时停止对外办公，搞好本机关"文化大革命"。同时，各民主党派省委会机关开始接待到南昌串联的红卫兵。

本月 靖安县破"四旧"，拆除宝峰寺、马祖塔、霁峰塔，挖况钟墓。

本月 自8月份以来到井冈山串联的红卫兵日增，每日多达2万人。

1966
9月
September

公元 1966 年 9 月							农历丙午年【马】					
日	一	二	三	四	五	六	日	一	二	三	四	五	六
				1 十七	**2** 十八	**3** 十九	**4** 二十	**5** 廿一	**6** 廿二	**7** 廿三	**8** 白露	**9** 廿五	**10** 廿六
11 廿七	**12** 廿八	**13** 廿九	**14** 三十	**15** 八月小	**16** 初二	**17** 初三	**18** 初四	**19** 初五	**20** 初六	**21** 初七	**22** 初八	**23** 秋分	**24** 初十
25 十一	**26** 十二	**27** 十三	**28** 十四	**29** 中秋节	**30** 十六							

1 日 江西有色冶炼加工厂铅系统试产。

2 日 南昌市工商局发出《关于商标广告改革的通知》。

3 日 省委召开南昌地区"无产阶级文化大革命"广播会。省委书记处候补书记黄知真主持，省委书记处书记方志纯就当前"文化大革命"运动中的几个问题发表广播讲话。

3 日 "九三"事件发生。省直机关少数干部和红卫兵在省人委大院错误地揪斗副省长彭梦庚、董琰，给他们戴高帽子、挂黑牌、游院示众。

4 日 江西日报社干部张永红（署名）针对造反组织提出的"炮打司令部，火烧省委"的口号，贴出第一张批评大字报：《坚决按毛主席的指示办事，把无产阶级文化大革命进行到底》。

5 日 中共中央发出《关于组织外地革命师生来北京参观革命运动的通知》，南昌市部分大中学生开始参加全国性的大串联。

6 日 省委召开党内十七级以上干部会议，明确表示揪斗董琰、彭梦庚是错误的，并对一些干部支持造反派的行为进行了批评。

6 日 署名张永红的《坚决按照毛主席的指示办事，把无产阶级文化大革命进行到底》的大字报和 9 月 6 日赵长生等 5 位省市劳模及 3 个中学生联合写成《我们坚决同坏蛋作斗争》的传单，由江西日报社当作"号外"印发 40 多万份，影响极大。

8 日 省委向工农兵、知识分子和革命干部、红卫兵发出《中国共产党江西省委员会的几点建议》，指出大辩论主要应在本单位内部进行，用大字报的形式表示意见，并坚持摆事实、讲道理，以理服人。

8 日 为维护禁止原子弹氢弹运动的正确路线和光荣传统而退出第十二届禁止原子弹氢弹世界大会的锡兰代表拉·穆图坦特里夫妇和新西兰代表南希·戈达德夫人抵达南昌。

8 日 以越中友好协会副会长、越南国会常务委员会秘书长孙光阀为团长、越南对外文委副主任范鸿为副团长的越中友好协会代表团一行 5 人，来南昌、井冈山等地参观访问。历时 6 天。

9 日 《江西日报》报道，全国二轻系统大庆式先进单位、江西省五好企业——武宁县大洞蔗业社,以毛泽东思想为指针,以解放军为榜样,学政治、学军事、学文化,以工为主,兼搞农副业生产,把合作社办成一个亦工亦农、亦文亦武的革命化大学校。

9日 《江西日报》发表社论:《工农兵群众和革命学生团结起来,夺取革命和生产双胜利》。社论指出,"1966年是我国第三个五年计划的第一年,我们广大的工人、公社社员,既要当好'文化大革命'的主力军,又要当好生产斗争的突击队,尤其是在当前生产任务重的情况下,我们工人农民必须以主人翁姿态,坚守岗位,搞好生产"。

9日 省财政厅、省税务局通告,从9日起"凡发行毛主席著作、毛主席像和中央其他领袖像,以及'文化大革命'小册子、活页文选和宣传品等,均不征零售环节工商统一税"。

10日 省委发出了《关于抓革命促生产的通知》,对完成1966年的生产计划提出具体要求。

12日 省委举行广播会议。省委书记处候补书记黄知真代表省委发表广播讲话,对"文化大革命"运动中的大是大非问题,阐明省委的立场和看法,强调"内外有别",指出绝不能不加区别地打倒一切,要求各级干部和广大职工,首先是共产党员,必须坚守生产岗位,确保当年工农业生产任务的完成。

14日 全省大专学校师生和中学师生开始分期分批赴京串联,学习首都"文化大革命"的经验。

14日 南昌市新华书店综合门市部等四处,首次公开发行《毛主席语录》,当日就发行1.31万册。

14日 省委发出通知,要求各地贯彻执行

南昌红卫师范学校的师生,奔赴南昌市郊区五星公社参加秋收劳动

中共中央《关于抓革命促生产的通知》、《关于县以下农村文化大革命的规定》。

14日 九江市长江防洪工程破土动工(1974年12月完成,堤长12.17公里,堤顶高32.10米,堤顶宽4米,防洪标准为20年一遇)。

15日 万平无线电厂(八九七厂)建成投产。景德镇半导体器件厂建成投产。

15日 江西省国防工业办公室和江西省基本建设第一指挥部批准,成立赣江冶炼厂。代号八〇五厂,对外称"赣江冶炼厂",厂址定在分宜县洞村乡。该厂年产金属镍200吨(1967年3月,该厂动工兴建。1968年8月建在赣中磷肥厂的477-66工程反射炉工段建成。1969年2月,设在蛤蟆洞中的镍合金电炉工段建成投产。同年9月25日镍电解工段产出第一批合格2号镍)。

15日 毛主席又一次接见百万红卫兵的消息传到江西各地后,群众举行了集会游行。

庆祝毛主席接见红卫兵的游行队伍

16日 刚果(布)执政党全国革命运动政治局委员奥贝·隆达来南昌、井冈山等地参观访问,历时9天。

16日 由日本国民救援总会中央本部事务局长斋滕喜作率领的日本国民救援总会第5次访华团一行8人,来南昌、井冈山等地参观访问,历时9天。

18日 江西钢厂八〇三车间3吨锻锤投产。

19日 大型彩色纪录片《毛主席和百万文化革命大军在一起》、《毛主席接见红卫兵和革命师生》、《毛主席第三次接见百万革命小将》和《毛泽东思想的伟大胜利——欢呼我国第三次核试验成功》,在南昌市及江西全省上映。

19日 全省农业战线召开会议。会议认真研究和分析当前农业生产形势,部署今后生产,要求做到丰收不到手,管理不放松,顺利实现

"文化大革命"和农业生产双丰收。

19日 南昌市总工会召开全市工交、财贸"五好"、"六好"职工代表大会。大会向全市发出"抓革命，促生产，誓夺文化革命、生产双胜利"的倡议。

19日 省委决定撤销省防空委员会，成立备战委员会，负责全省的备战与防空工作。

20日 在"文化大革命"洪流的冲击下，南昌市一批街道改名。改名的大街小巷共有297条，如将站前路改为东风路，孺子路改为反帝路，叠山路改为反修路，象山路改为瑞金路，民德路改为长征路，南莲路改为井冈山大道，丁公路改为安源路，榕门路改为宁冈路，船山路改为兴国路等。

20日 省农林垦殖厅在刘家站垦殖场召开红花草旱地留种现场会。有18个省属场，14个专、县场场长、技术员共35人参加，一致肯定刘家站、红星、大茅山等场在丘陵旱地和山地水平条垦的幼林行间大面积播种红花草留种经验是成功的，是解决红花草大量留种的方向。会议于22日结束。

22日 省委作出《关于贯彻执行〈中共中央关于抓革命促生产的通知〉的决定》，要求各单位干部、职工坚守岗位，保证各项工作正常进行；工交企业、基本建设等部门的"文化大革命"，按原"四清"的部署进行；保证完成国防生产建设任务。

22日 江西新华印刷厂首次成功地印制毛泽东彩色像。《毛泽东选集》一卷至四卷简体字横排本，国庆期间首次在南昌市发行。

22日 江西省铁路鹰潭线路大修队首次在青云谱至南昌间试用龙门架换轨，从而结束了用人工换轨的历史。

24日 日本国民救援总会第五次访华代表团一行8人，在日本国民救援总会中央本部事务局长斋滕喜作率领下，在江西参观访问后，离开南昌赴武汉访问。

25日 昌明无线电器材厂（八五九厂）建成投产。

26日 江西钢厂八〇九车间试产出第一批合格钢管。

28日 江西钢厂在简易工棚里生产出第一批合格弹芯、钢丝。

28日 江西钢厂另选厂址兴建的八一一、八一三车间破土动工。29日，八〇七车间正式投产。

28日 省农业厅向全省各地发出通知，要求抓紧时机，积极抗旱抢种绿肥。通知说，多种和种好绿肥，是贯彻执行毛主席关于"自力更生"和"备战、备荒为人民"的伟大战略思想在农业生产上的一项具体措施。是依靠群众，依靠人民公社集体经济力量，建立化肥"工厂"，是多快好省地发展农业生产，夺取早、中稻大丰收的重要物质基础。

29日 冶金部批准江西新余钢铁厂新建年产2万吨钢丝车间。

30日 省人民银行发出《关于在当前无产阶级文化大革命运动中做好金银收兑的通知》。

30日 省人民银行向各行发出通电，指出银行和信用社的储蓄存款没有支付利息的，应该补给储户；储户送回的利息，应该退回给储户。

30日 南昌市人民广场主席台（投资为25.5万元）改建混凝土结构。3月开工，今日竣工。

本月 政协江西省委员会机关停止办公。

本月 信江航道鹰潭至波阳115公里河段开始治理（历时半年，平均水深提高了0.3米~0.4米，船舶可常年畅通）。

本月 南昌通用机械厂试制成功ZCZ-12型气动轨道式装岩机，通过部级鉴定，填补国内空白。

本月 省委宣传部批准南昌市委宣传部指定南昌市服务公司负责印刷毛主席照片，交由新华书店统一在全省发行。

1966

10月
October

公元 1966 年 10 月							农历丙午年【马】						
日	一	二	三	四	五	六	日	一	二	三	四	五	六
						1 国庆节	**2** 十八	**3** 十九	**4** 二十	**5** 廿一	**6** 廿二	**7** 廿三	**8** 廿四
9 寒露	**10** 廿六	**11** 廿七	**12** 廿八	**13** 廿九	**14** 九月小	**15** 初二	**16** 初三	**17** 初四	**18** 初五	**19** 初六	**20** 初七	**21** 初八	**22** 重阳节
23 初十	**24** 霜降	**25** 十二	**26** 十三	**27** 十四	**28** 十五	**29** 十六	**30** 十七	**31** 十八					

1 日　省、市 12 万人在南昌人民广场举行盛大集会和游行，热烈庆祝建国 17 周年。省市党政负责人出席了大会，省委委员、南昌市委副书记李华封在会上讲话。

1 日　七〇一厂铅冶炼投产。

1 日　新余县成立自来水公司，同时自来水厂建成投产，规模为日产 0.25 万吨。

1 日　新余钢铁厂 3 号 255 立方米高炉建成投产，冶炼锰铁。至此，该厂共有 3 座 255 立方米高炉冶炼锰铁，年生产能力 12 万吨。

3 日　省委负责人会见前来南昌参加国庆观礼的全省各地工农业劳动模范和财贸战线六好职工代表，勉励他们更高地举起毛泽东思想伟大红旗，夺取精神战线和物质战线上新的更大胜利。

4 日　省委发出《关于广泛开展宣传和学习三二一一一钻井队英雄事迹的通知》，号召全省共产党员和革命群众向英雄钻井队学习，"把读毛主席的书作为生活的第一需要，把毛泽东思想化为自己的灵魂，把执行毛主席的指示变为自觉行动，把革命的利益当成自己的第一生命"。

4 日　首批外出串联人员陆续回到南昌。

5 日　省财政厅、省卫生厅发出《关于血吸虫病查治实行免费的具体问题》的通知。

5 日　省国防工业办公室与省计委同意省基建第一指挥部《关于赣江冶炼厂（镍冶炼）扩建初步设计的批复》。

6 日　省人委转发国务院批转财政部《关于停止征收文化娱乐税的请示报告》，决定自本年 10 月 1 日起，全省停征文化娱乐税。

12 日　由加德满都市议会主席加内什曼·什雷斯塔率领的尼泊尔尼中友好协会代表团一行 5 人，来南昌、井冈山等地参观访问。历时 7 天。

13 日　新华社报道，江西省 200 多个国营垦殖场的近 50 万名职工，继承和发扬毛主席树立的革命传统，经过三大革命的实践锻炼，已成为一支新型的农业工人队伍。在政治战线上发挥了战斗队、工作队的作用，在物质战线上发挥了生产队的作用，具有无产阶级政治觉悟，亦工亦农，能文能武，受到省内外人民的热情赞扬，被誉为"红军式"的队伍、"南泥湾式"的队伍。

13 日　江西省矿产储量委员会审查批准由江西省地质局九一一一队提交的东乡县枫林铜硫铁

钨矿区勘探报告。

14日 省委发出通知，要求各级党组织"把活学活用毛主席著作群众运动提高到新的阶段，提高到新的水平，更讲究落实，促使新形势、新局面迅速发展。并使我省学习毛主席著作的群众运动更广泛、更普遍、更深入、更有成效地蓬蓬勃勃向前发展"。

新干县七琴公社秋南大队第一生产队的驻队干部帮助社员们学习《毛主席语录》

14日 参加首都国庆活动的解放军观礼代表团一行247人到达南昌参观访问。省党政军负责人方志纯、白栋材、刘瑞森、郭光洲、黄先、罗孟文、王卓超、黄霖、梁达山、刘建华、潘震亚、李世璋、董琰、胡定千、倪南山、李华封、孙英、刘云辉等接见了代表团全体代表，同他们进行了亲切的谈话。参观访问历时6天。

14日 日本亚非团结委员会代表团一行6人，来南昌、井冈山等地参观访问。历时7天。

15日 省委、省人委发布《关于当前秋收冬种工作的指示》，强调进一步加强领导，抓住季节，保质、保量、按时地全面完成冬种计划。为此，《江西日报》配发了题为《以高标准夺取秋收冬种全胜》的社论。

18日 《江西日报》报道，从10月4日到10月14日，全省先后有10批赴京串联师生回省，省、市文艺团体和业余文艺演出队连日不断举办文娱招待晚会，正在南昌进行串联的部分外地学生也应邀观看了演出。

19日 江西省参加首都国庆观礼的工农代表团全体代表，从北京归来。省委书记处书记方志纯、白栋材，候补书记郭光洲、黄先，常委黄霖、梁达山，副省长李杰庸、潘震亚、李世璋及南昌市的党政负责人到车站迎接。当日下午，代表们参加座谈会，畅谈赴京观感。省委书记处书记方志纯在座谈会上作了重要讲话，勉励他们继续发挥主力军作用。

19日 省煤炭管理局在花鼓山煤矿开办江西省煤炭半工半读训练班，学员130人。

21日 江西煤矿贯彻执行煤炭工业部《关于同意按湘赣工作组座谈纪要的原则精神安排建设工作的通知》中提出的"先浅后深，先肥后瘦，先易后难，走向开花，深部集中，片盘开拓，加大强度"的开发原则，以之作为煤矿建设设计、订货和安排工作的依据。

21日 全省暂停向已经进行社会主义私房改造后的私有出租房主付定租。

25日 冶金部转发国家计委批文，批准江西武山铜矿设计任务书，设计规模为日采选2500吨，分期建设，第一期为日采选1500吨。

27日 省劳改局决定，在犯人、劳教人员、就业人员中不搞"文化大革命"。

28日 我国发射导弹核武器试验成功的喜讯传到江西，全省各地广大革命群众和驻省部队指战员万分高兴，他们抬着毛主席巨幅画像，高举红旗，敲锣打鼓，奔向省、地（市）委报喜、祝贺。

28日 以锡兰锡中友好协会副主席西里瓦达纳为团长的锡中友好协会代表团一行5人，来南昌、井冈山等地参观访问，历时7天。

30日 造反组织在南昌市人民广场召开大会，批判江西日报社干部张永红的大字报。省委书记处书记刘瑞森公开支持造反派，并带头呼喊"炮打司令部，火烧省市委"的口号，致使不同观点的群众辩论愈演愈烈。

31日 省军区政治部发出《关于开展宣传和学习蒋新苟英雄事迹的通知》。

本月 省公安厅机关第一个群众组织"红前卫"成立。

本月 方志敏烈士墓在南昌市西北郊梅岭下建成。

本月 省轻化工业厅发出通知：厅直属企业江西棉纺织印染厂、江西化学纤维厂和江西八一麻纺织厂下放给南昌市；兴中纺织厂、九江纺织厂下放给九江市；抚州棉纺织厂下放给抚州地区。

本月 省弋阳县蛇纹石矿 6×300 吨钢筋混凝土矿仓工程由上饶地区省建三〇三工区承建，高度 24 余米，由于体积大，超负荷载重，结构复杂，支模十分困难，经多次研究和模拟试验，最后选用多层重叠式木框架支模法施工，获得成功。

本月 庐山通用机械厂成功试制 JW 系列微型三相异步电动机，该机通过省级鉴定，是省内首次生产的分马力电机。

本月 建筑业年报从国民经济基本统计中取消，由主管部门设置简要报表。

本月 为贯彻江西省委决定，省轻化工业厅下放的厅属企业有：赣南化工厂、东乡化工厂、鹰潭日用化工厂、江西樟脑厂、江西造纸厂、江西油脂化工厂、江西火柴厂、江西农药厂、南昌橡胶厂、江西纺织厂、江西化学纤维厂、八一麻纺厂、樟树磷肥厂。

1966

11月

November

日	一	二	三	四	五	六	日	一	二	三	四	五	六
公元1966年11月　　　农历丙午年【马】													
		1 十九	**2** 二十	**3** 廿一	**4** 廿二	**5** 廿三	**6** 廿四	**7** 廿五	**8** 立冬	**9** 廿七	**10** 廿八	**11** 廿九	**12** 十月大
13 初二	**14** 初三	**15** 初四	**16** 初五	**17** 初六	**18** 初七	**19** 初八	**20** 初九	**21** 初十	**22** 十一	**23** 小雪	**24** 十三	**25** 十四	**26** 十五
27 十六	**28** 十七	**29** 十八	**30** 十九										

1日　省人委批准，全省停征牲畜交易税，保留税种。

3日　中国人民抗日军事政治大学（简称抗大）校史展览在南昌、吉安等地展出。《江西日报》配发了题为《继承和发扬抗大革命传统，把全省办成毛泽东思想大学校》的社论。

6日　省委召开三级干部会议。会议传达贯彻10月9日至28日毛泽东主持、在北京召开的中央工作会议精神。

7日　萍乡分公司按华东公司的决定，抽调51名干部到鸣山煤矿工作。

8日　哈尔滨军事工程学院、北京师范大学等外地院校"红卫兵"近日到安源煤矿"造反"，封闭安源路矿工人俱乐部和谈判大楼旧址。

9日　余江县人民举办各种活动庆祝毛主席诗词《送瘟神》发表8周年。

10日　萍乡市芦溪鞭炮合作社工厂发生爆炸，死87人，伤6人。国家劳动部、二轻工业部、中华全国总工会以及省经委、民政厅、公安局、手工业管理局、外贸局等部门派人指导处理善后工作。

14日　革命根据地兴国县长冈公社长冈大队的革命群众，举行庆祝大会，庆祝毛主席到长冈乡调查33周年。

19日　省军区党委发出关于宣传和学习宁冈县人民武装部先进事迹的决定。要求全区指战员和广大民兵向宁冈人民武装部学习，"把全省部队和民兵组织办成毛泽东思想大学校"。当日，《江西日报》刊登了宁冈人民武装部的先进事迹，并配发了社论《发扬井冈山彻底革命精神，让伟大的毛泽东思想代代相传》。

22日　福州部队党委作出决定，要求所属部队学习宁冈人民武装部发扬井冈山革命精神，关心人民，热爱人民，密切军政、军民关系的事迹。

23日　江西蚕桑场丝绸厂职工试织成功了第一幅毛主席语录织锦。

25日　景德镇瓷厂全面竣工，其中捷克斯洛伐克设计的97米隧道窑工程竣工投产。

26日　在毛主席《井冈山的斗争》发表38周年之际，井冈山5000多革命群众和红卫兵举行纪念大会，决心继承井冈山彻底革命精神，努力改造世界观，永远跟着毛主席闹革命。

26日 毛主席11月25日和26日在首都第八次接见来自全国各地的革命师生和红卫兵的消息传到江西，广大群众走上街头，敲锣打鼓游行。

28日 南昌铁路局举行大会，宣布铁道部命令，授予缪昌连"王杰式铁路工人"荣誉称号。缪昌连是宜春火车站工人，为抢救儿童英勇牺牲。《江西日报》于9月23日发表通讯《舍己为人的共产主义战士——缪昌连》，介绍其先进事迹。

30日 由正在江西进行串联的解放军院校35名师生组成的"毛泽东思想长征队"开始长征串联。他们从南昌出发，经井冈山－瑞金－延安直达首都北京。出发时，省军区领导机关为他们举行了欢送会。省军区负责人向长征队的全体同志赠送了毛主席语录牌。

本月 红卫兵"大串联"，数万人聚集瑞金，体验"长征"。

本月 中国人民银行江西省分行规定从10月起，江西人民出版社、各地新华书店凡出版发行毛主席著作所占用的银行贷款，可以免计利息。

本月 全省国营垦殖场和共产主义劳动大学总校、各分校、中学相继自发成立"红卫兵"和"造反派"组织。各场、校领导先后受到冲击，开展工作困难。

1966

12月
December

公元 1966 年 12 月							农历丙午年【马】						
日	一	二	三	四	五	六	日	一	二	三	四	五	六
				1 二十	**2** 廿一	**3** 廿二	**4** 廿三	**5** 廿四	**6** 廿五	**7** 大雪	**8** 廿七	**9** 廿八	**10** 廿九
11 三十	**12** 十一月大	**13** 初二	**14** 初三	**15** 初四	**16** 初五	**17** 初六	**18** 初七	**19** 初八	**20** 初九	**21** 初十	**22** 冬至	**23** 十二	**24** 十三
25 十四	**26** 十五	**27** 十六	**28** 十七	**29** 十八	**30** 十九	**31** 二十							

2 日　为了总结交流种植"农垦 58"经验，把江西省晚稻生产提高到一个新的水平，省农业厅日前在莲塘分期召开了"农垦 58"现场参观座谈会。参加座谈的有来自 40 多个县的部分社、队干部以及县（市）农业局、良种场干部。

3 日　《江西日报》报道，由 96 万多人组成的全省水利大军，正在掀起一个水利建设高潮，开工的各种水利工程达 1.8 万多座。

5 日　《江西日报》报道，全省已建起一个东起乐平，西至萍乡，南到临川，北临九江的强大农村电力网，为全省 40 多个县的农业技术改革和农业的全面发展创造了有利条件。

7 日　省人民银行、省财政厅发出通知，为适应省级企业下放的新形势，自 1967 年起，下放企业的财务管理和信贷管理均由各地区办理。

10 日　为了进一步贯彻执行毛主席和党中央关于医药卫生事业面向农村的指示，发展农村卫生事业，全省西药（包括人用药品、兽用药品、特种药品、麻醉品）实行全国统一价格。实行这一办法后，西药价格将降低 5% 左右。

10 日　日本大阪卫星都市职员工会代表团一行 7 人，在南昌参观访问。

14 日　赴北京串联的江西省省直机关造反派在北京航空学院礼堂揪斗省委书记处书记白栋材。

15 日　《江西日报》报道，江西省五万多名干部、转业军人和城市工人，上山下乡，所建立的国营综合垦殖场以及扩建的农场、林场、水产养殖场，已成为山区社会主义建设的榜样。

16 日　省、市外地串联师生联合接待站发出《关于大专、中等学校革命师生成立组织有关经费等问题的处理意见（商讨试行稿)》、《关于财务手续几项意见》。

17 日　以岩村千夫为团长的日本日中友好协会学习活动家代表团一行 8 人，来南昌、井冈山等地参观访问。历时 8 天。

18 日　宏声器材厂改名为红声器材厂。

21 日　国家计委批准江西第二化肥厂设计任务书。

22 日　省计委决定在德兴县建设一个年产普通过磷酸钙 3 万吨及副产品氟硅酸钠 210 吨的普钙厂。

23 日　省测绘管理处向国家测绘总局提交

关于今后测绘管理工作方针、设想及对总局的有关意见，包括管理工作方针、今后的设想和打算及对总局工作的建议和意见等内容。

23 日 省商业厅通知，自 1967 年 1 月 1 日起，毛巾（包括面巾、枕巾、小方巾、罗卜巾），实行免收布票供应，袜子减收布票。

26 日 江西无线电厂（七一三厂）建成投产。

28 日 南昌地区造反组织在南昌人民广场召开大会，批判"资产阶级反动路线"，胁迫省委第一书记杨尚奎作检查。

29 日 《毛主席语录》英文版开始在南昌市外文书店发行，广大读者踊跃前往购买。

30 日 南昌无线电二厂建成投产。

30 日 省商业厅、省供销社、省卫生厅联合发出《关于使用加碘盐防治地方甲状腺肿的通知》。根据部分地区甲状腺肿和克汀病的发病情况和加碘盐供应不足的问题，决定加碘盐供应由卫生部门提供病区情况，商业部门组织调运，供销社负责零售，共同做好地方病的防治工作。

31 日 财政部发出《关于撤销财政驻厂员有关问题的通知》，江西省遵照执行。

本月 全省开办 140 多个半农半医学校（班）。1968 年底各校（班）均停办。

本月 抚州专区档案馆遭"造反派"冲击，库房门窗被砸烂。

本月 江西光学仪器总厂有恒温、恒湿要求的光学楼和装配楼工程、上饶专建三〇一工区在德兴县承建。

本月 江西岿美山钨矿抽调 200 多名职工支援德兴铜矿掘进巷道，该工作将历时 5 个多月。

本月 华东基建公司负责人梁继海率领工作组来江西，按省人委与华东煤炭工业公司商定的意见，成立乐平矿区建设指挥部，从 1967 年 1 月 1 日起，由华东基建公司负责乐平矿区的建设。

本月 到井冈山串联的红卫兵达 9 万多人。

井冈山先遣队全体队员赴井冈山串联

本 年

年初 中共中央政治局候补委员、书记处书记、国务院副总理陆定一到江西蚕桑场视察。

年初 江西省图书馆归属南昌市。当时有工作人员 36 人，藏书 20 多万册，当年接待读者 77 万余人次（1975 年秋又归属省办，增建 1 座 900 平方米的 3 层楼书库）。

本年 江西省省级文物保护单位宜春市文峰塔、吉水县龙华塔、庐山的宋代塔、弋阳县的文星塔、南丰县的宋代金鱼潭石窟、南城县的明代十柱坊、南昌市的明代万历牌坊、清代喻嘉言墓、汉代徐孺子墓、于都县的罗田岩宋代岳飞石刻、庐山的宋代周濂溪墓、星子县的明代嘉靖牌坊、贵溪县的上清宫钟楼、大余县的唐代接引佛铜像、南昌市佑民寺铜佛像、赣州市的五代观音大士像、南城县麻姑山仙都观邓真人墓、九江市能仁寺的铁佛像、赣县清代杨廷麟墓等等，在"破四旧"运动中均被毁。

本年 江西省盲人聋哑人协会办公室成立，

办公室设在江西省民政厅内。

本年 省商业厅通知，凡完成国家计划内安排上市的鲜菜，无论是否通过当地商业部门直接经营，都给奖售。不属计划内的一律不奖。

本年 全省有 100 万册图书，在"破四旧"运动中被当作"封资修黑货"焚毁，话剧《八一风暴》被打成"反党大毒草"遭批判。

本年 江西省航海模型队教练员熊吉生研究"自航模型的航向准确性"获得成功，其制作的海模在第六届全运会比赛中航速和航向均获满分。

本年 德兴铜矿按日采选能力 3500 吨扩建。并经冶金部批准，从第 4 季度开始进行 6400 吨日采选工程建设准备工作（1967 年南山露天采场

德兴铜矿架线式电机车运矿

德兴铜矿井下采矿作业现场

开始建设，1970 年建成投产。1969 年 6 月，6400 吨日选厂开工建设，1971 年基本建成，年底形成年采选 330 万吨矿石的综合能力）。

本年 江西农学院讲师王溪云在对盘类吸虫的分类研究中发现 1 个新属、4 个新种。

本年 南昌市农村中较大的商店改造成公私合营性质的商业企业。

本年 江西南昌电表厂成立，成为南昌市首家生产流量仪表的厂家。

本年 铁山垅钨矿抽调 250 名职工和设备支援铁坑铁矿建设（1967 年 4 月抽调职工返回原矿）。西华山钨矿抽调 300 余名职工和设备支援水平铜矿建设。

本年~1970 年 全省推广"三矮一粳"（矮脚南特号、广陆矮、珍珠矮和晚粳农垦 58）为主的矮秆良种（1969 年江西从浙江、江苏、上海、湖南等地大量调进晚粳农垦 58 种子）。

本年 南昌市路灯安装闹钟式断送电定时开关，将油浸式开关改为交流接触器用以控制全市路灯启闭。

本年 萍乡市部分城市居民下放农村，由市房产公司代管其私人房产。

本年 年底九江地委和全区党政领导机构陷入瘫痪、半瘫痪状态（1967 年 2 月，地委被"造反派"非法夺权，停止工作）。

本年 "文化大革命"开始后，江西省成人中等学历教育的学校均停办。

本年 著名的宁冈会师桥竣工通车。新余大桥、于都澄江大桥、铅山凤来墩桥也建成通车。

本年 江西国药制剂厂改名为江西国药厂。职工 819 人，科技人员 55 人，主要生产土霉素、盐酸土霉素、醋酸泼尼松、柠檬酸等。

本年 江西医药商业受"文化大革命"的影响，大批人员下放农村（职工人数由 1965 年的 9200 人，下降到 1970 年的 6200 人）。

本年 美国黑人领袖罗伯特·威廉抵南昌作两日游。

本年 "文化大革命"开始后，江西省旅行社名存实亡。

概 要

本年，江西武斗不止，派仗不停，打砸抢成风，严重破坏了正常的生产秩序，给经济建设造成严重损失，许多企业大幅度减产，国民经济处于下滑状态。当年工农业总产值比上年下降 8.7%，其中工业产值下降 14.5%，财政收入下降 32.7%，工农业生产和财政收入全面出现下降，全省国民经济出现大倒退。

自上而下的夺权斗争与执行军管任务 继上海"一月风暴"之后，"江西省造反派革命委员会"成立，夺取了省委和省人委的党、政、财、文的领导权，开始了自上而下的"全面夺权"。随后，扩展到各地、市、县以及一些学校、工矿企业。各级领导被"打倒"或"靠边站"，生产指挥机构陷于瘫痪，全省处于无政府状态中。2月下旬，省军区主持召开全省三级干部会议，部署了"抓革命、促生产"的工作和春耕生产。3月初，成立以省军区为核心的江西省"抓革命、促生产"临时领导小组，以之维系中央与地方的联系，负责全省的经济工作，并开始执行军管任务，进驻各级党政机关和大专院校，先后对江西日报社、省人民广播电台实行接管。全省各地、市、县、公社、大队也陆续建立以军分区、武装部或民兵组织为核心的抓革命促生产领导班子。军管后的《江西日报》，发表了《必须迅速解散社会组织，实现自上而下的大联合》的社论。按中共中央要求，串连人员开始陆续返回原地原单位，一些跨行业的群众组织被解散。

武斗事件与"三支两军" 从4月起，造反派开始冲击军事机关，抢夺武器弹药，武斗事件不时出现，且逐步升级。6月，"江西省无产阶级革命派大联合筹备委员会"（简称"大联筹"）在南昌正式成立。"大联筹"冲击省军区，并往莲塘镇进发，在南昌县莲塘镇挑起武斗，酿成死伤数百人的"6·29"武斗流血事件，震惊全国。周恩来总理要求立即制止武装冲突，并指出"大联筹"夺枪是错误的。江西"四方"（省军区、"大联筹"、"联络总站"、原省委领导干部）代表在北京达成"八条协议"。省军区发布命令，制止武斗。赣州城内的武斗逐渐平息。但吉安、抚州地区继续发生大规模流血事件。中共中央作出《关于处理江西问题的若干决定》，并把江西省省委书记、省长错误地定为"江西最大的走资本主义道路的当权派"。7月至8月，中央决定改组江西省军区，派人民解放军济南军区、广州军区的两支部队进驻江西各地，执行"三支两军"（支左、支农、支工、军管、军训）任务，对整个局势稳定起到了一定的作用。8月，"江西省革命委员会筹备小组"成立，接管了全省党政大权。9月以后，全省大规模的武斗基本停止，学校师生停止大串联，开始

"复课闹革命"。

"三查"运动开始　9月，全省开始了所谓"三查"运动（查"走资派"幕后活动、查叛徒特务、查地富反坏右的破坏活动）。从省级党政机关到农村基层干部乃至各界群众，有许多人被错误地打成反革命。据不完全统计，全省共制造冤假错案4102起。

全省本年主要经济指标情况　国民生产总值44.46亿元，比上年减少4.9%；工业总产值22.96亿元，比上年减少14.5%；农业总产值35.03亿元，比上年减少2.2%。粮食总产量153.80亿斤，比上年减少4.52%。财政收入4.98亿元，比上年减少32.7%。年末全省总人口2354.36万人，人口自然增长率为27.12‰。

1967
1月
January

公元 1967 年 1 月							农历丁未年【羊】						
日	一	二	三	四	五	六	日	一	二	三	四	五	六
1 元旦	**2** 廿二	**3** 廿三	**4** 廿四	**5** 廿五	**6** 小寒	**7** 廿七	**8** 廿八	**9** 廿九	**10** 三十	**11** 十二月小	**12** 初二	**13** 初三	**14** 初四
15 初五	**16** 初六	**17** 初七	**18** 腊八节	**19** 初九	**20** 初十	**21** 大寒	**22** 十二	**23** 十三	**24** 十四	**25** 十五	**26** 十六	**27** 十七	**28** 十八
29 十九	**30** 二十	**31** 廿一											

1日　江西医学院、省委党校、省团校等院校部分学生及北京来省串联的"红卫兵"，强制封闭了江西日报社。

1日　省人委发出《关于改进农村人民公社、生产大队、生产队办企业征收工商所得税问题的通知》，当日起执行。

1日　《江西日报》转载《人民日报》、《红旗》杂志发表《把无产阶级文化大革命进行到底》的社论，宣布"1967 年将是全面展开阶级斗争的一年"，号召"向党内一小撮走资本主义道路的当权派和社会上的牛鬼蛇神展开总攻击"。

2日　省委机关造反团头头魏厚庆等人串通造反派组织 1000 余人，深夜冲进江西档案馆，抢走 20 余箱重要机密档案，罗织省委罪名，抛向社会，泄露机密。

5日　省军区召开学习毛泽东著作积极分子代表会议，出席会议的部队和民兵代表共 481 名。

6日　《萍矿工人报》在"文化大革命"中被迫停刊（1979 年 5 月 1 日《萍矿工人报》复刊）。

6日　在张春桥、姚文元的策划指挥下以王洪文为首的造反派组织召开"打倒市委大会"，篡夺了上海市的党政大权，刮起了"一月革命"的风暴。在其影响下，夺权之风开始，并刮遍了包括江西在内的全国各地，混乱局面日渐加剧。

南昌街头的大字报

8日　按中影公司通知，在中共八届十一中全会召开以前，所有中外各类影片立即停映。江西全省停止所有中外影片的发行放映。

9 日　《江西日报》开始由该社造反团接管，夺了报社领导权，报头改为《新华社电讯》，无地方消息发表。

11 日　南昌地区 30 个造反派组织联合炮制《告全省人民书》，煽动群众"万炮齐轰司令部，烈火猛烧省、市委"。

12 日　《江西日报》报头恢复，但仍由报社造反团掌权，并发表了《致读者》，声称："《江西日报》这个宣传阵地，我们一定要占，一定要夺。我们这个反是造定了！"

13 日　《江西日报》刊登江西省大中学校红卫兵司令部等造反组织的紧急呼吁：《一切革命造反派紧密团结起来，粉碎资产阶级反动路线新反扑》，煽动群众"炮打司令部！火烧省市委！"

13 日　"江西省公检法革命造反总指挥部第一战斗大队"和"江西省公安厅红色造反兵团"两个群众组织同时宣告成立。

14 日　全国赴赣长征队和南昌地区造反派在南昌市人民广场举行"彻底粉碎资产阶级反动路线新反扑誓师大会"，会后进行了声势浩大的游行。

15 日　省、市近 200 个造反组织和首都红卫兵、外来串联师生在南昌人民广场召开"抓革命，促生产，彻底粉碎资产阶级反动路线新反扑"誓师大会。

16 日　南昌市郊区养路段成立，即江西省公路局蛟桥直属分段。

17 日　南昌地区 32 个造反派组织拼凑成"江西省造反派革命委员会"。在《江西日报》一版发表了《紧急通告》。《江西日报》在二版配发社论《权，只能由革命造反派来夺！》，继续煽动造反。

17 日　南昌铁路局的领导权被南昌铁路局造反派联合总部等 13 个造反派组织所篡夺。

17 日　江西省档案管理局召开地（市）档案局负责人座谈会，研究讨论档案的战备工作。

17 日　江西省供销社转发全国总社《关于废除〈基层供销合作社示范章程〉的通知》。

18 日　省直机关部分厅局级干部成立造反队。

21 日　江西日报社造反战斗团和南昌市造反派一道，以"大搞反革命经济主义，抗拒与破坏'抓生产、促生产'方针"的罪名，揪斗中共江西省委候补书记黄知真及报社两位领导。

21 日　江西省供销社召开全省、专（市）、县电话会议，部署棉花后期收购工作。会议指出 1966 年全省棉花总产量为 95 万担到 100 万担，到 1967 年 1 月仅收购 85.59 万担。要求各级供销社深入社队做好群众工作，把该收购的棉花全部收上来。

22 日　在《人民日报》的社论《无产阶级革命派大联合，夺走资本主义道路当权派的权！》之后，江西省的造反派组织更加加紧夺权。

23 日　作为无产阶级专政重要工具之一的江西省高级人民法院的领导权，被该院的造反派组织篡夺。

23 日　驻南昌解放军根据中央进行"三支两军"（支左、支工、支农、军管、军训）的决定，正式介入南昌地区"文化大革命"。

23 日　解放军某部奉命进驻江西棉纺织印染厂"支左"。

24 日　南昌市档案馆被南昌市"革命造反委员会"查封。

25 日　在"文化大革命"中，江西省供销社群众组织乘所谓上海"一月革命风暴"之势进行"夺权"，全权接管省供销社党政印鉴和人、财、物的权力，并向全省供销社系统发出"夺权"公告。同时宣布"军代表"进驻省供销社，领导"文化大革命"，开展"斗、批、改"。

25 日　在 29 个单位的造反派组织的支持下，江西省人民检察院的领导权被本院的造反组织篡夺。造反组织宣布江西省检察院副处长以上干部全部停职。

25 日　南昌地区和外地赴赣串联的 370 多个造反派组织 10 多万人，在南昌市人民广场举行集会和游行，欢迎解放军"支左"。

25 日　在造反派组织的支持下，省公安厅的领导权被篡夺，江西省公安厅的一切权力交给江西省公、检、法造反总指挥部第一大队。

25 日　"一大队"勒令"红色造反兵团"解散，夺取了江西省公安厅的党、政、财、文领导权。

26 日　"江西省造反派革命委员会"分别在省委、省人委大院举行夺权大会，并将省委、省人委领导人杨尚奎、刘俊秀、白栋材、刘瑞森、郭光洲、黄知真、罗孟文、刘建华、董琰等押入会场，胁迫交权。

26 日　南昌市委、市人委被造反派全部夺权，"夺权"风随之刮遍南昌市。

26 日　一些水利冬修指挥部组织瘫痪，民工离开工地，国家拨给的物资大批积压在仓库、港口、车站；某些已经解决的水利纠纷和移民等问题重新被挑动起来，水利冬修遇到严重的干扰破坏（7月，南昌等地两派发生武斗，时有枪声响起，江西省人民政府大楼被"造反派"据为指挥中心。水电厅下属单位的"造反派"离开驻地，住进水电厅办公室，机关工作基本停顿。11月，江西省水电厅召开水利工作座谈会反映"造反派"篡夺领导权，无政府主义思想泛滥，水利建设受阻）。

26 日　江西的造反派组织非法抢夺了省委、省人委的党、政、财、文领导权。2月，又在南昌市人民广场召开"批斗省市领导干部大会"。

26 日　在上海"一月风暴"影响下，江西"造反派"组织夺了省委、省人委的领导权，省直各单位和全省国营垦殖场、共大总校、分校、中学的"造反派"组织，相继夺本单位的领导权。原领导大多被诬为"走资派"，靠边站，挨批斗。

28 日　造反组织"省财政厅毛泽东思想战斗团"夺了江西省财政厅的党、政、财、文大权；造反组织"省财政厅毛泽东思想战斗团第二大队"夺了江西省税务局的党、政、财、文领导权。

28 日　省军区发出《致全省民兵、转业、复员、退伍军人的公开信》。号召大家"坚决反对经济主义，彻底粉碎资产阶级反动路线的新反扑"。

28 日　《江西日报》刊发了"江西省造反派革命委员会"的夺权消息和《夺权通告》，宣布省委、省人委的日常事务分别由"省委机关革命造反团"和"省直保卫毛泽东思想联合战斗团"处理。当日下午，省、市造反派和外地赴赣串联师生10多万人，在南昌市人民广场举行庆祝大会。接着，省以下各级党政机关以至各行各业的基层组织也相继被夺权。全省各级领导干部被"打倒"或"靠边站"，社会处于无政府状态。

"造反派"疯狂夺权后的一次集会

29 日　省军区驻市部队举行誓师大会和武装示威游行，响应毛主席号召，支持革命左派夺权。

30 日　《江西日报》转载《红旗》杂志关于号召中国人民解放军支持和援助"夺权"斗争的社论。从2月初起，中国人民解放军代表进驻各级党政机关和大专院校。

31 日　《江西日报》奉命转载《红旗》杂志社论：《论无产阶级革命派的夺权斗争》。此文对江西造反派组织的夺权斗争起了更大的推波助澜作用。全省上下各级组织相继被夺权。

本月　省卫生厅被"造反派"夺权，各机构正常工作秩序被打乱，陷入瘫痪状态。

本月　在上海"一月风暴"影响下，江西有色局和所属各单位的党政财文领导权被"造反派"组织夺取。

本月　铁山垅钨矿上坪矿区停产，全部人员和设备调往德兴铜矿。

本月　中共中央发出"支左"的指示后，人民解放军部队来江西"支左"。

本月　"文革"开始后，抚州地委及工作部门普遍受到冲击，被造反派非法夺权。

本月 景德镇市党政领导机关瘫痪以后，先后成立市"抓革命、促生产"临时领导小组、市革委会筹备小组（1968 年 4 月，景德镇市革委会成立。同年 9 月，景德镇市革委会核心小组成立）。

本月 赣州专署被赣州地区"造反派"夺权后，专署领导机构陷于瘫痪。

本月 上饶专员公署被"造反派"夺权。

本月 庐山各宾馆、旅社、招待所无偿为"大串联"的红卫兵提供住宿（5 月至 10 月，宾馆、旅社、招待所每日爆满，居民亦参与接待）。

本月 江西省新华书店通知，从 1 月起调整毛主席著作、毛主席和其他领袖像的发行折扣。

本月 江西省新华书店通知各地封存中共八届十一中全会以前出版的社会科学（宣传总路线和一评至九评苏共中央公开信除外）、文学艺术、文化教育和少儿读物。

本月 江西氨厂从 1965 年复建，经一年来紧张施工，建成年产 4.5 万吨合成氨和 18 万吨碳酸氢铵的中型氮肥厂，本月正式投产。

1967

2月

February

公元 1967 年 2 月							农历丁未年【羊】						
日	一	二	三	四	五	六	日	一	二	三	四	五	六
			1 廿二	**2** 廿三	**3** 廿四	**4** 立春	**5** 廿六	**6** 廿七	**7** 廿八	**8** 廿九	**9** 春节	**10** 初二	**11** 初三
12 初四	**13** 初五	**14** 初六	**15** 初七	**16** 初八	**17** 初九	**18** 初十	**19** 雨水	**20** 十二	**21** 十三	**22** 十四	**23** 元宵节	**24** 十六	**25** 十七
26 十八	**27** 十九	**28** 二十											

4 日　省军区向省公安厅、江西棉纺织印染厂、江西医学院、南昌柴油机厂、江西拖拉机厂、洪都机械厂、江西日报社等单位派出第一批联络员。

4 日　《南昌晚报》改名为《新南昌报》。

4 日　省、市造反派和外地赴赣串联的红卫兵等 10 万余人在南昌市人民广场举行"造八一建军节反"大会，宣布彻底砸烂南昌八一起义纪念馆，改变一切以"八一"命名的街道、公园、商店的名称。

4 日　江西省和外地赴赣串联的16 个造反派组织发出《关于打击投机倒把的紧急通告》，声称"坚决管死管严"农村集市贸易。

5 日　《江西日报》发表了题为《彻底摧毁八一建军节》的社论及《造反声明》。

7 日　南昌地区《红色财会》造反司令部总部发出《关于清除经济主义流毒的通令》，对财政金融有关事项作了明确规定。

8 日　省、市造反派在南昌市人民广场召开批斗方志纯大会，杨尚奎、刘俊秀、白栋材、黄知真、彭梦庚等陪斗（4 月 23 日，省、市造反派再次召开批斗方志纯大会）。

"造反派"批斗方志纯的大会会场

10 日　省委机关造反团成立"行动作战组"（后改为"专案组"），搜集整理省委领导的"材料"。

10 日　南昌市郊区三个造反派组织发出《告全省革命农民书》，煽动全省农民"向走资本主义道路的当权派猛烈开火！向资产阶级反动路线猛烈开火！"

11 日　江西日报社成立由工农兵群众、红卫兵、干部和报社造反派代表组成的出版委员会，负责《江西日报》的出版工作。

13 日 景德镇市雕塑瓷厂正式制作毛泽东瓷像。

14 日 南昌军分区派出 6 人军管小组进驻南昌市公安局。

18 日 省人委发出《关于文化大革命经费开支暂行规定》，要求各地区各部门坚决执行中共中央《关于反对经济主义的通知》、《关于制止腐蚀群众的通知》两个文件的精神，立即制止挥霍浪费国家资财的现象，对步行串联不再发补助费。

20 日 根据军委八条命令，为恢复学校秩序，福州军区派部队对江西省军区步校采取了军事行动。

23 日 江西省军区对江西日报社实行军管。

24 日 南昌军分区 6 人军管小组对南昌公安局宣布军管。

25 日 省军区发出《关于大力支援地方搞好春耕生产的指示》（26 日至 28 日，省军区主持召开三级干部会议，部署春耕生产。军区负责人吴瑞山、林忠照在会上作了报告。黄先受军区党委委托作《关于 1967 年农业计划安排的说明》的发言）。

26 日 江西省三级干部会议在南昌市召开。人民解放军代表、造反派代表及江西省党政领导班子成员 700 余人参加，会议发出《关于动员全省人民立即掀起春耕生产高潮的呼吁书》，响应毛主席"抓革命、促生产"伟大号召，在搞好"文化大革命"的同时，打好春耕生产第一仗。

江西省三级干部会议会场

26 日 南京军区某部奉命入赣，参加上饶地区"三支两军"工作。

27 日 省财政厅发出《关于坚决贯彻执行"要节约闹革命"，把好财政口子，彻底肃清反革命经济主义流毒的紧急通知》。

本月 省煤管局被造反组织夺权，职权由"抓革命、促生产临时领导小组"掌管。同时，全省各煤炭企事业单位也先后被造反组织夺权。

本月 省高级人民法院实行军管。省人民检察院实行军管。省军区派军代表进驻江西省高级人民法院"支左"。

本月 吉安专员公署被造反派夺权陷于瘫痪。抚州专员公署被造反派夺权。九江专署被造反派夺权后停止工作。

本月 省机械厅被造反派夺权，成立临时领导小组。

1967

3月
March

公元 1967 年 3 月							农历丁未年【羊】					
日	一	二	三	四	五	六	日	一	二	三	四	五	六
			1 廿一	**2** 廿二	**3** 廿三	**4** 廿四	**5** 廿五	**6** 惊蛰	**7** 廿七	**8** 妇女节	**9** 廿九	**10** 三十	**11** 二月大
12 初二	**13** 初三	**14** 初四	**15** 初五	**16** 初六	**17** 初七	**18** 初八	**19** 初九	**20** 初十	**21** 春分	**22** 十二	**23** 十三	**24** 十四	**25** 十五
26 十六	**27** 十七	**28** 十八	**29** 十九	**30** 二十	**31** 廿一							

1 日　《江西日报》发表社论《抓革命、促生产，立即掀起春耕生产高潮》。

3 日　江西省抓革命促生产临时领导小组成立（以下简称省抓促临时领导小组）。该小组以省军区党委为核心，省委、省人委机关造反派代表参加，并吸收了原省委、省人委部分领导干部。随后，各专、县、公社、大队也相继成立抓促领导班子。

4 日　省军区对江西省人民广播电台实行军管。

5 日　《江西日报》发表社论《必须迅速解散社会组织，实现自下而上的大联合》。之后，一些跨行业的社会性组织被解散。

5 日　江西日报社革命造反战斗团发表了题为《〈江西日报〉所犯严重方向性错误的检查》的文章。

5 日　省军区派 3 名军代表进驻省广播局、台，并宣布对江西人民广播电台实行军事管制。从当日起，江西人民广播电台停止一切自办节目，全天转播中央人民广播电台节目。军代表进驻后在造反派中开展抓"别有用心的人"活动，

有 11 人被划为"别有用心的人"（4 月 1 日，南昌市公安机关拘留造反派 3 人。6 日释放，12 日宣布平反。8 月，军代表撤离）。

8 日　南昌市抓促临时领导小组成立，设工交、农林木、财贸、文卫、综合 5 个办公室。

8 日　省军区和驻赣部队指战员响应毛主席号召，贯彻执行中央军委指示，奔赴农业生产第一线，用劳力、技术、物质支援农村春耕生产。

9 日　省、市抓促临时领导小组联合召开南昌地区工交系统"抓革命，促生产"动员大会。李彦龄代表省军区出席并作了讲话，黄先作动员报告。

10 日　上饶市半导体元件厂建成投产。

11 日　南昌钢铁厂铁合金车间镍铁炉投产（因受"文化大革命"的冲击和原料来源困难，1969 年 3 月被迫停产）。

11 日　省军区发布《紧急通告》，要求外地来江西串联的人员，按中共中央 3 月 7 日关于外出的师生应于 3 月 20 日前返校的规定，立即返回原地原单位，各种组织领取的经费要与原单位结算，余款追还，购买的实物全部归公，如有携

款逃匿和损公肥私者，追查法办。破"四旧"所搜缴的财物，要清点并由专人保管。省军区同时组织力量，核查造反派组织的活动经费。

12日 盘古山钨矿井下地压活动加剧，从899中段波及831和696中段的局部地区，至9月24日发生大规模地压活动，生产被迫停顿。

14日 省军区在省体育馆举行10万人大会，副参谋长周子韬作《关于南昌地区无产阶级文化大革命形势报告》，针对江西"文化大革命"出现的一些问题，提出批评，并重申串联人员立即返回原地和解散跨行业的群众组织，提出对造反派进行整风。

15日 福州军区第二政治委员刘培善率领工作组到达南昌，帮助指导江西的"文化大革命"，参与领导江西省军区"支左"工作。

15日 省、市抓促临时领导小组在省体育馆召开省、市各界支援春耕生产、开展春季爱国卫生运动誓师大会。省军区代表张晋荣、南昌分军区代表武耀金、省抓促临时领导小组代表郭光洲出席了会议。大会向全省人民发出了《倡议书》。

15日 省工交系统抓促会议召开，刘瑞森、林忠照作报告。会议要求"高举毛泽东思想伟大红旗，以革命统帅生产，掀起生产新高潮，夺取革命生产双胜利"。会议于18日结束。

16日 省军区发出《关于加强民兵建设、充分发挥民兵在无产阶级文化大革命运动中的作用的指示》，要求广大民兵"积极参加、坚决保卫无产阶级文化大革命"。

17日 省抓促临时领导小组召开专、市、县植树造林电话会议，号召各地以"只争朝夕"的革命精神和"愚公移山"的革命气概，迅速掀起植树造林和竹木生产新高潮。

19日 《江西日报》刊了3月18日《中共中央给全国厂矿、企业、革命职工、革命干部的信》。

21日 《江西日报》发表题为《坚决实行革命大联合，夺取革命生产双胜利》的社论。

21日 省劳改局"抓革命、促生产临时领导小组"成立。于永阳任组长，姜兴业、桑延发任副组长。

26日 省军区、省抓促临时领导小组发出《关于当前农村"抓革命、促生产"几个问题的紧急指示》，要求妥善安排革命与生产的时间，一般应坚持白天搞生产，晚上进行"文化大革命"。

27日 南昌市公检法军事管制委员会印发《关于保护森林的紧急通知》。

28日 省抓促临时领导小组从省直机关抽调1800余名干部和医务人员到农村和工矿企业，帮助基层抓好革命，搞好生产。临行前召开了动员大会，省军区负责人林忠照在会上作了重要指示。

28日 省冶金厅、有色金属管理局成立"抓革命、促生产临时领导小组"，临时领导小组组长苏靖世。

28日 省军区宣布对省公安厅、劳改局及所属单位实行军管，设军管会。

30日 省革委会发出通告，严格禁止粮食流入自由市场；限制农民用粮食搞副食品生产；非国家委托一律不准收购粮食；进入"黑市"的粮食，粮食部门全部按牌价收购，粮食市场全面关闭。

31日 江西省储委审查批准由江西省地质局九〇九队提交的大余县漂塘钨锡矿区448中段以下勘探报告。大余县漂塘钨锡矿区是江西省规模最大的细脉带型钨锡矿床。

本月 商业部1967年第十号工程获得批准，在赣州兴建一座新油库，并命名为"六七一〇油库"。赣州分公司在赣州市和乐、石甫和赣县储潭公社自洞三个大队之间的交接地带征地49万平方米，动工兴建六七一〇油库。第一期工程土建部分由地区建筑工程局承建，油罐安装由江西省商业厅机械厂安装队承担。

本月 解放军军代表进驻江西省卫生厅和厅属部分单位"支左"。

本月 华东煤管局、华东基建局与江西煤管局共同商定，并经国家经委和煤炭工业部批准，乐平和峨眉山两矿区改由江西省负责建设。同时决定涌山一井、三井和峨嵋山四井继续由华东基建局三十一工程处和七工程处施工。

本月 中央发出"三支两军"的指示后,成立了九江地区临时革命生产委员会(后改九江地区革命生产临时委员会。1968 年 4 月,成立九江专区革委会,行使前地委和专署的全部权力。同年 5 月,江西省革委会指示同意,成立中共九江专区革委会党的核心小组)。

本月 萍乡市成立市抓促委员会,取代市委、市人委,行使其职权(12 月,成立市临时领导小组,筹备成立萍乡市革委会。1968 年 3 月,萍乡市革委会成立,同年 8 月,成立市革委会党的核心小组,由石明之任组长。1970 年 12 月,石明之调离,由李开禄任组长。1970 年 3 月,萍乡市改为直辖市。此后萍乡市直接隶属江西省领导)。

本月 九江市砖瓦厂建设的 48 门轮窑以及制砖生产线竣工投产,使该厂红机砖生产能力达至 8000 万块,成为全省最大砖瓦生产企业之一。

本月 新西兰友人、作家路易·艾黎游赣,并专程赴全南、赣州、南康、信丰、上犹、瑞金、会昌、宁都等革命旧地采访。此活动到 5 月结束。

本月 江西地质局赣西北队五〇二分队,发现了德安县曾家垅隐优锡矿床。

本月 宜春、赣州、吉安、上饶、抚州、九江 6 个分院,南昌、景德镇、萍乡 3 个市检察院以及全省各县(市)区、镇检察院先后被群众组织夺权,随后实行军事管制。

本月 江西省测绘管理处编辑出版《江西省测绘资料情报目录》第二集(1961～1965)。目录分两部分,第一部分收录限额以上的基本测绘资料与专业测绘资料,包括三角测量、水准、地形测量;第二部分收录限额以下的基本资料和专业测绘资料,包括 1∶500、1∶1000、1∶2000、1∶5000 地形测量资料。

1967

4月

April

日	一	二	三	四	五	六	日	一	二	三	四	五	六
						1 廿二	**2** 廿三	**3** 廿四	**4** 廿五	**5** 清明	**6** 廿七	**7** 廿八	**8** 廿九
9 三十	**10** 三月小	**11** 初二	**12** 初三	**13** 初四	**14** 初五	**15** 初六	**16** 初七	**17** 初八	**18** 初九	**19** 初十	**20** 十一	**21** 谷雨	**22** 十三
23 十四	**24** 十五	**25** 十六	**26** 十七	**27** 十八	**28** 十九	**29** 二十	**30** 廿一						

1 日　《江西日报》在一版转载了《红旗》杂志文章《爱国主义还是卖国主义》,煽动群众去"挖出我国修正主义的总根子"、"打倒党内最大的走资本主义当权派"。

3 日　省卫生工作会议在南昌召开。会议着重研究和部署把卫生工作重点放到农村去,并强调要认真做好防病治病、流脑防治等工作。会议于 5 日结束。

5 日　省、市造反派组织 15 万人在南昌市人民广场召开所谓"向党内头号走资本主义道路当权派发动总攻击誓师大会"。

在"文革"错误路线的指导下,南昌市人民广场举行的向党内所谓的走资本主义道路当权派发动总攻击的大会

6 日　省军区召开驻赣部队三级干部(军、师、团)会议,传达贯彻全军军级干部会议精神。

7 日　省军区、省抓促临时领导小组发出《关于目前尚逗留在城市的上山下乡知识青年应立即返回本单位的紧急通知》,要求逗留在城市的知识青年、农场职工和下乡、回乡参加农业生产的人员,立即返回原单位参加生产。

7 日　省、市造反派组织纷纷贴出"炮打林忠照,火烧周子韬"等标语,把斗争矛头指向了军队。

9 日　安福纺织厂日前破土动工,规模定为 2.08 万枚纱锭,864 台布机。

10 日　中影公司根据中央文化大革命领导小组指示,要求在全国各大城市立即组织批判上映影片《清宫秘史》。南昌市配合上映了该片,并组织了批判。

14 日　省财政厅就专、市、县动用升级机动财力安排生产性、非生产性开支以及基本建设资金的审批权限作出规定。

17 日　洪都机械厂"反逆流兵团"到

江西省军区司令部门口静坐示威，用高音喇叭播放他们的五项要求，在哨位上书写"保皇兵"，诬蔑站岗的解放军战士。

18日 一些群众组织利用江西省军区"三支两军"的缺点、错误，把斗争矛头指向军队。至6月下旬，江西省受到冲击的各级军事机关计42个，其中包括江西省军区机关、独立师师部、6个军分区机关和23个县、市人武部。被抓的干部、战士共105人，其中福州军区和江西省军区领导4人，军分区领导（含师职干部）13人，县、市人武部领导（含团职干部）21人，参谋、干事和战士67人。被打伤的干部、战士421人，其中重伤51人，被拉去游街11人。江西省被抢走的步枪、机关枪、冲锋枪达万支（挺），迫击炮近100门，子弹达100万发。

19日 省直机关造反派和大中专院校造反派等联合开会，提出"彻底揭开阶级斗争的盖子，省军区犯了方向路线错误"的口号，并先后6次批斗省委领导同志。会后，造反派向"中央文革小组"报送了方志纯、白栋材、黄知真等领导的所谓"三反"罪行材料。会议于5月5日结束。

20日 省、市造反派举行"彻底批判周子韬'三一四'报告大会"。

23日 省、市部分群众组织在省体育馆召开批斗省长方志纯大会，方志纯备受折磨。

24日 省、市造反派组织封闭江西日报社（5月1日，江西日报社以造反派组织名义出版《新华社电讯》）。

29日 刘培善、吴瑞山到福州军区汇报江西"文化大革命"情况。福州军区党委指示：江西省军区没有犯方向路线错误；必要时可以公开点名批判刘瑞森；当前把矛头指向解放军是一股反革命逆流，要顶住；要注意巩固部队，注意防止内部坏人跳出来；要抓紧平反工作。

29日 南昌市举行游行示威，拥护我国政府26日声明，声讨印度尼西亚反动派反华罪行。

30日 江西省军区向周恩来总理和中央文革领导小组电告反映江西省学生造反派组织"夺解放军的权"，占领《江西日报》，影响该报社正常工作的情况。

本月 江西省革委会筹备小组国防工业领导小组成立（1968年7月，又更名为省革委会、省军区国防工业办公室。1973年11月，再次更名为省革委会国防工业办公室）。

1967
5月
May

公元 1967 年 5 月							农历丁未年【羊】					
日	一	二	三	四	五	六	日	一	二	三	四	五	六
1 劳动节	**2** 廿三	**3** 廿四	**4** 青年节	**5** 廿六	**6** 立夏		**7** 廿八	**8** 廿九	**9** 四月大	**10** 初二	**11** 初三	**12** 初四	**13** 初五
14 初六	**15** 初七	**16** 初八	**17** 初九	**18** 初十	**19** 十一	**20** 十二	**21** 十三	**22** 小满	**23** 十五	**24** 十六	**25** 十七	**26** 十八	**27** 十九
28 二十	**29** 廿一	**30** 廿二	**31** 廿三									

1 日 煤炭工业部决定调七个工程处参加江西煤矿建设（英岗岭工程处、第七处、第二十七处、第三十一处、第三十二处、第三十五处和第三十八处），并成立江西新区建设第一线指挥部（简称江西指挥部）。江西指挥部实行以华东基建局为主的基建局、江西省煤管局双重领导。

5 日 据省气象局统计：广丰县沙田公社遭到强龙卷风袭击，受灾面积达 1.25 平方公里。龙卷风所到之处，飞沙走石，大小树木连根拔起，墙倒瓦飞，椽断柱裂。事后统计，严重毁房 270 间。有 1 个生产队 9 户生产户，全部夷为平地。因房屋倒塌死 23 人，重伤 28 人，轻伤 39 人。

7 日 周恩来总理就《江西日报》问题，打电报给江西省军区党委转江西省学生造反派组织，要求造反派组织立即从江西日报社撤出。

15 日 省军区召开省委扩大会议，刘培善讲话，指出"军区没有方向路线错误"，强调要控制好部队，不能与造反派随便接触，不能随便讲话。会议于 21 日结束。

17 日 周恩来总理又打电报给江西省军区

党委转江西省学生造反派组织，再次要求造反派立即从江西日报社撤出。造反派组织拒不执行周恩来总理指示。《江西日报》从 5 月至 8 月被停刊，改出由造反派组织控制的《新华社电讯》。

22 日 省"抓革命、促生产临时领导小组"负责人黄先主持会议，专题研究英岗岭、峨眉山、乐平等矿区加快建设问题。

25 日 洪都机械厂"反逆流兵团"冲进省军区司令部，抢走喇叭，抓走训练参谋陈泽荣，扒了他的领章、帽徽。半夜翻墙占领省军区政治委员林忠照的住房，作为静坐指挥部。月底，他们冲进文革办公室和省军区司令员吴瑞山的办公室，抢走机密文件和省军区党委会议纪录 15 份。

26 日 省军区党委决定分设军区文革小组和生产小组两套领导班子，分别由吴瑞山、倪南山等领导，刘培善负责全面工作。

28 日 省军区成立南昌市文化革命领导小组。

29 日 景德镇市合作建筑公司"五一"兵团造反派头头带领 2000 余人从当日开始至 30 日止，冲击景华瓷件厂（九九九厂），打伤工人、干部 200 余人，工厂部分设备受损，大部分职工回南京，全厂生产基本瘫痪。

30 日 周恩来总理电告省军区传达毛主席对江西省问题的批示："江西军区与群众对立情绪为什么愈演愈烈，江西军区某些负责人对待群众的态度是否正确，值得研究，我很不赞成这种态度。"

31 日 海字四一四部队、清华大学与南昌部分红卫兵组织，联合向江西省军区"支左接待站"造反。

本月 南昌铁路局成立自动闭塞设计施工小组，技术负责人刘夏菁。总体规划经铁道部批准，当即由该小组组织施工。

本月 江西铁山垅钨矿杨坑山 250 吨/日选厂开工建设（1968 年 10 月投产。1970 年 9 月扩建为 500 吨/日工程开工，1971 年竣工投产。1970 年 3 月再次扩建，新增能力 150 吨/日）。

本月 江西八〇一厂南昌试验厂年产 250 吨三氧化钨车间建成，6 月试车投产。

本月 华东基建局三十二工程处和二十七工程处相继进入英岗岭矿区施工。

本月 根据福州军区和中共江西省委的指示，军区步校派两批干部参加地方工作组。

本月 以瑞昌县农机厂油嘴油泵试制车间为基础，建设瑞昌油嘴油泵厂，投资 820 万元，达到生产规模油嘴油泵总成 5 万套，三对精密偶件 50 万副（1972 年更名江西油嘴油泵厂，隶属省机械厅）。

本月 "文化大革命"运动波及化工企业。南昌橡胶厂、江西农药厂、南昌市化工原料厂、向塘化肥厂、东乡磷肥厂、鹰潭磷肥厂和刚投产的江西氨厂，先后发生群众组织"夺权"行动。企业党组织瘫痪，干部受到冲击，规章制度被砸烂，生产遭受严重破坏。

1967

6月

June

公元 1967 年 6 月							农历丁未年【羊】					
日	一	二	三	四	五	六	日	一	二	三	四	五	六
				1 儿童节	**2** 廿五	**3** 廿六	**4** 廿七	**5** 廿八	**6** 芒种	**7** 三十	**8** 五月大	**9** 初二	**10** 初三
11 初四	**12** 端午节	**13** 初六	**14** 初七	**15** 初八	**16** 初九	**17** 初十	**18** 十一	**19** 十二	**20** 十三	**21** 十四	**22** 夏至	**23** 十六	**24** 十七
25 十八	**26** 十九	**27** 二十	**28** 廿一	**29** 廿二	**30** 廿三							

1 日　江西有色冶炼加工厂铅系统银回收粗炼部分建成投产。银电解于 1968 年 6 月竣工投产。

1 日　上午 7 时，省军区发表公告，传达毛泽东主席对江西省军区的指示和批评。同日，"江西省无产阶级革命派大联合筹备委员会"（简称"大联筹"）成立。

1 日　部分"造反派"以要福州军区政治委员刘培善（奉中共中央指示来江西支左）传达毛泽东的指示为名，冲进刘培善的住处，强行将刘培善带到江西省人委三楼会议室，逼迫刘培善表态达 7 个多小时。

2 日　迫于压力，吴瑞山代表省军区被迫签字接受"新洪都反逆流联络站"于上月提出的"五项要求"。

3 日　江西省人委大院、江西日报印刷厂、新华印刷厂等处，发生群众组织间的武斗事件。

6 日　中共中央、国务院、中央军委、中央文革小组发出关于制止打、砸、抢、抄、抓等七项内容的通令。

7 日　江西省无产阶级革命派大联合筹备委员会在人民广场召开 10 万人大会，要福州军区政治委员刘培善和省军区主要领导去作检查。当刘培善讲到我们支持"大联筹"，也支持"联络总站"时，就不让讲了，把事先安排好的一个"伤员"抬到主席台上，声称"血债要用血来还"。接着就把刘培善和省军区司令员吴瑞山、政治员林忠照抓去洪都机械厂。

7 日　刘培善、吴瑞山、林忠照在南昌市人民广场举行的大会上向造反派作检查。他们坚持不承认支左工作犯了方向路线错误，被造反派头头万里浪等策划绑架，于 11 月被押送北京，"交中央处理"。周恩来总理对此恶劣行为进行了严厉批评。

11 日　南昌市部分"造反派"及红卫兵胁迫刘培善、吴瑞山同赴北京，汇报江西问题。

12 日　根据中共中央指示，铁道兵某部对南昌铁路局实行军管，王洪川任军管会主任，赵学云、赵挺分别任南昌、上饶铁路分局军管会主任。1970 年 1 月，福州军区后勤部奉命接管南昌铁路局，马寅初任军管会主任，至 1974 年 4 月撤销军管。

12 日　省军区近千名解放军战士，乘数十辆卡车在南昌市街头宣传中央"纠正最近出现的打、砸、抢、抄、抓的歪风"的七条通令。

12 日　从上月底开始，江西省发生多起武斗事件，截至 12 日已重伤 1200 余人，死亡 10 人。农民也已进城参加武斗，武斗规模呈扩大、升级之势。

13 日　刘培善、吴瑞山在北京拍电报给江西省军区党委，要求责成各军分区、武装部认真贯彻执行中共中央、国务院、中央军委、中央文革小组 6 月 6 日《通令》，采取果断措施，制止武斗事件的发生。

14 日　全省连降大雨，乐平矿区暴雨成灾，涌山矿一井、二井和鸣山南斜井被淹。

14 日　赣北连续大暴雨，乐平、万年、修水等 30 个县遭受洪水灾害，暴雨连续至 24 日淹没稻田 19.2 万公顷，冲毁村庄 36 个，淹死 352 人，冲毁小型水利工程 571 座。

15 日　萍乡钢铁厂 2 号 82 立方米高炉易地改造扩容为 3 号 100 立方米高炉工程开工。

17 日　省计划委员会、省财政厅抓促临时领导小组关于战备仓库的问题复函省档案管理局，同意安排在奉新等 10 县新建战备仓库，所需经费 28 万元，在全省档案事业费中解决。

17 日　南昌铁路局造反派头头策划制造停车事件，致使客、货车停开 3 天，造成重大经济损失和恶劣影响。

18 日　银山因暴雨袭击全矿停产 9 天；竖井 60 米中段被淹，停产 20 天。

19 日　南昌市军民庆祝 17 日我国第一颗氢弹爆炸成功。

19 日　德兴普降暴雨，德兴铜业公司排弃在山坡上的土石大量下泻，流入大坞河，河道被淤塞，公路桥涵被冲毁，自乐场以下 5 公里的河床淤积抬高 0.1 米～0.2 米。

21 日　周恩来总理在北京接见刘培善、吴瑞山时作了"不准上街游行；不准武斗；不准扰乱铁路运输、车运、航运；不准乱抓人；农民不准进城（搞武斗）；不准开枪、夺枪"等 6 条指示。

24 日　中共中央发出通知，要求浙江、江西、广西、湖南、河南、鞍钢、鞍山市来京参加会议的代表团保证："（一）不上街游行；（二）互不打架、互不冲击；（三）不抓人，不扣人；（四）不阻碍铁路、公路、轮船运输；（五）不动员农民进城、拦路、拦车；（六）不夺抢、不开枪等 6 条能在各地实现。"

24 日　九江东风铁桥（即龙开河铁桥）超过使用年限 20 年之久，该桥从此日起停止使用。

28 日　江西农学院造反派与南昌县莲塘镇"联络总站"发生武斗。

29 日　凌晨，江西省"大联筹"从省军区所属部队抢夺枪支子弹，组织 6 批数千人前往莲塘增援造反派，参加武斗，造成严重流血事件，死伤数百人。同时，赣州地区也发生大规模武斗，造成流血事件。南昌县莲塘、江西农学院、墨山、南昌钢铁厂等多处发生不同政治观点的群众组织之间的严重武斗事件，死伤多人。

29 日　中共中央、国务院、中央军委、中央文革给江西省军区转省"大联筹"电报指示；立即停止夺枪的错误行动，退出军事机关，并将枪支弹药退还军区，退回原驻地，听候中央派员处理。

29 日　周恩来总理等领导人在京接见江西"大联筹"和"联络总站"代表，要求立即停止武斗冲突。

30 日　周恩来总理再次接见江西"大联筹"代表，指出"大联筹"夺枪是错误的，要及时制止武斗，实行革命的大联合。

本月　金华武斗，浙赣铁路行车中断，三列旅客快车被扣在境内。

本月　江西北部连降大到暴雨，抚、信、饶、修和袁、锦等河洪水猛涨，江西省 30 个县遭洪水灾害，受淹农田 288 万亩，冲毁村庄 36 个，淹死 352 人。省革委会下拨水利经费 43 万元和救灾款 33 万元。

本月　因全国各地"红卫兵"到江西革命老根据地大串联，人群密集，导致江西省流行性脑脊髓膜炎大流行，共发病 265709 人。江西省各地组织医务人员进行积极防治。

本月 3AX31 型、3AG1 型半导体三极管在南昌无线电二厂试制成功。

本月 赣州钴冶炼厂年产三氧化钨 250 吨的钨氧车间在南昌建成投产。

本月 对南昌铁路局实行军管，局党委处于瘫痪状态（1972 年 10 月 9 日通知恢复成立南昌铁路局党委）。

本月 南昌铁路局房建处和南昌建筑段董铁民等开始研究"预应力混凝土做刚性防水屋面"。采用此技术建成屋面 22974 平方米，经 6 年工程应用，未发现渗漏现象。1982 年 7 月 20 日召开技术鉴定会认为这项技术是创新的，工艺上是完善的（1983 年该技术获得省人民政府科技成果三等奖，1986 年获国家发明四等奖）。

1967
7月
July

公元 1967 年 7 月							农历丁未年【羊】						
日	一	二	三	四	五	六	日	一	二	三	四	五	六
						1 建党节	**2** 廿五	**3** 廿六	**4** 廿七	**5** 廿八	**6** 廿九	**7** 三十	**8** 小暑
9 初二	**10** 初三	**11** 初四	**12** 初五	**13** 初六	**14** 初七	**15** 初八	**16** 初九	**17** 初十	**18** 十一	**19** 十二	**20** 十三	**21** 十四	**22** 十五
23 大暑	**24** 十七	**25** 十八	**26** 十九	**27** 二十	**28** 廿一	**29** 廿二	**30** 廿三	**31** 廿四					

1 日 零时 10 分，周总理在接待江西大联筹代表时作出保证停火、防止冲突的 6 条指示。

4 日 省军区发出《关于制止赣州武斗问题的命令》，责成赣州军分区和当地驻军采取有效措施，立即制止武斗。

10 日 周恩来总理在北京接见江西"四方"（省军区、"大联筹"、"联络总站"、原省委领导干部）代表，了解江西"文化大革命"情况，督促立即停止武斗。

11 日 省"大联筹"和"联络总站"代表在京就贯彻执行中共中央"六二四"通知及周总理的有关批示，达成"八条协议"。

13 日 萍乡煤矿学校教学大楼被造反派纵火烧毁。

13 日 中共中央针对江西、四川、浙江省出现一些不明真相的农民进城参加武斗的情况，发出《关于禁止挑动农民进城武斗的通知》，指出"这种做法是十分错误的"。

17 日 省"大联筹赴京控告团"和首都"支赣联络站"等造反派组织，在清华大学礼堂举行错误地批斗刘培善、吴瑞山大会。

17 日 广州军区某部进驻赣州。

19 日 继中国人民解放军广州军区某部 17 日进驻赣州之后，济南军区某部进驻南昌"支左"。

20 日 济南军区某部进驻南昌，执行"三支两军"任务。

本月 驻赣部队开始进驻煤矿企业"支左"（至 1969 年 10 月陆续撤离）。

本月 济南军区某部入赣执行"三支两军"任务。

本月 广州军区某部入赣执行"三支两军"任务（1968 年 12 月奉命离赣）。

本月 江东机床厂与第三机械工业部六二五所联合设计 XY4450 型三座标液压仿型铣床（1968 年研制成功，1975 年通过省级鉴定，是国内首次自行设计试制成功的三座标液压仿型铣床）。

本月 3AX31 型半导体三极管在南昌无线电二厂试制成功。

1967

8月
August

日	一	二	三	四	五	六	日	一	二	三	四	五	六
		1 建军节	**2** 廿六	**3** 廿七	**4** 廿八	**5** 廿九	**6** 七月小	**7** 初二	**8** 立秋	**9** 初四	**10** 初五	**11** 初六	**12** 初七
13 初八	**14** 初九	**15** 初十	**16** 十一	**17** 十二	**18** 十三	**19** 十四	**20** 十五	**21** 十六	**22** 十七	**23** 十八	**24** 处暑	**25** 二十	**26** 廿一
27 廿二	**28** 廿三	**29** 廿四	**30** 廿五	**31** 廿六									

公元1967年8月　农历丁未年【羊】

2日　"大联筹"在南昌军分区"慰问"演出时与战士发生武斗事件。

4日　省外贸局、省供销合作社为提高出口畜产品质量，印发《全省畜产品技术交流会议纪要》，重点强调提高出口畜产品质量的方法和措施。

4日　乐平县涑口公社杨家山与程家墩两村发生封建宗族械斗事件（延续3个月，涉及35个公社58个大队131个村庄共11900户57400余人，直接参加械斗的24340人，械斗中共死亡12人，伤27人，毁房89间。11月上旬，省、地、县组成联合工作班子制止械斗，依法逮捕5名首要分子，平息了事态）。

5日　省档案馆为保护档案的安全，向中共中央机要小组要求对省档案馆实行军管。

9日　德铜修建队承修屋矿库2号排水斜槽，职工及其家属共8人乘小船过屋矿库时，船翻全部落水，5人被救，魏美林等3人死亡。

10日　经毛泽东主席批准，中共中央作出《关于处理江西问题若干决定》，认为省军区及部分军分区的某些领导人在"支左"工作中"犯

了严重的方向、路线错误"；决定改组省军区，派遣解放军部队进驻江西各地；任命程世清为省军区政治委员，杨栋梁为省军区司令员，文道宏为副政治委员兼政治部主任。中央的这个决定把方志纯定为"江西省最大的走资本主义道路的当权派"（1975年8月4日中央宣布给方志纯平反；1979年2月中央为方志纯彻底平反）。

13日　吉安市再次发生大规模武斗事件。

17日　省革委会筹备小组正式成立。成员有程世清、杨栋梁、文道宏、黄先、郭光洲、刘瑞森、鲁鸣、罗元炘、陈昌奉，并接管了江西省的党政领导权。

17日　国家计委向煤炭工业部和江西省计委同时发出把江西煤矿列为重点建设的特急文件，指出："江西省是改变北煤南调的极为重要省份之一。江西省煤矿建设、生产需要解决的问题，请江西省给予大力支持，以便尽快实现毛主席提出的改变北煤南调的伟大指示。"

17日　程世清奉命来江西主持省革委会筹备小组和省军区工作，决定江西省军区机关和部分军分区、人武部开展"四大"（大鸣、大放、

大辩论、大字报）。省军区机关、部队及军分区、人武部陷入混乱状态。

17 日 省军区副司令员倪南山、副参谋长徐鹏从北京回到南昌，刚下飞机就被洪都机械厂的造反派劫走，随机带回的谈判材料也被抢走。尔后，在洪都机械厂召开万人大会对倪、徐进行批斗。

18 日 省革委会筹备小组召开省、市军民大会，纪念毛泽东接见红卫兵一周年。程世清在会上讲话，错误地提出要"把党、政、军内一小撮走资本主义道路当权派打得落花流水"，并带头呼喊"打倒党内、军内一小撮走资派"的口号。

18 日 冶金部批准新余钢铁厂焦化工程初步设计方案。

19 日 省财政厅转发中共中央、国务院、中央军委、中央文革小组《关于进一步实行节约闹革命，控制社会集团购买力，加强资金物资和物价管理的若干规定的通知》。

19 日 南昌县蒋巷乡叶楼渡口发生沉船事件，为抢救落水学生，解放军某部排长李文忠等3人牺牲。

20 日 傍晚，"大联筹"组织部分群众在人民广场召开批斗省委、省军区领导方志纯、白栋材、黄知真、吴瑞山、林忠照、彭梦庚大会。

22 日 中共中央主席毛泽东乘坐的专列由湖南去上海，路经萍乡站时由于两派武斗，在萍乡站停留29小时之久，被称为"八二二"事件。

24 日 省"大联筹"和抚州群众组织三二一一纵队近日发生武斗。省军区主要领导程世清以平定抚州党内、军内走资派"军事叛乱"为由，调动部队进抚州，并用大炮轰击三二一一纵队阵地，造成"八二四"惨案，支左部队伤57人，死5人，两派群众死105人。抚州市人武部部长武生云被枪杀。

26 日 解放军南昌警备区成立，南昌军分区改为南昌警备区。

30 日 《江西日报》复刊。

30 日 江西人民广播电台恢复自办节目，全天播音3次。设置《学习毛主席语录》、《新闻》、《对农村广播》、《语录歌》、《工农兵文艺》、《教唱革命歌曲》等节目。

31 日 江西人民广播电台恢复地方广播节目。

本月 井冈山五大哨口公路动工修建（1968年5月全部竣工）。

本月 省革委会根据国务院、中央军委《关于当前市场煤炭供应问题的通知》精神，为了保证城镇生活用煤，先后在南昌、九江、抚州、赣州、吉安、上饶等大中城市（包括近郊菜农和非农业人口）实行定量供应制度。

1967

9月

September

公元 1967 年 9 月							农历丁未年【羊】					
日	一	二	三	四	五	六	日	一	二	三	四	五	六
					1 廿七	**2** 廿八	**3** 廿九	**4** 八月大	**5** 初二	**6** 初三	**7** 初四	**8** 白露	**9** 初六
10 初七	**11** 初八	**12** 初九	**13** 初十	**14** 十一	**15** 十二	**16** 十三	**17** 十四	**18** 中秋节	**19** 十六	**20** 十七	**21** 十八	**22** 十九	**23** 二十
24 秋分	**25** 廿二	**26** 廿三	**27** 廿四	**28** 廿五	**29** 廿六	**30** 廿七						

2 日　省革委会筹备小组发出《关于开展拥军爱民运动月的决定》，要求深入学习毛主席关于开展拥军爱民运动的号召，制定新的拥军爱民公约，向解放军学习，军民"共同搞好文化大革命"。

3 日　省、市军民 3 万余人在南昌 10 个会场举行拥军爱民联欢大会，杨栋樑、文道宏到会讲话。

5 日　省直机关冶金厅"革命造反司令部"发出成立生产指挥部的通知，接管抓促临时领导小组工作。

5 日　省供销社、省新华书店发出联合通知，规定基层供销社的经营网点普遍增设发行毛泽东著作的业务，保证有《毛泽东选集》、《毛泽东语录》、"老三篇"和毛主席像供应。

7 日　省、市军民 2500 余人，举行拥军爱民大会，省革委会筹备小组代表和省军区先后宣读《拥军公约》和《爱民公约》。

8 日　省革委会筹备小组召开工作会议，讨论进行"革命大批判"和"斗批改"、拥军爱民、抓促以及"革命大联合"和"三结合"等问题。会议于 10 日结束。

12 日　新华通讯社江西分社两派群众组织发生武斗事件。

14 日　《江西日报》报道，《毛主席是我们心中的红太阳》大型摄影展览在南昌展出。共展出 60 幅巨幅照片，集中反映了毛泽东主席在"文化大革命"中的活动。

15 日　省革委会筹备小组发出通令，要求一切群众组织和群众必须坚决执行中共中央、国务院、中央军委、中央文革小组发布的"六六"通令、"九五"命令，《加强公安工作的若干规定》和"九一三"通知，坚持文斗，严禁武斗、砸、抢、抄、抓，违反者将由专政机关予以严厉制裁；坚决镇压杀人、放火、盗窃国家机密及进行破坏活动的反革命分子。

16 日　省革委会筹备小组、省军区、省"大联筹"、解放军某部召开追悼李文忠、李从全、陈佃奎三烈士大会。会议通过了省革委会筹备小组、省军区《关于开展向支左爱民模范集体学习的决定》。

17 日　毛泽东主席到南昌视察，至 23 日止，期间听取了程世清、杨栋樑、黄先、刘瑞森、郭光洲、陈昌奉等汇报江西"文化大革命"情况，并就"文化大革命"中群众组织实现革命大联合、对干部要"扩大教育面"等问题作了指示。

20日 省革委会筹备小组发出《关于庆祝毛主席创建井冈山革命根据地四十周年的通知》，决定10月3日至10月9日为纪念周，要求各地安排落实各项纪念活动。

22日 省革委会筹备小组召开省、市各造反派组织负责人"大联合誓师大会"，要求"紧跟毛主席的伟大战略部署，掀起革命大联合的高潮"。

23日 "南昌市革命工人武装指挥部"成立。

24日 "南昌市中等学校红卫兵总指挥部"成立。

24日 江西省盘古山钨矿发生大规模灾害性地压活动，井下遭受严重破坏，全矿停产（针对江西钨矿地压活动频繁，破坏性大的问题，赣州有色冶金研究所、江西冶金学院与中科院地质所等单位完成3项地压专题研究，其中"盘古山钨矿下部中段地压活动规律及控制方法"研究成果于1986年获有色总公司科技进步二等奖，1987年获国家科技进步二等奖。主要研究人员有甘宗安、周树瑚等）。

28日 15时40分，南昌市二十中教学大楼失火，整座大楼被烧毁。

28日 南昌航校内发生严重武斗事件，29日武斗结束。

本月 省交通局按交通部指示，承建北也门萨拉—萨达公路，全长241.492公里（1977年9月建成。该国人民把萨拉—萨达公路称为"和平之路"。江西工人游增权在工程中以身殉职）。

本月 省革委会筹备小组保卫领导小组成立，由革命领导干部、军代表及群众组织代表组成。

1967

10月

October

公元 1967 年 10 月							农历丁未年【羊】						
日	一	二	三	四	五	六	日	一	二	三	四	五	六
1 国庆节	**2** 廿九	**3** 三十	**4** 九月小	**5** 初二	**6** 初三	**7** 初四	**8** 初五	**9** 寒露	**10** 初七	**11** 初八	**12** 重阳节	**13** 初十	**14** 十一
15 十二	**16** 十三	**17** 十四	**18** 十五	**19** 十六	**20** 十七	**21** 十八	**22** 十九	**23** 二十	**24** 霜降	**25** 廿二	**26** 廿三	**27** 廿四	**28** 廿五
29 廿六	**30** 廿七	**31** 廿八											

10 日 江西锅炉厂制成全省第一台千吨水压机。

11 日 南昌市革委员会筹备小组成立，由于德馨、马志荣、郭忠任、郭孝友等 19 人组成。于德馨任组长。

13 日 省"大联筹"召开活学活用毛主席著作讲用会，2200 人参加会议。会议要求"热烈响应毛主席'斗私批修'伟大号召，迅速掀起活学活用毛主席著作新高潮"。会议于 17 日结束。

15 日 省革委会筹备小组召开电话会议，部署秋收冬种及其他农村工作，要求各地以"斗私批修"为纲，以大批判为动力，迅速掀起秋收冬种高潮。

15 日 《人民日报》报道，江西省 6 个专区和 90% 以上的县市"实现革命大联合"，并对此发表评论员文章《毛主席怎么指示，我们就怎么办》。

18 日 省革委会筹备小组、省军区、省大联筹联合发出《关于坚决贯彻执行中共中央、国务院、中央军委、中央文革小组〈关于按照系统实行革命大联合的通知〉的通知》。

18 日 省革委会筹备小组举办第一期地方干部毛泽东思想学习班开班，至 30 日结束。

21 日 省大中学校红卫兵司令部、江西省大专院校革命师生总指挥部根据 10 月 14 日中共中央、国务院、中央军委、中央文革小组《关于大、中、小学校复课闹革命的通知》要求，发出《关于大中学校师生立即返校复课闹革命的紧急通令》。

22 日 省革委会筹备小组发出《关于建立各级临时权力机构的决定》。该决定指出，根据江西具体情况，建立临时权力机构，可采取三种形式：条件尚未成熟的，建立临时领导小组；条件比较成熟的，建立革委会筹备小组；条件成熟的建立革命委员会。原党政机关所属的部、委、厅、局、处、科、室不建立革委会（筹备小组），只建立临时领导小组。

22 日 江西全省各地学校举行了"斗私批修，复课闹革命誓师大会"。中小学校基本复了课，大专院校也开始复课。总的情况是农村快于城市，小学快于中学。期间，有的学校复课后又停。一批大、中学校成立了革命委员会。

26日　中共中央军事委员会发布命令，授予驻赣某部六连四排为"支左爱民模范排"和四排排长李文忠为"支左爱民模范"称号。江西省革命烈士纪念堂开辟专室陈列其模范事迹。

27日　以阿尔巴尼亚通讯社副社长纳·纳特奈利为团长的阿尔巴尼亚新闻代表团一行3人来南昌参观访问。

29日　《江西日报》报道，江西省军区召开政治工作会议，号召广大指战员高举毛泽东思想伟大红旗，掀起活学活用毛主席著作新高潮，加强部队思想革命化，把"三支两军"工作提高到一个新水平，为人民立新功。

本月　江西省鹰潭线路大修队在浙赣线首先使用K型风动卸碴车，从而改变人工卸碴的笨重体力劳动，提高运输效率。

本月　省革委会筹备小组抚州地区临时领导小组成立（1968年2月，抚州地区革委会成立。1968年8月，成立抚州专区革委会党的核心小组，由7名成员组成，未设组长、副组长。1970年3月，省军区政治部副主任于凯调任抚州专区革委会任党的核心小组组长。1971年6月，抚州地委产生后，抚州专区革委会党的核心小组随之撤销）。

本月　国家统计局农产量调查总队江西分队撤销。

本月　上饶市造反派破"四旧"，用炸药炸灵山七十二峰。

本月　永新县潞江大桥建成通车，桥长138米，是吉安地区首座无筋无肋双曲拱桥。

本月　江西省科委被撤销，人员"下放"，改由"江西省革命委员会抓革命、促生产指挥部计划科技组"（简称"抓促部科技组"）管理全省科技工作。

1967

11月
November

公元 1967 年 11 月							农历丁未年【羊】						
日	一	二	三	四	五	六	日	一	二	三	四	五	六
			1 廿九	**2** 十月大	**3** 初二	**4** 初三	**5** 初四	**6** 初五	**7** 初六	**8** 立冬	**9** 初八	**10** 初九	**11** 初十
12 十一	**13** 十二	**14** 十三	**15** 十四	**16** 十五	**17** 十六	**18** 十七	**19** 十八	**20** 十九	**21** 二十	**22** 廿一	**23** 小雪	**24** 廿三	**25** 廿四
26 廿五	**27** 廿六	**28** 廿七	**29** 廿八	**30** 廿九									

2 日 由阿尔巴尼亚通讯社副社长纳·纳特奈利率领的阿尔巴尼亚新闻代表团，结束在江西的访问。在赣期间，他们先后参观了江西棉纺织厂和井冈山革命根据地。

2 日 省军区发出通知，号召驻赣广大指战员，立即行动起来，发扬我军既是战斗队，又是工作队、生产队的优良传统，大力支援地方，搞好秋收冬种。

7 日 省革委会筹备小组抓革命、促生产指挥部，举行贯彻"迅速改变北煤南调"，加快江西煤田建设座谈会，修订开发江西煤田规划，要求在 1970 年前，全省提供 110 对矿井（年产 6 万吨以上）的精查报告，建成移交生产矿井 33 对，总设计能力为年产 481 万吨。

9 日 阿尔巴尼亚地拉那"一手拿镐、一手拿枪"业余艺术团抵达南昌进行访问。

10 日 阿尔巴尼亚驻华大使瓦西里·纳塔奈利来南昌参观访问。

11 日 阿尔巴尼亚业余艺术团举行了首场演出。省革委会筹备小组、江西省军区负责人和正在江西访问的阿尔巴尼亚驻华大使瓦西里·纳

塔奈利观看了演出。

14 日 省革委会筹备小组发出通知，要求各地高举毛泽东思想伟大红旗，掀起冬季生产新高潮，落实秋收冬种、水利冬修、低产田改造和植树造林等任务。

14 日 归国华侨青少年 63 人来南昌入校学习，分配在南昌市第二、三中和江西师范学院附属中学。

15 日 省革委会筹备小组从省直机关和驻省部队抽调 1500 余人，组成第二批毛泽东思想宣传队，分赴上饶、九江两专区农村。

15 日 省革委会筹备小组发出《关于查阅档案材料和确保机密安全的通知》。

17 日 山东省革委会、济南部队慰问团 173 人在江西慰问演出。省革委会筹备小组、省军区负责人到车站迎接。

18 日 日本"齿轮座剧团"一行 29 人，在团长藤川夏子，副团长日笠世志久率领下来南昌、井冈山访问演出。省革命委员会筹备小组、江西省军区负责人接见了全体成员。

19 日 江西钢厂八〇五车间六五〇轧机第

一个机架试生产。1969 年 12 月第二机架、第三机架投产。

19 日 省革委会筹备小组召开省、地、县（市）三级干部会议。会议要求"用毛泽东思想统帅一切，以'斗私批修'为纲，放手发动群众，做好金融工作，夺取粮、棉、油收购的胜利"。

20 日 江西人民广播电台举办为期半个月的《向支左爱民模范学习》专题节目。

23 日 《江西日报》转载《人民日报》、《红旗》杂志、《解放军报》编辑部文章《中国农村两条道路的斗争》。

23 日 省革委会筹备小组召开教育革命学习会，会议认真学习毛主席关于教育革命的重要指示，要求"以斗私批修为纲，把无产阶级教育

萍乡市民家庭召开"斗私批修"会

革命进行到底"。会议于 12 月 3 日结束。

24 日 省革委会筹备小组、省军区发出《关于认真开展学习〈中国农村两条道路的斗争〉一文的通知》，要求各地"密切结合本地区、本单位两个阶级、两条道路、两条路线的斗争实际"，组织深入学习讨论，"以'斗私、批修'为纲，把农村中两条道路的斗争进行到底"。

25 日 省革委会筹备小组、省军区召开"支左爱民模范排"六连四排，"支左爱民模范"李文忠命名大会。

26 日 省革委会筹备小组、省军区、省"大联筹"联合发布《关于坚决贯彻执行中央军委命令，进一步开展学习"支左爱民模范排"和"支左爱民模范"李文忠的决定》。

26 日 李文忠等烈士的兄弟李文红、李从卫、陈佃兵入伍仪式在南昌八一礼堂举行。

28 日 李文忠英雄模范事迹展览会在南昌正式开幕。

本月 景德镇市破获一起 36 人的贩卖金银重大投机倒把集团案。该集团自 1966 年 9 月以来，共贩卖黄金 492.84 两，银洋 604 块。

本月 南昌汽车厂更名为江西汽车制造厂。

本月 省革委会筹备小组召开全省教育革命学习会，提出兴起"教育革命风暴"，要求实行"小学不出生产队"、"初中不出大队"、"高中不出公社"的教改方案，于是一大批小学"戴帽"办初中，初中升级办高中，致使全省高中达 1773所，初中达 1573 所。

1967

12月 December

公元 1967 年 12 月　　农历丁未年【羊】

日	一	二	三	四	五	六	日	一	二	三	四	五	六
					1 三十	**2** 十一月小	**3** 初二	**4** 初三	**5** 初四	**6** 初五	**7** 初六	**8** 大雪	**9** 初八
10 初九	**11** 初十	**12** 十一	**13** 十二	**14** 十三	**15** 十四	**16** 十五	**17** 十六	**18** 十七	**19** 十八	**20** 十九	**21** 二十	**22** 冬至	**23** 廿二
24 廿三	**25** 廿四	**26** 廿五	**27** 廿六	**28** 廿七	**29** 廿八	**30** 廿九	**31** 十二月大						

1 日　江西省轻化工业学校"井冈山兵团"和对立的"决战兵团"发生武斗，学校办公大楼被烧毁。

4 日　《江西日报》发表题为《搞好教育革命靠毛泽东思想》的社论。

5 日　省革委会筹备小组召开电话会议，号召全省人民高举毛泽东思想红旗，以"斗私批修"为纲，突击完成水利冬修和粮、棉、油收购任务。

6 日　省革委会筹备小组召开全省贫下中农代表座谈会，讨论贯彻中央有关指示，要求全省贫下中农立即行动起来，狠抓两条道路斗争，把广大农村建成毛泽东思想大学校。《江西日报》配发社论《坚定地依靠贫下中农》。会议于 13 日结束。

7 日　南昌市统计局临时领导小组成立。

7 日　省革委会筹备小组发出指示，坚决贯彻执行毛主席勤俭建国的伟大方针，进一步开展群众性的增产节约运动。

11 日　江西人民广播电台从本日起举办《工农兵活学活用毛主席著作》专题节目。

11 日　省革委会筹备小组、省军区发出通知，提出"今后各地革命群众组织和个人需要反映情况，要求解决问题时，均应直接向本单位、本县、本专区（市）临时权力机构或支左部队反映，不要直接来省上访。各临时权力机构和支左部队都应认真地研究处理本单位、本县、本专区（市）革命群众提出的问题"。

13 日　江西省军区为总结"文化大革命""活学活用"毛主席著作的新成绩新经验，决定元旦前后召开全区部队、民兵学习毛主席著作积极分子代表大会。

13 日　宜春专区的南昌县、新建县划归南昌市领导，当日办理二县交接工作。

15 日　省革委会筹备小组、省军区、省"大联筹"联合发出《关于开展江西省革命委员会成立的宣传庆祝活动的通知》。

15 日　冶金部从鞍钢弓长岭调给江西萍乡钢铁厂的 1 座矮胖型 100 立方米高炉建成投产。

16 日　兴国县群众集会，纪念毛主席长冈乡调查 34 周年。

19 日　省革委会筹备小组发出《关于加强

工商税收工作的通知》，指出纳税单位或个人，不得以任何借口拒绝执行国家现行的税收法令；不得以任何借口拖税抗税；对于冲击税务机关，抢劫税款、票证，围攻殴打税务人员和护税群众的，必须严肃处理。

20 日 全省第一个县级革命委员会——兴国县革委会成立，兴国县两万余人举行庆祝大会。

21 日 德兴铜矿露天采场首次在家门前地段进行揭顶大爆破，总装药量 502.7 吨，爆破岩石量 84.3 万立方米。

德兴铜矿露天采场

24 日 省革委会筹备小组为表扬先进，树立旗帜，总结交流经验，进一步把我省活学活用毛主席著作推向更新的高潮，决定 1968 年 2 月召开全省学习毛主席著作积极分子代表大会。

27 日 省广播局成立查"走资本主义道路当权派"的幕后活动，查"叛徒特务"，查"地富反坏右"破坏活动的"三查"领导小组。领导小组下设专案组。

28 日 省革委会筹备小组、省军区、省大联筹联合发出通知，号召在新年和春节期间广泛开展拥军优属和拥政爱民活动。

28 日 省革委会筹备小组、省军区、省大联筹发出《关于成立和庆祝江西省革命委员会有关问题的紧急通知》。该通知提出了 6 条具体要求。

28 日 省、市革委筹备小组、省"大联筹"

在人民广场召开大会，庆祝毛主席"知识青年到农村去，接受贫下中农的再教育"指示的发表。

30 日 中央批文同意江西省革委会筹备小组 1967 年 12 月 8 日的报告。同意成立江西省革命委员会。由 149 名委员组成，其中程世清等 26 人为常委，程世清任主任，杨栋樑、黄先、于厚德、万里浪任副主任。

31 日 赣南医学专科学校教员陈耀庭公开揭露"文化大革命"给党、国家和人民带来的灾难，被以"现行反革命罪"逮捕（其妻谢聚璋也被打成"现行反革命"，于 1968 年 2 月 11 日被捕。陈耀庭随即处以死刑，其妻被判处死刑，缓期二年执行，后死于劳改农场。1980 年 10 月 25 日，省委发出《关于为陈耀庭、谢聚璋平反昭雪的决定》）。

本月 上饶市开工兴建跨信江的龙潭大桥，桥长 342 米，宽 10 米，钢筋混凝土 T 型梁结构，1972 年建成通车。

本月 萍乡矿务局高坑矿兴建矸石砖厂，设计年产砖 1200 万块（1968 年投产，1979 年达产）。

本月 省农业厅召开连家渔船社会主义改造会议，贯彻全国"连改"会议精神。

本月 省科学工作委员会同省农业厅、省机械厅等单位在南昌市召开"井冈山 - 67 型插秧机"鉴定会。

本月 冶金部同意在永平矿区先建一座日采选 300 吨的小型露天矿山（1968 年 2 月，江西省冶金厅决定，成立永平铜矿。1968 年 5 月开工建设，当年 12 月建成投产。1973 年 9 月 27 日，国家计委批准建设大矿的设计任务书。1974 年 11 月审查通过 1 万吨采选设计方案。

1975 年 4 月，江西冶金建设公司进矿，开始"三通一平"和露采剥离。1979 年 11 月 21 日，国家建委批准扩大规模的初步设计，建设规模为日采选 1 万吨。1984 年 10 月 23 日，日采选

1 万吨能力形成，开始试产。同年 12 月 23 日正式投产。贵溪——永平 110 千伏输电线路工程同时竣工。1986 年 4 月 19 日国家对该矿基建工程进行竣工验收）。

永平铜矿投产时，傅雨田为铜矿剪彩

本 年

本年 省卫生厅组织江西医学院第二附属医院和江西省血吸虫病手术队赴都昌、波阳等县，总结推广针麻切脾术。

本年 全省各地市电影院、剧院、剧团、书店、文化馆、图书馆等单位合并，相继成立毛泽东思想宣传队。

本年 南昌市革委会筹备小组将南昌万寿宫拨给 21 中扩建校舍，万寿宫被彻底拆除，改建为教学大楼。

本年 江西省制造印染设备的中型企业定名为江西柴油机厂（该厂前身是私营企业求新纺织机械厂，1956 年改名为南昌农业机械厂）。

本年 南昌搪瓷厂（原上海泰丰搪瓷厂1957 年迁到南昌，易名为"公私合营南昌市泰丰搪瓷厂"，后更名为南昌搪瓷厂）。被轻工部确

定为全国 72 家搪瓷制品定点厂家之一。

本年 星子县自筹资金兴建熔融石英厂，规模为年产石英玻璃 400 吨，并生产大型熔融石英坩埚。

本年 抚州物资仓库群建成。该工程由抚州地区建筑工程处施工，采用钢丝网水泥薄壳屋顶，包括 24 米跨 50 米落地圆形折板薄壳；2 × 14 米 × 50 米折板拱顶；10 米 × 10 米扭壳顶盖等共 1 万平方米。

本年 由省建筑工程公司第六工程处施工的六六一工程（坐落在安福县），建成防盗、防爆、防辐射、防酸碱的金库建筑。

本年 井冈山按原貌重修位于小井的"红军医院"。

本年 下半年，江西省地质局九一二队踏勘选点组发现了冷水坑铅锌矿。

概 要

江西省革命委员会成立，全省普遍建立了各级革委会。省革委会拟订了《江西省一九六九——一九七二年工农业生产建设发展规划（草案）》，提出了全省工农业建设的主要任务是"建立起一个省内自力更生，省自为战的小而全的地方工业体系"，并提出了一系列不切实际的高指标。当年，江西开展了"三查"运动、"再教育"和上山下乡运动，在农村进行了扩社并队、"割资本主义尾巴"运动。全省活学活用毛泽东思想积极分子代表大会召开，大会要求深入开展"三忠于"活动，"进一步掀起活学活用毛泽东思想群众运动的新高潮"。

革命委员会成立与"三查"运动的继续 1月，经中央批准，江西省革命委员会正式成立，程世清担任革委会主任。全省各地、市、县普遍建立了革命委员会，许多单位和工矿企业也先后成立了革命委员会。江西省革命委员会成立以后，主要精力放在抓"三查"。江西的"三查"运动，首先从文艺界开始，然后是各级党政机关、知识分子集中的大专院校和科研单位。许多人被审查、批斗、关押，包括省委领导在内的1400多名省、市领导干部，文化教育界知名人士和其他所谓"三查"对象，在南昌市被化装游街批斗。领导干部继续遭到造反派的揪斗，公、检、法机关被砸烂，实行所谓的"群众专政"。"三查"运动迅速向工厂和农村扩展，全省农村开展了"一打三反"运动（打击反革命分子，反对贪污盗窃，反对投机倒把，反对铺张浪费），许多干部群众以及"五类分子"（地、富、反、坏、右）及其子女，被列为打击对象。

干部下放 10月，省革委会作出干部下放农村插队落户的决定，继而把大批教师、演员、科技人员、文艺工作者和党政干部下放工厂和农村"劳动锻炼"。并派遣工人和贫下中农宣传队进驻学校、科研单位和文艺团体，对上层建筑实行"全面专政"。中央办公厅、外交部等10多个中央机关、高校在江西进贤、永修、上高、峡江、分宜等地办起"五七干校"。全省有7万名各级干部、5.3万名教师、1.2名医务人员、1.6万名职工、15.5万名家属下放到农村落户或进"五七干校"。全省13所大专院校被砍掉8所，另5所则被迁到边远山区，29所全日制中等专业学校被撤销，2102所半工（农）半读中等学校全部被砍掉，基础较好的138所城镇中学下迁农村山区。全省有616所学校的校舍被改做军营和厂房，在学校搬迁过程中，财产和各种教学设备损失达4400万元。电影院、文化馆（站）、公共图书馆、博物馆基本被关闭。除"革命样板戏"外，江西传统剧目、剧种统统被禁演。10月将商业、供销、外贸、粮食四个主管部门合并为省商业局，95%的干部下放农村。全省大多数商业企业下放给地方或厂矿领导，大部分商品的分配由行政部门纳入计划逐级直接下达到企业，财政收支由地方财政统管，必要的规章制度遭到废除，致使商业部门家底不清，账目混乱。

接受"再教育" 当年，知识青年"上山下乡"形成高潮，上海10万知识青年陆续下放江西。全省大专院校师生全部到江西生产建设兵团所属各工厂、农场去当工人、农民，"接受工农兵再教育，在三大革命运动中改造自己的旧思想"；全省各工矿企业单位相继举办各种形式的"七 二一"工人大学，"工宣队"、"贫宣队"进驻到学校以及科研单位和文化团体，领导这些单位的"斗、批、改"。

扩社并队 中共中央制定的《农村人民公社工作条例草案》（即《十六条》），规定人民公社"三级所有，队为基础"至少30年不变。省革委会10月在分宜县召开第四次全体（扩大）会议。10月至11月，全省进行扩社并队，在不到一个月的时间里，强行把全省的公社、生产大队、生产队加以扩并，无论是公社、生产大队还是生产队，大致是两个并成一个。农村人民公社由原来的2195个合并为1297个，生产大队由原来的24735个合并为12834个，生产队由原来的226189个合并为122119个，社队规模均比以前扩大了近一倍。扩社并队后有的生产队规模达100户以上，有的生产队规模跨几个自然村，既不便于领导，也不便于生产，给农业生产和群众生活带来了严重的困难。有的把大队改为生产队，又一次打乱了各生产队原来的经济利益格局，造成了更大范围的"吃大锅饭"局面，实质上改变了原来的基本核算单位。同时，在"割资本主义尾巴"的口号下，紧缩社员自留地，大砍家庭副业，采取行政措施，"不准农村人从事编织、缝纫、采集、渔猎、养蚕、养蜂等家庭副业"。农民自留地被大量收回生产队。这些"左"的错误做法，扼制了农村经济的发展，造成了农副产品严重匮乏。

工农业生产遭受破坏 农业生产不讲科学，强行推广双季稻。规定播种插秧的时间越早越好，插秧间距"越密越好"，禾苗带土移栽"越多越好"，造成不少地区早稻大面积烂种、烂秧，晚稻大量减产。6月，赣江、抚河涨大水，赣江洪水水位高达24.32米。南昌县被淹农田18.4万亩，新建县淹田4万多亩，进贤县有5个公社受灾，农民生活与生产遭到严重破坏。工业生产滑坡。由于各级领导机构先后瘫痪，规章制度被废除，管理混乱，技术经济指标普遍变差，尤其是一些干部的瞎指挥，使生产乱上加乱，造成很大浪费。

全省本年主要经济指标情况 国民生产总值（按当年价格计算）45.95亿元，比上年增长4%；工业总产值26.11亿元，比上年增长13.6%；农业总产值36.51亿元，比上年增长5.4%；粮食总产量165.93亿斤，比上年增长7.89%。财政收入5.58亿元，比上年增长12%。年末全省总人口2418.16万人，人口自然增长率29.07‰。

1968
1月
January

公元 1968 年 1 月						农历戊申年【猴】					
日	一	二	三	四	五	六	日	一	二	三	四	五	六
1 元旦	**2** 初三	**3** 初四	**4** 初五	**5** 初六	**6** 小寒	**7** 腊八节	**8** 初九	**9** 初十	**10** 十一	**11** 十二	**12** 十三	**13** 十四
14 十五	**15** 十六	**16** 十七	**17** 十八	**18** 十九	**19** 二十	**20** 廿一	**21** 大寒	**22** 廿三	**23** 廿四	**24** 廿五	**25** 廿六	**26** 廿七	**27** 廿八
28 廿九	**29** 三十	**30** 春节	**31** 初二									

1 日　《江西日报》转载《人民日报》、《红旗》杂志、《解放军报》1968 年元旦社论《迎接无产阶级文化大革命的全面胜利》。

1 日　江西省军区和驻省部队广大指战员在新年前夕，组织各种活动，以毛主席最新指示为纲，圆满完成保卫祖国和"三支"、"两军"任务。

1 日　省革筹小组、省军区、省大联筹发出《关于学习〈人民日报〉、〈红旗〉杂志、〈解放军报〉元旦社论的紧急通知》，并要求全省无产阶级革命派和全省人民、解放军指战员，必须认真学习、深刻领会、坚决执行、全面落实。

2 日　省革委会筹备小组、省军区组织"江西省拥军慰问团"，下设 4 个分团，分赴南昌、九江、上饶、宜春、赣州地区的 34 个县、市慰问当地驻军。历时 50 天。

2 日　坦桑尼亚作家协会主席默哈迈德·哈桑尼来南昌、井冈山参观访问。

2 日　参加江西省革委会成立和庆祝大会的全体代表及工作人员，在江西饭店共同吃糙米饭、南瓜菜做成的传统饭。

2 日　毛泽东于 1967 年 12 月 31 日下午，接见了全国各地正在北京参加毛泽东思想学习班学习的中国人民解放军干部、党政干部和革命群众的代表等。其间，毛泽东两次同江西代表握手，两次向江西人民问候。

省军区、驻南昌市部队广大指战员庆祝毛主席接见

4 日　省革委会筹备小组作出决定，号召全省大、中、小学要认真学习和坚决执行毛主席教

育革命思想，立即在全省掀起一个活学活用毛主席教育革命思想的新高潮。同日《江西日报》发表题为《坚决执行毛主席教育革命的伟大指示》的社论。

5日　江西省教育由省革委会抓革命促生产指挥部教卫组主管。

5日　省革委会副主任黄先宣布省革委会的通知：由即日起，原江西省委、省人委的党、政、财、文等一切权力统统归省革委会。

5日　江西省革命委员会成立（下设三部一室，即政治部、抓革命促生产指挥部、保卫部、办公室）。庆祝大会在南昌市举行，20万军民参加。大会通过了给毛主席的致敬电。省革委会主任程世清讲话，省革委会副主任杨栋樑宣读《中共中央关于江西省成立革命委员会的批示》和《江西省革委会成员名单》，各方面代表发言，并宣布了《江西省革命委员会通告》。《江西日报》发表了《巍巍井冈山红万代》的社论。

"江西省革命委员会成立"大会现场

6日　南昌市首次发行《毛主席语录》袖珍本。

7日　《人民日报》、《解放军报》以《井冈山红旗飘万代》为题，联合发表社论，祝贺江西省革委会的成立。

8日　江西省林业工作会议在南昌市召开，会议于17日结束。

11日　省交通厅基建队全面落实毛主席的最新指示，两派群众组织结束了长期打内战的局面，迅速实现了大联合。

11日　江西省赴山西、山东省学习团共160余人，分别到山西昔阳县的大寨大队和山东省黄县的下丁家大队等地参观学习后回到南昌。

11日　省革委会、省大联筹召开全省毛泽东思想学习班经验交流会。

12日　省革委会召开第一次全委（扩大）会议。革委会全体委员，各专区、县、市临时权力机构的主要领导成员，各群众组织的负责人和代表共743人参加了会议。会议通过了《关于以毛主席最新指示为纲，更加广泛深入地开展活学活用毛泽东思想的群众运动的决议》，要求全省军民立即行动起来，打倒派性，增强党性，无产阶级革命派联合起来。

13日　叙利亚奥玛雅民间艺术团一行55人在团长（国家、文化、游览指导部秘书长）优素福·沙克拉，副团长穆罕默德·卡米尔·库德西率领下到达江西南昌，并在南昌和井冈山进行访问演出。叙利亚驻华大使萨迪克和夫人同行。此次活动于21日结束。

15日　江西省革委会发布通告，提出学习大寨坚持社会主义道路，把农村两条道路斗争进行到底的经验。

16日　经中共中央同意，江西省革委会党的核心小组成立，由9人组成，程世清任组长。

17日　出席省革委会第一次全体委员（扩大）会议的代表和红卫兵及驻省解放军代表等3000余人，在南昌市八一礼堂举行错误地批判方志纯大会。

17日　江西船厂建成全省最大深水拖轮，长28米，主机功率600马力，航速每小时30公里，拖载量3000吨。

18日　江西省革委会第一次全体委员（扩大）会在南昌闭幕。

19日　省、市部分群众、红卫兵，在省体育馆举行打倒派性誓师大会，到会约8000余人。大会提出"向资产阶级、小资产阶级派性发动总攻击"的口号，并要求发动一场声势浩大、规模壮阔的"围歼派性"的"人民战争"。同日《江西日报》发表题为《打一场围歼派性的人民战争》的社论。

20日 "江西省大中学校红卫兵司令部"、"红卫兵南昌军区"召开首届政治工作会议,程世清、杨栋樑、文道宏到会并讲话。会议号召"红卫兵立即行动起来,打一场围歼派性的人民战争"。《江西日报》发表社论《红卫兵要做打倒派性的急先锋》。

23日 《江西日报》报道,省、市文艺界最近举行清理整顿文艺队伍批斗大会。号召"下狠心,鼓干劲,以只争朝夕的精神,把隐藏在各个角落里的牛鬼蛇神统统揪出来"。

23日 《江西日报》报道,省军区和驻省部队广大指战员,欢庆毛主席发出"人民解放军应该支持左派广大群众"的号召一周年,决心学习、执行最新批示,坚决支左不支派。

23日 省革委会、省军区、省大联筹举行春节拥军大会。出席大会的有驻省、市部队代表,复员退伍军人代表,烈军属代表及其他方面代表共2000余人。

拥军爱民动员大会会场

24日 南昌地区召开"坚决把医疗卫生的重点放到农村去"的誓师大会。省、市、区各医疗单位、工矿企业卫生机构的卫生人员、部队卫生单位代表共6000余人到会。大会要求坚决落实毛主席的指示,把医疗卫生重点放到农村去,并立即掀起一个医疗卫生人员下乡的热潮,全心全意地为贫下中农服务。

25日 《江西省红卫兵革命造反展览》在南昌开馆。

26日 《江西日报》报道,全省军民大摆派性罪状、大论派性危害、大挖派性毒根。

26日 江西省大中学校红卫兵司令部召开会议。会议通过决议,号召红卫兵立即行动起来,打倒派性,推进革命的大联合和革命的三结合。

27日 越南南方解放军歌舞团一行59人,在团长阮春鸿带领下,来南昌访问演出,访问演出活动于2月3日结束。

28日 省财政厅抓促临时领导小组,省人民银行发出《关于改进行业工作手续和报表的意见》。要求从1968年先改进一些可以简化的手续和报表,以后在批改过程中再进行改革。

28日 《江西日报》报道,江西省大联筹"工人革命总指挥部"举行大会,参加大会的有各厂企业和机关代表3000余人,批判《工业七十条》。总指挥部所属500余个大、中、小型企业的职工,全面实现了革命大联合。

31日 江西省革委会、省军区联合发出布告,根据1967年12月9日中共中央、国务院、中央军委、中央文革《关于公安机关实行军管的决定》,宣布对省公安机关(包括公、检、法)实行军事管制。成立解放军江西省公安机关军事管制委员会,陈昌奉为主任。此后,各级公安机关均被各级革委会保卫部取代。

31日 全省各级人民法院由军管会或军管小组实行军事管制,审判工作由其接管。

本月 八〇一厂南昌试验厂从八〇一厂划出,成立六〇三厂,直属江西省冶金厅领导。1980年更名为南昌硬质合金厂。

本月 江西钢厂八一三车间建成投产。

本月 江西萍乡钢铁厂66型25孔焦炉一组2座动工兴建。

本月 南昌市成立打击投机倒把联合指挥部。

本月 成立江西省外事组,隶属省革委会办公室。

1968
2月
February

公元 1968 年 2 月							农历戊申年【猴】						
日	一	二	三	四	五	六	日	一	二	三	四	五	六
				1 初三	**2** 初四	**3** 初五	**4** 初六	**5** 立春	**6** 初八	**7** 初九	**8** 初十	**9** 十一	**10** 十二
11 十三	**12** 十四	**13** 元宵节	**14** 十六	**15** 十七	**16** 十八	**17** 十九	**18** 二十	**19** 雨水	**20** 廿二	**21** 廿三	**22** 廿四	**23** 廿五	**24** 廿六
25 廿七	**26** 廿八	**27** 廿九	**28** 二月大	**29** 初二									

1 日　红声器材厂（四三八〇厂）建成投产。

1 日　省市群众和红卫兵在江西体育馆举行欢迎来自反美斗争前线的越南南方解放军歌舞团演出大会。

5 日　经国务院批准，吉安专区更名井冈山专区。井冈山专区革委会成立。

"吉安专区"更名为"井冈山专区"大会会场

6 日　解放军江西省公安机关军管会召开《严厉镇压反革命，坚决打击行凶杀人、盗窃、投机倒把罪犯公判大会》。

7 日　省革委会、省军区、省大联筹、南昌

市革筹小组举行"慰问退休革命老干部座谈会"。

7 日　省革委会在南昌召开贯彻毛主席对卫生工作批示的学习会。把医疗卫生工作重点放到农村去。全省各专区、县 400 余名代表参加会议。会议要求城市医疗卫生机构以及医学教育、科研等单位，在 2 年至 3 年内，要有 50% 的医疗卫生人员扎根农村，安家落户，长期为贫下中农服务。会议于 17 日结束。

9 日　日本社会党、国会议员参观团一行 6 人，来南昌、井冈山参观访问，于 16 日结束。

10 日　中央军委、中央文革转发题为《江西省军区以两条路线斗争为纲教育部队的经验》的文章。

10 日　江西省革委会召开全省农村抓革命促生产会议。

12 日　《江西日报》报道，省委机关群众组织认真落实毛主席关于干部问题的最新指示，放手发动群众，大胆解放干部。已解放和即将解放的处级以上干部，由原来的 30% 增至 70%，并发表题为《理直气壮地解放干部的大多数》的社论。

12 日　南昌市革筹小组、省大联筹在省体

育场举行有5万余人参加的围歼派性、打倒无政府主义，促进革命大联合和革命三结合，抓革命，促生产誓师大会。

13日 萍乡矿务局革委会成立，萍矿集会庆祝。《江西日报》发表题为《红色安源开新宇》社论。

14日 省革委会抓促指挥部批转省林业工作会议纪要。

15日 江西省革委会发出《关于抓革命，促生产，迅速掀起春耕生产高潮的紧急指示》，要求各级领导以毛主席指示为纲，指示各地在2月底3月初把工作重点转移到农村去。省、专、县要抽调大批干部组成"三结合"（解放军、革命干部、革命师生）的毛泽东思想宣传队，深入群众，宣传抓革命、促生产，做好春耕工作，夺取革命、生产双胜利。

由"三结合"支农大军组成的毛泽东思想文艺宣传队，深入到各公社、生产队，宣传毛主席的最新指示

15日 江西省军区学习毛主席著作积极分子代表大会在南昌市开幕。大会于29日结束。

江西省军区学习毛主席著作积极分子代表大会会场

15日 赣州专区革委会成立。赣州市10万军民集会庆祝。《江西日报》发表题为《赣水那边红一角》社论。

16日 由省大联筹主持，干部群众和解放军驻省部队近1万人，在省体育馆举行大会，揪斗"叛徒"、"特务"和顽固不化的"走资派"，并要求广泛发动群众，全面掀起"三查"（查走资派的幕后活动，查叛徒、特务，查地、富、反、坏、右的破坏活动）运动新高潮。

17日 省革委会抓促指挥部发出《关于清理上访和串联期间所借钱粮物的通知》。要求将清理收回的钱粮物上缴财政等部门。

17日 江西省革委会指示，要求各地积极开展"农业学大寨"活动。

18日 江西省革委会在南昌召开首次印刷毛主席著作工作会议。到会的有省、市、专区印刷、出版、发行、造纸、机械、化工、交通运输、商业等部门代表。

18日 南昌市革委会成立。

20日 抚州专区革委会成立。

24日 省革委会抓促指挥部（简称省革委抓促部），批准天河、花鼓山两矿试行农村临时合同工制度，由所在生产队向合同工供应基本口粮，合同工向生产队缴纳不超过本人标准工资5%的公积金和公益金。

27日 省、市军民6000人在江西省体育馆举行大会，欢送南昌地区首批医疗卫生战士1250名赴农村"接受再教育"。

本月 江西省财政、金融部门组织1600人深入各地宣传贯彻中共中央、国务院《关于进一步实行节约闹革命，坚决节约开支的紧急通知》的精神。

本月 吉安专区革委会正式成立。（1968年5月，经省革委会同意，井冈山专区革委会党的核心小组成立。1971年1月，井冈山专区改名为井冈山地区。1971年2月，井冈山地委成立后，井冈山地区革委会党的核心小组自然撤销）。

本月 赣州专区、宜春专区革委会成立后，妇女工作由革委会政治部群运组分管，妇女工作小组具体负责。

1968

3月
March

公元 1968 年 3 月							农历戊申年【猴】					
日	一	二	三	四	五	六	日	一	二	三	四	五	六
					1 初三	**2** 初四	**3** 初五	**4** 初六	**5** 惊蛰	**6** 初八	**7** 初九	**8** 妇女节	**9** 十一
10 十二	**11** 十三	**12** 十四	**13** 十五	**14** 十六	**15** 十七	**16** 十八	**17** 十九	**18** 二十	**19** 廿一	**20** 春分	**21** 廿三	**22** 廿四	**23** 廿五
24 廿六	**25** 廿七	**26** 廿八	**27** 廿九	**28** 三十	**29** 三月小	**30** 初二	**31** 初三						

1 日　宜春专区革命委员会成立。

宜春专区革命委员会成立大会会场

　　1 日　省军区党委作出决定，号召全省部队、民兵、职工和家属广泛开展为人民立新功的运动。决定指出："无限忠于毛主席，无限忠于毛泽东思想，无限忠于毛主席的革命路线，这是我们立新功的根本态度，根本立场，根本目的"。

　　3 日　宜春、万载、上高等县公安局联合破获"中国人民联军"反革命阴谋暴乱案。该案由李家庆为首的"中国劳动党"和黄怀仁为首的"中国民主党"合并组成，先后共发展成员 115 人，涉及 5 个县 24 个公社。李、黄二犯分别担任该军总司令部第一、二负责人，破案时缴获"关防"、子弹和"政治纲领"等反革命罪证 130 余件，逮捕首犯、骨干分子 17 人。

4 日　井冈山革命委员会成立。

井冈山革命委员会成立大会会场

　　5 日　江西省革委会和南昌市革委会抓革命促生产指挥部联合举行进一步节约闹革命动员大会。会议要求，把贯彻执行毛主席"要节约闹革命"的最新指示当成一场政治仗来打，立即在全省掀起增加生产，厉行节约，反对浪费的群众运动。

　　5 日　由老挝人民党统战部副部长堤坎率领的老挝人民党代表团一行 8 人，抵南昌参观访问。

　　7 日　《江西日报》为纪念毛主席发布"三七"指示一周年，发表了《把毛泽东思想溶化在青少年血液中》社论。"三七"指示：军队应分期分批对大学、中学和小学高年级实行军训，并且参与关于开学、整顿组织、建立三结合领导机关等工作。

南昌市第九中学师生军政训练队伍

10日 为期一周的江西省革委会第二次全体委员（扩大）会议结束。会议要求全面落实毛主席一系列最新指示，迅速建立好各级领导班子，抓革命、促生产。

11日 省革委会、省军区、省大联筹联合组成"江西省拥军慰问团"，分赴九江、抚州、宜春、上饶、井冈山、赣州、景德镇等地慰问解放军广大指战员及住院伤病员。

11日 江西省革委会组成"省轻化工业厅抓革命、促生产临时领导小组"。

12日 省、市卫生战线掀起"把医疗卫生工作的重点放到农村去"的热潮。第一批抽调的1200余名成员的农村卫生工作队和下农村安家落户的医务人员，已先后启程，奔赴革命老区、边远山区和农村落户。

14日 根据中央文革领导小组指示，在南昌市及各地、市放映并批判《燎原》、《怒潮》、《红河激浪》三部"毒草"影片。

14日 经中共中央、国务院、中央军委、中央文革批示同意《关于江西组织"三结合"支农大军请示报告》。

14日 省广播局、省人民广播电台革委会召开成立大会。

17日 省革委会作出《关于向全省贫下中农赠发〈毛主席语录〉和"老三篇"的决定》。赠发给全省贫下中农每户《毛主席语录》一册，单张"毛主席语录"四张，每个劳动力"老三篇"一册。

20日 省革委会要求，争取一个多月时间，用直接炼钢法生产的钢轧成钢材，去北京向毛主席献礼。

21日 江西省卫生厅成立"抓革命、促生产"临时领导小组。

21日 省革委会抓促指挥部批示，成立"江西省冶金工业厅抓革命促生产临时领导小组"。

22日 省革委会批准江西省文联更名为江西省工农兵文联，并成立临时领导小组。

22日 南昌市革委会核心小组成立。

24日 省革委会发出《关于组织"三结合"支农大军深入农村，大力宣传毛泽东思想，支援春耕生产的决定》。决定要求全省各级临时权力机构、各级党政群部门和企事业单位分别按实有人数的30%、70%、20%抽调干部，支援春耕生产。

省"三结合"支农大军分赴农村

26日 省革委会抓促指挥部上报《江西省一九六七年财政总决算》，1967年全省财政净结余负9422万元（即财政赤字）后由中央财政增加补助弥补。

28日　遵照中共中央、国务院《关于进一步实行节约闹革命，坚决节约开支的紧急通知》，省机关团体企业事业单位存款除规定企业流动资金等项外，一律按1967年12月31日银行存款账面数字实行冻结。

29日　省冶金厅抓促临时领导小组下达《关于在江西钢厂1.5吨电炉上进行直接炼钢的通知》。

31日　江西省档案馆奉命将民国档案向省公安厅移交。

本月　省卫生厅和厅属各单位开展"清理阶级队伍"和"斗、批、改"运动。

本月　江西省南昌航标段划归南昌港务局领导，改为南昌航道管理站。南昌航道管理站下放归南昌市管理。

本月　民革、民盟、农工党江西省委会和民建江西省工委机关开展"清理阶级队伍"运动。

本月　上饶专区革委会筹备小组成立（4月，经省革委会批准，成立上饶专区革委会）。

本月　省革委会决定，成立景德镇市革委会筹备小组，原景德镇市委、市人委的党、政、财、文等一切权力统统归景德镇市革委会筹备小组（4月，正式成立市革委会。同年9月，省革委会决定成立景德镇市革委会党的核心小组，与市革委会实行一元化领导）。

本月　萍乡市革委会成立。宜春专区革委会正式成立（1971年3月，改称宜春地区革委会。革委会实行党政合一）。

本月　江西电机厂在国内首次应用谱波励磁技术，研制成功T_2S型5千瓦、12千瓦、40千瓦三次谱波励磁发电机，通过部级鉴定。

本月　江西萍乡汽油机厂试制成功165F-1型3马力汽油机，是省内制造汽油机的开端（1974年4月与该厂研制的新产品1.5ZC-40型自吸式水泵配套出口美国、巴基斯坦等14个国家和地区）。

本月　解放军毛主席思想宣传队进驻江西人民出版社。

1968
4月
April

公元 1968 年 4 月							农历戊申年【猴】						
日	一	二	三	四	五	六	日	一	二	三	四	五	六
1 初四	**2** 初五	**3** 初六	**4** 初七	**5** 清明	**6** 初九		**7** 初十	**8** 十一	**9** 十二	**10** 十三	**11** 十四	**12** 十五	**13** 十六
14 十七	**15** 十八	**16** 十九	**17** 二十	**18** 廿一	**19** 廿二	**20** 谷雨	**21** 廿四	**22** 廿五	**23** 廿六	**24** 廿七	**25** 廿八	**26** 廿九	**27** 四月大
28 初二	**29** 初三	**30** 初四											

2日 省"大联筹"在南昌举行街头游行批斗大会,"游斗"方志纯,李定坤、石凌鹤、王肃等被强迫"陪斗"。

3日 省"大联筹"召开的批斗大会。方志纯被再次批斗,黄霖、李杰庸、王肃等被迫陪斗。

5日 南昌市5万多军民举行李文忠、李从全、陈佃奎烈士纪念碑落成典礼。

李文忠、李从全、陈佃奎烈士纪念碑落成典礼

6日 省革委会召开全省电话会议,传达3月30日省革委常委会会议精神。会议提出,在当前要反右防"左",以反右为主导。要继续大讲阶级斗争的新情况、新问题、新矛盾,大抓两个阶级,两条道路,两条路线的斗争,把革命大批判更加深入,更加广泛地开展起来。会议还要求,省革委会生产指挥部,南昌市和各专、市要集中力量把工业生产搞上去,要抓好煤炭、轻工业、运输、农业机械和化肥等生产。《江西日报》发表《永放光芒的伟大历史功勋》的社论。

8日 省民政厅"抓革命促生产临时领导小组"成立。石全保任组长,何祖福、陈传周任副组长。

11日 省革委会发出《关于收集伟大领袖毛主席在江西革命活动文物资料的公告》。公告指出,毛主席在江西从事革命实践活动数十年,走遍了全省数十个县(市),留下了许多宝贵的文物资料。这些文物资料是反映毛主席革命实践的历史见证,一定要把这些珍贵的文物收集起来。

14日 九江化工厂二号液氯贮槽爆炸,大量氯气飘向市区,造成市民2人死亡,130余人住院治疗的严重后果。

17 日 江西省水产科学研究所成立。

17 日 省、市军民 10 万余人集会，拥护毛

省市军民十多万人集会拥护毛主席《支持美国黑人抗暴斗争的声明》发表

泽东《支持美国黑人抗暴斗争的声明》。坚决支持美国黑人的正义斗争（主张"非暴力"的美国黑人牧师马丁·路德·金，4 月 4 日被白人种族主义者枪杀，由此引发美国各地黑人的抗暴斗争）。

20 日 在华东工程学院学习的越南人民军留学生 107 人来井冈山野营。活动于 5 月 14 日结束。

21 日 九江专区及九江市革委会成立。

九江专区和九江市革命委员会成立大会会场

22 日 全省公安机关内部开展大学习、大揭发、大批判、大斗争和"三查"运动，全省公安机关有 759 人被打成"叛徒"、"特务"、"反革命"、"走资派"，并罗织种种罪名将 20 余名厅、处、科级干部抓进监狱或送进"集训队"。

22 日 省革委会在革命老区兴国县召开活

学活用毛泽东思想现场会。会议号召"以兴国为榜样，全面落实毛主席最新指示，狠抓革命大批判，不停顿地向阶级敌人猛烈进攻"。会上，省革委会发出《关于开展向兴国学习的决定》。

24 日 省革委会、省军区、省大联筹发出《关于隆重庆祝毛主席"五七"指示发布两周年活动的通知》。会议要求全省各级宣传部门和单位，要广泛宣传"五七"指示，把大批判推向高潮。

27 日 上饶市革委会成立。

上饶专区革命委员会成立大会会场

28 日 江西省革委会任命朱俊为江西日报社革委会主任。江西日报社革命委员会成立（1971 年 7 月 25 日，设立中共江西日报社委员会）。

28 日 省革委会发出通知，号召全省各地开展一个大规模爱国卫生运动。

本月 省革委会决定，撤销省民政厅，设内务组，隶属省革委会抓促指挥部。后改为隶属省革委会办公室。内设办事组、民政组、知识青年上山下乡安置组。

本月 江南材料厂试制成功金刚石切割刀片，并形成小批量生产。

本月 南昌市商业局、供销社同时成立临时领导小组，同年 8 月撤销，由南昌市革委会直接管理。

本月 省冶金厅决定成立西华山钨矿永平建

设工地临时领导小组。9月17日，永铜革委会成立。

本月 省革委会下设江西省革委会毛主席著作出版办公室。

本月 省革委会批准，成立省商业厅抓促临时领导小组。

本月 省水电系统掀起"三查运动"（查走资派、查叛徒特务、查地富反坏右分子破坏活动）。省水电厅本部先后遭打击、折磨和迫害的正、副厅长、副总工程师、工程师和其他干部共80多人，约占全厅职工数的2/3（到1978年先后平反）。

1968
5月
May

\													

公元 1968 年 5 月　　农历戊申年【猴】

日	一	二	三	四	五	六	日	一	二	三	四	五	六
			1 劳动节	**2** 初六	**3** 初七	**4** 青年节	**5** 立夏	**6** 初十	**7** 十一	**8** 十二	**9** 十三	**10** 十四	**11** 十五
12 十六	**13** 十七	**14** 十八	**15** 十九	**16** 二十	**17** 廿一	**18** 廿二	**19** 廿三	**20** 廿四	**21** 小满	**22** 廿六	**23** 廿七	**24** 廿八	**25** 廿九
26 三十	**27** 五月大	**28** 初二	**29** 初三	**30** 初四	**31** 端午节								

1 日　江西汽车制造厂职工成功地生产出第一批 12 辆载货 2.5 吨汽车。这种汽车启动快，爬坡性能好，取名为"井冈山牌"货车，由此揭开江西制造汽车的历史。

3 日　在省革委会副主任万里浪等人指挥下，省"大联筹"调动 465 辆汽车，载上已被化装丑化的省市 1400 余名干部、知识分子、群众（其中包括方志纯、黄霖、李杰庸、王肃、李定坤、石凌鹤等领导干部），进行武装押送，游街批斗。在游斗中打伤 300 余人，重伤致残 2 人，致死 3 人，造成异常恶劣的影响和后果。

3 日　《江西日报》连续两日发表社论《反对右倾投降主义，夺取"三查"全胜》、《把隐藏的一切阶级敌人统统挖出来》，提出三查就是"向阶级敌人发动猛烈的全面进攻"。"三查"烈火在全省越烧越凶，伤害了许多领导干部和无辜群众。

3 日　江西省公安机关军管会根据有关指示精神，从驻军某部选调 1298 名退伍战士，分配给南昌市、景德镇市和九江、宜春、上饶、抚州等地区的 66 个县市以上公检法军管会，充实公检法力量。这种"充实"活动 3 日开始 9 日结束。

6 日　江西省垦殖场根据江西革委会的部署，开展"三查"运动，大批职工受到审查批判。

7 日　省革委会、省军区、南昌市革委会和省"大联筹"举行万人大会，庆祝毛泽东"五七"指示发表两周年。会议要求"沿着毛主席'五七'指示指引的方向，抓革命、促生产、促工作、促战备。"

10 日　参加湘赣会战的地震一队、重磁队和一一四队相继进入江西萍乡到芦溪一带的红层掩盖区工作。圈定竹亭、泉江两个隐伏向斜，推断出十里铺、白源两个含煤区。在红层掩盖区下的白源井田，主焦煤储量达 3511 万吨。

11 日　《江西日报》报道，于 1967 年 11 月 25 日在南昌市举办并展出的"英雄四排及李文忠支左爱民模范事迹展览"，用大量实物、照片和图片，并通过被救红卫兵的亲身讲解，吸引着全省及全国各地的群众。五个月来，已接待 50 余万人。全国各省、市、专、县共 70 多个单位，前来复制展出。同时，还接待了 20 多个国家共 700 余名外国友人。

13 日　省革委会、省军区、南昌市革委会、省大联筹联合举行"热烈欢迎三结合'支农'大军胜利归来大会"。

15 日 《江西日报》报道，江西省城乡毛泽东思想学习班越办越多。全省参加学习班总人数已达 1200 万人以上，基层干部普遍轮训了一两次。

15 日 省革委会抓促部发出通知，对省电管局、交通厅、公安厅劳改局 1968 年基本折旧基金留用、上缴比例分别作出规定。

17 日 省革委会抓促部转发全国供销合作总社《关于县以上供销合作社 1968 年暂不提取固定资产更新资金的紧急通知》。

19 日 省革委会抓促部批准江西丝绸厂由江西蚕桑场综合垦殖场划归南昌市轻化工业局管理。

20 日 全省首次活学活用毛泽东思想积极分子代表大会在南昌召开。出席大会的代表共 1 万余名。会议于 6 月 9 日结束。

全省首次活学活用毛泽东思想积极分子代表大会闭幕式

24 日 南昌铁路局和分局革命委员会同时成立。

25 日 到目前为止，在南昌市开展的"三查"运动中，已有不少干部、群众被诬陷、迫害，甚至关进"牛棚"、"集训队"。

本月 经省革委会批准，庐山革委会成立，取代了中共庐山委员会和庐山管理局的职能（11 月，改为庐山镇革委会。1969 年 6 月，经九江专区革委会党的核心小组批准，成立庐山镇革委会党的核心小组，代行中共庐山委员会职权。1969 年 11 月，省革委会决定撤销庐山镇革委会党的核心小组，恢复庐山革委会。1970 年 7 月，再次成立庐山革委会党的核心小组。机构规格为县级，隶属九江专区革委会党的核心小组领导）。

本月 赣州钴冶炼厂年产电解铜 500 吨的湿法炼铜车间动工兴建（1970 年 5 月建设投产，累计产电解铜 4455 吨，因亏损严重，于 1981 年 11 月停产，改产硫酸）。

本月 江西机床修理厂在国内首次应用冷轧技术，研制冷轧 C618 车床厂 32×6 长丝杆获得成功，精度和光洁度达到技术要求。

本月 南昌市人民广场改建工程破土动工，1969 年 10 月 1 日竣工。

本月 省革委会下文严禁非法编印、贩卖毛主席著作，坚决取缔非法印刷品，责成省毛主席著作出版办公室会同有关部门清查处理。

1968

6月
June

公元 1968 年 6 月　　农历戊申年【猴】

日	一	二	三	四	五	六
						1 儿童节
2 初七	**3** 初八	**4** 初九	**5** 芒种	**6** 十一	**7** 十二	**8** 十三
9 十四	**10** 十五	**11** 十六	**12** 十七	**13** 十八	**14** 十九	**15** 二十
16 廿一	**17** 廿二	**18** 廿三	**19** 廿四	**20** 廿五	**21** 夏至	**22** 廿七
23 廿八	**24** 廿九	**25** 三十	**26** 六月小	**27** 初二	**28** 初三	**29** 初四
30 初五						

1 日　解放军江西省公安机关军事管制委员会劳改单位领导小组成立。

1 日　江西省第一座地区广播站抚州地区广播站成立。

4 日　省革委会指示，要求各地高举毛泽东思想伟大红旗，认真落实二晚和秋播作物面积；积极开展夏季积肥运动，如作田头窖、养红萍、种猪屎豆，挖掘肥源，为晚稻和秋播作物备足肥料。

5 日　负责国防和安全的部长级代表马杜·迪亚基特为团长的马里军事代表团一行 4 人，在国防部副部长肖劲光的陪同下，来南昌、井冈山参观访问，于 9 日结束。

7 日　向塘机务段 YH 型 1884 号机车王密梧机班在新余—向西站间牵引 80 辆、5242 吨，创浙赣线该区最高纪录。

7 日　省煤管局临时领导小组在花鼓山煤矿召开省属煤矿抓促工作会议，传达全国煤炭会议精神。

7 日　省革委会在瑞金县召开全省财贸战线活学活用毛泽东思想讲用会，要求建设一支无限忠于毛主席的财贸大军。讲用会议于 19 日结束。

12 日　省革委会抓促指挥部决定，将江西手扶拖拉机厂修理车间的技术工人和机械设备，拨交省农林垦殖厅林业公司用以筹建林业机械修配厂，确定厂址暂设八一桥北原林业干训班住地。

15 日　全国"尽忠炼钢"（即一步直接炼钢）现场会在江西钢厂召开。参加会议的有 24 个省、市、自治区 59 个单位的 315 名代表。

18 日　为执行中共中央、国务院、中央军委、中央文革小组 5 月 12 日发出的《关于军事接管体育系统的命令》，江西省体育系统军事接管委员会发布命令，宣布对省体委及各直属单位、南昌市体委实行军事接管。

19 日　省财政厅抓促临时领导小组发出《关于继续免征公路部门的车船使用牌照税和房地产税的通知》。

26 日　省革委会召开学习、落实毛泽东对医疗卫生工作及对中医中药工作指示的会议。会议提出要坚定不移地走毛泽东指引的医学道路，把医疗卫生工作的重点放到农村去，要加强中西医结合、中药生产采集和培养中医药人才。会议于7月5日结束。

26日 《江西日报》以《毛主席革命路线的伟大胜利》为题发表社论，庆祝全省各专区、市、县革命委员会的普遍建立。

瑞金县革命委员会成立大会会场

27日 "毛泽东思想万岁馆"（现江西省展览中心）破土动工。该建筑物为钢筋混凝土框架结构，4层楼，高48.68米，平面是"山字形"，建筑面积2.5万平方米，由江西省综合设计院等单位共同设计，设计主持人吴旭。由省、市几家骨干建筑公司施工，国庆节前完成主体工程。

27日 江西省各级医药卫生部门、大中医药学校及驻省解放军医疗部门响应毛主席的号召，组织6000多人的卫生工作队，分赴农村第一线。

29日 省革委会毕业生分配工作领导小组召开南昌地区大中学校毕业生政治思想工作会议。会议提出要坚决贯彻"四个面向"（面向农村、面向边疆、面向工矿、面向基层）、"两个目标"（当普通农民、当普通工人）的毕业生分配方针。

30日 省革委会作出《关于改变共产主义劳动大学管理体制的决定》，规定总校由江西省革委会抓促指挥部农业组领导，各分校一律下放，由所在县革委会领导，校名改为××县共产主义劳动大学。

本月 江西省各纺织企业开展"清理阶级队伍"运动。

本月 赣江、抚河涨大水，水位超过警戒线1米～2米，赣江洪水水位高达24.32米，比1962年最高水位高0.1米，时为南昌市文字记载最高水位。加之鄱阳湖水顶托，又刮起5～6级大风。新建县30座小圩堤，有5座决口，淹田4万多亩，南昌县被淹农田18.4万亩，进贤县有5个公社受灾。

本月 省革委会、省军区向全省抗洪前线的军民发出通知，要求他们"更高地举起毛泽东思想伟大红旗，夺取防汛抗洪斗争彻底胜利"。

省、市军民3000余人举行抗洪斗争胜利祝捷大会

1968
7月
July

公元 1968 年 7 月						农历戊申年【猴】							
日	一	二	三	四	五	六	日	一	二	三	四	五	六
1 建党节	**2** 初七	**3** 初八	**4** 初九	**5** 初十	**6** 十一	**7** 小暑	**8** 十三	**9** 十四	**10** 十五	**11** 十六	**12** 十七	**13** 十八	
14 十九	**15** 二十	**16** 廿一	**17** 廿二	**18** 廿三	**19** 廿四	**20** 廿五	**21** 廿六	**22** 廿七	**23** 大暑	**24** 廿九	**25** 七月大	**26** 初二	**27** 初三
28 初四	**29** 初五	**30** 初六	**31** 初七										

1 日　省革委会、省军区、省大联筹发出《关于认真学习贯彻〈人民日报〉、〈红旗〉杂志、〈解放军报〉"七一"社论的通知》。要求通过学习，"进一步提高阶级斗争观念和路线斗争觉悟，更深入地开展革命大批判的'三查'，向阶级敌人发动更猛烈的进攻。"

1 日　《毛主席在安源革命活动纪念馆》兴建。纪念馆占地 200 亩，建筑面积 3245 平方米，投资 200 万元，两层框架结构。后改称《安源路矿工人运动纪念馆》，该馆由省综合设计院汪继瑾等设计，宜春专区建筑公司施工。

3 日　抚州地区医药公司附属药厂成立，后改名为抚州制药厂。

5 日　国务院总理周恩来在人民大会堂接见全国煤炭工业战线抓促会议代表时，表扬包括江西萍乡矿务局在内的 24 个政治大联合好、生产好的单位。要求矿区停止武斗、学校停止串联，并宣布撤销华东、贺兰山两个"托拉斯"。

5 日　省革委会召开第二次组织工作会议，部署整党建党工作，提出"要在阶级斗争的烈火中整党建党"。工作会议于 11 日结束。

5 日　《毛主席去安源》油画在南昌市发行。

《毛主席去安源》油画玻璃版运到南昌，省市印刷界、发行出版界等单位的职工前往火车站迎接

6 日　省革委会发出《关于向北京、上海学习的决定》。决定要求立即在全省掀起一个向北京、上海学习，开展"比学赶帮"的群众运动。

7 日　省革委会抓促指挥部下发《关于当前国营农场、垦殖场几个问题的通知》，提出反对干部和职工拥有自用地和饲养家畜；不许将公家土地分给职工作自用地，过去已分的自用地限期收回；各单位的劳动工资和劳保福利在中央未作新的规定前，不得擅自改变，工资总额一律不准超出 1967 年 8 月的实际水平。

11日 省革委会发出《关于认真学习〈人民日报〉七月十日编者按及灵宝县革委会实行精兵简政报道的通知》，要求各级革委会根据编者按精神"做好清理阶级队伍的工作，迅速研究出进一步实行思想革命化、进行机构改革的措施"。

20日 全省文艺界"革命造反总指挥部"召开"彻底批判反革命修正主义建党路线大会"，并举办了"三查"、"砸黑线"战果汇报展览。展出"省委、省政府领导和全省文艺界的领导和文艺骨干"对李定坤、石凌鹤、武继国、陈茵素、时佑平、吕玉堃、张翼、梁邦楚、刘云、潘凤霞、邓筱兰等20余人进行的错误批判和攻击。

23日 《江西日报》发表题为《把颠倒的历史再颠倒过来》的社论，引用毛泽东7月21日关于"走上海机床厂从工人中培养技术人员的道路"的"七二一"讲话后，全省各工矿企业单位相继举办各种形式的"七二一"工人大学。

25日 省、市革委会联合举行有5000余人参加的欢送会，欢送首批7000余名大中专院校

省、市军民欢送首批大中专院校毕业生当农民、当工人大会

毕业生下乡下厂当普通工人、普通农民，实行四个面向（农村、边疆、工矿、基层）。

25日 武汉杂技团培训的坦桑尼亚杂技学习团一行24人，来庐山进行暑期训练并在南昌进行演出。训练演出活动于9月17日结束。

27日 省革委会抓促部发出《关于贯彻执行国务院关于一九六八年度收购农副产品奖售标准的通知》。通知规定：对社员个人交售的农副产品（不包括生猪）一律不给奖售物资；对收购棉花、食用植物油、黄麻、苎麻、烤烟、晒烟、桐油、皮木油、蓖麻油、糖蔗、柑橘、瓜子、中药材等经济作物所奖售的化肥改为计划分配的办法；对全省国营农场、垦殖场、水产养殖场等国营企业所交售的农产品，不再实行奖售办法。

27日 江西省革委会、南昌市革委会、省大联筹、省工总在洪都机械厂召开斗、批、改现场会。

27日 省农业厅重建南昌渔具厂，厂址在南昌市叶楼，由南昌市水产局领导。

27日 省革委会常委会议决定成立精兵简政领导小组，并研究省级机关精兵简政实施方案。

本月 省医药公司与省卫生厅药政管理局和江西省药检所合并，成立江西省医药器材公司，隶属卫生厅。

本月 省革委会批准成立江西省冶金工业公司。

本月 撤并南昌市蔬菜管理机构和蔬菜经营部门。

本月 南昌市广播管理站革委会成立。

1968

8月

August

公元 1968 年 8 月							农历戊申年【猴】						
日	一	二	三	四	五	六	日	一	二	三	四	五	六
				1 建军节	**2** 初九	**3** 初十	**4** 十一	**5** 十二	**6** 十三	**7** 立秋	**8** 十五	**9** 十六	**10** 十七
11 十八	**12** 十九	**13** 二十	**14** 廿一	**15** 廿二	**16** 廿三	**17** 廿四	**18** 廿五	**19** 廿六	**20** 廿七	**21** 廿八	**22** 廿九	**23** 处暑	**24** 闰七月
25 初二	**26** 初三	**27** 初四	**28** 初五	**29** 初六	**30** 初七	**31** 初八							

1 日 七〇一厂宣称在厂破获了一起"反革命组织——青年救国军",涉及职工 97 名,其中 1 名厂级干部和 3 名工人于即日被捕入狱(1971 年 11 月,该厂否定"反革命组织——青年救国军"一案,所有涉及对象全部排除"现反"嫌疑,该案被押人员,全部平反回厂)。

2 日 加纳作家杜波依斯夫人,来南昌、井冈山参观访问,于 9 日结束。

3 日 省革委会召开第三次全委(扩大)会议,研究"清理阶级队伍"、精兵简政、教育革命等问题。会议于 11 日结束。

4 日 省、市军民在"八一"礼堂举行向门

报告团到达南昌时,受到省军区和驻南昌市部队指战员及省市群众欢迎

合学习广播大会。在南昌的青海省军区门合英雄事迹报告团的同志也参加了大会。

8 日 九江硅元件厂建成投产。

12 日 省、市军民集会游行,庆祝毛主席接见部队革命战士。

12 日 日本第四次学生友好参观团一行 154 人,来南昌、井冈山参观访问。活动于 17 日结束。

16 日 省革委会发出《关于成立中国人民银行江西省分行革委会的通知》。

17 日 南昌市革委、市公安机关军管会联合发出《关于清理文化大革命运动中红卫兵抄家物资的通告》。

23 日 省革委会、省军区、南昌市革委会、南昌市警备区、省"大联筹"联合召开省、市军民欢送首批下乡知识青年、革命干部"五七"大军大会。欢送第一批下乡安家落户的社会知识青年、干部及教师。下放干部的党政组织关系和户口均转入农村,实行"脱钩下放"。

24 日 省、市革委会组织第一批以工人为主体,有解放军参加的工人毛泽东思想宣传队,

分别进入江西工学院、江西医学院、江西师范学院，执行领导学校斗、批、改的任务。

工人毛泽东思想宣传队进驻江西医学院

26 日 省煤管局临时领导小组决定撤销乐平矿区指挥部，乐平矿区所属单位归省煤管局直接管理。

29 日 省革委会召开常委会议，贯彻中共中央、国务院、中央军委、中央文革于 8 月 25 日联合发出的《关于派工人宣传队进学校的通知》，决定成立工人毛泽东思想宣传队领导小组。

29 日 省革委会、省军区发出通知，要求 7 天至 10 天内，组织以优秀产业工人为主体，有解放军参加的首批毛泽东思想宣传队，进驻大专学校及部分中专学校。农村学校则由贫下中农管理。

本月 经省革委会抓促部批准，成立"江西省电业管理局抓革命促生产临时领导小组"。

本月 《江西日报》提出"深挖细找二、三线的敌人"，"再刮'三查'运动的十二级红台风"等口号，扩大"三查"面。

本月 撤销南昌市农科所。

本月 冶金部指定江西有色金属管理局负责筹建稀土冶炼厂。随后，江西省革委会抓促部通知，成立八〇六厂建设指挥部（1969 年 8 月，由省革委会批准在九江建厂）。

1968

9月

September

公元 1968 年 9 月							农历戊申年【猴】					
日	一	二	三	四	五	六	日	一	二	三	四	五	六
1 初九	**2** 初十	**3** 十一	**4** 十二	**5** 十三	**6** 十四	**7** 白露	**8** 十六	**9** 十七	**10** 十八	**11** 十九	**12** 二十	**13** 廿一	**14** 廿二
15 廿三	**16** 廿四	**17** 廿五	**18** 廿六	**19** 廿七	**20** 廿八	**21** 廿九	**22** 八月大	**23** 秋分	**24** 初三	**25** 初四	**26** 初五	**27** 初六	**28** 初七
29 初八	**30** 初九												

4 日 《江西日报》报道，省革委会在井冈山举办由 300 多名县以上革命委员会成员和工作人员参加的第一期毛泽东思想学习班。这次学习班的宗旨是："读毛主席的书，走井冈山的路，永远忠于伟大领袖毛主席"。

7 日 省革委会、省军区发出《关于热烈欢呼全国（除台湾省外）各省、市、自治区革命委员会全部成立和学习人民日报、解放军报社论的通知》。要求广大军民认真学习，全面领会，坚决落实《无产阶级文化大革命的全面胜利》社论的精神实质。

14 日 南昌市革委会组织的第二批"毛泽东思想宣传队"进驻大、中、小学及上层建筑各个领域，参加斗、批、改全面领导工作。

15 日 宁冈县贫下中农组成毛泽东思想宣传队，进驻农村学校。全县所有农村完全小学，全部由贫下中农管理起来。

17 日 省、市军民 6 万余人，在人民广场举行集会，纪念毛主席视察江西一周年。会议要求"更高地举起毛泽东思想伟大红旗，迎接全面斗、批、改高潮"。

南昌第九中学某班的同学，在解放军的帮助下学习毛主席的最新指示

19 日 江西省革委会日前在井冈山垦殖场召开省、专属和部分县属国营农业企业现场会，作出《关于国营农业企业若干问题的决定》。规定省、专属垦殖场一律下放归所在县、市领导管理；入场社队及其带进的山林划出，归原县、社、队领导管理；集体部分山林划出后而失去办场条件的，予以撤销或合并。

20 日 工人毛泽东思想宣传队 20 人进驻江

西日报社，参加宣传报道工作。

21日 省革委会召开常委会（扩大）会议，讨论通过全省斗、批、改的规划，并要求全省精简机构，干部下放工作到年底完成。

22日 江西造船厂制成全省最大船用柴油机。

23日 全省工人参加国庆观礼代表赴京。省、市军民3000余人到车站欢送。

27日 《江西日报》发表《龙南县知识分子到农村安家落户实行"集体插队好"的调查报告》，具体做法是：1名至2名下放干部，配合2名至3名中小学下放教师，带领十几名城镇高中初中毕业生，到一个大队集体插队，安家落户，实行集中住宿起伙，分散到各生产队劳动。

27日 省革委会批准成立省有色冶金勘探公司革委会。

28日 南昌铁路分局小港口车站安装6026型电气集中联锁设备，是江西省境内第一个改建的电气集中车站。

28日 钢琴伴唱《红灯记》彩色戏曲片在南昌市及江西全省上映。

28日 省革委会、省军区联合发出《关于向全省贫下中农赠送伟大领袖毛主席像章的决定》，并发了《给全省贫下中农的信》。

28日 上饶机务段YH型1779号机车魏国柱机班在金华—上饶站间牵引5552吨，为规定货物列车牵引定数的1.3倍，创当时浙赣线牵引最高纪录。

30日 "毛泽东思想万岁馆"（今江西省展览中心）基建工程竣工。

本月 省革委会决定撤销省档案馆和省档案管理局，其工作由省革委会办公室机要组档案小组接管。

本月 撤销江西省外贸局和各外贸专业公司，成立江西省进出口公司。

本月 南昌市革委会决定撤销绿化委员会机构，改设社会主义建设义务劳动指挥部办公室，隶属市革委会"抓促部"领导。

本月 撤销南昌市农林水利局及郊区全部机构，另成立南昌市革委会抓促部农业组。

本月 江西省木材公司南昌市分公司恢复市管体制，划归市物资局领导，其机构名称改为市物资局木材供应组。

本月 省革委会在井冈山垦殖场召开全省国营农业企业现场会议，部署掀起"斗、批、改"高潮。会议提出把已入场的集体社队划出去，恢复集体所有制。原来属于省专管理的场，一律下放归所在县（市）管理。

1968

10月
October

公元 1968 年 10 月							农历戊申年【猴】					
日	一	二	三	四	五	六	日	一	二	三	四	五	六
		1 国庆节	**2** 十一	**3** 十二	**4** 十三	**5** 十四	**6** 中秋节	**7** 十六	**8** 寒露	**9** 十八	**10** 十九	**11** 二十	**12** 廿一
13 廿二	**14** 廿三	**15** 廿四	**16** 廿五	**17** 廿六	**18** 廿七	**19** 廿八	**20** 廿九	**21** 三十	**22** 九月小	**23** 霜降	**24** 初三	**25** 初四	**26** 初五
27 初六	**28** 初七	**29** 初八	**30** 重阳节	**31** 初十								

1 日　省、市 20 万军民集会游行，庆祝中华人民共和国成立 19 周年。

3 日　余江县举行万人大会，庆祝毛主席《送瘟神二首》诗词发表 10 周年。

余江县广大贫下中农冒雨参加庆祝毛主席的诗词《送瘟神二首》发表 10 周年大会

3 日　江西省建设银行撤销，其业务分别由省人民银行、省财政厅办理。

4 日　省革委会作出干部下放农村插队落户的决定，随后以脱钩下放的形式，组成所谓"五七大军"，陆续将大批干部、教师、演员、科技人员、医生送往农村"劳动锻炼"、接受"再教育"。

5 日　省革委会召开第四次全委（扩大）会议。会议通过了在全省进行扩社并队的决议，并决定收回社员自留地，不准社员从事家庭副业生产，会议制定《江西省一九六九年至一九七二年工农业生产建设发展规划（草案）》。会议于 11 日结束。

5 日　《人民日报》发表毛泽东主席关于"广大干部下放劳动"的指示。省财政厅和所属省税务局、省建设银行以及省财干校首批下放干部 106 人，到奉新等县农村插队落户，"接受贫下中农再教育"。

7 日　南昌市级机关 1800 余名干部举行下放劳动誓师大会。

8 日　《江西日报》发表《江西省革委会第四次全体委员（扩大）会议纪要》，全文中心内容是"干部下放劳动"。一大批机关企事业单位被撤销或合并，干部及其家属下放农村插队落户。省直文化系统被撤销的单位有：省文化局、省文联、省文艺学校、省群众艺术馆、省木偶剧团、省曲艺队、省保育院；合并的单位有：江西人民出版社并入省新华书店，江西省幻灯制片厂并入电影公司，省博物馆并入省展览馆，省、市采茶剧团合并为南昌市采茶剧团，省、市杂技团合并为南昌市杂技团，省、市图书馆合并为南昌市图书馆。合并后的剧团、图书馆下放南昌市领导。省赣剧院、省评剧团、省电影机械厂也相继下放南昌市领导。南昌市京剧团改为省京剧团，隶属省革委会政治部领导（在此期间，全省地、市、县剧团、图书馆、群艺馆、文化馆也先后撤销。地、市级剧团撤销后，成立综合性的文艺工作团，县一级成立毛泽东思想宣传队。图书馆、群艺馆、文化馆撤销后，在地、市级组建文艺工作站，县一级为毛泽东思想宣传站）。

10日 南昌市革委会召开南昌市上山下乡支援农业动员大会。

南昌市热烈欢送下放干部到农村支援农业建设

15日 江西省冶金公司机关包括干校、钢研室干部100余人下放到永新县里田、沙市两个公社。

16日 省革委会发出《关于下放人员经费开支、粮油供应问题的通知》。

17日 民革、民盟、农工党江西省委会机关近日将档案清理装订成册，送江西省档案馆封存。

18日 省、市军民7万多人集会，欢送干部和知识青年上山下乡。《江西日报》发表题为《到农村去干一辈子革命》社论。

18日 省革委、省军区、南昌市革委会和省"大联筹"在省体育场举行有5万余人参加的欢送干部上山下乡大会。此后，南昌市中、小学、中专、业余学校、幼儿园80%以上干部、老师与原单位脱离关系，下放农村插队劳动。

18日 劳改局机关干部134名分三路下放到武宁、金溪、铅山县劳动。

19日 《江西日报》报道，全省有7万多名干部，5.3万多名教师，1.2万多名医务人员，1.6万多名职工，15.5万多名家属下放农村插队落户劳动或在"五七"干校劳动。

20日 省公安厅干部首批55人下放宜丰县山区插队劳动（此后，第二批、第三批各有58人分别下放安福县和瑞金县农村劳动。全省各级公安机关90%的干警先后下放农村插队劳动）。

22日 省检察院除少数工作人员调工厂和其他单位工作外，所有干部下放到金溪、宜丰等县农村劳动，省检察院工作完全终止，机构撤销。随之，江西全省各级检察机构被撤销。所有检察人员下放农村劳动或调其他单位工作。

22日 省高级人民法院被撤销，全院干部除7人外，其余分别下放武宁、瑞金、金溪、泰和、宜丰、永丰等县农村劳动。法院工作由省革委会保卫部接管。

23日 省革委会下发《关于将南昌市十四所中学并入共产主义劳动大学总校及各县共产主义劳动大学的通知》。

25日 江西省城乡公私合营、合作商店、合作小组和个体商业进行全面改造，合作店（组）解散，从业人员除少部分留国营商业（或基层供销社）以外，全部下放农村落户。

25日 省革委常务委员会决定，撤销省商业厅、省供销合作社、省粮食厅、省对外贸易局、省农产品公司、省工业品公司、省食品杂品公司、省生产资料公司、省进出口公司。原省供销合作社土产、棉麻烟、茶叶、杂品、废品等经营业务，分别并入有关公司。

25日 成立江西省林业服务站，归省革委会抓促指挥部农业组领导。

25日 省革委会决定江西机械工业厅改名为"江西省机械工业公司"，并派军代表丁坚毅、张祖祥、廖自觉进驻。

25日 省革委会发出《关于抓革命促生产指挥部各组所属机构的通知》。其中教卫组所属教育机构有：江西省教育管理局和各高等学校。农业组下设江西水文气象站。通知还规定，各组下设机构均成立革命委员会，未成立革命委员会以前暂组成临时领导小组。

28日 省卫生厅被撤销。由省卫生防疫站、省工业卫生研究所、省寄生虫病研究所和医学科学院江西分院合并成立省卫生防治所，负责人邓子华、单立标。该所隶属省革委会"抓促部教卫组"。

28日 省革委会决定撤销省煤炭工业管理局，成立省煤炭工业公司。

28日 省革委会决定撤销省建工局，成立省建设工程公司。

28日 省革委会决定，撤销省农业厅及其下属单位，成立省农、林、水服务站，主管全省农、林、牧、副、渔及水利、水电、农垦、气象等业务工作，直属省抓促部。农业厅撤销后绝大多数行政、科技人员下放农村劳动。

29日 民革、民盟、农工党江西省委会和民建江西省工委机关干部10余人日前分别下放到丰城、宜黄、奉新等县乡村插队落户，接受贫下中农再教育。少数人被送集训队接受审查，之后陆续下放农村劳动。

30日 省机械厅机关及省机械研究所、省机械工业设计室大部分干部下放到德安县农村插队落户。

30日 江西省体育干部训练班的干部、教练员、运动员共209人从当日至11月3日分别下放到清江、新干、泰和、新余、上高等县农村插队落户。

本月 省财政厅改名为江西省财政局。

本月 经省革委会批准，省电业管理局与省电力建设公司、省电力中心调度所合并，成立江西省电业公司。

本月 省电业管理局一半多干部下放靖安县农村，插队落户（从1971年冬起，大多数下放干部陆续调回局机关）。

本月 南昌铁路局和南昌、上饶铁路分局机关干部857人下放到基层单位和林场"锻炼"。

本月 省革委会决定，撤销区公所，扩大人民公社规模。今年全省共设立人民公社1425个。

本月 根据江西省革委会的决定，从江西省直医院抽调263名医务人员和部分医疗设备（固定资产总金额200万元），分别在江西崇仁、吉安、安福、宜丰4个县的山区组建一〇一、一〇二、一〇三、一〇四战备医院（1973年1月分别改为职工医院，划归江西省国防工办管理）。

本月 硅单晶在江西省景德镇三六无线电厂试制成功。

本月 江西有色金属管理局机关100余名干部下放永新县澧田、沙市公社。

本月 萍乡矿务局采用"四边"方法，投入大量人力、物力和财力，展开上栗矿区大会战。先后开工兴建黄冲、焦源、文山、大岭等矿井，总设计能力共计165万吨。并于1969年成立上栗煤田建设指挥部，统辖在上栗矿区施工的三十二工程处和二二六、二二三勘探队（1971年筹建萍乡矿务局上栗分局。由于地质资源不清，储量不足，开工矿井先后停建。1972年10月上栗分局撤销，改称黄冲煤矿。历时4年，耗费国家投资1577万元，产煤18万吨。以后只保留黄冲、焦源两个小井，年产量为5万吨左右）。

本月 江西农学院撤销，并入江西共产主义劳动大学总校，绝大多数教职员工分批下放宜春地区各县农村劳动。农学院实习农场由南昌县接管，后合并为莲塘垦殖场。

本月 江西农业科学研究所、江西省水产科学研究所、江西省林业科学研究所被撤销，成立省农、林、水科学研究站（1969年3月，该站又被撤销，仅保留科技人员20人，组成科技小组，挂靠在省革委会"五七"农场。多余人员全部下放农村劳动。省农科所示范农场由南昌县接管，后与其他农场合并为红旗垦殖场）。

本月 全省城乡公私合营、合作商店、合作小组和个体商业进行全面改造，合作店（组）解散，从业人员除少部分留国营商业外，全部下放农村落户。

本月 革委会以赣发（1968）368号文撤销水电厅，由省抓促指挥部农业服务站水利组接管全省水利工作。省水电厅及下属单位，绝大多数干部和工程技术人员带家属下放弋阳、新干县农村，插队落户参加劳动。同时，江西省水利电力学校也被撤销，教师下放安福县农村插队落户。

本月 省革委会拟订《江西省一九六九～一九七二年工农业生产建设发展规划》，提出江西工业建设的主要任务是"建立一个省内自力更生，各自为战的小而全的地方工业体系"并提出一系列高指标。

本月 江西省农业学校撤销，绝大多数教职员工下放农村劳动。

本月 南昌市辖县区农村实行"扩社并队"，合并原下放的手工业合作社（组），各人民公社普遍成立工副业办公室管理社队企业。

本月 江西省交通运输公司成立。原省交通厅及所属公路局、汽车运输局、航运局全部撤销，机关人员大部分下放农村。

本月 德铜中学教师全部下放到采石场、选矿厂、机修厂等单位劳动，接受工人阶级再教育，中学生由"工宣队"领导走"五七"道路。

本月 省统计局撤销，全局96名干部职工除留下8人并入省革委会抓促部计划工业组和4名留守人员外，其余人员大部分下放峡江县农村。

本月 江西省妇联的干部大部分下放农村落户，少数调离，省妇联解体，妇女工作无序。

本月 南城县重修建于宋朝的麻姑山"半山亭"。

本月 省革委会政治部决定，省毛主席著作出版办公室、江西人民出版社、省文化局物资供应站并入省新华书店。

本月 省革委会从省直机关抽调一批干部，组成毛泽东思想宣传队，分赴大茅山、鄱公山、恒湖、蚕桑、芙蓉、旭光、乐丰、恒丰、饶丰、八一等垦殖场协助工作，参加"三结合"组建领导班子。

本月 国营大茅山垦殖场被江西省革委会撤销其省属场建制，被肢解为德兴县属场。

1968

11月
November

公元 1968 年 11 月							农历戊申年【猴】					
日	一	二	三	四	五	六	日	一	二	三	四	五	六
					1 十一	**2** 十二	**3** 十三	**4** 十四	**5** 十五	**6** 十六	**7** 立冬	**8** 十八	**9** 十九
10 二十	**11** 廿一	**12** 廿二	**13** 廿三	**14** 廿四	**15** 廿五	**16** 廿六	**17** 廿七	**18** 廿八	**19** 廿九	**20** 十月大	**21** 初二	**22** 小雪	**23** 初四
24 初五	**25** 初六	**26** 初七	**27** 初八	**28** 初九	**29** 初十	**30** 十一						

1 日　庐山气象服务站停止小型蒸发和电线积冰观测（1969 年 4 月 1 日恢复）。

1 日　省革委会、省军区联合发出《关于广泛深入学习〈中国共产党第八届扩大的第十二次中央委员会全会公报〉的通知》。

3 日　省革委会第五次全委（扩大）会议召开。会议要求把学习、贯彻、执行公报的精神作为当前的首要任务。并做好整党建党、教育革命、拥军爱民工作。发出《在革命化劳动化的大道上奋勇前进——给全省下放农村"五七"大军的一封信》。会议于 12 日结束。

5 日　广州军区某部进驻赣州、吉安等地区接替某部担任 30 个县、市"三支两军"任务。

6 日　江西省水文气象站成立临时领导小组，原省水利电力厅水文气象局撤销。

8 日　中商部在萍乡市投资兴建 5 万吨的"六七三〇"战备油库开始动工。

9 日　省人民银行革委会发出《关于将中央、省属企业驻厂（场、站）信贷员下放归当地银行统一管理的通知》。

10 日　南昌市开始下雪，为解放以来下雪最早的年份。

14 日　省革委会发出《关于下放省属 16 个医疗单位》的通知，将原省直 16 个医疗单位下放基层。

16 日　江洲造船厂在瑞昌县码头镇建成。拥有水面 135 万平方米，建筑面积 35 万平方米。

20 日　省革委会批准成立地质部江西省地质局临时领导小组。

22 日　省革委会为贯彻执行党的八届十二中全会精神在教育方面提出：在农村要总结推广一村一校，小学不出生产队、初中不出生产大队、高中不出公社的经验，办好"五七"型的学校。

23 日　江西省革委会召开全省整党建党工作经验交流会，落实八届十二中全会公报提出的战斗任务，搞好整党建党。会议要求，各级革委会应迅速把整党建党工作摆到非常重要地位，加强领导，抓好典型，总结经验，争取在较短时间内作出成绩。

25 日　井冈山和南昌市军民 2.5 万多人集会，庆祝毛主席著作《井冈山的斗争》发表 40

周年。

26日 省冶金公司通知良山铁矿再次停建，全部人员和设备转移建七宝山铁矿。

26日 省军区召开驻赣部队团以上干部会议，传达党的八届十二中全会精神。会议于28日结束。

27日 省革委会紧急通知各地，全省在12月中旬安排一个星期，放手发动贫、下中农讨论和制定1969年农业生产计划。

30日 省革委会作出《关于处理国营洪都机械厂问题的决定》。决定认为，窃取厂革委会领导权的万里浪、张羽、吴景伯等少数人，大搞反动的资产阶级"多中心论"，把工厂变成针插不进，水泼不进的独立王国；大耍两面派手法，煽动蒙蔽一些人，攻击无产阶级革命派，分裂队伍，企图搞垮省、市革委会。决定撤销其3人担任的厂负责人职务，派出工人、解放军组成毛泽东思想宣传队进驻该厂。该厂革委会委员集中举办毛泽东思想学习班。当天，江西省大联筹也作出《关于撤销万里浪在全省大联筹一切职务的决定》。

本月 南昌铁路分局鹰潭站加冰所建成投产，该所设有加冰专用线路、加冰台、储冰库，还安装制冰机3台，日产冰95吨，供中转的鲜货保温车辆加冰用。

本月 省革委会决定省属国营农业企业全部下放县、市领导，同时进行财务、物资的清理、交接工作。

本月 省革委会决定成立赣抚大堤治理委员会，由省农业组负责，在省革委会直接领导和解放军的支持下，调动有关县（市）20余万干部群众维修赣抚大堤及富大有圩堤（至1969年3月，赣抚大堤完成土方270多万立方米）。

本月 永铜小矿日处理原矿300吨选厂建成投产，后经两次扩建形成日处理能力800吨，大矿1万吨日采选工程（1977年初开工，1984年10月建成投产。该工程被国家选定为合理工期组织建设的50个大中型项目之一）。

本月 江西人民出版社并撤后，一批职工下放南城县、靖安县等地落户。

本月 赣南制药厂建成投产。

本月 江西省水产学校被撤销。

本月 新建县根据江西省及南昌市委有关解散国营垦殖场和林场的指示，决定撤销已划归县管的北郊林场。

本月 罗家、蛟桥粮管所分别划归南昌市、新建县接管。

本月 为解决汽车、拖拉机的轴承配套，江西省革委会指令南昌市筹建轴承厂。建厂之初定名南昌工业轴承厂（1973年8月改名南昌轴承厂）。

本月 民革、民盟、农工党江西省委会和民建江西省委机关除各留1人到2人看守机关外，其余40余人由"造反组织"派人带队，下放到南昌市郊桃花乡朝阳农场，半天学习，半天同农场工人一起劳动。从此，各民主党派江西省委会（省工委）停止活动。南昌、景德镇、九江、吉安、赣州、上饶、抚州等市，各民主党派市委会受到冲击后，也先后停止活动。

本月 瑞金县在县城八一路东侧兴建砖混结构的"忠字馆"一座，在八一路北端修建"忠字门"。

1968

12月
December

日	一	二	三	四	五	六	日	一	二	三	四	五	六
公元 1968 年 12 月							农历戊申年【猴】						
1 十二	**2** 十三	**3** 十四	**4** 十五	**5** 十六	**6** 十七	**7** 大雪	**8** 十九	**9** 二十	**10** 廿一	**11** 廿二	**12** 廿三	**13** 廿四	**14** 廿五
15 廿六	**16** 廿七	**17** 廿八	**18** 廿九	**19** 三十	**20** 十一月小	**21** 初二	**22** 冬至	**23** 初四	**24** 初五	**25** 初六	**26** 初七	**27** 初八	**28** 初九
29 初十	**30** 十一	**31** 十二											

4 日 李宝刚任省煤炭工业公司领导小组组长。

8 日 江西省革委会召开临时扩大会议，号召全省人民紧跟毛主席的战略部署，举旗抓纲，认真搞好"斗批改"，切实做好农村各项工作。

10 日 安福县中队政治指导员刘邦贤为保护投弹遇险战士身负重伤，江西省军区党委决定给刘邦贤记一等功，同时省革委会和省军区作出《关于开展向刘邦贤学习的决定》。

10 日 江西人民广播电台实行全天一次播音。每天早上 4:00 到次日凌晨 1:30，播音时长1290 分钟。新增加节目有《"老三篇"天天学》、《工农兵活学活用毛泽东思想》、《无产阶级文化大革命》和文艺节目《毛主席是我们心中的红太阳》、《革命样板戏》、《工农兵革命文艺》。

12 日 《江西日报》报道，南昌地区工人毛泽东思想宣传队，全面落实毛主席最新指示，精简机构，下放科室人员，开展整党建党，对知识分子进行再教育，领导上层建筑"斗批改。"

13 日 江西省人事局近日撤销。

15 日 新华社南昌报道，全省各级革命委员会广泛、深入开展两条路线斗争史的学习，落实党的八届十二中全会提出的各项任务，推动了全省"斗批改"的深入发展。

17 日 截至目前，全省有 200 多万人投入水利建设，有 2 万多座大中小型水利工程开工，已完成 1.3 万余座水利工程。

19 日 省革委会政治部决定成立江西省新文艺工作团。

21 日 《人民日报》发表题为《甘肃会宁县部分城镇居民到农村安家落户》的报道中，反映了在毛泽东主席关于知识青年"上山下乡"号召的影响下，城镇居民下放农村的情况之后，上山下乡运动在江西南昌迅速展开。

22 日 省、市军民 10 余万人在广场集会，欢呼毛主席最新指示发表，掀起"上山下乡"新高潮。

24 日 省革委会发出《关于召开全省首届贫下中农代表大会的通知》。《江西日报》发表题为《为开好全省农代会做好准备》的社论。

26 日 江西省人民钢厂自制的第一台焊管机组开始生产。

26 日　省革委会和省军区向全省贫下中农赠送毛主席像章。到目前为止，已赠送了 900 多万枚，平均每户贫下中农都得到两枚。

30 日　根据省革委会抓促部《关于下放人员经费开支若干问题的通知》的有关规定，取消了省税务系统下放农村锻炼的 532 名助征员的工资和商品粮。

31 日　福州军区步兵学校撤销。

本月　根据中共中央主席毛泽东批发的《湖北省长阳县乐园公社合作医疗的调查报告》精神，江西省防治所决定在全省农村迅速推广实行合作医疗。

本月　3AD50 系列低频锗大功率半导体管在景德镇半导体器件厂试制成功。

本月　南昌市计划经济委员会被撤销。

本月　省革委会召开"全省机械工业战备动员会"，进行所谓"战备动员"。

本月　南丰县在盱江河兴建钢筋混凝土结构的 8 孔南丰大桥，桥长 276.4 米，单孔跨度 31 米。

本月　江西省新华印刷二厂改称井冈山新华印刷厂。

本月　省革委会决定将省轻化工业厅、省毛管局合并，组成省轻化工业公司，负责管理全省一、二轻工业和化工、纺织、医药工业。

本月　省轻化工业厅厅机关、科研所、设计院大部分科研、管理人员，下放到清江县农村。

本　年

年初　撤销南昌市拖拉机总站。

本年　萍乡站将 5 吨简易吊斗装煤改造为抓斗装煤，减轻了劳动强度。每台月装煤 1.7 万吨，加快了车辆周转。被铁道部评为先进革新设备，并运往天津展出。

本年　江西有色冶金勘探公司六一七队在赣县中岭坳钽矿区的锂白云母钠长石细粒花岗岩中发现黄钇钽矿，为国内首次发现的新矿物。

本年　全省城、乡人民公社管理委员会先后改称人民公社革命委员会。

本年　南昌江南材料厂组建半导体生产线，当年试制成功 3AX21－24 系列三极管。

本年　南昌市白蚁防治所成立。

本年　"毛主席在江西革命活动纪念展览"在江西省博物馆展出。

本年　原属江西赣州钴冶炼厂领导的钨氧车间，从该厂划出，利用原南昌铁合金厂旧址，成立南昌硬质合金厂。

本年　南昌市将子固路南段（民德路—中山路）连通。

本年　始建南昌电工器材厂。这是机械工业部定点生产断路器的专业厂，属集体所有制企业。

本年　江西国药厂走"中西并举"发展药品生产的道路，陆续生产化学药品，自筹资金 25 万元兴建土霉素车间，仅用 6 个月的时间，便试制成功土霉素碱。

本年　全省市场猪肉供应紧张，城市、工矿区恢复凭票定量供应。

本年　井冈山修建茨坪—双马石—八面山—黄洋界的弧形公路和茨坪—朱砂冲—黄土凹公路，投资 232.67 万元。

本年　省广播局在抚州地区广播站试验借用长途电话线路，向所属县广播站传送载波广播节目成功。此后，载波广播技术逐步在江西省试验和推广。

本年　冶金部拟将赣南西华山建成重稀土原料基地，从江西有色冶金研究所及全国各地共 8 个研究院所抽调大批技术干部共同研究，查明了该矿石中稀土的储量及其储存状态，制定了回收工艺和生产线，产出了稀土精矿，为江西稀土资源大规模开发利用之开端。

本年　中央办公厅、农垦部、卫生部在进贤

县城郊（现五里垦殖场）和云山垦殖场开办
"五七"干校，大批受迫害的干部被下放到垦殖
场劳动，一批老同志如王震、肖克、钱信忠等到
"干校"劳动。

中央机关在江西开办的"五七"干校（现为进贤县
五里垦殖场子弟学校）

原中办"五七"干校的学员宿舍

本年 下半年，江西地质机关和地质勘探单
位大批干部、技术人员下放农村插队劳动，或在
本单位当工人，接受再教育。

本年 东乡县红光垦殖场选育的"红光一
号"早稻新品种具有高产、适应性强等特点，当
年亩产350公斤左右，高出常规品种20%以上。

本年 暨中共中央办公厅在江西省进贤县建
立"五七"干校之后，外交部、地质部、轻工业
部、卫生部、清华大学、北京大学等也相继分别
在上高、峡江、分宜、南昌等县建立"五七"干
校（林彪、江青两个反革命集团被粉碎后，这些
干校先后撤销）。

本年 南昌市革委会成立教卫体组（统管全
市教育、卫生、体育），撤销教育局。

本年 江西永新南关大桥、上饶龙潭大桥、
赣县江口大桥建成通车。

本年 江西省机械施工大队吊装的分宜电厂
一期（1.2万千瓦×2机组）工程是江西省第一
个预制装配结构的火力发电厂，吊装最重的构件
约30吨。

本年 江西省第二化肥厂在新余市兴建，该
厂由国家第十三化工建设公司承建（1979年竣
工投产，建筑面积84600平方米）。

本年 解放军总参测绘局完成编绘1:50000
信丰、南雄、吉水、井冈山、寻乌、龙南、全
南、定南等县地形图（该工作自1963年开始）。

本年 年底，江西省图书馆大量藏书被毁被
盗。当年该馆与南昌市图书馆合并，名为"南昌
图书馆"，归南昌市领导（1972年4月，省市两
馆合并，恢复江西省图书馆）。

1969 年

概 要

中国共产党第九次全国代表大会召开，大会肯定了"无产阶级专政下继续革命"的错误理论，把"整个社会主义历史阶段始终存在着阶级和阶级斗争"，必须"年年讲"、"月月讲"、"天天讲"作为党的"基本路线"。5月，江西省党代会传达贯彻"九大"精神，提出"立即在全省掀起活学活用毛泽东思想群众运动的新高潮，掀起'抓革命，促生产，促工作，促战备'的新高潮，以整党建党为中心，推动全面斗、批、改的深入发展"，并规定了"斗、批、改"的任务。6月底，毛泽东主席视察江西，就党的历史、清理阶级队伍、教育革命、扩社并队、工作作风、政治建厂、军队建设、井冈山、农村等10个问题讲话，要求加强军民团结，加强无产阶级党性，加强革命组织纪律性，反对无政府主义、山头主义和资产阶级派性。

活学活用毛泽东思想活动 全省各阶层陆续开展活学活用毛泽东思想活动。9月，省、专、县三级领导班子"活学活用毛泽东思想讲用会"在万安县召开；江西生产建设兵团首次召开"活学活用毛泽东思想积极分子代表大会"；10月，"毛泽东思想万岁馆"正式开放；全省学校领导班子活学活用毛泽东思想讲用会在婺源县举行。

开展"大批判" 全省各条战线贯彻斗、批、改工作，广泛开展"大批判"活动。1月，全省首届贫下中农代表大会根据《人民日报》、《红旗》、《解放军报》（简称"两报一刊"）元旦社论《用毛泽东思想统帅一切》的精神，要求全省贫下中农"用毛泽东思想统帅一切，搞好农村斗、批、改"；全省财贸政治工作会议号召财贸战线的职工"狠抓阶级斗争，认真清理好阶级队伍，迅速掀起财贸战线斗、批、改的新高潮"；3月，教育战线提出将斗、批、改进行到底。

经济建设混乱局面 大部分行业不切实际喊口号使全省经济建设呈现混乱不堪的局面。年冬，全省农业提出农村实现"园田化"、"拆旧房建新房"。南昌县组织50万人投入"一化带七化"（即用思想革命化带动社队公路化、耕地园田化、灌溉水利化、良种矮杆化、养猪醣化饲料化、运输车子化、村边路旁绿化）活动。省革委会肯定这一脱离实际的做法，要求全省推广，对农村经济和农民生活造成极大破坏。工业生产违背客观规律，搞所谓"第二次工业革命"，提出"一步炼钢法"（用矿石直接炼钢），"两个突破"（机械工业无切削加工工艺和开发新产品不经过设计阶段）。全省大办"五小企业"，迅速建起一批水泥厂、小氮肥厂等。部分内迁厂也于本年基本建成。年底，省革委会布置到 1971 年间，开展生产 1 万辆汽车和 10 万台拖拉机的"大会战"，给全省机械工业造成灾难性的损失。

插队落户 在"知识青年到农村去，接受贫下中农的再教育"的口号下，全省农村陆续接收大批上山下乡的城镇知识青年。3 月，全省 1.24 万名城市医务人员（相当于城市医务人员的 50%以上）下放农村从事农业劳动和农村卫生工作。3 月至 5 月，上海 3 万余名知识青年陆续在全省农村插队落户。10 月，邓小平、陈云、王震等一批老干部也被"疏散"到江西，一批老革命家、将军、外交家和专家学者，也从北京分别"下放"到设在江西的五七干校或农村劳动。"文革"期间，全省撤销了一大批卫生防疫站、妇女保健站（所）、血防站、疗养院等机构，但广大卫生工作人员和医务工作者从城市下放农村后，自觉为广大农民服务，与农村卫生人员一起，创办了"合作医疗"，培养了一支"赤脚医生"队伍，为缓解农村缺医少药的情况，发展农村卫生事业仍然起了积极的作用。

全省本年主要经济指标情况 国民生产总值（按当年价格计算）51.92 亿元，比上年增长13.4%；工业总产值 33.98 亿元，比上年增长 29.5%；农业总产值 37.78 亿元，比上年增长 3.1%。粮食总产量 173.24 亿斤，比上年增长 4.41%。财政收入 7.34 亿元，比上年增长 31.5%。年末全省总人口 2504.73 万人，人口自然增长率为 26.00‰。

1969

1月

January

公元1969年1月　　农历己酉年【鸡】														
日	一	二	三	四	五	六	日	一	二	三	四	五	六
			1 元旦	**2** 十四	**3** 十五	**4** 十六	**5** 小寒	**6** 十八	**7** 十九	**8** 二十	**9** 廿一	**10** 廿二	**11** 廿三
12 廿四	**13** 廿五	**14** 廿六	**15** 廿七	**16** 廿八	**17** 廿九	**18** 十二月大	**19** 初二	**20** 大寒	**21** 初四	**22** 初五	**23** 初六	**24** 初七	**25** 腊八节
26 初九	**27** 初十	**28** 十一	**29** 十二	**30** 十三	**31** 十四								

1日 即日起，根据《1969年国民经济计划纲要（草案）》提出的"要合并税种，简化征税办法"的要求，江西省税务部门推行一企业一种税一个税率的办法。即将企业缴纳的工商统一税、统一税附加税、城市房地产税、车船使用牌照税合并，简称"四税合一"。

1日 《江西日报》报道，省、市军民认真学习毛主席关于"清理阶级队伍，一是要抓紧，二是要注意政策"、"对反革命分子和犯错误的人，必须注意政策，打击面要小，教育面要宽，要重证据，重调查研究，严禁逼供信。对犯错误的好人，要多做教育工作，在他们有了觉悟的时候，及时解放他们"的最新指示和元旦社论。

3日 景德镇市艺术瓷厂敬制成功一幅大型彩色瓷板画像——《毛主席去安源》，并安全运抵南昌。

4日 为了更好地宣传和贯彻毛主席的最新指示和中央"两报一刊"元旦社论，省革命委员会决定组织元旦社论宣讲团，深入南昌市各工厂和驻市解放军部队，与广大工人和解放军战士一道学习、宣传、落实元旦社论。

5日 《江西日报》发表"本报编辑部"文章，纪念毛主席亲自批准的省革委会成立一周年。

5日 江西八一无线电厂成立。

8日 八机部将江西水田机械研究所和南昌农业机械试验站下放到省管理（后与厅属省农业机械研究所合并，组成新的江西省农业机械研究所）。

9日 兴国县设在长冈公社的上社国营商店的职工，从1966年下半年起先后在全公社的九个大队内，办起三个分店、三个分销店、六个代购店，把商店办到贫下中农家门口，受到贫下中农和生产队的欢迎。

10日 全省首届贫下中农代表大会在江西体育馆召开。大会于19日结束。大会闭幕后，

全省首届贫下中农代表大会开幕式会场

举行了庆祝游行。

16日 江西省商业系统试行利润留成办法，简易建筑开支和企业基金都纳入利润留成中。经过一年试行，从1970年1月1日起，所有独立核算的商业企业，都实行全额利润留成。

19日 江西省贫下中农代表大会委员会在南昌诞生。

省、市军民数 10 万人庆祝江西省贫下中农代表大会委员会成立

21日 省革委会在南昌市召开了全省财贸政治工作会议。会议要求全省财贸战线的广大革命职工，更高地举起毛泽东思想伟大旗帜，迅速掀起财贸战线"斗、批、改"的新高潮。会议于30日结束。

24日 省革委会抓促指挥部发出《关于下放和撤销省属部分林业企（事）业单位的通知》，决定将赣州储木场、赣州森林铁路管理处、赣州胶合板厂下放归赣州专区林业服务站领导；周渡储木场下放归抚州专区林业服务站领导；吉安储木场下放归井冈山专区林业服务站领导；波阳木材转运站下放归上饶专区林业公司领导；省水土保持研究所下放归兴国革委会领导。撤销全省各森林派出所、国营水土保持专业队（站）、安义木材转运站、修水木材转运站。分设在省境要道的6个省属林竹检查站仍归省林业服务站领导，并增设寻乌、武宁木竹检查站。

30日 省革委会、省军区和南昌市革委会，在南昌火车站举行欢迎大会，迎接首都工人阶级转赠毛主席的珍贵礼品——芒果。

本月 江西省革委会决定：江西师范学院与江西教育学院、江西大学文科合并，改名为江西井冈山大学（1970年9月迁到井冈山拿山公社办学）。5月，江西医学院和江西中医学院合并为江西医科大学。9月，江西工学院和江西大学理科合并为江西理工科大学（1970年2月，这两所大学分别搬迁至吉安县青原公社及武宁县新城公社办学）。

本月 撤销江西省南昌市城建局，并入新组成的南昌市公用事业公司。

本月 景德镇市档案战备仓库在峙滩人民公社竣工，库房面积为460平方米。

本月 成立八〇七矿（石城钽铌矿）筹建指挥部，从画眉坳钨矿抽调力量进行筹建（7月开始建设，于1970年7月1日试产，选矿形成日处理能力230吨）。

本月 南昌市农产品公司革命委员会筹备小组成立。

本月 江西刃具厂建立。后与国营九四六九厂合并，定名为江西量具刃具厂。

本月 国家计委批准江西水泥厂复建，总投资5000多万元，规模为年产普通硅酸盐水泥46万吨，选用二台直径3.5×145米新型回轮窑。

本月 江西省建设工程师下设五个团、两个院、两个直属营（五个团即将六处改为一团，七处改为二团，枫渡水电处及万安水电局留守处改为三团，罗湾洪门、柘林水电局改为四团，省安装处改为五团，两院即原水电、轻化、综合设计院及机械设计室合并组建的设计院以及职工医院，两个直属营即机械修理厂和机械施工大队改为直属营，三团、四团均未正式接收组建）。

本月 原江西省建工局所属二处、三处、四处均分别下放到九江、上饶、赣州，划归当地领导。

本月 省财政厅和省新华书店通知，从1月起各专、县新华书店的财务下放当地施行管理。

本月 省革委会在南昌市召开全省国民经济计划会议。会议确定轻工业新建项目有自行车、缝纫机、手表等3项。

本月 八一垦殖场第一座发电站建成发电，装机容量500千瓦。

1969

2月

February

公元 1969 年 2 月							农历己酉年【鸡】						
日	一	二	三	四	五	六	日	一	二	三	四	五	六
						1 十五	**2** 十六	**3** 十七	**4** 立春	**5** 十九	**6** 二十	**7** 廿一	**8** 廿二
9 廿三	**10** 廿四	**11** 廿五	**12** 廿六	**13** 廿七	**14** 廿八	**15** 廿九	**16** 三十	**17** 春节	**18** 初二	**19** 雨水	**20** 初四	**21** 初五	**22** 初六
23 初七	**24** 初八	**25** 初九	**26** 初十	**27** 十一	**28** 十二								

1 日　井冈山 4 万军民集会，庆祝毛主席亲自批准的将吉安专区改名为井冈山专区一周年。

6 日　彭泽县气象站测得零下 18.9℃的最低气温，创江西省最低气温之最。

6 日　省革委会发出《关于学校寒假问题的通知》，规定大中学校和小学教职员工一律不放寒假，继续深入斗、批、改和清理阶级队伍工作。

6 日　省革委会抓促指挥部发出《关于国营商业企业财务体制下放地方管理的通知》，决定从当年 1 月 1 日起，将省管理的财务体制下放各地、市、县管理，其收入纳入各级财政预算。

13 日　省、市 3000 余人举行批判万里浪、张羽、吴景伯（原江西省革委会领导成员）大会。

17 日　省革委会发布 1969 年农业生产计划，并提出全省在三四年内实现粮食亩产"跨纲要"、"夺千斤"的宏伟计划。进一步贯彻"以农业为基础，以工业为主导"的全面发展国民经济总方针。

20 日　省革委会发出《关于立即掀起春季植树造林群众运动的通知》。该通知要求，进一步发动群众，打一场植树造林的"人民战争"；切实保护好现有森林资源，巩固植树造林成果。

21 日　江西印刷公司、江西新华印刷厂，印刷《毛泽东选集》一卷至四卷 64 开袖珍合订本成功。《毛泽东选集》64 开精装合订本，采用优良的纸张，小而清晰的字体，封面富有韧性，具有防潮、防折的优点。

24 日　全省组成 40 万人毛泽东思想宣传队进驻工交、财贸、文教、卫生、农村和街道的部分单位，总结"斗、批、改"的经验和解决少数"老大难"单位的问题。

28 日　省革委会、省军区联合通知，号召

贫下中农学大寨，社员们往田里送肥

全省继续开展群众性的农业学大寨运动，创造更多大寨式的大队、公社；继续贯彻农业"八字宪法"，推广革命种田、科学种田的先进经验。

本月 江西省冶金公司钢铁研究所与上高尽忠炼钢筹建指挥部、江西省尽忠炼钢试验小组合并成立锦江钢铁试验厂，厂址在上高县塔下。

本月 婺源茶厂车间主任詹园林奉农业部派遣赴越南人民共和国传授红茶、绿茶制茶技术，帮助建精制茶厂，并担任专家组组长（1970年7月回国，越南国家主席孙德胜授予詹园林三等勋章、范文同总理授予友谊章）。

本月 江西省基层供销合作社改为国营商店，执行国营商业财务管理制度，由上缴所得税，改为上缴利润。

本月 省交通厅基建队职工157人，调入省建一团（1974年4月又调回省交通厅）。

1969
3月
March

公元 1969 年 3 月							农历己酉年【鸡】						
日	一	二	三	四	五	六	日	一	二	三	四	五	六
						1 十三	**2** 十四	**3** 元宵节	**4** 十六	**5** 十七	**6** 惊蛰	**7** 十九	**8** 妇女节
9 廿一	**10** 廿二	**11** 廿三	**12** 廿四	**13** 廿五	**14** 廿六	**15** 廿七	**16** 廿八	**17** 廿九	**18** 二月大	**19** 初二	**20** 初三	**21** 春分	**22** 初五
23 初六	**24** 初七	**25** 初八	**26** 初九	**27** 初十	**28** 十一	**29** 十二	**30** 十三	**31** 十四					

3日 省革委会、省军区作出《抓革命，促生产，夺取工农业战线新胜利的决定》。决定要求各级革命委员会和"支左"部队继续抓紧清理阶级队伍，建设好革命化、联系群众的领导班子；以革命统帅生产、促进生产；坚定走政治建厂的道路；夺取农业更大丰收；深入开展增产节约、反对贪污浪费和技术革命的群众运动。

3日 《江西日报》报道，江西丝绸厂革命职工，继 1968 年国庆节成功地织制了黑白两色的《毛主席去安源》丝绸织锦之后，最近又成功地织制出五彩缤纷的《毛主席去安源》丝绸织锦。

江西丝绸厂的职工将首批《毛主席去安源》的织锦送往南昌市新华书店

该厂现已成批织制。即日在南昌市新华书店首批发行。同时发行的还有毛主席诗词丝绸织锦。

3日 省革委会召开春耕生产动员电话会，号召全省贫下中农和革命干部更高地举起毛泽东思想伟大红旗，认真落实毛主席"抓革命、促生产"的指示，不失时机地掌握生产环节，掀起春耕生产新高潮。

3日 《江西日报》报道，南昌市红星塑料厂广大革命职工，继元月份制造成功塑料立体夜光毛主席像章之后，2 月 24 日又成功制造了塑料薄膜夜光毛主席像章。塑料薄膜毛主席夜光像章，色彩新颖，轻巧美观。

3日 江西省 12400 多名城市医务人员（相当于城市医务人员的 50% 以上）下放农村安家落户，从事农业劳动和农村卫生工作。

4日 省革委会、省军区最近作出决定：要求在 3 年内大力培训"赤脚医生"，建立农村卫生网；积极预防，开展卫生运动；全面实行合作医疗制度；大力发展药材生产，彻底改变全省农村卫生面貌。省革委会、省军区在决定中提出了具体任务，主要是：1969 年到 1971 年要培训

"赤脚医生" 15 万名。1969 年培训 3 万至 4 万名，每个大队有三四名"赤脚医生"组成医疗服务组，每个大队都要有二三间房子作为治病诊察用。现有的"赤脚医生"、接生员和卫生员要巩固提高，发挥他们的作用，建立卫生网。同时，全面实行合作医疗制度。

5 日 省、市军民 20 万人举行集会，愤怒声讨苏联武装侵犯我国领土，坚决支持我国政府给苏联政府的抗议照会，坚决支持我英雄的边防战士保卫祖国神圣领土的正义行动。会后，举行声势浩大的示威游行。

省、市军民 20 万人在人民广场举行大会，声讨苏军侵犯我国领土

5 日 南昌市 15 万军民举行示威游行，声讨苏联军队 3 月 2 日侵入我国黑龙江省乌苏里江上的珍宝岛，开枪开炮打死打伤多名我边防战士的行为。

7 日 南昌地区物资调运指挥部成立。

10 日 江西钢厂八一一车间近日正式投产。

12 日 省革委会、省军区决定，在国家机关、厂矿企事业单位安置驻省部队的山东、福建两省籍当年农村退伍军人 6000 人，江西籍农村退伍军人 4 万人。

17 日 国务院《一九六九年国民经济计划纲要》提出："重点抓湖南、江西、广东、福建等江南九省区的煤矿建设，充分发动群众，大搞小煤矿，力争奋战 3 年到 5 年，实现毛主席关于改变北煤南运的指示"。

18 日 江西省向"九大"献礼的礼物——《井冈山的斗争》画册，已由江西新华印刷厂和江西印刷公司印制成功。《井冈山的斗争》画册，用大量精美的画面，生动地、真实地反映了毛主席在井冈山时期的光辉形象和革命实践。

19 日 省革委会在南昌召开了全省毛主席著作印制工作会议，决心高质量地完成 1969 年毛主席著作的出版任务。全省在"文化大革命"以来的两年半的时间内，一共发行了《毛泽东选集》391 万余部，相当于"文化大革命"前 16 年总发行量的 17.7 倍。

21 日 全省地方工业为农业服务会议召开，会议要求县办工业必须为农业生产服务。

23 日 遵照《五七指示》，江西省、专、县三级革命委员会机关，于 1969 年 3 月前后，普遍创办了机关"五七"农场，既办公又种田。

25 日 江西省首届工人代表大会在南昌召开。会议于 4 月 3 日结束。

31 日 横峰纺织器材厂技术革新项目 42 项，试制成功 5 项新产品。

31 日 全省计划工作会议在南昌召开，贯彻全国计划座谈会的精神，批判"托拉斯"、"短线平衡"等观点，执行条块关系以"块块为主"；生产短线产品的大集体手工业改为全民所有制。

本月 福州军区江西生产建设兵团成立。下设 2 个师、23 个团、6 个独立营，其中有农业团 11 个，农业独立营 2 个；农业团有赛湖、芙蓉、珠湖、成新、珠港、乐丰、安福园艺场、恒湖、鲤鱼洲、恒丰、邓家埠等 11 个场，依次为一团至十一团；永桥、塔桥两场为 2 个独立营。

本月 江西省信丰发电厂建立。

本月 江西省图书馆所藏 1927 年 4 月至 1949 年 5 月江西《民国日报》、《申报》、《大公报》等合订本 284 种计 3423 册，全部被当时的保卫部门以这些报纸有"攻击中央首长的内容，防止扩散"为由调查，后来发现被调走的报纸有 3003 处被剪、割和挖洞，606 页被撕毁，损坏惨重。

本月 新余钢铁厂年产 6000 吨水泥车间建成投产。

本月 南昌手表厂开始筹建，是轻工业部在江西省定点专业生产手表的唯一厂家，也是"江西省钟表质量检测中心"所在地。

1969

4月

April

公元1969年4月　　农历己酉年【鸡】

日	一	二	三	四	五	六	日	一	二	三	四	五	六
		1 十五	**2** 十六	**3** 十七	**4** 十八	**5** 清明	**6** 二十	**7** 廿一	**8** 廿二	**9** 廿三	**10** 廿四	**11** 廿五	**12** 廿六
13 廿七	**14** 廿八	**15** 廿九	**16** 三十	**17** 三月小	**18** 初二	**19** 初三	**20** 谷雨	**21** 初五	**22** 初六	**23** 初七	**24** 初八	**25** 初九	**26** 初十
27 十一	**28** 十二	**29** 十三	**30** 十四										

　　1日　毛主席在安源革命活动纪念馆在安源矿区建成开放。

　　1日　中共九大在北京举行。程世清、潘世告当选为中共第九届中央委员会委员，樊孝菊当选为候补委员。大会于24日结束。

　　1日　省、市军民30万人在人民广场集会，庆祝中国共产党第九次全国代表大会召开。

　　2日　省革委、省军区批准省广播局筹建直属五〇五台。

　　3日　江西省工人代表大会委员会、江西省

省工代会、红代会会场

大中学校红卫兵代表大会委员会在南昌成立，江西省首届工代会、红代会闭幕。大会号召全省工人、红卫兵要高举毛泽东思想伟大红旗，掀起活学活用毛泽东思想群众运动新高潮，抓革命、促生产，夺取新的更大的胜利。

　　3日　八一垦殖场着手建火柴厂（同年9月试制出"黄田江牌"安全火柴）。

　　6日　全国政协委员、中国美术家协会会员、著名陶瓷美术家刘雨岑（"珠山八友"之一）被迫害致死。

　　9日　《中共九大开幕式》纪录片在南昌市及江西省各地上映。

　　10日　省革委会抓促指挥部决定将一部分省属煤炭企业下放专、县领导。棠浦煤矿下放宜春专区，王坑煤矿（原称大田煤矿）下放萍乡市，钟家山煤矿下放上饶专区，天河煤矿下放井冈山（吉安）专区。

　　14日　江西有色冶金勘探公司六一二队在宜春新坊雅山岩体中发现了大型花岗岩型钽铌矿，即414矿床。

　　16日　四机部军管会下达《关于八三四厂调整设计方案的批复》，决定"投资160万元，用于新建厂房、宿舍和新增主要工艺设备71台"。

　　18日　九江国棉一厂率先实行"四班三运

转"工作制。

29日 省、市80余万军民,分别在南昌市人民广场、青云谱、莲塘和长头埠集会,庆祝毛泽东当选为中共九届中央委员会主席及《中国共产党章程》的发表。

省、市军民庆祝毛泽东当选为中央委员会主席集会

本月 江西冶金地质勘探公司第七地质队在宜春新坊乡境内发现含钽、铌等多种稀有金属的大型花岗岩原生矿床。

本月 赣州钨钼材料厂建成投产。

本月 江西省劳改局撤销。江西生产建设兵团筹建领导小组将原劳改局文书档案移送省革命委员会档案馆。

本月 交通部门在于都县召开改木帆船为柴油机动船的现场会议,加快木帆船机动化的步伐。

本月 德胜关综合垦殖场五七电炉厂试制成功 RJX－45－9 型箱式、RJT－55－9 型井式电阻炉及 RYS－45－13 高温盐浴炉,开创省内电炉生产历史。

本月 省地质局审查批准由江西省地质局赣西北队提交的九江城门山大型铜硫铁矿区勘探报告。

1969
5月
May

公元 1969 年 5 月							农历己酉年【鸡】						
日	一	二	三	四	五	六	日	一	二	三	四	五	六
				1 劳动节	**2** 十六	**3** 十七	**4** 青年节	**5** 十九	**6** 立夏	**7** 廿一	**8** 廿二	**9** 廿三	**10** 廿四
11 廿五	**12** 廿六	**13** 廿七	**14** 廿八	**15** 廿九	**16** 四月大	**17** 初二	**18** 初三	**19** 初四	**20** 初五	**21** 小满	**22** 初七	**23** 初八	**24** 初九
25 初十	**26** 十一	**27** 十二	**28** 十三	**29** 十四	**30** 十五	**31** 十六							

1 日 吉安市横跨赣江的井冈山大桥动工兴建。该桥桥长 1090 米，宽 10 米（车行道 7 米、人行道两边各 1.5 米）。投资 782.2 万元（次年 10 月 1 日竣工通车）。

2 日 江西省林业服务站所属第一基建队下放赣州专区林业服务站领导，第二基建队下放九江专区林业服务站领导。

4 日 遵照毛主席关于"知识青年到农村去，接受贫下中农的再教育，很有必要"的指示，上海 3 万余名知识青年日前来江西省广大农村插队落户。

7 日 南昌五七无线电厂成立。

9 日 新华社报道，江西省宜春专区各级革委会遵循毛主席关于"要认真注意政策"的教导，深入到少数"老大难"单位，逐人逐事地落实政策，推动了全区斗、批、改运动的深入发展。

11 日 中共江西省代表会议在南昌市开幕。来自全省各地的 6000 余名代表出席了这次会议。他们中有出席党的"九大"的代表，有工人、贫下中农党员代表，有人民解放军的党员代表，有各条战线的女党员代表，有专、县、公社各级革命委员会的负责同志，下放干部、知识青年和少数民族的党员代表。会上传达了"九大"主要精神。

中国共产党江西省代表会议开幕

11 日 省革委会党的核心小组召开党员代表会议，传达贯彻"九大"精神。

14 日 《江西日报》报道，上年冬季至本年春季，全省共兴建了 2 万多座以小型水利为主的水利工程，完成土石方 2.5 亿多立方米，增加旱涝保收农田近 300 万亩。

15 日 2AP9、2CW13 型二极管在江西省南昌无线电六厂试制成功。

17 日　由本省工人自行设计、自己施工的江西第一座预应力钢筋混凝土大桥在于都落成通车。

18 日　南昌市及江西省上映电视转拍影片《中国共产党第九次全国代表大会胜利闭幕》。

19 日　江西省人民银行革委会发出关于城乡储蓄应执行利息照付政策的紧急通知。

26 日　省革委会、省军区作出关于开展向刘邦贤学习的决定。决定指出，安福县中队政治指导员、共产党员刘邦贤在一次战备训练中，手榴弹发生意外爆炸时，英勇抢救战友，身负重伤，用鲜血保护了阶级兄弟的生命安全。为了表彰刘邦贤一不怕苦、二不怕死，英勇抢救战友的

英雄事迹，省军区党委决定给刘邦贤荣记一等功。

29 日　省革委会决定：成立省革委会政治部教育组，原抓促部（抓革命促生产指挥部的简称）教卫组撤销。

本月　江西生产建设兵团成立，东乡铜矿列为第二十五兵团（于 1970 年 12 月正式成立。1971 年 7 月 1 日，建设兵团整编，又改名为东乡铜矿）。

本月　全省各煤炭企业开展"清理阶级队伍运动"。

本月　井冈山棉纺织厂（原安福纺织厂）1万纱锭安装完毕，开始试产。

本月　江西东风船厂在星子县建成投产。

1969
6月
June

公元 1969 年 6 月							农历己酉年【鸡】					
日	一	二	三	四	五	六	日	一	二	三	四	五	六
1 儿童节	**2** 十八	**3** 十九	**4** 二十	**5** 廿一	**6** 芒种	**7** 廿三	**8** 廿四	**9** 廿五	**10** 廿六	**11** 廿七	**12** 廿八	**13** 廿九	**14** 三十
15 五月小	**16** 初二	**17** 初三	**18** 初四	**19** 端午节	**20** 初六	**21** 夏至	**22** 初八	**23** 初九	**24** 初十	**25** 十一	**26** 十二	**27** 十三	**28** 十四
29 十五	**30** 十六												

9 日　省革委会、省军区发出《关于认真学习毛主席最新指示和"两报一刊"重要社论〈高举"九大"的团结旗帜，争取更大的胜利〉的通知》，提出"全省军民要以最大的政治热情，宣传和学习毛主席的最新指示和两报一刊重要社论"；"进一步实现以工人阶级为领导，以工农联盟为基础的革命大团结"；各级革委会"要增强在毛泽东思想基础上的团结，带领群众争取更大的胜利"。

10 日　井冈山军民于当年开工兴建的三大哨口公路，全长 40 公里，已经竣工，于今日正式通车。至此，黄洋界、硃砂冲、八面山、双马石、桐木岭五大哨口都已修通公路。

11 日　江西省水文气象站革命委员会成立。

15 日　江西省体育系统军管会向省革委会、省军区提出《全省体育系统整改意见》，要求撤销各级体委、省体育干部训练班、各业余体校和国防体育机构，成立省体育运动革委会和体育工作队。

17 日　省革委会抓促部批准成立英岗岭煤矿，隶属省煤炭工业公司领导。

28 日　井冈山无线电厂成立。

28 日　毛泽东主席来江西视察。

30 日　毛泽东主席接见江西省革命委员会负责人时，就党的历史、清理阶级队伍、教育革命、扩社并队、工作作风、政治建厂、军队建设、井冈山、农村等 10 个问题讲了话，要求加强军民团结，加强无产阶级党性，加强革命组织纪律性，反对无政府主义、山头主义和资产阶级派性。

30 日　江西无线电器材厂建成投产。

本月　井冈山新华印刷厂招收工人 150 人，同时派往上海、南京、济南、杭州等地大型印刷企业培训。

1969
7月
July

公元 1969 年7月							农历己酉年【鸡】						
日	一	二	三	四	五	六	日	一	二	三	四	五	六
		1 建党节	**2** 十八	**3** 十九	**4** 二十	**5** 廿一	**6** 廿二	**7** 小暑	**8** 廿四	**9** 廿五	**10** 廿六	**11** 廿七	**12** 廿八
13 廿九	**14** 六月大	**15** 初二	**16** 初三	**17** 初四	**18** 初五	**19** 初六	**20** 初七	**21** 初八	**22** 初九	**23** 大暑	**24** 十一	**25** 十二	**26** 十三
27 十四	**28** 十五	**29** 十六	**30** 十七	**31** 十八									

1 日　经省革委会抓促部同意，萍乡矿务局高坑矿原煤不再外调株洲选煤厂，全部原煤由高坑选煤厂入洗。

1 日　江西省地质局第五普查大队工人韩胜光、刘志远在山洪暴发时抢救群众，英勇牺牲，奉新县革委会报请省、专（区）革委会授予烈士称号。

3 日　省革委会发出《关于打击投机倒把，加强市场管理的指示》。该指示规定，农村人民公社、生产大队、生产队和农民不准经商、长途贩运；社队企业不得与国营企业争原料、争市场，只许接受社员来料加工，不准自行采购原料和出售产品。

4 日　江西省建设师选调技工 229 名援助也门建设。

5 日　海军某部勤务连副班长、共产党员张克斌，最近在一次抗洪抢险战斗中，舍己救人。张克斌牺牲以后，其生前所在部队——海军后勤部党委，追记张克斌一等功。

7 日　煤炭工业部召开煤矿基本建设抓革命促生产座谈会。提出"江南地区一定要奋战 3 年到 5 年，实现毛主席关于'改变北煤南运'的伟大指示。湖南、江西要做到自给并外调"。

8 日　经省革委会政治部批准，江西日报社革委会核心小组成立。

9 日　上海市革委会工交组批复基本建设第一指挥部临时领导小组《关于上海包建江西省三线工厂分批移交给江西省的请示报告》，江西钢厂属上海首批移交给江西省的单位。

15 日　省革委会抓促部发出《关于改革国家机关、企业、事业单位差旅费、会议补助费标准的通知》。

21 日　阿尔巴尼亚驻华使馆武官哈卡尼夫妇，来南昌、井冈山参观访问。历时 6 天。

25 日　萍乡钢铁厂青年养路工人、共青团员谢长之为了抢救一个孩子英勇献身。萍乡钢铁厂党组织根据谢长之生前的申请，追认他为中共党员。萍乡市革命委员会作出了向谢长之学习的决定。

本月　江西省洪门水电厂建立。

本月　赣州地区尽忠钢厂并入赣州铝厂，成为铝厂的铸钢车间（1970 年 6 月 30 日，铸钢车间又划归赣州地区汽车制造厂领导）。

本月　省革委会召开常委扩大会议。会议提出要进一步掀起大学习、大宣传、大落实"九大"精神的新高潮，"在全省范围内开展'四好'运动（政治思想好、三八作风好、完成任务好、生活管理好）"。《江西日报》本月以《怎样正确处理政治与业务的关系》为报头，用10个版面连续登载了有关文章。

本月　南城县洪门水库工程竣工。该水库总容量为12亿立方米，控制流域面积2376平方公里，灌溉面积30万亩。大坝为粘土芯墙沙壳坝，长261米，高35.8米，顶宽8米，堰顶高91.4米，堰顶宽36米，最大流量2800立方米/秒。

本月　省革委会抓促指挥部决定，江东机床厂划分一半设备人员，搬迁至崇仁县建立江西重型机床厂；江西电机厂将发电机车间搬迁至高安县建立高安电机厂，将变压器车间搬迁至乐化建立变压器分厂，将电机修理车间搬迁至吉安市建立吉安电机厂；江西锅炉厂划分一半人员设备搬迁至九江，与九江市红卫五金制造厂合并，组建江西制氧机厂；江西手扶拖拉机厂搬迁至靖安县。

本月　经省革委会计划工业组批准，在新余仰天冈（县苗圃）地区，建设新余纺织厂。

本月　中共中央毛主席著作出版办公室召开浙江、福建、江西出版发行工作座谈会，建立省协作关系。

1969
8月
August

公元 1969 年 8 月							农历己酉年【鸡】						
日	一	二	三	四	五	六	日	一	二	三	四	五	六
					1 建军节	**2** 二十	**3** 廿一	**4** 廿二	**5** 廿三	**6** 廿四	**7** 廿五	**8** 立秋	**9** 廿七
10 廿八	**11** 廿九	**12** 三十	**13** 七月大	**14** 初二	**15** 初三	**16** 初四	**17** 初五	**18** 初六	**19** 初七	**20** 初八	**21** 初九	**22** 初十	**23** 处暑
24 十二	**25** 十三	**26** 十四	**27** 十五	**28** 十六	**29** 十七	**30** 十八	**31** 十九						

1日 丰城矿务局开发 C 煤组试验井——云庄井开工建设。

1日 江西第二造纸厂在进贤县城郊动工兴建。

2日 《江西日报》报道，全省军民认真学习毛主席最新指示"我赞成这样的口号，叫做'一不怕苦，二不怕死'"、"要过细地做工作。要过细，粗枝大叶不行，粗枝大叶往往搞错"和中央两报一刊社论。

2日 南昌市革委会发出"向勇斗杀人凶手的 16 岁少年罗国英学习"的号召。

3日 《江西日报》报道，宜黄县兰水公社红卫大队陷田生产队的贫农社员邓启生，为了抢救人民的生命财产，在一次救火激战中英勇牺牲。邓启生牺牲以后，抚州专区革委会、抚州军分区、宜黄县革委会、宜黄县人武部立即作出决定，号召全区、全县军民向邓启生学习。

4日 《江西日报》报道，解放军某部优秀共产党员姚占岭，在一列满载旅客的火车与军马即将相撞的危急时刻，临危不惧，奋力推开战马，保护了人民生命财产的安全而壮烈牺牲。解放军某部全体指战员在南昌隆重举行追悼会，悼念为保护列车而英勇献身的"一不怕苦，二不怕死"的优秀党员姚占岭烈士。

解放军某部指战员举行姚占岭烈士追悼大会

7日 省革委会、省军区发出《关于开展向姚占岭学习的决定》。姚占岭为保护列车而英勇献身，省军区党委为其追记一等功。

9日 省革委会、省军区联合作出《关于向六害开战，进一步掀起爱国卫生运动新高潮的决定》。

13日 全省各地广大军民纷纷举行集会和游行示威,坚决拥护我国外交部8月13日向苏联政府提出的照会,强烈抗议苏联8月13日指使其军队出动直升飞机、坦克、装甲车和武装部队数百人,侵入我国新疆维吾尔自治区裕民县铁列克提地区,打死打伤我国边防战士多名,挑起新的流血事件。

16日 煤炭工业部军代表发出(1969)煤军3号通知:撤销湘赣煤田地质会战指挥部。在江西的一九五队、二二三队、二二四队、一一九队、二二六队5个勘探队以及地震三队、电法二队、电法三队、地形测量一队下放给江西省领导。

16日 湘赣煤田勘探会战结束。江西会战区在西起萍乡东至乐平的"萍东拗陷带"的千里线上,全面开展煤田普查、钻探工作。参加会战的有:煤炭工业部属一一四队、一一九队、普查二队、普查四队、地震一队、地震二队、电法二队、电法三队、重磁队、测量队,以及原在江西的华东煤炭基建公司所属的6个勘探工区和萍乡矿务局勘探队,共投入钻机46台,3500人参加会战。前后历时3年又3个月。江西会战区共完成钻探进尺39.3万米,提交最终地质报告19件,获得工业储量15326万吨,远景储量12609万吨。英岗岭、涌山、八景、杨桥、安福、高桥等矿区,陆续开始建井,但多数报告由于勘探程度不够,留下很大的补勘工作量。一一四队在会战结束后调离江西。

17日 日本第五次学生友好参观团一行64人,来南昌、井冈山参观访问。历时7天。

19日 "支左爱民模范排、支左爱民模范李文忠英雄事迹陈列馆"在李文忠等三名烈士英勇牺牲的赣江叶楼渡口胜利落成。省、市军民3000人在馆前举行了隆重的庆祝大会。

22日 洪门第一台机组于7月正式发电。洪门水库总库容12.14亿立方米,发电装机3.75万千瓦,全部5台机组于1978年4月装齐。连同以后补强加固,总造价6935.9万元。

22日 景德镇市革委会发布《关于加强城市管理布告》。

23日 省革委会决定撤销江西省轻化工业学校,对该校六九级、七〇级322名学生提前分配,按毕业生待遇分配到企业当工人。

25日 省革委会、省军区发出《关于认真学习〈人民日报〉、〈红旗杂志〉、〈解放军报〉重要社论〈抓紧革命大批判〉的通知》。提出要广泛深入开展"革命大批判"活动。

27日 按照毛主席"广大干部下放劳动"和《五七指示》的要求,自1968年8月首批下放干部和知识青年到达宜黄二都公社起,下放在该县的省、专、县干部、教师、医务人员、文艺工作者有880多人,知识青年有2600人,分别在106个大队插队落户,参加集体生产劳动,接受贫下中农再教育。

下放"五七"干校的干部在垦殖场劳动

28日 《湖北日报》以近两个版的篇幅,刊载了《高尚的共产主义风格,深厚的无产阶级感情》的长篇通讯,叙述江西调集优良稻种支援湖北省人民抗灾夺丰收的事迹。同时配发社论,赞扬江西人民的共产主义风格,感谢江西人民的支援。

29日 省革委会召开常委(扩大)会议。会议传达贯彻8月28日的《中国共产党中央委员会命令》。

30日 江西柴油机厂1105型柴油机生产线搬迁到吉安市与井冈山专区通用机械厂合并,成立井冈山地区柴油机厂。

31日 原农垦部部长王震视察泰和县武山垦殖场。

本月 根据毛泽东主席关于"建立三结合的

革命委员会，大批判，清理阶级队伍，整党，精简机构，改革不合理的规章制度，下放科室人员，工厂里的斗、批、改大体经历这么几个阶段"的指示，江西有色金属管理局各单位相继建立革委会。

本月 省革委会布置每一专区建一个小而全的钢铁厂，有：井冈山钢铁厂、丰城钢铁厂、抚州钢铁厂、信丰钢铁厂、弋阳钢铁厂、东乡钢铁厂和铜岭钢铁厂。其规模除井冈山钢铁厂为 10 万吨外，其余均为 3 万吨至 5 万吨。后因办厂条件

和资金问题而决定收缩，集中搞"三点十二炉"。

本月 中南煤田地质局所属综合试验室由郑州调来萍乡，划归江西省煤炭工业公司领导。

本月 苏联在中苏边境挑起武装争端，中央军委向全军发出准备打仗的命令，江西省军区组织部队和民兵积极投入防敌突然袭击的战备。

本月 设立江西省广播管理局（台）党的核心小组（1971 年 6 月成立党委）。

本月 豫章机床厂搬迁到上高，改名为江西第三机床厂。

1969
9月
September

公元 1969 年 9 月						农历己酉年【鸡】					
日	一	二	三	四	五	六	日	一	二	三	四	五	六

日	一	二	三	四	五	六	日	一	二	三	四	五	六
	1 二十	**2** 廿一	**3** 廿二	**4** 廿三	**5** 廿四	**6** 廿五	**7** 廿六	**8** 白露	**9** 廿八	**10** 廿九	**11** 三十	**12** 八月小	**13** 初二
14 初三	**15** 初四	**16** 初五	**17** 初六	**18** 初七	**19** 初八	**20** 初九	**21** 初十	**22** 十一	**23** 秋分	**24** 十三	**25** 十四	**26** 中秋节	**27** 十六
28 十七	**29** 十八	**30** 十九											

1 日　《新南昌报》改名为《南昌日报》。

1 日　南昌市工农兵通讯员代表和革命新闻工作者举行集会，纪念毛主席"不应当关门办报，应面向群众，又要有大方向，又要新鲜活泼"的指示发表一周年。

1 日　省革委会发出《关于贯彻执行中共中央"八二八"命令通知》，要求共同对敌，充分做好反侵略战争的准备；一切群众组织必须实行"革命大联合"，绝对不准冲击人民解放军和抢夺武器、装备；抓革命，促生产，大力支援前线；"坚决镇压反革命分子"。此后，全省普遍开展了群众性的挖防空洞的活动。

3 日　解放军某部二连副连长、共产党员陈波，因抢救触电学生余荣华等人而光荣牺牲。南昌市革委会、南昌警备区发出《关于开展向陈波学习的决定》。

3 日　经省革委会批准，省人民银行与省财政厅合并成立江西省财政金融局。

3 日　根据省革委会指示，从江西棉纺织印染厂迁出 1 万纱锭、320 台布机设备到赣州，建立赣南纺织厂。

6 日　省革委会决定：将省地质局与省冶金工业公司、省煤炭工业公司合并，成立江西省重工业局。三个系统的地质勘探队伍仍保持原建制不变，由重工业局统一领导。

8 日　省革委会决定：江西大学理科合并于江西工学院，改名江西理工科大学。

9 日　省、专（市）、县领导班子活学活用

井冈山革命委员会成员在茨坪毛主席旧居前学习毛主席著作《井冈山的斗争》

毛泽东思想讲用会在井冈山召开。参加讲用会的全体人员参观了毛主席亲手创建的井冈山根据地各处革命旧址。大会上，万安、婺源、彭泽、丰城、兴国、宜黄等六县革委会和南昌市革委会、赣州专区革委会、南昌市抚河区革委会、景德镇市江村公社革委会、万安县弹前公社革委会都作了集体讲用。讲用会于23日结束。

17日 南昌铁路分局开展生产大会战，当天装车达2147车，创历史最高纪录。

21日 湖口县流泗人民公社"五七"农业机械厂（现九江曲轴厂）工人周芦华代表湖口县工人赴京参加国庆20周年观礼，受到毛泽东主席的接见。

23日 省革委会发出《关于一九六九年第四季度工作要点》。在贯彻"以粮为纲、全面发展"方针的原则下，搞好"两个突破"（普及矮秆良种，普及糖化饲料）。

24日 江西生产建设兵团首次"活学活用毛泽东思想积极分子代表大会"召开。

福州军区江西生产建设兵团活学活用毛泽东思想积极分子代表大会会场

25日 南昌市沿江拦洪公路堤经25天的义务劳动竣工。路长2700米，面宽15米，标高22.3米。

26日 大光山矿区开始开发。江西省生产建设兵团三营筹建大光山一号井，设计年产12万吨无烟煤。

29日 江西省财政局向省抓促部报告，撤销江西财务会计学校。

29日 南昌市汽车修造厂工人，在人少、设备差、技术低的条件下，成功制造出越野吉普车。

工人们在越野吉普车旁工作

30日 江西省第一台挖掘机，在建国20周年前夕，由江西铸锻厂的工人制造成功。这台挖掘机自身重量42吨，履带行走，正铲最大容量为1立方米，最大起重量为15吨。它的试制成功，填补了江西省采掘机械制造工业的一个空白点，标志着江西省机械工业发展到了一个新的水平。

本月 南昌自行车厂正式建立，当年试产自行车140余辆，车牌名为"井冈山"。

本月 江西省人民防空领导小组成立，省人民防空办公室设在省军区司令部。

本月 省革委会决定恢复商业局（1972年9月和1973年4月，粮食、外贸从商业局划出，另成立局）。

本月 江西有色冶金勘探公司六一七队在大吉山钨矿深部发现隐伏花岗岩型钽钨铍矿体。

本月 省革委会召开水电会议，决定由省财政拨出3000万元兴办中小型水电站，会上要求各地边设计边施工。会后，各地开工新建续建的水电工程1139座，其中大中型水库电站有大余油罗口、宁都团结、上犹南河、兴国长冈、石城岩岭、安福社上、吉安白云山、泰和老营盘、广丰军潭、上饶上泸和茗洋关、铅山河口、德兴双溪、婺源段莘、宜黄下南、乐安洞口、奉新老愚公、铜鼓大塅、万载高村、修水东津、武宁罗溪等工程。

本月 拆迁抚河居民区，建立湾里、石岗两个新区。

本月 上饶市人民参加义务劳动，在镇平西壕的基础上，开辟总面积2.5公顷的人民广场。

本月 彭泽县上十岭垦殖场全面推广糖化饲料养猪，并举办"糖化饲料养猪学习班"。

1969

10月
October

公元 1969 年 10 月							农历己酉年【鸡】					
日	一	二	三	四	五	六	日	一	二	三	四	五	六
			1 国庆节	**2** 廿一	**3** 廿二	**4** 廿三	**5** 廿四	**6** 廿五	**7** 廿六	**8** 寒露	**9** 廿八	**10** 廿九	**11** 九月大
12 初二	**13** 初三	**14** 初四	**15** 初五	**16** 初六	**17** 初七	**18** 初八	**19** 重阳节	**20** 初十	**21** 十一	**22** 十二	**23** 霜降	**24** 十四	**25** 十五
26 十六	**27** 十七	**28** 十八	**29** 十九	**30** 二十	**31** 廿一								

1 日　省、市军民 20 万人集会庆祝建国 20 周年。

1 日　毛泽东思想万岁馆正式开放。展出的内容有："毛主席巨幅照片展览";"江西省活学活用毛泽东思想先进典型事迹展览";《井冈山的斗争》画展。

1 日　江西有色冶炼加工厂铜锌湿法冶炼和铜材加工系统基本建成,铜、锌冶炼焙烧部分负荷试车,铜板、带、棒、丝开始试生产。

1 日　兴国县上社供销合作社主任黄帮玉参加庆祝建国 20 周年观礼。

5 日　国务院下达《关于江西省电子工业战略动员项目问题的批复》。确定有计划有步骤地分批在江西建设 13 个地方电子工业军工项目。

6 日　省革委会决定成立省商业局革委会。撤销省农产品公司、省工业品公司、省食品杂品公司、省生产资料公司、省进出口公司。

7 日　按照毛主席《五七指示》和省革委会的要求县以上各级革委会于 1969 年普遍创办了机关"五七"农场。据省革委会机关和 5 个专区、64 个县革委会的统计,机关"五七"农场

共有耕地面积 1 万多亩,平均每人作田 2.5 亩;种红薯 350 多亩,蔬菜 2300 多亩,棉花 40 多亩,花生 440 多亩,其他经济作物 6400 多亩;养猪 2300 多头、牛 120 多头,家禽 4600 多只,养鱼 23800 多尾。

9 日　省革委会政治部发出《关于严禁干部随便借支公款问题的通知》,要求全省各行政、事业单位对借支公款进行一次清理。

10 日　南昌无线电七厂建成投产。

10 日　分宜至文竹的井冈山铁路动工兴建。

10 日　以总书记桑穆加塔桑为团长的锡兰共产党代表团一行 6 人,来南昌、井冈山参观访问。历时 8 天。

13 日　赣南纺织厂主厂房破土动工。

14 日　煤炭工业部革命委员会筹备小组决定撤销华东煤炭基建局江西指挥部,所属二处(原称英岗岭工程处)、七处、二十七处、三十一处、三十二处、三十五处、三十八处等(三十五处与三十八处于 1970 年合并为六处)工程处和临江煤机厂划归江西省领导。

15 日　江西省学校领导班子"活学活用毛

泽东思想讲用会"在婺源县举行。参加会议的有各专、市、县革委会的负责人,大专学校和部分中、小学革委会、工(贫)宣队、军宣队的代表共387人。清华大学、北京大学江西实验农场和卫生部"五七"干校的代表也参加了会议。会议总结和交流了活学活用毛泽东思想、开展教育革命的经验,代表们听取了婺源县领导班子思想革命化的经验介绍,到婺源县武口茶叶耕读中学和中云公社"五七"中学进行了现场参观学习。讲用会于22日结束。

15日 省革委会同意启用"江西省革命委员会档案馆"新印章。

16日 赴京参加伟大社会主义祖国成立20周年观礼的江西代表们,上午乘车回到了南昌。

省、市广大军民和省革委会、省军区、市革委会领导前往车站热烈欢迎赴京参加国庆观礼的代表

18日 陈云由北京"疏散"到南昌。

陈云在南昌县八一公社大昌大队调查时召开座谈会的旧址

20日 阿尔巴尼亚驻华使馆商务参赞卢莎及商务处工作人员一行3人,来南昌、井冈山参观访问。历时7天。

20日 邓小平偕夫人卓琳由北京"疏散"

邓小平在江西与家人合影

邓小平谪居南昌望城岗的"将军楼"

到南昌(本月底移居南昌市北郊福州军区南昌步兵学校一号楼居住,并于11月开始被指定在附近的新建县拖拉机修配厂劳动。他们在这里度过了3年零4个月。1973年2月19日离开南昌返回北京。返京前曾到井冈山、瑞金、兴国、景德镇等地参观考察)。

24日 《毛主席在井冈山》油画当日起在江西省全省发行。这幅油画表现了毛主席在井冈山斗争时期的光辉形象,描绘了毛主席在当时艰苦的斗争环境中对夺取全国革命胜利的坚强信念。这幅油画在井冈山的"毛主席创建井冈山革命根据地纪念馆"和江西省展览馆展览。

24日 江西省革委会档案开始进行档案战备转移工作。

24日 《江西日报》全文登载《毛主席创建井冈山革命根据地纪念馆陈列内容简介》。

27日 省革委会通知:南昌、东方红(下正街)、萍乡、波阳、抚州、王陂、洪门电厂、乐平电厂里村发电所，立即下放给有关专区（市）领导；分宜电厂筹建处、乐平电厂、赣东北电厂筹建处、九江电厂，待基建完成后下放；留省管理的企业单位是：水泥电杆厂、南昌供电局、火电工程团、送变电工程团。同时，吉安发电厂下放井冈山地区领导。

27日 彭泽县湖西公社湖山大队第四生产队5位贫下中农的优秀子女蔡爱桃（男，14岁）、燕红枝（男，16岁）、吴桂珍（女，15岁）、齐菊茂（女，15岁）、蔡长犁（男，11岁），为了抢救人民的生命财产，在一次扑灭山火的激烈战斗中英勇牺牲。英雄五少年用生命和鲜血，谱写了共产主义精神的新篇章，为千千万万青少年树立了"一不怕苦，二不怕死"的光辉榜样。

27日 解放军某部机枪连排长谢尚金、副班长刘金义、战士吴佳欣，在军马受惊拦轨时为抢救2101次列车光荣牺牲。

本月 江西省石油公司并入江西省生产资料公司。

本月 全省利用当地中草药资源，在部分县创办了中成药厂。

本月 江西药科学校红旗制药厂成立，为当今江中制药厂前身。

本月 CG36和CDG19型硅平面三极管在江南材料厂试制成功。

本月 修水县大桥开工兴建，桥长286.37米，宽10米（车行道7米，人行道2×1.5米），载重汽车－13，拖－60，投资120万元（1971年5月1日建成通车）。

本月 江西省煤炭企业取消奖金，实行附加工资。

本月 省革委会决定以梅岭为中心，划出邻近新建、安义、永修3县的部分地区，建立南昌市梅岭管理区。经梅岭管理区批准，该区森林管理所梅岭管理区林业总场正式成立。

本月 成立江西省交通邮电局（1970年1月28日，撤销省交通邮电局，成立江西省交通邮政局。1973年7月24日，撤销省交通邮政局，成立江西省交通局）。

本月 江西省重工业局九〇八队颜定邦等发现龙南县足洞重稀土异常。江西冶金研究所雷捷和九〇八队胡淙声等，经过一年的共同研究提出了稀土元素的储存状态，经九〇八队勘查探明了世界第一个离子型大型重稀土矿床。

本月 省计委以（1969）基字第165号文批准建设江西平板玻璃厂，规模为年产平板玻璃33万重量箱，采用三机垂直引上工艺，厂址选在永修县涂家埠。

本月 井冈山垦殖场被撤销，干部下放，工人遣散，财产被平调，入场农工退回集体所有制，成立井冈山人民公社。

本月 中旬，王震全家从北京迁居抚州市。下旬，王震到红星垦殖场"蹲点"（1971年9月，王震回北京工作）。

王震在东乡县红星垦殖场调查时的住所

1969

11月

November

公元 1969 年 11 月							农历己酉年【鸡】					
日	一	二	三	四	五	六	日	一	二	三	四	五	六
						1 廿二	**2** 廿三	**3** 廿四	**4** 廿五	**5** 廿六	**6** 廿七	**7** 立冬	**8** 廿九
9 三十	**10** 十月小	**11** 初二	**12** 初三	**13** 初四	**14** 初五	**15** 初六	**16** 初七	**17** 初八	**18** 初九	**19** 初十	**20** 十一	**21** 十二	**22** 小雪
23 十四	**24** 十五	**25** 十六	**26** 十七	**27** 十八	**28** 十九	**29** 二十	**30** 廿一						

2日　福建军民支援江西省1万吨食盐，5

石城县人民热情迎接福建军民支援江西省的物资

千担鲜鱼，2千担海带。当日，第一批食盐运到石城县。

4日　陈云从南昌市滨江招待所移居南昌城

陈云在南昌青云谱干休所的住所

郊福州军区青云谱干部休养所。

4日　省革委会举行常委（扩大）会议。会议强调要大搞工业，提出"一步炼钢法"（指用矿石直接炼钢），"两个突破"（指机械工业无切削加工工艺和开发新产品不经过设计阶段）和开展"汽车、拖拉机大会战"的所谓"第二次工业革命"。会议历时两天。

省、市革委会在江西拖拉机厂召开南昌地区工交"两个突破"经验交流会会场

5日　南昌县尤口公社广大干部和群众，仅用20天的时间，基本上修成了长42华里的公路，此公路自鱼尾闸至兑米铺，是贯穿全社的主要运输干线。省革委会负责人指示，从10月11

日开始，依靠自己的力量，以35天的时间，全线修成通车。完成整个工程用22万土石方。

5日　萍矿工人造出了两台69-20型联合掘进机组和采煤机组。这两台联合机组，在井下使用性能良好。

6日　省重工业局革命委员会成立，管理全省冶金、煤炭、地质三个行业的110多个企事业单位。各钨矿企业由省重工业局和地区重工业局双重领导。

省人民钢厂革命委员会成立

6日　《江西日报》报道，南昌县50万大军掀起"一化带七化"（用思想革命化带动社队公路化、耕地园田化、灌溉水利化、良种矮秆化、运输车子化、养猪糖化饲料化、村边路旁绿化）运动打响了建设社会主义新农村的大仗。

6日　省革委会批示：同意成立江西省水利电力局革命委员会。

6日　省卫生局革命委员会成立，设有政工组、办事组、医政组、后勤组。同时撤销省卫生防治所。

6日　江西省农业局革委会成立。

6日　南昌市粮食局革委会和核心小组成立。

6日　江西省林业服务站与江西省农业服务站合并成立省农业局革委会，局内设林业组，编制18人。

6日　省革委会决定省机械工业公司更名为江西省机械工业局革委会。

6日　全省农村斗、批、改经验交流会在修水县召开。会议提出要"认真抓好农村两条道路的斗争，广泛深入地开展'四反'教育运动，用思想革命化促进'两个突破'，进一步巩固农村社会主义阵地"。会议于13日结束。

7日　在南昌的大专院校最近全部搬迁到农村山区办学。

8日　江西省财政金融局革命委员会正式成立。原厅、行13个处、室撤并为8个组，干部编制由419人减少到60人。

11日　井冈山经由安源到韶山的直达客车正式通车。井冈山—韶山客车由茨坪出发，经由大井、双马石哨口、八面山哨口、黄洋界哨口、茅坪八角楼、大垅红色墟场、宁冈砻市、三湾枫树坪、永新、里田、文竹、饮化砻、莲花、坊楼、六市、南坑、安源、萍乡、峡山口、醴陵、筱织街、株洲、湘潭、银田寺到达韶山，全长465公里。客车每到一个革命旧址，都安排时间供旅客参观、学习和休息。

11日　省轻化工业局革委会根据省革委会议，将向塘化肥厂、江西农药实验厂、江西化工实验厂三厂移交给南昌市管理。

12日　陈云到江西化工石油机械厂"蹲点"。他在"蹲点"期间，先后参加了200余次大小会议，体察民情，深入调查研究。

陈云当年在江西化工石油机械厂调查时，经常参加车间班组工人学习。图为班组学习场所

13日　省革委会通知成立"江西省革命委员会专案工作领导小组"。

14日　省革委会抓促部、保卫部联合通知，要求有关专区、县加强对鄱阳湖的湖港管理工作。

15日 省轻化工业局革委会批复新余纺织厂建厂方案，下旬破土动工。

18日 赣州地区革委会分配缅甸归国华侨102人到八一垦殖场工作。

18日 江西汽车制造厂广大干部工人，自行设计制造出井冈山"二七"型载重汽车，这种汽车用新型的发动机代替往复式发动机，用液压传动代替齿轮传动，用乙型大梁代替旧式大梁。这种新型的汽车结构简单，操作方便，生产效率高。

19日 省革委会作出《关于学习蔡爱桃等五少年的决定》。《江西日报》二、三版详细报道了5少年扑灭山火壮烈牺牲的英雄事迹。决定指出，彭泽县湖西公社蔡爱桃、燕红枝、吴桂珍（女）、齐菊茂（女）、蔡长犁等英雄5少年烈士牺牲时，最大的16岁，最小的不满11岁。号召全省人民，特别是青少年，迅速掀起学习英雄5少年的热潮。

南昌地区汽车运输团（五七）学校五连学生在开展向英雄5少年学习活动

20日 省、市革委会在江西宾馆礼堂，召

省、市各界向英雄5少年学习动员大会会场

开了向英雄5少年学习动员大会。号召全省人民，特别是青少年，迅速掀起学习英雄5少年的热潮。6000余名青少年和工人、贫下中农、街道居民参加大会。

24日 德安县广大农村，基本实现了牛拉车，节省了大量劳动力。全县525个生产队中，除极少数外，全部实现了牛拉车。

25日 省革委会发出《关于贪污、投机倒把赃款赃物及破"四旧"中清出的各种物资处理问题的通知》，要求各行政企事业单位追回的贪污、投机倒把赃款等，一律上缴财政。

26日 《江西日报》报道，南昌县实现了队队村村通公路，新修的公路达1800公里。现在全县公路四通八达，汽车、拖拉机可以开到每一个生产队。

27日 井冈山人民对福建省遭遇台风袭击所造成的灾害十分关怀，为了支援该省人民发展农业生产，加强海防建设，赠送该省3000头耕牛。《福建日报》发表长篇通讯《高尚的风格战斗的友谊——记江西人民赠送耕牛支援福建的共产主义精神》。

28日 江西省财政金融局革委会发出《关于定期减税、免税已经期满的产品应按期恢复征税的通知》。

29日 萍乡钢铁厂划归萍乡市革委会领导。

30日 南昌市富大有堤、沿江路、文教北路、站前西路修建工程竣工。

本月 抚州供电局建立。

本月 南昌市城建交通局成立。

本月 江西省重工业局九〇九队陈世扬等6人在会昌县周田找到了含盐地层。1970年4月，钻孔打出了工业盐矿，在江西找到了第一个大盐矿，受到了毛泽东的赞扬："江西打到了大盐矿，是件大好事"。

本月 九江红旗电影院观众厅在深夜二时许发生火灾，造成重大损失。

本月 南昌市档案馆根据战备需要，将2370箱档案转移到宜丰华桥公社党田大队存放。

本月 江西花鼓山煤矿胜利井为了安全揭开有瓦斯突出危险的B_4煤层，采取施放震动炮措施，诱发瓦斯突出，突出瓦斯量数万立方米，突出煤量4千多吨。

本月 江西省民航局接受民航上海管理局和空军福州司令部的双重领导。

本月 江西省轻化工业公司革委会成立（1972年3月改名为江西省轻化工业局革委会。1972年9月从二轻划出，成立江西省手工业管理局革委会，1973年4月更名为江西省二轻局革委会）。

本月 江西省建筑工程局革委会成立（1971年5月，省建工局改为江西省基本建设局。1972年10月，省基本建设局改称江西省建筑工程局）。

本月 省属南昌制材厂下放南昌市管理（1972年1月21日，收归江西省林业局领导，不久更名为江西木材厂；1985年1月1日，再次下放南昌市管理）。

1969

12月
December

日	一	二	三	四	五	六	日	一	二	三	四	五	六
1廿二	**2**廿三	**3**廿四	**4**廿五	**5**廿六	**6**廿七		**7**大雪	**8**廿九	**9**十一月大	**10**初二	**11**初三	**12**初四	**13**初五
14初六	**15**初七	**16**初八	**17**初九	**18**初十	**19**十一	**20**十二	**21**十三	**22**冬至	**23**十五	**24**十六	**25**十七	**26**十八	**27**十九
28二十	**29**廿一	**30**廿二	**31**廿三										

1 日　省中药、中成药价格继 1969 年 8 月 1 日在全省范围内实行降价后，当日又实行全面、大幅度的降价。中药取消了地区差价，实行全省统一价格，比日前中药价格水平下降了 11.7%，中成药下降了 19.6%。

1 日　南昌市邮电局分设为"南昌市邮局"、"南昌电信局"。

1 日　七○七所九江分部、四四一厂、海军驻四四一厂军事代表室开始联合研制"09－Ⅱ"核潜艇用航向、深度自动操舵仪（1985 年 10 月"09－Ⅱ"核潜艇获中国船舶总公司科技进步特等奖。主要完成人为技术员张长生、张典奎、陈克宁、曹德裕等）。

4 日　省机械局革委会、省财政金融革委会发出《关于国营拖拉机站撤并后的财产处理问题的规定》。

4 日　省革委会发出《关于大力发展轻工业的通知》。

6 日　江西省军区最近召开全省民兵工作会议，提出要用战备观点加强民兵建设。

15 日　省革委会抓促部批复财政局报告，同意自 1970 年 1 月份起，取消春节期间减半征收屠宰税和开征农村自行车使用牌照税。

23 日　省革委会常委会议研究决定，江西机械工业基建应分散、隐蔽、靠山，并将南昌市部分工厂迁到西郊石岗、湾里山区。

23 日　大吉山钨矿在中组矿脉东部成功进行全省内装药量最多、崩矿量最大（装炸药 101吨、崩矿量达 42 万吨）的井下深孔大爆破。

25 日　省革委会举行全委（扩大）会议，1200 余人参加。会议内容为检查总结一年来活学活用毛泽东思想，特别是工农业"两个突破"群众运动的情况，研究安排 1970 年上半年的主要工作。会议于次年 1 月 5 日结束。

26 日　地质部在信丰县召开发动群众报矿现场会议。

28 日　《江西日报》报道，在毛主席"努力办好广播，为全中国人民和全世界人民服务"的指示下，江西省广播事业已初步形成一个有线同无线相结合的、遍布全省城乡的广播网。到目前为止，全省除各专（市）、县（区、镇）普遍建立了有线广播站外，98% 的人民公社建立了广播站，74％的生产队和98％的大队通了广播，有56万户社员装上了喇叭，全省约有1300万人可以经常听到广播。

30日 奉新县人民在莱阳山下、碟下河畔兴建一座长达40华里、发电量8000多瓦、灌田8万亩的"老愚公"四级发电站。

30日 江西井冈山汽车制造厂提前完成了500辆"井冈山"牌载重汽车的生产任务。

江西井冈山汽车制造厂制造的"井冈山"牌汽车

31日 江西省革委会最近在奉新县召开全省林业工作会议。

本月 江西省卫生系统草医草药经验交流会在南昌召开。会议主要交流江西省广泛种、制、用草医草药经验。会议期间举办了中草药展览。

本月 景德镇市档案馆将16977卷（册）档案转移至峙滩战备仓库存放。

本月 南昌市革委会"清查敌伪档案办公室"组织100余人对全市收集的民国时期的档案进行清理，共整理档案2.7万卷。

本月 宜春地区档案馆根据战备的需要，将馆藏所有档案转移铜鼓县战备仓库存放（1971年又转移到万载仓库）。

本月 冶金工业部第十五冶金建设井巷公司抽调450名职工来江西组建井巷工程处，归江西冶金建设公司领导。

本月 江西省湖港管理委员会成立，下设南昌、新建、永修、星子、都昌、波阳、余干、进贤8个县站。

本月 经国务院、中央军委批准，正式组建福州军区江西生产建设兵团，下辖2个师、11个直属团、12个农业团、1个独立营。

本月 省革委会常委会决定，在城市工矿企业开展"四反"（反对资本主义倾向、反对贪污浪费、反对无政府主义、反对本位主义）、狠抓"五害"（物质刺激、金钱挂帅、洋奴哲学、爬行主义、专家治厂）、清仓清库、增产节约的群众运动，要求以"四反"为动力，推动"两个突破"群众运动的深入发展。

本月 井冈山棉纺织厂2.08万枚纺锭、864台织布机全部建成投产，国家投资总额为715.52万元。

本月 据统计，截至月底，井冈山外办接待客人6.3万余人，其中来自32个国家和地区的外宾248人。

本月 "八二八"工程在南昌市郊动工兴建。该工程是专门接待中央领导和国内外重要贵宾的高级招待所建筑群，总建筑面积2万平方米。该工程由省综合设计院杨烈文等人设计，省建筑工程公司施工（1980年建成。现改为江西省委南郊招待所。毛泽东主席和英国女王的丈夫菲力普亲王等来赣期间都在此住过）。

本月 省革委会以"战备"为由，下令南昌市城建局在湾里搞规划，建湾里、石岗新城区，并令市区数百加工厂迁到湾里、石岗。次年初开始湾里、石岗新城建设。

本月 萍乡市汽油机厂试制成功492Q型汽油发动机。是省内首次定型生产汽车发动机。

本年

本年　铁路向塘机务段安装第一套滚筒式烤砂炉和风动挤压自动上砂配套设备，改变了人工机车加砂的方式。铁路向塘桥隧道大队设计、施工采用大块有铰拼装衬砌，整治大禾山隧道严重落石现象，在不停止列车运行条件下，整治落石带631.86米，获南昌铁路局科技一等奖。

本年　瑞金县安治公社和所属红林大队，经批准更名为泽覃公社和泽覃大队。后改称泽覃乡、泽覃村。

本年　全省全面推广"糖化饲料"（发酵饲料）喂猪。

本年　江西省电子工业总产值2698万元（中央企业1745万元，地方企业953万元）。

本年　双全开1:100000《江西省南昌地区形势图》出版。

本年　江西省重工业局各企业基层单位普遍实行军事建制，坑口（车间）、工区（工段）改称营、连。

本年　江西六〇三厂100吨硬质合金顶锤车间以及50吨硬质合金刀片工程开始筹建，次年竣工投产（1970年该厂年产800公斤氧化钇的离子交换工程建成投产）。

本年　南昌桑海制药厂成立。

本年　南昌港兴建成昌北码头。南昌港航监理所成立。

本年　南昌市邮电局革委会下设"生产组"，管理全局邮政业务。

本年　南昌市第一家专业摩托车制造厂家——南昌摩托车制造厂组建（翌年，该厂生产的长江-750型摩托车投放市场）。

本年　前身由南昌机器修造合作社和南昌市第二机械合作社合并的南昌合作机械厂（曾改名为南昌轻工机械厂），正式定名为江西第四机床厂，属南昌机械局领导，由集体所有制转为全民所有制，是国家机械委定点生产普通机床的专业厂。

本年　南昌供电局罗家集变电站至抚州、八景、英岗岭等变电站的载波通道开通，初步形成以南昌为中心的电力载波网。

本年　南昌市刊刻和瓷像合并成立南昌市瓷像雕刻工艺厂，后改名为南昌工艺美术厂。

本年　省革委会决定成立林业服务站。（1970年省革委会决定，省林业服务站和省农业服务站合并组建省农业局。1971年恢复省林业局，1973年省林业局更名农林垦殖局）。

本年　全省13所全日制高等学校合并成为9所。

本年　南昌市交通大队、消防大队改为交通营、消防营，由市警备区代管（1978年12月交通大队，消防大队分别恢复）。

本年　南昌市自来水公司接管南昌齿轮厂水厂，成立昌北水厂，规模0.5万吨/日（1972年扩建至1.8万吨/日，1989年2月4日再次扩建竣工，总规模达7万吨/日）。

本年　位于万年县的江西水泥厂动工兴建。该工程由华东工业设计院设计，省建筑公司上饶地区三处施工。拥有厂房、宿舍等公共设施，土建投资计1400万元（经过八年建设，于1977年完工）。

本年　南昌市在湾里、石岗镇另建新城。市区数百家工厂外迁，采用拆旧房到两个新城区建新房的办法迁徙。抚河、西湖两区共拆除旧房61万平方米（1970年1月14日，南昌市革命委员会下文通知，第一批迁往湾里的市属企业计36家，南昌市第一建筑工程公司迁往湾里并承担湾里区的基建任务）。

本年　新余纺织厂动工兴建。该厂由宜春专区建筑公司承建（1972年5月竣工投产，建筑面积16.57万平方米）。

本年　江西第二化肥厂在建厂过程中，不经设计单位同意，擅自将大型钢板煤气柜改为钢筋混凝土结构；为施工方便将水泵房位置移至岸边，以致无法使用，报废重建。

本年　南昌县麻丘中学招收高中一个班，成为完全中学。按上级要求，他们决心把学校办成"教学、生产、科研三结合"的学校，设有"二室""四场"。二室是：时事教育展览室、科研成果展览室。四场是：工场、农场、饲养场、林场。并新建两层 6 间共 700 平方米的教学大楼 1 栋，开始接待全国各地及港澳代表团参观。

本年 南丰公路大桥、广昌顺化大桥、德兴香屯大桥、修水姜家大桥、于都于河大桥建成通车。

本年 建成南昌市石棉制品厂，结束了江西不生产石棉制品的历史。

本年 省卫生厅药政管理局决定撤销按经济区域组织的医药商品流通，恢复按行政区划组织商品流通。

本年 全省性的综合统计工作中断。但银行、财税、交通、邮电、商业、粮食、外贸等系统以及许多基层单位的统计工作仍在坚持。

本年 江西省财政机构与人民银行机构合并，财政监察机构被撤销。

本年 冬，省卫生厅领导的江西省妇产学校由南昌市接办，更名为南昌卫生学校。

策划编辑：柏裕江
责任编辑：刘彦青　阮宏波
装帧设计：肖　辉
责任校对：书林翰海校对公司

图书在版编目（CIP）数据

中华人民共和国 江西日史/中华人民共和国日史编辑委员会江西编辑室编.
－北京：人民出版社，2008.9
ISBN 978－7－01－007244－9

Ⅰ.中…　Ⅱ.中…　Ⅲ.①中国－现代史②江西省－地方史－1949～2005
Ⅳ. K27

中国版本图书馆 CIP 数据核字（2008）第 130970 号

中华人民共和国
江 西 日 史
ZHONGHUARENMINGONGHEGUO
JIANGXI RISHI
第 二 卷
（1960～1969）

中华人民共和国日史编辑委员会江西编辑室　编
名誉主编：孙家正　李金华　张文彬
　　　　　张承钧　李永田
主　　编：孙用和　蒋仲平　魏丕植
　　　　　管志仁　沈谦芳
副 主 编：符　伟　杨德保　廖世槐
　　　　　罗益昌　张翊华

人民出版社 出版发行
（100706　北京朝阳门内大街 166 号）

北京中文天地文化艺术有限公司排版
北京盛通印刷股份有限公司印刷　新华书店经销

2008 年 9 月第 1 版　2008 年 9 月北京第 1 次印刷
开本：889 毫米×1194 毫米　1/16　印张：25.25
字数：680 千字　印数：0,001－3,000 套

ISBN 978－7－01－007244－9　　（全八卷）定价：1860.00 元

邮购地址 100706　　北京朝阳门内大街 166 号
人民东方图书销售中心　电话：（010）65250042　65289539